Klaus Volk

Grundkurs StPO

W0371720

GRUNDKURS StPO

von

Dr. iur. Dr. h.c. Klaus Volk
o. Professor an der Ludwig-Maximilians-Universität München

7., überarbeitete Auflage

VERLAG C. H. BECK MÜNCHEN 2010

Verlag C. H. Beck im Internet:
beck.de

ISBN 978 3 406 60056 2

© 2010 Verlag C. H. Beck oHG
Wilhelmstraße 9, 80801 München
Druck und Bindung: Nomos Verlagsgesellschaft
In den Lissen 12, 76 547 Sinzheim

Satz: Druckerei C. H. Beck Nördlingen

Gedruckt auf säurefreiem, alterungsbeständigen Papier
(hergestellt aus chlorfrei gebleichtem Zellstoff)

Vorwort zur 7. Auflage

Ich habe unverändert drei Ziele: Studenten (und auch Referendaren) die prozessuale Denkweise und den „Geist" der StPO zu vermitteln, auf der Höhe der Zeit zu sein, was Gesetzgebung und Rechtsprechung betrifft, und den Umfang des Buches nicht zu vergrößern. Aktualisierung (Stand Juni 2010) heißt immer, Neues zu verarbeiten und also mehr zu schreiben. Ich habe dafür Sätze gestrichen, die ihre Aktualität verloren haben oder keinen „Zusatznutzen" bringen. So konnte der Umfang beibehalten werden, ohne die hoffentlich noch immer leichte Lesbarkeit zu beeinträchtigen. Mit dem „Geist" der StPO ist es so eine Sache. Ist er noch sichtbar, oder löst er sich geistergleich auf? Zwei Beispiele. Die neue Regelung über die Absprachen will konsensuale Elemente in das Verfahren bringen, ohne dass es der Gesetzgeber jedoch über sich gebracht hat, auf die Übermacht des inquisitorischen Prinzips zu verzichten. Und die höchstrichterliche Rechtsprechung vermeidet mehr und mehr eindeutige ja-nein-Entscheidungen und verlegt sich auf einerseits-andererseits-Abwägungen. Prozessrecht ist aus guten Gründen formal (nicht formalistisch). Formenstrenge schützt Rechte und macht Entscheidungen vorhersehbar. Damit ist nicht jede Flexibilisierung vereinbar, die sich die Entscheidung im nächsten Fall offen halten will. Einfacher ist es auf diese Weise jedenfalls nicht geworden, Prozessrecht zu lernen. Der „rote Faden" ist manchmal verschlungen. Ich habe mich bemüht, ihn herauszuarbeiten.

Bei alledem haben mir meine Mitarbeiter geholfen, Frau Nanette Erdel, Frau Dana Kosevarova, Herr Maximilian Heim und Herr Florian Holzer, denen ich ebenso danke wie den Lesern, die mir Hinweise gegeben haben (unter prof@klaus-volk.de).

München, im Juni 2010 *Klaus Volk*

Aus dem Vorwort zur 1. Auflage

Ich hatte die Studierenden im Blick (und die Referendare nicht übersehen), die mit dem Strafverfahrensrecht von vorne anfangen und sicher sein wollen, dass sie am Ende, wenn sie dieses Buch durchgearbeitet haben, im Examen bestehen können. Das Lernziel muss sein, mit möglichst wenig Wissen möglichst viele Probleme lösen zu können. Die erworbenen Kenntnisse wird man nur erfolgreich umsetzen, wenn man begriffen hat, wie in einem Strafverfahren gearbeitet, gedacht und entschieden wird. Das Buch soll deshalb vor allem die Fähigkeit vermitteln, prozessual zu denken. Aus diesem Grunde ist es am Gang des Verfahrens orientiert. Man hat, wenn man ein Lehrbuch zur StPO schreibt, nur die Wahl zwischen zwei jeweils unbefriedigenden Ordnungsprinzipien. Folgt man strikt dem Verfahrensablauf, lassen sich die „Institutionen" nicht geschlossen darstellen; zieht man es aber vor, sich an diesen Institutionen, Prozessprinzipien etc. zu orientieren, zerreißt man den Verfahrensgang. Alle StPO-Lehrbücher schließen Kompromisse. Hier wurde der Akzent auf die Chronologie des Verfahrens gelegt. Ich habe mit vielen Beispielen und kleinen Fällen gearbeitet und versucht, nichts ohne Begründung stehen zu lassen. Das Buch geht nur so sehr in die Details, wie es nötig ist, um die Grundzüge und Strukturen zu beherrschen. Andererseits kommen auf diese Weise so viele Fragen zur Sprache, dass auch Referendare ihren Nutzen haben werden. Im Anhang gibt es Hinweise zur Kommentierung, wie ich sie auch in der Vorlesung gebe.

Das waren, aus meiner Sicht, die Vorzüge, die das Buch haben soll. Nun zu den Mängeln, die es sicher hat. Es enthält sehr wenige Literatur-Zitate. Ich halte ein Elementarbuch nicht für den geeigneten Ort, wissenschaftliche Dispute auszutragen. Wer sich für weitere Begründungen oder Gegenansichten interessiert, wird die entsprechenden Hinweise aufgreifen. Man möge es mir bitte nicht als Zeichen von Arroganz oder Ignoranz auslegen, dass so viele Autoren nicht einmal genannt, geschweige denn verarbeitet sind. Die Gefahr, dass man mir „unwissenschaftliche" Arbeitsweise vorwerfen könnte, habe ich gesehen und billigend in Kauf genommen. Verglichen mit dem wissenschaftlichen Schrifttum, wird relativ häufig auf Kommentare und viel auf die Rechtsprechung verwiesen. Das mag mit meinem Faible für die Praxis zu tun haben, sorgt aber jedenfalls dafür, dass die herrschende Meinung gebührend dokumentiert wird. Wo ich sie nicht teile, kommt sie dennoch zur Geltung. Äußerst selten nur habe ich meine Sympathie für abweichende Ansichten offenbart, weil es in einem Kurzlehrbuch zu viel Raum eingenommen hätte, sie zu begründen und dadurch die Proportionen verschoben würden. Bei den Nachweisen aus der Rechtsprechung habe ich lange Zitat-Reihen vermieden und mich bemüht, jeweils den ersten grundlegenden Fall und die jüngste wichtige Entscheidung zu nennen. Gerne hätte ich mehr über die Revision gesagt, anhand von Fällen gezeigt, wie dieses Rechtsmittel funktioniert und wie man es erfolgreich betreiben kann. Das hätte zwar den Leser, wie ich ihn mir vorstelle, nicht überfordert, aber den Zuschnitt des Buches zu sehr verändert.

Inhaltsverzeichnis

Abkürzungsverzeichnis

Allgemeine Abkürzungen

a. A.	andere Ansicht
a. a. O.	am angegebenen Ort
abl.	ablehnend
ABl	Amtsblatt der EG
abw.	abweichend
AG	Amtsgericht
Alt.	Alternative
Anm.	Anmerkung
Art.	Artikel
Az	Aktenzeichen
BayObLG	Bayerisches Oberstes Landesgericht
BGH	Bundesgerichtshof
BKA	Bundeskriminalamt
BR-Drs.	Drucksache des Bundesrates
BT-Drs.	Drucksache des Bundestages
BVerfG	Bundesverfassungsgericht
BVerfGE	Entscheidung des Bundesverfassungsgerichtes
BVerwG	Bundesverwaltungsgericht
Einl.	Einleitung
EGMR	Europäischer Gerichtshof für Menschenrechte
etc.	et cetera
EuGH	Europäischer Gerichtshof (Gerichtshof der Europäischen Gemeinschaften)
FS	Festschrift
GmS-OGB	Gemeinsamer Senat der obersten Gerichtshöfe des Bundes
GrS	Großer Senat
GS	Gedächtnisschrift
h. A.	herrschende Ansicht
h. L.	herrschende Lehre
h. M	herrschende Meinung
IStGH	Internationaler Strafgerichtshof
KG	Kammergericht
krit.	kritisch
LG	Landgericht
Ltd. OStA	Leitender Oberstaatsanwalt
m. w. N.	mit weiteren Nachweisen
noeP	nicht öffentlich ermittelnder Polizeibeamter
OLG	Oberlandesgericht
Rn.	Randnummer
StA	Staatsanwaltschaft
str.	strittig
vgl.	vergleiche

Gesetzesabkürzungen

AO	Abgabenordnung
AWG	Außenwirtschaftsgesetz
BayAGGVG	Gesetz zur Ausführung des Gerichtsverfassungsgesetzes und von Verfahrensgesetzen des Bundes in Bayern (Ziegler-Tremel Nr. 295)
BayGerOrgG	Gesetz über die Organisation der ordentlichen Gerichte im Freistaat Bayern (Ziegler-Tremel Nr. 296)

BayPAG .... Gesetz über die Aufgaben und Befugnisse der Bayerischen Staatlichen Polizei (Ziegler-Tremel Nr. 570)
BayPOG .... Gesetz über die Organisation der Bayerischen Staatlichen Polizei (Ziegler-Tremel Nr. 580)
BBG .... Bundesbeamtengesetz (Sartorius I Nr. 160)
BKAG .... BKA-Gesetz vom 7. Juli 1997 (Sartorius I Nr. 450)
BRAO .... Bundesrechtsanwaltsordnung (Schönfelder Nr. 98)
BRRG .... Beamtenrechtsrahmengesetz (Sartorius I Nr. 150)
BtMG .... Betäubungsmittelgesetz (Sartorius I Nr. 275)
BVerfGG .... Gesetz über das Bundesverfassungsgericht (Sartorius I Nr. 40)
BZRG .... Bundeszentralregistergesetz (Schönfelder Nr. 92)
DNA-IFG .... DNA-Identitätsfeststellungsgesetz (Schönfelder Fn zu § 81 g StPO)
DRiG .... Deutsches Richtergesetz (Schönfelder Nr. 97)
EGGVG .... Einführungsgesetz zum Gerichtsverfassungsgesetz (Schönfelder Nr. 95 a)
EGStGB .... Einführungsgesetz zum Strafgesetzbuch (Schönfelder Nr. 85 a)
EMRK .... Europäische Konvention zum Schutz der Menschenrechte und Grundfreiheiten vom 4. 11. 1950 (BGBl. II 1952 S. 685)
EuRHÜbK .... Europäisches Übereinkommen über die Rechtshilfe in Strafsachen vom 20. 4. 1959 (BGBl. 1964 II S. 1369, 1386; 1976 II S. 1799)
EUV .... Vertrag über die Europäische Union
G 10 .... Gesetz zur Beschränkung des Brief-, Post- und Fernmeldegeheimnisses (Sartorius I Nr. 7)
GKG .... Gerichtskostengesetz (Schönfelder Nr. 115)
GVG .... Gerichtsverfassungsgesetz (Schönfelder Nr. 95)
IRG .... Gesetz über die internationale Rechtshilfe in Strafsachen idF des Europäischen Haftbefehlsgesetzes vom 20. 7. 2006 (BGBl. I S. 1721)
JGG .... Jugendgerichtsgesetz (Schönfelder Nr. 89)
JuMoG .... Erstes Gesetz zur Modernisierung der Justiz (1. Justizmodernisierungsgesetz) Gesetzesbeschluss des Deutschen Bundestages BR-Drs. 537/04
KVGKG .... Kostenverzeichnis (Anlage 1 zum Gerichtskostengesetz)
MOG .... Gesetz zur Durchführung der Gemeinsamen Marktorganisationen
PostG .... Postgesetz (Sartorius I Nr. 910)
RiStBV .... Richtlinien für das Strafverfahren und das Bußgeldverfahren (abgedruckt als Anhang 12 bei Meyer-Goßner)
RpflEntlG .... Gesetz zur Entlastung der Rechtspflege vom 11. 1. 1993 (BGBl. I S. 50) geändert durch 3. VerjährungsG v. 22. 12. 1997 (BGBl. I S. 3223)
RVG .... Rechtsanwaltsvergütungsgesetz vom 5. 5. 2004 (BGBl. I S. 718)
SDÜ .... Schengener Durchführungsabkommen vom 19. 6. 1990 (BGBl. II S. 1993, 1013)
SGB .... Sozialgesetzbuch
StVÄG .... Strafverfahrensänderungsgesetz vom 2. 8. 2000 (BGBl. I S. 1253)
TKG .... Telekommunikationsgesetz vom 25. 7. 1996 (BGBl. I S. 1120)
UVollzO .... Untersuchungshaftvollzugsordnung idF vom 1. 1. 1977 (bundeseinheitlich)
UZwG .... Gesetz über den unmittelbaren Zwang bei Ausübung öffentlicher Gewalt durch Vollzugsbeamte des Bundes (Sartorius I Nr. 115)
VwGO .... Verwaltungsgerichtsordnung (Sartorius I Nr. 600)
WÜK .... Wiener Übereinkommen vom 24. 4. 1963 über konsularische Beziehungen (BGBl. II 1969, 1585)
ZSchG .... Gesetz zum Schutz von Zeugen bei Vernehmungen in Strafverfahren und zur Verbesserung des Opferschutzes; Zeugenschutzgesetz vom 30. 4. 1998
ZSEG .... Gesetz über die Entschädigung von Zeugen und Sachverständigen (Schönfelder Nr. 116)
ZollVG .... Zollverwaltungsgesetz

Literaturverzeichnis

AK/StPO	Kommentar zur Strafprozeßordnung in der Reihe Alternativkommentare (Hrsg. Wassermann). Bd. 1 (Einl – § 93) 1988, Bd. 2 Teilbd. 1 (§§ 94–212 b) 1992, Teilbd. 2 (§ 213–275) 1993, Bd. 3 (§§ 276–477) 1996
Ambos	Ambos, Kai, Der Allgemeine Teil des Völkerstrafrechts, 2 Aufl. 2004
Amelung	Amelung, Knut, Informationsbeherrschungsrechte im Strafprozeß, 1990
Arzt	Arzt, Gunther, Der befangene Strafrichter, 1969
Beulke	Beulke, Werner, Strafprozessrecht, 11. Aufl. 2010
Bockemühl	Bockemühl, Jan, Private Ermittlungen im Strafprozeß, 1996
CR	Computer und Recht
Dahs	Dahs, Hans, Handbuch des Strafverteidigers, 7. Aufl. 2005
Dahs/Dahs	Dahs, Hans/Dahs, Hans, Die Revision im Strafprozeß, NJW-Praxis, 7. Aufl. 2008
DAR	Deutsches Autorecht
Eisenberg	Eisenberg, Ulrich, Beweisrecht der StPO, 6. Auflage 2008
Erker	Erker, Martin, Das Beanstandungsrecht gem. § 238 II StPO, 1988
EuGRZ	Europäische Grundrechte
Fezer	Fezer, Gerhard, Strafprozeßrecht, Juristischer Studienkurs, 2. Aufl. 1995
Fezer	Fezer, Gerhard, Grundfragen der Beweisverwertungsverbote, 1995
Fezer	Fezer, Gerhard, Die erweiterte Revision – Legitimierung der Rechtswirklichkeit?, 1974
Fischer	Fischer, Thomas, Strafgesetzbuch und Nebengesetze, 57. Aufl. 2010
FS Bemmann	Festschrift für Günter Bemmann zum 70. Geburtstag, 1997
FS Bruns	Festschrift für Hans-Jürgen Bruns zum 70. Geburtstag, 1978
FS Dünnebier	Festschrift für Hans Dünnebier zum 75. Geburtstag, 1982
FS Kleinknecht	Strafverfahren im Rechtsstaat, Festschrift für Theodor Kleinknecht zum 75. Geburtstag, 1985
FS Lange	Festschrift für Richard Lange zum 70. Geburtstag, 1976
FS Salger	Straf- und Strafverfahrensrecht, Recht und Verkehr, Recht und Medizin. Festschrift für Hannskarl Salger, 1995
FS Schüler-Springorum	Festschrift für Horst Schüler-Springorum zum 65. Geburtstag, 1993
FS Spendel	Festschrift für Günter Spendel zum 70. Geburtstag, 1992
FS Trechsel	Strafrecht, Strafprozeßrecht und Menschenrechte, Festschrift für Stefan Trechsel zum 65. Geburtstag, 2002
Grunst	Grunst, Bettina, Prozeßhandlungen im Strafprozeß, 2002
Grünwald	Grünwald, Gerald, Das Beweisrecht der Strafprozeßordnung, 1993
Hassemer/Matussek	Hassemer, Winfried/Matussek, Karin, Das Opfer als Verfolger, 1996
Heinrich	Heinrich, Manfred, Zur Operationsvorbereitung entnommene Blutproben als Beweismittel im Strafprozeß, 1996
HK	Heidelberger Kommentar zur Strafprozeßordnung, hrsg. von Julius u. a., 4. Aufl. 2009
JA	Juristische Arbeitsblätter
Jura	Juristische Ausbildung
JuS	Juristische Schulung
JW	Juristische Wochenschrift
JZ	Juristenzeitung
Kaiser	Kaiser, Günther, Kriminologie, 3. Aufl. 1996

KK	Karlsruher Kommentar zur Strafprozessordnung, 6. Aufl. 2008
KMR	Loseblattkommentar zur Strafprozeßordnung, begründet von Kleinknecht/Müller/Reitberger, hrsg. von Fezer/Paulus, ab 14. Lieferung von v. Heintschel-Heinegg/Stöckel, 8. Aufl. ab 1990
Kühne	Kühne, Hans-Heiner, Strafprozessrecht, 8. Aufl. 2010
Lackner/Kühl, StGB	Lackner, Karl/Kühl, Kristian, Strafgesetzbuch mit Erläuterungen, 26. Aufl. 2007
LK	Strafgesetzbuch Leipziger Kommentar, hrsg. Von Laufhütte/Rissing van Saan/Tiedemann, 12. Aufl. ab 2006
LR	Löwe/Rosenberg, Die Strafprozeßordnung und das Gerichtsverfassungsgesetz mit Nebengesetzen, Großkommentar, hrsg. von Rieß, Peter, 25. Aufl.. 26. Aufl. ab 2006, hrsg. von Erb, Volker u. a..
Meyer-Goßner	Meyer-Goßner, Lutz, Strafprozessordnung, 52. Aufl. 2009
NJW	Neue Juristische Wochenschrift
NStZ	Neue Zeitschrift für Strafrecht
NStZ-RR	Neue Zeitschrift für Strafrecht – Rechtsprechungs-Report
Peters-FG	Wahrheit und Gerechtigkeit im Strafverfahren. Festgabe für Karl Peters aus Anlaß seines 80. Geburtstages, 1984
Prittwitz	Prittwitz, Cornelius, Der Mitbeschuldigte im Strafprozeß, 1984
Roxin/Schünemann ...	Roxin, Claus/Schünemann, Bernd, Strafverfahrensrecht. Ein Studienbuch, 26. Aufl. 2009
Rudolphi-Symposium	Zur Theorie und Systematik des Strafprozeßrechts, Symposium zu Ehren von Hans-Joachim Rudolphi, 1995
Sarstedt/Hamm	Sarstedt, Werner/Hamm, Rainer, Die Revision in Strafsachen, 6. Aufl. 1998
Schairer	Schairer, Martin, Der befangene Staatsanwalt, 1983
Schlüchter	Schlüchter, Ellen, Das Strafverfahren, 2. Aufl. 1983
SK	Systematischer Kommentar zur Strafprozeßordnung und zum Gerichtsverfassungsgesetz, bearbeitet von Rudolphi/Degener/Frisch/Frister/Paeffgen/Rogall/Schlüchter/Velten/Weßlau/Wohlers/Wolter, Loseblattkommentar 2007
StraFo	Strafverteidiger Forum
StV	Strafverteidiger
Tolksdorf	Tolksdorf, Klaus, Mitwirkungsverbot für den befangenen Staatsanwalt, 1989
Verrel	Verrel, Torsten, Die Selbstbelastungsfreiheit im Strafverfahren, 2001
Volk 1978	Volk, Klaus, Prozeßvoraussetzungen im Strafrecht, 1978
Volk 1980	Volk, Klaus, Wahrheit und materielles Recht im Strafprozeß, 1980
Ziegert	Ziegert, Ulrich (Hrsg.), Grundlagen der Strafverteidigung, 2000
ZRP	Zeitschrift für Rechtspolitik

§ 1. Der Strafprozessrechtsfall

Fall 1: J.S. beobachtet mit einem Fernglas über den Hof hinweg einen Mann im Haus gegenüber, der sich merkwürdig benimmt. Offenbar bereitet er überstürzt eine Reise, vielleicht sogar seinen Auszug vor. Seine Frau ist auf einmal wie verschwunden. Unter den Koffern ist einer, der so groß ist, dass man eine Leiche darin unterbringen könnte ... J.S. kommt das alles höchst verdächtig vor (nach Hitchcock, Das Fenster zum Hof). Er ruft die Polizei an. 1
Muss die Polizei etwas unternehmen? (s. unten 8 Rn. 6).
Darf sie eine Hausdurchsuchung vornehmen? (s. unten 10 Rn. 54).

Fall 2: Die Freundin des J.S. ist heimlich in die Wohnung des Nachbarn eingedrungen und hat dort den Ehering der Frau entdeckt und an sich genommen. Darf die Freundin als Zeugin im Mordprozess gegen den Nachbarn vernommen werden? (s. unten 21 Rn. 3).

So sehen Fälle aus dem Strafprozessrecht aus. Man muss sie anders angehen 2
als Fälle zum (materiellen) Strafrecht. Im materiellen Recht sind die Fälle „statisch“: der Sachverhalt steht fest, der Fall ist eine fertige Geschichte, und er ist „Geschichte“, d.h. er liegt in der Vergangenheit und man kann ihn abschließend beurteilen. Im Prozessrecht sind die Fälle „dynamisch“: sie entwickeln sich noch weiter, sie haben eine Zukunft, und man wird nicht nach der endgültigen Beurteilung gefragt, sondern muss über den nächsten Schritt entscheiden. Erst am Ende des Verfahrens gibt es einen Punkt, von dem aus die Sichtweise des Prozessrechts wieder so ähnlich ist wie die des materiellen Rechts:

Fall 3: Der Nachbar wird wegen Mordes verurteilt. Das Gericht hat den Ring als Beweismittel gegen ihn verwendet. Kann der Nachbar darauf eine Revision stützen und wird er damit Erfolg haben? (s. unten 28 Rn. 35).

Das Revisionsgericht arbeitet so, wie man es aus Strafrechtsfällen gewohnt ist (aber eben erst das Revisionsgericht). Es wendet das Recht auf einen abgeschlossenen Sachverhalt an, der ihm vorgegeben wird, der sich nicht mehr ändert und den auch das Gericht nicht mehr verändern kann (näher unten 36 Rn. 1).

Die Beispielsfälle zeigen, dass es **„Aufbauprobleme“** im Strafprozessrecht 3
nicht gibt. Auch diejenigen, die sonst mit (zu) großem Respekt vor Aufbaufragen an Klausuren herangehen und sich mehr oder minder strikt an ein Schema halten, dürfen beruhigt sein: im Ersten Staatsexamen jedenfalls werden in Sachen StPO meist nur einzelne Fragen gestellt (nach Art der Fälle 1 und 2), zu deren Beantwortung niemand ein Schema braucht. Bei Klausuren aus dem Bereich der Rechtsmittel (Fall 3) gibt es eine Prüfungsreihenfolge, die so trivial ist, dass die Bezeichnung als Aufbauschema schon fast übertrieben ist (man unterscheidet, wie auch sonst im Verfahrensrecht, Zulässigkeit und Begründetheit).

§ 2. Strafprozessrecht und materielles Strafrecht

1 I. Die beiden Rechtsgebiete grenzen unmittelbar und fugenlos aneinander an. Was nicht materielles Recht ist, muss in das Prozessrecht gehören und umgekehrt (das Strafprozessrecht ist im Schaubild einstweilen als „black box“ dargestellt; wir werden es später gliedern und dann auch eine detailliertere Karte vom Grenzbereich zwischen materiellem und formellem Recht zeichnen; vgl. unten 14 Rn. 5).

Übersicht 1: Aufbau des Strafrechts

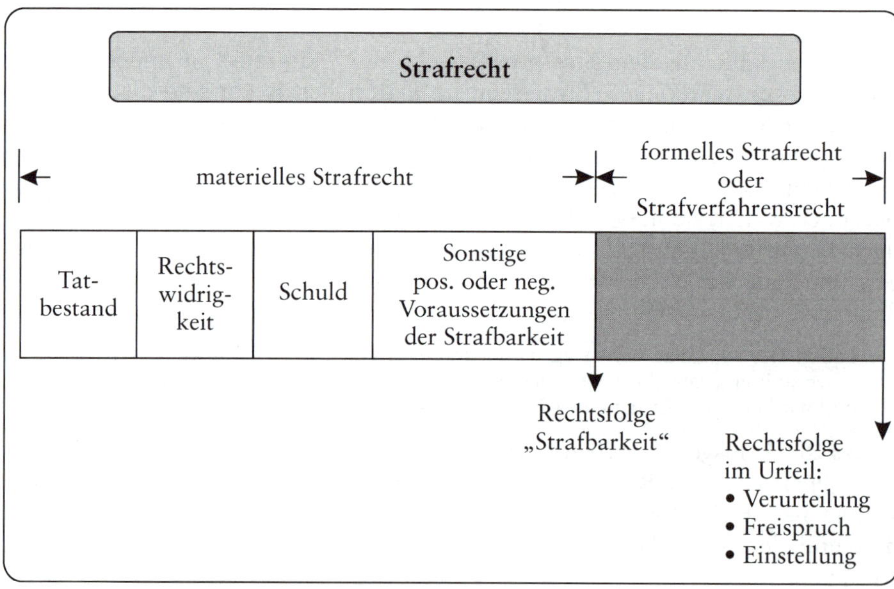

II. Die beiden Rechtsgebiete sind unter der Klammer „Strafrecht“ miteinander verblockt. Genauer: sie sind funktional aufeinander bezogen und voneinander abhängig. Ein Straf-Recht ohne Prozess gibt es nicht.

Nehmen wir an, dass der Nachbar aus den Beispielsfällen der Polizei den Mord gesteht. Wir können nun gedanklich das materielle Recht anwenden und sagen, wie sich der Nachbar „strafbar gemacht“ hat. Diese Rechtsanwendung bleibt hypothetisch und folgenlos. Erst wenn ein Fall zu Ende verhandelt ist und die abschließende Entscheidung nicht mehr angefochten werden kann (also Rechtskraft eingetreten ist, näher unten 32 Rn. 1 ff.), dann darf man im Strafverfahrensrecht ein Geschehen als „sicher“ betrachten und davon sprechen, dass die „Wahrheit“ festgestellt ist. Vorher gibt es nur Ungewissheit und Verdacht. Nur der rechtskräftig Verurteilte ist „schuldig“, in allen Verfahrensstadien davor gilt er als unschuldig.

III. Es ist auch nicht besonders sinnvoll (aber üblich), von einem „Strafanspruch“ des Staates zu sprechen, der im Prozess realisiert oder durchgesetzt würde.[1] Die Tat lässt nicht einen „Strafanspruch“ entstehen. Der Täter kann ihn ja nicht „erfüllen“ oder „Einreden“ erheben. In anderen Rechtsgebieten wirkt und funktioniert das materielle Recht auch ohne Prozess. Pacta sunt servanda, die meisten Verträge werden auch erfüllt, und selbst im Streitfall muss es nicht unbedingt zum Prozess kommen. Im Strafrecht muss es immer zum Prozess kommen. Der Staat hat das Monopol der Strafrechtspflege an sich gezogen, muss sie deshalb funktionstüchtig halten und dem Betroffenen einen „Justizgewährleistungsanspruch“ einräumen. 2

Noch einmal gegen die Rede vom „Strafanspruch“: im Zivilrecht ist der Schuldner, gegen den sich der Anspruch richtet, etwas schuldig. Im Strafrecht kann man sagen, dass der Täter „schuldhaft“ gehandelt habe. Aber „schuldig“ ist er dem Staat deswegen noch nichts. Und er ist es so lange nicht, wie er nicht „schuldig gesprochen“ ist. Außerdem geht es im Strafverfahren nicht nur um die Frage nach Schuld oder Unschuld.

---

[1] BVerfGE 20, 45, 49.

§ 3. Die Ziele des Strafverfahrens

1 **Wahrheit:** Im Strafverfahren soll die Wahrheit herausgefunden werden. Alle materiellrechtlich relevanten Umstände sollen bewiesen werden.

Gerechtigkeit: Ein gerechtes Urteil setzt ein faires, ordnungsgemäßes Verfahren voraus. Die Wahrheit wird nicht um jeden Preis erforscht. Es gibt Interessen, die der Wahrheitssuche im Wege stehen und die in einem Rechtsstaat dennoch geschützt werden müssen.

Beispiele: Das Schweigerecht des Beschuldigten; die Intimsphäre von Zeugen.

Rechtsfrieden: Das Strafverfahren arbeitet einen sozialen Störfall auf, sichert die Geltungskraft der Strafrechtsnormen und schafft dadurch Rechtsfrieden. Das Urteil soll die Sache erledigen. Einerseits muss es zwar möglich sein, Urteile zu revidieren, andererseits bringt es aber nichts, endlos zu prozedieren. Einmal muss zumindest Ruhe sein – wenn schon nicht Frieden.

Zwischen diesen Zielen besteht bestenfalls ein labiles Gleichgewicht.

Übersicht 2: Ziele des Strafverfahrens

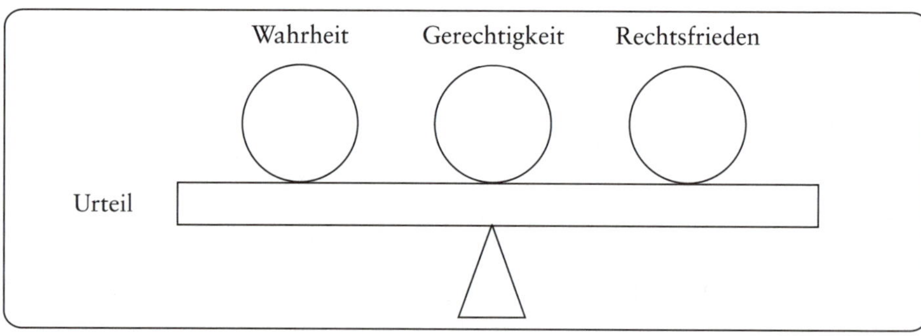

Das Urteil kann leicht „kippen". Notfalls genügen zwei Elemente von Gewicht, um das Urteil zu halten. Manchmal fällt nämlich eines aus. Machen wir uns das an drei Defizit-Situationen klar.

I. Defizit Wahrheit

2 Es gibt Urteile, die auf eine Absprache der Verfahrensbeteiligten zurückgehen (näher unten 30 Rn. 1 ff.). Das Gericht, die Staatsanwaltschaft, der Verteidiger und der Angeklagte haben einen „Vergleich" geschlossen. Davon profitieren meistens alle. Nehmen wir an, dass es sich um ein großes Wirtschaftsstraf-

verfahren handelt, in dem schon ein halbes Jahr verhandelt wird; der Angeklagte sitzt seit zwei Jahren in Untersuchungshaft. Würde man ohne „deal" weiterverhandeln und würde die Verteidigung alle ihre Möglichkeiten nutzen, müsste man noch mit mindestens einem weiteren Jahr Prozessdauer rechnen. Der Angeklagte gesteht und bekommt jetzt, nach der Absprache, vereinbarungsgemäß vier Jahre Freiheitsstrafe. Nach einem kontrovers geführten, langen Prozess bekäme er wahrscheinlich mehr – ihm ist gedient, weil er schneller wieder frei ist. Die Staatsanwaltschaft ist damit zufrieden, ein Verfahren relativ rasch mit einem Geständnis des Angeklagten abschließen zu können. Das Gericht braucht keine weitere, langwierige Verhandlung und vor allem kein Rechtsmittel der Verteidigung zu besorgen. Staatsanwaltschaft und Gericht können sich um andere Verfahren kümmern, die man einstweilen „auf die lange Bank" geschoben hatte, um dieses eine große Wirtschaftsstrafverfahren durchzuführen. Alles in allem ist das Urteil – als Abschluss eines fairen Verfahrens – im Ergebnis gerecht, und der Rechtsfrieden ist rasch hergestellt. Die Wahrheit allerdings ist vielleicht auf der Strecke geblieben. Wie es nun wirklich gewesen ist, wird nicht bis ins Letzte geklärt, sondern durch die Absprache womöglich sogar verdeckt oder verfälscht. Dennoch: es gibt auch eine Gerechtigkeit, die nicht auf der reinen, vollen Wahrheit beruht.

II. Defizit Gerechtigkeit

Im Fall 2 (oben 1 Rn. 1) ist das Beweisstück Ehering „unsauber" erlangt. 3
Aber es ist nun einmal da und in seinem Beweiswert unabhängig von der zumindest bedenklichen Methode, mit der es beigebracht wurde. Das Interesse an der Wahrheitsfindung überwiegt hier das Interesse an einem absolut korrekten Verfahren.

III. Defizit Rechtsfrieden

Nehmen wir an (zum Fall 3, oben 1 Rn. 2), dass sich Jahre nach der Verurtei- 4
lung des Nachbarn neue Tatsachen ergeben, die auf seine Unschuld hindeuten. Dann sind die Urteilsgrundlagen so erschüttert, dass man sich nicht auf das Interesse an fortdauerndem Rechtsfrieden berufen könnte. Das Verfahren müsste wieder aufgenommen werden (§ 359 Nr. 5).

Andererseits hätte der Rechtsfrieden Vorrang und das Interesse an der Wahrheitsfindung müsste zurückstehen, wenn der Nachbar freigesprochen worden wäre und sich nun nach Jahren neue Aspekte seiner Schuld ergeben. Lediglich dann, wenn er nach seinem Freispruch irgendwann gestehen würde, könnte man das Urteil nicht mehr halten, müsste den Rechtsfrieden opfern und der Wahrheit zum Durchbruch verhelfen (vgl. § 362 Nr. 4).

IV. Der Weg zum Ziel

5 Die materiellen Werte von Wahrheit, Gerechtigkeit und Rechtsfrieden müssen in einem „justizförmigen" Verfahren ausbalanciert werden. Ein Prozess ist eine Prozedur. Er verläuft nach bestimmten Regeln in vorgezeichneten Formen. Das „prozessordnungsgemäße" Vorgehen ist nicht Formalismus, sondern ein Schutzmechanismus für die Interessen, die ein Rechtsstaat wahren muss. Diese schützenden Formen bremsen nicht selten die Strafverfolgung, sollen sie aber nicht blockieren. Auch die „Effektivität der Strafrechtspflege" gehört zum Rechtsstaatsprinzip.[1]

Die Entscheidung über die Wahrheit ist stets mit dem Risiko des Irrtums belastet. Deshalb kommt es, wie bei allen riskanten Entscheidungen, darauf an, die richtigen Wege zu beschreiten. Das prozessordnungsgemäße, faire Verfahren ist ein Wert an sich und schafft Gerechtigkeit durch Verfahren, prozedurale Gerechtigkeit.[2]

Fälle und Fragen

1. Was sind die Ziele des Strafverfahrens?

---

[1] BVerfGE 33, 367, 383; 44, 353, 374; 474, 257, 262.

[2] Zu den diversen Wahrheitsbegriffen und den diskursiven Elementen der Wahrheit vgl. *Volk,* FS Salger (1995), S. 411 ff.

§ 4. Der Gang des Verfahrens

Übersicht 3: Der Gang des Verfahrens

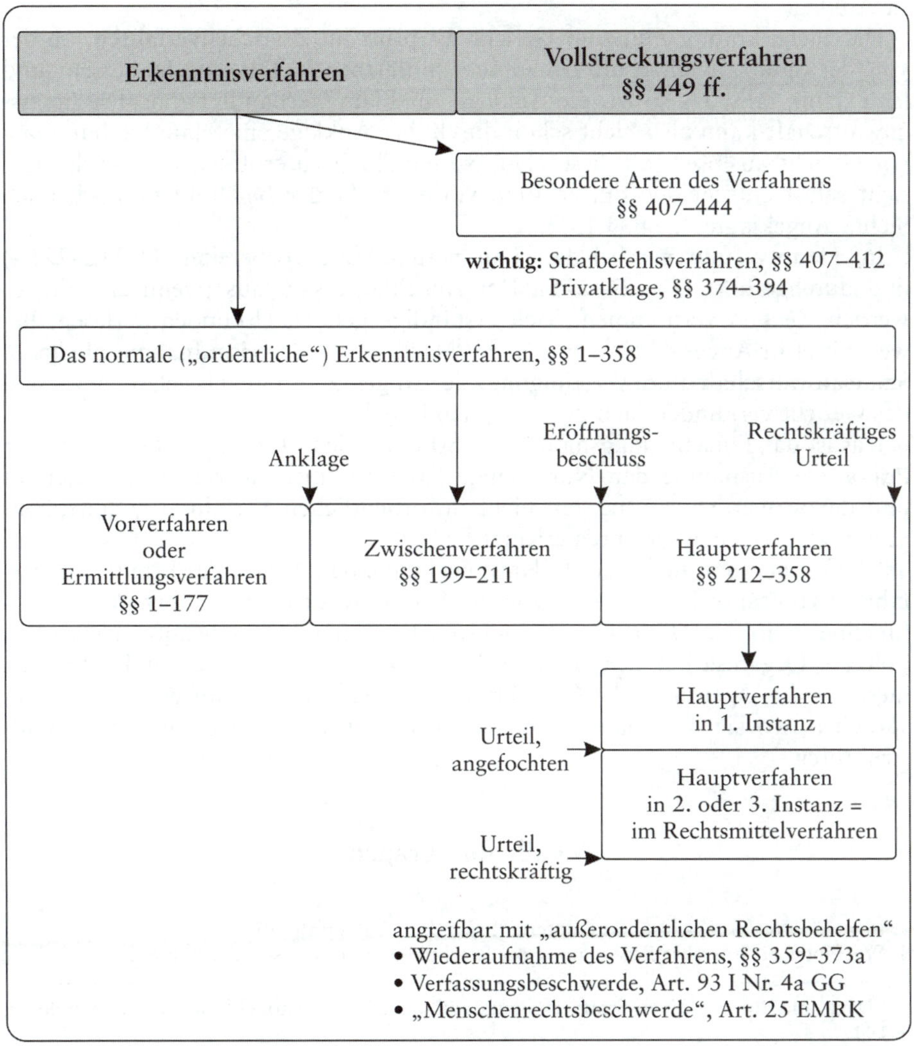

Jedes Strafverfahren beginnt mit einem Verdacht und endet mit einer Entscheidung. Die StPO regelt als Normalfall das ordentliche Erkenntnisverfahren. Es hat drei Stadien: Vorverfahren, Zwischenverfahren, Hauptverfahren. Für den ersten Überblick genügt eine Kurzcharakteristik. 1

Im **Vorverfahren (Ermittlungsverfahren)** werden die Umstände des Falles soweit geklärt, dass die Staatsanwaltschaft entscheiden kann, ob „genügender Anlass" zur Erhebung einer Anklage besteht (§ 170 Abs. 1). Die Verfahrensherrschaft liegt in diesem vorbereitenden Stadium bei der Staatsanwaltschaft. Die meiste Arbeit macht die Polizei, von sich aus oder auf Weisung der Staatsanwaltschaft. Sie sammelt das Material. Ergibt sich daraus kein „hinreichender" Tatverdacht oder erweist sich der Fall als Bagatelle oder sonst nicht verfolgungswürdig, stellt die Staatsanwaltschaft das Verfahren ein. Andernfalls erhebt sie Anklage.

Die Sache kommt nun zum Gericht. Es prüft im **Zwischenverfahren,** ob der von der Staatsanwaltschaft behauptete hinreichende Tatverdacht besteht und lässt dann, falls das so ist, die Anklage zur Hauptverhandlung zu. Die Staatsanwaltschaft kann also nicht schon durch ihre Anklage eine Hauptverhandlung vor Gericht auslösen; ob diese Hauptverhandlung zu eröffnen ist, soll das Gericht selbst entscheiden dürfen (und vorher heißt der Beschuldigte auch noch nicht „Angeklagter", vgl. § 157).

Im **Hauptverfahren** wird die Hauptverhandlung vorbereitet (§§ 212–225 a) und durchgeführt (§§ 226–275). Der Angeklagte sagt aus (wenn er will), es werden Zeugen vernommen, Sachverständige gehört, Urkunden verlesen, Beweismittel in Augenschein genommen. Nach dieser Beweisaufnahme plädieren Staatsanwaltschaft und Verteidigung, der Angeklagte hat das letzte Wort und das Gericht verkündet nach Beratung sein Urteil.

2 Das ist das Entscheidungsmodell der StPO für den Normalfall. Es stellt in der Praxis die Ausnahme dar. Nur wenige Fälle kommen überhaupt vor Gericht und davon werden die meisten nicht im ordentlichen Verfahren geführt, sondern im Strafbefehlsverfahren erledigt.[1]

Wir können nun nicht gleich damit beginnen, den Ablauf des Ermittlungsverfahrens zu besprechen. Es wird von der Staatsanwaltschaft geführt. Was ist das für eine Behörde? Diese Frage wiederum kann man nicht beantworten, ohne sich die Organisation der Gerichte klarzumachen. Die einzelnen Funktionen dieser beiden Agenturen der Gerechtigkeit im Verfahrensablauf werden dort besprochen, wo sie ihre Hauptrolle spielen. Einstweilen geht es nur um Grundstrukturen.

Fälle und Fragen

2. In welche Verfahrensabschnitte unterteilt sich das Strafverfahren?
3. Wie lautet die korrekte Bezeichnung des Beschuldigten im Zwischenverfahren?

---

[1] Dazu und zur selektiven Strafverfolgung vgl. das „Trichtermodell", *Kaiser,* Kriminologie, S. 141.

§ 5. Die Gerichte: Verfassung, Organisation und Zuständigkeit

I. Das Gerichtsverfassungsrecht

Es ist für die ordentlichen Gerichte im Grundgesetz prinzipiell geregelt (Art. 92–104 GG) und wird vom GVG ausgeführt.

1. Art. 92 GG

Die rechtsprechende Gewalt wird durch Gerichte ausgeübt. Sie sind von der Exekutive getrennt und unabhängig. Sie sind nur dem Gesetz unterworfen, also in der Sache an die Legislative gebunden. 1

2. Art. 97 GG

Der Richter ist sachlich und persönlich unabhängig (vgl. auch § 1 GVG, §§ 25, 45 Abs. 1 DRiG). Anders ist eine neutrale und objektive Rechtsprechung nicht denkbar. Abhängigkeiten drohen aus verschiedener Richtung. 2

Fall 1: Amtsrichter X soll eine Hauptverhandlung wegen Trunkenheit am Steuer leiten. Angeklagt ist seine Lebensgefährtin.

Dieser drohenden **Abhängigkeit von Prozessbeteiligten** trägt die StPO Rechnung. X ist zwar nicht vom Richteramt ausgeschlossen (vgl. den Katalog in § 22), kann aber als befangen abgelehnt werden (§ 24) und auf diesen Grund selbst hinweisen (§ 30).

Fall 2: Richter X hat einen Arzt freigesprochen, der Soldaten als „potentielle Mörder" bezeichnet hatte. Nehmen wir an, die Regierung würde das öffentlich massiv kritisieren und der Justizminister des Landes würde versuchen, den Richter (wegen Krankheit z. B.) als dienstunfähig in den Ruhestand zu schicken.

Gegen diese drohende **Abhängigkeit von der Exekutive** schützt Art. 97 GG.

Fall 3: Der soeben erwähnte Fall kommt, wie wir annehmen, vor das Revisionsgericht. Dort gibt der Vorsitzende einem neuen, jüngeren Mitglied seines Senats „kollegiale Empfehlungen" zur Entscheidung des Falles.

Auch gegen diese Art der drohenden **Abhängigkeit von der Justiz** schützt das Prinzip der Unabhängigkeit des Richters.

Fall 4: Nach einem milden Urteil gegen einen rechtsextremen Antisemiten läuft die Presse Sturm gegen den Richter, der das Urteil abgefasst hatte.

Dieser drohenden **Abhängigkeit von der vierten Gewalt** ist in einem Rechtsstaat, der Kritik und freie Rede schützt, nicht nur unvermeidlich, sondern bis zu einem gewissen Grade auch tolerabel. Klare verfassungsrechtliche Grenzen sind noch nicht gezogen. Einen Straftatbestand, der unzulässige Pressionen auf Richter unter Strafe stellt, gibt es in Deutschland nicht (anders im anglo-amerikanischen Rechtskreis: „contempt of court“).

Fall 5: Amtsrichter X vermag sich der herrschenden Meinung nicht anzuschließen, folgt dem *BGH* nicht und urteilt anders.

Das darf er. Es gibt nur eine **Abhängigkeit vom Gesetz,** nicht von der herrschenden Meinung und prinzipiell auch nicht von der Auslegung des Gesetzes durch andere, höhere Gerichte (Ausnahmen: §§ 121 Abs. 2, 132 GVG; § 31 BVerfGG; § 358 Abs. 1).

3. Art. 101 GG

3 Das **Prinzip des gesetzlichen Richters** besagt, dass nur vom Gesetz bestimmt werden darf und auf Grund eines Gesetzes von vornherein festgelegt werden muss, wer für (zukünftige) Strafrechtsfälle der zuständige Richter ist.[1] Das darf also nicht erst nach der Tat und nicht durch die Exekutive oder die Justizverwaltung allein geschehen. Das Präsidium des Gerichts macht, legitimiert durch das GVG, einen Geschäftsverteilungsplan. Danach steht heute schon fest, wer der zuständige Richter sein wird, wenn z. B. Klaus Volk morgen in München eine Straftat begeht. Daran kann man nichts mehr ändern.

Aber die Kriterien der Zuständigkeit sind nicht immer scharf umrissen und in manchen Fällen ist die Zuständigkeit „beweglich“ (s. unten 12 Rn. 42). Nicht jeder Fehler ist ein Grundrechtsverstoß. Dem gesetzlichen Richter ist nur entzogen, wer von einer objektiv willkürlichen, also sachlich nicht zu rechtfertigenden Maßnahme betroffen ist.[2]

Ausnahmegerichte sind verboten. Das wären Gerichte, die man erst nach der Tat einsetzt, um bestimmte Fälle zu untersuchen oder über bestimmte Personen zu urteilen.

Sondergerichte (Art. 101 Abs. 2 GG) können für bestimmte Sachgebiete errichtet werden, aber nur durch ein Gesetz, das abstrakte und generelle Kriterien enthält.

Beispiel: Berufsgerichte für Rechtsanwälte.

4 In allen Gerichten werden **Berufsrichter** tätig. In manchen sitzen daneben Laienrichter. Sie heißen „Schöffen“ (§ 30 GVG). Für sie gelten die Regeln über den gesetzlichen Richter in gleicher Weise; auch sie sind, wenngleich nicht Richter von Beruf, sachlich unabhängig.

Richter können von der Ausübung des Richteramtes kraft Gesetzes ausgeschlossen sein (§§ 22, 23) oder wegen Besorgnis der Befangenheit abgelehnt werden (§§ 24 ff.). Diese Probleme tauchen meist erst zu Beginn der Hauptverhandlung auf und werden deshalb dort besprochen (vgl. unten 19 Rn. 2 ff.).

---

[1] *BVerfG* NJW 1997, 1497.

[2] BVerfGE 30, 165; BGHSt 43, 53; 47, 116, 119; für die Umverteilung bereits anhängiger Verfahren gelten strengere Maßstäbe: jede Rechtswidrigkeit; *BGH* NStZ 2009, 651 im Anschluss an *BVerfG* NJW 2005, 2689.

II. Die Organisation der Gerichte

Sie ist Sache der Länder. Das GVG legt fest, welche Gerichte es gibt, wie sie besetzt sind und welche Kompetenzen sie haben. Die Länder bestimmen, wo es ein Gericht gibt, welches Gericht an welchem Ort errichtet wird, wie viele Gerichte es geben soll, wie die örtliche Zuständigkeit aufgeteilt wird. 5

Das EGGVG hat den Ländern die Möglichkeit eröffnet, ein „Oberstes Landesgericht" zu errichten. Davon hatte (nur) Bayern Gebrauch gemacht. Das *BayObLG* wurde ab 2005 stufenweise aufgelöst.

III. Die Zuständigkeit der Gerichte in erster Instanz

Sie gehört zur Garantie des gesetzlichen Richters.

1. Überblick

Durch die **sachliche Zuständigkeit** wird festgelegt, auf welcher Stufe die Sache in erster Instanz beginnt: beim Amtsgericht, Landgericht oder Oberlandesgericht. Der Bundesgerichtshof (als das einzige Strafgericht des Bundes) wird nie in erster Instanz, sondern nur im Revisionsverfahren tätig. Beim Amtsgericht gibt es als „Spruchkörper" für die erste Instanz den Einzelrichter und das Schöffengericht. Die Aufteilung der Fälle gehört zur sachlichen Zuständigkeit. Geregelt ist die sachliche Zuständigkeit im GVG. 6

Außerdem muss gesetzlich vorab festgelegt sein, welches Gericht **örtlich zuständig** ist. Das richtet sich nach §§ 7ff. (vgl. unten Rn. 16). 7

Die **funktionelle Zuständigkeit** ist ein vom Gesetz nicht verwendeter (und vom Grundgesetz nicht garantierter) Sammelbegriff für alle anderen Arten von Zuständigkeit. Dazu gehören die Fragen, 8

- wie die Zuständigkeit zwischen Strafkammern gleichen Ranges verteilt ist (z.B. allgemeine Strafkammer – Wirtschaftsstrafkammer)
- wann der Vorsitzende eines Kollegialgerichts allein entscheiden darf
- in welchen Fällen die Strafvollstreckungskammern entscheiden (§§ 78a, b GVG).

2. Die sachliche Zuständigkeit des Amtsgerichts

Zunächst muss geklärt werden, ob das Amtsgericht überhaupt zuständig ist und sodann, ob der Fall vor den Strafrichter oder das Schöffengericht gehört. Für die Beantwortung der ersten Frage wendet das Gesetz eine Subtraktionsmethode an (wenn nicht das Landgericht zuständig ist, § 24 GVG), während die Zuständigkeit des Einzelrichters „positiv" bestimmt wird (§ 25 GVG). Die Regelung ist kompliziert, weil auch die Zuständigkeit des Landgerichts nur zum Teil genau beschrieben ist und ansonsten gewissermaßen zurückverwiesen wird 9

(„wenn nicht das Amtsgericht zuständig ist", § 74 Abs. 1 S. 1 GVG). Die Ergebnisse sind dennoch relativ eindeutig.

Die Strafgewalt des Amtsgerichts ist begrenzt auf vier Jahre Freiheitsstrafe (§ 24 Abs. 2 GVG). Fälle, in denen eine höhere Strafe zu erwarten ist, gehören also vor das Landgericht (§ 24 Abs. 1 Nr. 2 GVG). Selbst bei geringerer Straferwartung entscheidet über den Vorwurf bestimmter Delikte (Verbrechen) immer das Landgericht (Schwurgericht, § 74 Abs. 2 GVG; Staatsschutzkammer, § 74a GVG).

Ferner kann die Staatsanwaltschaft einem Fall, der in die Zuständigkeit des Amtsgerichts fällt, besondere Bedeutung beimessen und ihn vor dem Landgericht anklagen (§§ 24 Abs. 1 Nr. 3, 74 Abs. 1 S. 2 GVG); zu dieser „beweglichen" Zuständigkeit unten 12 Rn. 42.

a) Der Strafrichter

10 entscheidet über Privatklagen und Vergehen, bei denen nicht mehr als zwei Jahre Freiheitsstrafe zu erwarten sind (§ 25 GVG), hat aber die Rechtsfolgenkompetenz des Amtsgerichts und darf also bis zu vier Jahren verhängen.[3]

b) Das Schöffengericht

11 soll über die mittlere Kriminalität entscheiden. Seine Zuständigkeit ist negativ umschrieben (§ 28 GVG). Es ist mit einem Berufsrichter und zwei Laien als ehrenamtlichen Richtern (Schöffen) besetzt (§ 29 Abs. 1 GVG); in umfangreichen Sachen kann auf Antrag der Staatsanwaltschaft ein weiterer Berufsrichter mitwirken (erweitertes Schöffengericht, § 29 Abs. 2 GVG).

3. Die sachliche Zuständigkeit des Landgerichts

12 In erster Instanz entscheiden große Strafkammern, besetzt mit drei Berufsrichtern und zwei Schöffen (§ 76 Abs. 1 S. 1 GVG). Sie können nach dem RpflEntlG[4] auch mit nur zwei Berufsrichtern tagen (§ 76 Abs. 2 GVG; Ausnahme: Schwurgericht). Bei der Frage nach „Umfang und Schwierigkeit der Sache" gibt es kein Auswahlermessen, aber einen weiten Beurteilungsspielraum.[5]

> **Beispiel:** In einer umfangreichen Wirtschaftsstrafsache gegen vier nicht geständnisbereite Angeklagte, denen mehrere hundert Betrugstaten vorgeworfen werden, sind von der StA 289 Zeugen benannt und über 100 Beweismittelordner angelegt worden. Eine Strafkammer, die diesen Fall mit nur zwei Berufsrichtern verhandeln will, überschreitet ihren Beurteilungsspielraum in unvertretbarer Weise und handelt objektiv willkürlich.[6]

Das Landgericht ist sachlich zuständig für
- die in § 74 Abs. 2 GVG genannten Verbrechen

---

[3] *BGH* NStZ 1985, 470.
[4] Das derzeit bis zum 31. 12. 2011 befristet ist und vermutlich wieder, wie schon mehrfach geschehen, verlängert werden wird.
[5] BGHSt 44, 328.
[6] *BGH* NStZ 2004, 56.

– Verbrechen und Vergehen, wenn eine höhere Strafe als vier Jahre Freiheitsstrafe zu erwarten ist (§ 74 Abs. 1 S. 2 Alt. 1 GVG) oder die Staatsanwaltschaft wegen der besonderen Bedeutung des Falles Anklage beim Landgericht erhoben hat (§ 74 Abs. 1 S. 2 Alt. 2 GVG).

a) Neben den allgemeinen großen Strafkammern gibt es besondere.

Das **Schwurgericht** – es hat seinen traditionellen Namen beibehalten, ist aber 13
nichts anderes als eine große Strafkammer – entscheidet über Kapitaldelikte (§ 74 Abs. 2 GVG).

Die **Wirtschaftsstrafkammer** ist zuständig in genau umschriebenen Fällen (§ 74c Abs. 1 Nr. 1–6 GVG) sowie bei Betrug, Untreue, Wucher und Korruption, „soweit zur Beurteilung des Falles besondere Kenntnisse des Wirtschaftslebens erforderlich sind" (Nr. 6).

Die **Staatsschutzkammer** hat eine genau definierte Zuständigkeit (§ 74a Abs. 1 GVG). Sie geht auf das Oberlandesgericht über, wenn der Generalbundesanwalt wegen der „besonderen Bedeutung des Falles" die Verfolgung übernimmt (Abs. 2; der zweite Fall einer sog. beweglichen Zuständigkeit, vgl. oben 9). Sie entscheidet ferner über den „großen Lauschangriff" (§ 100d Abs. 2; näher unten 10 Rn. 51).

Ferner kann eine **Jugendschutzkammer** gebildet werden (§ 74b GVG).

b) Kompetenzkonflikte zwischen diesen verschiedenen Strafkammern löst bzw. vermeidet das Gesetz durch eine Regelung des Vorrangs (§ 74e GVG). Die Jugendschutzkammer ist nicht genannt, weil die Jugendgerichte stets Vorrang haben (§§ 102, 103 Abs. 2 S. 1, 112 JGG), und die allgemeine Strafkammer nicht, weil sie nie den Vorrang hat.

4. Die Zuständigkeit des Oberlandesgerichts

Am Oberlandesgericht (das in Berlin Kammergericht heißt) entscheiden Sena- 14
te, besetzt mit drei bzw. fünf Berufsrichtern (vgl. § 122 Abs. 2 GVG). Sie sind zuständig für die Staatsschutzdelikte, die in § 120 Abs. 1 GVG genannt sind, ferner für alle in § 74a Abs. 1 GVG aufgezählten Delikte sowie bestimmte Mordtaten und gemeingefährliche Delikte, die sich gegen den Bestand, die Sicherheit oder die Verfassung der Bundesrepublik richten (§ 120 Abs. 2 GVG), wenn der Generalbundesanwalt wegen der besonderen Bedeutung des Falles die Verfolgung übernimmt.[7]

5. Die Laienrichter

Sie heißen Schöffen, auch in der großen Strafkammer, die noch immer den 15
Namen Schwurgericht trägt. Geschworene gibt es seit 1924 nicht mehr. Das klassische Schwurgericht, in dem die Laienrichter über die Schuldfrage entschieden und die Berufsrichter über die Strafzumessung befanden, hatte sich nach deutscher Auffassung nicht bewährt. Tatsächlich ist es auch kaum möglich, Tatfragen und Rechtsfragen scharf zu trennen. Man fragt ja nicht, ob der

[7] Zu dieser „Strafgerichtsbarkeit des Bundes" *Welp*, NStZ 2002, 1; BGHSt 46, 238 (rechtsextremistische Taten); BGHSt 46, 238; *BGH* NStZ 2002, 447.

Angeklagte „es gewesen ist", sondern ob er z.B. eine räuberische Erpressung mit Todesfolge begangen hat.

Die Schöffen üben als ehrenamtliche Richter „das Richteramt in vollem Umfang und mit gleichem Stimmrecht" aus wie die Berufsrichter (§§ 30, 77 Abs. 1 GVG). Sie entscheiden über die Schuld- und Straffrage gemeinschaftlich und Tatfragen ebenso wie Rechtsfragen. Bei Entscheidungen außerhalb der Verhandlung wirken sie aber nicht mit (§§ 30 Abs. 2, 76 Abs. 1 S. 2 GVG). Das Gericht hat es allerdings nicht in der Hand, ob innerhalb oder außerhalb der Hauptverhandlung entschieden wird. Nur bei zwingenden Gründen darf ausnahmsweise außerhalb der Hauptverhandlung entschieden werden.[8] Die Schöffen sollen sich ihre Überzeugung allein auf Grund der Hauptverhandlung bilden und haben deshalb kein Recht, Einsicht in die Gerichtsakten zu nehmen. Das macht es sehr schwierig, der Hauptverhandlung zu folgen (weshalb der *BGH* neuerdings Ausnahmen zulässt).[9]

Der Laie auf der Richterbank ist eine Errungenschaft der französischen Revolution.[10] Ihr Wert soll noch immer darin liegen, das Verständnis der Bevölkerung für die Strafrechtspflege zu stärken, ihr Vertrauen in die Gerechtigkeit zu stabilisieren und gesunden Menschenverstand einzubringen. Im Grunde aber handelt es sich in einer modernen, professionalisierten Gesellschaft nur noch um Sozialromantik des 19. Jahrhunderts.[11] Viele demokratische Rechtsstaaten lassen das Richteramt nur noch von Berufsrichtern ausüben. Es ist nicht beweisbar, dass die Teilnahme von Laienrichtern einen Wert hat. Allerdings: sie schaden auch nicht.

6. Die örtliche Zuständigkeit (Gerichtsstand)

a) Ordentliche Gerichtsstände

16 Die StPO nennt als Anknüpfungspunkt den Tatort (§ 7; vgl. § 9 StGB); den Wohnsitz bzw. Aufenthaltsort (§ 8) und den Ergreifungsort (§ 9, wichtig für Auslandstaten). Es liegt im Ermessen der Staatsanwaltschaft, bei einem dieser örtlich zuständigen Gerichte Anklage zu erheben (und überprüfbar ist ihre Wahl nur im Rahmen des § 16). Ist das mehrfach geschehen, gilt der Prioritätsgrundsatz (§ 12 Abs. 1). Die „Eröffnung der Untersuchung" liegt in dem Gerichtsbeschluss, mit dem eine Anklage zugelassen (§ 203; unten 16 Rn. 10f.) oder eine Nachtragsanklage einbezogen wird (§ 266 Abs. 1; unten 13 Rn. 9); im Strafbefehlsverfahren liegt sie im Beginn der Hauptverhandlung (unten 33).

b) Außerordentliche Gerichtsstände

Der **Gerichtsstand des Zusammenhangs** (§ 13 Abs. 1) erklärt jedes Gericht (gleicher Ordnung[12]) für zuständig, das bei isolierter Betrachtung der zusam-

[8] Vgl. BGHSt 43, 91. Die Gegenmeinung lässt für eine Entscheidung außerhalb der Hauptverhandlung genügen, dass sie unterbrochen ist; *OLG Hamburg* NJW 1998, 2988; nicht beanstandet von *BVerfG* NJW 1998, 2962; *Foth,* NStZ 1998, 421.

[9] Vgl. BGHSt 43, 36, 39.

[10] Vgl. *Volk,* JuS 1991, 871.

[11] Vgl. *Volk,* FS Dünnebier, 373.

[12] Sonst ist die sachliche Zuständigkeit betroffen, § 4; *BGH* NStZ 2005, 464.

menhängenden Strafsachen zuständig ist (zum Zusammenhang vgl. unten 13 Rn. 10). Bei mehrfacher Anhängigkeit müssen die beteiligten Gerichte eine Vereinbarung treffen (§ 13 Abs. 2 S. 1) oder, wenn sie sich nicht einigen können, das gemeinschaftliche obere Gericht entscheiden lassen (§ 13 Abs. 2 S. 2):

Den **Gerichtsstand der gerichtlichen Bestimmung** sieht die StPO für die Fälle vor, dass eine örtliche Zuständigkeit nach §§ 7–11 nicht gegeben ist (§ 13a), ein Kompetenzkonflikt entstanden ist (§ 14) oder das zuständige Gericht verhindert ist oder eine Gefahr für die öffentliche Sicherheit befürchtet (§ 15)[13].

IV. Die Zuständigkeit in Rechtsmittelsachen

1. Das Landgericht

a) Es entscheidet über Berufungen gegen Urteile des Amtsgerichts (Strafrichter und Schöffengericht). Zuständig ist eine kleine Strafkammer, besetzt mit einem Berufsrichter und zwei Schöffen (§§ 74 Abs. 3, 76 Abs. 1 GVG). 17

b) Über Beschwerden (§§ 304ff., unten 37) gegen Verfügungen des Richters am Amtsgericht und Beschlüsse des Amtsgerichts entscheidet eine große Strafkammer ohne Mitwirkung der Laienrichter (§ 309 Abs. 1, §§ 73, 76 Abs. 1 GVG).

2. Das Oberlandesgericht

a) Revision

Beim Oberlandesgericht gibt es Senate (§ 116 GVG), in der Rechtsmittelinstanz besetzt mit drei Berufsrichtern (§ 122 Abs. 1 GVG). Sie entscheiden über die Sprungrevision gegen Urteile des Amtsgerichts (unten 36 Rn. 31), die Revision gegen Berufungsurteile des Landgerichts (unten 36 Rn. 30) und die (sehr seltene) Revision gegen erstinstanzliche Urteile der Strafkammern des Landgerichts, wenn es ausschließlich um die Verletzung von Landesrecht geht (§ 121 Abs. 1 Nr. 1 GVG).[14] 18

b) Beschwerde

Ferner entscheidet das Oberlandesgericht über Beschwerden gegen Beschlüsse des Landgerichts (§ 121 Abs. 1 Nr. 2, 3 GVG).

3. Der Bundesgerichtshof

Die fünf Strafsenate des Bundesgerichtshofs (vier in Karlsruhe, einer in Leipzig) entscheiden in der Besetzung mit fünf Richtern über Revisionen gegen erst- 19

---

[13] *BGH* JR 2002, 432 zur Gefahr eines terroristischen Anschlags.

[14] In Bayern ist das *BayObLG* noch zuständig für Revisionen, die bis zum 31. 12. 2004 anhängig geworden sind.

instanzliche Urteile des OLG (Staatsschutzsachen) und der großen Strafkammern des Landgerichts (§§ 130, 135 Abs. 1 GVG), mit drei Richtern über bestimmte Beschwerden (§§ 135 Abs. 2, 139 Abs. 2 GVG).

Will ein Strafsenat von einer Entscheidung eines anderen Strafsenats abweichen oder geht es um eine Rechtsfrage von grundsätzlicher Bedeutung, entscheidet der Große Senat für Strafsachen, bestehend aus dem Präsidenten des Bundesgerichtshofs und je zwei Mitgliedern der Strafsenate (§ 132 Abs. 2, 4, 5 GVG). Bei Divergenzen zwischen Straf- und Zivilsenaten entscheiden die Vereinigten Großen Senate (§ 132 Abs. 1 S. 2, Abs. 2, 3, 5 S. 2 GVG).

V. Internationale Strafgerichte

1. Der Europäische Gerichtshof für Menschenrechte *(EGMR)*[15]

20 Die Europäische Menschenrechtskonvention (EMRK), ein völkerrechtlicher Vertrag vom 4. 11. 1950, garantiert im Bereich des Europarats Justizgrundrechte (Art. 6 EMRK, näher dazu unten 18 Rn. 10). Rechtschutz gewährt der *EGMR*. Er hat seinen Sitz in Straßburg. Jeder der derzeit 47 Mitgliedstaaten entsendet einen Richter.

a) Das Verfahren

Mit der Beschwerde zu diesem Gerichtshof kann (nur) eine Verletzung der EMRK-Grundrechte geltend gemacht werden. Das können Mitgliedstaaten tun (Staatenbeschwerde, Art. 33 EMRK) oder einzelne natürliche oder juristische Personen (Individualbeschwerde, Art. 34 EMRK), wenn sie den innerstaatlichen Rechtsweg bis hin zur Verfassungsbeschwerde erschöpft haben. Dann läuft eine Frist von sechs Monaten (Art. 35 EMRK).

Die Struktur des Verfahrens ist nicht „inquisitorisch" (wie im deutschen Recht), sondern adversatorisch (s. unten 11 Rn. 1). Amtssprachen sind Englisch und Französisch.

b) Die Entscheidung und ihre Folgen[16]

Der *EGMR* kann den Verstoß gegen die EMRK nur feststellen, dem davon Betroffenen eine „gerechte Entschädigung" zusprechen (Art. 41 EMRK), Urteile der nationalen Gerichte aber nicht aufheben. Sie sind für den Verurteilten dann gem. § 359 Nr. 6 angreifbar. Der Mitgliedstaat als Partei hat das Urteil des *EGMR* zu befolgen (Art. 46 EMRK). Die anderen Staaten sind zwar rechtlich nicht gebunden, müssen aber damit rechnen, in einem Parallelfall selbst verurteilt zu werden.[17] Zumindest eine ständige Rechtsprechung des *EGMR* entwickelt eine normative Leitfunktion.[18]

---

[15] Zur Vertiefung *Ambos*, NStZ 2002, 628, NStZ 2003, 14; *Jung*, ZStW 115 (2003), 583; zur nationalen Umsetzung der Entscheidungen europäischer Gerichte *Kühne*, GA 2005, 195 ff.

[16] Näher *Kühne*, Strafprozessrecht, Rn. 37 ff.

[17] *Kühne*, StV 2001, 73.

[18] *BVerwG* NVwZ 2002, 87.

2. Der Europäische Gerichtshof *(EuGH)*

Bei diesem Gerichtshof in Luxemburg finden keine Strafverfahren statt (aber Bußgeldverfahren, z.B. im Kartellrecht). Ihm müssen jedoch bestimmte Rechtsfragen zur Klärung vorgelegt werden: 21

„Nach § 1 Abs. 2 i.V.m. Abs. 1 des am 1. Mai 1999 in Kraft getretenen Gesetzes betreffend die Anrufung des Gerichtshofs der Europäischen Gemeinschaften im Wege des Vorabentscheidungsverfahrens auf dem Gebiet der polizeilichen Zusammenarbeit und der justitiellen Zusammenarbeit in Strafsachen nach Artikel 35 des EU-Vertrags [EUV] (EuGH-Gesetz – EuGHG) vom 6. August 1998 (BGBl. I 2035; 1999 I 728) hat ein Gericht, dessen Entscheidungen selbst nicht mehr mit Rechtsmitteln des innerstaatlichen Rechts angefochten werden können, dem Gerichtshof zur Vorabentscheidung Fragen u.a. zur Auslegung von Übereinkommen auf dem Gebiet der justitiellen Zusammenarbeit in Strafsachen vorzulegen, wenn es eine Entscheidung darüber zum Erlass seines Urteils oder Beschlusses für erforderlich hält.“[19]

3. Der Internationale Strafgerichtshof *(IStGH)*[20]

a) Das Verfahren

Die Internationalen Militärgerichtshöfe in Nürnberg und Tokio haben nach dem Zweiten Weltkrieg damit begonnen, Völkerstrafrecht durchzusetzen. Sehr viel später folgten die Ad-hoc-Tribunale zur Ahndung der Kriegs- und Menschenrechtsverletzungen in Ex-Jugoslawien (ICTY) und Ruanda (ICTR), als friedenssichernde Maßnahmen etabliert durch Resolutionen des Sicherheitsrates der Vereinten Nationen (vgl. www.un.org/icty, www.ictr.org). Der *IStGH* hingegen ist ein ständiges Gericht auf der Grundlage eines völkerrechtlichen Vertrages, den 108 Staaten ratifiziert und weitere 47 unterzeichnet haben (vgl. www.icc-cpi.int). Dieses Römische Statut ist am 1. 7. 2002 in Kraft getreten. Es umfasst nach alter Tradition in einem Kodex die Straftaten, den Allgemeinen Teil[21] und rudimentär das Prozessrecht.[22] 22

Der *IStGH* hat seinen Sitz in Den Haag. Er hat drei Abteilungen für das Vorverfahren, das Haupt- und das Berufungsverfahren. Daneben steht die vom Gericht unabhängige Staatsanwaltschaft mit der Befugnis zu eigenen Ermittlungen. Verfahren können durch sie eingeleitet werden, aber auch durch einen Vertragsstaat oder den UN-Sicherheitsrat. In das adversatorische Verfahrensmodell jener Vorläufer-Gerichte hat man im Römischen Statut inquisitorische Elemente implantiert, wie vor allem den Grundsatz der materiellen Wahrheit (s. unten 18 Rn. 15).

---

[19] BGHSt 47, 326, 333.

[20] Überblick bei *Ambos,* JA 1998, 988.

[21] Grundlegend *Ambos,* Der Allgemeine Teil des Völkerstrafrechts, 2002, 2. Aufl. 2004.

[22] Diese Regelungstechnik war über Jahrhunderte die Regel. Erst im 19. Jahrhundert hat man die Materien in Gesetzgebung und Wissenschaft getrennt behandelt.

b) Die Kompetenz und das Völkerstrafrecht

Der *IStGH* ist zuständig für die im Römischen Statut genannten Verbrechen gegen die Menschlichkeit, Völkermord und Kriegsverbrechen. Das setzt aber voraus, dass ein Vertragsstaat nicht willens oder nicht in der Lage ist, gegen die Tatverdächtigen einzuschreiten (Grundsatz der Komplementarität, Art. 17 Römisches Statut).[23]

Deutschland hat parallel zum Römischen Statut ein Völkerstrafgesetzbuch erlassen (VStGB, in Kraft seit dem 1. 7. 2002; BGBl. 2002 I S. 2254). Es enthält in § 1 den Weltrechtsgrundsatz und verpflichtet damit die deutschen Staatsanwaltschaften, Taten nach dem VStGB auch ohne Anknüpfungspunkt im Inland mit Vorrang vor dem *IStGH* zu verfolgen. Allerdings schafft § 153f (StPO) die Möglichkeit der Einstellung und Überweisung des Verfahrens an den *IStGH*. Deutsche Staatsangehörige können dem *IStGH* überstellt werden (Art. 16 Abs. 2 S. 2 GG).

Fälle und Fragen

4. Welches Gesetz regelt die Zuständigkeit der Gerichte für das Strafverfahren?
5. Was sind Schöffen?
6. Welche Spruchkörper existieren am Amtsgericht und wann sind diese zuständig?
7. Wann ist das Landgericht zuständig?
8. Welche Rechtsmittel kann der Angeklagte gegen ein Urteil des Amtsgerichts einlegen?

---

[23] Anders – Vorrangprinzip – die Ad-hoc-Tribunale; vgl. *Eser*, FS Trechsel, S. 223.

Übersicht 4: Gerichtsaufbau in Strafsachen (Erwachsenenstrafrecht)

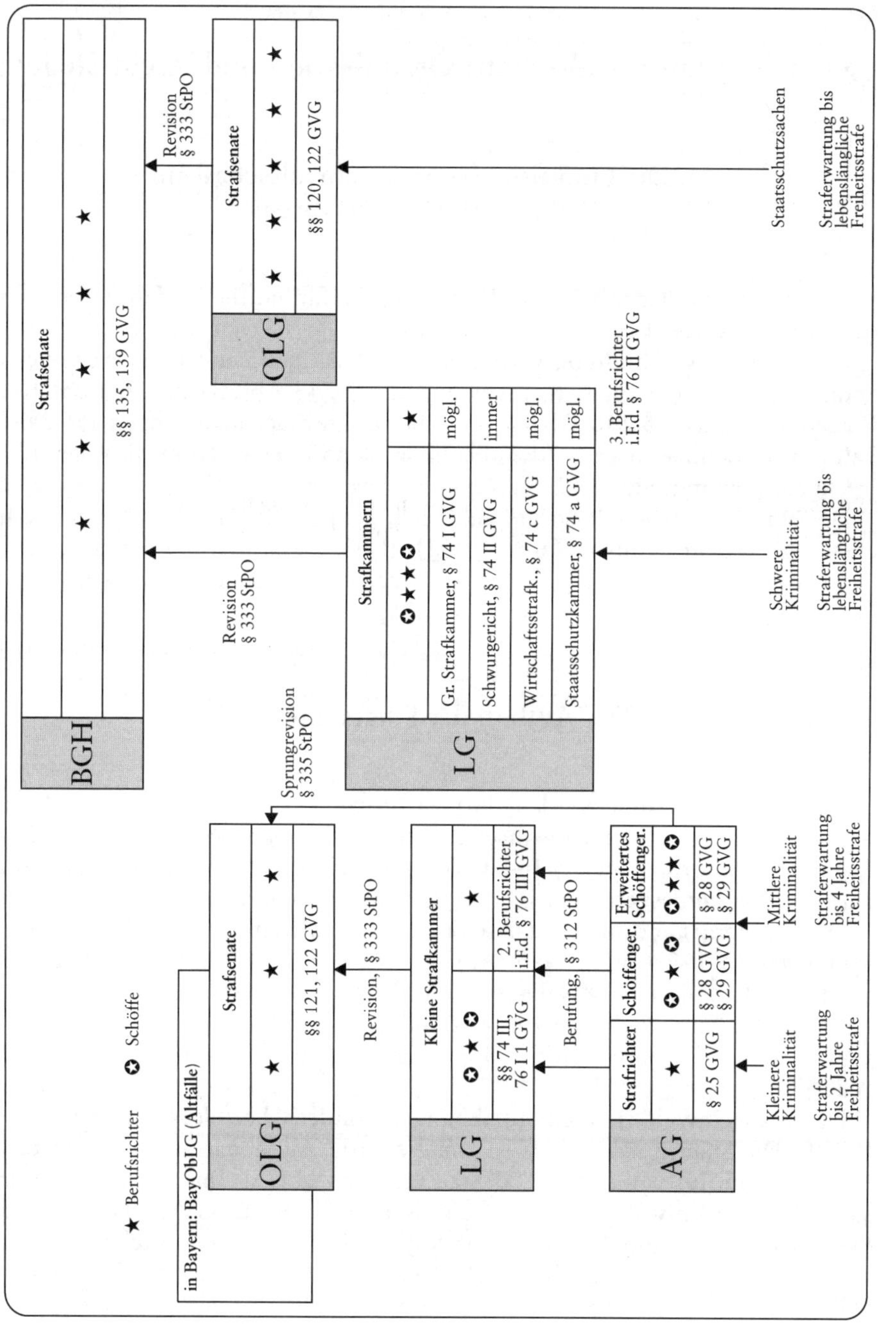

§ 6. Die Staatsanwaltschaft: Organisation und Rechtsstellung

I. Die Funktion der Staatsanwaltschaft im Ablauf des Strafverfahrens

1 Die Staatsanwaltschaft hat im **Ermittlungsverfahren** die Verfahrensherrschaft (näher unten 8 Rn. 1).

In der **Hauptverhandlung** vertritt sie die Anklage. Der Sitzungsvertreter der Staatsanwaltschaft verliest den Anklagesatz (§ 243 Abs. 3 S. 1), hat das Recht, Fragen zu stellen (§ 240 Abs. 2) und Beweisanträge anzubringen (§§ 244 ff.), hält einen Schlussvortrag (das Plädoyer, § 258) und kann das Urteil mit Rechtsmitteln angreifen (§ 296).

Die Staatsanwaltschaft sorgt schließlich – in diesem Buch nicht zu besprechen – für die **Strafvollstreckung** (§ 451), also die Realisierung der gerichtlichen Entscheidung (zu unterscheiden vom Strafvollzug als der Verwirklichung der Strafe).

II. Der Aufbau der Staatsanwaltschaft

2 Staatsanwaltschaften werden dort eingerichtet, wo es ein **Landgericht** gibt. An der Spitze der „Staatsanwaltschaft bei dem Landgericht X" steht als „erster Beamter" (Behördenleiter, § 144 GVG) ein Leitender Oberstaatsanwalt. Auch bei den **Oberlandesgerichten** gibt es Staatsanwaltschaften. Dort heißt der erste Beamte Generalstaatsanwalt. Diese Staatsanwaltschaften haben ihre eigene Zuständigkeit (§ 142 GVG). Beim Amtsgericht gibt es keine Staatsanwaltschaft, sondern allenfalls eine Zweig- oder Außenstelle der Staatsanwaltschaft beim Landgericht. In Sachen, die zur Zuständigkeit des Strafrichters gehören (§ 25 GVG), kann ein Amtsanwalt tätig werden (vgl. z.B.: Art. 14 Abs. 1 BayAGGVG).

Der Staatsanwalt ist nicht unabhängig, sondern hat Vorgesetzte (dazu unten III). Die Staatsanwaltschaft ist eine Behörde. Alle Staatsanwälte unterstehen letztlich dem Justizminister. Die Staatsanwaltschaft ist **monokratisch** organisiert; die Staatsanwaltschaften gelten als Einheit (§ 142 GVG). Die Behördenhierarchie erreicht ihre Spitze im Bundesland. Justiz ist Ländersache.

Allerdings gibt es auch beim *BGH* eine Staatsanwaltschaft, die **Bundesanwaltschaft,** geleitet vom Generalbundesanwalt. Die normale Zuständigkeit der Bundesanwaltschaft besteht darin, die Anklage im Verfahren vor dem *BGH* zu vertreten (in Revisionssachen also). Daneben gibt es eine Sonderzuständigkeit für gewisse Fälle, für die in erster Instanz das OLG zuständig ist (§ 142 a GVG).

Niemals aber ist die Bundesanwaltschaft den Staatsanwaltschaften der Länder in irgendeiner Weise übergeordnet.

III. Der Staatsanwalt als Beamter

1. Der hierarchische Aufbau

Der Staatsanwalt ist nicht, wie der Richter, unabhängig und nur dem Gesetz unterworfen. Als Träger des Amtes gilt der erste Beamte der jeweiligen Staatsanwaltschaft. Die ihm unterstehenden Staatsanwälte arbeiten faktisch zwar weitgehend selbständig und eigenverantwortlich, handeln rechtlich aber als Vertreter des Behördenleiters: die Staatsanwaltschaft ist **hierarchisch** (bürokratisch) organisiert (§ 144 GVG). 3

Zum monokratischen (s. oben Rn. 2) und bürokratischen Aufbau gehören das Weisungsrecht, das Substitutionsrecht und das Devolutionsrecht.

2. Das Weisungsrecht

Das **Weisungsrecht** (§ 146 GVG) haben die Justizminister und die Behördenleiter beim LG und OLG (zu Inhalt und Grenzen vgl. unten Rn. 11). 4

Übersicht 5: Weisungsrechte

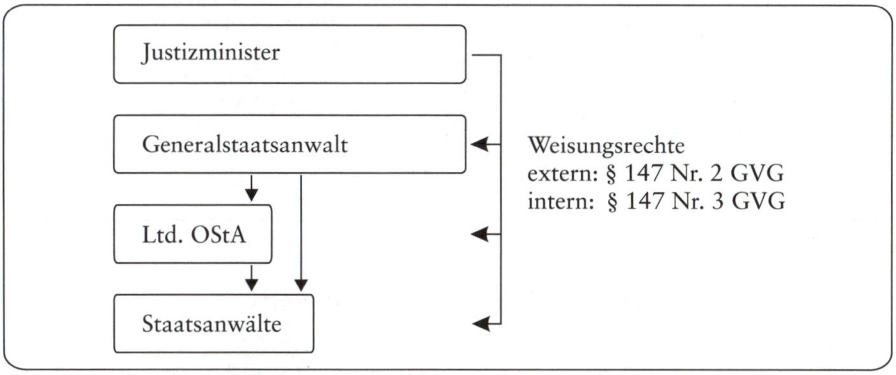

3. Das Substitutionsrecht

Justizminister und Behördenleiter haben auch das **Substitutionsrecht.** Das ist die Befugnis, einem Staatsanwalt Aufträge zu erteilen und ihm bestimmte Aufgaben zu entziehen und zu übertragen. 5

Beispiele:
- Der Ltd. OStA beim *LG München I* kann anordnen, dass in der Hauptverhandlung gegen den Angeklagten X, die vor dem Schwurgericht München stattfindet,

Staatsanwalt B als Sitzungsvertreter tätig wird, anstelle von A, der normalerweise die Anklage vertreten müsste.
- Der Generalstaatsanwalt beim *OLG München* kann einen Staatsanwalt aus Traunstein mit dieser Aufgabe betrauen (und auch eine andere Behörde – Staatsanwaltschaft – beauftragen).[1]
- Der Justizminister kann einen Staatsanwalt aus dem OLG-Bezirk Bamberg in diesen Prozess nach München beordern.

4. Das Devolutionsrecht

6 Das **Devolutionsrecht** gibt dem ersten Beamten der Staatsanwaltschaft beim LG und OLG die Befugnis, sich an die Stelle des „eigentlich" zuständigen Beamten zu setzen und den gesamten Fall oder einzelne Amtstätigkeiten selbst zu übernehmen.

Beispiel: Der Ltd. OStA ist als Zuhörer im Gerichtssaal. Er ist mit der Sitzungsvertretung durch Staatsanwalt X nicht einverstanden und übernimmt die Sache selbst.

Der Justizminister ist nicht Staatsanwalt. Deshalb hat er das Devolutionsrecht nicht.

Übersicht 6: Devolutionsrecht

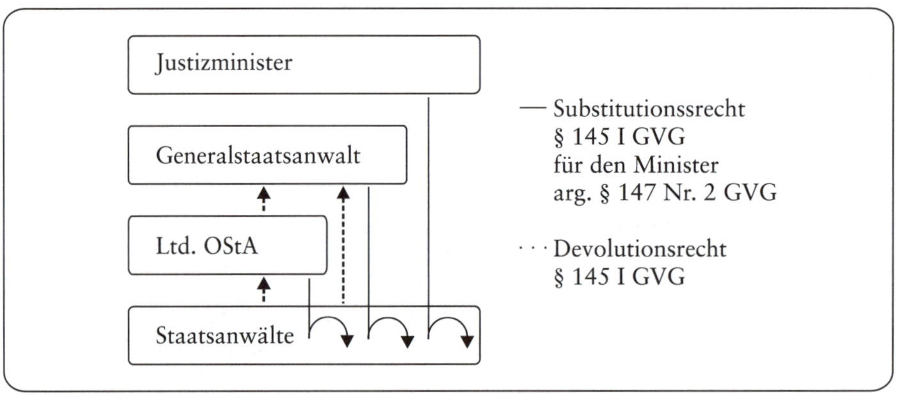

IV. Das Amt des Staatsanwalts

In diesem Überblick geht es nur um das Profil der Staatsanwaltschaft. Die einzelnen Funktionen werden dort genauer besprochen, wo sie ihre Hauptrolle spielen.

1. Die Prinzipien

7 Im deutschen Strafverfahrensrecht sind die Funktionen von Kläger und Richter getrennt (wäre es allein Sache des Richters, von Anfang an zu ermitteln,

[1] *BGH* NStZ 1998, 309.

dann anzuklagen und schließlich über den von ihm erhobenen Vorwurf selbst zu richten, würden immer nur Vor-Urteile bestätigt – so tendenziell im mittelalterlichen Inquisitionsprozess). Wo kein Kläger, da kein Richter. Ohne Anklage kommt es nicht zum Prozess (**Akkusationsprinzip;** s. unten 18 Rn. 5 f.).

Nur die Staatsanwaltschaft hat die Befugnis zur Anklage (Ausnahme: Privatklage, s. unten 39 Rn. 3 ff.). In diesem Monopol liegt ein Machtfaktor. Wird eine Sache angeklagt, kommt sie vor Gericht, wird sie aber eingestellt, ist sie „aus der Welt" geschafft. Zur Balance dieser Macht gibt es die Anklagepflicht. Bei hinreichendem Tatverdacht muss die Staatsanwaltschaft Anklage erheben (§ 170 Abs. 1). Für diese Anklagepflicht verwendet man den Ausdruck **Legalitätsprinzip** (s. unten 18 Rn. 7 f.; eine unglückliche Bezeichnung, denn die aus dem Rechtsstaatsprinzip folgende Pflicht zur Beachtung der Gesetze ist damit nicht gemeint). Die Staatsanwaltschaft soll nur ausnahmsweise aus Zweckmäßigkeitsgründen von einer Anklage absehen und eine Sache einstellen dürfen (**Opportunitätsprinzip,** §§ 153 ff.). 8

Aber die Staatsanwaltschaft hat nicht nur das Recht und die Pflicht, bei hinreichendem Tatverdacht anzuklagen. Sie ist ferner verpflichtet, von Amts wegen jedem Verdacht nachzugehen und Ermittlungen anzustellen (§ 160 Abs. 1). Die Strafverfolgung ist insgesamt Sache des Staates (**Offizialprinzip**). 9

Die Staatsanwaltschaft bereitet zwar die Anklage vor und vertritt sie später vor Gericht, ist bei alledem aber zur **Objektivität** verpflichtet, also auch zu entlastenden Ermittlungen (§ 160 Abs. 2). Deshalb ist sie nicht Partei. Sie hat in jedem Stadium des Verfahrens darauf zu achten, dass die Prozessordnung eingehalten wird. Man hat sie deshalb auch die „objektivste Behörde der Welt" genannt und als „Wächterin des Gesetzes" bezeichnet. 10

2. Der Freiraum des Staatsanwalts

Diese Pflichten zur Anklage und zu objektiven Ermittlungen verschaffen dem Staatsanwalt Rechte und Freiheiten gegenüber dem Vorgesetzten. Dessen **Weisungsrecht** hat **Grenzen.** Rechtswidrige Weisungen dürfen nicht erteilt werden. Geschieht es doch, muss der Staatsanwalt remonstrieren (§§ 56 Abs. 2 BBG, 38 Abs. 2 BRRG), d. h. seine Bedenken dem Vorgesetzten vortragen und sich (eventuell) gegen dessen Entscheidung an den nächst höheren Vorgesetzten wenden. Bleibt es dann noch immer bei der Weisung, kann er sich weiter weigern, sie zu befolgen, wenn das Verhalten, zu dem er angewiesen wird, strafbar wäre, eine Ordnungswidrigkeit darstellen würde oder die Menschenwürde verletzen könnte. Rechtswidrige Weisungen dieser Art sind nicht verbindlich. Gibt es darüber Streit und beruft sich der Staatsanwalt auf seine persönliche Überzeugung, kann ihn der Vorgesetzte nicht zum Gehorsam verpflichten. Er muss dann von seinen Rechten zur Devolution oder Substitution Gebrauch machen. Gerade deshalb, weil es sie gibt, kann man dem Staatsanwalt mehr Freiraum für seine individuelle Überzeugung von der „richtigen Lösung" des Falles zugestehen. 11

Beispiel: Der Staatsanwalt berichtet seinem Vorgesetzen aus einem Verfahren wegen Bestechung und kündigt an, dass er ein Jahr und sechs Monate Freiheitsstrafe beantragen und einer Aussetzung zur Bewährung nicht widersprechen werde. Der Vorgesetzte sagt „bei mir gibt es in Bestechungsfällen niemals Bewährung“ und erteilt die Weisung, auf mindestens zwei Jahre zu plädieren.

Diese Weisung ist rechtswidrig, weil sie auf fehlerhaftem Ermessensgebrauch beruht („... in Bestechungsfällen niemals“). Außerdem braucht man für Entscheidungen über die zu beantragende angemessene Strafe den unmittelbaren Eindruck der Hauptverhandlung, den der Vorgesetzte nicht hat. Aus diesem Grunde muss der Staatsanwalt die Weisung letztlich nicht befolgen. Das ist aber nicht, wie die h. M. meint, eine Besonderheit, die mit der Hauptverhandlung zu tun hat, sondern einfach die Konsequenz aus dem oben umrissenen Freiraum des Staatsanwalts und seinem Recht, nicht gegen persönliche Überzeugungen handeln zu müssen.

3. Die Bindung der Staatsanwaltschaft an die Rechtsprechung

12 Ob der Staatsanwalt seine Überzeugung von der „richtigen Lösung“ auch gegenüber der Rechtsprechung durchsetzen darf, ist wieder ein anderes Problem. Dabei geht es einmal um die Frage, ob der Staatsanwalt anklagen darf, obwohl er damit rechnen muss, dass die Gerichte aus Rechtsgründen freisprechen werden, vor allem aber um die (umgekehrte) Frage, ob er anklagen muss, wenn er ein Verhalten aus Rechtsgründen nicht für strafbar hält, andererseits aber weiß, dass die Rechtsprechung anderer Ansicht ist. Es ist bestritten, wie weit die in § 150 GVG proklamierte Unabhängigkeit der Staatsanwaltschaft von den Gerichten reicht (näher unten 12 Rn. 5).

V. Die Rechtsstellung der Staatsanwaltschaft

13 Ein zusammenfassender Überblick zeigt, dass die Staatsanwaltschaft zwar zur Exekutive gehört, dabei aber eine starke Affinität zur Judikative hat.

Für die Zuordnung zur Exekutive sprechen
- der hierarchische, monokratische Aufbau als Behörde
- das Weisungsrecht, das Devolutions- und Substitutionsrecht des Vorgesetzten.

Die Affinität zur Judikative wird begründet durch
- die Pflicht zur Objektivität
- die Macht zur eigenen Sachentscheidung (durch Einstellung)
- die Rolle als „Wächter des Gesetzes“
- die Aufgabe der Vorbereitung und Vollstreckung richterlicher Entscheidungen.

Man hält die Staatsanwaltschaft wegen dieser Doppelrolle für ein relativ eigenständiges „Organ der Rechtspflege“.

VI. Die europäische Staatsanwaltschaft[2]

14 Sie gibt es noch nicht. Als Vorläufer ist **Eurojust** eingerichtet worden, eine Zentralstelle der Kooperation der nationalen Staatsanwaltschaften. Sie ist als

---

[2] *Radtke,* GA 2004, 1.

Pendant zu Europol (s. unten 7 Rn. 4) auf die „dritte Säule" der Polizeilichen und Justitiellen Zusammenarbeit in Strafsachen gestützt[3] und inzwischen auch in das Primärrecht übernommen worden (Art. 31 Abs. 1, 2 EUV).

Fälle und Fragen

9. Wie ist die StA organisiert?
10. Wer steht an der Spitze der StA beim LG bzw. OLG?
11. Wie heißt die beim *BGH* eingerichtete Staatsanwaltschaft, von wem wird sie geleitet und worin besteht ihre Zuständigkeit?
12. Ist die Bundesanwaltschaft den Staatsanwaltschaften der Länder übergeordnet?
13. Der Leitende Oberstaatsanwalt beim *LG München* X ist mit der Sitzungsvertretung durch Staatsanwalt Y in einer bestimmten Strafsache vor dem *LG München* nicht einverstanden. Ist X befugt, den Y durch einen anderen StA zu ersetzen?
14. Hat der Justizminister ein Devolutionsrecht?
15. Welche Prinzipien prägen das Amt des Staatsanwalts?
16. Weshalb wird die StA „die objektivste Behörde der Welt" genannt?
17. StA K will gegen V Anklage wegen Betrugs erheben. Sein Vorgesetzter erteilt ihm jedoch die Anweisung, das Verfahren gegen V mangels hinreichenden Tatverdachts einzustellen. Ist K an die Weisung seines Vorgesetzten gebunden?
18. Muss der Staatsanwalt Anklage erheben, wenn er ein Verhalten aus Rechtsgründen nicht für strafbar hält, andererseits aber weiß, dass die Rechtsprechung anderer Ansicht ist?
19. Ist die Staatsanwaltschaft ein Organ der Judikative oder der Exekutive?

---

[3] ABl. 2002, L 63, S. 1.

§ 7. Die Polizei

Die Staatsanwaltschaft kann „Ermittlungen jeder Art entweder selbst vornehmen oder durch die Behörden und Beamten des Polizeidienstes vornehmen lassen“ (Wortlaut § 161 S. 1).

Was Ermittlungen sind und welche Eingriffsbefugnisse die Ermittlungsbehörden dabei haben, wird im nächsten Kapitel besprochen. Hier geht es (nur) um die Organisation der Polizei, um ihr Verhältnis zur Staatsanwaltschaft und ihre prinzipielle Aufgabe im Strafverfahren.

I. Die Organisation

1 1. Die Kompetenz für die Gesetze über die Organisation und die Aufgaben der Polizei liegt gem. Art. 30 GG bei den Ländern (vgl. z.B. BayPOG und BayPAG). Die Polizei ist dem Innenministerium unterstellt.

2. Der Bund hat eigene Polizeiorgane mit eng begrenzten Kompetenzen.

2 a) Das Bundeskriminalamt, errichtet auf Grund von Art. 73 Nr. 10, 87 Abs. 1 GG durch das Gesetz über die Einrichtung eines Bundeskriminalpolizeiamtes[1] hat die Aufgabe:

- als Nationales Zentralbüro der Internationalen Kriminalpolizeilichen Organisation (IKPO/Interpol) zu fungieren (§ 1 Abs. 2 BKrimAG)
- Nachrichten und Unterlagen für die polizeiliche Verbrechensbekämpfung zu suchen und auszuwerten, kriminaltechnische Untersuchungen und Forschungen durchzuführen, Analysen und Statistiken auszuarbeiten und Gutachten zu erstellen (§ 2 BKrimAG)
- Straftäter zu bekämpfen, soweit sie sich international oder über das Gebiet eines Landes hinaus betätigen.

Die **Befugnisse** für die Verbrechensbekämpfung bleiben aber bei den Ländern, außer

- bei international organisierten Verbrechen (§ 5 Abs. 2 Nr. 1 BKrimAG)
- bei Angriffen auf Verfassungsorgane des Bundes und seiner ausländischen Gäste (§ 5 Abs. 2 Nr. 2 BKrimAG), die das BKA übrigens auch schützt (§ 9 BKrimAG, „Sicherungsgruppe Bonn“)
- bei Ermittlungsverfahren, die vom Generalbundesanwalt geführt werden (§ 5 Abs. 3 BKrimAG).

3 b) Das Bundesamt für Verfassungsschutz, ebenfalls errichtet auf Grund von Art. 73 Nr. 10, 87 Abs. 1 GG durch das Gesetz über die Zusammenarbeit des Bundes und der Länder in Angelegenheiten des Verfassungsschutzes[2] soll verfas-

---

[1] Sartorius I Nr. 450.

[2] Sartorius I Nr. 80.

sungsfeindliche Bestrebungen bekämpfen, hat dazu aber nur die Aufgabe der „Sammlung und Auswertung von Auskünften, Nachrichten und sonstigen Unterlagen“ übertragen bekommen (§ 2 des Gesetzes). Polizeiliche Eingriffsbefugnisse hat der Verfassungsschutz nicht.

c) Die Bundespolizei[3] nimmt u.a. polizeiliche Aufgaben an den Grenzen und auf den Anlagen der Bundeseisenbahnen wahr.

d) Die Steuerfahnder haben in Steuerstrafsachen die Aufgaben (§ 208 AO) und Befugnisse (§ 404 AO) der Polizei als Ermittlungspersonen der Staatsanwaltschaft. Bei den Finanzbehörden werden ferner die Zollfahndungsämter polizeilich tätig, vor allem bei der Erforschung und Verfolgung der international organisierten Geldwäsche (§§ 12a, b ZollVG), daneben auch bei Wirtschaftsdelikten mit Auslandsbezug (§ 37 AWG, § 37 MOG).

3. Internationale Stellen 4

a) **Interpol** ist eine internationale Organisation der Kriminalpolizei, die sich so beschreibt:

„Interpol is the world's largest international police organization with **181 member countries.** It was established in 1923 to enhance and promote cross-border police cooperation.

Interpol's mission is to help police and law enforcement officers from around the world – with different languages, cultures and national laws – to cooperate with one another and work together to combat crime. Because of the unbiased role Interpol must play at the international level, its constitution does not allow it to engage in any activity of a political, military, religious or racial character“.

b) **OLAF** (Office européen de Lutte Anti-Fraude)[4] soll die finanziellen Interessen der EU schützen und gegen Betrug und Korruption in den EU-Organen vorgehen.

c) Die kriminalpolizeiliche Zentralstelle **EUROPOL**[5] errichtet ein Informationssystem mit Daten über Straftäter, Verdächtige, Zeugen, Opfer, Kontakt- und Auskunftspersonen. Darauf können die nationalen Behörden zugreifen. Exekutivbefugnisse in den Mitgliedstaaten der EU hat EUROPOL (noch) nicht.

II. Polizei und Staatsanwaltschaft

Die Staatsanwaltschaft kann Ermittlungen selbst vornehmen (§ 161 S. 1). Das tut sie auch, etwa bei Kapitaldelikten (also Mord und Totschlag, etc.) und vor allem in Wirtschaftsstrafsachen. In den meisten Fällen greift sie jedoch auf die Ermittlungsarbeit der Polizei zurück.

1. Nach § 161 S. 2 ist die Polizei verpflichtet, nach den Vorgaben der Staatsanwaltschaft tätig zu werden. Die Staatsanwaltschaft hat die Wahl zwischen zwei Wegen. 5

---

[3] Gesetz zur Umbenennung des Bundesgrenzschutzes in Bundespolizei v. 21. 6. 2005, in Kraft seit 1. 7. 2005.

[4] Kommissionsbeschluss v. 28. 4. 1999 ABl. L 136, 1999.

[5] Konvention BGBl. 1988 II S. 2150. Vgl. *K. Degenhardt*, Europol und Strafprozess, 2003; *Tolmein*, StV 1999, 108.

Sie kann sich mit einem **„Ersuchen“** an die Polizeibehörde wenden. Deren Leiter bestimmt dann, welcher Polizeibeamte die Ermittlungstätigkeit vornimmt (nach einer Mindermeinung kann sich die Staatsanwaltschaft mit einem Ersuchen auch direkt an einzelne Polizeibeamte wenden, trägt dabei aber das Risiko, den unzuständigen Beamten angesprochen zu haben und sollte also besser – so die h. M. – die Eigenständigkeit der Polizeibehörde respektieren).

6 Die meisten Polizeibeamten sind zugleich „Ermittlungspersonen der Staatsanwaltschaft“ (nämlich vom Hauptwachtmeister aufwärts).[6] An diese kann sich die Staatsanwaltschaft direkt und unmittelbar mit einem **„Auftrag“** wenden, § 152 Abs. 1 GVG (vgl. auch die Grafik auf der nächsten Seite).

7 2. Die Polizei muss aber nicht warten, ob sie von der Staatsanwaltschaft eingeschaltet wird. Sie hat das „Recht des ersten Zugriffs“, kann also von sich aus die Initiative ergreifen und Ermittlungen aufnehmen (§ 163). Dazu ist sie, wenn der Verdacht einer Straftat besteht, auch verpflichtet (Legalitätsprinzip), und zwar von Amts wegen (Offizialprinzip).

8 3. Die Polizei wird in repressiver Funktion tätig, wenn sie Straftaten aufklärt. Sie hat ferner die präventive Aufgabe, Straftaten zu verhüten. Dafür stehen ihr alle Befugnisse aus den Polizei- und Sicherheitsgesetzen der Länder zur Verfügung. Erfüllt sie repressive Aufgaben, darf sie sich nur auf die Ermächtigungsgrundlagen der StPO stützen. Daten aus präventiver Arbeit darf sie prinzipiell nicht zu repressiven Zwecken einsetzen. Andernfalls können die Garantien der StPO leicht umgangen werden. Das ist allerdings höchst umstritten und wenig geklärt. Gesetzlich sind geregelt Spezialfälle in § 161 Abs. 2 und § 100f Abs. 2 (s. unten Rn. 52). Umgekehrt dürfen die Polizeibehörden personenbezogene Informationen aus Strafverfahren nach Maßgabe der Polizeigesetze verwenden (§ 481 Abs. 1).

4. Repression und Prävention kollidieren nicht selten.

Beispiel: Die Reifen eines Streifenwagens sind aufgeschlitzt worden. In der Nähe steht eine Gruppe von etwa zwanzig jungen Männern herum. Einer von ihnen dürfte es gewesen sein. Unter dem Polizeiauto liegt ein Messer. Wenn man alle erkennungsdienstlich behandelt und die Fingerabdrücke auf dem Messer untersucht, wird sich klären lassen, wer der Täter war. Die Polizei verzichtet auf diese Aktion (und riskiert damit, indem sie beim Verdacht einer Straftat nicht einschreitet, den Vorwurf aus § 258 a StGB), weil sie mühsam einen guten Kontakt zu dieser Gruppe aufgebaut hat und die Vorteile dieser präventiven Arbeit nicht riskieren will.

9 Das Weisungsrecht der Staatsanwaltschaft gegenüber der Polizei ist begrenzt auf deren repressive Funktion. Viele Einsätze der Polizei haben zugleich präventive und repressive Ziele. Es kann also geschehen, dass der Vorgesetzte der Polizisten und der Staatsanwalt konträre Weisungen erteilen (wie bei einem Banküberfall mit Geiselnahme in München: „Schießen“ – „nicht schießen“). Dann soll der Schwerpunkt der Tätigkeit entscheidend sein. Er lässt sich aber in aller Regel nicht festmachen (wie schon das relativ harmlose Beispiel oben zeigt). Im Zweifel wird man der Polizei, die ja mit diesem Konflikt leben muss, die letzte Entscheidung überlassen müssen.[7]

---

[6] Vgl. die Landesverordnungen über die Ermittlungspersonen der Staatsanwaltschaft; in Bayern Ziegler-Tremel Nr. 755. Die Ermittlungspersonen hießen früher „Hilfsbeamte“ der Staatsanwaltschaft und sind durch das JuMoG sprachlich befördert worden.

[7] Vgl. auch RiStBV Anl. A.

Übersicht 7: Polizei und Staatsanwaltschaft

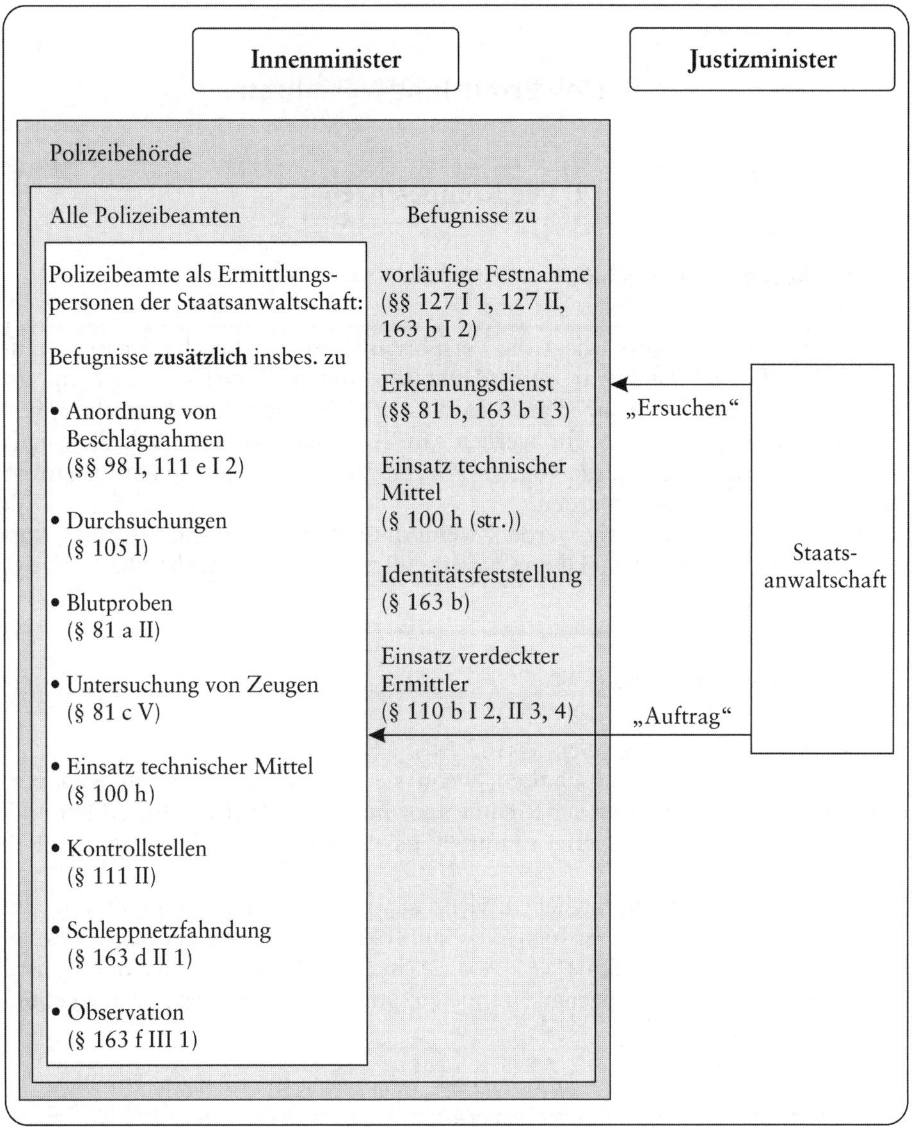

Fälle und Fragen

20. Welche Polizeiorgane hat der Bund?
21. Auf welche Weise wird die Polizei im Vorverfahren tätig?
22. Welche Funktionen erfüllt die Polizei?
23. Die StA hat gegenüber der Polizei ein Weisungsrecht. Auf welche Funktion der Polizei ist das Weisungsrecht der StA begrenzt?
24. Welche Befugnisse der Polizei im Rahmen ihrer repressiven Tätigkeit sind Ihnen bekannt?
25. Worin unterscheiden sich die Polizeibeamten, die Ermittlungspersonen sind, von den übrigen Polizeibeamten?

§ 8. Das Ermittlungsverfahren

I. Die Kompetenzen

1. Die Verfahrensherrschaft

1 Im Ermittlungsverfahren liegt die Verfahrensherrschaft bei der Staatsanwaltschaft. Die Polizei hat zwar das „Recht des ersten Zugriffs“ (s. oben), die Staatsanwaltschaft bleibt aber auch in diesem Fall Herrin des Ermittlungsverfahrens (§ 163 Abs. 2 S. 1). Ihr werden „im Außenverhältnis“ auch diejenigen Ermittlungen zugerechnet, die von der Polizei initiiert und „im Innenverhältnis“ selbständig durchgeführt werden.

Der Richter darf nur tätig werden, wenn die StA dies beantragt (§ 162). Ausnahmsweise kann er bei Gefahr in Verzug als „Notstaatsanwalt“ die Initiative ergreifen (§ 165).

2. Der Ermittlungsrichter

2 Er ist Richter am Amtsgericht (§ 162 Abs. 1 S. 1).

a) Die StA muss ihn einschalten, wenn sie Untersuchungshandlungen vornehmen lassen will, die nur der Richter anordnen darf (Haftbefehl, § 114) oder denen er zustimmen muss (bestimmte Einsätze verdeckter Ermittler, § 110b Abs. 2).

b) Die StA kann ihn heranziehen, wenn sie das für erforderlich hält. Die Unabhängigkeit des Richters ist hier eingeschränkt. Er darf nur prüfen, ob es zulässig ist, ihn einzuschalten (§ 162 Abs. 2), nicht auch, ob es zweckmäßig ist.[1] Das beurteilt die StA in eigener Kompetenz, und daran ist der Richter gebunden.

Beispiel: Die StA beantragt die richterliche Vernehmung eines Zeugen. Der Richter kann das nicht mit der Begründung ablehnen, die StA könne Zeugen auch selbst vernehmen (§ 161a). Oft ist es zweckmäßig, in der Hauptverhandlung das Protokoll einer richterlichen Vernehmung zur Hand zu haben (vgl. § 251 Abs. 2; sie sind in weiterem Umfang verlesbar als gem. Abs. 1 die Protokolle von „anderen“, also auch staatsanwaltschaftlichen Vernehmungen, näher unten 27 Rn. 5).

c) Die Zuständigkeit des Ermittlungsrichters endet mit Anklageerhebung. Dann entscheidet das mit der Sache befasste Gericht (s. unten 12 Rn. 41).[2]

---

[1] *LG Freiburg* NStZ 1993, 146, 148.
[2] BGHSt 27, 253.

II. Der Verdacht

Der Verdacht einer Straftat löst für Staatsanwaltschaft und Polizei die Pflicht aus, von Amts wegen mit den Ermittlungen zu beginnen und „den Sachverhalt zu erforschen“ (§§ 160 Abs. 1, 163 Abs. 1). 3

„Verdacht“ ist ein Zentralbegriff im Strafverfahren. Sicherheit, Gewissheit, „Wahrheit“ gibt es erst am Ende der Hauptverhandlung, wenn das Gericht zu einer Überzeugung vom Tathergang gelangt ist (§ 261). In den Stadien zuvor gibt es nicht die Tat und den Täter, sondern nur den Tatverdacht und den Beschuldigten.

Folglich können auch Eingriffe und Zwangsmaßnahmen nur auf „Verdacht“ gegründet werden. Diese Eingriffe sind von unterschiedlicher Schwere und Intensität. Deshalb hat der Gesetzgeber den Begriff des Verdachts abgestuft. Er unterscheidet verschiedene Grade des Verdachts (sie sind dort näher darzustellen, wo es darauf ankommt).

Übersicht 8: Verdacht

Anfangsverdacht: Es liegen zureichende tatsächliche Anhaltspunkte für eine Straftat vor; eine ganz geringe Wahrscheinlichkeit genügt.

Hinreichender Tatverdacht: Bei vorläufiger Tatbewertung muss die Verurteilung des Beschuldigten wahrscheinlich sein (wahrscheinlicher als ein Freispruch).
Er ist erforderlich für die Anklage (§ 170 Abs. 1) und die Eröffnung des Hauptverfahrens (§ 203).

Dringender Tatverdacht: Die Wahrscheinlichkeit, dass der Beschuldigte eine Straftat begangen hat ist groß, größer als bei hinreichendem Verdacht.
Er ist z. B. erforderlich für den Erlass eines Haftbefehls.

III. Verdacht und Unschuldsvermutung

Im Strafverfahren werden also bis zum Urteil alle Maßnahmen „auf Verdacht“ getroffen, genauer gesagt: auf Verdacht gegründet. Zur Balance dieser Eingriffsbefugnisse gibt es die **Unschuldsvermutung:** „Bis zum gesetzlichen Nachweis seiner Schuld wird vermutet, dass der wegen einer strafbaren Handlung Angeklagte unschuldig ist“ (Wortlaut Art. 6 Abs. 2 EMRK). 4

Dieses Prinzip fordert nicht zu dem psychologisch unmöglichen Kunststück auf, jemanden für unschuldig zu halten, von dem man vermutet (und im konkreten Fall wegen diverser belastender Indizien auch vermuten darf), dass er schuldig ist. Man muss es sich nicht „hinwegdenken“, dass jemand wahrscheinlich schuldig ist. Man darf ihn nur nicht wie einen (wahrscheinlich) Schuldigen behandeln. Die Unschuldsvermutung markiert eine normative Grenze der Belastbarkeit des Beschuldigten; sie bestimmt das noch zumutbare Maß der Eingriffsintensität. Der Beschuldigte steht unter Verdacht und muss sich deshalb einiges gefallen lassen. Stellt sich später heraus, dass man ihn nicht als schuldig verurteilen kann, dann muss man alle zuvor gegen ihn getroffenen Maßnahmen noch immer als „gerechtfertigt“ ansehen können. Alle Eingriffe dürfen nur soweit gehen und müssen so ausgestaltet sein, dass man sie gegenüber einem Verdächtigen, der in Wahrheit unschuldig ist, noch verantworten kann. Das ist der (normative) Sinn der Unschuldsvermutung. Er ist eng verwandt mit dem Prinzip der Verhältnismäßigkeit.

Beispiel: A steht im Verdacht, in einer Konfliktsituation einen Totschlag begangen zu haben. Anhaltspunkte dafür, dass Alkohol, Medikamente oder Drogen bei der Tat eine Rolle gespielt haben könnten, gibt es nicht. Eine Blutprobe darf entnommen werden, um das zu klären (§ 81 a). Eine zwangsweise durchgeführte Harnentnahme aber ginge zu weit. Von einem Unschuldigen dürfte man nicht verlangen, dass er sich dieser Prozedur unterwirft. Es mag sein, dass sich A später darauf beruft, er habe diverse Medikamente genommen und dass nun der Sachverständige, wenn er das zu seinen psychischen Befunden hinzunimmt, nicht mehr ausschließen kann, dass §§ 20, 21 StGB vorliegt. Die Wahrheit wird aber eben nicht um jeden Preis erforscht – und hier wäre der Preis, den ein möglicherweise Unschuldiger zu zahlen hätte, zu hoch.

IV. Der Anfangsverdacht

1. Der Begriff

5 Jeder Verdacht verpflichtet die Strafverfolgungsbehörden dazu, ein Ermittlungsverfahren einzuleiten. Dazu genügt ein „Anfangsverdacht“. Das ist ein Grenzbegriff: er bezeichnet die am wenigsten intensive Stufe des Verdachts. Was unter dieser Schwelle liegt, ist noch nicht einmal Verdacht.

Bloße Vermutungen und Möglichkeiten, die nicht durch konkrete tatsächliche Hinweise gestützt sind, begründen noch keinen Verdacht.

Fall 1: Im Finanzamt der bayerischen Stadt W haben hilfreiche Finanzbeamte für Freunde und Bekannte die Steuererklärung gemacht, dabei nicht entstandene Aufwendungen eingetragen und so ungerechtfertigte Rückzahlungen erwirkt. Man kann sich denken, dass es diese Praxis auch in anderen Finanzämtern gegeben hat.

Diese Hypothese ist zwar hinreichend plausibel. Es ist aber nur eine Hypothese, eine reine Vermutung, die nicht durch Anhaltspunkte untermauert ist. Ein Anfangsverdacht, der es rechtfertigen würde, die Mittel der Strafverfolgungsbehörden einzusetzen, besteht nicht.

Fall 2: Bei der Polizei in F geht eine anonyme Anzeige ein: der Finanzbeamte X sei auch so einer wie seine Kollegen in W.

Das genügt. Nun liegt mehr vor als die allgemeine und nur theoretische Möglichkeit, es könnte eine Straftat geschehen sein. Selbst anonyme Anzeigen, die nicht viel mehr als eine „Denunziation“ enthalten, können einen Anfangsverdacht begründen, dem man nachgehen muss, um ihn zu erhärten oder zu entkräften.

Fall 3: Die Polizei erfährt, dass es in der Verwaltung der Stadt X nicht mit rechten Dingen zugehen kann. Manche Ausländer erhalten Aufenthaltserlaubnisse, andere nicht, und wahrscheinlich ist hier Bestechung im Spiel.

Ein Verdacht gegen „Unbekannt" genügt. Zum Begriff des Anfangsverdachts gehört nur, dass es zureichende tatsächliche Anhaltspunkte für eine Tat gibt – auf einen konkreten Täter muss zunächst noch nichts hindeuten.[3]

Fall 4: Der Geschädigte A zeigt seinen Unfallgegner B, der die Vorfahrt nicht beachtet hatte, wegen Sachbeschädigung an.

Hier deutet nichts auf Vorsatz hin. Mangels zureichender tatsächlicher Anhaltspunkte wird es die Strafverfolgungsbehörde ablehnen, ein Ermittlungsverfahren einzuleiten.

Fall 5: A macht eine Anzeige gegen Z, der ihn durch eine falsche eidesstattliche Versicherung belastet habe, wie er jetzt beweisen könne. Der Vorfall ist sechs Jahre her.

Diese Tat, wie immer sie zu qualifizieren sein mag, wäre verjährt und also nicht mehr verfolgbar. Die Pflicht zum Einschreiten besteht aber nur bei strafbaren und verfolgbaren Taten.

Es gibt auch **„Vorermittlungen"**. Wenn unklar ist, ob die bisher bekannt 6
gewordenen Umstände auf ein strafbares Verhalten hindeuten, dann muss die Polizei erst sondieren, um entscheiden zu können, ob sie „einschreitet" gem. § 152 Abs. 2 und dadurch ein Ermittlungsverfahren einleitet.

Zu oben 1 Rn. 1 (Fall 1): Hier muss die Polizei zunächst solche Vorermittlungen anstellen, damit sie entscheiden kann, ob ein Ermittlungsverfahren einzuleiten ist (also z.B. die Behauptungen von J.S. überprüfen und sich selbst ein Bild von der Lage machen).

Auch die Staatsanwaltschaft prüft erst, ob die Hinweise, die sie erhalten hat, einen Anfangsverdacht ergeben.

Staatsanwaltschaft und Polizei schreiten also ein, wenn es einen Anfangsverdacht gibt. Wie aber erfahren sie von Anhaltspunkten für eine Straftat? Das kann durch Strafanzeige und Strafantrag oder auf anderem Wege geschehen.

2. Die Quellen: Strafanzeige, Strafantrag und andere

a) Das Gesetz unterscheidet in § 158 Abs. 1 Strafanzeige und Strafantrag

Die **Strafanzeige** ist die Mitteilung eines Sachverhalts, der auf eine Straftat 7
hindeutet, also eine **Wissens**-Erklärung.

Der **Strafantrag** enthält dieses Element ebenfalls und darüber hinaus das Begehren, die Strafverfolgungsbehörden mögen ermitteln und anklagen, also eine **Willens**-Erklärung.

Die Leute unterscheiden nicht so scharf. Meist ist mit einer Strafanzeige zugleich ein Strafantrag verbunden. „Strafanzeige" ist, auch in der Sprache der Juristen, zum Oberbegriff geworden.

---

[3] *BGH* StV 1988, 441.

Strafanzeigen können anonym, pseudonym, querulatorisch oder vertraulich sein – immer sind sie zu bearbeiten, d.h. daraufhin zu überprüfen, ob sie einen Anfangsverdacht und deshalb die Pflicht zum Einschreiten begründen.

b) Der Strafantrag gem. § 158 Abs. 2

8 Die meisten Delikte sind **Offizialdelikte.** Sie werden von Amts wegen verfolgt. Richtet sich der Verdacht auf ein Offizialdelikt, muss ermittelt werden, und der Anzeigeerstatter kann den Fortgang des Strafverfahrens nicht dadurch verhindern, dass er seine Anzeige „zurückzieht".

Bei den **Antragsdelikten** ist zur Strafverfolgung ein Strafantrag des Verletzten erforderlich. Das Gesetz nimmt Rücksicht auf seine Interessen und erlaubt ihm, die Strafverfolgung mit ihren störenden Effekten und zusätzlichen Beeinträchtigungen dadurch zu blockieren, dass er den Strafantrag nicht stellt oder zurücknimmt. Dann darf der Staatsanwalt nicht weiter mit dem Ziel einer Anklage ermitteln, weil nämlich eine Prozessvoraussetzung fehlt (näher dazu unten 14 Rn. 19). Er muss das Verfahren einstellen. Der Strafantrag gem. § 158 Abs. 2 hat also eine andere Funktion als der Strafantrag nach Abs. 1.

Übersicht 9: Strafantrag als Prozessvoraussetzung

9

Die wesentlichen Fragen zum Strafantrag als Prozessvoraussetzung:

Wer	der Verletzte (§ 77 StGB). Das ist „der Träger des durch die Tat unmittelbar verletzten Rechtsguts, d. h. derjenige, in dessen Rechtskreis der Täter durch die verbotene Handlung eingegriffen hat".[4] Ferner die Angehörigen in gesetzlich bestimmten Fällen (§ 77 Abs. 2 StGB).
Wo	bei Gericht, Staatsanwaltschaft oder einer anderen Strafverfolgungsbehörde, also der Polizei (§ 158 Abs. 2).
Wie	schriftlich oder zu Protokoll (§ 158 Abs. 2).
Wann	ab Kenntnis von Tat und Täter (§ 77b Abs. 2 StGB).
Wie lange	drei Monate (§ 77b Abs. 1 StGB).
Wie oft	nur einmal; zurückgenommene Anträge können nicht erneuert werden (§ 77d Abs. 1 StGB).

c) Dienstliche Kenntnisse

10 Wenn Staatsanwaltschaft oder Polizei bei ihrer dienstlichen Tätigkeit oder in ihrer Funktion als Strafverfolgungsinstanzen Umstände erfahren, die einen Anfangsverdacht begründen, müssen sie selbst einschreiten oder dafür sorgen, dass die zuständigen Beamten tätig werden.

Beispiele: Staatsanwalt S von der Abteilung für Wirtschaftskriminalität bemerkt bei Ermittlungen in einem Betrugsfall, dass offenbar auch Verstöße gegen das Waffengesetz vorgekommen sind. Er muss diesen Hinweisen selbst nachgehen oder sie an das zuständige Dezernat weiterleiten.

Polizist P wird abends zuhause von seinem aufgeregten Nachbarn angerufen, der ihm mitteilt, dass er gerade Opfer einer Unfallflucht geworden sei und ihn bittet,

[4] BGHSt 31, 207, 210.

etwas in die Wege zu leiten, „weil er doch bei der Polizei sei". P muss das tun. Er wurde „als Polizist" in Anspruch genommen.

d) Private Kenntnisse

Fall 6: Staatsanwalt S sitzt am Freitagabend in der Sauna, und einer aus seiner Freitagabend-Sauna-Runde erzählt von einem Geschäft, das, wie er offenbar gar nicht weiß, deutliche Anzeichen strafbarer Geldwäsche enthält. 11

S darf natürlich Ermittlungen in die Wege leiten (wie eben jeder andere auch Strafanzeige stellen könnte). Die Frage ist nur, ob er es muss und die Strafbarkeit gem. § 258a StGB riskiert, wenn er es nicht tut. Die h.M. bejaht das, „wenn durch Art und Umfang der Straftat Belange der Öffentlichkeit und der Volksgesamtheit in besonderem Maße berührt werden".[5] Dagegen gibt es zwei entscheidende Einwände. Die Formel ist zu unbestimmt: sind ihre Voraussetzungen bei Geldwäsche immer gegeben, oder kommt es auf die Höhe der Summe an? Und wie ist es, wenn die Indizien auf leichtfertige Geldwäsche hindeuten? Vor allem aber greift die h.M. zu weit in das Privatleben der Staatsanwälte und Polizisten ein, die ihren Bekannten sagen müssten, sie seien leider „immer im Dienst". Eine Ermittlungspflicht, ausgelöst durch Privatkenntnisse, gibt es entgegen der h.M. nicht.[6]

Fälle und Fragen

26. Wer ist „Herrin des Ermittlungsverfahrens"?
27. Zeuge Z soll zur besseren Sachverhaltsaufklärung vereidigt werden. Was muss der zuständige Staatsanwalt unternehmen?
28. Welche Arten des Verdachts gibt es?
29. Wann muss die Strafverfolgungsbehörde ein Ermittlungsverfahren einleiten?
30. Was ist der Unterschied von Strafanzeige und Strafantrag?
31. Wann bedarf es eines Strafantrages?
32. Muss der Staatsanwalt Ermittlungen einleiten, wenn er privat Kenntnisse von einem strafbaren Sachverhalt erfährt?

---

[5] LR/*Rieß*, § 160 Rn. 28; *BGH* NStZ 1993, 383.
[6] So auch LR/*Rieß*, a.a.O. Rn. 29.

§ 9. Der Beschuldigte

I. Der Begriff, Vernehmung, Belehrung

1. Der Begriff des Beschuldigten

1 **Fall 1:** Man hatte einen Toten gefunden, offenbar Opfer eines Tötungsdelikts. Die Polizei vernahm A. Sie hatte ihn im Verdacht, am Tattag Kontakt mit dem Opfer gehabt zu haben. Nach langen Vernehmungen gab A zu, die Leiche gefunden zu haben.[1]

Musste A bereits zu Beginn dieser Vernehmungen als Beschuldigter behandelt werden?

Der Verdacht einer Straftat, mit dem ein Ermittlungsverfahren beginnt, wird sich zumeist auch (früher oder später) gegen einen „Verdächtigen" als den potentiellen Täter oder Teilnehmer richten. Die objektive Lage allein, die Stärke des Verdachts, macht aber den Verdächtigen noch nicht zum Beschuldigten. In diese Prozessrolle gerät man erst durch einen subjektiven Entschluss, einen Willensakt der Strafverfolgungsbehörden, der sich manifestieren muss[2]: Beschuldigter ist der Tatverdächtige, gegen den ein Verfahren als Beschuldigter betrieben wird.[3] Eingriffsmaßnahmen, die nur gegenüber einem Beschuldigten zulässig sind, aber auch solche, die an einen Tatverdacht anknüpfen, zeigen den Verfolgungswillen. Vernehmungen sind ambivalent, weil auch der Verdächtige als Zeuge vernommen werden darf (vgl. §§ 55, 60 Nr. 2). Hier kommt es darauf an, wie sich das Verhalten der Beamten aus der Sicht des Vernommenen darstellt.

a) Der Zeitpunkt

2 Bei dieser Entscheidung, jemanden als Beschuldigten zu behandeln, gibt es einen Ermessensspielraum. Er ist begrenzt durch die objektive Stärke des Tatverdachts. Wird dieser Spielraum willkürlich überschritten und so der (nicht entsprechend belehrte) Beschuldigte um seine Rechte gebracht, einen Verteidiger zu konsultieren und zu schweigen, muss man das mit einem Verwertungsverbot sanktionieren (vgl. unten Rn. 11 ff.).[4]

Im Fall 1 kann man nicht sagen, dass A von Anfang an als Beschuldigter hätte belehrt und vernommen werden müssen. Die Polizei darf warten, ob sich der Verdacht konkretisiert und verdichtet, muss dann aber dem Betroffenen eröffnen, dass er jetzt Beschuldigter sei.

---

[1] Vgl. BGHSt 37, 48.
[2] *BGH* NStZ 2007, 653.
[3] BGHSt 10, 8, 12; 34, 138, 140.
[4] Eingehend *BGH* NStZ 2007, 653, 654; 2008, 48.

b) Die Manifestation

Der „Willensakt“, einen Verdächtigen nunmehr als Beschuldigten zu behandeln, muss nicht förmlich erklärt werden, sondern kann auch konkludent zum Ausdruck kommen. 3

Zu Fall 1: Wenn A nach seinem Eingeständnis, die Leiche gefunden zu haben, von der Polizei festgenommen wird und man ihm erklärt, morgen werde er dem Haftrichter vorgeführt, liegt darin die Behandlung als Beschuldigter.

Willensakt heißt nicht Willenserklärung. Die Beschuldigung muss sich manifestiert haben, aber dem Beschuldigten nicht unbedingt eröffnet worden sein. Man kann Beschuldigter gewesen sein, ohne es je gewusst zu haben.

Beispiel für diesen Extremfall §§ 163a Abs. 1, 170 Abs. 2 S. 2: Das Verfahren wird eingestellt, der Beschuldigte ist nicht vernommen worden (und es liegt auch sonst keiner der Gründe vor, die eine Mitteilung nötig machen).

Das Ermittlungsverfahren ist einheitlich und unteilbar: Wenn die Polizei als „verlängerter Arm“[5] der Staatsanwaltschaft ohne deren Veranlassung oder Kenntnis jemanden zum Beschuldigten macht, dann muss sich die Staatsanwaltschaft daran halten (und im umgekehrten Fall wäre es nicht anders).[6]

2. Der Beschuldigte – der Zeuge

Man ist entweder Beschuldigter oder Zeuge. 4
Die markanten Unterschiede zwischen diesen Prozessrollen sind:

Übersicht 10: Der Beschuldigte – der Zeuge

Der Beschuldigte	Der Zeuge
muss nichts (aktiv) tun, sondern nur (passiv) dulden	muss durch seine Aussage aktiv mitwirken
darf immer ohne Angabe von Gründen schweigen (§§ 136 Abs. 1 S. 2, 243 Abs. 5 S. 1)	darf nur ausnahmsweise die ganze Aussage oder einzelne Auskünfte verweigern und muss die Gründe glaubhaft machen (§§ 52ff., 55, 56)
darf straflos lügen (nie §§ 153ff., evtl. aber §§ 145d, 164, 258 StGB)	muss die Wahrheit sagen (sanktioniert in §§ 153ff. StGB)
kann seine Aussage nicht beschwören	ist prinzipiell zu vereidigen (§ 59)
Entsprechend unterschiedlich sind die jeweils vorgeschriebenen Belehrungen:	
§§ 136 Abs. 1 S. 2, 243 Abs. 5 S. 1	§§ 52 Abs. 3, 55 Abs. 2, 57, 63

3. „Verdächtige“ 5

Den „Verdächtigen“ als Aussageperson der dritten Art gibt es nicht. Wenn der Verdacht eine bestimmte Stärke überschritten hat, muss man als Beschul-

[5] BVerwGE 47, 255, 263.
[6] *BGH* NStZ 2003, 671.

digter behandelt werden, zuvor ist man „verdächtiger" Zeuge. Folglich gibt es bei Vernehmungen nur Beschuldigtenvernehmungen und Zeugenvernehmungen.

Nicht jedes Gespräch, das mit Verdächtigen geführt wird, ist allerdings gleich eine Vernehmung. Es gibt manchmal ein Vorstadium (so wie es auch „Vorermittlungen" vor der Einleitung eines Ermittlungsverfahrens geben kann, vgl. oben 8 Rn. 6).

4. Informatorisches Befragen

6 **Fall 2:** Der Chef eines Handwerksbetriebes entdeckt einen Diebstahl, der am gleichen Tage von einem der sieben Mitarbeiter begangen worden sein muss, und ruft die Polizei.

Alle sind verdächtig, aber keiner ist allein deshalb schon Beschuldigter. Die Polizei darf, ohne jemanden als Zeugen oder Beschuldigten belehren zu müssen, so lange fragen, bis sich der Verdacht in bestimmter Richtung konkretisiert.[7]

Variante: Schließlich kommen nur noch drei Mitarbeiter als Täter in Frage.

Sie müssen auch dann als Beschuldigte behandelt werden, wenn die Tat nur von einem allein begangen worden sein kann.

5. Spontanäußerungen

7 **Fall 3:** Die Polizei klingelt bei B und eröffnet ihm, dass sie wegen einer Unfallflucht ermittele. Noch ehe sie ihn über seine Rechte belehren kann, redet B los und erklärt, wo er den ganzen Tag gewesen sei.

Diese Spontanäußerungen, von der Polizei nur passiv entgegengenommen, hat er außerhalb einer Vernehmung gemacht.[8] Sie sind verwertbar, weil keine Befragung durchgeführt wurde. Ist der Betroffene nun tatverdächtig, muss er vor jeder weiteren Frage belehrt werden.[9]

6. Die Beschuldigtenvernehmung

8 Sie muss vor Abschluss des Ermittlungsverfahrens erfolgen (wenn es nicht eingestellt wird, vgl. oben Rn. 3), § 163a Abs. 1.

a) Den Begriff der Vernehmung kennzeichnet, dass der Vernehmende dem Beschuldigten (oder Zeugen) „in amtlicher Eigenschaft gegenübertritt (z.B. als Polizei- oder Zollbeamter, als Staatsanwalt oder Richter) und in dieser Eigenschaft von ihm Auskunft verlangt"[10] Deshalb sind informatorische Befragungen (vgl. oben) Vernehmungen im weiteren Sinne (ohne Belehrungspflichten), keine Vernehmungen jedoch Spontanäußerungen (vgl. oben Rn. 7) und Äußerungen

---

[7] *BGH* NStZ 1983, 86.

[8] Vgl. *BGH* StV 1990, 194 m. abl. Anm. *Fezer*.

[9] Ist das nicht geschehen, sind seine Angaben unverwertbar; vor einer erneuten Vernehmung muss er „qualifiziert" belehrt werden; s. u. Rn. 11.

[10] BGHSt 40, 211, 213; BGHStGrS 42, 139.

gegenüber Privaten, selbst wenn sie von der Polizei gezielt auf den Beschuldigten angesetzt wurden (V-Leute, näher unten Rn. 20).

b) Im Ermittlungsverfahren vernimmt
- die Polizei, §§ 163a Abs. 4, 136
- die Staatsanwaltschaft, §§ 163a Abs. 3, 136
- der Richter bei Festnahme oder Untersuchungshaft (dazu unten 10 Rn. 14)
- der Richter auf Antrag der StA als Ermittlungsrichter (vgl. oben 8 Rn. 2).

Vor dem Richter und dem Staatsanwalt muss man erscheinen, bei der Polizei nicht (§§ 136, 163a Abs. 3, 4).

c) Am Beginn steht die Vernehmung zur Person. Sie dient allein dazu, die Identität des Beschuldigten festzustellen (vgl. § 111 OWiG). Die „persönlichen Verhältnisse" (§ 136 Abs. 3), z.B. Beruf, familiäre und wirtschaftliche Situation etc., gehören zur Sache, weil sie die Beurteilung der Tat und die Rechtsfolgen betreffen.

d) Dann wird dem Beschuldigten eröffnet, welche Tat (welches Tatgeschehen) ihm zur Last gelegt wird. Richter und Staatsanwälte, nicht aber Polizeibeamte, müssen außerdem die in Frage kommenden Strafvorschriften nennen (§§ 136, 163a Abs. 4 S. 1). Es folgen die Belehrungen.

7. Die Belehrungspflichten

a) Der Beschuldigte muss darüber belehrt werden, „dass es ihm nach dem Gesetz freistehe, sich zu der Beschuldigung zu äußern oder nicht zur Sache auszusagen" (Wortlaut § 136 Abs. 1 S. 2). Diese Belehrung darf auch dann nicht unterbleiben, wenn anzunehmen ist, dass der Beschuldigte seine Aussagefreiheit kennt oder in Gegenwart seines Verteidigers erschienen ist.[11] 9

„Nemo tenetur se ipsum accusare" – niemand ist verpflichtet, ein Verfahren gegen sich selbst in Gang zu bringen oder bei seiner Überführung aktiv mitzuwirken. Die Aussagefreiheit schützt vor zwangsweiser Selbstbelastung. Inwieweit sie auch die Freiheit von Irrtum garantiert, ist umstritten. Der Beschuldigte soll nicht glauben, dass er dem Vernehmenden (der „Amtsperson") Rede und Antwort stehen müsse. Vor diesem Irrtum schützt die Belehrungspflicht.[12] Sie entsteht also nicht, wenn man sich dem Beschuldigten verdeckt und listig nähert (verdeckte Ermittler, gezielter Einsatz von V-Leuten, etc.). Die Frage ist allerdings, ob dies eine verbotene Täuschung oder eine Umgehung der Belehrungspflicht darstellt, so dass für die erschlichene Aussage ein Verwertungsverbot eingreift (dazu unten Rn. 19ff.).

b) Zugleich ist der Beschuldigte darauf hinzuweisen, dass er das Recht hat, „einen von ihm zu wählenden Verteidiger zu befragen" (Wortlaut § 136 Abs. 1 S. 2).[13] Mit diesen Worten ist es nicht getan. Die Belehrung soll garantieren, 10

[11] BGHSt 38, 214, 220.

[12] BGHStGrS 42, 139, 147.

[13] Festgenommene ausländische Beschuldigte haben ein Recht auf konsularische Unterstützung und sind darüber zu belehren, Art. 36 WÜK; *BVerfG* NStZ 2007, 159. Ein Verstoß gegen diese völkerrechtliche Pflicht löst kein Verwertungsverbot aus, sondern muss kompensiert werden, bei Bestrafung nicht durch Herabsetzung der Strafe (Strafzumessungslösung), sondern durch den Ausspruch, dass ein Teil der verhängten Freiheitsstrafe als verbüßt gilt (Vollstreckungslösung), *BGH* NStZ 2008, 168; gegen Kompensation *BGH* NStZ 2008, 356.

dass man das Recht zur Verteidigerkonsultation ausüben und „effektiv" machen kann.

Fall 4: Der Beschuldigte wird entsprechend belehrt, erklärt dann, dass er zwar Angaben machen, zuvor aber mit seinem Verteidiger sprechen wolle. Der vernehmende Polizeibeamte verwehrt ihm das mit der Begründung, er müsse selber wissen, ob er aussagen wolle oder nicht. Er werde jetzt so lange vernommen, bis „Klarheit" herrsche.[14]

Das war falsch. Die Vernehmung hätte unterbrochen werden müssen. Der Beschuldigte muss die (allerdings von ihm zu entscheidende) Frage, ob er aussagen soll, mit einem Verteidiger besprechen können.[15]

Fall 5: Der Beschuldigte, von Hamburger Polizisten um Mitternacht nach den Buchstaben des Gesetzes belehrt, verlangt einen Verteidiger zu sprechen. Man legt ihm das Branchenverzeichnis der Hamburger Rechtsanwälte vor, anstatt ihn auf den anwaltlichen Notdienst hinzuweisen.[16]

Auch auf diese Weise kann man die effektive Rechtsausübung vereiteln.

Dieser Hinweis ist nicht erforderlich, wenn der Beschuldigte den Wunsch nicht äußert, einen Verteidiger hinzuzuziehen. Selbst wenn absehbar ist, dass man bereits im Ermittlungsverfahren einen Pflichtverteidiger bestellen muss (s. unten 11 Rn. 32), soll es nicht zwingend sein, mit den Ermittlungen innezuhalten.[17]

8. Verwertungsverbote

Die Frage, ob Aussagen verwertet werden dürfen, die unter Verstoß gegen die Belehrungspflichten erlangt wurden, stellt sich nicht im Ermittlungsverfahren, sondern erst in der Hauptverhandlung.

a) Die unterbliebene Belehrung über das Recht zu schweigen

11 macht die Aussage unverwertbar.[18] Gerade bei der ersten Vernehmung im Ermittlungsverfahren ist der Beschuldigte in Gefahr, „sich unbedacht selbst zu belasten".[19] Seine Aussage ist ausnahmsweise aber verwertbar, wenn

- sicher ist, dass der Beschuldigte sein Aussageverweigerungsrecht gekannt hat.[20] Bleibt zweifelhaft, ob die Belehrung erfolgt ist, darf die Aussage nicht verwertet werden;[21] bleibt zweifelhaft, ob sie verstanden wurde, gilt das Gleiche,[22] oder

---

[14] BGHSt 38, 372.

[15] Deshalb darf auch nicht ständig nachgefragt werden, ob er nicht doch etwas sagen wolle, wenn sich nichts Neues ergeben hat – eine Missachtung und Entwertung des Schweigerechts; *BGH* NStZ 2006, 286.

[16] BGHSt 42, 15; Abgrenzung in BGHSt 42, 170.

[17] *BGH* NStZ 2002, 380.

[18] BGHSt 38, 214.

[19] BGHSt a. a. O., 211.

[20] Weil er z. B. Richter ist, *BGH* NStZ 2005, 192.

[21] A. A. BGHSt 38, 214, 224.

[22] Richtig BGHSt 39, 349: Verständnisdefizit = Wissensdefizit.

- der Verteidiger des Beschuldigten der Verwertung zustimmt oder ihr nicht widerspricht, oder
- der Fehler der unterbliebenen Belehrung dadurch geheilt wurde, dass belehrt und mit der Vernehmung von vorn begonnen wurde.[23] Die Belehrung muss nun allerdings durch den Hinweis „qualifiziert" sein, dass die bisherige Aussage unverwertbar ist, damit der Beschuldigte nicht glaubt, bei seiner Aussage bleiben zu müssen.[24] Der Verstoß gegen die Pflicht zur qualifizierten Vernehmung soll allerdings nicht stets ein Verwertungsverbot auslösen, sondern nur dann, wenn eine Abwägung ergibt, dass die Interessen des Beschuldigten in seiner konkreten Lage schwerer wiegen als der Verfahrensverstoß und das Interesse an Sachaufklärung. Maßgeblich ist, ob der Beschuldigte meint, von seinen früheren Angaben nicht mehr abrücken zu können.[25]

Verwertbar sind Spontanäußerungen, weil sie außerhalb einer Vernehmung erfolgen (vgl. oben Fall 3), und Aussagen im Rahmen einer informatorischen Befragung (vgl. oben Fall 2), weil in diesem Stadium der Ermittlungen noch keine Belehrungspflicht bestand.[26]

b) Das verweigerte Recht auf Verteidigerkonsultation

Wurde der Beschuldigte über dieses Recht nicht belehrt oder ihm seine Ausübung verwehrt (vgl. die Fälle oben Rn. 10), ist seine Aussage nicht verwertbar. Die Pflicht zur Belehrung über das Recht auf Verteidigerkonsultation hat kein geringeres Gewicht als die Pflicht, auf das Schweigerecht hinzuweisen. „Beide Rechte des Beschuldigten hängen eng zusammen und sichern im System der Rechte zum Schutz des Beschuldigten seine verfahrensmäßige Stellung in ihren Grundlagen ... Gerade die Verteidigerkonsultation dient dazu, den Beschuldigten zu beraten, ob er von seinem Schweigerecht Gebrauch macht oder nicht".[27] 12

II. Verbotene Vernehmungsmethoden

1. Die Grundstruktur des § 136a

Der Beschuldigte soll frei darüber entscheiden können, ob, was und wie viel er aussagt. Verboten sind alle Mittel (nicht nur die in § 136a genannten), mit denen diese „Freiheit der Willensentschließung und der Willensbetätigung" ausgeschaltet, umgangen und beeinträchtigt wird. Dieser Effekt braucht im Einzelfall nicht nachgewiesen zu werden. Es muss aber feststehen, dass die Vernehmungsmethode verboten war (hier gilt in dubio pro reo nicht;[28] näher unten 18 Rn. 22). Ob dadurch der freie Wille tangiert war, darf zweifelhaft 13

[23] BGHSt 22, 129, 134.
[24] *BGH* StV 2007, 450.
[25] *BGH* NStZ 2009, 281; vgl. auch unten Rn. 26.
[26] *BGH* StV 1990, 194; BGHSt 38, 214, 228.
[27] BGHSt 47, 172.
[28] BGHSt 16, 164; zu den revisionsrechtlichen Anforderungen an eine Verfahrensrüge vgl. *BVerfG* NStZ 2002, 487.

bleiben.[29] Die Vorschrift gilt auch für die Vernehmung von Zeugen und Sachverständigen (§§ 69 Abs. 3, 72) und bei Vernehmungen durch die StA und die Polizei (§§ 161a Abs. 1 S. 2, 163a Abs. 3 S. 2, Abs. 4 S. 2). Sie ist Ausdruck des allgemeinen Grundsatzes, dass die Wahrheit im Strafverfahren nicht um jeden Preis erforscht werden darf.[30]

2. Fallgruppen

14 § 136a verbietet nicht nur gewisse Handlungen, sondern schließt in einigen Fällen auch Vernehmungen in einem Zustand aus, den die Strafverfolgungsbehörden nicht herbeigeführt haben, sondern bereits vorfinden. Hier ist zu differenzieren.

Misshandlung: Verboten sind Misshandlungen durch den Vernehmenden, also z.B. Schläge, Lärm, blendende Beleuchtung, nicht aber Vernehmungen eines Beschuldigten, der misshandelt worden war (z.B. das noch unter dem Eindruck der Tat stehende Opfer einer Schlägerei).

Ermüdung: Entscheidend ist nicht, dass der Beschuldigte ermüdet wurde (z.B. durch eine Vernehmung bis zur Erschöpfung,[31] sondern, dass er müde war, mag der Vernehmende das bemerkt haben oder nicht.[32]

Eingriffe sind meist Misshandlung, Verabreichung von Mitteln oder Quälerei. Für diese Fallgruppe bleiben nur die wenigen schmerzfreien und folgenlosen Eingriffe übrig.

Verabreichung von Mitteln: Es kommt nicht darauf an, ob der Vernehmende sie verabreicht hat („Plauderdrogen"), sondern ob der Beschuldigte unter ihrem Einfluss stand, mag er sie auch zuvor selbst und unbemerkt genommen haben.[33]

Quälerei: Nicht nur die physische Folter ist verboten. Der Beschuldigte darf nicht entwürdigend behandelt, nicht in Angst und Schrecken versetzt werden. Es kann Quälerei sein, ihn zu zwingen, sich die Leiche des Opfers anzusehen.[34]

Exkurs: Folter. Das Verbot der Folter ist absolut, abwägungsfest und unverfügbar (Rechtsgrundlagen: Art. 104 Abs. 1 S. 2 GG, Art. 3, 15 EMRK, UN-Folterkonvention). Alles andere führt unweigerlich in Teufels Küche. Durch den Fall Magnus Gäfgen[35] ist wieder ins Gespräch gekommen, ob man nicht doch in „Ausnahmefällen" und nur zu „präventiven Zwecken" foltern dürfe (damit der geständige Täter verrät, wo er das Entführungsopfer versteckt hat). Das ist indiskutabel, und alle dafür vorgebrachten Argumente sind ebenso schwach wie gefährlich. In „Ausnahmefällen": So wurde noch jeder Katalog schwerwiegender Eingriffe gerechtfertigt (z.B. großer Lauschangriff) und erweitert; das „Dammbruchargument" sollte man bei der Folter besonders ernst nehmen. Nur zu „präventiven" Zwecken, während Folter zum repressiven Zwecke der Strafverfolgung natürlich streng verboten bleiben soll? Welch ein rabulistisches Wortspiel. Wie denn, wenn der „Täter" nicht geständig ist,

---

[29] BGHSt 34, 365, 369.
[30] *BVerfG* NJW 1984, 428.
[31] BGHSt 12, 332; 38, 291, 293.
[32] BGHSt 1, 376, 379; 13, 60.
[33] *LG Marburg* StV 1993, 238.
[34] BGHSt 15, 187.
[35] *LG Frankfurt a.M.* StV 2003, 325 m. Anm. *Weigend*, StV 2003, 436; aus der Diskussion vgl. noch *Hamm*, NJW 2003, 946; andererseits *Miehe*, NJW 2003, 1219,, EGMR (*Gäfgen*) NStZ 2008, 699.

sondern von der Polizei nur für den Täter gehalten wird? Soll man ihn dann so lange foltern dürfen – repressiv und „eigentlich" streng verboten –, bis er gesteht, um dann endlich zu der erlaubten präventiven Folter übergehen zu können? Der „finale Rettungsschuss" sei ja auch erlaubt, und wenn man zur Rettung sogar töten dürfe, dann müsse doch ein bisschen Folter tolerabel sein. Das ist eine völlig andere Situation. Hätte es geholfen, Magnus Gäfgen zu erschießen? Extremfälle sind schwer zu lösen. Wenn man dabei bleibt, dass Folter unter keinen Umständen sein darf, hat man die Last dieser Umstände und vielleicht ihre schrecklichen Konsequenzen zu tragen. Noch schrecklicher aber wäre es, dem Teufel in Gestalt des Folterknechts den kleinen Finger zu reichen. Der Rechtstaat darf seine Seele nicht verkaufen.

Täuschung ist verboten, „List" erlaubt. Die Abgrenzung ist schwierig. Der 15
vernehmende Beamte muss nicht alles sagen, was er weiß. Verschweigen ist keine Täuschung.[36] Was er sagt, muss wahr, aber nicht klar sein (doppeldeutige Erklärungen, Fangfragen sind „List"). Einen Irrtum des Beschuldigten darf man ausnutzen (nur den über die Aussagefreiheit nicht, § 136), aber nicht hervorrufen. Das gilt jedenfalls für bewusste (finale) Irreführung.

Beispiele:
- der Beschuldigte müsse die Wahrheit sagen,
- die Beweislage sei erdrückend und leugnen deshalb zwecklos,
- die anderen hätten bereits gestanden,
- man ermittle in einer Vermisstensache (vgl. Fall 1 Rn. 3).

Nach vorsatzlosen Täuschungen trifft den Vernehmenden eine Aufklärungspflicht, sobald er bemerkt, dass sich der Beschuldigte im Irrtum befindet (Gedanke der Ingerenz; sehr str.).[37]

Hypnose ist ausnahmslos verboten.

Zwang darf über die zulässigen, in der StPO vorgesehenen Zwangseingriffe hinaus nicht ausgeübt werden. Fühlt sich der Beschuldigte unter Zwang (z.B. in der U-Haft), hindert das seine Vernehmung und die Verwertung seiner Aussage nicht.

Die **Drohung mit einer verfahrensrechtlich unzulässigen Maßnahme** liegt nicht schon in Hinweisen („ihr Schweigen nützt ihnen nichts"). Drohungen mit zulässigen Maßnahmen sind erlaubt („wenn sie weiter schweigen, werden wir umfangreiche Durchsuchungen vornehmen").

Das **Versprechen von gesetzlich nicht vorgesehenen Vorteilen** wird durch eine bindende Zusage in Situationen abgegeben, in denen allenfalls eine Prognose zulässig wäre.

Beispiele:
- StA oder Polizei versprechen eine Bewährungsstrafe für den Fall eines Geständnisses. Unzulässig: Darüber entscheidet später der Richter.
- Die StA erklärt dem Angeklagten, sie werde mit Geständnis 3 Jahre und ohne 7 Jahre beantragen: entweder Versprechen eines gesetzlich nicht vorgesehenen Vorteils oder Androhung einer schuldunangemessenen Strafe.[38]
- Die StA verspricht Haftentlassung bei Geständnis. Zulässig als Hinweis darauf, dass sie Haftentlassung beantragen wird (hinzukommen muss, dass ein Geständnis

---

[36] BGHSt 33, 217; 35, 328; 39, 335, 348.

[37] Vgl. BGHSt 31, 395, 400; *Achenbach*, StV 1989, 516.

[38] *BGH* NStZ 2005, 393. Drängt ein Richter mit dieser „Sanktionsschere" zu einem Geständnis, liegt darin ebenfalls ein Verstoß gegen § 136 a, der überdies die Besorgnis der Befangenheit begründen kann, *BGH* NStZ 2008, 170.

den Haftgrund beseitigen kann, also bei Verdunkelungsgefahr, nicht bei Fluchtgefahr).
- Die StA verspricht Einstellung nach §§ 154, 154a für neue, ihr bisher nicht bekannte Taten, falls sie der Beschuldigte offenbaren wird.[39]

3. Die Reichweite des Verbots

16 Nicht entsprechend anwendbar ist § 136a Abs. 1 auf den **Lügendetektor** (Polygraphen). Die dabei angewandte Methode besteht zwar darin, dass man die Verhaltenskontrolle unterläuft und sich den Raum des Unterbewussten öffnet. Wenn sich der Beschuldigte freiwillig zum unwillkürlich reagierenden Objekt einer Untersuchung macht, ist das mit den Situationen des § 136a nicht vergleichbar. Beim Lügendetektor hingegen werden gezielte Fragen zur Tat und neutrale Kontrollfragen gestellt. Diese Methode beruht auf psychologischen Simplifikationen, die seine Ergebnisse jedenfalls für die Zwecke eines Strafverfahrens letztlich unbrauchbar machen.[40] Er ist ein ungeeignetes Beweismittel. Der Beschuldigte kann daher auch nicht verlangen, ihn einzusetzen, um seine Unschuld zu beweisen.

4. Private „Vernehmungen"

17 Nach h.M. gilt § 136a nicht für Private, die Straftaten auf eigene Faust oder im Auftrag aufklären wollen. Nur krasse Verstöße gegen die Menschenwürde (Folter) sollen die Aussagen der betroffenen Zeugen oder Beschuldigten unverwertbar machen.

Beispiel: Der Bruder der Ermordeten schlägt den Verdächtigen so lange, bis er gesteht.

Der rabiate Privatdetektiv kann also „erfolgreich" sein. Das provoziert die Umgehung der staatlichen Strafverfolgungsaufgabe mit ihren rechtsstaatlichen Kautelen und ist daher abzulehnen (vgl. näher 28 Rn. 35).

5. Verwertungsverbot

a) Grundzüge

18 § 136a Abs. 3 S. 2 verbietet die Verwertung aller Aussagen, die unter Verstoß gegen § 136a Abs. 1, 2 zustandegekommen sind, mögen sie richtig oder falsch, entlastend oder belastend sein. Dieses Beweisverwertungsverbot folgt aus dem Beweismethodenverbot bereits nach den allgemeinen Grundsätzen der Lehre von den Beweisverboten (vgl. 28 Rn. 4ff.). Es versteht sich allerdings nicht von selbst, dass die Verwertung auch dann verboten ist, wenn der Beschuldigte ihr zustimmt. Das anzuordnen, ist der Sinn des Abs. 3 S. 2.[41]

---

[39] Vgl. *Volk*, NJW 1996, 879.
[40] Vgl. BGHSt 44, 308; *Rill/Vossel*, NStZ 1998, 481 ff.
[41] Höchst zweifelhaft für die Fälle, in denen der „verbotene" Beweis für den Beschuldigten günstig wäre; offen gelassen von *BGH* NStZ 2008, 706.

b) Fälle

Fall 6: Der Beschuldigte hat bisher geschwiegen. Er sitzt in U-Haft. Man legt ihm einen Polizeibeamten in Zivil als „Leidensgenossen" auf die Zelle. Diesem vermeintlichen Mithäftling gesteht er die Tat. 19

Diese Täuschungshandlung macht die Aussage unverwertbar.

Fall 7: Der „Leidensgenosse" ist tatsächlich ein Mithäftling, den die Polizei durch das Versprechen diverser Vergünstigungen geködert und taktisch instruiert hat.

Es gilt nichts anderes. Das scheinbare Privatgespräch ist eine „gezielte Einwirkung auf die Freiheit der Willensentschließung"[42] Sie geschah nicht durch Zwang (missverständlich)[43] – der Beschuldigte war ja nur gezwungen zu „sitzen", nicht aber zu reden. Entscheidend ist die Täuschung über die Vernehmungssituation. Man hat ihm eine **„Hörfalle"** gestellt.[44]

Fall 8: Die Polizei erfuhr von E (einem V-Mann, näher unten 10 Rn. 4), dass der Beschuldigte in einem Telefonat mit E die Tat gestanden hatte, brachte E dazu, noch einmal beim Beschuldigten anzurufen und hörte mit. 20

Auf den ersten Blick liegt es so wie im Fall 7. Der Große Senat des *BGH* hat in einer Grundsatzentscheidung anders geurteilt.[45] Er wendet sich dagegen, dass die Polizei in Wahrheit selbst handelt. Tatsächlich handelt es sich nicht um eine „Vernehmung" (zu diesem Begriff oben Rn. 8). Dass aber die Belehrungspflicht gem. §§ 163a, 136 nur „zum Ausgleich der Autorität, mit der die amtliche Befragung durchgeführt wird", ein „Gegengewicht" schaffen soll,[46] steht einer entsprechenden Anwendung auf vernehmungsähnliche Situationen dann nicht entgegen, wenn sich diese Autorität gezielt hinter einem privaten „Werkzeug" verbirgt und es steuert. Der *BGH* weist dieses Argument ebenso zurück wie den Aspekt der Gesetzesumgehung. Auch ein Verstoß gegen § 136a – Täuschung – liege nicht vor (anders als im Fall 7). Vernehmungen müssten nicht als „offener Vorgang" ausgestaltet werden. Heimlichkeit sei gedeckt durch den Grundsatz der freien Gestaltung des Ermittlungsverfahrens (dazu unten 10 Rn. 1). Schließlich sei auch der nemo-tenetur-Grundsatz nicht verletzt, weil er nur die Freiheit von Zwang garantiere, nicht aber die Freiheit von Irrtum (vgl. oben Rn. 9). Das Argument führt über §§ 136, 136a nicht hinaus und entkräftet die Bedenken nicht, die an der staatlichen Inszenierung einer Pseudo-Vernehmung anknüpfen. Der *BGH* sieht sie auch, misst ihnen aber nur im Rahmen einer Abwägung Bedeutung bei, zieht das Verhältnismäßigkeitsprinzip heran und lässt das allgemeine Persönlichkeitsrecht, das Rechtsstaatsprinzip und den Grundsatz des fairen Verfahrens zurücktreten, wenn es sich um Straftaten von erheblicher Bedeutung handelt, die anders nur wesentlich schwerer aufzuklären wären.

An der Auffassung, dass der nemo-tenetur-Grundsatz nicht die Freiheit vor Irrtum schütze, hält der *BGH* nicht mehr fest. Das Recht zu schweigen und sich

---

42 BGHSt 34, 362, 364.
43 BGHSt a. a. O.
44 Vgl. KK/*Diemer*, § 136a Rn. 6; *Beulke*, StV 1990, 184.
45 BGHSt 42, 139.
46 BGHSt a. a. O. 147.

nicht selbst belasten zu müssen, gehört zum Kernbereich des fairen Verfahrens. Es dient nach der Rechtsprechung des EGMR „prinzipiell der Freiheit einer verdächtigen Person zu entscheiden, ob sie in Polizeibefragungen aussagen oder schweigen will".[47] Dem ist der *BGH* in einem Fall gefolgt, in dem ein verdeckter Ermittler dem Angeklagten „durch beharrliche Fragen und unter Hinweis auf das vorgetäuschte Vertrauensverhältnis selbstbelastende Äußerungen entlockt" hatte, zu denen er „bei einer förmlichen Vernehmung nicht bereit gewesen wäre".[48] Es ist mit dem Grundsatz der Selbstbelastungsfreiheit „nicht vereinbar, dem Beschuldigten, der sein Schweigerecht in Anspruch genommen hat, in gezielten, vernehmungsähnlichen Befragungen, die auf Initiative der Ermittlungsbehörden ohne Aufdeckung der Verfolgungsabsicht durchgeführt werden … selbstbelastende Angaben zur Sache zu entlocken".[49]

21 Schon zuvor hatte der *BGH* entschieden, dass der Einsatz von Privatpersonen zur Aufklärung von Straftaten an Grenzen stoße (Rechtsstaatsprinzip, faires Verfahren), wenn zur Heimlichkeit der Ausforschung weitere Umstände hinzutreten, die die Freiheit des Beschuldigten, sich über seine Tat zu äußern, zusätzlich beeinträchtigen.[50]

Beispiel: Im „Wahrsagerin-Fall"[51] ging es darum, dass eine Inhaftierte, die mit der Polizei zusammenarbeitete, inhaftierten Frauen die Zukunft aus Kaffeesatz und Zigarettenasche lesen wollte und ihnen versprach, Polizei, Staatsanwaltschaft und Richterschaft durch ihre übersinnlichen Kräfte so zu beeinflussen, dass ein mildes Urteil oder Freispruch herauskommen werde. Voraussetzung für den Einsatz ihrer Fähigkeiten sei allerdings ein freimütiges, schriftlich niedergelegtes Geständnis. Ließ die Geständnisbereitschaft zu wünschen übrig, gab es Joints und Drohungen mit Allah.

Der *BGH* verwies darauf, dass die in § 136a bezeichneten Vorgehensweisen nur Beispiele für verbotene Beweismittelgewinnung seien und ließ offen, ob das Verabreichen von Mitteln durch Private in der besonderen Situation der U-Haft den Ermittlungsbehörden zuzurechnen sei oder ob die Zwangswirkung der U-Haft „der angewendeten Methode das entscheidende Gepräge gibt".

22 **Fall 9:** Die Polizei kündigt der Ehefrau des Beschuldigten wahrheitswidrig an, dass er bald verhaftet werde. Der telefoniert daraufhin mit seinem Mittäter und spricht über die Tat, belastet sich also selbst. Sein Telefonanschluss wird gem. § 100a überwacht.[52]

Seine Angaben dürfen verwertet werden. Er hat sie nicht im Rahmen einer Vernehmung gemacht, und die Polizei hat ihn lediglich listig provoziert, aber nicht getäuscht, ihn nicht in eine „Hörfalle" gelockt.

23 **Fall 10:** Die Polizei hat die Stimme des Erpressers auf Tonband, aber keinen Beweis dafür, dass es die Stimme des verdächtigten A ist, der in anderer Sache inzwischen verhaftet worden war. Für einen Stimmenvergleich arrangiert man ein Gespräch mit dem Anstaltsleiter, das mit dessen Einverständnis, aber ohne Wissen des A aufgezeichnet wird.

---

[47] *EGMR* StV 2003, 257, 259.
[48] *BGH* NStZ 2007, 714, 715.
[49] BGHSt a. a. O.
[50] BGHSt 42, 139, 154 f.
[51] BGHSt 44, 129.
[52] BGHSt 33, 217, 223.

Dieser Stimmenvergleich ist unverwertbar.[53] Die strafbare Verletzung des allgemeinen Persönlichkeitsrechts (Vertraulichkeit des Wortes, § 201 StGB) ist nicht der entscheidende Gesichtspunkt. Er liegt vielmehr in der **„Stimmenfalle"**, darin also, dass das Verbot, den Beschuldigten zur Mitwirkung im Strafverfahren zu zwingen, nicht durch Täuschung umgangen werden darf.[54] Das lehrt die Variante:

Fall 11: Die Polizei vernimmt den Beschuldigten, lässt die Tür zum Nebenzimmer offen und dort das Opfer der Vergewaltigung mithören, eine Frau, die angegeben hat, sie habe das Gesicht des Täters nicht sehen können, werde ihn aber an seiner Stimme mit Sicherheit erkennen. 24

Ihre entsprechende Aussage ist unverwertbar. Der Beschuldigte muss zwar eine Gegenüberstellung dulden. Zu einer „akustischen Gegenüberstellung" müsste er aber freiwillig mitwirken. Dazu darf man ihn weder zwingen noch darf man ihn durch Täuschung dazu bringen, sich gegen seinen Willen selbst zu belasten.[55]

c) Umfang, Fortwirkung und Fernwirkung

Das Beweisverbot untersagt auch die (im engeren Sinn) **mittelbare Verwertung** der Aussage. Sie darf also 25
- dem Beschuldigten nicht vorgehalten werden (zum Vorhalt 26 Rn. 3)
- nicht rekonstruiert werden durch Vernehmung des vernehmenden Beamten oder eines anderen Zeugen, der bei der Vernehmung dabei gewesen war.

Unverwertbar ist nur diejenige Aussage, die man auf verbotene Weise erlangt 26 hat. Der Verstoß gegen § 136a hat keine **Fortwirkung.** Wird der Beschuldigte nach qualifizierter Belehrung erneut und nun prozessordnungsgemäß vernommen, steht er also nicht mehr unter dem Einfluss der verbotenen Methode, ist diese zweite Aussage verwertbar.[56]

Nach der überaus umstrittenen Rechtsprechung gibt es auch keine **Fernwir-** 27 **kung:**[57] Nur die Aussage selbst ist unverwertbar; enthält sie Hinweise auf andere Beweismittel, dürfen sie benützt werden.

Fall 12: Der Beschuldigte hat unter dem Einfluss von psychischer Quälerei gestanden, wo er die Leiche versteckt hat. Bei der Obduktion findet sich ein Projektil, das aus der Waffe des Beschuldigten abgefeuert wurde.

Hier darf die Aussage in die Hauptverhandlung weder unmittelbar noch mittelbar (s. oben) eingeführt werden. Die anderen Beweismittel, zu denen sie geführt hat (Geschoss), sind aber nicht durch den Verstoß gegen § 136a „kontaminiert", sondern verwertbar.

Die amerikanische Doktrin „fruit of the poisonous tree" lehrt das Gegenteil, 28 wird aber stark eingeschränkt durch die Regel, dass Beweise verwertet werden

---

[53] BGHSt 34, 39.
[54] So auch BGHSt a. a. O., 46.
[55] BGHSt 40, 66 – nicht eindeutig genug.
[56] BGHSt 37, 48, 53; anders noch für Drohung und Quälerei BGHSt 15, 187; 17, 364; zur „qualifizierten Belehrung" in solchen Fällen vgl. oben Rn. 11; hier verlangt von *BGH* StV 1994, 62 und 293, offen gelassen von *BGH* NStZ 2009, 281.
[57] So BGHSt 34, 362, 364.

dürfen, wenn man sie auf legalem Wege hätte erlangen können (hypothetical clean path doctrine, vgl. auch unten 28 Rn. 14). Im Fall 12 heißt das, dass die Obduktionsergebnisse verwertbar sind, wenn man plausibel machen kann, dass man die Leiche durch den Einsatz von Suchtrupps etc. auch ohne die Angaben des Beschuldigten gefunden hätte.

III. Die Rechte des Beschuldigten

29 Sie sind im Ermittlungsverfahren schwach. Grundsätzlich gilt, mit den Worten von *BVerfG* NStZ 1983, 273: Der Anspruch auf ein faires Verfahren sichert „dem Beschuldigten, der im Rechtsstaat des Grundgesetzes nicht bloßes Objekt des Verfahrens sein darf, den erforderlichen Bestand an aktiven verfahrensrechtlichen Befugnissen, damit er zur Wahrung seiner Rechte auf den Gang und das Ergebnis des Strafverfahrens Einfluss nehmen kann (vgl. BVerfGE 46, 202, 210; 57, 250, 275). Dies verlangt eine gewisse verfahrensrechtliche ‚Waffengleichheit' von StA und Beschuldigtem im Strafprozess".[58]

1. Der Anspruch auf rechtliches Gehör

30 Er ist als Grundrecht für das Verfahren vor Gericht garantiert (Art. 103 Abs. 1 GG) und besagt, dass den Betroffenen Gelegenheit gegeben werden muss, sich zu den Vorwürfen zu äußern, Anträge zu stellen und Ausführungen zur Sach- und Rechtslage zu machen. Das Gericht muss sie zur Kenntnis nehmen und in Erwägung ziehen,[59] ist aber nicht verpflichtet, ein Rechtsgespräch zu führen. Das rechtliche Gehör bezieht sich auf Tatsachen und Beweisergebnisse.

Dieser Anspruch wird durch die StPO grundrechtskonform umgesetzt und erweitert. Wenn das Gericht tätig wird, muss es

im Zwischenverfahren
- den Angeschuldigten auffordern, sich zur Anklage zu erklären (§ 201)
- ihm (schon in diesem Stadium) in gewissen Fällen einen Verteidiger stellen (§§ 140 ff.; vgl. unten 11 Rn. 27 ff.)

in der Hauptverhandlung
- in Anwesenheit des Angeklagten verhandeln (§ 230, Ausnahmen §§ 231 ff., 247)
- über Beweisanträge beschließen. Sie können nur in bestimmten Prozesslagen abgelehnt werden (§§ 244, 245)
- vor jeder Entscheidung in der Hauptverhandlung die Beteiligten anhören (§ 33) und
- außerhalb der Hauptverhandlung die StA (§ 33 Abs. 2) und bei einer Entscheidung, die zu ihrem Nachteil ergehen soll, andere Beteiligte hören (§ 33 Abs. 3) oder

---

[58] BVerfGE 38, 105, 111; zur Waffengleichheit als Prozessprinzip *Safferling*, NStZ 2004, 181.

[59] BVerfGE 64, 135, 144; 65, 306, 307.

– wenn dieser Anspruch verletzt worden ist, von Amts wegen oder auf Antrag ein Nachverfahren durchführen (§ 33 a).[60]

Gegenüber Staatsanwaltschaft und Polizei gibt es das Grundrecht nicht. Im Ermittlungsverfahren ist noch nicht einmal der Richter ausnahmslos verpflichtet, Gehör zu gewähren. Überraschende Maßnahmen sind zulässig (§ 33 Abs. 4).

2. Das Recht auf Verteidigung

hat der Beschuldigte in jeder Verfahrenslage, also von Anfang an (§ 137 Abs. 1) und noch nach Rechtskraft des Urteils (Strafvollstreckung, Wiederaufnahme). In vielen Fällen hat er einen Anspruch, dass ihm ein Verteidiger gestellt wird (notwendige Verteidigung, § 140; vgl. unten 11 Rn. 27 ff). Dies muss aber, von Haftsachen abgesehen, nicht schon im Ermittlungsverfahren, sondern erst nach Anklageerhebung geschehen (§ 141 Abs. 1, 3; näher unten 11 Rn. 32). 31

Außerdem räumt Art. 6 Abs. 3 e EMRK „dem der Gerichtssprache nicht kundigen Angeklagten (Beschuldigten) unabhängig von seiner finanziellen Lage für das gesamte Strafverfahren und damit auch für vorbereitende Gespräche mit einem Verteidiger einen Anspruch auf unentgeltliche Zuziehung eines Dolmetschers ein, auch wenn kein Fall der notwendigen Verteidigung … gegeben ist“[61].

3. Beweisanträge

Im Ermittlungsverfahren ist der Beschuldigte bei seiner Vernehmung durch Staatsanwaltschaft oder Polizei darüber zu belehren, dass er Beweisanträge stellen kann (§§ 136 Abs. 1 S. 3, 163 a Abs. 4 S. 2). Nur dann aber, wenn sie „von Bedeutung sind“ (§ 163 a Abs. 2), hat er in den weiten Grenzen dieses unbestimmten Rechtsbegriffs einen Anspruch auf Beweiserhebung, nach a. A. sogar nur einen Anspruch darauf, dass die StA die Beweiserheblichkeit nach pflichtgemäßem Ermessen beurteilt.[62] 32

Erst in der Hauptverhandlung wird aus dieser Chance, dass der Beweisantrag Erfolg hat, ein ausgeprägtes Recht, weil das Gericht an bestimmte Ablehnungsgründe gebunden ist (§§ 244, 245). Im Zwischenverfahren muss das Gericht über Anträge zwar beschließen, sich dabei aber nicht an den Katalog dieser Ablehnungsgründe halten (§ 201 Abs. 2).

4. Das Fragerecht

steht dem Beschuldigten nur zu, wenn er als Angeklagter in der Hauptverhandlung steht (§ 240 Abs. 2). 33

---

[60] BVerfGE 107, 395 hat zum AnhörungsG geführt, in Kraft getreten am 1. 1. 2005; vgl. auch unten 36 Rn. 54 a.

[61] BGHSt 46, 178.

[62] *Meyer-Goßner*, § 163 a Rn. 15.

5. Das Schweigerecht

34 Der Beschuldigte ist nicht verpflichtet, sich selbst zu belasten – nemo tenetur se ipsum accusare (vgl. oben Rn. 9)[63] – oder in irgendeiner Weise bei den Ermittlungen gegen ihn mitzuwirken. In der Hauptverhandlung darf das Gericht keine nachteiligen Schlüsse daraus ziehen, dass der Angeklagte nicht ausgesagt hat (vgl. unten 29 Rn. 10ff.; dort auch zum Problem des teil- oder zeitweisen Schweigens). Im Ermittlungsverfahren jedoch sind Staatsanwaltschaft und Polizei nicht daran gehindert, das Schweigen des Beschuldigten als „verdächtig" anzusehen und weitere Ermittlungen anzustellen.

6. Das Anwesenheitsrecht

35 In der Hauptverhandlung darf und muss der Angeklagte anwesend sein (§ 230 Abs. 1). Von diesem Recht und dieser Pflicht gibt es Ausnahmen (§§ 231ff.; vgl. unten 20 Rn. 3f.). Im Ermittlungsverfahren darf der Beschuldigte bei gewissen Maßnahmen gegen ihn anwesend sein (z.B. Durchsuchung); von anderen erfährt er noch nicht einmal etwas (z.B. Telefonüberwachung, Observation). Besonders wichtig ist die Frage, ob er bei Vernehmungen anderer anwesend sein darf. Das ergibt sich aus der Grafik (die im Vorgriff auch die Anwesenheitsrechte anderer Verfahrensbeteiligter darstellt).

Übersicht 11: Anwesenheitsrecht

Anwesenheitsrecht	Vernehmung durch								
	Richter			StA			Polizei		
	B	MB	Z	B	MB	Z	B	MB	Z
B	X	nein *BGH* 42, 391	ja § 168c II (III !)	X	nein	nein § 161a verweist nicht auf § 168c	X	nein	nein
Verteidiger	ja § 168c I	nein *BGH* 42, 391	ja § 168c II	ja § 163a III 2	nein	nein (s. o.)	nein	nein	nein (Gegenschluss aus § 163a III 2)
Z	nein	nein	X	nein	nein	X	nein	nein	X
StA	Ja	Ja	Ja	X	X	X	ja	ja	ja, arg.
	§ 168c I	§ 168c I	§ 168c II				arg. §§ 160, 161		§§ 160, 161

B: Beschuldigter MB: Mitbeschuldigter Z: Zeuge

[63] Fallgruppen bei *Verrel*, S. 119ff.

IV. Die Pflichten des Beschuldigten

1. Die Pflicht zum Erscheinen

a) In der Hauptverhandlung muss der Angeklagte nicht nur erscheinen, sondern auch bleiben (§ 230). 36

b) Im Ermittlungsverfahren muss der Beschuldigte, wenn er geladen wird, vor dem Ermittlungsrichter (§ 133) und dem Staatsanwalt (§ 163a Abs. 3 S. 1) erscheinen. Bleibt er unentschuldigt aus, kann er zwangsweise vorgeführt werden (§§ 133 Abs. 2, 163a Abs. 3 S. 2). Beides gilt nicht, wenn ihn die Polizei „vorgeladen" hat. Zur Polizei muss man nicht (arg. § 163a Abs. 3 S. 1).

Auch der Beschuldigte, der nicht zur Sache aussagen will und dies schon vorher angekündigt hat, muss vor dem Ermittlungsrichter bzw. der Staatsanwaltschaft erscheinen. Zweck der Vorladung kann neben oder anstatt einer Vernehmung auch eine Gegenüberstellung oder das legitime Interesse sein, sich einen persönlichen Eindruck vom Beschuldigten zu verschaffen.

2. Die Duldungspflicht

Der Beschuldigte muss nichts tun, aber die Ermittlungen gegen ihn dulden. 37
Dazu gehört auch, dass er Eingriffe und Zwangsmaßnahmen hinzunehmen hat.

Der Beschuldigte muss ferner dulden, dass seine Daten in zahlreichen Dateien 38
gespeichert werden (z. B. Falldateien, Spurendokumentationsdateien, Fahndungsdateien). Das StÄVG hat in §§ 483–491 Vorschriften über die Zwecke geschaffen, zu denen Daten gespeichert werden dürfen. Die Befugnis zur Erhebung der Daten ist dort nicht geregelt. Eine scharfe Grenze zu den Präventiv-Dateien der Polizei hat der Gesetzgeber nicht gezogen.

Fälle und Fragen

33. Wann ist jemand als Beschuldigter anzusehen?
34. Die Polizei erhält einen Anruf, jemand mit dem Kennzeichen M-XX-007 habe soeben eine Unfallflucht begangen. Die Polizei fährt daraufhin zum Wohnsitz des Fahrzeughalters. Die Frage, ob er soeben eine Unfallflucht begangen habe, bejaht der verdutzte Y. Vor Gericht verweigert er die Aussage. Der Staatsanwalt meint, es könne die Zeugenaussage des Polizeibeamten verwertet werden, da es sich um ein „informatorisches Befragen" gehandelt habe. Zu Recht?
35. Worüber muss der Beschuldigte belehrt werden?
36. Dem Beschuldigten wird in der polizeilichen Vernehmung gestattet, einen Anwalt anzurufen. Als dieser am Polizeipräsidium ankommt, wird ihm mit der Begründung, Anwälte würden nur „stören", der Einlass verwehrt. Nach über zwei Stunden vergeblichen Wartens, „packt" der Beschuldigte schließlich aus. Ist die Aussage verwertbar?
37. Was schützt § 136a?
38. Dem Beschuldigten wird mit Schlägen gedroht, falls dieser nicht das Versteck seiner Beute preisgibt. Eingeschüchtert teilt er daraufhin das Versteck mit. War dieses Verhalten der Polizei rechtmäßig? Kann diese Aussage verwertet werden? Abwandlung: Der Beschuldigte

wiederholt seine Aussage vor dem Ermittlungsrichter. Kann die Aussage jetzt verwertet werden?

39. Hat der Verstoß gegen § 136a Fernwirkung?
40. Welche Rechte hat der Beschuldigte im Ermittlungsverfahren?
41. Y erhält als Beschuldigter eine Vorladung zur polizeilichen Vernehmung. Muss er dort hingehen? Abwandlung: Wie wäre es, wenn er vom Staatsanwalt geladen wird?
42. Polizist P sieht, wie der Betrunkene B zu seinem Auto wankt und beginnt, das Auto „auf Gehör" aus der Parklücke zu rangieren. Kurzentschlossen fordert P ihn auf, in den mitgeführten Alkomaten zu blasen. Als B dies verweigert, schiebt ihm P das Röhrchen in den Mund. Es zeigt einen BAK-Wert von 1,3 Promille an. Hat sich P rechtmäßig verhalten?

§ 10. Eingriffe und Zwangsmaßnahmen

I. Freie Ermittlungen

1. Der Grundsatz der freien Gestaltung des Ermittlungsverfahrens

Es gilt der Grundsatz der freien Gestaltung des Ermittlungsverfahrens 1
(§§ 161 Abs. 1, 163 Abs. 1). Frei sind Staatsanwaltschaft und Polizei

- in der Reihenfolge der Maßnahmen, die nach kriminaltaktischen Gesichtspunkten getroffen werden dürfen (Beispiel: Der Beschuldigte kann zu Beginn oder am Ende des Ermittlungsverfahrens vernommen werden)
- in der Wahl der Mittel.

Bei der Erforschung von Straftaten (§ 163) dürfen und müssen „Ermittlungen jeder Art" (§ 161) angestellt werden. Diese Vorschriften beschreiben eine Aufgabe und normieren eine Pflicht (Erforschungspflicht). Sie verleihen (seit dem StVÄG 1999) auch eine Befugnis. Diese „Ermittlungsgeneralklausel" deckt alle Maßnahmen, die zwar Eingriffe darstellen, aber nicht so tief gehen, dass sie einer Spezialermächtigung bedürfen (wie die unter Rn. 5 aufgelisteten).

2. Maßnahmen unterhalb der Schwelle des Eingriffs

a) Das Auskunftsverlangen

Behörden müssen der Staatsanwaltschaft Auskunft geben (§ 161 Abs. 1 S. 1). 2
Andere Stellen oder Personen sind nicht verpflichtet, sich auf diese formlose Art der Zeugenvernehmung einzulassen, können dann aber zu einer förmlichen Vernehmung gezwungen werden (§ 161 a) oder sich Durchsuchungen und Beschlagnahmen ausgesetzt sehen.

Dem Verlangen, Auskunft zu geben, kann ein „Geheimnis" entgegenstehen.

Das **Post- und Fernmeldegeheimnis** (die Post ist keine Behörde) ist in Art. 10 GG, § 5 PostG, § 88 TKG geregelt und kann gem. § 99 durchbrochen werden.

Ein **„Bankgeheimnis"** gibt es nicht. Öffentlich-rechtliche Kreditinstitute sind zur Auskunft verpflichtet, Privatbanken zur Auskunft berechtigt, um Beschlagnahmen abzuwenden.

Das **Steuergeheimnis** steht nicht jeder Auskunftserteilung entgegen (§ 30 AO, insbes. Abs. 4).

Das **Sozialgeheimnis** (§ 35 SGB I) schützt nicht, wenn der Betroffene einwilligt oder eine gesetzliche Offenbarungspflicht besteht (§§ 68–77 SGB X).

b) Die Observation

Die unauffällige kurzfristige Beobachtung gilt als selbstverständliche Stan- 3
dardmaßnahme ohne Zwangscharakter (*Meyer-Goßner*, § 161 Rn. 1).

c) Informanten und V-Leute

4 Es soll zulässig sein, solche Kontaktpersonen einzusetzen, um an (stärkere) Beweise heranzukommen.

„Informant ist eine Person, die im Einzelfall bereit ist, gegen Zusicherung der Vertraulichkeit der Strafverfolgungsbehörde Informationen zu geben."

„V-Person ist eine Person, die, ohne einer Strafverfolgungsbehörde anzugehören, bereit ist, diese bei der Aufklärung von Straftaten auf längere Zeit vertraulich zu unterstützen, und deren Identität grundsätzlich geheim gehalten wird"[1].

Informanten und V-Leute handeln zwar verdeckt, sind aber nicht „verdeckte Ermittler" (dazu unten Rn. 59). Als agent provocateur dürfen sie nicht jemanden, der nicht tatgeneigt ist, so bearbeiten, dass er schließlich zum Täter wird,[2] sondern den Verdächtigen nur „testen", d. h. einen bereits bestehenden starken Verdacht schwerwiegenden strafbaren Verhaltens bestätigen helfen.[3] „Die Qualität des Tatverdachts ... begrenzt so den Unrechtsgehalt derjenigen Tat, zu der der Verdächtige in zulässiger Weise provoziert werden darf".[4] Wird diese Grenze überschritten, ist der Grundsatz des fairen Verfahrens verletzt (Art. 6 Abs. 1 S. 1 EMRK, vgl. unten 18 Rn. 9).

II. Die Zwangsmaßnahmen im Überblick

5 Die beiden Grafiken zeigen, welche Maßnahmen möglich sind, wer sie anordnen darf, wie hoch und wie bestimmt der Verdacht sein muss. Sie unterscheiden zwischen Eingriffen in Grundrechte des Beschuldigten und von Dritten. Das ist nur als eine Typisierung zu verstehen. Von Maßnahmen gegen den Beschuldigten können auch unbeteiligte Dritte betroffen sein (Beispiel: Telekommunikationsüberwachung). Andererseits dienen alle Maßnahmen gegen Zeugen (z.B. Durchsuchung, § 103), „Verdächtige" (Identitätsfeststellung, § 163b Abs. 1) oder „Jedermann" (z.B. Rasterfahndung) natürlich dazu, gegen den Beschuldigten vorzugehen.

Viele Maßnahmen werden überraschend und/oder heimlich durchgeführt. Von einigen wird man nachträglich benachrichtigt (§ 101).

Der Überblick zeigt, dass sich kaum noch ein Eingriff denken lässt, zu dem die Strafverfolgungsbehörden nicht schon heute befugt wären. So gesehen, könnte man die nun darzustellenden speziellen Ermächtigungen durch eine (von mir erfundene) Generalklausel ersetzen:

„(1) Die Ermittlungsbehörden dürfen zur Erforschung der Wahrheit im Rahmen der Verhältnismäßigkeit alle erforderlichen Maßnahmen ergreifen.

(2) § 136a bleibt unberührt."[5]

---

[1] RiStBV Anlage D 2.

[2] *BGH* NJW 1981, 1626; *BGH* NStZ 2009, 405 (Drohung mit „Mafia aus Belgrad").

[3] BGHSt 32, 345; eingehend BGHSt 45, 321.

[4] *BGH* NStZ 2001, 553, 555.

[5] Aus der Praxis gewinnt man den fatalen Eindruck, dass diese Regel de facto herrscht – was technisch möglich ist, wird auch gemacht.

Übersicht 12a: Eingriffe in Grundrechte des Beschuldigten

Anordnung durch

Anfangsverdacht – hinreichender Tatverdacht – dringender Tatverdacht – Gewissheit

Polizei	StA	Richter		§	Maßnahme
		X		81	Unterbringung zur Beobachtung
X	X	X		81 a	Blutprobe etc.
X[1]	X[1]	X		81 b	Erkennungsdienst
X	X	X	98	94	Beschlagnahme
	X	X	100 b	100 a	Telekommunikationsüberwachung
X	X	X		100 h	Techn. Mittel
X	X	X	105	102	Durchsuchung
X[2]			110 b	110 a	Verdeckte Ermittler
		X	114	112, 112 a 126 a	Untersuchungshaft / einstw. Unterbringung
				127 Abs. 1	vorläufige Festnahme durch Private (bestr.)
				127 Abs. 2	vorläufige Festnahme durch Polizei / StA
X	X	X		131	Ausschreibung zur Festnahme
X	X			163 b Abs. 1	Identitätsfeststellung[3]
	X	X		163 e	Polizeiliche Beobachtung
X	X	X		163 f	längere Observation

[1] unabhängig von „Gefahr im Verzug“

[2] mit Zustimmung der StA und des Ermittlungsrichters

[3] der Verdächtigte muss noch nicht Beschuldigter sein

(grau hinterlegt:) Verdacht muss auf bestimmten Tatsachen beruhen, „konkreter Verdacht“

Übersicht 12 b: Eingriffe in Grundrechte Dritter

Damit würden die feinen Abstufungen in den Eingriffsvoraussetzungen überrollt, durch die sich die diversen Maßnahmen unterscheiden. Der Unterschied zu jener Generalklausel ist zwar nicht immer groß. Aber er macht den Rechtsstaat aus.

III. Die Untersuchungshaft

Die Untersuchungshaft ist als Freiheitsberaubung der schwerste Eingriff in die Rechte und die Lebensführung eines noch nicht (rechtskräftig) Verurteilten, für den die Unschuldsvermutung gilt. Von ihm wird ein Sonderopfer für die Allgemeinheit verlangt.[6] Das kann nur zulässig sein, soweit es überwiegende Interessen des Gemeinwohls zwingend gebieten.[7] 6

1. Zweck

Die Untersuchungshaft soll die effektive Strafrechtspflege dadurch sichern, dass der Beschuldigte an der Flucht oder an der Manipulation von Beweisquellen gehindert wird (§ 112) und dass der Verurteilte sich nicht der Vollstreckung entzieht (§ 457). Sie darf nicht vorweggenommene Strafe sein (wird aber vom Betroffenen so empfunden, ähnlich vollzogen und auf die zu verbüßende Strafe angerechnet, § 51 Abs. 1 StGB). Sie darf nicht „Beugehaft" sein (wirkt aber nicht selten so, dass der Beschuldigte sein Schweigen bricht).

2. Arten

Hier besprochen wird die U-Haft nach §§ 112ff. Daneben gibt es die
- Vollstreckungshaft (§ 457 Abs. 2)
- Sicherungshaft (§ 453c)
- Hauptverhandlungshaft (§ 127b)
- Ungehorsamshaft (§§ 230 Abs. 2, 236, 329 Abs. 4 S. 1)
- Auslieferungshaft (§§ 15, 45, 68 Abs. 2, 3 IRG).

Die einstweilige Unterbringung nach § 126a ersetzt die Untersuchungshaft bei schuldunfähigen oder vermindert schuldfähigen Beschuldigten, deren Unterbringung gem. §§ 63, 64 StGB zu erwarten ist.

Bei mehreren Haftbefehlen wegen verschiedener Sachen wird nur einer vollzogen (keine „Doppelhaft") und wegen des anderen „Überhaft" vermerkt (Vollzug nach Beendigung der Untersuchungshaft in der ersten Sache).

3. Voraussetzungen

Die Untersuchungshaft darf (nicht: muss) und wird in aller Regel angeordnet werden, wenn
- dringender Tatverdacht vorliegt und
- ein Haftgrund gegeben ist und
- sie nicht außer Verhältnis steht zur Bedeutung der Sache und der zu erwartenden Strafe oder Maßregel (§ 112 Abs. 1).

---

[6] BGHZ 60, 302.
[7] BVerfGE 35, 185.

a) Dringender Tatverdacht

7 Er ist dem Grade nach stärker als der zur Anklageerhebung erforderliche hinreichende Tatverdacht (s. oben 8 Rn. 3), beruht meist aber auf einer schmaleren Basis vorläufiger Ermittlungsergebnisse. Es kann daher so liegen, dass ein Haftbefehl erlassen wird, obwohl man noch nicht sagen kann, dass es zur Eröffnung des Hauptverfahrens kommen wird.[8]

b) Haftgründe

Die weitaus meisten Haftbefehle werden auf Fluchtgefahr oder Verdunkelungsgefahr gestützt. Daneben gibt es den Haftgrund der Wiederholungsgefahr (§ 112a) und die Möglichkeit, beim Verdacht bestimmter Kapitaldelikte Haft anzuordnen (§ 112 Abs. 3).

aa) Flucht, Fluchtgefahr, § 112 Abs. 2 Nr. 1, 2

8 Flüchtig ist, wer seine Wohnung aufgibt und keine andere nimmt oder sich in das Ausland absetzt. Verborgen hält sich, wer sich dem Verfahren entziehen will und irgendwo „untergetaucht“ ist. Wer ergriffen wird, ist nicht mehr flüchtig, hat aber manifestiert, dass Fluchtgefahr besteht.

Fluchtgefahr ist im Gesetz definiert (§ 112 Abs. 2 Nr. 2). Bei der Gefahrprognose sind alle pro und contra Flucht sprechenden Umstände abzuwägen und bloße Vermutungen zu vermeiden. Von den bestimmten Tatsachen, auf die sich das Gericht stützt, braucht es nicht als wahr überzeugt sein. Sie müssen nur mit einer Wahrscheinlichkeit vorliegen, die dem dringenden Tatverdacht entspricht.

Beispiel: (Ausschnitt): „Angesichts der Schwere der Tat und des hohen Schadens ist die Straferwartung so hoch, dass der Anreiz, sich dem Verfahren durch Flucht zu entziehen, allein durch familiäre Bindungen nicht aufgewogen wird, zumal das geschädigte Unternehmen den Beschuldigten nicht weiterbeschäftigen wird und er über gute Kontakte im Ausland sowie ein Haus in den USA verfügt.“ Nur eines dieser Argumente (z. B. Straferwartung) würde nicht genügen.

bb) Verdunkelungsgefahr, § 112 Abs. 2 Nr. 3

9 Wie bei der Fluchtgefahr müssen bestimmte Tatsachen einen dringenden Verdacht begründen, den nämlich, dass der Beschuldigte in prozessordnungswidriger, „unlauterer“ Weise auf sachliche oder persönliche Beweismittel einwirken und dadurch die Ermittlung der Wahrheit gefährden wird.

Beispiele: Prozessordnungswidrig ist die Vernichtung von Akten, die Bedrohung von Zeugen, die Absprache bestimmter Aussagen. Prozessordnungsgemäß ist die Besprechung mit Zeugen, die Bitte, sie mögen das Zeugnis verweigern, das Bestreiten der Tat, Schweigen, Widerruf eines Geständnisses.

cc) Kapitaldelikte, § 112 Abs. 3

10 Nach dem Wortlaut genügt allein der hinreichende Verdacht eines der aufgezählten Delikte, ohne dass ein Haftgrund nach Abs. 2 vorliegen müsste. Es ist

---

[8] Vgl. *BGH* NStZ 1981, 94.

aber unverhältnismäßig, lediglich wegen der Schwere der Tat Untersuchungshaft anzuordnen. BVerfGE 19, 342 hat im Wege der verfassungskonformen Auslegung (wohl eher: Ergänzung, Umdeutung) gefordert, dass wenigstens die geringe oder entfernte Gefahr von Flucht oder Verdunkelung bestehen müsse, die allerdings, anders als bei Abs. 2, nicht durch konkrete Tatsachen belegt zu werden braucht. Es bleiben die Bedenken, dass allein der Vorwurf jener Delikte nicht für die Gefährlichkeit des Täters spricht, dass die Erleichterung der Annahme von Flucht- oder Verdunkelungsgefahr im Ergebnis eine Umkehrung der Beweislast bedeutet und dass, ähnlich wie in der NS-Zeit, nicht das Strafverfahren gesichert, sondern die „Erregung der Bevölkerung" vermieden werden soll (Schlagwort: „Mörder laufen frei herum").

dd) Wiederholungsgefahr, § 112 a

Auch dieser Haftgrund ist systemfremd. Sicherungshaft dient nicht dem Strafverfahren, sondern als vorbeugende Maßnahme präventiv-polizeilicher Art dem Schutz der Allgemeinheit vor weiteren Straftaten gefährlicher Täter. Als vorbeugende „Deeskalationshaft" soll sie auch individuelle Opfer schützen (bei qualifiziertem „Stalking", § 238 Abs. 2, 3 StGB). **11**

c) Verhältnismäßigkeit, § 112 Abs. 1 S. 2

ist nicht als Voraussetzung der Untersuchungshaft genannt. Nur Unverhältnismäßigkeit schließt die Haft aus. Sie folgt nicht allein daraus, dass nur eine kurze (nicht zu vollstreckende) Freiheitsstrafe oder sogar nur Geldstrafe zu erwarten ist (vgl. § 113). **12**

d) Im Privatklageverfahren darf ein Haftbefehl nicht erlassen werden, weil das öffentliche Interesse an der Strafverfolgung fehlt – anders erst, wenn die Staatsanwaltschaft die Verfolgung übernimmt (§§ 376, 377). Bei Antragsdelikten muss er wieder aufgehoben werden, wenn der Berechtigte den Strafantrag nicht stellt und deshalb das (vorübergehende) Verfahrenshindernis zum endgültigen wird (vgl. näher § 130).

4. Verfahren

„Die Untersuchungshaft wird durch schriftlichen Haftbefehl des Richters angeordnet" (Wortlaut § 114 Abs. 1). Den Inhalt regelt § 114 Abs. 2. **13**

(Ein Formular, wie es die Justiz für einfache Fälle verwendet, folgt am Ende des Kapitels.)

a) Zuständig für den Erlass ist stets nur ein Richter (Art. 104 Abs. 2 S. 1 GG). Das Nähere regelt § 125. Im Ermittlungsverfahren beantragt die Staatsanwaltschaft den Erlass des Haftbefehls beim Ermittlungsrichter (s. oben 8 Rn. 2). Nach Anklageerhebung erlässt den Haftbefehl das Gericht, das mit der Sache befasst ist oder war (wenn sein Urteil durch Revision angefochten ist). Es muss die Staatsanwaltschaft hören (§ 33), aber nicht auf ihren Antrag warten.

b) Es ist Sache der Staatsanwaltschaft, den Haftbefehl zu vollstrecken (§ 36 Abs. 2). Wird der Beschuldigte ergriffen, ist er verhaftet.

Das Gesetz zur Änderung des Untersuchungshaftrechts[9] hat neue umfangreiche Pflichten zur Belehrung, Information und Benachrichtigung Dritter eingeführt.[10]

Bereits bei der Verhaftung ist dem Beschuldigten eine Abschrift des Haftbefehls (und eventuell eine Übersetzung) auszuhändigen (§ 114a S. 1). Außerdem muss er unverzüglich schriftlich (vorläufig oder ergänzend auch mündlich) darüber belehrt werden (§ 114b Abs. 1), dass er
- unverzüglich, spätestens am Tag nach der Ergreifung, dem Gericht vorgeführt werden wird,
- das Recht hat, sich zu äußern oder zu schweigen und überdies darf:
  - zu seiner Entlastung Beweiserhebungen beantragen,
  - sofort und jederzeit einen Wahlverteidiger befragen,
  - eine ärztliche Untersuchung verlangen,
  - einen Angehörigen oder eine Person seines Vertrauens benachrichtigen,
  - einen Dolmetscher auf Staatskosten hinzuziehen (§ 114b Abs. 2).

14 c) Dann (§ 115 Abs. 1) ist er unverzüglich dem Richter vorzuführen, der den Haftbefehl erlassen hat (§§ 115, 126 Abs. 1 S. 1; nur für die „weiteren" Entscheidungen kann je nach Verfahrensstand ein anderer Richter zuständig sein). „Vorgeführt" ist der Beschuldigte schon dann, wenn er in das Gerichtsgefängnis gebracht wird.

Der Haftrichter muss nun spätestens am nächsten Tage (§ 115 Abs. 2; Art. 104 Abs. 3 GG)
- den Beschuldigten belehren und vernehmen (§ 115 Abs. 2, 3; ist es die erste Vernehmung überhaupt, gilt zusätzlich § 136),
- entscheiden, ob der Haftbefehl aufrecht erhalten (dann Belehrung gem. § 115 Abs. 4), außer Vollzug gesetzt (§ 116) oder aufgehoben (§ 120) wird
- wenn die Haft vollzogen wird, einen Angehörigen oder eine Vertrauensperson auch dann benachrichtigen, wenn der Beschuldigte darauf verzichtet oder dem widerspricht, § 114c Abs. 2 (niemand soll einfach „verschwinden" können)
- in diesem Falle einen Pflichtverteidiger bestellen (§§ 140 Abs. 1 Nr. 4, 141 Abs. 3 S. 4).

15 d) Die Aussetzung des Vollzugs der U-Haft ordnet der Richter an, wenn der Zweck der U-Haft durch weniger einschneidende Maßnahmen als ihren Vollzug erreicht werden kann (§ 116). Das ist bei Fluchtgefahr zwingend (Abs. 1) und bei Verdunkelungsgefahr trotz des Wortlauts („kann" Abs. 2) wegen des Verhältnismäßigkeitsgrundsatzes im Ergebnis ebenfalls. Das Gesetz nennt beispielhaft
- die Meldepflicht (Nr. 1),
- Aufenthaltsbeschränkungen (Nr. 2) und „Hausarrest" (Nr. 3); derzeit kaum kontrollierbar (vgl. aber die Diskussion über die „elektronische Fessel"),[11]

---

[9] BGBl. I, 2009, 2274 ff., in Kraft getreten am 1. 1. 2010.

[10] Sie gelten im Wesentlichen auch bei vorläufiger Festnahme (§ 127 Abs. 4), für die Hauptverhandlungshaft (§ 127b Abs. 1 S. 2) und bei Freiheitsentziehung zur Feststellung der Identität (§ 163c Abs. 1 S. 3).

[11] Vgl. *Ostendorf*, ZRP 1997, 473; *Krahl*, NStZ 1997, 457.

- die Sicherheitsleistung (Nr. 4). „Kaution“ kann also nicht den Erlass, sondern nur den Vollzug eines Haftbefehls verhindern – und das nur bei Fluchtgefahr.

Haftbefehle, die auf § 112 Abs. 3 gestützt sind, werden in § 116 nicht erwähnt. Auch in solchen Fällen muss aber wegen des Verhältnismäßigkeitsgrundsatzes Haftverschonung möglich sein.

Wird später vom Beschuldigten oder der Staatsanwaltschaft ein Antrag auf Haftverschonung gestellt oder will sie das Gericht von Amts wegen anordnen, richtet sich die Zuständigkeit nach § 126.

e) Die Aufhebung des Haftbefehls verfügt der Richter, der den Haftbefehl erlassen hat und dem der Beschuldigte vorgeführt wird (§ 115), wenn er die Voraussetzungen der U-Haft für nicht gegeben hält (§ 120 Abs. 1 S. 1 Alt. 1). Später kommt es zur Aufhebung des Haftbefehls (für die Zuständigkeit vgl. § 126), wenn **16**

- der Richter die Voraussetzungen für entfallen oder die Aufrechterhaltung für unverhältnismäßig hält (§ 120 Abs. 1 S. 1),

Amtsgericht München
Abteilung für Strafsachen
– Ermittlungsrichter –

80333 München,
Polizeipräsidium München
Ettstraße 2

Geschäfts-Nr. (Bitte bei allen Schreiben angeben!)
ER Gs /

Haftbefehl

Gegen den – ~~die~~ Beschuldigte(n)
Bertram Bofinger,
geb. 28.04.1953
wohnhaft: Hellastr. 4, 80636 München

wird die Untersuchungshaft angeordnet.

Er – ~~Sie~~ wird beschuldigt,
am 23.09.2002 den Fahrer des Geldtransportwagens der Fa. „Transwert" auf dem Gelände des Supermarkts Multi-Markt in München mit einer Pistole bedroht, zum Aussteigen gezwungen, den Wagen mit Geldscheinen im Werte von ca. 400.000 € an sich gebracht und dadurch eine räuberische Erpressung begangen zu haben.

Diese Handlung ist – ~~sind~~ mit Strafe bedroht gemäß
§§ 255, 253, 250 Abs. 1 Nr. 1 StGB

Er – ~~Sie~~ ist dieser Tat dringend verdächtig, weil
ihn der Fahrer des Wagens, Karl Kunz, als seinen früheren Arbeitskollegen, der bis Ende Juni 2002 bei der Fa. „Transwert" beschäftigt war, sicher erkannt hat.

Es besteht gegen ihn – ~~sie~~ der Haftgrund des § 112 Abs. 2 *Nr. 1* StPO, weil
er seit der Tat flüchtig ist und sich an einem unbekannten Ort verborgen hält.

Richter am Amtsgericht

- ein (noch nicht) rechtskräftiger Freispruch ergeht (§ 120 Abs. 2), die Eröffnung des Hauptverfahrens abgelehnt (§ 204) oder das Verfahren wegen eines endgültigen Verfahrenshindernisses durch Beschluss oder Urteil (§§ 206a, 260 Abs. 3) eingestellt wird (§ 120 Abs. 1 S. 2),
- die Staatsanwaltschaft es beantragt (§ 120 Abs. 3), wobei auch hier (vgl. schon § 162) der Richter im Ermittlungsverfahren an eine Entschließung der Staatsanwaltschaft gebunden ist,
- die U-Haft länger als 6 Monate gedauert hat (§ 121 Abs. 1), es sei denn, das OLG (§ 121 Abs. 2) entscheidet, dass besonders schwierige oder umfangreiche Ermittlungen ein Urteil noch nicht zulassen und die Fortdauer der U-Haft rechtfertigen. Ausnahmsweise können dafür auch andere wichtige, eng zu fassende Gründe ausreichend sein, wie z. B. eine Verzögerung dadurch, dass die Verteidiger häufig gewechselt und längere Zeit für die Akteneinsicht gebraucht haben.[12] Die generelle „Überlastung der Justiz" ist kein wichtiger Grund.[13] Unter dem Aspekt des Beschleunigungsgebots gelten hier strengere Maßstäbe als bei der Frage, ob die überlange Verfahrensdauer zu einem Verfahrenshindernis führt (vgl. unten 14 Rn. 27).

  Hält das OLG die U-Haft aufrecht, muss es von Amts wegen alle drei Monate wieder eine Haftprüfung durchführen (§ 122 Abs. 4 S. 2). Die Voraussetzungen für die Fortdauer verschärfen sich von Mal zu Mal.

5. Der Vollzug der U-Haft

ist nach der Föderalismusreform I Sache der Länder. Die Untersuchungshaft-Vollzugsordnung (UVollzO vom 12. 2. 1953) ist nur eine Dienstanweisung, eine in den Bundesländern einheitlich geltende Verwaltungsverordnung. Sie führt in der Praxis nicht dazu, dass sich Strafvollzug und Vollzug der U-Haft deutlich unterscheiden. 17

Beispiele: Besuch 1× im Monat 1 Stunde, 3 Pakete im Jahr, immerhin aber 3 Zeitungen, eigene Kleidung, Radio und TV.

Die konkurrierende Gesetzgebungskompetenz des Bundes lässt nur Beschränkungen zu, die durch den Zweck der U-Haft legitimiert sind, die ordnungsgemäße Durchführung des Strafverfahrens zu sichern. Das sind „insbesondere" (§ 119 Abs. 1) Erlaubnisvorbehalte für Besuche und „Mitbringsel", Anordnungen zur Überwachung, „Einzelhaft" und Trennung von anderen Gefangenen. Gegen diese Anordnungen kann, wenn nicht ohnehin Beschwerde statthaft ist, der Ermittlungsrichter angerufen werden (§ 119 Abs. 5 S. 1).

Das Recht, ungehindert mit dem Verteidiger kommunizieren zu dürfen, ist auf weitere privilegierte Partner ausgedehnt worden (Katalog in § 119 Abs. 4).

---

[12] *OLG Hamm* StV 1996, 497.

[13] Vgl. *BVerfG* NStZ 1994, 93; *BVerfG* NStZ 2000, 153; BGHSt 38, 43, 45; auch nicht die „unvorhergesehene Überlastung des Gerichts", *BVerfG* NStZ 2004, 49; übertrieben ins Detail gehend *BVerfG* NStZ 2005, 456.

6. Rechtsbehelfe

18 Es gibt die Haftprüfung und die Haftbeschwerde. Deren Verhältnis zueinander ist wenig durchsichtig geregelt. Bitte arbeiten Sie sich durch eine Rechtsbehelfsbelehrung, wie sie in Deutschland üblich ist (s. nächste Seite).

Dahinter steckt folgendes System:

19 Die **Haftprüfung** auf Antrag (§ 117) führt dazu, dass der zuständige Richter prüft, ob der Haftbefehl aufzuheben oder sein Vollzug auszusetzen ist. Wird sie ein zweites Mal (und öfter) beantragt, hat man einen Anspruch auf mündliche Verhandlung nur, wenn die letzte mündliche Verhandlung zwei Monate her ist

Rechtsbehelfsbelehrung zum Haftbefehl

1) Sie können gegen den Haftbefehl **Beschwerde** einlegen.

2) Solange Sie sich in Untersuchungshaft befinden, können Sie **anstelle der Beschwerde** jederzeit die gerichtliche Prüfung beantragen, ob der Haftbefehl aufzuheben oder sein Vollzug auszusetzen ist (**Haftprüfung**). Dies gilt **nicht,** wenn der Haftbefehl erlassen worden ist, weil der Widerruf der Aussetzung einer Freiheits- oder Jugendstrafe oder einer Unterbringung zu erwarten ist (§ 453c StPO); in diesem Fall können Sie lediglich Beschwerde einlegen.

3) Die Beschwerde bzw. der Antrag auf Haftprüfung ist zu richten
   - **vor** Erhebung der öffentlichen Klage: an das Gericht, das den Haftbefehl erlassen hat,
   - **nach** Erhebung der öffentlichen Klage: an das Gericht, das mit der Sache befasst ist.

4) Das Gericht kann über Ihre Beschwerde ohne **mündliche Verhandlung** entscheiden.
   Über Ihren Antrag auf Haftprüfung muss dagegen eine mündliche Verhandlung stattfinden, wenn Sie dies ausdrücklich beantragen. Ist aber schon einmal mündlich verhandelt worden, haben Sie **nur dann** einen Anspruch auf eine erneute mündliche Verhandlung, wenn die Untersuchungshaft mindestens drei Monate und seit der letzten mündlichen Verhandlung mindestens zwei Monate gedauert hat. Ein Anspruch auf eine mündliche Verhandlung besteht ferner nicht, solange die Hauptverhandlung andauert oder wenn ein Urteil ergangen ist, das auf eine Freiheitsstrafe oder eine freiheitsentziehende Maßregel der Besserung und Sicherung erkennt.

5) Die Beschwerde bzw. der Antrag auf Haftprüfung sowie der Antrag auf mündliche Verhandlung können **zu Protokoll der Geschäftsstelle** des unter Nr. 3 bezeichneten Gerichts oder **schriftlich** erklärt werden. Sofern Sie sich nicht auf freiem Fuß befinden, können Sie diese Erklärungen auch zu Protokoll der Geschäftsstelle des Amtsgerichts geben, in dessen Bezirk die Anstalt liegt, in der Sie auf behördliche Anordnung verwahrt sind.

Die schriftliche Erklärung muss in deutscher Sprache erfolgen.

und die U-Haft seit der letzten Entscheidung über sie drei Monate gedauert hat (§ 118 Abs. 3). Von Amts wegen wird die Haftprüfung bei einem Beschuldigten, der keine Anträge gestellt (beachte auch § 118 b) und keinen Verteidiger hat, nach drei Monaten durchgeführt (§ 117 Abs. 5). Nach sechs Monaten wird von Amts wegen das OLG mit der Frage der Haftfortdauer befasst (§ 121).

Mit der **Haftbeschwerde** wird, wie mit jeder Beschwerde (§ 304), eine richterliche Entscheidung angegriffen. Das kann der Haftbefehl selbst sein, aber auch die richterliche Entscheidung, die im Haftprüfungsverfahren ergeht (§ 117 Abs. 2 S. 2). Der Richter, der die angegriffene Entscheidung erlassen hat, muss der Beschwerde entweder abhelfen, also seine Entscheidung ändern, oder sie dem Beschwerdegericht vorlegen (§ 306). Das Haftbeschwerdeverfahren ist insofern subsidiär, als es nicht neben einem Antrag auf Haftprüfung durchgeführt wird (§ 117 Abs. 2 S. 1). **20**

7. Der Europäische Haftbefehl

Der Rahmenbeschluss zum Übergabeverfahren zwischen den Mitgliedstaaten der EU[14] war durch das Europäische Haftbefehlsgesetz[15] nicht verfassungskonform umgesetzt worden. Das Gesetz ist nichtig.[16] Die Neuregelung im 8. Teil des IRG (20. 7. 2006) hält daran fest, das umständliche alte Auslieferungsverfahren durch ein vereinfachtes System der „Übergabe von Personen" zu ersetzen, das auf dem Grundgedanken der gegenseitigen Anerkennung gerichtlicher Entscheidungen ohne eigene Inhaltskontrolle beruht. Sie sieht ein zweistufiges Verfahren vor. Das Ersuchen eines EU-Mitgliedstaates muss zulässig sein (§ 29 IRG). Dann wird die Auslieferung bewilligt (§ 12 IRG), wenn nicht Bewilligungshindernisse bestehen (§ 83 b IRG). **20a**

IV. Sonstige Grundrechtseingriffe

Ein System lässt sich dem Gesetz nicht entnehmen. Die Darstellung nimmt die Zwangsmaßnahmen, wie schon im Überblick (s. oben Rn. 5), der (Paragraphen-)Reihe nach durch.

1. Unterbringung zur Beobachtung, § 81

a) Vom Beginn des Ermittlungsverfahrens an kann das Gericht nach Anhörung eines Sachverständigen und des Verteidigers (§ 140 Abs. 1 Nr. 6) den Beschuldigten für maximal sechs Wochen (Abs. 5) in ein öffentliches, psychiatrisches Krankenhaus bringen und beobachten lassen. Ziel dieser Maßnahme darf nur sein zu klären, ob er zur Tatzeit schuldfähig war (§§ 20, 21 StGB) und jetzt verhandlungsfähig ist (nicht etwa die Beziehungen zwischen dem „psychischen Zustand" und der Glaubwürdigkeit, dem Vorsatz, den Motiven etc.). Der **21**

---

[14] Rahmenbeschluss 2002/584/JI des EU-Rates v. 13. 6. 2002 (ABl. L 190 v. 18. 7. 2002).
[15] In Kraft getreten am 23. 8. 2004; implementiert als neuer Teil 8 im IRG.
[16] *BVerfG* NJW 2005, 2289 ff.

Beschuldigte muss diese Freiheitsberaubung und seine Beobachtung dulden, jedoch in keiner Weise mitwirken, auch an ärztlichen Untersuchungen und psychologischen Tests nicht. Diagnostische Eingriffe bedürfen einer eigenen Rechtfertigung (z.B. Einwilligung; § 81a).

b) Gegen den Beschluss, mit dem die Unterbringung angeordnet wird, ist sofortige Beschwerde zulässig (Abs. 4 S. 1; § 311) – entgegen dem Wortlaut des § 305 selbst dann, wenn das „erkennende Gericht" entscheidet, also vom Beginn des Zwischenverfahrens an.

2. Körperliche Untersuchung des Beschuldigten, § 81a

22 a) Der Beschuldigte muss erdulden, dass sein Körper, beweistechnisch gesprochen (vgl. unten 21 Rn. 33), zum Augenscheinsobjekt gemacht wird. Tun muss er nichts. Er braucht keine Fragen zu beantworten, nicht bei Tests mitzuwirken, keine Kontrastmittel zu schlucken etc. Der Beschuldigte muss dulden, dass ihn Zeugen bei einer Gegenüberstellung in Augenschein nehmen (Identifizierungsgegenüberstellung). Die Rechtsgrundlage wird von der h.M. in § 81a und von manchen in § 81b gesehen, dürfte aber in § 58 Abs. 2 zu finden sein.[17]

b) Durch einfache körperliche Untersuchungen (Abs. 1 S. 1) sollen körperliche Beschaffenheiten oder Funktionen festgestellt werden. Auch die Untersuchung von Körperöffnungen ist noch kein Eingriff (im rechtlichen Sinne). Die Suche nach Beweismitteln (Gegenständen) am Körper richtet sich nach § 102 (vgl. unten Rn. 54).

c) Die Entnahme einer Blutprobe (Abs. 1 S. 2) muss der Beschuldigte dulden, auch also, dass er zwangsweise zum Arzt gebracht wird. Am Alkoholtest („pusten Sie mal") braucht er nicht mitzuwirken.

23 d) Andere körperliche Eingriffe (Abs. 1 S. 2) sind, im Unterschied zur einfachen Untersuchung, mit (evtl. nur minimalen) Verletzungen verbunden. Die Schwere und das Risiko der Eingriffe sind abzuwägen gegen die Schwere der Tat und des Tatverdachts. Leicht möglich sind danach Röntgenaufnahmen, EKG, EEG, CT; selten zulässig sind Entnahmen von Liquor und die Exkorporation, d.h. die zwangsweise Zufuhr von Brech- und Abführmitteln;[18] stets unzulässig sind Angiographie, zwangsweise Katheter.[19]

24 e) Verwertungsverbote entstehen, wenn der Eingriff nicht angeordnet war oder nicht erlaubte Untersuchungen vorgenommen wurden. Hat den Eingriff nicht ein Arzt durchgeführt, ist das Untersuchungsergebnis verwertbar, wenn die fehlende fachliche Kompetenz darauf keinen Einfluss hat (Krankenpfleger hat Blutprobe entnommen, vgl. unten 28 Rn. 27).

3. Erkennungsdienstliche Behandlung, § 81b

25 Diese Maßnahmen der Identifizierung dürfen gegen Beschuldigte ergriffen werden (solange jemand nur „verdächtig" ist, gilt § 163b Abs. 1). Sie dienen

---

[17] Krit. *Welp*, JR 1994, 37: Gesetzeslücke.
[18] *Rogall*, NStZ 1998, 66; *Binder/Seckmann*, NStZ 2002, 234.
[19] Str., vgl. *BVerfG* NStZ 1993, 482.

entweder Zwecken der Strafverfolgung oder des „Erkennungsdienstes“. Diese zweite Alternative enthält Polizeirecht, gehört nicht in die StPO und dient dem präventiven Zweck, sich vorsorglich Unterlagen für spätere Fälle zu beschaffen. Zulässig sind Fotos (nicht nur des Gesichts, sondern des ganzen Körpers, von Tätowierungen etc.), Fingerabdrücke und „ähnliche Maßnahmen“, wie z.B. offen gefertigte (sonst § 100 h) Videos von Gegenüberstellungen.[20] Nach h.M. legitimiert § 81b auch die Anwendung unmittelbaren Zwangs zur Vorbereitung und Durchführung der Maßnahmen, wie z.B. Abschminken, Haare abschneiden oder ankleben (nach BVerfGE 47, 239 soll das aus § 81a folgen).

4. Untersuchung anderer Personen, § 81c

a) § 81c Abs. 1

Danach darf jede der Tat nicht verdächtige Person, bei der Spuren oder Tatfolgen vermutet werden, ohne ihre Einwilligung untersucht werden. Diese einfache Vorschrift wird durch zwei Regeln, die man überhöhend „Grundsätze“ nennt, näher erläutert:

Zeugengrundsatz: Eine Untersuchung dulden müssen nur Personen, die als 26 Zeugen „in Betracht“ kommen, weil es konkrete Anhaltspunkte für Spuren oder Folgen an ihnen gibt. Das ist aber auch dann der Fall, wenn sie keine Angaben machen können, weil sie unfähig waren, etwas zu bemerken (schlafende, bewusstlose Tatopfer), oder unfähig sind, etwas zu sagen (Säuglinge).

Spurengrundsatz: Mit der Untersuchung dürfen nur Spuren oder Tatfolgen 27 am Körper ermittelt werden. Spuren sind Veränderungen, die Rückschlüsse auf den Täter oder die Tatmodalitäten zulassen (Stichwunde, Hautfetzen unter den Fingernägeln). Tatfolgen sind andere Veränderungen am Körper ohne diese indizielle Bedeutung (blaue Flecken).

Der (potentielle) Zeuge muss weniger dulden als der Beschuldigte nach § 81a. Erlaubt sind nur einfache Untersuchungen am Körper (vgl. oben Rn. 22), nicht jedoch körperliche Eingriffe (vgl. oben Rn. 23).

b) § 81c Abs. 2

Davon gibt es eine Ausnahme: Die Entnahme von Blutproben, auch zur Fest- 28 stellung der Abstammung. Hier gilt wieder der allgemeine „Aufklärungsgrundsatz“, ohne Einschränkung durch Zeugen- und Spurengrundsatz.

c) § 81c enthält eine abschließende Regelung. Einer, der nicht tatverdächtig 29 ist, braucht andere Untersuchungen nicht zu dulden (wie z.B. die seiner Intelligenz etc.).[21] Die Aussagepsychologie beurteilt die Glaubhaftigkeit von Angaben, nicht die „Glaubwürdigkeit“ einer Person.[22] Stimmt der Zeuge einer Begutachtung nicht zu, kann nach der Rspr. so verfahren werden, dass der Richter ihn in Anwesenheit des Sachverständigen vernimmt, der ergänzende Fragen stellt (§ 80 Abs. 2) und sich anschließend gutachtlich äußert.[23] Gutachten auf einer solchen

---

[20] *BVerfG* NStZ 1983, 84.
[21] *BGH* NStZ 1982, 432.
[22] Grundlegend zu den Anforderungen BGHSt 45, 164 m. Anm. *Zieger*, NStZ 2000, 105.
[23] BGHSt 23, 1 m. abl. Anm. *Peters*, JR 1970, 67.

Basis sind aber nicht nur mit Vorsicht zu behandeln,[24] sondern im Grunde unseriös und wertlos.

5. DNA: Analyse, Identitätsfeststellung, §§ 81e–h

30 Das negative Ergebnis schließt einen Tatnachweis sicher aus. Ein positives Ergebnis jedoch hat nur statistischen Beweiswert und trägt für sich allein eine Verurteilung nicht.[25]

a) Die Entnahme des Materials richtet sich nach §§ 81a, c und kann daher bei Gefahr im Verzug auch von der Staatsanwaltschaft und ihren Ermittlungspersonen angeordnet werden (§§ 81a Abs. 2, 81c Abs. 5 S. 1). Die Untersuchung selbst ist zwei Jahre lang möglich, daher im Prinzip nicht eilig und, wenn der Betroffene nicht schriftlich einwilligt, durch den Richter anzuordnen (§ 81f Abs. 1 S. 1).[26] Gefahr im Verzug, die zur Anordnungskompetenz auch der Staatsanwaltschaft und ihrer Ermittlungspersonen führt, soll entstehen können, wenn man einen Haftbefehl auf das Ergebnis der DNA-Analyse stützen will.[27]

b) Die DNA-Analyse ist auf die Feststellung der Tatsachen beschränkt, die in § 81e Abs. 1 S. 1 genannt sind. Andere Ziele (z.B.: Körpermerkmale? Europäer, Asiate?) dürfen nicht verfolgt werden (bekräftigt in Abs. 1 S. 3). In den Voraussetzungen der Analyse wird nicht danach differenziert, ob das Material vom Beschuldigten, Verletzten oder anderen Dritten stammt (Abs. 1 S. 1, 2, Abs. 2 S. 1). Das Ergebnis darf nur in einem laufenden Strafverfahren verwendet werden (Abs. 2 S. 2, § 81a Abs. 3).

c) Eine **Reihenuntersuchung** (Massenscreening; „alle Porsche-Fahrer in München")[28] ist möglich, wenn sie ein Richter anordnet und alle freiwillig kommen (§ 81h). Wer die Untersuchung verweigert, kann allein deshalb nicht als potentieller Zeuge dazu gezwungen werden, weil der Zeugengrundsatz konkrete Anhaltspunkte verlangt (oben Rn. 26). Die Aufforderung zur Teilnahme richtet sich nicht an Verdächtige, so dass allein die verweigerte Kooperation niemanden zum Beschuldigten machen darf. Niemand ist verpflichtet, aktiv an dem Nachweis seiner Unschuld mitzuwirken. Die Weigerung hat daher auch keinerlei Beweisbedeutung.[29] Wenn es allerdings eine Gruppe gibt, die nach abstrakten Kriterien tatverdächtig ist, und sich ein kleiner Teil davon zu einer Untersuchung (Speichelprobe) nicht bereit erklärt, kann das den Tatverdacht verstärken und zur Anordnung der Zwangsuntersuchung führen.[30]

d) Die **Speicherung** eines **DNA-Identifizierungsmusters** für die Zukunft erlaubt § 81g (eine Vorschrift über den Erkennungsdienst,)[31]. Die DNA-Identifizierungsdatei wird beim BKA geführt. Die Gefahr neuer, einschlägiger Straf-

---

[24] So *BGH* StV 1991, 405.
[25] BGHSt 37, 157.
[26] Zur Zuständigkeit BGHSt 45, 376.
[27] So die Begründung zur Gesetzesnovelle vom 12. 8. 2005.
[28] *BVerfG* NJW 1996, 3071.
[29] *BGH* NStZ 2004, 392.
[30] BGHSt a. a. O.
[31] BVerfGE 103, 21 sieht darin „genuines Strafprozessrecht", weil es nicht um Gefahrenabwehr, sondern künftige Strafverfolgung gehe.

taten („Negativprognose“) ist vor einer rechtskräftigen Verurteilung schwer zu begründen. § 2 DNA-IFG erlaubt die Maßnahme auch bei rechtskräftig Verurteilten; diese „Altfälle“ können 2(!) Jahre zurück liegen (§ 46 Abs. 1 Nr. 3 BZRG). Eine Negativprognose[32] ist dann kaum denkbar. Das BVerfG hat sich darauf beschränkt, erhöhte Anforderungen zu stellen.[33]

6. Sicherstellung, Beschlagnahme, § 94

Ihr geht meist eine Durchsuchung voraus (vgl. unten Rn. 54ff.).

„Gegenstände (a), die als Beweismittel für die Untersuchung von Bedeutung sein können (b), sind in Verwahrung zu nehmen oder in anderer Weise sicherzustellen“ (d).

a) Gegenstände sind 31

- bewegliche Sachen aller Art (z.B. auch Datenträger),[34]
- unbewegliche Sachen (Grundstücke, Wohnungen),
- Rechte. Ihnen fehlt die Beweisbedeutung; sie werden in einem anderen Verfahren sichergestellt (vgl. unten Rn. 33).

b) „Als Beweismittel für die Untersuchung“ müssen sie von Bedeutung sein 32 können. Diese nur potentielle Beweisbedeutung zusammen mit der schwachen Eingriffsvoraussetzung des Anfangsverdachts erlaubt umfangreiche Sicherstellungen. Gestattet ist also der Zugriff nach dem Motto „wer weiß, ob wir das für unsere Vermutung strafbaren Verhaltens nicht noch brauchen können“. Verboten ist die Beschlagnahme zur Ausforschung (nach dem Motto „mal sehen, ob sich aus diesen Unterlagen nicht ein Verdacht schöpfen lässt“).

c) Abgrenzung

Gegenstände, die dem **Verfall** (§§ 73, 73d StGB) oder der **Einziehung** (§§ 74, 33 74d StGB) unterliegen, werden gem. §§ 111bff. sichergestellt.[35] Das geht nur in der Form der Beschlagnahme (§ 111b Abs. 1). Hier kommt es häufig auf Eigentumsverhältnisse und Rechtszuständigkeiten an.

Bei **Führerscheinen** ist das nicht der Fall. Sie werden deshalb, obwohl sie einzuziehen sind (§ 69 Abs. 3 S. 2 StGB), als Ausnahme von §§ 111bff. nach § 94 sichergestellt (Abs. 3) – nicht als Beweismittel, sondern aus präventiven Gründen. Das darf bei Gefahr im Verzug auch die Polizei (§ 98 Abs. 1 S. 1). Vom Dokument ist die Berechtigung zu unterscheiden:

---

32 Nicht zu verwechseln mit der „positiven Sozialprognose“ in § 56 StGB; die Strafaussetzung zur Bewährung steht also der Anordnung nach § 81g nicht entgegen.

33 *BVerfG* StV 2001, 145.

34 Auch E-Mails, die auf dem Mailserver des Providers gespeichert sind – alle aber nicht, weil das unverhältnismäßig wäre, *BGH* NStZ 2010, 345; *BVerfG* NJW 2009, 2431.

35 Studenten müssen sich mit diesem komplizierten Verfahren nicht vertraut machen. In der Praxis werden die Vermögensabschöpfung (§§ 73–76a StGB) und die „Rückgewinnungshilfe“ (§ 111b) immer wichtiger. Wenn es einen individuellen Verletzten gibt, also vor allem bei Eigentums- und Vermögensdelikten, darf der Verfall gem. § 73 Abs. 1 S. 2 StGB nicht angeordnet werden. Darüber darf man sich gem. § 111b Abs. 5 hinwegsetzen und mit der Beschlagnahme bei der Rückgewinnung der Gegenstände helfen. Das Gesetz zur Stärkung der Rückgewinnungshilfe und der Vermögensabschöpfung bei Straftaten vom 24. 10. 2006 hat die §§ 111b ff. durchgreifend reformiert und einen neuen Anwendungsfall der weiteren Beschwerde geschaffen (§ 310 Abs. 1 Nr. 3).

Die **Fahrerlaubnis** kann nur der Richter vorläufig entziehen (§ 111a).

d) Sicherstellung, Verwahrung, Beschlagnahme

34 Die Sicherstellung (Oberbegriff) erfolgt formlos, wenn der Inhaber des Gewahrsams die Sache freiwillig herausgibt. Andernfalls wird sie beschlagnahmt (§ 94 Abs. 2). Sicherstellung heißt, dass die Sache in amtliche Verwahrung genommen oder (bei Beschlagnahme) in anderer Weise der staatlichen Obhut unterstellt wird (Beispiel: eine Wohnung wird versiegelt). Ein Veräußerungsverbot entsteht dadurch nicht. Der Handlungsspielraum des Betroffenen ist aber durch §§ 133, 136 StGB eingeschränkt.

35 e) Die Herausgabepflicht des § 95 trifft jeden, der einen Beweisgegenstand der in § 94 genannten Art in Gewahrsam hat – nur den Beschuldigten nicht, der niemals mitzuwirken braucht. Die Herausgabe kann auch erzwungen werden (durch den Richter, Abs. 2 i.V.m. § 70) – nicht aber von einem, der ein Zeugnisverweigerungsrecht hat (§§ 52 ff.). Auf § 95 greifen die Strafverfolgungsbehörden zurück, wenn sicher ist, dass der gesuchte Gegenstand sich bei jemandem befindet, dort aber bei einer Durchsuchung nicht gefunden werden konnte.

Auch **Behörden** sind prinzipiell herausgabepflichtig (Amtshilfe, Art. 35 Abs. 1 GG; zur Auskunft vgl. oben Rn. 2). Die oberste Dienstbehörde kann aber unter den Voraussetzungen des § 96 eine **Sperrerklärung** abgeben. Dadurch entsteht ein Beschlagnahmeverbot. Ist sie aber offensichtlich willkürlich oder rechtsmissbräuchlich, darf zum Mittel der Beschlagnahme gegriffen werden.[36]

36 f) Das Beschlagnahmeverbot des § 97 will verhindern, dass man das Zeugnisverweigerungsrecht eines Arztes, Rechtsanwalts etc. umgeht, indem man sich schriftliches Material bei ihm verschafft. Das ihm Anvertraute soll so oder so bei ihm („sein Geheimnis“) bleiben. Es dient dem Interesse, das allgemeine Vertrauen in die Institution Ärzteschaft, Anwaltschaft etc. zu sichern (und nur als Nebeneffekt dem Interesse des Beschuldigten an der Verschwiegenheit seines Arztes, Anwalts etc.). Deshalb greift es auch nur, wenn sich die Gegenstände in seinem Gewahrsam befinden. Beim Beschuldigten hingegen darf alles beschlagnahmt werden (Verteidigerpost und Verteidigungsunterlagen allerdings nicht, dazu unten 11 Rn. 14).

§ 97 schützt die Vertrauensbeziehung zwischen dem Beschuldigten und dem Zeugnisverweigerungsberechtigten.

Beispiel: Bei dem Arzt des Beschuldigten dürfen dessen Befunde nicht beschlagnahmt werden.

„Drittgeheimnisse“, die aus einer Vertrauensbeziehung zu einem anderen stammen, berechtigen (und verpflichten, § 203 StGB) zwar zur Verweigerung des Zeugnisses, hindern aber die Beschlagnahme nicht (str.).

Beispiel: Im Verfahren gegen den Täter dürfen die Befunde des Arztes beschlagnahmt werden, der das Opfer behandelt hat.

Hat sich der Zeugnisverweigerungsberechtigte in Verdacht gebracht, an der Straftat des Beschuldigten beteiligt zu sein, Begünstigung, Strafvereitelung oder Hehlerei begangen zu haben, ist die Vertrauensbeziehung nicht mehr schutz-

[36] BGHSt 38, 237.

würdig und das Beschlagnahmeverbot aufgehoben. Das gleiche gilt für „Deliktsgegenstände“ (Abs. 2 S. 3). Sie können auch aus dem Stadium der Vorbereitung herrühren (Schriftwechsel über geplanten Betrug) oder aus der Phase nach der Tat stammen (Bekennerbrief). Für Verteidiger gelten engere Sonderregeln (s. unten 11 Rn. 40).

g) Die Beschlagnahme wird **durch den Richter angeordnet** (§ 98 Abs. 1) oder bestätigt (Abs. 2 S. 1). Für die Fälle des § 97 Abs. 5 S .1 (Presse, Rundfunk) gilt das selbst bei Gefahr im Verzug (§ 98 Abs. 2 S. 1). Die Regelung des Rechtswegs in Abs. 2 S. 2 hat Modellcharakter (vgl. unten Rn. 75). Nach sechs Monaten darf eine richterliche Anordnung nicht mehr vollzogen werden (vgl. unten Rn. 56). 37

h) Die **Postbeschlagnahme (§ 99)** ist nicht Beschlagnahme „von“ Post, sondern „bei“ Postunternehmen. Sie wurde wegen des Eingriffs in Art. 10 GG gesondert geregelt. Von der Polizei darf sie nicht angeordnet werden (§ 100 Abs. 1 im Unterschied zu § 98 Abs. 1 S. 1). Für E-Mails gilt ebenfalls § 99, wenn sie im „Postfach“ des Empfängers bei seinem Provider sichergestellt werden sollen.[37] Schon abgerufene Nachrichten fallen nicht mehr unter den Schutzbereich des Art. 10 GG; sie können nach § 94 ff. sichergestellt werden. In der Übermittlungsphase zwischen Versand und Abruf muss nach § 100a verfahren werden. 38

7. Rasterfahndung, § 98a

ist ein automatisierter Datenabgleich zwischen bestimmten Merkmalen, die vermutlich auf den gesuchten Täter zutreffen, und gewissen Datenmengen.[38] 39

Beispiel: Terroristen zahlen die Stromrechnung bar und haben ihr Auto, wenn überhaupt, woanders zugelassen. Man spielt die Daten der Stadtwerke und der Zulassungsstelle gegeneinander, etc.

Sie dient dazu, Unverdächtige auszusieben (negative Rasterfahndung, wie im Beispiel), Personen aufzuspüren, auf die das Verdächtigenprofil passt (positive Rasterfahndung) oder neue Rasterpunkte zu finden. Vorausgesetzt wird nicht mehr als der Anfangsverdacht („zureichende tatsächliche Anhaltspunkte“) für gewisse in einem generalisierenden Katalog nur vage bestimmte Straftaten („…oder in sonstiger Weise organisiert“ ist nahezu das Gegenteil einer Definition). Dass es eine „Straftat von erheblicher Bedeutung“ sein muss, hilft nicht viel weiter. Dieser kaum bestimmbare Begriff grenzt sicher nur Bagatellen aus. Er umfasst alle Taten, die mindestens dem Bereich der mittleren Kriminalität angehören und greift ab einer Obergrenze des Strafrahmens von zwei Jahren.[39] Die Subsidiaritätsklausel (Abs. 1 S. 2) ist weiter gefasst als bei der Telefonüberwachung (s. unten Rn. 41) und steht einer Rasterfahndung nur entgegen, wenn ein anderer Weg vergleichbar erfolgreich wäre.

---

[37] *BGH* NStZ 2009, 397.

[38] Eingehend *Wittig*, JuS 1997, 961.

[39] Das Gesetz verwendet ihn außerdem in §§ 68b S. 2 Nr. 3; 81g Abs. 1 Nr. 1; 100c Abs. 1; 100g Abs. 1 S. 1; 100i Abs. 2 S. 2; 110a Abs. 1 S. 1; 131 ff.; 163e Abs. 1 S. 1; 163f Abs. 1 S. 1.

8. Überwachung der Telekommunikation, §§ 100a, b, und der Verbindungsdaten, §§ 100g, h

Die Überwachung der Telekommunikation wird in der Praxis „TKÜ" genannt und zu häufig angeordnet (mehr als 25.000 Mal jährlich).

40 a) § 100a rechtfertigt einen Eingriff in das Post- und Fernmeldegeheimnis (Art. 10 GG) und das allgemeine Persönlichkeitsrecht (Art. 2 GG). Die Telekommunikation (Telefon, FAX, Mobilfunk, Mailbox,[40] E-Mail)[41] darf überwacht und aufgezeichnet werden. Dazu soll auch die Auskunft darüber gehören, in welcher Funkzelle (Position) sich das Handy befindet.[42] Die Vorschrift ist abschließend und eng auszulegen. Daneben gibt es noch Art. 1 § 1 G 10 (Gesetz zur Beschränkung des Brief-, Post- und Fernmeldegeheimnisses), der den Verfassungsschutzbehörden des Bundes und der Länder sowie dem Bundesnachrichtendienst Befugnisse zum Abhören einräumt. § 100a betrifft zukünftige Gespräche und deren Inhalt (etc.). Die Abfrage nur der Verbindungsdaten einer Telekommunikation richtet sich nach §§ 100g, h (s. unten Rn. 47a).

„Raumgespräche" dürfen nicht abgehört werden.

Beispiel: Das Telefon des X wird überwacht. Er hat telefoniert, den Hörer nicht richtig aufgelegt und sich mit seiner Frau unterhalten. Die Polizei kann mithören. Das ist nicht mehr „Fernsprechverkehr" und deshalb nicht verwertbar.[43]

Anders soll es in dem Fall sein, dass der Überwachte aus dem Auto jemandem mit dem Handy anruft, in die Mailbox gerät und die Klappe des Handys schließt, ohne das Gespräch beendet zu haben, so dass, während die Mailbox läuft, das Gespräch mit den anderen Insassen des Autos aufgezeichnet wird. Während dieser Zeit handele es sich um eine „Telekommunikationsverbindung"[44] Abweichend von dem soeben genannten Fall BGHSt 31, 296 sei nicht der „höchstpersönliche Lebenskreis" betroffen (meint der *BGH* die Wohnung?). Die Richtung des Grundrechtseingriffs habe sich nicht geändert, weil man nicht gezielt abgehört hätte. Sogar diese Voraussetzungen (§ 100c) hätten aber vorgelegen (das Argument vom hypothetischen Ermittlungsverlauf bei Beweisverboten, vgl. unten 28 Rn. 14).

Telefoniert jemand mit dem Beschuldigten und lässt er einen Polizeibeamten mithören, liegt der Eingriff des § 100a nicht vor (vgl. auch oben 9 Rn. 20).[45]

b) Voraussetzungen, § 100a Abs. 1 S. 1

41 aa) Für die Anordnung genügt der einfache Verdacht (Anfangsverdacht), wenn er konkret, also durch bestimmte Tatsachen begründet ist.

bb) Er muss sich auf eine Katalogtat beziehen. Der (ständig umfangreicher werdende) Katalog ist abschließend, trägt aber gewisse Erweiterungen in sich.

---

[40] *BGH* NStZ 1997, 247.

[41] Näher KK/*Nack*, Rn. 4 ff.

[42] *BGH* NStZ 2001, 389 – problematisch, weil es dabei nicht um den Inhalt der Kommunikation geht, sondern letztlich um Observation oder ein Bewegungsbild; vgl. *Demko*, NStZ 2004, 57 ff.

[43] BGHSt 31, 296.

[44] *BGH* NStZ 2003, 668; dagegen *Fezer*, NStZ 2003, 625.

[45] BGHSt 39, 335; *Welp*, NStZ 1994, 294.

Fall 1: Die Staatsanwaltschaft ist dem „Millionenbetrüger" B auf der Spur. Sie ist in Beweisnot, ordnet die TKÜ an und beruft sich darauf, dass es sich um einen außergewöhnlich schweren Fall handele, der anders nicht aufzuklären sei.

Betrug ist in § 100a nicht genannt. Der Katalog darf nicht über § 34 StGB von Fall zu Fall erweitert werden.

Fall 2: Es gibt Anhaltspunkte dafür, dass A aus einem Auto, das B gefahren hat, auf X geschossen und versucht hat, ihn zu ermorden. Das Telefon des B wird abgehört.

Das ist zulässig. Auch Teilnehmer sind erfasst, und der Versuch der Tat genügt.

Fall 3: Dieses Auto soll von C gestohlen worden sein.

Das Telefon des C darf überwacht werden. Diebstahl ist zwar keine Katalogtat, hier aber (vermutlich) zur Vorbereitung des Mordanschlages begangen worden.

Fall 4: Der entlassene Buchhalter eines Gastronomie-Betriebes erstattet Strafanzeige gegen die Bedienungen; keiner würde hier Trinkgeld versteuern.

Steuerhinterziehung (§ 370 AO) ist keine Katalogtat. Man kann aber konstruieren, dass die Bedienungen eine „kriminelle Vereinigung" bilden (§ 129 StGB, § 100a Abs. 2 Nr. 1d) und deshalb ihre Telefone abhören. Neuerdings eröffnet § 370a AO über § 261 StGB den Weg zur Überwachung. Solche „Konstruktionen" finden ihre Grenzen an einer restriktiven, von der Verfassung gebotenen Auslegung: Wenn absehbar ist, dass eine Verurteilung wegen Geldwäsche an der Vorrangklausel des § 269 Abs. 9 S. 2 StGB scheitert, muss die Maßnahme unterbleiben, weil sie sonst durch Taten, die nicht Katalogtaten sind, legitimiert würde, und das nur über den Umweg der Geldwäsche.[46]

cc) Die Unentbehrlichkeit der Maßnahme (Subsidiaritätsgrundsatz) setzt Grenzen. Sehr eng sind sie nicht.

Fall 5: W gehört vermutlich zu einem Waffenschieberring. Die Polizei beantragt eine TKÜ, weil sie W sonst wochenlang Tag und Nacht beschatten müsste.

Die Observation erfordert einen unverhältnismäßig hohen Arbeitsaufwand und bindet Personal. Das genügt nach h. M. als Begründung.

dd) Der Verhältnismäßigkeitsgrundsatz ist nach überwiegender Ansicht durch die beiden Eingriffsvoraussetzungen der Katalogtat und der Unentbehrlichkeit nicht umfassend repräsentiert, sondern darüber hinaus zu beachten.[47]

Beispiel: Im Fall 1 (nun in einer Variante: Verdacht der Katalogtat Erpressung) geht es nicht um die Aufklärung der Tat, sondern nur darum, herauszufinden, wo sich B aufhält.

Das Ziel ist eine Festnahme, und deshalb darf die TKÜ nicht schon bei einfachem, sondern wie beim Haftbefehl (vgl. auch § 127 Abs. 2) erst bei dringendem Tatverdacht angeordnet werden.

c) Die Betroffenen, § 100a Abs. 1 S. 1

---

[46] *BGH* NStZ 2003, 499; *Arloth*, NStZ 2003, 609. Leider hat der *BGH* den Umweg über § 129 nicht auch diskreditiert, sondern offen gehalten.

[47] KK/*Nack*, § 100a Rn. 36.

42 Überwacht werden dürfen nicht nur Anschlüsse des Beschuldigten, sondern auch von unverdächtigen Personen, wenn konkrete Verdachtsgründe nahe liegen, dass der Beschuldigte ihren Anschluss mit oder ohne ihr Wissen benutzt (Freunde, Firma, Stammkneipe) oder dass sie Nachrichten für den Beschuldigten entgegennehmen oder weiterleiten (Nachrichtenmittler). Dass hier unbeteiligte Dritte mit betroffen sind, ist unvermeidbar und verfassungsrechtlich nicht zu beanstanden.[48] In das Berufsgeheimnis derer, die nach § 53 ein Zeugnisverweigerungsrecht haben, darf nur eingegriffen werden, wenn sie zu dem verdächtigen Umkreis gehören, den (der analog anzuwendende) § 97 Abs. 2 S. 3 beschreibt. Das Privileg des § 52 hindert die TKÜ nicht. Gespräche mit dem Verteidiger abzuhören, verbietet § 148 (auch bei Teilnahmeverdacht etc., vgl. unten 11 Rn. 41).

d) Anordnung und Dauer

43 Die Anordnung ist dem Richter vorbehalten (§ 100b Abs. 1 S. 1). Die Maßnahme ist auf längstens drei Monate befristet, kann aber wiederholt angeordnet werden (§ 100b Abs. 1 S. 4, 5). Die Frist läuft ab Anordnung und nicht ab Vollzug. Andernfalls könnte die Ermittlungsbehörde bestimmen, wann die Überwachung beginnt und so die richterliche Kontrolle dieser Maßnahme unterlaufen.[49] Bei Gefahr im Verzug darf die Staatsanwaltschaft eine Anordnung treffen, die aber binnen drei Tagen vom Richter bestätigt werden muss (§ 100b Abs. 1 S. 2, 3).

e) Verwertung

	Kenntnisse über KT gem. Anordnung	Kenntnisse über KT in Idealkonkurrenz mit NKT	Zufallskenntnisse über KT bei		Zufallskenntnisse über NKT bei	
			Beschuldigten	Dritten	Beschuldigten	Dritten
Anordnung rechtmäßig				BGH 28, 122	BGH 27, 35	BGH 26, 298
Anordnung rechtswidrig						

KT: Katalogtat NKT: Nicht-Katalogtat

☐ verwertbar ■ nicht unmittelbar verwertbar

44 aa) Verwertet werden die Erkenntnisse so, dass die Tonträger durch Abspielen in Augenschein genommen oder abgeschrieben und diese Niederschriften verlesen werden (zu diesen Formen der Beweisführung vgl. unten 21 Rn. 33, 38).

bb) War die Anordnung wegen des Verdachts einer Katalogtat rechtmäßig, dürfen auch Erkenntnisse über andere Straftatbestände in dieser Weise, also unmittelbar verwertet werden, selbst wenn es sich nicht um Katalogtaten handelt. Sie müssen aber materiellrechtlich (Idealkonkurrenz) oder prozessual (§ 264) mit der Katalogtat eine Einheit bilden.

[48] BVerfGE 30, 22.
[49] BGHSt 44, 233.

Beispiel: In Fall 4 dürfen die Gespräche zum Beweis der Steuerhinterziehung herangezogen werden, weil dieses Delikt in Tateinheit zu § 129 StGB steht.

Nach h.M. gilt das auch dann, wenn Anklage nur wegen dieser Tat (Steuerhinterziehung) und nicht wegen der Katalogtat (§ 129 StGB) erhoben wird.[50] Das ist abzulehnen, weil es die Umgehung des Katalogs geradezu provoziert (vgl. die „Konstruktion" im Fall 4).

cc) Die mittelbare Verwertung soll immer zulässig sein („mittelbar" im weite- 45
ren Sinne: Hinweise auf andere Beweismittel; vgl. oben 9 Rn. 25, 27).

Beispiel: Im Fall 3 erzählt C, dass er nebenbei Kinderpornos vertreibt (§ 184 Abs. 3 StGB). Die Polizei darf das zum Anlass einer Durchsuchung seiner Wohnung nehmen.

Variante: Es ist sein Gesprächspartner D, der das von sich sagt. Es gilt das Gleiche.

f) Verwertungsverbote

Sie entstehen, wenn 46

- die Zuständigkeit des Richters (§ 100b Abs. 1) missachtet wurde, aber: wird eine Anordnung der StA nicht bestätigt (vgl. oben 12 Rn. 43), bleibt verwertbar, was innerhalb der ersten drei Tage aufgezeichnet wurde,
- der Verdacht einer Katalogtat nicht bestanden hat,[51]
- der Subsidiaritätsgrundsatz verletzt ist (vgl. oben Rn. 41),
- Verteidigergespräche überwacht wurden (vgl. oben Rn. 42).

Wer die Voraussetzungen des Eingriffs prüft, kann Fehler machen (nur über die Kompetenz zur Anordnung kann sich niemand im Unklaren sein). Nach der Rspr. löst nicht jede, sondern nur die grobe oder objektiv willkürliche Fehlbeurteilung das Verwertungsverbot aus.[52] Angesichts der Schwere des Eingriffs darf man jedoch erwarten, dass exakt gearbeitet und jeder Missgriff sanktioniert wird.

Fall 6: Der Verteidiger will mit seinem Mandanten telefonieren, erreicht aber nur dessen Ehefrau, die mit ihm über den Tatvorwurf spricht.

Dieses Gespräch ist verwertbar. Hätte er mit seinem Mandanten telefoniert, würde der Schutz des § 148 die Unverwertbarkeit garantieren. Die §§ 52ff. sind in § 100a nicht erwähnt. Der Schutzzweck des § 52, Konflikte zwischen Wahrheitspflicht und der Bindung an den Beschuldigten zu verhindern, steht aber nach h.M. einer Aufzeichnung und Verwertung nicht entgegen.[53] Bei §§ 53f. ist genau das der Fall, zum Schutz von Berufsgeheimnissen muss § 100a einschränkend ausgelegt werden (s. oben Rn. 42).

g) Zufallsfunde i.S.d. § 108 dürfen bei einer Durchsuchung stets beschlag- 47
nahmt, Zufallserkenntnisse bei einer rechtmäßigen Überwachung nach § 100a nicht immer unmittelbar verwertet werden. Es kommt darauf an, ob es sich um eine Katalogtat handelt.[54] Der Gesetzgeber hat mit § 477 Abs. 2 S. 2 das von der Rechtsprechung entwickelte System bestätigt.

---

[50] BGHSt 28, 122.
[51] BGHSt 31, 304, 309.
[52] BGHSt 41, 30, 34.
[53] *BGH* NStZ 1988, 562.
[54] Vgl. zuletzt *BGH* NStZ 1998, 426.

Die **mittelbare** Verwertung soll dennoch möglich sein (vgl. oben Rn. 45) und der Verstoß gegen § 100a **keine Fernwirkung** haben.[55]

Beispiel: Die Polizei führt wegen des Verdachts eines Diebstahls (§ 242 StGB) bei D eine TKÜ durch (Verstoß gegen § 100a – keine Katalogtat, keine richterliche Anordnung). Was sie gehört hat, darf nicht zum Beweis des Diebstahls verwendet werden. D hat außerdem erzählt, dass er Kreditkarten fälscht (§ 152a StGB, keine Katalogtat). Auch das darf nicht unmittelbar verwertet werden. Es soll der Polizei aber gestattet sein, bei D eine Durchsuchung vorzunehmen und alle Falsifikate zu beschlagnahmen.

Das Beispiel zeigt, dass diese Lehre die Umgehung der Eingriffsvoraussetzungen geradezu provoziert. Zumindest bewusste Rechtsverstöße müssen Fernwirkung haben.

47a h) Die **Auskunft über** bestimmte **Telekommunikationsverbindungsdaten** (§ 100g) sollte sich nach dem „Gesetz zur Neuregelung der Telekommunikationsüberwachung und anderer verdeckter Ermittlungsmaßnahmen sowie zur Umsetzung der Richtlinie 2006/24 EG" vom 9. 12. 2007, in Kraft seit 1. 1. 2008, auf für sechs Monate gespeicherte Daten erstrecken (§§ 113a, 113b TKG), nämlich

- Telefonverbindungen (Rufnummer, Anrufzeit, bei Handys IMEI-Nummer, Funkzelle, bei Internet-Telefonie IP-Adresse, jeweils Anrufer und Angerufener)
- E-mail-Verkehr (nicht der Inhalt)
- Fax und SMS.

§ 100g Abs. 1 S. 1 ist mit dem GG unvereinbar, soweit vorgesehen war, Verkehrsdaten nach dem verfassungswidrigen § 113a TKG zu erheben.[56]

47b i) Die Anordnung der Überwachung muss, wenn man – z.B. bei geliehenen Handys oder getauschten Chip-Karten – die Rufnummer nicht kennt, eine andere „Kennung" enthalten (§ 100b Abs. 2 Nr. 2). Die Kartennummer IMSI (International Mobile Subscriber Identity) ist weltweit nur einmal vergeben und nur den Netzbetreibern bekannt. Sie kann aber mit einem **„IMSI-Catcher"** messtechnisch ermittelt werden. Das gestattet § 100i.[57]

9. Einsatz technischer Mittel und Wohnraumüberwachung, §§ 100cff.

a) Bildaufnahmen (§ 100h Abs. 1 Nr. 1)

48 Der Vergleich mit Nr. 2 zeigt, dass heimliche Aufnahmen zu Zwecken der Observation gemeint sind.[58] Die Spurensicherung am Tatort ist kein Eingriff und zählt zu den „freien Ermittlungen" (vgl. oben Rn. 1). Die Aufnahmen nach Nr. 1 werden in der Öffentlichkeit gemacht; an die Straftat, um deren Aufklärung es geht, stellt das Gesetz deshalb keine weiteren Anforderungen. Das ist anders bei der

---

[55] BGHSt 32, 68, 70.
[56] *BVerfG* v. 2. 3. 2010 – 1 BvR 256/08, BGBl. I S. 272.
[57] Die heimliche Ortung durch „stille SMS" ist in der Praxis verbreitete Übung, aber ohne Rechtsgrundlage; vgl. *Eisenberg/Singelnstein*, NStZ 2005, 62.
[58] BGHSt 44, 13.

b) Verwendung sonstiger technischer Mittel (§ 100h Abs. 1 Nr. 2)

Geht es um das Bild, gilt Abs. 1 Nr. 1, handelt es sich um das gesprochene 49
Wort, gilt die Regelung über den Lauschangriff (§§ 100c, f) Es bleiben also z.B. Peilsender, GPS-System,[59] Bewegungsmelder, etc. Ihr Einsatz ist an die (unbestimmte, oben Rn. 39) Voraussetzung gekoppelt, dass es sich um eine „Straftat von erheblicher Bedeutung" handelt. Der Gesetzgeber hat der Polizei (zu) viel Spielraum gelassen. Vor allem unkoordinierte Ermittlungsmaßnahmen verschiedener Behörden haben den Effekt eines „additiven", streng zu kontrollierenden Grundrechtseingriffs.[60]

*c) Abhören und Aufzeichnen des nichtöffentlich gesprochenen Wortes – **„kleiner" Lauschangriff** (§ 100f)*

Diese früher unzulässige Maßnahme[61] ist durch das OrgKG 1992 erlaubt 50
worden. Sie ist der Telekommunikationsüberwachung (§ 100a) vergleichbar und entsprechend geregelt worden, auch was die Subsidiaritätsklausel betrifft (auf andere Weise aussichtslos oder wesentlich erschwert). Einsatzgebiet ist der Bereich außerhalb von „Wohnungen". Darunter versteht die verfassungsrechtliche Tradition „jeden nicht allgemein zugänglichen Raum, der zur Stätte des Aufenthalts oder Wirkens von Menschen gemacht wird", also auch Arbeits-, Betriebs- und Geschäftsräume.[62] Sie orientiert sich an dem Recht, in Ruhe gelassen zu werden.[63] Im Besuchsraum einer Strafvollzugsanstalt hat man es nicht.[64]

*d) Abhören und Aufzeichnen des nichtöffentlich gesprochenen Wortes – **„großer" Lauschangriff** (§ 100c)*

Dieser Eingriff in Art. 13 GG ist gestattet worden durch das Gesetz zur Ver- 51
besserung der Bekämpfung der organisierten Kriminalität vom 4. 5. 1998. Der Straftatenkatalog ist enger als in §§ 100a, 100f Abs. 2. Wer ein Zeugnisverweigerungsrecht aus beruflichen Gründen hat (§ 53), darf nicht belauscht werden (Beweiserhebungsverbot, § 100c Abs. 6), wenn das Vertrauensverhältnis zu seinem Klienten, Patienten, etc. berührt ist. § 160a Abs. 4 lässt die akustische Wohnraumüberwachung dennoch zu, wenn der Verdacht der Teilnahme oder einer Strafvereitelung etc. besteht (übereinstimmend mit § 97 Abs. 2 S. 3) und verletzt damit das für den Verteidiger zur Telefonüberwachung geschaffene Sonderrecht (vgl. oben Rn. 42).[65] Nahestehende Personen (§ 52) und Berufshelfer (§ 53a) sind vor der Maßnahme nicht sicher. Ob die Erkenntnisse verwertet werden dürfen, ergibt eine Abwägung (§ 100c Abs. 6 S. 2). Darüber entscheidet

---

[59] BGHSt 46, 266; Anm. *Kühne,* JZ 2001, 1144.
[60] *BVerfG* NStZ 2005, 388.
[61] BGHSt 34, 39, 50.
[62] BGHSt 42, 372, 375.
[63] BVerfGE 89, 1, 12.
[64] BGHSt 44, 138; *BGH* NStZ 2009, 519 kommt dennoch zu einem Verwertungsverbot, abgeleitet, aber nicht konsistent begründet aus dem Fairnessgebot.
[65] Vgl. BGHSt 33, 347ff.

das Gericht, das auch für die Anordnung der Maßnahme zuständig ist, nämlich die Staatschutzkammer des Landgerichts (§ 100d Abs. 1).

Personenbezogene Informationen aus dieser Maßnahme dürfen auch in anderen Strafverfahren verwendet werden, wenn sie eine Katalogtat betreffen, die zur Anordnung des Lauschangriffs berechtigen würde, sowie zur Gefahrenabwehr (§ 100d Abs. 5). Ansonsten gilt, parallel zur Regelung bei § 100a, ein **Verwertungsverbot.**

Das *BVerfG* hatte Teile der alten Regelung für verfassungswidrig erklärt, Nachbesserung verlangt und insbesondere gefordert[66], dass
- ein Kernbereich privater Lebensgestaltung absolut geschützt sein muss
- zum Schutz dieses Kernbereichs Gespräche mit engsten Angehörigen, Vertrauten und Berufsgeheimnisträgern nicht überwacht werden dürfen und eine Überwachung sofort abzubrechen ist
- ein entsprechendes Verwertungsverbot geschaffen und dadurch gesichert werden muss, dass eine unabhängige Stelle die Verwendung von Erkenntnissen vorab prüft
- außerhalb des absolut geschützten Kernbereichs der Grundsatz der Verhältnismäßigkeit strenger angewandt und deshalb der Straftatenkatalog enger zu fassen und auf die Fälle besonders schwerer Kriminalität zu beschränken ist
- unverdächtige Dritte besser zu schützen sind
- die Restriktionen der Benachrichtigungspflicht nicht an die Generalklausel der „öffentlichen Sicherheit" gebunden sein dürfen
- die entsprechende richterliche Kontrolle intensiviert wird
- die Vorschriften über die Datenvernichtung den effektiven Rechtsschutz der Betroffenen nicht behindern.

Dem hat der Gesetzgeber in den monströsen Vorschriften über den großen Lauschangriff Rechnung zu tragen versucht. Schwer praktikabel ist insbesondere § 100c Abs. 5, der den Kernbereich privater Lebensgestaltung schützen soll (näher zum Verwertungsverbot unten § 28 Rn. 39f.). Effektiv kann das allenfalls gelingen, wenn die Polizei nicht automatisch aufzeichnet, sondern mithört („Echtzeitüberwachung"). Das Paradoxon liegt darin, dass man zwar in Wohnungen abhören, andererseits aber den Kernbereich privater Lebensgestaltung nicht antasten darf – den zu sichern, ist aber nun einmal der Sinn einer Wohnung.

52 Die Verwertung personenbezogener Maßnahmen soll auch zu präventiven Zwecken zulässig sein (§ 100d Abs. 5 Nr. 2)[67]. Umgekehrt dürfen Erkenntnisse, die in einem „großen" Lauschangriff nach Polizeirecht rechtmäßig[68] gewonnen wurden, zur Aufklärung einer Katalogtat, im Strafverfahren also, verwendet werden (§ 100d Abs. 5 Nr. 3). Die strikte Trennung präventiver und repressiver Befugnisse ist aufgegeben.[69]

Da sich der Gesetzgeber bei den Verwertungsverboten an das Modell des § 100a gehalten und die Fernwirkung nicht ausgeschlossen hat, ist anzuneh-

---

[66] *BVerfG* NStZ 2004, 270.

[67] Das ist mit den Vorgaben des *BVerfG* a. a. O. nicht vereinbar.

[68] *BGH* NStZ 2010, 44. Für die Verwendungsregeln der StPO gelten die gleichen Grundsätze wie für Verwertungsverbote, *BGH* aaO.

[69] Vgl. schon *BGH* StV 1996, 185; *Welp*, NStZ 1995, 602; *Schnarr*, StraFo 1998, 217.

men, dass „Zufallserkenntnisse“ auch hier mittelbar verwertbar sein sollen (vgl. oben Rn. 47). Nur (aber auch immerhin) für den „unantastbaren Bereich privater Lebensgestaltung“ hat das *BVerfG* nun festgehalten, dass sie „weder im Hauptsacheverfahren verwertet werden noch Anknüpfungspunkt weiterer Ermittlungen sein“ dürfen.[70]

e) Betroffene

53 Diese Maßnahmen dürfen mit Ausnahme des „großen“ Lauschangriffs (§ 100c Abs. 3) nicht nur gegen den Betroffenen, sondern unter erschwerten Voraussetzungen gezielt gegen jedermann gerichtet werden (§ 100f Abs. 2 S. 2; mit Ausnahme des Verteidigers, § 148). Diese Einschränkungen gelten nicht, wenn gegen den Beschuldigten vorgegangen wird und dadurch Dritte (Passanten, Gesprächspartner) als Nebenfolge unvermeidbar betroffen sind (§ 100f Abs. 3).

10. Durchsuchung, §§ 102 ff.

Sie greift in die Grundrechte aus Art. 2, 13 GG ein. Der Unverdächtige (§ 103) muss weniger dulden als der Verdächtige (§ 102). Durchsuchungen können von der Einleitung eines Ermittlungsverfahrens an bis zur Rechtskraft des Urteils erfolgen (so dass unter die „Verdächtigen“ als Oberbegriff auch der Angeklagte und der Verurteilte fallen).

a) Durchsuchung beim Verdächtigen, § 102

aa) Voraussetzungen

54 Die h.M. lässt sie schon dann zu, wenn die kriminalistische Erfahrung annehmen lässt, dass sie erfolgreich sein könnte. Eine Vermutung, die sich darauf stützt, genügt bereits; nur die „bloße“ Vermutung scheidet aus. Das ist weniger als Anfangsverdacht (den eine Mindermeinung fordert).[71] Der „Verdächtige“ braucht noch nicht Beschuldigter zu sein; wäre er zu vernehmen, müsste das im Wege der informatorischen Befragung eines Zeugen geschehen (vgl. oben 9 Rn. 6).

bb) Objekte

Durchsucht werden
- Wohnungen und Räume, die der Beschuldigte nutzt, befugt oder unbefugt, allein oder mit anderen,
- seine Person nach Sachen oder Spuren am Körper (vgl. oben Rn. 22),
- bewegliche Sachen, die „ihm gehören“. Damit sind Besitz und (Mit-)Gewahrsam gemeint, nicht die Eigentumsverhältnisse, weil es nach dem Zweck der Maßnahme darauf ankommt, den Umkreis des Verdächtigen zu beschreiben.

---

[70] A. a. O., 271.
[71] Vgl. LR/*Schäfer*, Rn. 15.

cc) Zwecke

Man will entweder ein Beweismittel auffinden oder den Verdächtigen ergreifen, also festnehmen. Das kann auch der bereits Verurteilte sein (vgl. oben vor Rn. 54).

b) Durchsuchung bei anderen Personen, § 103 Abs. 1 S. 1

aa) Voraussetzungen

55 Sie sind enger als bei § 102. Es müssen „Tatsachen vorliegen"; Vermutungen reichen nicht. „Andere Personen" sind auch juristische Personen und Behörden. Der Grundsatz der Verhältnismäßigkeit gebietet, dass der Betroffene – der ja nicht tat- oder teilnahmeverdächtig ist – zunächst aufgefordert wird, den gesuchten Gegenstand herauszugeben.

bb) Objekte

Es sind die Gleichen wie bei § 102. Auch die Person, obwohl nicht ausdrücklich genannt, darf durchsucht werden, denn § 81c gestattet mehr, nämlich ihre körperliche Untersuchung.

cc) Zwecke

Bestimmte Tatsachen müssen den Schluss zulassen, dass ein bestimmtes Beweismittel, der Beschuldigte oder die Spur einer Straftat aufgefunden werde. Nach Gegenständen, die wegen § 97 beschlagnahmefrei sind, darf gar nicht erst gesucht werden.

c) Gebäudedurchsuchungen, § 103 Abs. 1 S. 2

Auf der Suche nach „Terroristen" (genauer der Wortlaut der Vorschrift) braucht man für die Durchsuchung einer Wohnung nicht die begründete Annahme, dass sie sich gerade dort aufhalten, sondern nur die, dass es in irgendeiner Wohnung in diesem Haus sein müsste.

d) Raumdurchsuchungen, § 103 Abs. 2

Wenn sich der Beschuldigte in Räumen aufgehalten hat, und sei es nur kurz (z.B. auf der Flucht), kann sich der unverdächtige Inhaber nicht auf die Beschränkungen des Abs. 1 S. 1 berufen, sondern muss sich eine Durchsuchung wie beim Verdächtigen gefallen lassen.

e) Durchsuchungsbeschluss, § 105 Abs. 1

56 Bei Gefahr im Verzug dürfen die Staatsanwaltschaft oder ihre Ermittlungspersonen Durchsuchungsanordnungen treffen, die keiner nachträglichen richterlichen Bestätigung bedürfen (anders bei der Beschlagnahme, § 98 Abs. 2 S. 1). Diese Kompetenz ist eng auszulegen.[72] Im Regelfall muss ein richterlicher

[72] *BVerfG* NStZ 2001, 382.

Beschluss ergehen,[73] in dem Zweck und Ziel der Maßnahme genau bezeichnet und zumindest beispielhaft die Beweismittel angegeben werden, nach denen gesucht wird.[74] Bei der Anordnung gegen einen Nichtverdächtigen (§ 103) müssen „hinreichend individualisierte Beweismittel" im Durchsuchungsbeschluss „so weit konkretisiert werden, dass weder bei dem Betroffenen noch bei dem die Durchsuchung vollziehenden Beamten Zweifel über die zu suchenden und zu beschlagnahmenden Gegenstände entstehen können".[75] Der Sinn des Richtervorbehalts, eine präventive Kontrolle der Rechtmäßigkeit zu sichern und insbesondere die Verhältnismäßigkeit des Eingriffs zu prüfen, geht verloren, wenn der Durchsuchungsbeschluss erst nach längerer Zeit vollzogen wird. Das *BVerfG* hat eine äußerste Grenze gezogen: richterliche Durchsuchungsanordnungen gelten höchstens sechs Monate.[76]

f) Der Ablauf der Durchsuchung

Ist kein Richter oder Staatsanwalt dabei, müssen, wenn das möglich ist, Durchsuchungszeugen hinzugezogen werden (§ 105 Abs. 2). Das ist zwingend. § 106 hingegen ist nur eine Ordnungsvorschrift (str.). Zur Nachtzeit gelten Beschränkungen (§ 104; die Definition in Abs. 3 dürfte mit den Lebensgewohnheiten Vieler nicht ganz übereinstimmen). An „verrufenen Orten", wie es früher einmal hieß, entfallen sie wieder (§ 104 Abs. 2). Von den „Räumen" des Abs. 2 sind wegen Art. 13 Abs. 2 GG die „Wohnungen" auszunehmen (str.). Sie darf man nur nach Abs. 1 betreten (Beispiel: Die Wohnung der Prostituierten, des Hehlers). Zu Durchsuchungsbescheinigung, Beschlagnahme- oder Negativverzeichnis vgl. § 107. Die Durchsicht der Papiere im Gewahrsam des Betroffenen (§ 110) dient dem Zweck festzustellen, ob sie zurückzugeben oder zu beschlagnahmen sind. Die Staatsanwaltschaft kann sie ihren Ermittlungspersonen übertragen (§ 110 Abs. 1). „Papiere" sind auch Disketten, Festplatten, etc.

g) Die verdeckte Online-Durchsuchung

Bei der „klassischen" Durchsuchung, einer offenen Maßnahme, werden die **56a**
Speichermedien eines Computers beschlagnahmt. Darf der Strafverfolger statt dessen „Trojaner" oder Backdoor-Programme auf den Computer des Verdächtigen oder Unverdächtigen aufspielen und sich die Daten heimlich besorgen, ohne als „Hacker" (§ 202a StGB) zu gelten? Die Frage ist sehr umstritten.[77] § 100a scheidet aus, weil der Staat die Verbindung erst herstellt und sich nicht in eine laufende Kommunikation einschleicht. Auch § 100c greift nicht; dieses technische Mittel war nicht gemeint (s. oben Rn. 48f.). Die Online-Durchsuchung geschieht verdeckt, zählt aber nicht zu den Befugnissen verdeckter Ermittler (§ 110c). Die Befürworter stützen sich auf §§ 102, 103 sowie den Grundsatz, dass der Staat nicht „offen" auftreten müsse[78] – Heimlichkeit ist

---

[73] In Eilfällen auch telefonisch, *BGH* NStZ 2005, 392.
[74] *BVerfG* NStZ 1992, 91.
[75] *BGH* NStZ 2002, 215.
[76] *BVerfG* NJW 1997, 2165.
[77] Vgl. *M. Hofmann*, NStZ 2005, 121 ff.
[78] BGHSt 42, 139, 150; vgl. oben 9 Rn. 20.

nicht per se unfair[79] – und wollen dennoch wegen dieser Heimlichkeit die Maßnahme auf den Verdacht einer Straftat von erheblicher Bedeutung beschränken. Diese letztlich analoge Anwendung der §§ 102ff. rechtfertigt aber Grundrechtseingriffe nicht; es bedarf einer gesetzlichen Regelung.[80] Das vom *BVerfG* aus dem allgemeinen Persönlichkeitsrecht entwickelte Grundrecht auf Gewährleistung der Vertraulichkeit und Integrität informationstechnischer Systeme steht der Online-Durchsuchung nicht entgegen, verlangt aber tatsächliche Anhaltspunkte einer konkreten Gefahr für ein überragend wichtiges Rechtsgut: Leib, Leben und Freiheit der Person oder Güter der Allgemeinheit, deren Bedrohung die Grundlagen oder den Bestand des Staates oder die Grundlagen der Existenz des Menschen berührt. Es muss ein Verfahren der Durchsicht erhobener Daten etabliert werden, das kernbereichsrelevante Inhalte löscht und deren Weitergabe und Verwertung ausschließt.[81]

h) Zufallsfunde, § 108

57 Zufall und Absicht schließen sich aus. Es ist also unzulässig, gezielt nach Gegenständen zu suchen, auf die sich die Anordnung nicht bezieht[82] oder etwa eine Durchsuchung als bloßen Vorwand für eine solche Suche zu benutzen.[83] Zufallsfunde werden „einstweilen" in Beschlag genommen. Die Staatsanwaltschaft entscheidet dann, ob sie den Gegenstand freigibt oder beim Richter eine Beschlagnahme beantragt (§§ 94, 98; „Gefahr im Verzug" besteht in dieser Lage nie). Für Zufallserkenntnisse bei § 100a gilt § 108 nicht (vgl. oben 47).

i) Verwertungsverbot

58 Es ist sehr umstritten, ob ein Gegenstand als Beweismittel verwendet werden darf, der bei einer rechtsfehlerhaften Durchsuchung erlangt (beschlagnahmt) worden ist.[84] Die hypothetische Frage, ob die Durchsuchungsanordnung vom Richter erlassen worden wäre, würde in aller Regel zur Verwertbarkeit führen.[85] Das ist nicht hinnehmbar, wenn der Richtervorbehalt bewusst missachtet wurde oder „eine gleichgewichtig grobe Verkennung" seiner Voraussetzungen vorliegt.[86] Verstöße gegen andere Durchsuchungsvorschriften (vgl. oben Rn. 56) hindern die Verwertbarkeit nicht. Das *BVerfG* hat das Recht auf informationelle Selbstbestimmung und – bei Durchsuchung und Beschlagnahme in einer Anwaltskanzlei – das Interesse an einem effektiven Schutz des Vertrauensverhältnisses zum Berufsgeheimnisträger betont und ergänzend ein Verwertungsverbot in Betracht gezogen: „Zumindest bei schwerwiegenden, bewussten oder willkürlichen Verfahrensverstößen, in denen die Beschränkung auf den Ermittlungszweck der Datenträgerbeschlagnahme planmäßig oder systematisch außer

[79] *BVerfG* NJW 2004, 999, 1005 (zum Großen Lauschangriff).
[80] So jetzt auch *BGH* (Ermittlungsrichter) NStZ 2007, 279.
[81] *BVerfG* NJW 2008,822.
[82] *LG Berlin* StV 1997, 97.
[83] *OLG Karlsruhe* StV 1986, 10.
[84] Zum Streitstand *Meyer-Goßner*, § 94 Rn. 21.
[85] *BGH* NStZ 1989, 375.
[86] *BGH* NStZ 2007, 601.

Acht gelassen wird, ist ein Beweisverwertungsverbot als Folge einer fehlerhaften Durchsuchung und Beschlagnahme von Datenträgern und der darauf vorhandenen Daten geboten".[87]

11. Verdeckte Ermittler, §§ 110aff.

a) Begriff

Die **Definition** in § 110a Abs. 2 ist zu konkretisieren dadurch, dass 59
- der Ermittlungsauftrag nicht nur wenige oder konkret bestimmte Ermittlungshandlungen betrifft,
- unbestimmt viele Personen über die wahre Identität des Polizeibeamten zu täuschen sind,
- von vornherein klar ist, dass die Identität des Beamten in künftigen Strafverfahren auf Dauer geheim gehalten werden muss.[88]

Nicht verdeckte Ermittler sind demnach 60
- „nicht öffentlich ermittelnde Polizeibeamte" (noeP), das sind Beamte, die nur gelegentlich verdeckt auftreten, wie z.B. Scheinaufkäufer,[89] wobei mehr als drei Außenkontakte (Praxisregel) den noeP zum verdeckten Ermittler machen,[90]
- Informanten und V-Personen (vgl. oben Rn. 4). Dass die Beschränkungen der §§ 110a, b, für sie nicht gelten[91] und ihre Aktivitäten durch die allgemeinen Bestimmungen (§§ 161, 163) gedeckt sein sollen, ist mehr als bedenklich,[92]
- under-cover-agents, die lange Zeit ohne konkreten Ermittlungsauftrag in der kriminellen Szene abtauchen und ohne Kontrolle agieren; derartige Einsätze sind unzulässig.

Die **Legende** ist in § 110a Abs. 2 S. 1 erklärt. Der Polizeibeamte darf unter verändertem Namen und Beruf, anderer Adresse, etc. Verträge schließen, klagen, sich in öffentliche Bücher eintragen lassen, etc. (§ 110a Abs. 2 S. 2; vgl. auch Abs. 3). Auch nach seinem Einsatz ist der Polizeibeamte durch die Legende geschützt (§ 110b Abs. 3).

b) Voraussetzungen

Der Straftatenkatalog in § 110a Abs. 1 entspricht dem der Rasterfahndung, 61
wobei allerdings § 98a Abs. 1 Nr. 3 und 4 schlichtweg durch eine Generalklausel ersetzt worden sind („Verbrechen", § 110a Abs. 1 S. 2). Die Einschränkung durch „Wiederholungsgefahr" ist bedeutungslos, weil man „außerdem" auf eine weitere Generalklausel zurückgreifen kann (Abs. 1 S. 4). Die Subsidiaritätsklausel (Abs. 1 S. 3) ist die gleiche wie bei der Telekommunikationsüberwachung.

---

[87] *BVerfG* NJW 2005, 1917ff.
[88] Vgl. BGHSt 41, 69.
[89] *BGH* NStZ 1996, 450 mit zu Recht abl. Anm. *Rogall.*
[90] Näher *H. Schneider*, NStZ 2004, 359.
[91] BGHSt 41, 42.
[92] Vgl. SK/*Rudolphi*, § 110a Rn. 14.

c) Anordnung

62 Die Polizei entscheidet. Sie braucht immer die Zustimmung der Staatsanwaltschaft und manchmal die des Richters (§ 110b Abs. 1 S. 1, Abs. 2 S. 1). Bei Gefahr im Verzug aber handelt sie zunächst auf eigene Faust (Abs. 1 S. 2, Abs. 2 S. 3). Die nachträgliche Billigung der Staatsanwaltschaft muss innerhalb von drei Tagen (Abs. 1 S. 2) oder unverzüglich (Abs. 2 S. 3) eingeholt werden. In beiden Fällen des Abs. 2 genügt das für einen Einsatz von drei Tagen; dann (erst) ist die Zustimmung des Richters nötig (S. 4).

Der Richter „muss gleichsam korrigierend gewährleisten, dass mögliche Interessen der aus der Natur der Sache heraus notwendigerweise nicht vorher gehörten Betroffenen (vgl. Art. 19 Abs. 4 GG) beachtet werden".[93] „Ist Entscheidungsgrundlage des Antrags allein ein Hinweis einer V-Person, ist besondere Vorsicht geboten, um eine Außensteuerung der Justiz oder Selbstermächtigung des Verdeckten Ermittlers zu verhindern".[94]

d) Befugnisse, Pflichten, § 110c

63 **Fall 7:** Der verdeckte Ermittler (VE) klingelt bei H, der ein Waffenschieber sein soll, stellt sich als Mann von den Städtischen Werken vor, wird eingelassen, findet im Bad Kokain-Briefchen im Marktwert von etwa € 10.000 und geht wieder.

Wenn er sich so vorgestellt hat, wie es seiner Legende entspricht, begeht er keinen Hausfriedensbruch (S. 1), andernfalls schon (S. 2). Als Polizeibeamter wäre er nach dem Legalitätsprinzip verpflichtet, dem Verdacht des Rauschgifthandels sofort nachzugehen und das Kokain zu beschlagnahmen. Aus „kriminaltaktischen Erwägungen" (vgl. RiStBV Anh. D Nr. 4.4) durfte er das hier unterlassen, so dass er sich nicht nach § 258a StGB strafbar gemacht hat.

Fall 8: Ein VE hat es geschafft, in die Rauschgiftszene einzusickern. Er wird von seinem „neuen Freund" F aufgefordert, eine größere Menge Rauschgift im Ausland abzuholen. Bei dieser Gelegenheit unterhält er sich mit F darüber, wer eigentlich die Bosse auf der nächst höheren Ebene sind. Im Nebenzimmer wird ein Kurier gefesselt und gequält, weil er Stoff auf eigene Rechnung verkauft haben soll. VE bittet den erfahrenen G, ihm beim Import zu helfen und macht sich mit ihm auf den Weg.

Gegen die Straftaten im Nebenzimmer müsste er eigentlich einschreiten, weil er auch die präventiven Befugnisse und Pflichten nach den Polizeigesetzen hat (S. 3: „andere Rechtsvorschriften").

Nicht geregelt ist seine **Befugnis zu „milieubedingten Straftaten"**. Sein Verstoß gegen § 29 Abs. 1 Nr. 1 BtMG (Einfuhr), kann allenfalls durch § 34 StGB gerechtfertigt sein.

Die Tatprovokation eines ohnehin Tatgeneigten (G gehört zur Szene) ist zulässig (oben Rn. 4).[95]

Das Gespräch mit F war jedenfalls deshalb nicht vernehmungsähnlich, weil es sich nicht auf begangene Straftaten bezog. Die Angaben des F über die „Bosse" sind verwertbar (näher unten 28 Rn. 33).

[93] BGHSt 42, 103, 104.
[94] BGHSt 42, 103, 105.
[95] Vgl. *BGH* NStZ 1992, 488.

12. Kontrollstellen, § 111

Fall 9: Die Polizei hat auf der Suche nach einem bewaffneten Räuber Kontrollstellen eingerichtet und das Auto des U angehalten, der sich auf den ersten Blick als nichtverdächtig erweist. U weigert sich, seine Koffer zu öffnen und die Ausweise seiner Kinder vorzuzeigen. 64

Zu den entsprechend anwendbaren Vorschriften gehört nach Abs. 3 auch § 163b. Der Verhältnismäßigkeitsgrundsatz (§ 163b Abs. 2 S. 2) verbietet, die Identität der Kinder festzustellen. Auch die Durchsuchung seiner Sachen muss sich U gegen seinen Willen nicht gefallen lassen (§ 163b Abs. 2 S. 2; str., weil § 111 Abs. 1 S. 2, anders als § 163b, nicht zwischen Verdächtigen und Unverdächtigen unterscheidet).

Fall 10: Die Polizei riegelt das Hafenviertel großzügig ab, weil sich dort die „dunklen Existenzen" gehäuft haben, und überprüft jedermann.

Für eine solche **Razzia,** die präventiven Zwecken dient, muss sie sich auf ihre 65
Befugnisse zur Gefahrenabwehr stützen. Soweit es um die Aufklärung begangener Straftaten geht, finden sich in der StPO Eingriffsgrundlagen (nur) in §§ 163b, 94, 95, 102, 103, 111, 111b. Sie erlauben, im Verbund gesehen, razziaähnliche Maßnahmen.

13. Vorläufige Festnahme, §§ 127ff.

a) Jedermann darf den Täter, der auf frischer Tat betroffen wurde, vorläufig 66
festnehmen, wenn seine Identität nicht an Ort und Stelle geklärt werden kann (weil er sich nicht ausweisen kann oder will) oder die Annahme gerechtfertigt ist, dass er fliehen werde (Fluchtverdacht – die Anforderungen an „Fluchtgefahr" beim Haftbefehl sind strenger).

Dieser **Rechtfertigungsgrund** erlaubt nur Freiheitsberaubung und Nötigung sowie die Anwendung körperlicher Gewalt mit der Gefahr oder Folge einer noch angemessenen Körperverletzung (schmerzhafter Griff), niemals aber den Einsatz einer Waffe über die Drohung hinaus und auch nicht andere Straftaten (z. B. § 315c StGB bei wilder Verfolgungsjagd).

Er hat zur **Voraussetzung,** dass die Tat wirklich begangen wurde. Die Gegen- 67
ansicht lässt genügen, dass die erkennbaren Umstände einen dringenden Tatverdacht nahe legen und beruft sich darauf, dass die Festnahme öffentlichen Interessen diene; für den Festnehmenden wäre es „unbillig, ihm das Risiko eines schuldlosen Irrtums aufzuerlegen".[96] Dafür spricht ferner, dass Strafverfolgungsmaßnahmen stets nur auf Verdacht begründet sind und die Polizei zur Festnahme bereits bei dringendem Tatverdacht befugt ist (§ 127 Abs. 2). Für die Entscheidung der Frage, unter welchen Voraussetzungen man das staatliche Gewaltmonopol durch ein privates Festnahmerecht durchbrechen will,[97] kommt es auf die Konsequenzen an:

- Ist die Festnahme schon dann gerechtfertigt, wenn sie einen Verdächtigen trifft, muss er die Festnahme dulden, weil dieser Angriff auf ihn (§ 32 StGB)

[96] *Roxin/Schünemann*, § 31 Rn. 4.
[97] Offen gelassen in BGHSt 45, 378.

durch § 127 StPO gedeckt ist. Wehrt er sich dennoch, trägt er das Risiko, einen Erlaubnistatbestandsirrtum plausibel machen zu können.

- Ist die Festnahme nur gerechtfertigt, wenn sie den „wirklichen Täter" trifft, darf sich der Falsche (der nur Verdächtige) gegen seine Festnahme wehren (§ 32 StGB). Das Irrtumsrisiko trägt der Festnehmende. Es ist nicht groß. Wenn alles so aussieht, dass soeben eine Straftat begangen wurde, wird der Irrtum über die Voraussetzungen des Rechtfertigungsgrundes nicht vorwerfbar sein, und selbst wenn er es wäre, könnte diese Fahrlässigkeit nur zur Strafbarkeit gem. § 229 StGB führen, denn der für §§ 239, 240 StGB erforderliche Vorsatz entfällt auch bei verschuldetem Erlaubnistatbestandsirrtum.

Die Entscheidung der Kontroverse hängt letztlich von der rechtspolitischen Frage ab, wie festnahmefreudig man sich den deutschen Privatmann wünscht. Den Vorzug verdient die Ansicht, die nur die Festnahme des wirklichen Täters rechtfertigt und das Irrtumsrisiko dem Festnehmenden zuweist.

68 b) Staatsanwälte und Polizisten sind nach dem Wortlaut des § 127 Abs. 1 S. 1 wie jedermann zu einer Festnahme nach dieser Vorschrift befugt. Sie rechtfertigt aber für die Strafverfolgungsbehörden die Festnahme zur Feststellung der Identität nicht mehr, seit die speziellere Regelung § 163 b gilt (s. unten Rn. 71, § 127 Abs. 1 S. 2). Sie dürfen, anders als jedermann, schon dann eine Festnahme durchführen, wenn die Voraussetzungen eines Haftbefehls vorliegen, dessen Erwirkung zu lange dauern würde, so dass Gefahr im Verzug ist (§ 127 Abs. 2). Die Mittel der Festnahme sind in den Landesgesetzen über die Anwendung unmittelbaren Zwangs geregelt (nach a.A. UZwG des Bundes).

c) Vorläufige Festnahme und Hauptverhandlungshaft, § 127 b

69 Die Vorschrift soll das beschleunigte Verfahren (§§ 417 ff.) attraktiver machen. Sie richtet sich gegen reisende Straftäter, Wohnungslose, Ausländer, schafft einen neuen Festnahmegrund und gestattet den Erlass eines befristeten Haftbefehls auch dann, wenn weder Flucht- noch Verdunkelungsgefahr vorliegen. Diese neue Form der U-Haft ist

- höchst bedenklich, weil das beschleunigte Verfahren (näher unten 33 Rn. 10 ff.) nur für leichte und mittlere Kriminalität zur Verfügung steht (Höchststrafe ein Jahr, § 419 Abs. 2),
- sinnlos, weil Staatsanwalt und Richter, die für den Erlass des Haftbefehls gebraucht werden, dann auch gleich „beschleunigt" in der Sache selbst entscheiden könnten, anstatt sich zweimal in einer Woche mit ihr zu befassen (vgl. § 127 b Abs. 3),
- kontraproduktiv, weil die Beschleunigung dahin ist, wenn der Beschuldigte Haftprüfung beantragt oder Haftbeschwerde einlegt und damit zeitraubende Zwischenverfahren auslöst.

d) Das weitere Verfahren nach einer Festnahme regelt § 128.

14. Fahndung, § 131

70 Wenn ein Haftbefehl vorliegt (§ 131 Abs. 1), kann der Beschuldigte zur Festnahme ausgeschrieben werden (früher: „Steckbrief"). Das Gleiche gilt, wenn ein

Haftbefehl zu erwarten ist, aber nicht abgewartet werden kann (Abs. 2), z. B. wenn ein dringend Tatverdächtiger sich im letzten Augenblick der Festnahme am Hauptbahnhof entzogen hat. Bei Straftaten von erheblicher Bedeutung darf öffentlich gefahndet werden (Abs. 3; Fernsehen, Internet). Die gleichen Mittel stehen zur Verfügung, wenn es nur darum geht, herauszufinden, wo sich ein Beschuldigter oder Zeuge aufhält (§ 131 a) oder wer er ist (§ 131 b).

15. Feststellung der Identität, §§ 163 b, c

a) Die Identität von Verdächtigen darf mit allen „erforderlichen Maßnahmen" (Generalklausel) festgestellt werden (§ 163 b Abs. 1 S. 1). 71

Auch **Unverdächtige** müssen sich das gefallen lassen (Abs. 2 S. 1). Ihnen muss eröffnet werden, welche Tat aufgeklärt werden soll (Abs. 2 S. 1: § 69 Abs. 1 S. 2 gilt entsprechend).

Es gibt drei Eingriffe, für die strengere Voraussetzungen gelten:

- Festhalten (Abs. 1 S. 2); für Unverdächtige enthält Abs. 2 S. 2 1. HS das zusätzliche Erfordernis, dass diese Maßnahme nicht außer Verhältnis zur Bedeutung der Sache stehen darf,
- Durchsuchungen und erkennungsdienstliche Maßnahmen (Abs. 1 S. 2); Unverdächtige müssen sich zumindest konkludent einverstanden erklären (Abs. 2 S. 2 HS 2), brauchen darüber aber nicht belehrt zu werden.

b) Die Freiheitsentziehung (Festhalten) zur Feststellung der Identität darf zwölf Stunden nicht überschreiten (§ 163 c Abs. 3).

16. Netzfahndung, § 163 d

Synonym gebraucht werden die Ausdrücke Schleppnetzfahndung und Kontrollfahndung. Die Vorschriften über die Erhebung von Daten (z. B. §§ 111 Abs. 1 S. 2, 163 b Abs. 1) mussten durch eine Ermächtigungsgrundlage für die Speicherung und Verarbeitung personenbezogener Daten ergänzt werden.[98] Zur Unterscheidung: Die sog. Schleierfahndung als verdachts- und ereignisunabhängige Kontrollmaßnahme auf den Durchgangsstraßen und in den öffentlichen Einrichtungen ist eine präventiv-polizeiliche Maßnahme zum Ausgleich der weggefallenen Grenzkontrollen (z. B. Art. 13 Abs. 1 Nr. 5 BayPAG). 72

17. Polizeiliche Beobachtung, § 163 e

Es geht nicht um kurzfristige Observation (dazu oben 10 Rn. 3). Die Vorschrift soll es vielmehr ermöglichen, ein „Bewegungsbild" zu erstellen. Die aus- 73

[98] BVerfGE 65, 1; Volkszählungsurteil, Recht auf informationelle Selbstbestimmung; vgl. in der StPO die „Dateiregelungen" §§ 483–491.

schreibende Stelle erhält über einen langen Zeitraum hinweg (ein Jahr, Abs. 4 S. 5; mehrfach um drei Monate verlängerbar, S. 6) Informationen, die sie dann zusammensetzt. Sie geben für ein Strafverfahren nicht viel her. Mehr als schwache Indizien lassen sich so nicht gewinnen (z.B. für die Fahrten eines Rauschgiftkuriers oder strafzumessungsrelevante Tatsachen wie die Lebensweise). Noch weiter entfernt von strafprozessual legitimen Zwecken ist die Befugnis, personenbezogene Informationen über unverdächtige Begleiter zu sammeln (Abs. 3). Es ist nicht hinreichend klar, was die polizeiliche Beobachtung mit Strafverfolgungsmaßnahmen zu tun hat, also der Aufklärung einer Tat und der Ergreifung eines Verdächtigen.[99] Einerseits muss es „zureichende tatsächliche Anhaltspunkte" für eine „Straftat von erheblicher Bedeutung" geben, andererseits ist mit der Ausschreibung zur Beobachtung die Aufforderung verbunden, untätig zu bleiben und nicht einzuschreiten. Die „erhebliche Bedeutung" kann also kaum in der Straftat selbst, sondern nur in ihrem Hintergrund und dessen Aufklärung liegen.

18. Längerfristige Observation, § 163f

74 Die planmäßige Überwachung der erheblichen Kriminalität ist nicht an einen Deliktskatalog gebunden. Zulässig ist auch die Observation von Kontaktpersonen (Abs. 1 S. 3). Sie sind nicht unbedingt identisch mit den Begleitern, deren Personalien nach § 163e gemeldet werden dürfen (vgl. oben Rn. 73).

V. Rechtsschutz im Ermittlungsverfahren

75 Gegen die Einleitung und Durchführung des Ermittlungsverfahrens selbst gibt es ihn nicht. Art. 19 Abs. 4 GG garantiert Rechtsschutz nicht sofort, sondern nur „zur rechten Zeit". Sie ist erst mit dem Abschluss des Ermittlungsverfahrens gekommen. Der Rechtsschutz des Beschuldigten „ist im gerichtlichen Zwischen- und Hauptverfahren regelmäßig weit reichender und umfassender als es eine Nachprüfung unselbständiger, das Ermittlungsverfahren fördernder Maßnahmen schon im Ermittlungsverfahren sein könnte".[100] Für „selbständige" Maßnahmen, also Eingriffe, gilt das nicht. Der Rechtsschutz gegen Eingriffe im Ermittlungsverfahren ist allerdings höchst lückenhaft geregelt.[101]

---

[99] Vgl. *Krahl*, NStZ 1998, 339.

[100] *BVerfG* NStZ 2004, 447 mit der Einschränkung, dass „objektiv willkürliches Handeln der StA zum Nachteil des Beschuldigten in Rede steht".

[101] Vgl. *Laser*, NStZ 2001, 124.

1. Überblick

Übersicht 13: Rechtsschutz im Ermittlungsverfahren

Angefochten wird

	die Anordnung durch		die Art und Weise der Durchführung
	Richter	StA/Polizei	
Die Maßnahme dauert an	§ 304	§ 98 II 2 (arg. § 23 III EGGVG)	§ 98 II 2
Die Maßnahme ist erledigt (vollzogen)	§ 304 früher: Kein Rechtsschutz gegen Richter gem. Art. 19 IV GG:[102] richterliche Präventivkontrolle allein ist kein effektiver Rechtsschutz	§ 98 II 2	§ 98 II 2

2. Rechtsschutz gegen bevorstehende und andauernde Eingriffe

a) Hat sie der Richter angeordnet, ist die Beschwerde statthaft (§ 304). 76

b) Wenn die Maßnahme von der Staatsanwaltschaft oder der Polizei angeordnet worden war, muss es zwar wegen Art. 19 Abs. 4 GG eine Möglichkeit geben, sich dagegen zu wehren. Gesetzliche Regelungen finden sich aber nur in §§ 98 Abs. 2 S. 2, 161a Abs. 3 S. 1. Die h.M. füllt die Regelungslücke durch eine Analogie zu § 98 Abs. 2 S. 2.[103]

c) Will sich der Betroffene nicht gegen die Anordnung, sondern gegen die Art und Weise der Durchführung einer noch andauernden Maßnahme wenden, muss in beiden Fällen (oben a und b) „der für ihre Anordnung zuständige Richter ... angerufen werden, weil er die Grenzen einer solchen Anordnung bestimmen kann und in diesem Rahmen die rechtliche Möglichkeit hat, Modalitäten ihrer Vollziehung zu regeln".[104]

3. Rechtsschutz gegen erledigte (vollzogene) Maßnahmen

a) Bei Anordnung durch den Richter hat die früher h.M. jeden Rechtsschutz 77
mit der Begründung verweigert, dass bereits ein Richter entschieden habe, nachträglicher Rechtsschutz in der StPO nicht vorgesehen und eine Analogie zu § 113 Abs. 1 S. 4 VwGO, § 28 Abs. 1 S. 4 EGGVG nicht zu ziehen sei, weil Art. 19 Abs. 4 GG prinzipiell keinen Rechtsschutz gegen Richter gewähre. Dessen Entscheidung erfolgte aber ohne Anhörung des Betroffenen (§ 33 Abs. 4).

[102] BVerfGE 49, 329, überholt durch BVerfGE 96, 27.
[103] *BGH* StV 1988, 90; NStZ 1995, 48.
[104] BGHSt 28, 206, 209.

Er muss sich rechtliches Gehör und effektiven Rechtsschutz durch eine nachträgliche Kontrolle verschaffen können. Das *BVerfG* hat deshalb die Beschwerde (§ 304) zugelassen und das Rechtsschutzinteresse dafür nicht auf die Fälle einer Wiederholungsgefahr oder fortwirkender Beeinträchtigung beschränkt.[105] Das Rechtsschutzbedürfnis kann allerdings entfallen, „wenn die verspätete Geltendmachung eines Anspruchs gegen Treu und Glauben verstößt, etwa weil der Berechtigte sich verspätet auf das Recht beruft (Zeitmoment) und unter Verhältnissen untätig geblieben ist, unter denen vernünftigerweise etwas zur Wahrung des Rechts unternommen zu werden pflegt".[106]

78 b) Hat die Staatsanwaltschaft oder Polizei die Maßnahmen angeordnet, war ein Richter noch nicht eingeschaltet. Nun gilt wieder § 98 Abs. 2 S. 2 analog.[107] Die früheren Einschränkungen – nicht bei Interesse an Rehabilitierung und Schadensersatz – sind durch die soeben zitierte Entscheidung des *BVerfG* überholt.

79 c) Wird die Art und Weise des Vollzugs der Maßnahme beanstandet, ist in beiden Fällen (oben a und b) der Richter anzurufen (§ 98 Abs. 2 S. 2 analog).[108]

Der Betroffene muss sich also nicht mehr entscheiden, ob er die Anordnung angreifen (dann nach h.M. § 98 Abs. 2 S. 2 analog) oder die Art und Weise der Durchführung beanstanden will (dann nach bisher h.M. §§ 23ff. EGGVG). Oft könnte er das gar nicht, „weil sich die Fragen der Rechtmäßigkeit der Anordnung und die Art und Weise des Vollzugs in vielen Fallgestaltungen der Praxis nur schwer trennen lassen".[109] Es kommt hinzu, dass auch der Gesetzgeber neuerdings für die nachträgliche richterliche Kontrolle den Rechtsweg nach §§ 23ff. EGGVG ausgeschlossen hat (vgl. § 101 Abs. 7).

4. Sonderfälle

80 a) Erkennungsdienstliche Maßnahmen zu präventiven Zwecken sind polizeirechtlich und daher auf dem Verwaltungsrechtsweg anzufechten (§ 40 VwGO). Soweit es sich um eine Strafverfolgungsmaßnahme handelt, ist wieder § 98 Abs. 2 S. 2 analog anzuwenden, nach a.A. §§ 23ff. EGGVG.[110]

b) Bei Sperrerklärungen nach § 96 stellen manche darauf ab, ob die Behörde, die sie abgegeben hat, zum Bereich des Justizministeriums gehört (dann §§ 23ff. EGGVG) oder nicht (dann § 42 VwGO).[111] Auch im ersten Fall handelt es sich aber nicht um einen „spezifischen" Akt der Strafrechtspflege, so dass stets der Verwaltungsrechtsweg gegeben ist.[112]

---

[105] BVerfGE 96, 27 = JR 1997, 382 m. Anm. *Amelung* und *Fezer*, 1062. Der Zusatz, es müsse sich um „tiefgreifende" Eingriffe handeln, bleibt rätselhaft.
[106] *BVerfG* NStZ 2009, 166.
[107] BGHSt 28, 206; 44, 171.
[108] BGHSt 44, 265; 45, 183.
[109] BGHSt 44, 265.
[110] BVerwGE 47, 255; *Bottke*, StV 1986, 122.
[111] Vgl. *Meyer-Goßner*, § 96 Rn. 14.
[112] *BVerwG* NJW 1984, 2233; NJW 1987, 202 m. Anm. *Arloth*, NStZ 1987, 520; *BGH* NJW 1998, 3577 m. Anm. *Katholnigg*, NStZ 1999, 40.

Dass der Gesetzgeber all diese Meinungsverschiedenheiten nicht durch eine klare Regelung beendet, ist in einem Rechtsstaat schwer verständlich.

Fälle und Fragen

43. Dürfen Polizei und Staatsanwaltschaft im Rahmen des Ermittlungsverfahrens belastende Maßnahmen ergreifen, für die keine besondere Ermächtigung in der StPO besteht?
44. Worin besteht der Zweck der Untersuchungshaft?
45. An welche Voraussetzungen ist die Untersuchungshaft geknüpft?
46. Weshalb ist § 112 Abs. 3, der in bestimmten Situationen vom Vorliegen eines Haftgrundes absieht, verfassungsrechtlich bedenklich und welche Konsequenz wird daraus gezogen?
47. Welche Rechtsschutzmöglichkeiten bestehen gegen den Haftbefehl?
48. Dealer D wird festgenommen. Er hat einige Plastikkügelchen mit Heroin bei sich und schluckt diese. Weil er sich weigert, ein Brechmittel einzunehmen, überlegt der Staatsanwalt, dessen zwangsweise Zuführung per Magensonde anzuordnen. Wäre das zulässig?
49. Sind nach den §§ 81e ff. sog. Reihenuntersuchungen bzw. Massentests zulässig, zu denen z.B. alle Bewohner eines bestimmten Stadtviertels aufgerufen werden? Wie kann gegen denjenigen vorgegangen werden, der seine Teilnahme verweigert?
50. Welche Arten der Sicherstellung gibt es und wie ist das Verhältnis zur Beschlagnahme?
51. Die Polizei findet beim Beschuldigten einen Brief von dessen Verteidiger, in dem die Verteidigungsstrategie besprochen und Ausführungen zum Tathergang gemacht werden. Darf dieser Brief beschlagnahmt werden?
52. Der Mobilfunkanschluss des T wurde auf Grund rechtmäßiger richterlicher Anordnung abgehört. T wollte eines Abends, als er mit S über zukünftige Straftaten spricht, mit dem weiteren Bandenmitglied B telefonieren. Dieser hob allerdings nicht ab, vielmehr meldete sich dessen Mailbox. Auf diese wollte T jedoch nicht sprechen, er schloss die Tastaturklappe seines Mobiltelefons, um die Verbindung zu beenden, hatte aber zuvor vergessen, die Taste zur Gesprächstrennung zu drücken. Deshalb wurde, bis sich die Mailbox automatisch abschaltete, das Gespräch zwischen T und S auf dieser festgehalten. Handelt es sich dabei um „Telekommunikation" i.S.d. §§ 100a ff., so dass die entsprechenden Ausführungen verwertbar sind?
53. Im Laufe des beschriebenen Gesprächs zwischen S und T (unterstellt, es handelt sich noch um „Telekommunikation" i.S.d. §§ 100a ff. erzählt S, er habe erst kürzlich seinem Nachbarn mehrere Wertgegenstände gestohlen und einen früheren Freund erschlagen, der ihm „blöd gekommen" sei. Sind diese Aussagen verwertbar?
54. Welche zwei Arten der Durchsuchung gibt es und worin liegen die Unterschiede?
55. Was ist ein Verdeckter Ermittler und worin unterscheidet sich dieser von anderen verdeckt operierenden Personen?
56. B schlendert durch die Fußgängerzone und bemerkt, wie F mit einer Zange das Schloss eines Mountainbikes „bearbeitet". Natürlich will er diesen „Diebstahl" sofort verhindern, stürzt auf F zu und nimmt diesen in den Schwitzkasten, während er mit seinem Handy die Polizei verständigt. F kann jedoch glaubhaft darlegen, dass er nur seine Fahrradschlüssel verloren hatte und sein eigenes Rad „klauen" wollte. Empört über das rüde Verhalten des B stellt er Strafantrag wegen Körperverletzung. Hat sich B strafbar gemacht?
57. Welche „Faustregeln" für den Rechtsschutz gegen Eingriffe im Ermittlungsverfahren lassen sich aufstellen?

§ 11. Der Verteidiger

„Der Beschuldigte kann sich in jeder Lage des Verfahrens des Beistands eines Verteidigers bedienen“ (Wortlaut § 137 Abs. 1 S. 1), also bereits bei der ersten Ermittlungsmaßnahme gegen ihn, und er ist über dieses Recht bei Beginn seiner (ersten) Vernehmung zu belehren (§ 136 Abs. 1 S. 2). Er sollte davon Gebrauch machen. Dem Beschuldigten fehlen die Distanz zu seinem Problem und die Kompetenz, es zu lösen. „Wer sich selbst verteidigt, hat einen Narren als Anwalt und einen Narren als Mandanten“ (Sprichwort). Im Strafverfahrensrecht gibt es einen deutlichen Unterschied zwischen „law in books“ und „law in practice“. Diese Unterscheidung zielt nicht auf ein Defizit im Normvollzug, sondern auf einen „informellen Code“ im Prozess. Der Beschuldigte kennt ihn nicht.

I. Die Rolle des Verteidigers

1 Der deutsche Strafprozess ist kein Inquisitionsprozess (mit einem „Inquisitor“, der Ankläger und Richter zugleich ist, vgl. oben 6 Rn. 7). In der Hauptverhandlung aber wird insofern inquisitorisch verfahren, als das Gericht die Initiative ergreift und sich selbst instruiert (zu dieser Prozessmaxime unten 18 Rn. 5, 15). Der Richter leitet nicht nur die Hauptverhandlung, sondern ist Herr des Verfahrens vor allem deshalb, weil es seine Aufgabe ist, von Amts wegen die Wahrheit zu erforschen. Im kontradiktorischen Modell (des anglo-amerikanischen Strafprozesses) hat er nur darüber zu urteilen, ob eine der beiden Geschehensalternativen, die ihm von der Strafverfolgungsbehörde einerseits und der Verteidigung andererseits präsentiert werden, als wahr gelten kann. Ein „Parteiprozess“ in diesem Sinne, in dem Staatsanwaltschaft und Verteidigung kontradiktorisch („adversarial system“) um die Wahrheit streiten und sie (re-)konstruieren, ist der deutsche Strafprozess nicht. Im Systemvergleich garantiert, sehr vereinfacht gesagt, das kontradiktorische Modell eher die Fairness des Verfahrens und das inquisitorische eher die materielle Wahrheit der Urteilsgrundlagen. Die Verteidigung ist im ersten Fall ein systemimmanentes Konstruktionsprinzip, im zweiten Fall aber theoretisch entbehrlich. Nicht nur, dass das Gericht von Amts wegen für die Wahrheit zuständig ist, auch die Staatsanwaltschaft ist verpflichtet, entlastende Umstände zu ermitteln (§ 160 Abs. 2) und rühmt sich, die „objektivste Behörde der Welt“ zu sein. So kommt es, dass man die Unentbehrlichkeit der Verteidigung pragmatisch begründen muss, damit nämlich, dass jene Objektivität unter Alltagsbedingungen „praktisch“ nicht gewährleistet ist, und so erklärt sich, dass es unselige Versuche gegeben hat (NS-Zeit), die Institution Verteidigung drastisch einzuschränken und dass sie sich

immer wieder gegen den leisen Vorwurf zur Wehr setzen muss, die „Effektivität der Strafrechtspflege" zu behindern. Im Grundsatz aber ist anerkannt, dass die Verteidigung zur Rechtsstaatlichkeit und Fairness des Verfahrens beiträgt (vgl. auch die Garantie in Art. 6 Abs. 3c EMRK), dass sie die Rechtsstellung des Beschuldigten als Subjekt (und nicht bloßes Objekt) des Strafverfahrens aktualisiert und den notwendigen Widerpart der Strafverfolgungsbehörden darstellt. Deren Übermacht kann ohnehin nicht ausgeglichen werden. Die „Waffengleichheit" zwischen Staatsanwaltschaft und Beschuldigtem (s. oben 9 Rn. 29) ist weder Realität noch ein erreichbares Ziel[1] – man denke an die Eingriffsbefugnisse im Ermittlungsverfahren, die der Verteidigung niemals zur Verfügung stehen werden.

Im Ermittlungsverfahren ist das inquisitorische Prinzip besonders ausgeprägt. Dieses Verfahren verläuft nicht mündlich, sondern schriftlich; es ist nicht öffentlich, sondern geheim. Entsprechend bescheiden ist der Handlungsspielraum der Verteidigung.[2]

II. Die Rechte des Verteidigers

1. Anwesenheitsrecht

a) Bei Vernehmungen im Vorverfahren darf der Verteidiger anwesend sein, 2
wenn der Richter Beschuldigte oder Zeugen vernimmt und wenn die Staatsanwaltschaft eine Beschuldigtenvernehmung durchführt (vgl. näher die Grafik oben 9 Rn. 35).[3] Will der Verteidiger bei polizeilichen Vernehmungen seines beschuldigten Mandanten dabei sein und wird ihm das nicht gestattet, kann er sich nicht auf ein Anwesenheitsrecht berufen, sondern seinem Mandanten nur raten, die Aussage bei der Polizei zu verweigern und so eine staatsanwaltschaftliche Vernehmung zu provozieren.

Das Gesetz hält es für möglich, dass die Anwesenheit des Verteidigers den „Untersuchungserfolg gefährden" könnte (dadurch z.B., dass er auf das Aussageverhalten des Zeugen oder Sachverständigen Einfluss nimmt) und erlaubt es deshalb bei konkreten Anhaltspunkten für Verdunkelungshandlungen, den Verteidiger vom Termin nicht zu benachrichtigen (§ 168c Abs. 5 S. 2). Erscheint der Verteidiger aber dennoch (weil er z.B. von seinem Mandanten erfahren hat, wann die Vernehmung stattfindet), darf er mit der gleichen Begründung nicht ausgeschlossen werden (vgl. § 168c Abs. 3, der nur den Beschuldigten nennt).

---

1 Sondern nur ein anzustrebendes Ziel, vgl. *EGMR* NJW 2000, 2883 (*Nicolova*); 2001, 52 (*Aquilina*).

2 Der im Februar 2004 von den Fraktionen der damaligen Regierungskoalition und dem Bundesjustizministerium vorgelegte Diskussionsentwurf für eine Reform des Strafverfahrens (StV 2004, 228ff.) möchte die Verteidigung stärker in das Ermittlungsverfahren einbeziehen.

3 „Das Recht des Beschuldigten, sich in jeder Lage des Verfahrens anwaltlicher Hilfe zu bedienen, führt nicht zu einem Anwesenheitsrecht des Verteidigers bei der Exploration durch einen Sachverständigen"; *BGH* NStZ 2003, 101.

Die Verletzung der Benachrichtigungspflicht löst ein **Verwertungsverbot** aus.[4] Die Aussage darf dann nicht in die Hauptverhandlung eingeführt werden, wenn der Beschuldigte oder der Verteidiger widerspricht (vgl. unten 28 Rn. 26).

b) In der Hauptverhandlung darf der Verteidiger stets anwesend sein. Das folgt daraus, dass im Falle der notwendigen Verteidigung (dazu unten Rn. 27ff.) sogar eine Anwesenheitspflicht besteht (§ 145 Abs. 1 S. 1).

2. Eigene Ermittlungen

3 Es ist dem Verteidiger nicht verwehrt, eigene Ermittlungen anzustellen (einen Anhaltspunkt für dieses Recht liefert § 364b Abs. 1 Nr. 1: „Nachforschungen")[5] Eingriffsbefugnisse hat er nicht. Er kann also nichts anderes tun, als z.B. Zeugen, Mitbeschuldigte und Sachverständige zu befragen, einen Privatdetektiv zu beauftragen, etc.

3. Beweisantragsrecht

Der Verteidiger hat ein Beweisantragsrecht im gleichen Umfang wie der Beschuldigte.

4. Erklärungen

4 Der Verteidiger kann jederzeit Erklärungen abgeben. Das folgt aus seiner Funktion als „Beistand" (§ 137). Solche Erklärungen sind nicht „Aussagen" oder Erklärungen des Beschuldigten.[6] Der Verteidiger handelt aus eigenem Recht (näher unten Rn. 21).

In der Hauptverhandlung hat er die Rechte aus §§ 240, 257, 258.

5. Das Recht auf Akteneinsicht, § 147

Es ist im Ermittlungsverfahren das wichtigste Recht des Verteidigers und zugleich das Einzige, das ihm bis zum Abschluss dieses Verfahrens verweigert werden darf (Abs. 2, 5).

a) Berechtigte

5 Das Recht auf Akteneinsicht hat **der Verteidiger, nicht der Beschuldigte.** Ein Beschuldigter, der sich selbst verteidigt, kann lediglich seinen Informationsanspruch aus Art. 6 Abs. 1, 3 EMRK geltend machen.[7] Ihm können Auskünfte und Abschriften aus den Akten erteilt werden (§ 147 Abs. 7). Der verteidigte Beschuldigte hingegen kann über seinen Verteidiger umfassend informiert werden (komplette Akten-Kopie).[8]

---

[4] BGHSt 31, 140, 144.
[5] Näher *Dahs*, Handbuch des Strafverteidigers, Rz. 285ff.
[6] *BGH* NStZ 1990, 447.
[7] *EGMR* NStZ 1998, 429.
[8] BGHSt 29, 99.

Fall 1: In den Akten befindet sich ein Vermerk der Kripo über die Telefonanschlüsse, die der Beschuldigte zu benutzen pflegt. Man kann sich denken, dass dies auf eine laufende oder bevorstehende Telefonüberwachung hindeutet. Darf der Verteidiger diesen Teil der Akten seinem Mandanten zugänglich machen?

Die Frage, ob er über Maßnahmen mit Überraschungseffekt (Durchsuchung, Haftbefehl, etc.) informieren darf, ist sehr umstritten.[9] Sie betrifft die Grenze zwischen erlaubten Verteidigungshandlungen und strafbarer Strafvereitelung (dazu unten Rn. 26). Die schlichte Information über den Akteninhalt bleibt auch dann zulässig, wenn sie den Untersuchungserfolg gefährden würde.[10] Es fällt in die Risikosphäre der Staatsanwaltschaft, diesen Teil des Akteninhalts zur Einsicht freizugeben; sie hätte es verhindern können (§ 147 Abs. 2). 6

Fall 2: Der Verteidiger beschränkt sich nicht darauf, den Mandanten auch über diesen Teil der Akten zu informieren, sondern rät ihm, nur noch von anderen Anschlüssen aus zu telefonieren.

Das darf er nicht (vgl. unten Rn. 26). Der Unterschied zu erlaubtem Verteidigerhandeln ist allerdings gering:

Fall 3: Der Mandant liest jene Notiz der Kripo, ruft seinen Verteidiger an und fragt, unter welchen Voraussetzungen Telefonüberwachungen zulässig sind.

Rechtsauskunft darf der Verteidiger jederzeit geben, auch wenn er sich dabei denkt, dass der Mandant seine Schlüsse ziehen wird.

Das **Opfer** der Tat kann über einen Rechtsanwalt Akteneinsicht erhalten (§ 406e).[11] Die Erteilung von Auskünften aus den Akten und das Akteneinsichtsrecht von öffentlichen Stellen und interessierten Privatpersonen ist in §§ 474ff. geregelt. 7

b) Verpflichtete

Im Vorverfahren entscheidet die Staatsanwaltschaft, während des Hauptverfahrens das Gericht (Abs. 5, dort der Vorsitzende). Es braucht die Akten dann allerdings selbst und wird Akteneinsicht nur aus besonderen Gründen gewähren (z.B. später entstandene Akten; Verteidigerwechsel). Nach rechtskräftigem Abschluss des Verfahrens kann der Verteidiger ein Interesse an Akteneinsicht z.B. deshalb haben, weil er einen Wiederaufnahmeantrag oder Anträge zum Strafvollzug stellen will. Er beantragt sie dort, wo die Akten liegen und wendet sich, wenn ihm die Einsicht verweigert wird, an das Gericht, das über seinen Antrag zu entscheiden hätte (Abs. 5, S. 1 2. HS analog). 8

c) Zeitraum

Akteneinsicht kann, wie soeben dargelegt, im gesamten Verfahren beantragt werden. Versagt werden darf sie vor Abschluss der Ermittlungen, ganz oder teilweise („Aktenstücke"), wenn das den Untersuchungszweck gefährden kann (Abs. 2; zu den Ausnahmen unten Rn. 12). Dafür muss es konkrete Anhalts- 9

---

[9] Vgl. *Beulke*, StV 1994, 575.
[10] *Welp*, FG Peters, 316ff.; a.A. BGHSt 29, 99.
[11] Näher *Riedel/Wallau*, NStZ 2003, 393ff.

punkte geben. Die h.M. hingegen gibt sich mit kriminalistischer Erfahrung zufrieden und schließt lediglich vage, entfernte Möglichkeiten aus.

d) Umfang

10 Der Verteidiger darf **Akten** einsehen und mitnehmen (Abs. 4), **Beweisstücke** (z.B. die Tatwaffe) nur besichtigen (Abs. 1). Video-Aufzeichnungen sind Teil der Akten (vgl. § 58a Abs. 2 S. 3).[12]

aa) Abs. 3 zählt die Aktenstücke auf, deren Einsicht dem Verteidiger jederzeit, auch vor Abschluss der Ermittlungen (Abs. 6 S. 1), zu gestatten und nicht nach Abs. 2 zu verhindern ist.

bb) Ansonsten darf der Verteidiger Einsicht in alle Akten nehmen, die dem Gericht vorliegen (Abs. 1).

Fall 4: Das Gericht verweigert die Einsicht in den Aktenband mit den Entscheidungen zum Vollzug der U-Haft (Postkontrolle, Besuchserlaubnisse etc.) mit der Begründung, das sei für das Verfahren uninteressant.

Eine derartige „Zensur" findet nicht statt: „Durch das Akteneinsichtsrecht soll eine lückenlose Information über die im Verfahren angefallenen schriftlichen Unterlagen ermöglicht werden." Das Gericht darf nicht auswählen. „Das Akteneinsichtsrecht umfasst vielmehr die Befugnis der Verteidigung, in eigener Verantwortung zu prüfen, welche Unterlagen verteidigungsrelevant sein können"[13].

cc) Der Verteidiger hat das Recht, alle Akten einzusehen, die dem Gericht „im Falle der Erhebung der Anklage vorzulegen wären" (Abs. 1; vgl. § 199 Abs. 2 S. 2). Die Staatsanwaltschaft hat alle Akten vorzulegen, d.h. die Vorgänge, die ihr die Polizei übersandt hat (§ 163 Abs. 2 S. 1) und die bei ihr entstandenen Vorgänge (vgl. § 168b). Es gilt der Grundsatz der Aktenvollständigkeit. Ein Auswahlrecht hat die Staatsanwaltschaft nicht. Sie muss auch Material vorlegen, das sie aus der Sicht des Beschuldigten für bedeutungslos hält.[14]

dd) Das gilt auch für Spurenakten.

11 **Fall 5:** Auf der Suche nach einem Erpresser ist die Polizei Hunderten von Hinweisen nachgegangen. Der Staatsanwaltschaft vorgelegt hat sie nur die Unterlagen über den mutmaßlichen Täter. Der Verteidiger möchte die anderen Vorgänge einsehen, um nach Entlastungsmomenten zu suchen, die von der Polizei vielleicht nicht erkannt oder ausgeschlossen worden sind.

Dieses Interesse ist ohne Zweifel legitim.[15] Fraglich ist nur, auf welchem Wege es durchzusetzen ist. Die h.M. sagt, dass Spurenakten zu den Akten gehören, sofern sie von irgendeiner Bedeutung für den Beschuldigten sein können. Die Gegenansicht wendet sich gegen diese Beschränkung – alle Spurenakten sind Teil der Akten. Sind sie es nicht geworden, verweist die h.M. auf den Rechtsweg nach §§ 23ff. EGGVG.[16]

---

[12] Nach a.A. handelt es sich um Beweismittel (§ 147 Abs. 4 S. 1), die nicht an den Verteidiger herausgegeben werden dürfen; vgl. *Trück*, NStZ 2004, 129.

[13] BGHSt 37, 204ff.

[14] Str., vgl. *Meyer-Goßner*, NStZ 1982, 356.

[15] Vgl. *BVerfG* NJW 1983, 1043.

[16] *BVerfG* a.a.O.; BGHSt 30, 131. Zum Streitstand *Meyer-Goßner*, § 147 Rn. 18, 40.

ee) Auch vor dem Abschlussvermerk (Abs. 6; § 169a) dürfen jederzeit eingesehen werden 12
- die in Abs. 3 genannten Unterlagen,
- die Materialien, auf die ein Haftbefehl gegen den Beschuldigten gegründet wurde, weil er sich sonst nicht dagegen wehren könnte.[17] Das sind die für eine wirksame Anfechtung „wesentlichen" Informationen (§ 147 Abs. 2 S. 1).[18]

e) Anfechtung

Die Verweigerung der Akteneinsicht durch die Staatsanwaltschaft kann beim Landgericht angegriffen werden (§ 147 Abs. 5 S. 2), wenn 13
- die Staatsanwaltschaft den Abschluss der Ermittlungen in den Akten vermerkt hat
- es sich um die Aktenstücke nach Abs. 3 handelt (vgl. oben Rn. 10)
- der Beschuldigte sich nicht auf freiem Fuß befindet.

Die Ablehnung durch den **Richter** kann mit der Beschwerde angefochten werden (§ 304 Abs. 1, Abs. 4 S. 2 Nr. 4), ohne dass § 305 entgegensteht.[19]

6. Das Recht auf Kontakt (ungehinderten Verkehr) mit dem Beschuldigten, § 148

Ohne diese Freiheit ist Verteidigung nicht möglich. Das Recht, sich mit dem Mandanten ohne Beschränkungen in Verbindung setzen zu dürfen, wird geschützt durch das Verbot 14
- Besuche in der Anstalt (JVA, psychiatrisches Krankenhaus) zeitlich zu beschränken,
- Gespräche (innerhalb und außerhalb einer Anstalt) zu überwachen, zu belauschen oder abzuhören (§ 100a); Verstöße führen zu einem Verwertungsverbot,
- Schriftverkehr des inhaftierten Beschuldigten mit seinem Verteidiger zu überwachen,
- Verteidigerpost und Verteidigungsunterlagen beim Mandanten zu beschlagnahmen, der dadurch in seinem Recht auf effektive Verteidigung verletzt würde.[20] Dass sie beim Verteidiger nicht beschlagnahmt werden darf, folgt schon aus § 97 (vgl. oben 10 Rn. 36). Der Verteidiger ist durch § 148 auch bei Teilnahmeverdacht (etc.) vor Beschlagnahmen geschützt (näher unten Rn. 40).

Der Verteidiger eines inhaftierten Beschuldigten, dem eine Straftat nach § 129a StGB vorgeworfen wird, muss sich die Beschränkungen nach Abs. 2 und 15

[17] Vgl. *EGMR*, Fall Lamy, StV 1993, 283; ferner *EGMR* StV 2001, 201 (Lietzow); *EGMR* StV 2001, 203 (Schöps); *EGMR* StV 2001, 205 (Garcia Alva); dazu *Kempf*, StV 2001, 206; *OLG Hamm* NStZ 2003, 386; SK/*Paeffgen*, § 114 Rn. 9.

[18] Das darf man nicht generalisieren und zum Anspruch auf komplette Akteneinsicht erweitern; *EGMR* NStZ 2009, 164.

[19] Str., vgl. *OLG Frankfurt* NStZ 1996, 238.

[20] BGHSt 44, 46.

vielleicht sogar eine Kontaktsperre gefallen lassen (§§ 31ff. EGGVG, nach der Schleyer-Entführung innerhalb von zwei Tagen durch den Bundestag gebracht und seit 1977 nicht mehr angewendet – aber auch nicht abgeschafft).

III. Die Pflichten des Verteidigers

Die Möglichkeiten der Verteidigung werden begrenzt durch drei Pflichten: Fürsprachepflicht, Verschwiegenheitspflicht, Wahrheitspflicht.

1. Die Fürsprachepflicht

16 Der Verteidiger hat den Auftrag (§ 675 BGB), die Interessen des Beschuldigten wahrzunehmen. Er ist zur Einseitigkeit verpflichtet, nicht zur Objektivität.

Fall 6: Der Mandant hat seinem Verteidiger gestanden, die Tat begangen zu haben, in der Hauptverhandlung aber geleugnet. Das Gericht gibt zu erkennen, dass es seine Zweifel an der Schuld des Angeklagten nicht überwinden kann. Der Verteidiger plädiert auf eine milde Bestrafung.

Damit hat er seine Fürsprachepflicht verletzt. Wenn er es mit seiner Berufsauffassung oder seinem Gewissen nicht vereinbaren kann, in dieser Situation einen Freispruch zu beantragen, muss er das Mandat niederlegen.

2. Die Verschwiegenheitspflicht

17 Dass der Verteidiger nur vortragen darf, was für den Mandanten günstig ist, folgt bereits aus seiner Fürsprachepflicht. Untermauert und sanktioniert wird diese Pflicht zur einseitigen Interessenwahrnehmung durch die Verschwiegenheitspflicht (§ 203 StGB). Belastende Umstände darf er ohne Zustimmung seines Mandanten nicht offenbaren.

Fall 7: Dem Angeklagten wird ein Mord vorgeworfen und auch nachgewiesen werden. Sein Verteidiger weiß, dass er noch zwei weitere Tötungsdelikte begangen hat. Würde er das vortragen und eine psychiatrische Begutachtung beantragen, wäre deren Ergebnis, dass eine krankhafte seelische Störung (§§ 20, 21 StGB) zutage tritt, die sich bei nur einer isolierten Tat nicht plausibel machen lässt.

Die Fürsorgepflicht würde es gebieten, das günstigere Ergebnis anzustreben. Die Schweigepflicht blockiert diesen Weg.

3. Die Wahrheitspflicht

18 Der Verteidiger soll also vorbringen, was für den Mandanten spricht und sein Interesse an Geheimhaltung nicht verletzt. Er darf aber nur vortragen, was der Wahrheit entspricht. Der Mandant darf lügen, der Verteidiger nicht. Er hat eine Wahrheitspflicht. Sie erlaubt es ihm einerseits nicht, die Fürsorgepflicht oder die Verschwiegenheitspflicht zu verletzen. Sie verbietet es ihm andererseits, die Inte-

ressen seines Mandanten auf Kosten der Wahrheit durchzusetzen. Er muss also die Wahrheit manchmal verschweigen, immer aber darauf achten, dass alles wahr ist, was er sagt.

Fall 8: Der Verteidiger benennt einen Zeugen, von dem er weiß, dass er dem Angeklagten ein falsches Alibi verschaffen wird.

Das ist ein Verstoß gegen die Wahrheitspflicht. Zur Kontrolle:

Fall 9: Einer der vom Gericht geladenen Zeugen sagt zur Überraschung des Verteidigers falsch aus und verschafft dem Angeklagten ein Alibi.

Der Verteidiger, der es besser weiß, darf nicht im Interesse der Wahrheit intervenieren, weil er zur Verschwiegenheit verpflichtet ist.

Fall 10: Der Angeklagte behauptet auch gegenüber seinem Verteidiger, er sei nicht am Tatort gewesen und beruft sich auf X. Der Verteidiger hat seine Zweifel an der Wahrheit dieser Geschichte, benennt aber dennoch X als Zeugen zum Beweis der Tatsache, dass der Angeklagte nicht der Täter sein könne.

Im Zweifel muss der Verteidiger nicht untätig bleiben. Selbst erhebliche Be- 19
denken gegen die Richtigkeit dessen, was sein Mandant behauptet, hindern ihn nicht daran, es unter Beweis zu stellen,[21] zumal er keine Möglichkeit hat, den Wahrheitsgehalt zu überprüfen.

IV. Die Rechtsstellung des Verteidigers

1. Organ der Rechtspflege

Die **h.M.** sieht den Verteidiger als **Organ der Rechtspflege.**[22] Damit werden Freiheiten und Bindungen umschrieben.

a) Der Verteidiger ist unabhängig von Gericht und Staatsanwaltschaft. Er 20
steht nicht unter der Kontrolle des Gerichts.[23] Seine Verpflichtung, die Interessen des Beschuldigten zur Geltung zu bringen, dient zugleich dem öffentlichen Interesse an einem rechtsstaatlichen, justizförmigen Verfahren. Insofern ist er neben Staatsanwaltschaft und Gericht ein gleichberechtigtes Organ der Rechtspflege.

Der Verteidiger ist unabhängig auch von seinem Mandanten. Er handelt aus 21
eigenem Recht. Da seine Befugnisse nicht aus denen des Beschuldigten abgeleitet sind, kann er im Interesse einer sachgerechten Verteidigung auch gegen den Willen seines Mandanten tätig werden. Er darf Erklärungen abgeben, die der Mandant nicht hören will, Beweisanträge stellen, die der Mandant nicht gestellt haben möchte (z.B. auf psychiatrische Untersuchung) und Rechtsmittel nicht einlegen, obwohl sein Mandant das verlangt (nur gegen seinen Willen einlegen darf er sie nicht, § 297). Der Verteidiger ist „Beistand", aber nicht Vertreter des

---

[21] *BGH* NStZ 1993, 79.

[22] Seit *RG* JW 1926, 2756; BVerfGE 38, 105, 119; zum Streitstand KK/*Laufhütte*, vor § 137 Rn. 5; zur Rechtsstellung des Verteidigers jetzt grundlegend *BVerfG* NStZ 2004, 259 (Geldwäsche-Entscheidung).

[23] BVerfGE 34, 293, 302.

Beschuldigten (vom Ausnahmefall des § 234 abgesehen; weitere Sonderregelungen in §§ 329 Abs. 1, 350 Abs. 2, 387 Abs. 1, 411 Abs. 2 S. 1, 434 Abs. 1 S. 1, 444 Abs. 2). Die Rechtsstellung des Verteidigers ist von der des Beschuldigten getrennt (so dass sich ein Rechtsanwalt als Beschuldigter nicht selbst verteidigen kann).[24]

22 b) Mit der Rechtsstellung als Organ der Rechtspflege sind aber auch Bindungen und Beschränkungen verbunden. Der Verteidiger darf nur rechtlich erlaubte Mittel einsetzen und die staatliche Rechtsordnung nicht sabotieren. Strafvereitelung ist ihm verboten, und schon der Versuch ist strafbar.[25] Das lässt sich noch mit der Bindung an Gesetz und Recht erklären. Die Wahrheitspflicht jedoch kann nur daraus hergeleitet werden, dass man der Verteidigung öffentliche Funktionen zuschreibt und sie an der (originär staatlichen) Aufgabe beteiligt, die Wahrheit in einem justizförmigen Verfahren zu ermitteln. Dagegen wenden sich:

2. Mindermeinungen

23 Die **Vertragstheorie** entbindet den Verteidiger von dieser Wahrnehmung öffentlicher Interessen und bindet ihn an die Weisung seines Vertragspartners, des Mandanten.[26] Diese Ansicht betont, dass die Institution Verteidigung ihren Grund nicht in dem Zweck hat, eine rechtsstaatliche Strafverfolgung zu sichern, sondern im Autonomiedefizit des Beschuldigten. Von da ist es nicht mehr weit zu der These, dass der Verteidiger nur **Parteiinteressen** zu vertreten habe und daher, ebenso wie der Mandant, auch lügen dürfe.[27] Damit aber ist letztlich der Effizienz der Verteidigung nicht gedient.

3. Eingeschränkte Organtheorie

24 Beide Lager sind in Gefahr, das Problem der Wahrheitspflicht zu verselbständigen und von den gesetzlichen Grundlagen zu lösen. Dem Verteidiger sind nicht nur Betrug, falsche Aussage, Urkundenfälschung und Ehrverletzung verboten, sondern vor allem Strafvereitelungshandlungen. Für unwahre Behauptungen kann er als Alleintäter oder mittelbarer Täter verantwortlich sein. Lügt sein Mandant und beteiligt er sich daran, kann das Täterschaft oder straflose Teilnahme an der straflosen „Selbstbegünstigung“ seines Mandanten sein. Darum geht es im Grunde, und diese Frage ist noch nicht hinreichend geklärt.

25 Die Organtheorie hat Recht mit ihrer Kernthese, dass die Verteidigung auch dem öffentlichen Interesse an einem rechtsstaatlich geordneten Verfahren dient. Sie muss aber restriktiv gehandhabt werden. Die **eingeschränkte Organtheorie**[28] will sie auf die „Effektivität der Rechtspflege in ihrem Kernbereich“ beschränken. Dem ist nur in der Tendenz zuzustimmen. Zur Rechtsstaatlichkeit der

---

[24] *BVerfG* NStZ 1998, 363.
[25] *BGH* NStZ 1983, 503 m. Anm. *Beulke*; näher unten Rn. 24 ff.
[26] LR/*Lüderssen*, vor §§ 137 Rn. 33 ff.
[27] Vgl. *Ostendorf*, NJW 1978, 1349; AK/*Stern*, Vorbem. § 137 Rn. 75.
[28] *Beulke*, Rn. 150 m. w. N.

Strafrechtspflege gehört zwar auch deren „Effektivität". Die zu fördern, ist aber nicht Aufgabe einer effizienten Verteidigung.

V. Die Grenzen der Verteidigung

Sie sind, wie soeben besprochen, vor allem durch Strafvorschriften gezogen. Die wichtigste ist § 258 StGB. Sie verbietet das, was im Grunde der Mandant von seinem Verteidiger erwartet, nämlich die Strafvereitelung. Die Abgrenzung zwischen erlaubter und strafbarer Verteidigung ist schwierig, nicht immer einleuchtend und im dogmatischen Ansatz (s. oben Rn. 24) noch nicht von letzter Präzision. In Rechtsprechung und Lehre überwiegt eine typisierende, fallbezogene Betrachtungsweise. 26

Strafvereitelung **ja,** wenn der Verteidiger
- den Angeklagten von seinem Entschluss abbringt, in der Hauptverhandlung ein Geständnis abzulegen,
- empfiehlt, sich ins Ausland abzusetzen (vgl. auch oben Rn. 6, Fall 2, 3),
- einen Zeugen „präpariert" und zu falschen Aussagen veranlasst,[29]
- auf Freispruch „wegen erwiesener Unschuld" plädiert, wenn er weiß, dass der Angeklagte schuldig ist.

Strafvereitelung **nein,** wenn der Verteidiger
- erklärt, welche Vorteile das Schweigen in der Hauptverhandlung hat,
- um die Rechtsauskunft gebeten wird, welche Länder nicht ausliefern,
- einen Zeugen fragt, was er aussagen wird und ihm dann rät, von seinem Zeugnisverweigerungsrecht Gebrauch zu machen,[30]
- auf Freispruch „mangels Beweises" plädiert, wenn er weiß, dass der Angeklagte schuldig ist.

Die Grundregel lautet, dass der Verteidiger sich nicht strafbar macht, wenn er sich prozessual zulässiger Mittel bedient. § 258 StGB verweist also auf das Prozessrecht.[31] Das aber enthält keine Regeln über zulässiges Verteidigerhandeln. Es verweist zurück auf die Rechtsstellung des Verteidigers, seine Rolle und Funktion, und die ist umstritten (s. oben). Daher rühren die Unklarheiten.

VI. Notwendige Verteidigung – Pflichtverteidiger

Das Institut der notwendigen Verteidigung ist eine Konkretisierung des Rechtsstaatsprinzips.[32] Das öffentliche Interesse an einer effektiven Verteidigung macht sehr häufig die Mitwirkung eines Verteidigers notwendig. In diesen Fällen wird dem Beschuldigten, mag er arm oder reich sein, ein Verteidiger gestellt (Pflichtverteidiger), wenn er keinen gewählt hat. 27

---

[29] BGHSt 31, 10.
[30] BGHSt 31, 10.
[31] BGHSt 38, 345.
[32] BVerfGE 46, 202, 210.

Übersicht 14: Notwendige Verteidigung – Pflichtverteidiger

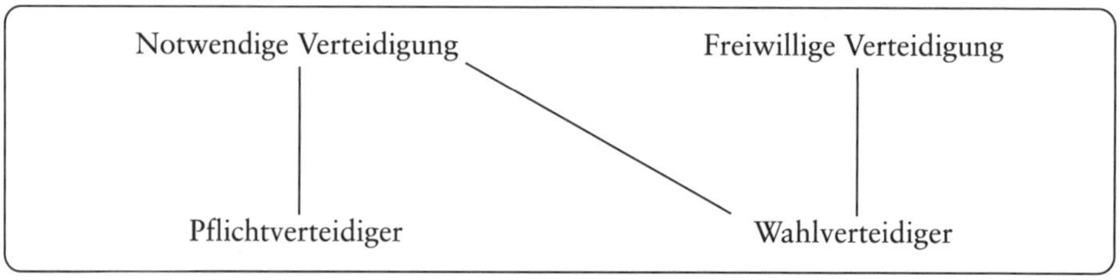

1. Voraussetzungen

28 Hier wird nur § 140 besprochen (weitere Vorschriften, praktisch weniger wichtig: §§ 118a Abs. 2, 350 Abs. 3, 364a, b).

Nach dem Katalog **Abs. 1** ist die Verteidigung vor allem notwendig, wenn
- die Hauptverhandlung in erster Instanz vor dem Landgericht oder dem OLG stattfindet (Nr. 1),
- dem Beschuldigten ein Verbrechen zur Last gelegt wird (Nr. 2), und zwar bereits in der Anklage oder erst in der Hauptverhandlung nach einem Hinweis gem. § 265 oder einer Nachtragsanklage gem. § 266 (vgl. unten 13 Rn. 9),
- U-Haft vollstreckt wird (Nr. 4),
- wenn der Beschuldigte drei Monate ununterbrochen in einer Anstalt war (Nr. 5), Auslieferungshaft, einer psychiatrischen Krankenanstalt, etc. (§§ 63, 64, 66 StGB).

Ist die Mitwirkung eines Verteidigers nach Abs. 1 notwendig, bleibt sie es im gesamten Verfahren.

Beispiel: Der Beschuldigte war wegen eines Verbrechens angeklagt, wird nur wegen eines Vergehens verurteilt und legt Berufung ein.[33]

Die Generalklausel **Abs. 2 S. 1** räumt, anders als Abs. 1, dem Vorsitzenden des Gerichts einen Beurteilungsspielraum ein.[34] Ihre drei alternativen Voraussetzungen erfassen bis auf die kleine und mittlere Alltagskriminalität die meisten Strafsachen.

29 Die **Schwere der Tat** bemisst sich vor allem nach der Sanktion. Das Kriterium der Praxis ist eine Straferwartung von etwa einem Jahr Freiheitsstrafe.[35] Seitdem am Amtsgericht der Haftrichter über Vergehen mit einer Straferwartung bis zu 2 Jahren Freiheitsstrafe entscheidet (§ 25 Nr. 2 GVG), muss bei Sachen vor dem Schöffengericht (§ 24 GVG) stets ein Verteidiger gestellt werden. Eine sympathische Mindermeinung lässt jede drohende Freiheitsstrafe genügen.[36] Bei der Rechtsfolgenerwartung kommt es auch auf andere schwerwiegende Nachteile an wie z.B. die Entziehung der Fahrerlaubnis bei einem Berufskraftfahrer, die einem Ausländer drohende Ausweisung,[37] der drohende Bewährungswiderruf bei einer kurzen Freiheitsstrafe.

---

[33] *OLG Oldenburg* StV 1995, 345.
[34] *BGH* NJW 1963, 1114: „pflichtgemäßes Ermessen".
[35] Vgl. für alle *BayObLG* NStZ 1990, 142.
[36] LR/*Lüderssen*, Rn. 64m. w. N.
[37] *BayObLG* StV 1993, 180.

Die **Schwierigkeit der Sach- oder Rechtslage** liegt z. B. darin, dass 30
- Indizienbeweise mit Sachverständigen geführt werden müssen,[38]
- die Staatsanwaltschaft Berufung nach einem Freispruch einlegt,[39]
- der Angeklagte Revision einlegen will,[40] ohne Rücksicht darauf, ob sie besonders schwierig zu sein scheint (nur unter dieser zusätzlichen Voraussetzung aber die Rspr.),
- es auf die Abgrenzung Tatbestands- oder Verbotsirrtum ankommen kann.[41]

Es ist **ersichtlich, dass sich der Beschuldigte nicht selbst verteidigen kann,** 31
wenn
- der Verletzte mit Rechtsanwalt auftritt (vgl. Gesetzeswortlaut, Regelbeispiel),
- der Angeklagte als Ausländer Verständigungsschwierigkeiten hat,[42]
- der Angeklagte sich unverständlich benimmt und sich selbst zu schaden droht,[43]
- im psychiatrischen Sinne auffällig erscheint.[44]

„Ersichtlich" heißt nicht manifest; erhebliche Zweifel genügen.

2. Die Bestellung

erfolgt durch den Vorsitzenden des Gerichts (§ 141 Abs. 4), sobald im Zwischenverfahren die Anklageschrift mitgeteilt wird (Abs. 1), später erst (Abs. 2) oder schon im Vorverfahren, zwingend bei vollstreckter U-Haft (Abs. 3). 32

Beispiel: Vor dem Ermittlungsrichter wird der Hauptbelastungszeuge in Abwesenheit des Beschuldigten (§ 168c Abs. 3) vernommen, der noch keinen Verteidiger hat. Dann muss ihm einer bestellt werden. Anders kann das in Art. 6 III d EMRK garantierte Recht, Fragen an den Belastungszeugen stellen zu lassen, nicht effektiv werden.[45]

Es kommt darauf an, ob der Beschuldigte des Beistands eines Verteidigers „bedarf".[46] Ein Verstoß gegen diese Regel mindert nicht lediglich den Wert des dennoch gewonnenen Beweismittels (dazu tendiert die Rspr.), sondern löst ein Verwertungsverbot aus.

Wird die Bestellung, die der Beschuldigte nur anregen, aber nicht beantragen kann, abgelehnt, kann er **Beschwerde** einlegen (§ 304). Das gilt auch in der Hauptverhandlung; § 305 steht nicht entgegen[47] und § 238 Abs. 2 ist nicht einschlägig.[48]

---

[38] *OLG Hamm* StV 1984, 66.
[39] *OLG Frankfurt* StV 1990, 12.
[40] *Dahs*, NStZ 1982, 345.
[41] *KG* NStZ 2009, 55.
[42] *KG* StV 1985, 448; *BayObLG* StV 1990, 103.
[43] *OLG Zweibrücken* NStZ 1986, 135.
[44] *OLG Hamm* StV 1984, 66.
[45] BGHSt 46, 93.
[46] BGHSt 47, 172 ff.; enger BGHSt 47, 233 ff.: Mitwirkung eines Verteidigers „unerlässlich".
[47] H. M., *Meyer-Goßner*, § 141 Rn. 10.
[48] BGHSt 39, 310.

3. Die Auswahl

33 trifft der Vorsitzende (§ 142 Abs. 1). Wünsche des Angeklagten haben Gewicht (Abs. 1 S. 1, 2). Er soll den Anwalt seines Vertrauens bekommen.[49] Vertrauensverhältnis geht vor Ortsnähe (Abs. 1 S. 1).[50] Für den ausgewählten Rechtsanwalt besteht sozusagen Kontrahierungszwang (Befreiung nur aus wichtigem Grund, §§ 48, 49 BRAO). Legt der Wahlverteidiger das Mandat nieder (z.B. weil der Beschuldigte kein Geld mehr hat), kann er als Pflichtverteidiger beigeordnet werden. Das ist sinnvoll, wenn er in den Fall eingearbeitet ist und weiter das Vertrauen des Beschuldigten genießt.[51]

4. Rücknahme und Widerruf der Bestellung

34 a) Die Rücknahme ist unter den Voraussetzungen des § 143 zwingend (zu einer Ausnahme unten Rn. 36).

35 b) Nicht vorgesehen, nach h.M. aber zulässig ist der Widerruf aus wichtigem Grund.[52] Er kommt im Ergebnis der Ausschließung des Verteidigers gleich, der in § 138a an besondere Voraussetzungen gebunden und abschließend geregelt ist (dazu unten Rn. 39ff.). Pflicht- und Wahlverteidiger haben die gleiche Rechtsstellung.[53] Daher darf man den Pflichtverteidiger nicht über die Definition des „wichtigen Grundes“ schlechter stellen als den Wahlverteidiger. Andererseits kann der Beschuldigte seinem Wahlverteidiger das Mandat entziehen, sich aber nicht aus eigener Kraft von seinem Pflichtverteidiger lösen. Dieses Defizit muss durch die Möglichkeit der Rücknahme ausgeglichen werden. Die Fürsorgepflicht gebietet es dem Gericht, die Beiordnung aufzuheben, wenn aus der Sicht eines vernünftigen und verständigen Beschuldigten[54] „eine nachhaltige und nicht zu beseitigende Erschütterung des Vertrauensverhältnisses vorliegt, auf Grund dessen zu besorgen ist, dass die Verteidigung objektiv nicht (mehr) sachgerecht geführt werden kann“.[55] Diese Umstände sind von dem Beschuldigten oder dem Pflichtverteidiger substantiiert darzulegen.[56]

Schwer zu entscheiden ist die Frage, ob auch die Unfähigkeit des Pflichtverteidigers einen Widerrufsgrund darstellt. Bemerkt der Beschuldigte, dass sein Verteidiger keine Ahnung hat, wird das Vertrauensverhältnis zerstört sein, so dass er ihm das Mandat entziehen oder (im Falle der Pflichtverteidigung) den Widerruf der Bestellung verlangen wird. Erkennt er es nicht, ist es nicht Sache des Gerichts, tätig zu werden. Es ist zur Kontrolle der Verteidigung weder ver-

---

[49] *BVerfG* NStZ 2002, 99. Die Ablehnung der Bestellung ist geboten, wenn die konkrete Gefahr einer Interessenkollision besteht, etwa weil der Rechtsanwalt früher einen anderen Beschuldigten desselben Tatkomplexes verteidigt hatte (sukzessive Mehrfachverteidigung); *BGH* NStZ 2003, 378.

[50] Vgl. BGHSt 43, 153.

[51] *OLG Frankfurt* StV 1985, 315.

[52] *OLG Frankfurt* StV 1995, 11.

[53] BGHSt 42, 94 zu § 138a.

[54] *OLG Düsseldorf* StV 1993, 6.

[55] BGHSt 39, 310, 315; *BGH* NStZ 1997, 401.

[56] *BGH* JR 1996, 124.

pflichtet noch berechtigt. Die Rspr. nimmt dennoch an, dass es zu seiner Fürsorgepflicht gehört, in krassen Fällen den Pflichtverteidiger abzulösen.[57]

5. Pflichtverteidiger neben Wahlverteidiger

36 Diese Situation darf es eigentlich nicht geben (§ 143). Immerhin sieht das Gesetz aber in § 145 Abs. 1 vor, dass neben einem Wahlverteidiger ein Pflichtverteidiger bestellt wird. Die h.M. erlaubt die Doppelbesetzung über diesen Sonderfall hinaus, „wenn sich die Gefahr abzeichnet, dass der Verteidiger die zur reibungslosen Durchführung der Hauptverhandlung erforderlichen Maßnahmen nicht treffen kann oder nicht treffen will“[58] Ein solcher „Sicherungsverteidiger“ wird dann bestellt, wenn zu befürchten ist, dass der Wahlverteidiger in einer langen Hauptverhandlung nicht immer anwesend sein kann oder etwa vorhat, die Verhandlung durch Niederlegung des Mandats „zum Platzen“ zu bringen. Das kann auch gegen den Protest des Beschuldigten oder seines Wahlverteidigers geschehen („Zwangsverteidiger“). Der bestellte Verteidiger ist nicht etwa „Ergänzungsverteidiger“ (in Analogie zum Ergänzungsrichter, § 192 Abs. 2 GVG), der nur tätig werden dürfte, wenn der Wahlverteidiger ausfällt. Er hat vielmehr die gleichen Rechte. Das kann zu schweren Friktionen führen. Der aufgedrängte Pflichtverteidiger muss daher die seltene Ausnahme für Extremfälle bleiben.

VII. Das Verbot der Mehrfachverteidigung, § 146

37 Ein Beschuldigter kann bis zu drei Verteidiger haben (§ 137 Abs. 1 S. 2). Ein Verteidiger darf aber bei Tatidentität immer nur einen Beschuldigten verteidigen. Dieses Verbot der Mehrfachverteidigung soll den Beschuldigten vor Interessenkollisionen schützen. Dazu könnte es z.B. kommen, wenn ein Verteidiger zwei Mittäter verteidigen würde. Das Gesetz lässt die abstrakte Gefahr solcher Konflikte genügen und dem Beschuldigten keinen Spielraum zur Disposition über seine eigenen Interessen.

1. Tatidentität (S. 1)

Handelt es sich um dieselbe Tat im prozessualen Sinne (§ 264), darf der Verteidiger nicht mehrere Beschuldigte gleichzeitig vertreten. Das gilt auch dann, wenn gegen sie getrennte Verfahren geführt werden.[59]

2. Verfahrensidentität (S. 2)

Solange die Verfahren gegen mehrere Beschuldigte verbunden sind, darf der Verteidiger nur einen von ihnen verteidigen (bei einer Verbindung zu gemein-

---

[57] Vgl. *Hilgendorf*, NStZ 1996, 4.
[58] BGHSt 15, 306, 309; vgl. auch BVerfGE 39, 246.
[59] BGHSt 26, 291, 296.

samer Verhandlung nach § 237, die keine Verfahrensidentität schafft, gilt das Verbot nicht)[60] Die Unzulässigkeit der Mehrfachverteidigung beginnt mit der Verbindung und endet mit der Trennung.

3. Sukzessive Mehrfachverteidigung

38 Der Verteidiger darf die Beschuldigten nicht gleichzeitig, aber nacheinander vertreten.[61] Dazu muss allerdings das frühere Mandat (nicht nur: das Verfahren) rechtlich beendet sein.

Beispiel: Rechtsanwalt R hatte in einem Verfahren gegen die Mittäter A und B den A verteidigt. A hat das Urteil rechtskräftig werden lassen und das Mandat mit R beendet. B hat Berufung eingelegt und lässt sich nun von R verteidigen. Dem steht prozessual nichts im Wege. R muss aber die Interessenlage zwischen A und B bedenken und prüfen, ob er Parteiverrat (§ 356 StGB) begeht.[62]

4. Rechtsfolgen bei verbotswidriger Mehrfachverteidigung

Haben die Beschuldigten den Verteidiger gleichzeitig beauftragt, sind alle Verteidigungen als unzulässig zurückzuweisen (§ 146a).[63] Übernimmt der Verteidiger eines Beschuldigten später eine weitere Verteidigung unter Verstoß gegen § 146, ist nur diese zweite unzulässig.[64]

VIII. Eingriffe in die Berufsfreiheit des Verteidigers

1. Der Ausschluss des Verteidigers, §§ 138a ff.

39 Die Regelung ist zwingend und abschließend. Eine analoge Anwendung scheidet aus (Eingriff in Art. 12 GG). Anderes Fehlverhalten des Verteidigers, mag es auch grob standeswidrig oder sogar strafbar sein, rechtfertigt den Ausschluss nicht. Das Ausschlussverfahren wird vom OLG geführt (§ 138c).

40 Aus § 138c Abs. 3 S. 1 lässt sich entnehmen, dass die Ausschließungsgründe und das Ausschließungsverfahren eine **Sperrwirkung** entfalten. In die Rechte des Verteidigers aus §§ 147, 148 darf nicht nach den allgemeinen Vorschriften eingegriffen werden.[65] Die Ausschlussgründe des § 138a Abs. 1 Nr. 3 entsprechen zwar denen, die das Beschlagnahmeverbot aufheben, § 97 Abs. 2 S. 3 (mit dem Unterschied, dass bei § 138a der einfache Verdacht nicht genügt). Die Rechte

[60] BGHSt 36, 248, str.
[61] *BGH* NStZ 1994, 500.
[62] Vgl. *OLG Stuttgart* NStZ 1990, 542.
[63] *OLG Celle* StV 1986, 108.
[64] BGHSt 26, 291, 297.
[65] Frontal dagegen *BGH* NStZ 2009, 517: Beschlagnahme auch von Verteidigerpost zulässig, wenn der Verteidiger selbst Beschuldigter ist. Der Mandant sei durch ein Verwertungsverbot geschützt.

aus §§ 147, 148 entfallen aber nicht schon bei Verdacht, wie § 138c Abs. 3 S. 1 zeigt, sondern ruhen erst nach einer entsprechenden Anordnung des OLG.

Das Gleiche gilt für die Telekommunikationsüberwachung nach § 100a. Die Überwachung von Verteidigergesprächen ist durch § 148 verboten, und § 138c Abs. 3 S. 1 bestätigt, dass der Vorrang des § 148 auch gilt, wenn der Verteidiger im Verdacht steht, zu Gunsten des Beschuldigten eine Strafvereitelung (etc.) begangen zu haben (§ 138a Abs. 1 Nr. 3) oder an der Vortat beteiligt gewesen zu sein (§ 138a Abs. 1 Nr. 1).[66] 41

2. Geldwäscheverdacht

Wer einen Mandanten verteidigen will, der im Verdacht steht, eine der Vortaten (Katalogtaten) der Geldwäsche begangen zu haben (§ 261 StGB), handelt sich das Problem ein, selbst Geldwäsche zu begehen, wenn er Honorar von ihm annimmt. Der Ratschlag, das Mandat abzulehnen und ihn auf eine Pflichtverteidigung zu verweisen, ist zynisch und grundgesetzwidrig. Das *BVerfG* hat vernünftige Grenzen gezogen. 42

> „§ 261 II Nr. 1 StGB bedeutet für den Strafverteidiger einen Eingriff in sein Grundrecht auf freie Berufsausübung aus Art. 12 I 1 GG. Das Risiko, sich durch die Entgegennahme eines Honorars oder Honorarvorschusses im Rahmen eines Wahlmandats wegen Geldwäsche strafbar zu machen, gefährdet das Recht des Strafverteidigers, seine berufliche Leistung in angemessenem Umfang wirtschaftlich zu verwerten (BVerfGE 110, 226 = NJW 2004, 1305, 1307f.). Der durch die Strafnorm des § 261 II Nr. 1 StGB bewirkte Eingriff in die Berufsausübungsfreiheit der Strafverteidiger – und in die Institution der Wahlverteidigung – bedarf im Hinblick auf den ansonsten verletzten Grundsatz der Verhältnismäßigkeit einer verfassungskonformen Reduktion und ist deshalb verfassungsrechtlich nur dann gerechtfertigt, wenn der Strafverteidiger im Zeitpunkt der Entgegennahme des Honorars – oder des Honorarvorschusses – sicher weiß, dass dieses aus einer Katalogtat herrührt (BVerfGE 110, 226 = NJW 2004, 1305, 1311)“.[67]

Dieser Ausschluss der Leichtfertigkeit und des bedingten Vorsatzes bedeutet auch, dass es für einen Anfangsverdacht gegen den Verteidiger (der z.B. eine Durchsuchung seiner Kanzlei rechtfertigen soll) „greifbare Anhaltspunkte“ dafür geben muss, dass er bösgläubig war, also sicheres Wissen hatte.[68]

Fälle und Fragen

58. In welcher Lage des Strafverfahrens kann der Beschuldigte den Beistand eines Verteidigers verlangen?
59. Welche Rolle hat der Verteidiger im Strafverfahren zu erfüllen?
60. Welche Rechte und Pflichten hat man als Verteidiger?
61. Verteidiger X will bei der polizeilichen Vernehmung seines beschuldigten Mandanten anwesend sein. Kann ihm die Anwesenheit verweigert werden?

---

[66] Vgl. *Welp*, NStZ 1986, 294, 297; a.A. BGHSt 33, 347.
[67] *BVerfG* NStZ 2005, 443f.
[68] *BVerfG* a.a.O.

62. Gegen A und B wird wegen des Verdachts des gemeinschaftlichen Totschlags ermittelt. A wird in Anwesenheit seines Verteidigers X vom zuständigen Ermittlungsrichter vernommen. Einige Tage später wird auch B auf Antrag der StA vom Ermittlungsrichter als Mitbeschuldigter vernommen. Weder A noch sein Verteidiger X werden von diesem Vernehmungstermin benachrichtigt. War die unterbliebene Benachrichtigung zulässig?
63. Das Ersuchen des Verteidigers Y auf Übersendung des Protokolls über die richterliche Vernehmung seines beschuldigten Mandanten X lehnt der Staatsanwalt ab. Ist die Verwehrung von Akteneinsicht hier zulässig? Was kann Verteidiger Y tun, um die Aufhebung des Bescheids der StA zu bewirken?
64. In den Akten befindet sich ein Vermerk der StA, dass gegen den Beschuldigten der Erlass eines Haftbefehls beantragt worden ist. Darf der Verteidiger diese durch Akteneinsicht erlangte Kenntnis an den Beschuldigten weitergeben?
65. Was besagt der Grundsatz der Aktenvollständigkeit?
66. Gehören die polizeilichen Spurenakten zu den Akten i. S. d. § 147 Abs. 1?
67. Darf der Verteidiger Umstände, die seinen Mandanten belasten, ohne dessen Zustimmung offenbaren?
68. Darf der Verteidiger im Interesse seines Mandanten lügen?
69. Welche Meinungen werden zu der Frage vertreten, ob der Verteidiger ein Organ der Rechtspflege ist?
70. Ein Verteidiger muss dem Beschuldigten gem. § 140 Abs. 2 u. a. dann zur Seite stehen, wenn wegen der Schwere der Tat die Mitwirkung eines Verteidigers geboten erscheint. Wonach bemisst sich die Schwere der Tat?
71. Gegen den Angeklagten K ist beim *LG München* ein Verfahren wegen Vergewaltigung in Tateinheit mit Körperverletzung anhängig. In der Hauptverhandlung beantragt der Wahlverteidiger H im Namen seines angeklagten Mandanten, ihn zum Pflichtverteidiger beizuordnen. Ist die Bestellung eines Pflichtverteidigers hier zwingend und wenn ja, kann der bisherige Wahlverteidiger H als Pflichtverteidiger des K beigeordnet werden? Kann der Vorsitzende von der Bestellung des gewünschten Verteidigers H Abstand nehmen?
72. Ist die Beiordnung eines Pflichtverteidigers neben einen Wahlverteidiger zulässig?
73. Dem Angeklagten wurde durch Verfügung des Vorsitzenden RA X als Pflichtverteidiger beigeordnet. Ist X verpflichtet, die Verteidigung zu übernehmen?
74. Kann der bloße Wunsch eines Angeklagten nach einem neuen Pflichtverteidiger zu einem Widerruf der Bestellung führen?
75. Wie viele Verteidiger darf ein Beschuldigter haben?
76. Darf ein Verteidiger zwei Mittäter verteidigen?

§ 12. Die Abschlussverfügung der Staatsanwaltschaft

I. Überblick

Die Staatsanwaltschaft muss bei ihren Ermittlungen bzw. denen der Polizei ständig überprüfen, ob sie fortzuführen oder abzuschließen sind. Für die Beendigung des Ermittlungsverfahrens gibt es drei Alternativen.

Das Gesetz nennt in § 170 nur die Möglichkeiten der Einstellung des Verfah- 1
rens (mangels Tatverdachts, siehe unten Rn. 4) oder der Anklage (siehe unten Rn. 36ff.). Das entspricht dem **Legalitätsprinzip** (vgl. oben 6 Rn. 8). Es verpflichtet die Staatsanwaltschaft, von ihrem Anklagemonopol Gebrauch zu machen, wenn „genügender Anlass zur Erhebung der öffentlichen Klage" besteht, hinreichender Tatverdacht also (vgl. oben 8 Rn. 3), andernfalls aber das Verfahren durch Einstellung mangels Tatverdachts zu beenden. Ein Auswahlermessen hat sie dabei nicht. Es wird ihr auch nicht durch die dritte Möglichkeit eingeräumt, ein Ermittlungsverfahren zu beenden. Sie muss nämlich nicht immer, wenn hinreichender Tatverdacht gegeben ist, eine Anklage erheben, sondern kann das Verfahren einstellen, wenn das aus diversen Gründen zweckmäßig erscheint.

Die Ausnahmen vom Verfolgungszwang werden unter dem Begriff **Opportu-** 2
nitätsprinzip zusammengefasst (§§ 153ff.; siehe unten Rn. 13). Auch diese Optionen sind aber an Rechtsbegriffe gebunden (z.B. „geringe Schuld", „öffentliches Interesse") und lassen der Staatsanwaltschaft nicht etwa freie Hand. Allerdings ist der Beurteilungsspielraum oft sehr weit. Es kommt hinzu, dass die Staatsanwaltschaft nicht immer auf die Zustimmung des Gerichts angewiesen ist (vgl. die Grafik unten Rn. 15). Überdies kann sich der Beschuldigte gegen diese Art der Einstellung nicht wehren und, um seine Unschuld nachgewiesen zu sehen, eine Klage erzwingen (vgl. unten Rn. 10). Im Ergebnis lässt sich daher die sachgerechte Beurteilung im Rahmen eines Spielraums von einer Ermessensentscheidung nicht immer scharf unterscheiden.

Die Grafik (auf der nächsten Seite) zeigt, in welcher Reihenfolge die recht- 3
lichen Gesichtspunkte zu prüfen sind und welche Entscheidungsmöglichkeiten bestehen.

Übersicht 15: Die Abschlussverfügung der StA

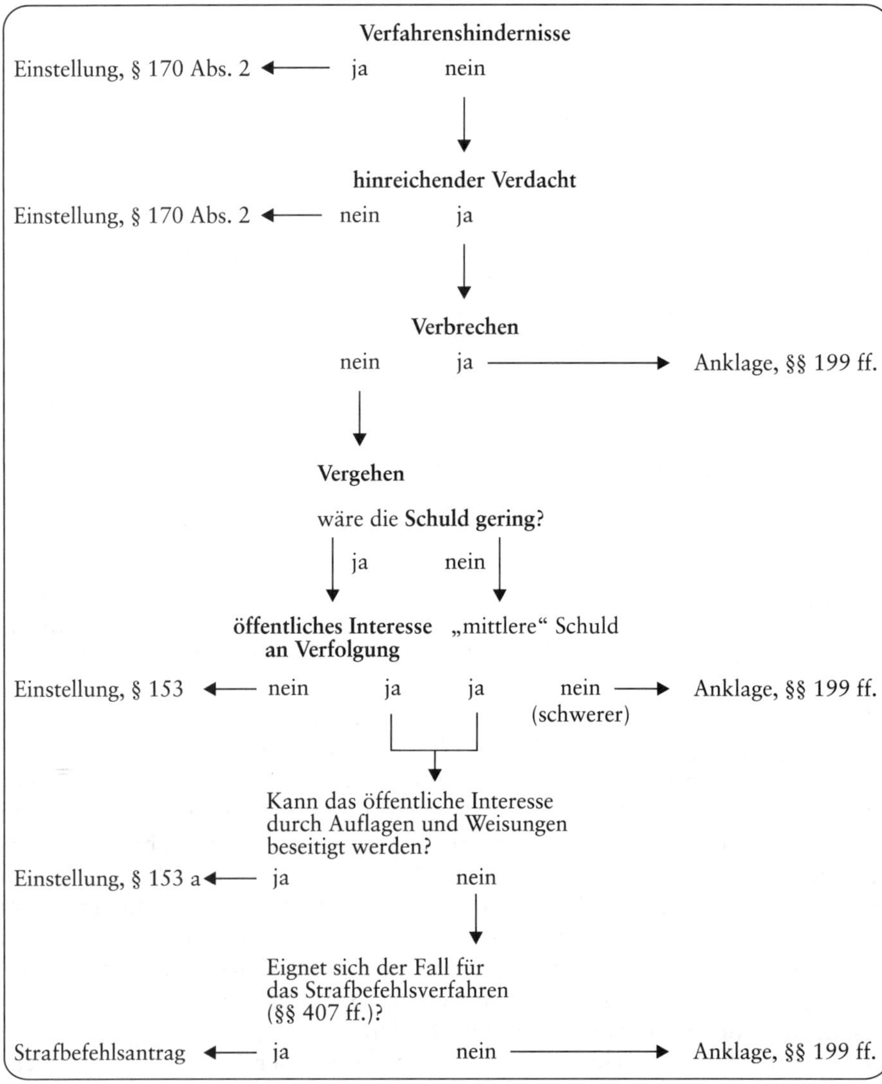

II. Die Einstellung gem. § 170 Abs. 2

1. Voraussetzungen

4 Das Verfahren ist einzustellen, wenn
- hinreichender Tatverdacht nicht besteht, weil sich der Verdacht gegen einen bestimmten Beschuldigten als unbegründet oder nicht „hinreichend“ erwiesen hat oder weil der potentielle Täter unbekannt geblieben ist,

- hinreichender Tatverdacht nicht besteht, weil die ermittelten Umstände nicht auf eine Straftat hindeuten (z.B. fahrlässige Sachbeschädigung),
- ein Verfahrenshindernis besteht (vgl. unten 14 Rn. 1 ff.).

In der ersten Alternative fehlt der genügende Anlass zur Erhebung der öffentlichen Klage aus sachlichen (tatsächlichen) Gründen, sonst aus rechtlichen Gründen.

Hinreichend ist der Tatverdacht, wenn eine Verurteilung mit Wahrscheinlichkeit zu erwarten, also wahrscheinlicher als ein Freispruch ist. Die Staatsanwaltschaft muss sich in die Lage des Gerichts versetzen und eine Prognose anstellen. Ob sie dabei die Auffassung der Rechtsprechung zugrunde legen muss, ist eine sehr umstrittene Frage (vgl. schon oben 6 Rn. 12).

2. Die Bindung der Staatsanwaltschaft an die Rechtsprechung

Dagegen spricht 5
- die Unabhängigkeit der Staatsanwaltschaft von den Gerichten (§ 150 GVG),
- die Pflicht der Staatsanwaltschaft, als Organ der Rechtspflege objektiv nach Wahrheit und Gerechtigkeit zu suchen.

Dafür spricht
- die Pflicht, strafbare Handlungen zu verfolgen (Legalitätsprinzip, § 152 Abs. 2),
- das Prinzip der Gewaltenteilung,
- das Rechtsprechungsmonopol der Gerichte (Art. 92 GG).

Dürfte die Staatsanwaltschaft über die Strafbarkeit eines Verhaltens als Voraussetzung ihrer Anklagepflicht nach eigener Auffassung entscheiden, würden diejenigen Fälle vor Gericht kommen, die sie, anders als die Rechtsprechung, für strafbar hält, mit der Folge, dass der Beschuldigte zwar eine Hauptverhandlung zu ertragen, aber einen Freispruch zu erwarten hat. Das tangiert keines der oben genannten Prinzipien. Die Staatsanwaltschaft dürfte dann aber auch Verurteilungen verhindern, zu denen die Gerichte kommen würden, wenn nicht die Staatsanwaltschaft nach ihrer abweichenden Rechtsansicht eine Anklage unterlassen hätte. Damit würde die Staatsanwaltschaft im Ergebnis richterliche Macht ausüben und die Rolle überschreiten, die ihr mit der Trennung von Kläger und Richter zugewiesen wurde. Sie ist deshalb an die Rechtsauffassung der Gerichte zu binden, wenn diese Rechtsmeinung einheitlich ist oder von Obergerichten vertreten wird.[1]

3. Die Mitteilung an den Beschuldigten

sollte wegen seiner Stellung als Subjekt des Verfahrens stets erfolgen, ist aber 6 vom Gesetz nicht in allen Fällen vorgeschrieben (§ 170 Abs. 2 S. 2; vgl. schon oben 9 Rn. 3). Der Bescheid muss nur dann begründet werden, wenn sich ergeben hat, dass der Beschuldigte unschuldig oder der Verdacht gegen ihn entfallen ist (RiStBV Nr. 88).

---

[1] BGHSt 15, 155; skeptisch LR/*Graalmann-Scherer*, § 170 Rn. 26.

4. Rechtskraft

7 entfaltet die Einstellung nicht. Die Ermittlungen können ohne weiteres wieder aufgenommen werden.

5. Der Bescheid an den Antragsteller, § 171

8 Wer mit einer Strafanzeige den erkennbaren Willen verbunden hat, die Strafverfolgung in Gang zu setzen (zum Begriff Strafantrag vgl. oben 8 Rn. 7), erhält einen Bescheid mit Gründen (§ 171 S. 1).

Ist er zugleich der Verletzte, wird er darüber belehrt, dass er eine förmliche Beschwerde einlegen kann (§ 171 S. 2).

III. Das Klageerzwingungsverfahren, §§ 172ff.

1. Zweck und Anwendungsbereich

9 In diesem – selten betriebenen und noch seltener erfolgreich abgeschlossenen – Verfahren kann der Verletzte erreichen, dass die Staatsanwaltschaft vom Gericht gezwungen wird, Anklage zu erheben.[2] Es steht für diejenigen Straftaten nicht zur Verfügung, bei denen das Anklagemonopol der Staatsanwaltschaft durchbrochen ist und der Verletzte selbst als **Privatkläger** die Rolle der Staatsanwaltschaft übernehmen kann (§§ 374ff., 172 Abs. 2 S. 3).

10 Der Zweck des Klageerzwingungsverfahrens ist die Sicherung des Legalitätsprinzips. Dazu besteht kein Anlass, wenn die Staatsanwaltschaft eine Einstellung nach dem **Opportunitätsprinzip** verfügt hat (§ 172 Abs. 2 S. 3). Wie aber, wenn der Verletzte geltend macht, dass dies nicht hätte geschehen dürfen?

Fall 1: Die Staatsanwaltschaft hat ein Verfahren wegen Diebstahls geführt und es mit einer Einstellung nach § 153a abgeschlossen. Der Geschädigte spricht von Überfall und Raub.

Die Einstellung gem. § 153a ist bei Verbrechen nicht möglich. Mit dem Klageerzwingungsverfahren kann kontrolliert werden, ob die Staatsanwaltschaft diese Grenze des Opportunitätsprinzips beachtet, nicht aber, wie sie innerhalb des Geltungsbereichs dieses Prinzips entschieden hat. Hat also die Staatsanwaltschaft überprüft, ob ein Überfall vorgelegen hat und Raub abgelehnt, ist ein Klageerzwingungsverfahren möglich. Ist ihr aber der tatsächliche Gesichtspunkt neu, muss sie erst Gelegenheit haben, die Ermittlungen wieder aufzunehmen.

2. Das Verfahren

verläuft in drei Stufen.

11 a) Die Staatsanwaltschaft hat das Ermittlungsverfahren gem. § 170 eingestellt und das dem Antragsteller, der zugleich der Verletzte ist, in einem Bescheid förmlich mitgeteilt.

---

[2] Vgl. *Küpper*, Jura 1989, 281ff.

b) Der Antragsteller legt Beschwerde beim Generalstaatsanwalt ein (vgl. oben 6 Rn. 2 – nicht beim Ltd. OStA) und stellt in dieser Einstellungsbeschwerde klar, dass er in der Sache „in die nächste Instanz" und nicht nur mit einer Dienstaufsichtsbeschwerde ein Fehlverhalten rügen will. Hilft die Staatsanwaltschaft der Beschwerde nicht ab und hält der Generalstaatsanwalt die Einstellung für sachgerecht, weist er die Beschwerde in einem ablehnenden Bescheid zurück (§ 172 Abs. 2).

c) Nun stellt der Verletzte durch einen Rechtsanwalt einen Antrag auf gerichtliche Entscheidung beim OLG (§ 172 Abs. 2, 3, 4). Dort entscheidet ein Strafsenat. Er verwirft den Antrag (§ 174) oder beschließt die „Erhebung der öffentlichen Klage" (§ 175 S. 1). Die Staatsanwaltschaft ist an diese Entscheidung gebunden und kann sie nicht durch eine Einstellung nach dem Opportunitätsprinzip unterlaufen. Das OLG darf die Staatsanwaltschaft auch anweisen, die Ermittlungen wieder aufzunehmen, wenn sie rechtsirrig von Ermittlungen abgesehen hatte (vgl. oben Fall 1).[3]

3. Der Verletzte

Für den Begriff des Verletzten, der in der StPO an verschiedenen Stellen verwendet wird (vgl. §§ 22 Nr. 1, 61 Nr. 2, 374 Abs. 1, 403), kommt es auf den Regelungszweck der Vorschrift an. Hier, bei § 172, ist er weit auszulegen, weil das Legalitätsprinzip gesichert und seine Umsetzung durch die Staatsanwaltschaft kontrolliert werden soll. Andererseits muss man darauf achten, dass die StPO kein „Popular-Klageerzwingungsverfahren" etablieren wollte.[4] **12**

Verletzt ist, wer durch die behauptete Tat – ihre Begehung unterstellt – in seinen Rechten oder rechtlich anerkannten Interessen unmittelbar beeinträchtigt ist.[5] Dieser Ansatz lässt sich durch die Lehre vom Schutzzweck der Norm noch präzisieren.[6] Danach sind **Verletzte** z. B.

- beim Diebstahl der Eigentümer und der Inhaber des Gewahrsams,
- beim Betrug der Geschädigte und der Getäuschte,
- die Eltern eines getöteten Kindes (vgl. § 395 Abs. 2 Nr. 1),
- eine Prozesspartei, deren Position sich durch eine Falschaussage (Gefährdungsdelikt!) verschlechtert hat.[7]

Nicht zu den Verletzten zählen

- nur mittelbar Betroffene, wie z. B. der am Gewinn beteiligte Prokurist einer geschädigten GmbH,[8]
- Tatbeteiligte,[9]
- Betroffene, wenn die verletzte Norm die Allgemeinheit schützt, z. B. der über eine Untreue im öffentlichen Dienst empörte Steuerzahler,[10]

---

[3] *KG* NStZ 1990, 356; *Rieß*, NStZ 1990, 10.
[4] KK/*Schmid*, § 172 Rn. 18.
[5] H. M.; vgl. z. B. *OLG Hamm* NStZ 1986, 327.
[6] *Frisch*, JZ 1974, 7.
[7] *OLG Bremen* NStZ 1988, 39.
[8] BGHSt 1, 298.
[9] *OLG Hamburg* NJW 1980, 848.
[10] Vgl. *OLG Köln* MDR 1952, 568.

- Behörden, wie z.B. die Naturschutzbehörde bei Verstößen gegen das Naturschutzgesetz,[11] weil es nicht ihre Sache ist, über die Einhaltung des Legalitätsprinzips zu wachen,
- Interessenverbände, wie z.B. der Verband der Sinti und Roma bei Volksverhetzung.[12]

IV. Die Einstellung nach §§ 153 ff.

1. Das Opportunitätsprinzip

13 Die Bezeichnung ist unglücklich. Es geht nicht um zweifelhafte Ausnahmen vom „hehren" Legalitätsprinzip, die es der Staatsanwaltschaft erlauben würden, ein Ermessen auszuüben und je nach Zweckmäßigkeit Fälle so oder so zu entscheiden. Angesichts knapper Ressourcen ist die Staatsanwaltschaft gar nicht in der Lage, jedem Verdacht einer Straftat mit gleicher Intensität nachzugehen. Es ist legitim, Schwerpunkte zu setzen. Große Wirtschaftsstrafverfahren kosten Zeit und binden Personal, und für flächendeckende „Affären" gilt das erst recht (Stichworte aus letzter Zeit: Korruption, Steuerflucht). Das Opportunitätsprinzip erlaubt es der Staatsanwaltschaft, Rechtsentscheidungen zu treffen (siehe oben Rn. 2), die zu einer Konzentration auf das Wesentliche verhelfen (wobei allerdings nicht zu verkennen ist, dass die Staatsanwaltschaft hier zwangsläufig Rechtspolitik auf eigene Faust betreibt, die nicht vom Parlament vorgezeichnet ist).

14 Im Großen und Ganzen lassen sich die Möglichkeiten, die das Opportunitätsprinzip bietet, auf vier Grundgedanken zurückführen.

(1) In Fällen geringer Schuld ist Strafe nicht angebracht („minima non curat praetor"). Das materielle Strafrecht fragt nur, ob die Voraussetzungen der Strafbarkeit „gegeben" sind, gewichtet sie aber nicht in einem materiellen Deliktsbegriff. Diese notwendige Korrektur bleibt dem Prozessrecht überlassen.

Beispiel: Der Zeuge will niveauvoll erscheinen und berichtet, dass er sich am Bahnhofskiosk die „Welt am Sonntag" gekauft und dabei gesehen habe, wie .... Es war aber die „Bild am Sonntag".

Falschaussage, § 153 StGB, einzustellen nach § 153 (StPO).

(2) Die niedrigste Sanktion des materiellen Rechts ist zu hoch angesetzt. Es gibt Fälle, die man einerseits nicht folgenlos einstellen kann, für die andererseits aber eine Geldstrafe (= Vorstrafe) schon zu viel wäre. Diese Lücke im System sollte § 153a schließen.

(3) Alle Aspekte strafbaren Verhaltens und alle Tatkomplexe zu verfolgen, wie es das Legalitätsprinzip gebietet, lohnt sich oft nicht, weil bereits bei einer Konzentration auf einige Delikte bzw. Geschehnisse eine „gerechte" Strafe zu erwarten ist (§§ 154, 154a).

Beispiel: Es spielt für das Strafmaß keine (große) Rolle, ob der Angeklagte wegen betrügerischer Absprachen am Bau in fünfzig oder siebzig Fällen verurteilt wird. So-

---

[11] *OLG Celle* MDR 1967, 515.
[12] *OLG Karlsruhe* NJW 1986, 1276.

wohl für den Angeklagten wie für den Staat ergibt die Kosten-Nutzen-Rechnung, dass ein überschaubares, zügiges Verfahren vorzuziehen ist.

(4) In manchen Fällen würde eine Strafverfolgung mehr schaden als nützen.

§ 154c: Der Erpresste soll nicht aus Furcht vor Strafverfolgung von einer Anzeige und Aussage gegen den Erpresser abgehalten werden.

§ 153d: Bei Staatsschutzdelikten kann die Strafverfolgung mehr Schaden anrichten als die Tat.

Von diesen Möglichkeiten kann nicht nur die Staatsanwaltschaft Gebrauch 15
machen. In vielen (nicht allen!) Fällen stehen sie auch nach Anklageerhebung dem Gericht zur Verfügung. Das Nähere zeigt die Grafik. Sie macht ferner deutlich, ob eine Zustimmung erforderlich ist und wer sie erteilen muss. Das Gesetz erreicht damit eine Kontrolle und Balance der Interessen. Das Gericht sichert, wenn seine Zustimmung erforderlich ist, das Legalitätsprinzip. Muss die Zustimmung des Angeschuldigten eingeholt werden, kann er sie verweigern und seine Absicht verfolgen, freigesprochen zu werden.

Übersicht 16: Einstellung des Verfahrens

<table>
<tr><th rowspan="4">gemäß</th><th colspan="4">Einstellung</th></tr>
<tr><th colspan="2">durch die StA
im Vorverfahren</th><th colspan="2">durch das Gericht
nach Anklageerhebung</th></tr>
<tr><th colspan="4">mit Zustimmung</th></tr>
<tr><th>des Beschuldigten</th><th>des Gerichts</th><th>des Angeschuldigten</th><th>der StA</th></tr>
<tr><td>153</td><td></td><td>+ aber Abs. 1 S. 2</td><td>+ aber Abs. 2 S. 2</td><td>+</td></tr>
<tr><td>153 a</td><td>+</td><td>+ aber Abs. 1 S. 7</td><td>+</td><td>+</td></tr>
<tr><td>153 b</td><td>+</td><td>+</td><td>+</td><td>+</td></tr>
<tr><td></td><td></td><td></td><td colspan="2">nicht mehr in der Hauptverhandlung</td></tr>
<tr><td>153 c</td><td colspan="4">die StA (GBA[1], Abs. 4) in jeder Lage des Verfahrens</td></tr>
<tr><td>153 d</td><td colspan="4">der GBA[1] in jeder Lage des Verfahrens</td></tr>
<tr><td>153 e[2]</td><td></td><td>+ (OLG)</td><td></td><td>+ (GBA)</td></tr>
<tr><td>154</td><td></td><td></td><td></td><td>Antr. StA, Abs. 2</td></tr>
<tr><td>154 a</td><td></td><td></td><td></td><td>+</td></tr>
<tr><td>154 b</td><td></td><td></td><td></td><td>Antr. StA, Abs. 4 S. 1</td></tr>
<tr><td>154 c</td><td></td><td></td><td colspan="2">nicht möglich</td></tr>
<tr><td>154 d</td><td></td><td></td><td colspan="2">nicht möglich</td></tr>
<tr><td>154 e</td><td colspan="2">„soll“</td><td colspan="2">muss (vorübergehendes Verfahrenshindernis)</td></tr>
</table>

[1] Generalbundesanwalt [2] Zuständig GBA

Näher besprochen werden nur die wichtigsten Vorschriften (die strafrechtlichen „Nebengesetze“ enthalten weitere Einstellungsmöglichkeiten, z.B. § 31a BtMG [geringe Menge, Absicht des Eigenverbrauchs], § 37 BtMG [Therapie statt Strafverfolgung]).

2. § 153

Das Verfahren ist einzustellen (trotz des Wortlauts „kann“ keine Ermessensentscheidung, s. oben Rn. 2), wenn bei einem **Vergehen** „die Schuld des Täters als gering anzusehen wäre und kein öffentliches Interesse an der Verfolgung besteht“ (Abs. 1 S. 1).

16 a) Die geringe Schuld muss nicht feststehen, sondern nur prognostiziert werden. Ist sie unwahrscheinlich, fehlt der hinreichende Tatverdacht und das Verfahren ist gem. § 170 Abs. 2 zu beenden. Ist sie wahrscheinlich, muss die Staatsanwaltschaft nicht, wie es das Legalitätsprinzip gebieten würde, durchermitteln. Dazwischen liegt eine Zone geringeren Verdachts, den die Staatsanwaltschaft durch weitere Ermittlungen möglicherweise als hinreichend bekräftigen könnte. In beiden Fällen darf „kurzer Prozess“ gemacht und das Verfahren nach § 153 eingestellt werden. Der Beschuldigte kann nicht verlangen, dass die Untersuchung des Falles fortgesetzt wird, um den Verdacht zu entkräften. Die Einstellung nach § 170 Abs. 2 ist für ihn zwar „ehrenvoller“, in der Rechtsfolge aber nicht günstiger.

17 b) Wann das öffentliche Interesse an einer Strafverfolgung der Einstellung entgegensteht, ist nicht klar genug. Es können spezial- oder generalpräventive Gründe sein. Sich dabei auf die Person des Täters und seine Einstellung zum Recht zu stützen (Vorstrafen, Missachtung staatlicher Autorität, etc.), läuft meist auf ein Gesinnungsstrafrecht hinaus, es sei denn, solche Aspekte sprechen für die Gefährlichkeit des Täters. Zu den legitimen Belangen der Allgemeinheit gehören ihr Sicherheitsbedürfnis, das Interesse an der Aufklärung einer Tat, die Aufsehen erregt hat, der Schutz des Verletzten. „Ratlosigkeit“[13] herrscht in dem Streit, ob eine Einstellung nach § 153 bei massenhafter Alltagskriminalität (Schwarzfahren, Ladendiebstahl) die vernünftige Reaktion oder Kapitulation darstellt.

18 c) Stellt die Staatsanwaltschaft das Verfahren ein (Abs. 1), braucht sie die Zustimmung des Gerichts, es sei denn, dass es sich um ein Vergehen handelt, dessen Strafrahmen bei der Mindeststrafe beginnt (§§ 38, 40 StGB) und bei dem die Tatfolgen gering sind (bei Vermögensdelikten bis ca. € 50). Der Beschuldigte jedoch muss nicht einverstanden sein und noch nicht einmal gehört werden (die Zustimmung des Gerichts ist nur eine interne Prozesserklärung und nicht eine Entscheidung i.S. § 33 Abs. 2). Das ist anders, wenn das Gericht die Einstellung beschließt (Abs. 2). Der Angeschuldigte kann seine Zustimmung verweigern und um einen Freispruch kämpfen, trägt dann aber auch das Risiko einer Verurteilung.

19 d) Rechtsbehelfe gibt es gegen die Einstellung durch die Staatsanwaltschaft nicht. Hat das Gericht entschieden (Abs. 2), ist dieser Beschluss nicht mit einer Beschwerde anfechtbar (Abs. 2 S. 4), es sei denn, dass in Wahrheit ein Verbrechen vorliegt oder dass die Zustimmung der Staatsanwaltschaft oder des Beschuldigten nicht eingeholt wurde.

20 e) Hat die Staatsanwaltschaft die Einstellung verfügt, kann sie die Verfolgung wieder aufnehmen, wenn es dafür sachliche Gründe gibt. Rechtskraft entsteht nicht.

21 Die Rechtskraft des Gerichtsbeschlusses gem. Abs. 2 ist nicht geregelt und sehr umstritten. Sicher ist nur, dass sie **beschränkt** ist. Man könnte ein neues Verfahren zulassen, wenn

- irgendwelche neuen Tatsachen oder Beweismittel bekannt werden (analog § 211 – abzulehnen), oder

[13] KK/*Schoreit*, § 153 Rn. 26.

- solche, die für mehr als nur geringe Schuld oder ein öffentliches Interesse an der Strafverfolgung sprechen[14] (zu weitgehend; besser:)
- solche, die unter einem anderen rechtlichen Gesichtspunkt eine erhöhte Strafbarkeit begründen[15] oder
- solche, die den Verdacht eines Verbrechens entstehen lassen (analog § 153a Abs. 1 S. 5).[16]

Gegen die letzte, auch hier vertretene Ansicht wird vorgebracht, dass sich der Täter bei § 153a immerhin sanktionswillig gezeigt und Leistungen erbracht habe, also erhöhten Schutz verdiene.[17] Wenn aber der Fall so lag, dass noch nicht einmal geringe Sanktionen angebracht schienen und deshalb nach § 153 verfahren wurde, kann das nicht gegen den Beschuldigten gewendet werden.

3. § 153a

Dieses vereinfachte Erledigungsverfahren unterschied sich ursprünglich (1974) von der Einstellung nach § 153 nur dadurch, dass ein öffentliches Interesse an der Strafverfolgung besteht, das aber durch Leistungen des Beschuldigten abgelöst, beseitigt werden kann. Trotz aller Kritik („Freikaufverfahren", „Millionärsparagraph") ist es von der Rechtsprechung bis über den Bereich der mittleren Kriminalität hinaus ausgedehnt worden. Der Gesetzgeber hat das gebilligt. Nun ist § 153a schon anwendbar, wenn die „Schwere der Schuld nicht entgegensteht". 22

Ziel der Vorschrift war vor allem die Beschleunigung des Verfahrens. Im Bereich der Wirtschaftskriminalität spielt eine große Rolle, dass man der „Verfahrenskomplexität" ausweicht und hohe Geldauflagen fordert (Staatsanwaltschaft), anbietet (Verteidigung) und akzeptiert (Gericht).

Der Effekt der Vorschrift ist eine Entkriminalisierung. Die Auflagen (Abs. 1 Nr. 1–3, vgl. § 56b Abs. 1 StGB) und Weisungen (Nr. 4, vgl. § 56c Abs. 2 Nr. 5 StGB; Nr. 5[18]; Nr. 6[19]) sind Sanktionen ohne Strafcharakter. Entscheidungen nach § 153a werden nicht in das Bundeszentralregister eingetragen (anders als Verurteilungen zu Strafe. Hier liegt die „magische Grenze" bei 90 Tagessätzen Geldstrafe oder drei Monaten Freiheitsstrafe. Ist die Strafe nicht höher, wird sie zwar in das BZR eingetragen, nicht aber in das Führungszeugnis aufgenommen; der Verurteilte darf sich als nicht vorbestraft bezeichnen [§ 32 Abs. 2 Nr. 5 BZRG; zur beschränkten Auskunft an Behörden § 41 BZRG]). 23

a) Die Voraussetzungen sind in jeder Hinsicht andere als bei § 153 (davon abgesehen, dass auch § 153a nur bei Vergehen in Betracht kommt). 24

Die Schwere der Schuld darf (nur) nicht entgegenstehen. Das Maß der Schuld muss auch hier (wie bei § 153) nicht feststehen, aber so weit geklärt sein, dass hinreichender Tatverdacht besteht (nicht erforderlich bei § 153).

---

14 *Roxin/Schünemann*, § 14 Rn. 26.

15 Zu dieser Ansicht vgl. *Meyer-Goßner*, § 153 Rn. 38.

16 Grundsatzentscheidung *BGH* NStZ 2004, 218.

17 *Beulke*, Rn. 336; vgl. noch SK/*Weßlau*, § 153 Rn. 57.

18 Täter-Opfer-Ausgleich, §§ 155a, b; § 46a StGB, nicht gegen den Willen des Verletzten; § 155a Abs. 1 S. 3.

19 Aufbauseminar („Nachschulung").

Besteht ein **öffentliches Interesse an der Strafverfolgung,** scheidet § 153 aus, während § 153a anwendbar ist, wenn dieses Interesse durch Leistungen nach Abs. 1 Nr. 1–6 beseitigt werden kann. In der Praxis sind das meist Geldzahlungen an gemeinnützige Einrichtungen.

25 b) Die Zustimmung des Beschuldigten ist immer erforderlich – er muss sich ja „unterwerfen" –, die des Gerichts nur dann nicht, wenn das Vergehen geringfügig ist (Abs. 1 S. 7 i.V.m. § 153 Abs. 1 S. 2).

Nach Klageerhebung liegt die Befugnis zur Einstellung beim Gericht der ersten Instanz oder des Berufungsverfahrens (Abs. 2). In der Revision ist – anders bei § 153 – die Einstellung nach § 153a nicht möglich (weil dort die „tatsächlichen Feststellungen" nicht mehr überprüft werden, Abs. 2 S. 1). Erforderlich ist die Zustimmung des Angeschuldigten und der Staatsanwaltschaft.

26 c) Das Verfahren hat zwei Etappen. Mit der vorläufigen Einstellung wird eine Auflage verbunden und Frist zu ihrer Erfüllung gesetzt (Abs. 1 S. 1–3).[20] Dann erfolgt die endgültige Einstellung. Sie wird von der Staatsanwaltschaft verfügt, vom Gericht beschlossen (Abs. 2 S. 2, 3).

27 d) Sie lässt ein Verfahrenshindernis entstehen. Die Tat kann nun nicht mehr als Vergehen verfolgt werden (Abs. 1 S. 5). Diese beschränkte Rechtskraft erfasst nicht den Fall, dass sich die Tat nachträglich als Verbrechen darstellt (auch bei unveränderter Sach- oder Beweislage).[21]

4. §§ 154, 154a

28 Diese Vorschriften dienen der Beschleunigung des Verfahrens durch teilweisen Verzicht auf Strafverfolgung.

a) Sie unterscheiden sich in den Voraussetzungen dadurch, dass

- § 154 *mehrere Taten* im prozessualen Sinne voraussetzt (§ 264, näher unten 13)

  Beispiel: Steuerhinterziehung für 1997 und 1998

- § 154a entweder abtrennbare Teile *einer Tat* betrifft

  Beispiel: zwei von fünf Punkten, in denen der Zeuge bei seiner Vernehmung falsch ausgesagt hat

  oder bei einer Tat (§ 264) einzelne von mehreren Gesetzesverletzungen (§ 52 StGB).

  Beispiel: Hausfriedensbruch und Sachbeschädigung bei Wohnungseinbruchdiebstahl (§ 244 Abs. 1 Nr. 3 StGB).

29 **Gemeinsam** geregelt ist, dass der ausgeschiedene Komplex (bzw. Tatbestand) neben einer Bestrafung, die wegen der anderen Tat (Tatteile, Tatbestände) zu erwarten ist, nicht beträchtlich ins Gewicht fallen darf (§§ 154 Abs. 1 Nr. 1, 154a Abs. 1 S. 1). Selbst dann aber, wenn das der Fall ist, bei einem beträchtlichen Rechtsfolgenminus also, darf auf Strafverfolgung verzichtet werden (§ 154

---

[20] Beim Täter-Opfer-Ausgleich kann nicht der Erfolg, sondern nur das Bemühen kontrolliert werden.

[21] Vgl. *Meyer-Goßner*, § 153a Rn. 45; anders zu neuen Tatsachen hier noch die 3. Auflage.

Abs. 1 Nr. 2: „darüber hinaus"; Verweisung in § 154a Abs. 1 S. 2). Dazu wird nur noch vorausgesetzt, dass ein Urteil wegen dieses Vorwurfs nicht in „angemessener Frist" zu erwarten ist, und dass die Strafe für die Teile, auf die man den Stoff beschränkt hat, „ausreichend erscheint".

Die Beschränkung des Verfahrens kann rückgängig gemacht werden. Hier ist 30
danach zu unterscheiden, ob eine Tat vorläufig nicht verfolgt wurde (§ 154) oder ob Teile einer Tat abgetrennt wurden (§ 154a). Außerdem kommt es darauf an, ob die Staatsanwaltschaft oder das Gericht entschieden hatte.

b) Die Wiederaufnahme des Verfahrens, § 154

aa) Die Staatsanwaltschaft kann von der Verfolgung einer Tat absehen 31
(Abs. 1) und diese Entscheidung jederzeit revidieren. Die Regeln in Abs. 3 und 4 enthalten für sie nur Richtlinien, aber keine Beschränkungen. Sie gelten nur für eine Einstellung durch das Gericht.[22]

Fall 2: Die Staatsanwaltschaft hat wegen Vorenthaltung von Sozialversicherungsbeiträgen (§ 266a StGB) und Lohnsteuerhinterziehung (§ 370 AO) ermittelt, wegen der ersten Tat Anklage erhoben und die zweite nach § 154 eingestellt. Der Angeklagte wird zu einer Geldstrafe verurteilt und legt Berufung ein. Die Staatsanwaltschaft sagt zu, dass sie die Steuerhinterziehung nicht weiter verfolgen werde. Daraufhin nimmt der Angeklagte seine Berufung zurück und bezahlt die Geldstrafe. Vier Monate später erhebt die Staatsanwaltschaft Anklage wegen Steuerhinterziehung.

Daran ist sie weder durch die Frist des Abs. 4 noch durch ihre Zusage gehindert. Sie hat sich allerdings nicht fair verhalten. Der Verstoß gegen das Fairnessprinzip (vgl. 18 Rn. 9) begründet kein Verfahrenshindernis (dazu unten 14 Rn. 30), muss sich aber drastisch strafmildernd auswirken.[23]

Zu der Einstellung nach § 154 Abs. 1 bedurfte die Staatsanwaltschaft nicht der Zustimmung des Gerichts. Das Gericht ist aber auch nicht in der Lage, die ausgeschiedene Tat (im Fall: Steuerhinterziehung) mit einzubeziehen, weil es an der Anklage fehlt.

bb) Hat das Gericht auf Antrag der Staatsanwaltschaft nach Abs. 2 das Ver- 32
fahren wegen einer Tat eingestellt, ist das nicht vorläufig, sondern endgültig gemeint, denn damit ist die „Anhängigkeit" bei Gericht beendet.[24] Nun ist zur Wiederaufnahme ein förmlicher Beschluss nötig (Abs. 3–5).

c) Die Wiedereinbeziehung ausgeschiedener Tatteile oder Gesetzesverletzungen, § 154a.

Bei einer Einstellung nach § 154a bleibt die gesamte Tat angeklagt und Ge- 33
genstand der Urteilsfindung (§§ 155, 264). Begriff und Umfang der Tat sind für die Staatsanwaltschaft nicht disponibel. Das Gericht kann die Beschränkung jederzeit vornehmen (Abs. 2) und wieder aufheben (Abs. 3).

d) Zu der Frage, ob nach §§ 154, 154a ausgeschiedene Taten und Delikte 34
strafschärfend berücksichtigt werden dürfen, gibt es eine zweifelhafte Rechtsprechung.

Fall 3: Die Staatsanwaltschaft hatte wegen zweier Raubüberfälle des Angeklagten, begangen in A und B, Anklage erhoben. Zu Beginn der Hauptverhandlung wird das

[22] BGHSt 30, 165; *BGH* NStZ 1986, 469.
[23] Vgl. BGHSt 37, 10.
[24] BGHSt 30, 197; *OLG Frankfurt* NStZ 1988, 328 m. Anm. *Dörr/Taschke*.

Verfahren auf den Vorfall in A beschränkt (§ 154 Abs. 2). Der Angeklagte gesteht auch den Überfall in B. Das Gericht wertet das straferschwerend.

Der *BGH* hält das für zulässig, wenn der Angeklagte auf diese Möglichkeit, ausgeschiedene Taten bei der Strafzumessung zu berücksichtigen, hingewiesen und das Tatgeschehen prozessordnungsgemäß festgestellt wurde.[25] Die Vertrauensgrundlage, geschaffen durch die Einstellung, ist durch den Hinweis zwar erschüttert (auch der *BGH* schließt eine Berücksichtigung aus, wenn der Angeklagte nach dem Gang der Hauptverhandlung darauf vertrauen konnte, dass sie nicht erfolgen werde)[26] Es bleibt aber der Einwand, dass der Staat es sich nicht einerseits „leicht machen" und andererseits den Angeklagten beschweren sollte.[27]

5. Kronzeugen

35 Einem Tatbeteiligten wird zugesichert, dass er nicht angeklagt oder milder bestraft wird, wenn er für die Anklage (die im englischen Strafverfahren die Krone repräsentiert) als Belastungszeuge auftritt. Das ist mit dem Legalitätsprinzip nicht vereinbar und, schlimmer noch, eine kriminalpolitisch zweifelhafte Veranstaltung. Einschlägige Regelungen finden sich derzeit in § 31 BtMG;[28] Elemente einer Kronzeugenlösung in § 129 Abs. 6 Nr. 2. Unter dem Titel „Hilfe zur Aufklärung oder Verhinderung von schweren Straftaten" (nämlich den in „100 a Abs. 2 genannten) enthält nun der neue § 46 b StGB eine allgemeine Kronzeugenregelung.

Die Staatsanwaltschaften müssen der Versuchung widerstehen, sich durch extensive, nicht mehr dem Zweck der Regelung entsprechende Anwendung des § 154 „Kronzeugen praeter legem" zu verschaffen.[29]

V. Die Anklage

1. Arten

36 In § 170 Abs. 1 heißt es, dass die „öffentliche Klage" durch „Einreichung einer Anklageschrift" erhoben wird (zu Form und Inhalt §§ 199 Abs. 2, 200; s. unten Rn. 37). Nach dem Prinzip, dass ein Richter sich mit einer Sache nur befassen und sie entscheiden darf, wenn eine Anklage erhoben wurde, gibt es in besonderen Verfahrensarten besondere Formen der Anklageerhebung, z. B. den Antrag auf Erlass eines Strafbefehls (§ 407 Abs. 1 S. 4) und den Antrag auf Aburteilung im beschleunigten Verfahren (§ 417). In den §§ 178–197 war früher die gerichtliche Voruntersuchung geregelt. Den „Untersuchungsrichter", der die

---

[25] *BGH* NStZ 1998, 51 zu § 154; BGHSt 30, 165 zu § 154 a; *BGH* NStZ 1994, 195 zur Berücksichtigung bei der Beweisführung.

[26] *BGH* NStZ 1996, 611; keine Hinweispflicht, wenn „die Gefahr eines Missverständnisses – ein Vertrauenstatbestand – nicht besteht", *BGH* NStZ 2004, 277.

[27] Vgl. näher AK/*Schöch*, § 154 a Rn. 30.

[28] Vgl. *Kempf*, StV 1999, 67.

[29] Vgl. *Volk*, NJW 1996, 879.

Ermittlungen der Staatsanwaltschaft überprüft, ehe die Sache vor Gericht kommt, gibt es in Deutschland nicht mehr. Andere Länder (wie z. B. Italien) halten diese Einrichtung zum Schutz des Beschuldigten für sinnvoll.

2. Inhalt

Aufbau, Form und Inhalt einer (sehr knapp gefassten) Anklageschrift sind in der Grafik dargestellt. In der Hauptverhandlung wird nur der Anklagesatz verlesen (§§ 200 Abs. 1 S. 1, 243 Abs. 3 S. 1). Die Schöffen kennen die Akten nicht. Sie sollen nicht dadurch beeinflusst werden, dass ihnen das wesentliche Ergebnis der Ermittlungen (§ 200 Abs. 2 S. 1) aus der Sicht der Staatsanwaltschaft mitgeteilt wird. 37

3. Funktion

a) Die Anklageschrift lässt den Beschuldigten nicht länger in Zweifel darüber, in welcher Richtung die Staatsanwaltschaft gegen ihn ermittelt hat und was sie ihm vorwirft. Sie hat Informationsfunktion. Vor allem aus dem wesentlichen Ermittlungsergebnis kann der Angeschuldigte (wie er jetzt heißt, § 157) entnehmen, was auf ihn zukommt. 38

b) Die Anklage bezeichnet „die Tat, die ihm zur Last gelegt wird" (näher dazu unten 13). Damit ist der Verfahrensgegenstand festgelegt, das tatsächliche Geschehen also, das vom Gericht zu untersuchen ist und über das es zu entscheiden hat (§§ 155, 264). Diese Umgrenzungsfunktion ist wesentlich.[30] 39

c) Eine wirksame Anklage ist Prozessvoraussetzung (vgl. unten 14 Rn. 22). Sie ist unwirksam, wenn sie die Umgrenzungsfunktion nicht erfüllt.[31] Das Gericht muss dann die Eröffnung des Hauptverfahrens ablehnen (§ 204) oder, wenn der Mangel erst später entdeckt wird, das Verfahren einstellen (§ 206 a). Andere Mängel (z. B. der Informationsfunktion) können vom Gericht geheilt werden. 40

---

[30] BGHSt 40, 390, 392.

[31] *BGH* NStZ 2006, 649.

Staatsanwaltschaft München I
Geschäftsnummer:

H A F T

Anklageschrift

in der Strafsache
gegen

B o f i n g e r Bertram,
geb. am 28.04.1953 in München, deutscher Staatsangehöriger,
ledig, früherer Berufskraftfahrer, jetzt arbeitslos,
wohnhaft: Hellastr. 4, 80636 München
In dieser Sache in Untersuchungshaft in der JVA München-Stadelheim seit 01.10.2002 aufgrund Haftbefehl des Amtsgerichts München
vom.........ER..........Gs............eröffnet am 01.10.2002

Verteidiger: RA Michael Meier,
Lambertstr. 14, 80123 München

Die Staatsanwaltschaft München I legt dem Angeschuldigten aufgrund der von ihr durchgeführten Ermittlungen folgenden Sachverhalt zur Last:

Der Angeschuldigte Bofinger betrat am 23.09.2002 gegen 17.00 Uhr das Gelände des Supermarkts Multi-Markt in München, Äußere Hamburger Straße, hielt sich in der Nähe des Büroausgangs auf, wartete dort, bis um 17.15 Uhr die Tageseinnahmen in Geldbomben in einen Transportwagen der Fa. Transwert verladen wurden und bedrohte dann, als sich der Fahrer des Wagens, Karl Kunz, ans Steuer setzte, diesen mit einer Pistole, zwang ihn zum Aussteigen, brachte das Fahrzeug mit Bargeld in Höhe von € 400.000,00 in seine Gewalt, verließ damit das Gelände des Supermarkts und stellte es zwei Kilometer entfernt auf einen Parkplatz in der unmittelbaren Nähe des Kreisverwaltungsreferats ab.

Der Angeschuldigte wird daher beschuldigt,

durch Gewalt gegen eine Person, eine Schußwaffe bei sich führend, fremde bewegliche Sachen in der Absicht, sich diese rechtswidrig zuzueignen, weggenommen zu haben,
strafbar als

schwerer Raub gemäß §§ 250 Abs. 1 Nr. 1, 249 StGB

Wesentliches Ergebnis der Ermittlungen:

Der Fahrer des Geldtransportwagens, Karl Kunz, hat den Angeschuldigten eindeutig identifiziert und in seiner Zeugenvernehmung vom 24.09.2002 jeden Zweifel daran ausgeschlossen. Der Angeschuldigte war von Anfang 2001 bis Ende Juni 2002 bei der Firma Transwert beschäftigt und hat häufig mit dem Zeugen zusammengearbeitet. Der Angeschuldigte hat die Tat nach seiner Ergreifung zunächst geleugnet, bei einer zweiten Beschuldigtenvernehmung am 09.10.2002 aber in allen Einzelheiten eingeräumt. In dem Geldtransportwagen und an den Geldbomben wurden seine Fingerabdrücke gesichert. Das erbeutete Geld konnte bis auf einen Betrag von € 6.000,00 in seiner Wohnung sichergestellt werden.

Rechtliche Bewertung:
Die Wegnahme des Geldes stellt nur eine Handlung dar. Den Geldtransportwagen hat der Angeschuldigte kurz nach der Tat nicht weit vom Tatort so abgestellt, daß er ohne Mühe gefunden werden konnte, sich also nicht zueignen wollen. Insofern wird von einer Strafverfolgung (§ 248 b StGB) nach § 154 Abs. 1 StPO abgesehen.

Zur Aburteilung ist nach §§ 24, 25, 74 Abs. 1 GVG die

Strafkammer des Landgerichts München I

zuständig, da eine Freiheitsstrafe von mehr als vier Jahren zu erwarten ist.

Ich erhebe die öffentliche Klage und beantrage,
a) die Anklage zur Hauptverhandlung vor dem Landgericht München I – Strafkammer – zuzulassen,
b) Termin zur Hauptverhandlung anzuberaumen,
c) die Fortdauer der Untersuchungshaft anzuordnen, weil die Haftgründe fortbestehen.

Beweismittel:
1. Zeugen:
   Kunz, Karl, zu laden über Fa. Transwert
2. Sachverständige:
   KHK Schneider, Siegfried, LKA München
3. Urkunden:
   BZR-Auszug

Mit 1 Bd. Ermittlungsakten......

an den
Herrn Vorsitzenden
der 27. Strafkammer
des Landgerichts München I

München, den

gez. Ring
gez. Staatsanwalt

41 d) Mit der Anklage wird die Sache bei Gericht anhängig, aber noch nicht rechtshängig.[32] Die Staatsanwaltschaft kann die Anklage bis zur Eröffnung des Hauptverfahrens ändern oder zurücknehmen (§ 156). Danach ist die Anklage für die Staatsanwaltschaft „unveränderlich" (kaum noch gebrauchter Ausdruck: Immutabilitätsprinzip). Erst mit dem Eröffnungsbeschluss geht die Verfahrensherrschaft endgültig auf das Gericht über.

4. Adressat

42 Die Staatsanwaltschaft bezeichnet in der Anklageschrift „das Gericht, vor dem die Hauptverhandlung stattfinden soll" (§ 200 Abs. 1 S. 2). Das Prinzip des gesetzlichen Richters lässt ihr keine Wahl. Sie kann allerdings, wenn eigentlich das Amtsgericht zuständig ist, „wegen der besonderen Bedeutung des Falles" Anklage beim Landgericht erheben (§§ 24 Abs. 1 Nr. 3, 74 Abs. 1 S. 2 GVG). Dadurch entscheidet sie zugleich über den Rechtsmittelweg (Berufung und Revision zum OLG oder zur Revision zum *BGH)*.

Von besonderer Bedeutung ist eine Sache, wenn sie sich aus tatsächlichen oder rechtlichen Gründen aus der Masse der durchschnittlichen Strafsachen hervorhebt.[33] Das soll nicht nur der Fall sein, wenn die Rechtsverletzung groß oder die Auswirkung der Tat gravierend ist, sondern auch, wenn der Beschuldigte oder das Opfer prominent ist, wenn die Medien die Sache mit großem Interesse verfolgen[34] (Greenpeace gegen Castor-Transporte) oder wenn ein besonderes Bedürfnis für die Klärung einer grundsätzlichen Rechtsfrage, die vielfach auftritt, durch den *BGH* besteht (Arbeitserlaubnis und Tariflohn für Grenzgänger).[35]

Bei Sachen, die vor die Staatsschutzkammer des Landgerichts gehören (§ 74a GVG), kann der Generalbundesanwalt dem Fall eine „besondere Bedeutung" zumessen, die Verfolgung übernehmen und damit das OLG für die erste Instanz zuständig machen (§ 120 Abs. 2 Nr. 1 GVG). Das *BVerfG*[36] hat diesen Begriff dem Ermessensbereich entzogen und als Rechtsbegriff bezeichnet, damit aber an seiner völligen Unbestimmtheit nichts geändert. Auch der Hinweis darauf, dass das Landgericht die Entscheidung der Staatsanwaltschaft korrigieren und die Sache nach § 209 Abs. 1 vor dem Amtsgericht eröffnen kann, entkräftet die Bedenken gegen die sog. **bewegliche Zuständigkeit** nicht, weil der gesetzliche Richter nun einmal vom Gesetz und nicht vom Richter bestimmt werden soll.

Fälle und Fragen

77. Welche Möglichkeiten stehen der Staatsanwaltschaft zur Beendigung des Ermittlungsverfahrens zur Verfügung?

---

[32] H. M., a. A. *Roxin/Schünemann*, § 40 Rn. 10.
[33] *OLG Düsseldorf* StV 1997, 13.
[34] BGHSt 44, 34.
[35] BGHSt 43, 53.
[36] BVerfGE 9, 223; 22, 254.

78. Wann ist ein Verfahren einzustellen?
79. Staatsanwalt S will gegen A Anklage erheben, da dieser sich alleine vor einen Bundeswehrpanzer mit dem Transparent „Soldaten sind Mörder" gestellt hat. Der Panzerfahrer fühlte sich deshalb psychisch nicht in der Lage, weiterzufahren. Ist eine solche Anklage zulässig?
80. Wann kommt ein Klageerzwingungsverfahren in Betracht?
81. Wer ist Verletzter i. S. d. § 172?
82. Wann ist das Verfahren nach § 153 einzustellen?
83. Wodurch unterscheidet sich § 153 a von § 153?
84. Was regeln die §§ 154, 154 a und wodurch unterscheiden sie sich?
85. Welche Anforderungen stellt der *BGH* an eine Anklageschrift?

§ 13. Die Tat

I. Der Tatbegriff: Grundlagen

1. Tat und Straftat

1 Der Begriff der Tat im prozessualen Sinne wird anders verstanden und dient anderen Zwecken als der materiellrechtliche Begriff der Straftat. Im materiellen Strafrecht ist die Straftat ein bestimmtes Delikt und die zusammenfassende Bezeichnung für die Voraussetzungen der Strafbarkeit. Im Verfahrensrecht ist die Tat ein konkretes Vorkommnis, ein historisches Geschehen. Tat ist der Sachverhalt, der dem Angeklagten zur Last gelegt wird (vgl. das Beispiel einer Anklageschrift oben 12 Rn. 37ff.). Für die Definition der Straftat verwendet man Rechtsbegriffe („fremde bewegliche Sache"; „Vermögensschaden"). Der prozessuale Begriff der Tat wird durch eine natürliche Betrachtungsweise gebildet. Der Begriff der Tat (von nun an: im prozessualen Sinne) ist deshalb meist weiter als der materiellrechtliche Begriff der Straftat.[1]

Fall 1: Der Täter nimmt sich, obwohl er keine Fahrerlaubnis hat, am Morgen des 20. 1. 1998 das Auto seiner Freundin, fährt damit aus einem Ort in der Nähe von Karlsruhe in die Schweiz, bedroht dort in einer Bank einen Kassierer mit einer Pistole, stopft sich mehrere tausend Schweizer Franken in die Taschen, steigt wieder in das Auto und kehrt abends zurück.[2]

Dieses Geschehen ist *eine* Tat. Das materielle Recht kennt zwar auch Dauerdelikte (Fahren ohne Fahrerlaubnis), erfasst ansonsten aber meist nur einen Teilausschnitt des Geschehens und greift nur wenige Aspekte als relevant heraus (so ist z.B. die Wegnahme vollendet, wenn sich der Täter das Geld in die Jacke steckt).

Ein weiteres Beispiel: Bei einem Mord gehören zur Tat auch die Vorbereitungshandlungen und die Bemühungen des Täters, die Leiche zu verstecken. Diese Handlungsweisen vor dem Versuchsstadium und nach der Vollendung sind für den Begriff der Straftat des Mordes unerheblich.

2. Definition

2 Die Tat ist ein einheitlicher geschichtlicher Vorgang, das gesamte Verhalten des Täters, soweit es nach natürlicher Auffassung einen einheitlichen Lebensvorgang bildet.[3] Dieses „konkrete Vorkommnis" muss so bestimmt bezeichnet sein, dass es sich von anderen oder gleichartigen unterscheiden lässt.

---

[1] Vgl. *Volk*, wistra 1998, 281.
[2] *BGH* NStZ 1996, 41.
[3] BGHSt 13, 320; 32, 215; 35, 60. Dieser Tatbegriff gehört zum „vorverfassungsrechtlichen Gesamtbild des Prozessrechts", das Art. 103 Abs. 3 GG zugrunde liegt; *BVerfG* NStZ 2004, 687.

> „Es reicht z. B. aus, wenn eine Leiche mit Verletzungen, die den Verdacht eines Tötungsverbrechens hervorrufen, gefunden worden ist. Denn schon dadurch wird aus der Gesamtheit dessen, was überhaupt geschieht, *ein* Ereignis herausgehoben, auf welches sich der Verdacht der Strafbarkeit gründet".[4]

Handelt es sich um mehrere Vorgänge, bilden sie eine Tat, wenn eine „innere Verknüpfung" besteht, so dass ihre getrennte Aburteilung in verschiedenen Verfahren einen einheitlichen Lebensvorgang unnatürlich aufspalten würde.[5] Dafür orientiert man sich an **Tatzeit, Tatort, Tatobjekt und Tatbild.**[6] 3

Diese Definitionen sind alles andere als präzise.[7] Erst die Erörterung typischer Fälle wird ein konkreteres Bild vermitteln (unten Rn. 13 ff.). Sie setzt aber voraus, dass man sich zunächst klar macht, in welchen Zusammenhängen der Begriff der Tat eine Rolle spielt.

II. Die Funktion des Tatbegriffs

Der Begriff der Tat

- bestimmt den Gegenstand des Verfahrens (Prozessgegenstand, 1.)
- legt fest, worüber das Gericht urteilen darf und muss (2.)
- zieht die Grenze für eine Umgestaltung der Strafklage (3., 4.)
- regelt den Umfang der Rechtskraft (unten IV).

1. Prozessgegenstand

ist die Tat, die einem Beschuldigten vorgeworfen wird. Der Prozessgegenstand enthält somit ein objektives und ein subjektives Element. Die Tat ist der Lebenssachverhalt, aus dem sich Anhaltspunkte für eine strafbare Handlung ergeben. Das ist das objektive Element. Dieser Verdacht richtet sich gegen einen bestimmten Beschuldigten. Das ist das subjektive Element des Prozessgegenstands. 4

Es kann sein (näher zum folgenden unten Rn. 10), dass einem Beschuldigten mehrere Taten angelastet werden. Dann hat das Verfahren mehrere Taten zum Gegenstand. Das gleiche gilt, wenn mehreren Beschuldigten eine Tat vorgeworfen wird (z. B. bei Mittäterschaft). Auch die Kombination ist möglich: mehrere Beschuldigte, mehrere Taten.

2. Die Aburteilungsbefugnis des Gerichts

Nur die in der Anklage bezeichnete Tat ist „Gegenstand der Urteilsfindung" (§ 264). Den Rahmen der Tat darf das Gericht nicht überschreiten (perfekt formuliert in § 155 Abs. 1). Andernfalls wäre das Anklageprinzip verletzt; es 5

[4] BGHSt 22, 375, 385; eine Vernehmung zu der Frage, ob jemand als „Ghettoverwalter" in Krakau „etwas mit Juden zu tun" gehabt habe, bezieht sich nicht auf eine bestimmbare Tat und unterbricht deshalb die Verjährung nicht, § 78 c StGB.

[5] BVerfGE 45, 434; BGHSt 41, 385.

[6] BGHSt 36, 151.

[7] *BGH* StV 1985, 181.

würde die Prozessvoraussetzung der Anklage fehlen. Innerhalb dieser Grenze muss das Gericht von Amts wegen die Wahrheit erforschen (§ 155 Abs. 2, Untersuchungsgrundsatz = Instruktionsprinzip = Inquisitionsmaxime). Es ist dabei „selbständig" und an die „gestellten Anträge nicht gebunden" (§ 155 Abs. 2). Das bedeutet, dass es zwar an den tatsächlichen Verfahrensstoff gebunden ist, der angeklagt wurde, nicht jedoch an die Rechtsauffassung der Staatsanwaltschaft.

Beispiele: Wenn die Staatsanwaltschaft im Fall 1 wegen Raubes angeklagt hatte, kann das Gericht wegen räuberischer Erpressung eröffnen (§ 264 Abs. 2).

Das Gericht hatte im Eröffnungsbeschluss die Anklage zugelassen, in der ein Raub angenommen wurde, kann aber, wenn sich die Tat „nach dem Ergebnis der Verhandlung" anders darstellt, wegen räuberischer Erpressung verurteilen (§ 264 Abs. 1).

Das Gericht muss in seinem Urteil den Prozessgegenstand erschöpfend erledigen, also entweder verurteilen, freisprechen oder das Verfahren einstellen (§ 260, näher unten 31 Rn. 1).

3. Die Umgestaltung der Strafklage und die Hinweispflicht

6 In der Hauptverhandlung können neue tatsächliche oder rechtliche Aspekte der Tat auftauchen. Das Gericht darf sie berücksichtigen und die Strafklage umgestalten (§ 264 Abs. 2). Es wäre allerdings nicht fair, den Angeklagten (erst) im Urteil damit zu überraschen. Er muss auf diese neue Einschätzung durch das Gericht hingewiesen werden und kann unter bestimmten Voraussetzungen (§ 265 Abs. 3) verlangen, dass die Hauptverhandlung ausgesetzt (§ 228) und neu begonnen wird.[8] Diese **Hinweispflicht** ist nach dem Gesetz an die **Veränderung des rechtlichen Gesichtspunkts** geknüpft (§ 265 Abs. 1).

a) Die Veränderung kann ihren Grund in einer anderen rechtlichen Beurteilung bei gleicher Sachlage haben (wie im Beispiel: räuberische Erpressung statt Raub).

b) Der neue rechtliche Aspekt kann aus neu aufgetauchten Tatsachen folgen.

Beispiel: Es stellt sich heraus, dass der Angeklagte bei dem Diebstahl, dessen er beschuldigt wird (§ 242 StGB), eine Waffe dabei hatte (§ 244 StGB).

7 Die Hinweispflicht, Ausprägung des Fairnessprinzips und gesetzlich geregelter Fall der gerichtlichen Fürsorgepflicht, dient dem Schutz vor Überraschungen und dem Interesse des Angeklagten, sich umfassend verteidigen zu können. § 265 wird daher zu seinen Gunsten **erweiternd ausgelegt** und **analog angewandt:**

c) Auch das mildere Strafgesetz ist ein anderes Strafgesetz.

Beispiele: Fahrlässigkeit statt Vorsatz macht eine andere Verteidigung erforderlich, ebenso Versuch statt Vollendung, Totschlag statt Mord, etc.

d) Bei gleichem Strafgesetz wird die Hinweispflicht ausgelöst, wenn eine andere Begehungsform in Betracht kommt.

---

[8] *BGH* NStZ 2003, 444.

Beispiele: Tun statt Unterlassen und umgekehrt;[9] Verletzung der Wartepflicht statt unerlaubtem Entfernen bei § 142 StGB; Mittäterschaft statt Alleintäterschaft;[10] anderes Mordmerkmal.[11]

e) Auch die bloße Änderung der Sachlage macht einen Hinweis erforderlich, weil der Angeklagte nicht von einer neuen Tatsache überrascht werden darf, mit der er durch Anklage oder Eröffnungsbeschluss noch nicht konfrontiert worden war.[12] 8

4. Nachtragsanklage, § 266

Eine Umgestaltung der Strafklage ist nur möglich, wenn sich das Gericht dabei im Rahmen der angeklagten Tat bewegt. Tauchen neue Tatsachen auf, die nicht zu diesem Lebenssachverhalt gehören (oder liegt der neue rechtliche Aspekt mit seiner Tatsachenbasis außerhalb der angeklagten Tat), so ist es mit einem Hinweis nach § 265 nicht getan. Dieses neue Tatgeschehen muss erst angeklagt werden. Das geschieht, wenn der Angeklagte dieser Verfahrensweise zustimmt, sofort und in vereinfachter Form (§ 266, mündlich statt schriftlich, Abs. 2 S. 1). Dann kann die neue Tat in das Verfahren einbezogen werden, § 266 Abs. 1. 9

Beispiel: Im Fall 1 stellt sich heraus, dass der Angeklagte am 22. 1. auch eine Sparkasse in der Nähe von Baden-Baden überfallen hat.

III. Verbindung, Trennung

Werden einem Beschuldigten mehrere Taten vorgeworfen, haben wir es mit mehreren Verfahrensgegenständen zu tun (vgl. oben Rn. 4). Zwischen ihnen besteht ein **persönlicher Zusammenhang** (§ 3). Ein **sachlicher Zusammenhang** liegt vor, „wenn bei einer Tat mehrere Personen als Täter, Teilnehmer oder der Begünstigung, Strafvereitelung oder Hehlerei beschuldigt werden" (§ 3). Auch wenn das nicht gegeben ist, soll die strafbare, in dieselbe Richtung zielende Mitwirkung an einem einheitlichen geschichtlichen Vorgang genügen.[13] Nicht im Gesetz genannt ist der Fall des **kombinierten Zusammenhangs,** bei dem zugleich ein sachlicher und ein persönlicher Zusammenhang besteht. 10

Beispiel: A hat einen Diebstahl begangen, B die Beute als Hehler angekauft und bei der Weiterveräußerung Betrug begangen.

Diese Strafsachen können verbunden werden. Wäre für eine (oder einige) von ihnen das Amtsgericht und für andere das Landgericht zuständig, kann sie die

---

[9] *BGH* StV 1984, 367.

[10] BGHSt 11, 18; StV 1996, 82.

[11] *BGH* NStZ 1998, 529; NStZ 2005, 111 (welche Tatsachen bei „niedrigen Beweggründen").

[12] Str., die *BGH*-Rechtsprechung schwankt; BGHSt 19, 88 (ja); *BGH* NStZ 1984, 423 (nein); *BGH* NStZ 1988, 190 (offen gelassen); restriktiv BGHSt NStZ 2003, 559 („im Einzelfall").

[13] *BGH* NStZ 2009, 221.

Staatsanwaltschaft in einer gemeinsamen Anklage beim Landgericht anhängig machen (§ 2 Abs. 1 S. 1). Das gilt erst recht, wenn bei isolierter Betrachtung dasselbe Gericht zuständig ist.[14] Liegt die Verfahrensherrschaft beim Gericht, kann es verbunden angeklagte Sachen trennen (§ 2 Abs. 2) und getrennt angeklagte Sachen verbinden (§ 4). Man darf auch ein Berufungsverfahren mit einem erstinstanzlichen Verfahren verbinden, das beim gleichen Landgericht anhängig ist (§ 4 Abs. 1 analog); „die Verbindung führt zur Verschmelzung beider Verfahren mit der Folge, dass insgesamt erstinstanzlich zu verhandeln ist“[15].

11 Von dieser **Sachverbindung** ist die **Verbindung zu gemeinsamer Verhandlung** zu unterscheiden (§ 237). Durch eine Verbindung nach §§ 2ff. entsteht ein einheitliches Strafverfahren. Die einzelnen Strafsachen verlieren ihre Selbständigkeit. Anders bei der Verbindung nach § 237: Die Verbindung zu gemeinsamer Verhandlung erleichtert nur das Verfahren; die einzelnen Strafsachen verschmelzen nicht miteinander, sondern bleiben selbständig und folgen weiterhin ihren eigenen Gesetzen.[16]

Beispiel: 20 Metzger sind angeklagt, Wurst mit einem verbotenen Zusatzstoff hergestellt zu haben. Als Sachverständiger wird ein Lebensmittelchemiker sein Gutachten erstatten. Es ist zweckmäßig, die Verfahren gem. § 237 zu verbinden.

IV. Rechtskraft

12 Hat das Gericht über eine Tat entschieden und ist sein Urteil rechtskräftig geworden (dazu unten 32), darf die gleiche Tat dem verurteilten oder freigesprochenen Angeklagten nicht ein zweites Mal vorgeworfen werden. Wenn er nicht noch einmal verurteilt werden kann (so der Wortlaut Art. 103 Abs. 3 GG), verbietet sich schon ein neuer Prozess in derselben Sache. Die Grenzen der Rechtskraft werden durch den Begriff der Tat gezogen. Es ist Sache der Staatsanwaltschaft und des Gerichts, alle Aspekte der Tat zu erforschen (Offizialprinzip). Sind Teile des Tatgeschehens unentdeckt geblieben, kommt es nicht darauf an, ob nachlässig oder pflichtgemäß ermittelt wurde. Dieses Defizit fällt nicht in die Risikosphäre des Beschuldigten.

Beispiel: In Fall 1 wurde der Angeklagte vom Amtsgericht wegen Fahrens ohne Fahrerlaubnis, begangen am 29. 1. 1998, rechtskräftig verurteilt. Damit kann er nicht mehr wegen des Banküberfalls verfolgt und bestraft werden. Es spielt keine Rolle, ob das Gericht von diesem Teil des Geschehens nichts wusste oder ob es glaubte, darüber werde demnächst in einem anderen Verfahren die Strafkammer entscheiden.[17]

Dieses Ergebnis ist nicht mehr evident gerecht. Im Folgenden geht es darum, ob man es korrigieren kann und soll.

---

[14] Nicht geregelt ist der Fall einer „Verbindung verschiedener gegen denselben Angeklagten bei demselben Landgericht anhängiger Strafverfahren“, dazu *Meyer-Goßner*, NStZ 2004, 353.

[15] *BGH* NStZ 1998, 628.

[16] BGHSt 19, 177, 182; 36, 348, 351.

[17] Vgl. *BGH* NStZ 1996, 41.

V. Der Tatbegriff: Typologie und Problemfälle

Die „natürliche Betrachtungsweise“ (vgl. oben Rn. 2) ist eine zweifelhafte Methode, wenn es um Rechtsprobleme geht. Die Lehre versucht auf unterschiedliche Weise, diesen Ansatz durch normative Kriterien zu modifizieren.[18] Das kann aber dazu führen, dass man mehr neue Unsicherheiten schafft als alte beseitigt. Die Rechtsprechung bleibt bei ihrem Ansatz und versucht, ihn zu konkretisieren. 13

1. Tat und Tateinheit (Idealkonkurrenz)

Der Begriff der Tat ist ein anderer als der materiellrechtliche Begriff der Straftat (vgl. oben Rn. 1). Deshalb kann man aus der Lehre von den Konkurrenzen keine zwingenden Schlüsse auf den Umfang der Tat im Prozessrecht ziehen. Es gibt aber einen gesicherten Kernbereich, in dem praktische Konkordanz herrscht: In den Fällen der Tateinheit (Idealkonkurrenz) liegt nur eine Tat vor.[19] Über Korrekturen dieser Regel ist noch zu sprechen (unten Rn. 16ff.).[20] 14

2. Tat und Tatmehrheit (Realkonkurrenz)

Dem entspricht, dass bei Tatmehrheit in aller Regel mehrere selbständige Taten vorliegen.[21] Davon gibt es zahlreiche Ausnahmen. Während es bei der Frage, ob Ideal- oder Realkonkurrenz anzunehmen ist, darum geht, wie man eine gerechte Strafe bildet, ist für den prozessualen Tatbegriff entscheidend, welche Vorgänge in einem Verfahren abzuurteilen sind. Deshalb kann auch bei real konkurrierenden Delikten eine Tat vorliegen, wenn 15

„ein enger sachlicher Zusammenhang der mehreren Straftaten“ besteht, „dergestalt, dass keine der Beschuldigungen für sich allein verständlich abgehandelt werden kann und ihre getrennte Würdigung und Aburteilung als unnatürliche Aufspaltung eines einheitlichen Lebensvorganges empfunden würde“[22].

So liegt es z. B. bei

- Trunkenheitsfahrt mit Unfall und anschließender „Unfallflucht“: Nach dem Unfall sieht sich der Täter in einer neuen Lage und fasst einen neuen Entschluss. Die Trunkenheitsfahrt ist unterbrochen. § 316 StGB im ersten Handlungsabschnitt steht in Realkonkurrenz zu § 142 StGB (und erneutem § 316 StGB). Prozessual gesehen, liegt dennoch ein einheitliches Geschehen vor.[23]
- Körperverletzung und unterlassene Hilfeleistung: Der Angeklagte zerrt sein Opfer aus einer Gaststätte, schlägt es draußen zusammen, lässt es regungslos

---

[18] Aus der Literatur vgl. *Puppe*, NStZ 1988, 456; *Roxin*, JZ 1988, 260.

[19] BGHSt 26, 284; anders für Organisationsdelikte BGHSt 46, 349.

[20] Zu den Problemen, die durch die Abkehr von der Rechtsfigur der fortgesetzten Handlung entstanden sind, vgl. für alle *Lackner/Kühl*, StGB, vor § 52 Rn. 12ff.

[21] BGHSt 35, 14, 19; NStZ 2009, 705.

[22] BGHSt 13, 21, 26; *BGH* NStZ 2006, 350.

[23] BGHSt 21, 203; 23, 141, 147.

liegen und kehrt in die Gaststätte zurück.[24] Erst damit ist der geschichtliche Vorgang abgeschlossen. Materiellrechtlich handelt es sich um Realkonkurrenz.

3. Tatgeschehen und Angriffsrichtung

16 Noch immer ungelöst ist das alte Problem, wie zu entscheiden ist, wenn der Täter wegen einer relativ geringfügigen Straftat verurteilt ist und sich später herausstellt, dass er im gleichen (Tat-)Zeitraum ein schwereres Delikt begangen hat. Es tritt vor allem dort auf, wo es sich bei der vergleichsweise leichten Straftat um ein Dauerdelikt handelt (vgl. oben Rn. 1, Fall 1).

Fall 2: Der Angeklagte wurde nach dem Waffengesetz verurteilt, weil er im Januar 1986 eine Pistole unerlaubt besessen und geführt hatte. Später stellte sich heraus, dass er sie schon länger besaß und damit im Dezember 1984 einen Raubüberfall begangen hatte.[25]

„Dieser neue, von ganz anderen Beweggründen als dem zum Besitz der Waffe getragene Willensentschluss hat ein .... wesentlich intensiveres kriminelles Verhalten zum Gegenstand".[26] Materiellrechtlich stellt dieser Entschluss eine Zäsur dar, die zur Annahme von Realkonkurrenz führt zwischen Waffenbesitz vor und nach dem Raubüberfall. Insofern ist der Fall vergleichbar mit dem soeben besprochenen Beispiel der andauernden Trunkenheitsfahrt, die durch einen Unfall unterbrochen wird. Dennoch nimmt der *BGH* hier nicht eine Tat an. Der Raubüberfall und der Verstoß gegen das Waffengesetz seien „nach Tatbild, Tatobjekt, Tatzeit und Tatort erheblich voneinander abweichende Geschehnisse und bei natürlicher Betrachtungsweise derart gegeneinander abgegrenzt, dass sie nicht einen einheitlichen geschichtlichen Geschehensablauf darstellen".[27] Das ist im Ergebnis akzeptabel, weil das Delikt Waffenbesitz mit seinem farblosen Tatbild weder Aktivität noch ständig erneuerten Tatentschluss voraussetzt, ein anderes Tatobjekt betrifft und keinen konkreten Tatort kennt. Im Fall 1 liegt es anders. Die Fahrt zum Tatort (ohne Fahrerlaubnis) ist zum Zweck des Bankraubs unternommen worden.

Das in der Literatur favorisierte normative Kriterium der „Angriffsrichtung", orientiert am Rechtsgut der Delikte (Waffe besitzen – beim Raub benutzen), hat die gefährliche Tendenz, den prozessualen Tatbegriff aufzulösen.[28]

17 Die Rechtsprechung bleibt bei der natürlichen Betrachtungsweise und begründet Ausnahmen ebenfalls mit Blick auf Fakten, nämlich Tatobjekt, Tatzeit und Tatort. Lediglich das vierte Kriterium, das „Tatbild", hat einen normativen Einschlag. Ihre Methode verdient den Vorzug, weil der im Prinzip funktionsgerechte Tatbegriff wegen einiger Extremfälle nicht grundsätzlich anders gebildet, sondern nur am Rande seines Anwendungsbereichs korrigiert werden sollte.

---

[24] BGHSt 16, 200.
[25] BGHSt 36, 151; zu Erwerb und Einsatz der Waffe vgl. *BGH* NStZ 2002, 328.
[26] BGHSt a. a. O., 154.
[27] BGHSt a. a. O., 155.
[28] Vorsichtig letztlich auch *Beulke*, Rn. 519.

4. Alternative Begehungsweisen

Die Rechtsprechung behält ihre Linie auch in Fällen der Alternativität von Handlungsvorgängen bei. Das sind die Fälle, in denen der Täter nur Dieb oder Hehler sein kann, den Raub selbst begangen oder den Täter begünstigt haben muss, das Mordopfer selbst getötet oder, für den Täter handelnd, versteckt hat, etc. 18

Fall 3: Die Anklage warf dem Angeklagten vor, Aktien erworben zu haben, die bei einem Raubüberfall auf die Kreissparkasse S erbeutet worden waren. Er wurde wegen Hehlerei rechtskräftig verurteilt. Als sich später ergab, dass er selbst der Räuber war, erhob die Staatsanwaltschaft erneut Anklage.[29]

Diesen Straftaten liegen zeitlich und räumlich getrennte Vorgänge zugrunde. Der Angeklagte könnte nicht mehr als Räuber verurteilt werden, wenn ihm in der ersten Anklage zur Last gelegt worden wäre, entweder die eine oder die andere Straftat begangen zu haben. Dann wären beide Fälle Gegenstand des Strafverfahrens gewesen und es käme, genau genommen, auf die Frage gar nicht an, ob es sich um eine Tat im prozessualen Sinne handelte. Nun aber ist sie entscheidend.

Die Rechtsprechung hat sich früher über die Alternativität der Handlungsabläufe mit dem schlichten Argument hinweggesetzt, dass eine Tat deshalb vorliege, weil es um dasselbe Tatobjekt gehe. Der *BGH* verwirft diese pauschale Lösung[30] und verlangt (zu Recht), den Einzelfall zu würdigen und dabei die anderen Kriterien heranzuziehen: Tatbild, Tatzeit, Tatort. Sie können, je nach Fallgestaltung, unterschiedliches Gewicht haben. Im konkreten Fall wurde entschieden:

„Der Lebensvorgang, der der Verurteilung wegen Hehlerei zugrunde liegt – Annahme von Aktien von zwei unbekannten Personen am 28. Dezember – und der Lebensvorgang, welcher der jetzigen Anklage zugrunde liegt – Raub der Aktien am 19. Dezember –, sind aber nach Ort, Zeit und Tatumständen – auch hinsichtlich des verletzten Rechtsgutes (Raub als zweiaktiges Delikt) – derart gegeneinander abgegrenzt, dass sie bei natürlicher Betrachtungsweise nicht einen einheitlichen Geschehensablauf darstellen“[31].

Nach diesen Grundsätzen hat der *BGH* auch den Fall der Alternativität von Diebstahl und Begünstigung entschieden.[32] Hier findet sich der Zusatz,[33] dass die „Angriffsrichtung des Täterverhaltens“ verschieden sei: eigennütziger Zugriff (Diebstahl) – fremdnützige Sicherung (Begünstigung).

Nimmt man in solchen Fällen trotz Identität des Tatobjektes zwei Taten an, wird der Täter wegen derselben Tatbeute (Aktien im Fall 3) zweimal verurteilt. Die Ungerechtigkeit, die darin liegt, muss durch eine Strafmilderung (Anrechnung der früher ausgesprochenen Strafe) ausgeglichen werden. Eine prozessrechtlich saubere dogmatische Lösung ist meist nicht möglich.[34]

---

[29] BGHSt 35, 60.
[30] BGHSt a. a. O., 63.
[31] BGHSt a. a. O., 64.
[32] BGHSt 35, 80.
[33] BGHSt a. a. O., 82.
[34] Vgl. näher *Meyer-Goßner*, FS Salger, 345.

Fälle und Fragen

86. Was ist die Tat im prozessualen Sinn?
87. A ist vor dem Amtsgericht wegen vorsätzlicher gefährlicher Körperverletzung angeklagt, da er C mit einem Messer niedergestochen haben soll. Die Anklage wurde durch Eröffnungsbeschluss unverändert zugelassen. Danach stirbt C an den Folgen des Messerstichs. Wie ist weiter zu verfahren?
88. A war vom Amtsgericht durch rechtskräftigen Strafbefehl vom 18. 4. 1986 wegen einer am 17. 1. 1986 um Mitternacht tateinheitlich begangenen unerlaubten Besitzes und Führens einer Pistole zu einer Geldstrafe verurteilt worden. Das Landgericht hat den Angeklagten danach wegen einer am 11. 12. 1984 begangenen versuchten schweren räuberischen Erpressung in Tateinheit mit fahrlässiger Körperverletzung zu einer Freiheitsstrafe von drei Jahren und drei Monaten verurteilt. Bei der Tat wurde dabei die Pistole verwendet, die Gegenstand des Strafbefehls vom 18. 4. 1986 war. Stand dieser Verurteilung ein Strafklageverbrauch entgegen?

§ 14. Die Prozessvoraussetzungen

I. Die Funktion

1 Der Verdacht einer Straftat ist ein sozialer Störfall. Das Strafverfahren hat zum Ziel, die Wahrheit herauszufinden, eine gerechte Entscheidung zu treffen und so den Rechtsfrieden wiederherzustellen. Das kann dadurch geschehen, dass die Sache geklärt und der Beschuldigte verurteilt oder freigesprochen wird (Sachurteil). Es kann aber auch so liegen, dass kein Anlass besteht, sich mit dem Vorwurf zu beschäftigen.

Beispiele: Die Umstände weisen auf eine Straftat hin, die schon verjährt wäre; über die Tat ist bereits rechtskräftig entschieden; die deutsche Justiz ist für den Fall nicht zuständig.

Dann wird auf die Sache gar nicht eingegangen und das Verfahren durch Einstellung beendet (Prozessentscheidung, Urteil oder Beschluss, §§ 260 Abs. 3, 206 a). Auch damit ist das Ziel des Strafverfahrens erreicht.

Aus dieser Funktion der Prozessvoraussetzung sollte für die Definition ihres Begriffs folgen, dass man sie als „typisierte Voraussetzungen der Sicherung des Rechtsfriedens" bezeichnet; fehlen sie, so „besteht von Rechts wegen kein Anlass zur Bewährung der Strafrechtsordnung".[1] Die h. M. weicht in der Sache nicht ab,[2] verwendet aber einen anderen, in vieler Hinsicht wenig passenden Begriff.

II. Der Begriff

1. Definition

2 Danach handelt es sich bei Prozessvoraussetzungen um Umstände, die so schwer wiegen, dass von ihrem Vorliegen bzw. Fehlen die **Zulässigkeit** des gesamten Verfahrens abhängt.[3] Das ist missverständlich. Wenn ein Verfahren wegen Verjährung eingestellt wird, war es nicht insgesamt „unzulässig". Nur das weitere Prozedieren mit dem Ziel, zu einem Sachurteil zu gelangen, ist nicht mehr zulässig, wenn man bemerkt hat, dass die Tat verjährt ist. In ihrer verbesserten Fassung lautet die Definition der Prozessvoraussetzungen also: Bedingungen der Zulässigkeit, zu einem Sachurteil zu gelangen.[4] Sie wird neuerdings verfeinert. Man unterscheidet Umstände, die es dem Gericht verbieten, sich

---

[1] *Volk*, 1978, S. 204; absolute Mindermeinung.
[2] In vielem zustimmend und weiterführend *Meyer-Goßner*, NStZ 2003, 170 ff.
[3] BGHSt 32, 345, 350; 36, 294, 295; *Beulke*, Rn. 273.
[4] H. M., vgl. nur *Meyer-Goßner*, Einl. Rn. 142.

überhaupt mit der Sache zu befassen („Befassungsverbote") und solche, die einer Bestrafung entgegenstehen („Bestrafungsverbote").[5] Damit wird der hier hervorgehobenen Ambivalenz einiger Prozessvoraussetzungen Rechnung getragen, die man auch als negative Bedingungen der Strafbarkeit materiellrechtlich regeln könnte (unten Rn. 5).

2. Terminologie

3 Umstände, die vorliegen müssen, um zu einem Sachurteil zu gelangen, sind Prozessvoraussetzungen (z.B. Strafantrag). Umstände, die nicht vorliegen dürfen, nennt man Prozesshindernisse (z.B. Verjährung). Diese Begriffe sind gleichbedeutend und austauschbar. Nur das Vorzeichen wird gewechselt: Fehlt eine Prozessvoraussetzung, liegt ein Prozesshindernis vor.

3. Struktur

4 Fehlt eine Prozessvoraussetzung, wird das Verfahren ohne weiteres eingestellt, also gewissermaßen abgebrochen. Prozessvoraussetzungen müssen deshalb klare Konturen aufweisen und sich durch prägnante Merkmale auszeichnen, die möglichst einfach und eindeutig feststellbar sind.[6]

III. Die Prozessvoraussetzungen im System von Strafrecht und Strafprozessrecht

1. Der systematische Standort

5 Nun kann die Grafik zu den beiden Rechtsgebieten (siehe oben 2 Rn. 1) verfeinert werden.

Übersicht 17: Systematischer Standort von materiellem Strafrecht und Strafverfahrensrecht

materielles Strafrecht	Strafverfahrensrecht	
Sonstige pos. oder neg. Voraussetzungen der Strafbarkeit	Prozessvoraussetzungen Prozesshindernisse	Verfahrensleitende Bestimmungen
obj. Bedingungen der Strafbarkeit Strafaufhebungsgründe Strafausschließungsgründe	z.B. Verjährung Begnadigung Strafantrag Rechtskräftige Entscheidung	z.B. § 136, §§ 243ff.

[5] *Meyer-Goßner*, a.a.O.; *BGH* NJW 2007, 853.
[6] Vgl. *Volk*, a.a.O., S. 215f.

Man sieht, dass einige dieser Voraussetzungen ihren Standort ohne weiteres wechseln könnten. Das Prozesshindernis Begnadigung z.B. ließe sich auch als Strafaufhebungsgrund begreifen (mit der Folge, dass freizusprechen wäre) und der Strafausschließungsgrund der Angehörigen-Eigenschaft (§ 258 Abs. 6 StGB) als Prozesshindernis (so dass das Strafverfahren einzustellen wäre).

Aus prozessualer Sicht werden alle materiellrechtlichen Voraussetzungen 6
eines Urteils den Kategorien der **Schuldfrage** und der **Straffrage** zugeordnet (vgl. § 263 Abs. 1). Zur Schuldfrage (im prozessualen Sinne) gehören die Elemente des Straftatsystems, also Tatbestandsmäßigkeit, Rechtswidrigkeit, Schuld und sonstige Bedingungen bzw. Ausschlussgründe der Strafbarkeit. Zu den Umständen, die die „Strafbarkeit erhöhen" (§ 263 Abs. 2), zählen selbstverständlich tatbestandliche Qualifikationen, aber auch, obwohl sie ihren systematisch exakten Standort in der Straffrage haben, die Regelbeispiele für besonders schwere Fälle (§ 263 Abs. 2).

Die Prozessvoraussetzungen werden von der Schuldfrage nicht umfasst. Das 7
Gesetz, aus einer Zeit stammend, in der die Lehre von den Prozessvoraussetzungen noch nicht entwickelt war, nennt nur die Verjährung (§ 263 Abs. 3), macht aber deutlich, dass Prozessvoraussetzungen zum Prozessrecht gehören.

2. Prüfung von Amts wegen

Prozesshindernisse sind in jeder Lage des Verfahrens von Amts wegen zu prü- 8
fen.[7] Der Anwendungsbereich dieser Regel ist schmal. Nach dem Amtsermittlungsgrundsatz sind alle materiellrechtlichen und prozessrechtlichen Voraussetzungen eines Sachurteils von Amts wegen zu prüfen. Das gilt allerdings nur in den Tatsacheninstanzen. In der Revision werden Rechtsverstöße nur auf Rüge hin beachtet. Eine Ausnahme bilden die Prozessvoraussetzungen. Die Regel, dass sie in jeder Lage des Verfahrens von Amts wegen zu beachten sind, hat also eigenständige Bedeutung nur im Rechtsmittelverfahren (näher unten 23 Rn. 8, 36 Rn. 14).

3. Prüfung im Freibeweisverfahren

Damit hängt zusammen, dass die h.M. für die Prüfung der Prozessvoraus- 9
setzungen ein Freibeweisverfahren zulässt, den Richter also nicht an die im Gesetz vorgesehenen Beweismittel bindet (vgl. unten 23 Rn. 8).

4. In dubio pro reo

Dieser Grundsatz, so heißt es pauschal, gilt nicht im Bereich des Prozessrechts 10
(näher unten 18 Rn. 22). Davon muss man für die Prozessvoraussetzungen eine Ausnahme machen. Wenn es sich dabei nach h.M. um Umstände handelt, die so schwerwiegend sind, dass die Zulässigkeit des gesamten Verfahrens davon abhängt, muss ein Zweifel daran zu Gunsten des Angeklagten ausgehen und das

[7] Hier hat mich *Meyer-Goßner*, NStZ 2003, 170ff., missverstanden.

Verfahren eingestellt werden. Der *BGH* war zunächst vorsichtiger und wollte das für die einzelnen Prozessvoraussetzungen jeweils neu prüfen.[8] Es ist aber stets geboten, bei Zweifeln am Vorliegen von Prozessvoraussetzungen, die ja fundamentale, rechtsstaatliche Voraussetzungen eines Sachurteils sind, das Verfahren durch Einstellung zu beenden.[9]

IV. Der Katalog der Prozessvoraussetzungen/Prozesshindernisse

Er ist im Kernbereich gesichert. Bei den umstrittenen Fällen geht es um die Frage, ob man aus Verfahrensfehlern oder unmittelbar aus der Verfassung Prozesshindernisse ableiten darf (unten Rn. 24ff.).

1. Gerichtsbarkeit

11 a) Wenn es sich nicht um eine Strafsache handelt (§ 13 GVG), wird das Verfahren eingestellt.

b) Der deutschen Gerichtsbarkeit nicht unterworfen ist, wer diplomatische Immunität genießt (§§ 18–20 GVG) oder einen anderen Sonderstatus innehat (Art. VII NATO-Truppenstatut).

c) Es ist sinnlos, ein Strafverfahren durchzuführen, wenn das deutsche Strafrecht gem. §§ 3ff. StGB nicht anwendbar ist.[10]

2. Zuständigkeit

12 a) Die sachliche Zuständigkeit des Gerichts ist Prozessvoraussetzung (§ 6). Eine Entscheidung in der Sache darf nur das zuständige Gericht erlassen. Im Zwischenverfahren wird die mangelnde Zuständigkeit gem. § 209 korrigiert. Im Hauptverfahren bleibt es, abweichend von § 6, bei der Zuständigkeit des Gerichts höherer Ordnung (§ 269), während im umgekehrten Fall nicht eingestellt und erneut angeklagt, sondern der Einfachheit halber verwiesen wird (§ 270). Vor Beginn der Hauptverhandlung gilt § 225a.[11]

b) Der „Gerichtsstand“, also die örtliche Zuständigkeit in erster Instanz, ist eine Prozessvoraussetzung mit kurzem Verfallsdatum: Nur bis zur Eröffnung des Hauptverfahrens wird von Amts wegen geprüft (§ 16).

3. Immunität

13 Der deutschen Gerichtsbarkeit unterworfen, vor Strafverfolgung zunächst aber sicher sind Abgeordnete des Bundes (Art. 46 Abs. 2 GG) und der Länder

---

[8] Für die Verjährung zustimmend BGHSt 18, 274, 277; ebenso für die Verhandlungsfähigkeit NStZ 1984, 520.

[9] So (endlich) nun auch BGHSt 46, 349; *BGH* NStZ 2010, 160.

[10] BGHSt 34, 1.

[11] BGHSt 44, 121.

(§ 152a). Geschützt ist das Parlament. Es soll nicht durch Eingriffe einer anderen Staatsgewalt in seinem Bestand und seiner Zusammensetzung gefährdet und verändert werden können. Das Parlament kann die Immunität des Abgeordneten aufheben. Dann entfällt das Verfahrenshindernis des Abgeordneten.

Die Indemnität hingegen (Art. 46 Abs. 1 GG) betrifft die materiellrechtliche Verantwortlichkeit.

4. Strafmündigkeit

Kinder unter vierzehn Jahren sind unabhängig vom Einzelfall schuldunfähig **14** und daher nicht strafmündig (§ 19 StGB). Sie dürfen nicht strafrechtlich verfolgt werden.

5. Tod des Beschuldigten

Nach dem Tod des Beschuldigten ist eine Entscheidung in der Sache ausge- **15** schlossen. Verurteilung oder Freispruch „posthum" gibt es nicht. Das Verfahren endet aber nicht von selbst, sondern muss durch Einstellung abgeschlossen werden.[12]

6. Verhandlungsunfähigkeit

Ist der Beschuldigte nicht nur vorübergehend, sondern endgültig verhand- **16** lungsunfähig, liegt ein Verfahrenshindernis vor. Verhandlungsfähigkeit ist nicht identisch mit Geschäftsfähigkeit oder Prozessfähigkeit in Zivilsachen.[13] Vielmehr genügt und ist erforderlich, „dass der Angeklagte die Fähigkeit hat, in und außerhalb der Verhandlung seine Interessen vernünftig wahrzunehmen, die Verteidigung in verständiger und verständlicher Weise zu führen, Prozesserklärungen abzugeben oder entgegenzunehmen"[14].

Die Verhandlungsfähigkeit ist daher für die verschiedenen Verfahrensarten unterschiedlich zu beurteilen. Im Revisionsverfahren gehört dazu die Fähigkeit, „über die Einlegung des Rechtsmittels der Revision verantwortlich zu entscheiden".[15] Gegen Verhandlungsunfähige kann ein Sicherungsverfahren geführt werden, §§ 413 ff.

7. Verjährung

Nach Ablauf einer gewissen Zeit ist es nicht mehr sinnvoll, die Strafzwecke **17** des Schuldausgleichs, der General- und Spezialprävention zu verfolgen und in

---

[12] BGHSt 45, 108 hat die verfehlte frühere Rspr. aufgegeben. Ein kurioser Fall: Der flüchtige Angeklagte täuscht seinen Tod vor. Das Verfahren wird durch Beschluss gem. § 206a eingestellt. Dieser Beschluss ist aufzuheben, das Verfahren fortzusetzen; *BGH* NStZ 2008, 296.

[13] Vgl. *Rath*, GA 1997, 145.

[14] *BGH* NStZ 1996, 242.

[15] BGHSt 41, 16, 19; vgl. *Widmaier*, NStZ 1995, 362.

aller Regel schwierig, die Tat noch aufzuklären und Beweise zu finden. Aus diesen materiellrechtlichen und prozessualen Gründen wird nicht erst auf Bestrafung, sondern schon auf die Strafverfolgung verzichtet.[16]

8. Niederschlagung des Verfahrens

18 Diese Abolition hat zwar materiellrechtliche Gründe, wirkt aber als Prozesshindernis.[17] Ein Straffreiheitsgesetz, das eine Amnestie für bestimmte Straftaten gewährt, schafft einen Strafaufhebungsgrund. Wer in ihren Genuss kommt, hat aber meist keinen Anspruch auf einen Freispruch (Ausnahmen in den Amnestiegesetzen), sondern muss hinnehmen, dass das Verfahren nicht erst aufgenommen oder niedergeschlagen (eingestellt) wird. Die Begnadigung hingegen schafft als Strafanlass durch die Exekutive im Einzelfall ein Vollstreckungshindernis (§ 452).

9. Strafantrag

19 Ist ein Strafantrag (vgl. oben 8 Rn. 8, 9) nicht gestellt, liegt ein Prozesshindernis vor. Es ist nur vorübergehend, solange die Antragsfrist noch läuft. Endgültig wird es erst, wenn der Strafantrag nicht mehr gestellt werden kann oder ein bereits eingelegter Strafantrag zurückgenommen wird. Die gleiche Funktion hat das behördliche Strafverlangen (§ 104a StGB) bzw. die behördliche Ermächtigung (z.B. §§ 90 Abs. 4, 194 Abs. 4, 353a Abs. 2 StGB). Bei einigen Delikten kann die Staatsanwaltschaft den Strafantrag dadurch ersetzen, dass sie ein besonderes öffentliches Interesse an der Strafverfolgung geltend macht (z.B. §§ 230, 303c StGB).

10. Rechtskräftige Entscheidung

20 Ist die Strafklage durch eine rechtskräftige Entscheidung in derselben Sache bereits verbraucht, darf der Beschuldigte wegen dieser Tat nicht noch einmal bestraft werden (Art. 103 Abs. 3 GG). Dann ist aber bereits ein Verfahren mit dem Ziel eines Sachurteils nicht mehr sinnvoll. Es ist durch Einstellung zu beenden. Die entgegenstehende Rechtskraft ist ein Prozesshindernis. Das gilt auch für Entscheidungen der Schengen-Staaten: „Wer durch eine Vertragspartei rechtskräftig abgeurteilt ist, darf durch eine andere Vertragspartei wegen derselben Tat nicht verfolgt werden, vorausgesetzt, dass im Fall einer Verurteilung die Sanktion bereits vollstreckt worden ist, gerade vollstreckt wird oder nach dem Recht des Urteilsstaats nicht mehr vollstreckt werden kann" (Art. 54 SDÜ).[18]

---

[16] Vgl. *Lackner/Kühl*, StGB, § 78 Rn. 1.

[17] BGHSt 24, 262, 265.

[18] Zum Begriff der Tatidentität *EuGH* NStZ 2008, 164.

11. Anderweitige Rechtshängigkeit

Aus dem gleichen Grunde ist ein Verfahren einzustellen, wenn man bemerkt, dass dieselbe Sache bereits früher bei einem anderen Gericht rechtshängig, also durch Eröffnungsbeschluss zur Hauptverhandlung zugelassen wurde.[19] Nach dem Prioritätsgrundsatz entscheidet man sich für die Fortsetzung des älteren Verfahrens. 21

12. Anklage

Eine wirksame Anklage ist Prozessvoraussetzung. Unwirksam ist nur eine Anklage, der die Umgrenzungsfunktion fehlt (s. oben 12 Rn. 40).[20] Weigert sich die Staatsanwaltschaft, ihre Anklage nachzubessern, lehnt das Gericht die Eröffnung des Hauptverfahrens ab (§ 204). Mängel der Informationsfunktion können vom Gericht nach h. A. durch Hinweise geheilt werden.[21] 22

13. Eröffnungsbeschluss

a) Wenn der Eröffnungsbeschluss fehlt, ist das Verfahren wegen eines Prozesshindernisses durch Urteil einzustellen (§ 260 Abs. 3). Die h. M. allerdings meint, dass der Eröffnungsbeschluss noch während der Hauptverhandlung nachgeholt werden könne.[22] Stimmen Angeklagter und Verteidiger zu und verlangen sie nach Belehrung nicht eine Aussetzung der Hauptverhandlung (§§ 217, 218), könne das Verfahren sofort weitergeführt werden. Dafür spricht, dass nach der hier vertretenen Ansicht die Staatsanwaltschaft durch die Einstellung nicht gehindert ist, die Anklage erneut einzureichen; das Prozesshindernis „fehlender Eröffnungsbeschluss" ist behebbar. Dagegen aber spricht die Bedeutung des Eröffnungsbeschlusses: Das Gericht, dem eine Anklage vorgelegt wird, soll nicht einfach zur Tagesordnung (der Hauptverhandlung) übergehen können, sondern über die Zulassung der Anklage nachdenken und entscheiden. Die h. M. opfert dieses wesentliche Element der Förmlichkeit des Verfahrens der reinen Prozessökonomie. 23

b) Bei einem fehlerhaften Eröffnungsbeschluss kommt es darauf an, worin der Fehler besteht. Da mit diesem Beschluss die Anklage zugelassen wird, kann es sich um Fehler handeln, unter denen bereits die Anklageschrift leidet. In dieser ersten Kategorie der sozusagen akzessorischen, mitgeschleppten Mängel ist, wie bei der Anklage, zu unterscheiden zwischen der Umgrenzungsfunktion und der Informationsfunktion. Nur im ersten Falle, in dem unklar bleibt, welche Tat verhandelt werden soll, ist der Eröffnungsbeschluss unwirksam.[23] Mängel in der Informationsfunktion können in der Hauptverhandlung geheilt werden. Die zweite Kategorie von Fehlern besteht aus den im Zwischenverfahren neu hinzugekommenen.

---

[19] BGHSt 22, 232; vgl. oben 12 Rn. 41.
[20] BGHSt 40, 44 f.
[21] Vgl. BGHSt 40, 390; *Beulke*, Rn. 285; a. A. z. B. *OLG Düsseldorf* StV 1997, 10.
[22] BGHSt 29, 224; StV 1998, 66; *Meyer-Goßner*, § 203 Rn. 4 m. w. N.
[23] *BGH* NStZ 1985, 464.

Beispiele: Die Unterschrift des Richters fehlt (unwirksamer Eröffnungsbeschluss).[24] Ein ausgeschlossener Richter hat mitgewirkt (§ 22 Nr. 2).[25]

Die Kasuistik ist zerklüftet; die große Linie fehlt.

V. Prozessvoraussetzungen, Verfahrensfehler und Verfassungsrecht

24 Die bisher behandelten Prozessvoraussetzungen betrafen „Voraussetzungen" wie die Gerichtsbarkeit, die Zuständigkeit, etc. sowie Umstände in der Person des Beschuldigten (z.B. Immunität, Verhandlungsfähigkeit) oder der Sache selbst (z.B. rechtskräftige Entscheidung). Verfahrensfehler führen prinzipiell nicht dazu, dass das Verfahren durch Einstellung beendet werden muss. Sie sind entweder noch im Verfahren zu beheben oder machen, wenn sie bestehen bleiben, das Urteil als fehlerhaft angreifbar (Revision). Die alte Vorstellung, dass besonders schwere Verfahrensfehler zur „Nichtigkeit" des Verfahrens führen könnten, entspricht nicht dem System der StPO. Immerhin haben aber die Erörterungen zu den Prozessvoraussetzungen Anklage und Eröffnungsbeschluss gezeigt, dass man auch heute noch Prozesshindernisse aus schweren Verfahrensfehlern ableitet. Die weiteren Fälle sind sehr umstritten. Es geht dabei auch um die Frage, ob man Prozesshindernisse ohne Rückhalt in der StPO direkt aus der Verfassung ableiten kann.

Aus dem System der StPO lassen sich zwei Direktiven für die Lösung dieses Problems erschließen.

25 (1) Für Prozessvoraussetzungen ist typisch, dass sie ein Verfahren „ohne wenn und aber" beenden. Sie sind prinzipiell abwägungsfeindlich ausgestaltet.[26] Die h.M. formuliert diesen Gedanken so: Prozesshindernisse knüpfen an Tatsachen an und müssen ohne Wertung feststellbar sein.[27] Das trifft die Sache nicht ganz. Viele Prozesshindernisse, z.B. die entgegenstehende Rechtskraft, die unwirksame Anklage, setzen wertende Argumente voraus. Wichtig ist nur, dass die Wertung evident und eindeutig ist. Damit hängt zusammen:

26 (2) Prozessvoraussetzungen können nicht aus dem bisherigen Verlauf eines Strafverfahrens abgeleitet werden (diese Regel hat die h.M. noch nicht ausdrücklich übernommen).

Die Einzelfälle:

1. Überlange Verfahrensdauer

27 Strafverfahren müssen zügig durchgeführt werden. Dieses Beschleunigungsgebot hat Verfassungsrang (Art. 20 Abs. 3 GG; Art. 6 Abs. 1 S. 1 EMRK). Der

---

[24] *OLG Frankfurt* JR 1992, 348.

[25] Nach BGHSt 29, 351 kein schwerwiegender Mangel; dagegen zu Recht *Nelles*, NStZ 1982, 96, 102.

[26] *Volk*, StV 1986, 36; vgl. schon oben Rn. 4.

[27] BGHSt 24, 239; 32, 345, 351 f.

BGH vertrat lange Zeit die Auffassung, dass der Ausgleich für eine rechtsstaatswidrige Verfahrensverzögerung bei der Strafzumessung vorzunehmen sei, also durch Absehen von Strafe, Einstellung gem. § 153, Strafaussetzung zur Bewährung oder Strafmilderung.[28] Der Große Senat des *BGH* hat diese „Strafabschlagslösung" nun ersetzt durch das „Vollstreckungsmodell". In der Urteilsformel ist auszusprechen, „dass zur Entschädigung für die überlange Verfahrensdauer ein bezifferter Teil der Strafe als vollstreckt gilt".[29] So kann das Rechtsfolgensystem intakt gehalten und im Ergebnis sogar die Mindeststrafe unterschritten werden.

In der Literatur wird vielfach vertreten, dass die überlange Verfahrensdauer ein Verfahrenshindernis darstelle.[30] Auch das *BVerfG* hat für Extremfälle die Fortsetzung des Strafverfahrens als rechtsstaatlich nicht mehr hinnehmbar bezeichnet.[31]Gegen ein Verfahrenshindernis spricht aber, dass man ein Verbot, mit dem Verfahren fortzufahren, nicht aus dem bisherigen Verfahren ableiten und durch Abwägung zwischen der Schwere des Vorwurfs, dem vertretbaren Ermittlungsaufwand und der Verfahrensdauer im Einzelfall ermitteln sollte. Dennoch hatte der *BGH*[32] für außergewöhnliche Einzelfälle einer rechtsstaatswidrigen Verfahrensverzögerung ein Verfahrenshindernis angenommen, wenn „eine angemessene Berücksichtigung des Verstoßes im Rahmen einer Sachentscheidung bei umfassender Gesamtwürdigung nicht mehr in Betracht kommt" und den Tatrichter verpflichtet, alle Tatsachen zu Verfahrensgang und -prognose, Schuldumfang und Gesamtwürdigung anzugeben. Das ist mit der Grundstruktur von Verfahrenshindernissen nicht vereinbar (vgl. oben Rn. 4). Sie zeichnen sich dadurch aus, dass das Verfahren offensichtlich und eindeutig „gekippt" und jene Abwägung also nicht erforderlich ist.[33]

2. Tatprovokation (agent provocateur)

Wenn die Grenzen zulässiger Motivation eines Tatgeneigten überschritten 28
sind (vgl. oben 10 Rn. 4) und der Staat selbst, handelnd durch seine Agenten, Schuld daran hat, dass sich ein anderer schuldig macht, ist das kein Grund, das Verfahren durch Einstellung zu beenden.[34] Diese radikale Lösung hätte zwar den erwünschten generalpräventiven Effekt, solche Aktionen als von vornherein nutzlos zu kennzeichnen, verträgt sich aber nicht mit den hier zugrunde geleg-

---

28 BGHSt 21, 81; 45, 308; *BGH* StV 1997, 408. Zu dieser Kompensation *BGH* NStZ 2006, 346 mit berechtigter Kritik am *BVerfG*.

29 *BGH* NStZ 2008, 234.

30 Z.B. *I. Roxin*, Die Rechtsfolgen schwerwiegender Rechtsstaatsverstöße in der Strafrechtspflege, 4. Aufl. 2004; *Schroth*, NJW 1990, 29.

31 NStZ 1984, 128; StV 1993, 352; wegweisend *EGMR* EuGRZ 1983, 371; 2001, 299 ff.

32 BGHSt 46, 159; *BGH* NStZ 2005, 445 („nicht jede geringfügige Verzögerung ist eine rechtsstaatswidrige").

33 Die verfassungsgerichtliche Kontrolle unter dem Aspekt der Verhältnismäßigkeit dringt zu tief in die Kompetenz der Fachgerichte ein, wie *BVerfG* NStZ 2004, 335 deutlich zeigt; zu Recht kritisch *Foth*, a.a.O. 337; noch krasser *BVerfG* NStZ 2005, 456 m. abl. Anm. *Foth* a.a.O. 457.

34 Gegen ein Verfahrenshindernis die Rechtsprechung seit BGHSt 32, 345 bestätigt in BGHSt 45, 321; dafür zahlreiche Stimmen im Schrifttum, vgl. nur *Lüderssen*, Jura 1985, 113.

ten Direktiven (oben Rn. 25f.). Prozesshindernisse sind keine Sanktion für prozessuales Fehlverhalten. Der Gedanke an eine „Verwirkung des Strafanspruchs" ist im Ansatz besser. Er weist in Richtung Freispruch. Aber das Opfer der Manipulation ist trotz aller Einwirkung Herr seiner Entschlüsse geblieben und trägt Verantwortung für die Tat. Daher ist eine flexible Lösung vorzuziehen. Das Mitverschulden des Staates muss bei der Strafzumessung veranschlagt werden.[35] „Das Maß der Kompensation ... ist gesondert zum Ausdruck zu bringen".[36]

3. Verhältnismäßigkeitsprinzip

29 Das *BVerfG*[37] hat für Strafverfahren gegen DDR-Bürger, die Spionage für die DDR geleistet haben (sollen), ein Verfahrenshindernis aus dem Grundsatz der Verhältnismäßigkeit abgeleitet. Die Entscheidung widerspricht allem, was Strafprozess-Recht ist und kann nur als ein politischer Akt begriffen werden: Richter verkünden anstelle des Gesetzgebers eine Amnestie.[38]

4. Rechtsstaatsprinzip und fair trial

30 Jeder Verfahrensfehler ist ein Verstoß gegen das Rechtsstaatsprinzip. Allein aus der Schwere des Missgriffs kann man nicht folgern, dass ein Verfahrenshindernis entstanden sei. Die Einstellung des Verfahrens ist nicht als Sanktion gedacht. Das Rechtsmittel der Revision sorgt dafür, dass Fehler in einer neuen Hauptverhandlung revidiert werden können. Selbst die schwersten Fehler sind nach der Konzeption der StPO nur revisibel, aber nicht irreversibel. Daher wird kein Verfahrenshindernis ausgelöst, wenn

- der Beschuldigte durch verfehlte Pressepolitik der Justizbehörden öffentlich vorverurteilt ist[39]
- die Staatsanwaltschaft die Tatsache, dass sich der Angeklagte in der Hauptverhandlung befindet, zu einer gesetzwidrigen Durchsuchung seiner Zelle ausnutzt[40]
- die Ermittlungsbehörden Beweise manipuliert haben[41]
- die Staatsanwaltschaft sich nicht an die „Zusage" gehalten hat, eine Tat nicht zu verfolgen[42]
- die Staatsanwaltschaft sich Kenntnis vom Verteidigungskonzept des Angeklagten verschafft hat.[43]

---

[35] BGHStGrS 33, 356; *BGH* NStZ 1994, 289; 1995, 506.
[36] BGHSt 45, 321.
[37] BVerfGE 92, 277.
[38] Näher *Volk*, NStZ 1995, 367; *Bartlsperger*, DVBl 1995, 345.
[39] Vgl. *Hassemer*, NJW 1985, 1927.
[40] *OLG Karlsruhe* StV 1986, 10; *Volk*, StV 1986, 34.
[41] A. A. *LG Hannover* StV 1985, 94.
[42] BGHSt 37, 10.
[43] *BGH* NStZ 1984, 419 m. krit. Anm. *Gössel*; die Verteidigungsunterlagen dürfen aber gegen seinen Willen nicht verwertet werden, *BGH* NStZ 1998, 309.

Bei einem Verstoß gegen den Grundsatz des fairen Verfahrens gibt es auch materiellrechtliche Möglichkeiten der Kompensation: „Denn die Verletzung des Grundsatzes fairer Verfahrensführung kann ein Verfahrenshindernis nur dann begründen, wenn keine Möglichkeit besteht, diesen Verstoß durch strafprozessuale Maßnahmen und/oder die Ausschöpfung materiellrechtlicher Gestaltungsmöglichkeiten auf der Rechtsfolgenseite so weit auszugleichen, dass sich das Verfahren insgesamt noch als fair erweist".[44]

Kompliziert und umstritten ist die Frage, ob ein Verfahrenshindernis entsteht, **31**
wenn der Angeklagte auf fremdem Staatsgebiet völkerrechtswidrig festgenommen und unter Verstoß gegen das Auslieferungsrecht nach Deutschland gebracht wird.[45]

Fälle und Fragen

89. Welche Prozessvoraussetzungen sind Ihnen bekannt?
90. Während des Verfahrens stellt sich heraus, dass nicht mehr sicher festgestellt werden kann, ob die verhandelte Tat bereits verjährt ist oder nicht. Was ist zu tun?
91. Das LG hat die M, L und K durch Urteil vom 29. 12. 1981 wegen gemeinschaftlicher fortgesetzter Untreue und wegen Steuerhinterziehung verurteilt. Gegen dieses am 29. 12. 1981 verkündete und den Verteidigern im August 1982 zugestellte Urteil richten sich die rechtzeitig eingelegten und formgerecht begründeten Revisionen der Angeklagten. Die letzte Revisionsbegründung ist im September 1982 beim *LG Frankfurt* eingegangen. Die Akten sind dem Senat erst im Juni 1987 vom Generalbundesanwalt zur Entscheidung über die Revisionen vorgelegt worden. Gründe für die Verzögerung von fast fünf Jahren liegen nicht vor. Wie wird der *BGH* entscheiden?

---

[44] *BGH* NStZ 2008, 416, 417.
[45] Vgl. *BVerfG* NJW 1986, 1427; 3021; *BGH* NStZ 1984, 563.

§ 15. Die Prozesshandlungen

1 Dieser Begriff aus den Gründerjahren der StPO steht für den Versuch, die Wissenschaftlichkeit der Prozessrechtslehre durch abstrakte Oberbegriffe zu unterstreichen, vergleichbar den zivilrechtlichen Grundkategorien des Rechtsverhältnisses, der Willenserklärung, etc. Im Grunde braucht man den Begriff Prozesshandlung im Strafverfahrensrecht nicht. Die allgemeinen Regeln, in denen er vorkommt, werden durch Ausnahmen durchbrochen, die wichtiger sind als die Regel selbst.[1]

Beispiel: „Prozesshandlungen sind bedingungsfeindlich". Das stimmt nicht für Beweisanträge (und einige andere Erklärungen). Diese sogenannte Ausnahme ist praktisch die Hauptsache und von größerer Bedeutung als die Regel.

Mit der Rechtsfigur der Prozesshandlung sind einige allgemeine Fragen verbunden, die nur in bestimmten Regelungsbereichen auftauchen. Die Fragen zielen auf Anfechtung und Widerruf, Formen und Fristen. Die Regelungsbereiche, in denen sie wichtig werden, sind vor allem Beweisanträge, Rechtsmittel und Absprachen. Dort ist auf konkrete Probleme der Prozesshandlungen zurückzukommen; hier werden nur die Grundlagen dargestellt.

I. Begriff

2 Nach der nahezu tautologischen Definition der h. M. sind Prozesshandlungen alle prozessual relevanten Handlungen eines Prozessbeteiligten. Nicht Prozesshandlungen sollen reine Wissenserklärungen sein, also Aussagen von Beschuldigten, Zeugen und Sachverständigen (und auch das ist umstritten). Zeugen und Sachverständige sind überdies nicht Verfahrensbeteiligte, weil sie nicht gestaltend als Prozesssubjekte mitwirken, sondern Beweismittel sind.

3 Ansonsten kommt als Prozesshandlung alles in Betracht, was im Prozess geschieht: Entscheidungen, Erklärungen, Anträge, selbst Realakte.[2]

II. Voraussetzungen

4 Der Prozessbeteiligte, der die Prozesshandlung vornimmt, muss handlungsfähig sein. Das Nähere hängt von der Prozessrolle ab. Beim Beschuldigten kommt es auf die Verhandlungsfähigkeit an (vgl. oben 14 Rn. 16), beim Verteidiger und dem Vertreter der Staatsanwaltschaft auf die Prozessfähigkeit.

---

[1] Zu dieser Art von Theoriebildung *Volk*, FS Schüler-Springorum, S. 505.
[2] Z. B. die Vorlage von Akten, BGHSt 26, 384, 386.

III. Mängel

1. Irrtum

Prozesshandlungen können nicht mit der Begründung angefochten werden, man habe sich in einem Irrtum über den Inhalt der Erklärung befunden oder sei einem Motivirrtum erlegen.[3] Die h.M. verweist darauf, dass die „öffentlichrechtliche Natur des Prozesses die unbedingte Gültigkeit der Erklärung gebiete“[4]. 5

Apodiktische Begründungen dieser Art verdienen immer größtes Misstrauen. Richtig ist, dass man in einem Verfahren jederzeit wissen muss, „woran man ist“. Die Rückwirkung einer Anfechtung (§ 142 BGB) verträgt sich nicht mit dem procedere, dem Wechsel der Prozesslagen. Aber:

„Das Gebot der Gerechtigkeit zwingt zu Ausnahmen von der unbedingten Gültigkeit der Rechtsmittelerklärungen und von der grundsätzlichen Unbeachtlichkeit erwiesener Willensmängel“[5]. 6

Es liegt nahe, sich dafür an § 136a zu orientieren. Diese Regelung jedoch, getroffen für die Verwertbarkeit von Aussagen, kann nicht ohne Modifikation auf das ganz andere Problem übertragen werden, an welchen Prozesshandlungen man sich festhalten lassen muss. Letztlich entscheidet

„die Art des Willensmangels und seiner Entstehung darüber, ob überwiegende Gründe der Gerechtigkeit den Vorrang vor dem Gesichtspunkt der Rechtssicherheit beanspruchen müssen“[6].

Daraus lassen sich nicht feste Regeln, sondern nur Direktiven ableiten. Ist es das Gericht selbst gewesen, das den Angeklagten in einen Irrtum versetzt hat, wird man die Anfechtung zulassen müssen;[7] war es der Verteidiger, der ihn falsch belehrt hat und hat das Gericht seine Fürsorgepflicht nicht verletzt, fällt der Irrtum in die Risikosphäre des Angeklagten.[8] 7

2. Drohung, Zwang

Selbst Drohung von staatlicher Seite führt nicht immer zu Anfechtbarkeit. 8

Beispiel: Nachdem der Angeklagte, kaum dass das Urteil gesprochen ist, nicht sofort auf Rechtsmittel verzichtet, beantragt die Staatsanwaltschaft „unsachgemäß“ einen Haftbefehl; nun erklärt der Angeklagte den Rechtsmittelverzicht.[9]

Diese Drohung wäre auszuhalten gewesen, weil der zuständige Richter, wie man hoffen darf, den Haftbefehl wahrscheinlich nicht erlassen hätte.

---

[3] *BGH* NStZ 2005, 582.

[4] RGSt 57, 83 für Rechtsmittelerklärungen.

[5] BGHSt 17, 14, 18. Zum Problem des Rechtsmittelverzichts bei Absprachen s. unten 30 Rn. 5.

[6] BGHSt a. a. O.

[7] BGHSt 45, 51; 46, 257.

[8] Zum gescheiterten Deal *BGH* StV 1988, 372; vgl. unten 30 Rn. 6.

[9] BGHSt 17, 14.

Andererseits muss man Drohung und Zwang, ausgehend von Dritten, in gravierenden Fällen als Anfechtungsgrund zulassen.

Beispiel: Der Angeklagte, Mitglied einer kriminellen Organisation, hatte auftragsgemäß falsch ausgesagt, die anderen damit gedeckt und sich verurteilen lassen. Er sieht nun nicht mehr ein, dass er den Kopf hinhalten soll und legt Rechtsmittel ein. Unter dem Eindruck einer Todesdrohung der Organisation nimmt er es wieder zurück. Diese Erklärung muss anfechtbar sein.

3. Unzulässige Absprachen

9 können Prozesserklärungen unwirksam machen, insbesondere den Rechtsmittelverzicht (vgl. unten 30 Rn. 5).[10]

IV. Rechtsfolgen

1. Unwirksamkeit

10 Bisher war, in Analogie zur Lehre von der Willenserklärung, von „Anfechtbarkeit" die Rede. Genauer betrachtet sind Prozesshandlungen, bei denen aus Gründen der Gerechtigkeit der Einfluss von Irrtum, Drohung oder Zwang relevant ist, **unwirksam.**[11]

Beispiel: Der Tatrichter droht mit Haft, falls der Angeklagte nicht gesteht, sondern einen Beweisantrag stellt, der zur Aussetzung der Hauptverhandlung zwingen würde.[12]

Diese Unwirksamkeit kann der Angeklagte geltend machen. Sie ist aber, wenn die Umstände dem Gericht bekannt sind, auch von Amts wegen festzustellen.

Ansonsten ist eine Prozesshandlung nur unwirksam, wenn sie nach dem Gesetz keine Rechtsfolgen auslöst.

Beispiel: Die Besetzung der Richterbank wird dem Angeklagten mitgeteilt und nicht, wie vorgeschrieben (§ 222a Abs. 1 S. 2), dem Verteidiger.

2. Nichtigkeit

11 Urteile, Beschlüsse und Verfügungen des Gerichts sind nie unwirksam, sondern stets nur mit Rechtsbehelfen anfechtbar. Die h.M. sieht das anders. Sie überträgt die Evidenztheorie des öffentlichen Rechts (vgl. §§ 44, 46 VwVfG) auf Gerichtsentscheidungen und hält sie für **nichtig,** wenn ein

„derart schwerer, offen zutage liegender Mangel (gegeben ist), dass es bei Berücksichtigung der Belange der Rechtssicherheit und des Rechtsfriedens vom Standpunkt der Gerechtigkeit aus schlechthin unerträglich wäre, das so zustan-

---

[10] BGHSt 45, 51.

[11] BGHSt 46, 257.

[12] *BGH* NStZ 2005, 279. Bei anderer Bewertung des Beispiels zu BGHSt 17, 14 (oben Rn. 8) wäre ebenfalls Unwirksamkeit die Folge.

de gekommene Urteil als einen mit staatlicher Autorität ausgestatteten, in einem rechtsförmlichen Verfahren gefundenen verbindlichen Richterspruch anzuerkennen und gelten zu lassen“[13].

Die Pathologie des Strafverfahrens kennt keinen einzigen praktischen Fall. In einem Rechtsstaat kann man sich Beispiele nur denken:

Der Richter verhängt die Prügelstrafe. Aufgebrachte Bürger bilden ein „Sondergericht“ und „verurteilen“ den „Angeklagten“.

Im zweiten Fall liegt gar kein Urteil vor. Das Urteil im ersten Beispiel wird nicht für vollstreckbar erklärt (§ 458) und im Rechtsmittelverfahren aufgehoben werden.

Die Nichtigkeit eines Urteils ist selbst dann, wenn ihm der Fehler „auf die Stirn geschrieben ist“, förmlich festzustellen.[14] Die Alternative, dass sich, um im Bilde zu bleiben, jedermann an die Stirn tippen und eine Entscheidung als nichtig übergehen könnte, ist die schlechtere Lösung. Überdies sieht sich die h. M. mit dem kaum zu bewältigenden Problem der Grenzfälle konfrontiert. 12

Beispiel: Prompt ist umstritten, ob ein rechtskräftig gewordenes Urteil nichtig ist, in dem unter Verstoß gegen den Grundsatz ne bis in idem eine Sache zum zweiten Mal entschieden wurde.[15] Dieser Fehler ist, wie stets, in einem förmlichen Verfahren geltend zu machen. Dafür stehen zur Verfügung die Wiederaufnahme des Verfahrens (§ 359 Nr. 5 – die Entdeckung des ersten Urteils ist eine neue Tatsache), die Verfassungsbeschwerde und die Überprüfung nach § 458.

Selbst die „greifbare Gesetzeswidrigkeit“ ist kein Grund, eine „außerordentliche Beschwerde“ anzuerkennen.[16]

V. Rechtsmissbrauch und Verwirkung

Prozessuale Rechte dürfen nicht für rechtlich missbilligte Zwecke eingesetzt werden.[17] Die h. M. nimmt ein allgemeines Missbrauchsverbot an, obwohl die StPO eine entsprechende Generalklausel nicht kennt.[18] Unwirksam sind jedenfalls nur solche Prozesshandlungen, die gegen ein konkretes Verbot verstoßen. Ansonsten können sie nur unzulässig sein. 13

VI. Widerruf

Für die Frage, ob Prozesshandlungen widerruflich sind, ergibt sich die Antwort manchmal aus dem Gesetz und manchmal aus der allgemeinen Erwägung, ob man eine im Prozess bereits erreichte Station rückwärts verlassen und zum 14

[13] BGHSt 33, 126, 127; leise Zweifel an der h. M. in *BGH* NStZ 2009, 579.
[14] A. A. *Roxin/Schünemann*, § 52 Rn. 25 ff.
[15] In engen Grenzen bejahend *BGH* NStZ 1984, 279.
[16] BGHSt 45, 37.
[17] Vgl. *Niemöller*, StV 1996, 501.
[18] BGHSt 38, 111; a. A. *R. Hamm*, NJW 1993, 296; *Kempf*, StV 1996, 507; *Kühne*, StV 1996, 684; vgl. auch *Widmaier*, NStZ 1992, 513; *HK/Julius*, § 244 Rn. 14.

früheren Stand zurückkehren kann. Das Problem ist unübersichtlich (und nicht examensrelevant).[19]

1. Urteile und Beschlüsse

15 **Urteile** und **Strafbefehle** (vgl. § 410 Abs. 3) sind nicht widerruflich. Gegen **Beschlüsse** gibt es in der Regel die einfache Beschwerde (§ 304). Sie ist unbefristet und hält das Verfahren nicht auf (§ 307). Auf der anderen Seite kann das Gericht seine Beschlüsse z.B. wegen veränderter Umstände widerrufen und ändern. In wenigen, ausdrücklich geregelten Fällen sind Beschlüsse nur mit der sofortigen Beschwerde anfechtbar, einzulegen binnen einer Woche (§ 311). Sie sollen also Bestand haben und sind deshalb auch nicht widerruflich.

2. Prozesstragende Entscheidungen

16 Jene allgemeine Erwägung führt dazu, bei **prozesstragenden** Entscheidungen und Erklärungen den Widerruf auszuschließen.

Beispiel: Der Eröffnungsbeschluss.

Das Gleiche gilt für Erklärungen mit **prozessbeendender** Wirkung.

Beispiele: Die Rücknahme des Strafantrags (§ 77d StGB), eines Rechtsmittels (§ 302), ebenso der Rechtsmittelverzicht.[20]

3. Einfache Prozesserklärungen

17 Ansonsten kann man Prozesshandlungen, die solche Wirkungen nicht haben (**einfache Prozesserklärungen**), widerrufen.

Beispiel: Beweisanträge.

Ist eine Entscheidung bereits ergangen (im Beispiel: ein Beweisbeschluss), wird sie durch den Widerruf nicht unwirksam.

VII. Formen

18 Außerhalb der Hauptverhandlung werden Erklärungen schriftlich abgegeben, in der Hauptverhandlung mündlich.

Beispiel: Es genügt nicht, dass der Verteidiger einen Beweisantrag schriftlich zu den Akten gibt. Er muss ihn mündlich stellen (Mündlichkeitsprinzip).

Ist eine Prozesshandlung formfrei, kann sie auch konkludent erfolgen.

Beispiel: Der Vorsitzende fragt, ob Einverständnis damit besteht, dass der Zeuge entlassen werden kann. Die Andeutung eines Nickens genügt.

---

[19] Einzelheiten bei *Meyer-Goßner*, Einl. Rn. 112ff.
[20] *BGH* NStZ 1997, 148.

Zur **Schriftform** gehört, anders als gem. § 126 Abs. 1 BGB, die Unterschrift schon deshalb nicht, weil in manchen Fällen die Unterzeichnung eigens vorgeschrieben ist (§§ 172 Abs. 3 S. 2, 345 Abs. 2, 366 Abs. 2, 390 Abs. 2). Die Schriftform ist gewahrt, wenn sich aus dem Schriftstück entnehmen lässt, welche Erklärung abgegeben wird und wer sie abgibt. Für diese Identifizierung genügt ein Faksimilestempel, selbst das Diktatzeichen des Rechtsanwalts auf einem Schreiben mit dem Briefkopf seiner Kanzlei (auch die eingescannte Unterschrift nach einer Textdatei)[21]. 19

Die **Unterzeichnung** kann nur durch eigenhändige Unterschrift erfolgen.[22] Als schriftliche Erklärung gilt auch das **Telefax** (sowie die aussterbenden Übermittlungsformen Telebrief, Telegramm, Fernschreiben). 20

VIII. Fristen und Termine

1. Termine

Ein **Termin** ist ein Zeitpunkt, an oder ab dem eine Verhandlung stattfinden soll. 21

Beispiel: „Termin zur Hauptverhandlung wird bestimmt auf Mittwoch, 29. April 1999, 9.00 Uhr, Sitzungssaal 162".

2. Fristen

Fristen sind Zeiträume, innerhalb derer etwas geschehen muss oder nicht geschehen darf.[23] 22

Sie sind im Gesetz geregelt

- Rechtsmittelfristen, §§ 314 Abs. 1, 317, 341 Abs. 1, 345 Abs. 1, 346 Abs. 2 S. 1

oder werden vom Richter bestimmt

- z. B. die Erklärungsfrist gem. § 201 Abs. 1, die Frist zur Sicherheitsleistung im Privatklageverfahren § 379 Abs. 3.

Wie sie berechnet werden, ergibt sich aus §§ 42, 43. Hat der Richter eine Frist gesetzt, kann er sie auf Antrag oder von Amts wegen verlängern und nach Ablauf neu gewähren. Ist eine gesetzliche Frist verstrichen, kann die Wiedereinsetzung in den vorigen Stand helfen.

3. Ausschlussfristen

Sie ist bei **Ausschlussfristen** nicht möglich. Nach deren Ablauf ist die Prozesshandlung unzulässig und nicht mehr nachholbar. 23

---

[21] *GmS-OGB* NJW 2000, 2340.
[22] Vertretung ist unzulässig, *BayObLG* NJW 1991, 2095.
[23] LR/*Graalmann-Scheerer*, vor § 42 Rn. 1.

Beispiel: Den Einwand, eine besondere Strafkammer sei zuständig, kann der Angeklagte nur bis zum Beginn seiner Vernehmung zur Sache in der Hauptverhandlung vorbringen, § 6a S. 3. Vgl. ferner §§ 16 S. 3, 25, 222b S. 1, 303 S. 1, 388 Abs. 1, 391 Abs. 1 S. 2, 439 Abs. 2 S. 2.

IX. Wiedereinsetzung in den vorigen Stand, §§ 44ff.

1. Rechtsbehelf

24 Dieser **Rechtsbehelf** ist kein Rechtsmittel. Der Wiedereinsetzungsantrag bringt die Sache nicht in die höhere Instanz (Devolutiveffekt, vgl. unten 34 Rn. 1) und hat nicht zum Ziel, eine Entscheidung überprüfen zu lassen. Dass bereits Rechtskraft eingetreten ist (z.B. durch Versäumung der Rechtsmittelfrist), steht dem Antrag nicht entgegen – die Rechtskraft soll ja gerade beseitigt werden.[24]

2. Fristen

Fristen sind die prozessualen der StPO (vgl. oben Rn. 22), nicht also die Strafantragsfrist gem. § 77b Abs. 1 S. 1 StGB.[25]

3. Fristversäumung

25 **Versäumt** hat eine Frist nicht, wer sie gar nicht einhalten wollte, von einem befristeten Rechtsbehelf bewusst keinen Gebrauch gemacht und es sich dann anders überlegt hat. Der Fristversäumung gleichgestellt wird der Fall, dass jemand fristgerecht gehandelt, dabei aber die vorgeschriebene **Form** nicht eingehalten hat.[26]

Beispiel: Im Klageerzwingungsverfahren ist bei dem Antrag nach § 172 Abs. 2 die Formvorschrift nicht beachtet worden.

4. Verschulden

26 **Ohne Verschulden** verhindert ist, wer die ihm mögliche und zumutbare Sorgfalt aufgebracht hat. Fristen darf man ausnutzen. Wer bis an die Grenze geht und im letzten Moment handelt, muss sich allein deshalb nicht Verschulden vorwerfen lassen.[27]

27 Zum **Verschulden Dritter** gibt es eine reiche Kasuistik. Man darf darauf vertrauen, dass die **Post** nicht länger als einen Tag braucht.[28] Fehler der **Justizbe-**

---

[24] Zur Wiedereinsetzung vgl. *Saenger*, JuS 1991, 842.
[25] *BGH* NJW 1994, 1165.
[26] BGHSt 26, 235.
[27] BVerfGE 69, 381, 385.
[28] BVerfGE 62, 334; *BVerfG* NJW 1992, 1952; *BGH* GA 1994, 75; zum Fax *BGH* NJW 1996, 2857.

hörden muss sich der Betroffene nicht zurechnen lassen. Verschulden des **Verteidigers** ist nicht Verschulden des Beschuldigten.[29] Er muss seinen Verteidiger nicht überwachen. Weiß er aber von dessen Unzuverlässigkeit oder war es für ihn vorhersehbar, dass der Verteidiger die Frist nicht einhalten wird, trifft ihn ein Mitverschulden, das die Wiedereinsetzung ausschließt.[30] Für andere Verfahrensbeteiligte, die sich nicht gegen einen Schuldvorwurf zur Wehr setzen (z.B. Privatkläger, Nebenkläger) entnimmt die h.M. aus § 85 Abs. 2 ZPO einen allgemeinen Verfahrensgrundsatz und rechnet ihnen das Verschulden des Vertreters zu.[31] **Kanzleiverschulden** sind für den Rechtsanwalt (und folglich erst recht für den Vertretenen) unverschuldet, wenn er sein Personal sorgfältig ausgewählt und überwacht hat.

5. Antrag auf Wiedereinsetzung

Der **Antrag auf Wiedereinsetzung** ist binnen einer Woche nach Wegfall des Hindernisses bei dem Gericht einzureichen, an das man sich hätte wenden müssen (§ 45 Abs. 1 S. 1). Ist eine Rechtsmittelfrist versäumt, kann der Antrag auch bei dem Rechtsmittelgericht eingereicht werden (§§ 45 Abs. 1 S. 2, 46 Abs. 1). Aus dem Antrag muss hervorgehen, welche Frist versäumt wurde und wann das Hindernis entfallen ist.[32] Diese Tatsachen sind **glaubhaft** zu **machen** (§ 45 Abs. 2 S. 1). Als Mittel dazu reicht die eigene Erklärung des Antragstellers dann, wenn ihm andere nicht zur Verfügung stehen.[33] 28

Beispiel: Bei Gericht ist der Briefumschlag weggeworfen worden, mit dem sich die rechtzeitige Aufgabe des Briefes hätte beweisen lassen.

Die versäumte Handlung ist **nachzuholen** (§ 45 Abs. 2 S. 2), wenn sie bisher noch nicht oder nicht formgerecht vorgenommen wurde. War die Prozesshandlung nur verspätet, genügt es, wenn man sich auf sie bezieht. 29

Der Antrag auf Wiedereinsetzung ist **zulässig,** wenn er fristgerecht gestellt ist und die Glaubhaftmachung enthält (s. oben Rn. 28). **Begründet** ist er, wenn die Fristversäumnis unverschuldet war (s. oben Rn. 26).

6. Rechtsfolge

Die **Rechtsfolge** eines begründeten Antrags ist die, dass das Verfahren nun so weitergeführt wird, als ob die Frist eingehalten und die Handlung rechtzeitig vorgenommen worden wäre. 30

Beispiel: Die Rechtsmittelfrist wurde versäumt und das Urteil deshalb rechtskräftig. Nach erfolgreicher Wiedereinsetzung (§ 46) entfällt die Rechtskraft rückwirkend.

Haftbefehle, die durch den Eintritt der Rechtskraft gegenstandslos geworden waren, leben wieder auf (§ 47 Abs. 3 S. 1).[34]

---

[29] BGHSt 14, 306, 308; *BGH* NStZ 1990, 25; *KG* NJW 1997, 1864.
[30] BGHSt 25, 89, 93; *BGH* NStZ 1997, 560.
[31] BGHSt 30, 309; dagegen mit guten Gründen LR/*Graalmann-Scheerer*, § 44 Rn. 61.
[32] *BGH* NStZ 1987, 217.
[33] *BVerfG* NJW 1995, 2545.
[34] Klargestellt durch das 2. JuMoG gegen *BVerfG* NJW 2005, 3131.

X. Exkurs: §§ 23 ff. EGGVG

31 Prozesshandlungen sind prinzipiell nicht anfechtbar, weder eigene noch fremde (s. oben Rn. 5). Einen Rechtsweg, auf dem man gegen sie vorgehen könnte, gibt es nicht. Den Gegensatz stellen die **Justizverwaltungsakte** dar. Hier ist der Rechtsweg nach §§ 23 ff. EGGVG eröffnet. Er führt, anders als nach der Generalklausel des § 40 VwGO, zu den ordentlichen Gerichten (§§ 23, 25 EGGVG: Oberlandesgerichte). Das System ist der VwGO nachgebildet. Die wichtigsten Unterschiede:

- Nach §§ 23 ff. EGGVG gibt es nur die Anfechtung einer belastenden Maßnahme (§ 23 Abs. 1), den Verpflichtungsantrag (§ 23 Abs. 2) und den Antrag auf Feststellung der Rechtswidrigkeit einer erledigten Maßnahme (§ 28 Abs. 1 S. 4). Unzulässig sind der allgemeine Leistungs- und der allgemeine Feststellungsantrag sowie der vorbeugende Unterlassungsantrag.
- Der Begriff der „Maßnahme" entspricht nicht genau der Definition des Verwaltungsakts, sondern umfasst auch schlichtes Verwaltungshandeln mit Außenwirkung.

Beispiel: Die Art und Weise einer Durchsuchung (Realakt).[35]

32 Die §§ 23 ff. EGGVG fangen als Generalklausel die vielen Fälle auf, für die der Gesetzgeber noch immer keine spezialgesetzliche Regelung getroffen hat. Der Garantie des Art. 19 Abs. 4 GG werden sie nur mit Mühe gerecht. Die früher h. M. entzog schlechthin alle Maßnahmen der Staatsanwaltschaft, die der Einleitung, Durchführung und Gestaltung des Strafverfahrens dienen, jeglicher Anfechtung mit der schlichten Begründung, dass sie Prozesshandlungen darstellten. Das ist für Eingriffe in Grundrechte nicht haltbar. Ansonsten aber hält es auch das *BVerfG* für verfassungsrechtlich unbedenklich, dass man gegen Maßnahmen der Staatsanwaltschaft im Ermittlungsverfahren nicht vorgehen kann.[36] Der Betroffene ist demnach wehrlos gegen

- Beginn und Betrieb des Ermittlungsverfahrens, z. B. dadurch dass die Staatsanwaltschaft Zeugen hört oder nicht hört,[37]
- Verfahrensverzögerungen,
- die Einstellung des Verfahrens.[38]

Fälle und Fragen

92. Was sind Prozesshandlungen? Nennen Sie Beispiele!
93. Können Prozesshandlungen bedingt werden?
94. Die Begründungsfrist für eine Revision gem. § 345 beginnt am Mittwoch, den 14. 3. zu laufen. Wann endet sie?
95. Wann hat der Antrag auf Wiedereinsetzung in den vorigen Stand Aussicht auf Erfolg?

---

[35] Vgl. *OLG Hamm* NStZ 1984, 136.
[36] *BVerfG* NJW 1984, 1451; 1985, 1019.
[37] Vgl. *OLG Karlsruhe* NStZ 1982, 434 m. Anm. *Rieß*.
[38] *OLG Hamm* NStZ 1983, 38.

§ 16. Das Zwischenverfahren

I. Die Bedeutung

dieses Verfahrensabschnitts wurde bereits dargestellt (vgl. oben 4 Rn. 1). Das Gericht soll nicht unmittelbar, ausgelöst durch eine Anklage der Staatsanwaltschaft, in der Sache verhandeln und ein Urteil fällen müssen, sondern zunächst selbst prüfen, ob der hinreichende Tatverdacht besteht, den die Staatsanwaltschaft zur Grundlage ihrer Beschuldigung gemacht hat. Dadurch sind allerdings die Berufsrichter, die nun die Akten lesen (nicht: die Schöffen), vorbefasst und vielleicht in gewisser Weise voreingenommen. Das allein ist kein Grund, das Zwischenverfahren abzuschaffen. Man wird in der Hauptverhandlung sehen, ob die Richter ein Vor-Urteil gefällt haben. Sie können dann als befangen abgelehnt werden (näher unten 19 Rn. 12ff.). Andererseits ist die Forderung, ein separates „Eröffnungsgericht" zu installieren,[1] zwar sympathisch, aber illusorisch: sie kommt teuer, verzögert die Verfahren beträchtlich (Haftsachen!) und scheitert auch daran, dass Richter miteinander über ihre Verfahren reden. Weniger als ein Prozent der angeklagten Sachen werden nicht eröffnet. Selbst wenn man daraus schließen wollte, dass das Zwischenverfahren ineffektiv sei, bliebe sein hoher symbolischer Wert erhalten. Es kommt hinzu, dass die Verteidigung oft gut beraten ist, ihre Position und ihre Rechtsauffassung zwar nicht im Ermittlungsverfahren der Staatsanwaltschaft zu offenbaren, nun aber das Gericht frühzeitig darauf vorzubereiten. 1

Nicht jede Anklage führt zu einem Zwischenverfahren. Es findet nicht statt 2

- im Strafbefehlsverfahren (§ 407 Abs. 1),
- im beschleunigten Verfahren (§§ 417ff.).

Sonst wird es dadurch eingeleitet, dass die Staatsanwaltschaft eine Anklageschrift einreicht (vgl. oben 12 Rn. 41).

II. Die Zuständigkeit

Die Staatsanwaltschaft erhebt die Anklage bei dem zuständigen Gericht (§§ 170 Abs. 1, 200 Abs. 1 S. 2), dem Gericht also, das sie für zuständig hält (s. oben 12 Rn. 41, 42). An diese Rechtsauffassung ist das Gericht nicht gebunden (§ 206), vor allem auch in den Fällen der sog. beweglichen Zuständigkeit nicht (dazu oben 12 Rn. 42). Es prüft also zunächst seine Zuständigkeit. 3

---

[1] *Roxin/Schünemann*, § 42 Rn. 3.

1. Sachliche Zuständigkeit

4 Hält es ein Gericht niedrigerer Ordnung für sachlich zuständig, eröffnet es das Hauptverfahren dort (§ 209 Abs. 1). Daran ist das Gericht niedrigerer Ordnung gebunden. Das Schöffengericht kann also vor dem Strafrichter eröffnen und die Strafkammer vor dem Schöffengericht oder dem Strafrichter. Für die Rangfolge der Strafkammern mit besonderer Zuständigkeit gilt das Gleiche, § 209a (vgl. oben 5 Rn. 13). In umgekehrter Richtung, von unten nach oben also, gibt es diese Kompetenz zur Eröffnung mit bindender Wirkung nicht. Das Gericht niedrigerer Ordnung muss die Akten zur Entscheidung beim Gericht höherer Ordnung vorlegen (§ 209 Abs. 2).

2. Örtliche Zuständigkeit

5 Hält sich das Gericht, bei dem die Staatsanwaltschaft die Anklage eingereicht hat, für örtlich nicht zuständig, erklärt es sich durch Beschluss für unzuständig.[2] Eine Abgabe oder Verweisung wie bei der sachlichen Zuständigkeit kennt das Gesetz für die erste Instanz nicht.

III. Ablauf

1. Mitteilung der Anklageschrift, Beweisanträge

6 Der Vorsitzende „teilt die Anklageschrift dem Angeschuldigten mit und fordert ihn zugleich auf, innerhalb einer zu bestimmenden Frist zu erklären, ob er die Vornahme einzelner Beweiserhebungen vor der Entscheidung über die Eröffnung des Hauptverfahrens beantragen oder Einwendungen gegen die Eröffnung des Hauptverfahrens vorbringen wolle" (Wortlaut § 201 Abs. 1). Das Gesetz gibt dem Angeschuldigten (§ 157!) das Recht, in diesem Stadium des Verfahrens Beweisanträge zu stellen (§ 201). Sie dürfen also nicht mit der Begründung abgelehnt werden, die Beweise würden in der Hauptverhandlung ohnehin erhoben. Andererseits ist das Gericht im Zwischenverfahren noch nicht an den Katalog der Ablehnungsgründe gebunden (§ 244 Abs. 3, 4).[3] Abgelehnte Anträge können in der Hauptverhandlung wiederholt werden. Beweisanträge und Beweiserhebungen sollten in diesem Stadium nur das Ziel haben, den hinreichenden Tatverdacht zu erschüttern. Sofern er (fort)besteht und das Gericht eine Eröffnung erwägt, kann es den Stand des Verfahrens mit den Beteiligten erörtern (§ 202a) und auf diese Weise sondieren, ob eine Verständigung in Frage kommt.

2. Pflichtverteidiger

7 Der Vorsitzende muss ferner darüber entscheiden, ob ein Fall der notwendigen Verteidigung vorliegt und deshalb ein Pflichtverteidiger zu bestellen ist (§§ 140, 141; vgl. oben 11 Rn. 32).

---

[2] H. M., vgl. LR/*Rieß*, § 204 Rn. 7; nach a. A. Ablehnung der Eröffnung.
[3] Str.; zur Gegenansicht LR/*Rieß*, § 201 Rn. 30.

3. Die Entscheidungsmöglichkeiten des Gerichts

Das zuständige Gericht hat nun zu entscheiden, ob es 8
- den Eröffnungsbeschluss erlässt (§ 203),
- die Eröffnung des Hauptverfahrens ablehnt (§ 204),
- das Verfahren vorläufig einstellt (§ 205),
- das Verfahren endgültig einstellt (§§ 153 ff.).

Diese Entscheidungen werden außerhalb der Verhandlung, also ohne Beteiligung der Laienrichter (§§ 30 Abs. 2, 76 Abs. 1 S. 2 GVG) und auch nicht in öffentlicher Sitzung getroffen. 9

IV. Der Eröffnungsbeschluss, §§ 203, 207

1. Voraussetzungen, § 203

Das Hauptverfahren wird eröffnet, wenn bei vorläufiger Tatbewertung eine Verurteilung wahrscheinlich ist (zu den Verdachtsgraden vgl. oben 8 Rn. 3).[4] Dieser hinreichende Verdacht ist dem Grade nach geringer als der dringende (anders als beim Erlass eines Haftbefehls stehen dem Gericht nun aber als Basis der Beurteilung alle Ergebnisse eines abgeschlossenen Vorverfahrens zur Verfügung, vgl. oben 10 Rn. 7). Das Gericht fragt also, ob wahrscheinlich genügender Beweis für alle Umstände der Schuldfrage (vgl. oben 14 Rn. 6) zu erbringen ist. Wahrscheinlichkeit lässt Raum für Zweifel. In dubio pro reo gilt in diesem Verfahrensstadium nur, wenn sich das Gericht sicher ist, dass die Zweifel unüberwindbar bleiben werden. 10

Überdies sind in jeder Lage des Verfahrens, also auch hier, die Prozessvoraussetzungen zu prüfen. Wenn eine fehlt, darf nicht eröffnet werden.

2. Inhalt

Im Eröffnungsbeschluss erhebt das Gericht nicht selbst einen Vorwurf, sondern „lässt die Anklage zur Hauptverhandlung zu" (§ 207 Abs. 1; ein Bedeutungsunterschied, den man nur als verbale Kosmetik bezeichnen kann). Praktisch heißt das, dass es den Anklagesatz übernimmt (zu diesem Teil der Anklageschrift oben 12 Rn. 36, 37). Es bezeichnet ferner „das Gericht, vor dem die Hauptverhandlung stattfinden soll" (§ 207 Abs. 1), also sich selbst oder ein Gericht niedrigerer Ordnung. 11

Mit Erlass des Eröffnungsbeschlusses wird das Gericht zum **„erkennenden Gericht"**.[5] Erkennende Richter sind alle Richter, die zur Mitwirkung in der Hauptverhandlung berufen sind.[6] 12

---

[4] *BayObLG* NStZ 1983, 123.
[5] *BGH* NJW 1952, 234; *OLG Köln* NJW 1993, 608.
[6] *OLG Karlsruhe* NJW 1975, 458.

13 In sehr begrenztem Umfang hat das Gericht die Befugnis, die Anklage nur mit **Änderungen** zuzulassen (§ 207 Abs. 2).

- Nr. 1: Sind mehrere Taten (vgl. oben 13) angeklagt, kann wegen einiger eröffnet und wegen anderer die Eröffnung abgelehnt werden (§ 204).
- Nr. 2: Die Staatsanwaltschaft hat umfassend angeklagt, stimmt nun aber einer Beschränkung auf Teile einer Tat zu (§ 154a Abs. 2; vgl. oben 12 Rn. 28ff.). Oder umgekehrt: Das Gericht bezieht Teile ein, die die Staatsanwaltschaft ausgeschieden hatte (§ 154a Abs. 3). Der Fall, dass mehrere Taten angeklagt waren und nun eine Konzentration nach § 154 erfolgt, gehört zu Nr. 1.
- Nr. 3: Das Gericht ist frei, die Tat rechtlich anders einzuordnen als die Staatsanwaltschaft (für ein Beispiel vgl. oben 13 Rn. 5).
- Nr. 4: Der zweite Anwendungsfall von § 154a. Abtrennbare Teile einer Tat sind in Nr. 2 geregelt.

In Haftsachen muss das Gericht ferner über die Fortdauer der Untersuchungshaft entscheiden (§ 207 Abs. 4).

3. Bestandskraft

14 Das Gericht ist an den Eröffnungsbeschluss gebunden. Es kann ihn nicht aufheben, auch dann nicht, wenn der hinreichende Tatverdacht nach Eröffnung entfällt oder das Gericht seine Ansicht geändert hat.[7] Der Angeklagte, belastet durch Anklage und Eröffnung, darf nun erwarten, in öffentlicher Hauptverhandlung freigesprochen und rehabilitiert zu werden. Er kann nämlich den Eröffnungsbeschluss nicht anfechten (§ 210 Abs. 1; vgl. auch oben 15 Rn. 16). Auch für die Staatsanwaltschaft ist er unanfechtbar; sie hat ja ihr Ziel erreicht.

4. Nachträgliche Entscheidungen

15 Tritt nach Eröffnung ein endgültiges Verfahrenshindernis ein, wird das Verfahren durch Beschluss eingestellt, § 206a. Stellt sich heraus, dass es bereits vorlag, aber bei Erlass des Eröffnungsbeschlusses übersehen wurde, gilt das Gleiche (eine Ausnahme zu oben Rn. 14). Es wäre sinnlos, die Hauptverhandlung zu beginnen, nur um das Verfahren dort durch Urteil einzustellen. In der Hauptverhandlung gilt § 206a nicht mehr. Hier muss ein Urteil nach § 260 Abs. 3 ergehen.

16 Anders wird verfahren, wenn sich nach Eröffnung, aber vor Beginn der Hauptverhandlung ergibt, dass die Tat nach § 2 Abs. 3 StGB nicht mehr strafbar ist. In diesem Falle wird das Verfahren gem. § 206b durch Beschluss eingestellt. Diese Vorschrift ist systemwidrig und verfehlt, weil in der Hauptverhandlung ein Freispruch ergehen müsste, den sich der Staat nicht ersparen und den er dem Angeklagten nicht vorenthalten darf.[8]

---

[7] H.M.; *LG Lüneburg*, NStZ 1985, 140; *Meyer*, JR 1983, 257 gegen eine verfehlte Entscheidung des *LG Nürnberg-Fürth* in einem damals spektakulären Fall.

[8] Vgl. LR/*Rieß*, § 206b Rn. 3ff.

5. Der Eröffnungsbeschluss als Prozessvoraussetzung

Ein wirksamer Eröffnungsbeschluss ist Prozessvoraussetzung (zu den Einzelheiten vgl. oben 14 Rn. 23 f.). 17

V. Der Ablehnungsbeschluss, § 204

1. Voraussetzungen

Das Gericht lehnt die Eröffnung des Hauptverfahrens durch Beschluss ab, 18
wenn
- ein Verfahrenshindernis vorliegt,
- aus Rechtsgründen eine Verurteilung ausscheidet, weil der Sachverhalt keinen Straftatbestand erfüllt oder ein Rechtfertigungs-, Schuldausschließungs- oder Strafaufhebungsgrund eingreift,
- aus tatsächlichen Gründen eine Verurteilung nicht zu erwarten ist, weil nach der Beweislage hinreichender Tatverdacht nicht zu begründen ist.

2. Inhalt

Der ablehnende Beschluss hat eine beschränkte Sperrwirkung für eine neue Strafverfolgung (§ 211). In seinen Gründen muss deshalb festgehalten werden, weshalb die Eröffnung abgelehnt wurde. 19

3. Anfechtung

Die Staatsanwaltschaft kann gegen den Ablehnungsbeschluss sofortige Beschwerde einlegen, der Angeklagte nicht (§ 210 Abs. 2). Ist die Frist verstrichen (§ 311) oder die Beschwerde erfolglos geblieben, kann der Beschluss nicht mehr angefochten werden. 20

4. Rechtskraft

Dann tritt eine beschränkte Sperrwirkung ein: Die Anklage kann nur erneuert werden, wenn sich neue Tatsachen oder Beweismittel („Nova") ergeben (§ 211). Neu sind die Tatsachen oder Beweismittel nicht nur, wenn sie neu eingetreten sind, sondern auch, wenn sie damals (zurzeit der Ablehnung der Eröffnung) bereits vorlagen, dem Gericht aber nicht bekannt waren (selbst wenn sie erkennbar gewesen wären)[9]. Es kommt nun darauf an, ob sie der ablehnenden Entscheidung den Boden entziehen. Das Gericht, dem die erneuerte Anklage vorgelegt wird, ist dabei an die Rechtsauffassung des alten Beschlusses gebun- 21

[9] Vgl. BGHSt 7, 64, 66.

den.[10] Eine neue (andere) Rechtsansicht ist daher nie eine neue „Tatsache". Entfällt die Sperrwirkung wegen der Nova, beginnt ein neues Verfahren. Das alte bleibt abgeschlossen; der frühere, ablehnende Beschluss wird also nicht aufgehoben.

VI. Die vorläufige Einstellung des Strafverfahrens, § 205

22 **Fall:** Dem Gericht wird bekannt, dass der Beschuldigte unter schweren psychischen Störungen leidet, die ihn verhandlungsunfähig machen.

Für die Frage, wie zu entscheiden ist, kommt es darauf an, in welchem Stadium sich das Verfahren befindet und welcher Art die Störungen sind. Lagen sie bereits zurzeit der Tat vor und schließen sie die Schuldfähigkeit des Angeschuldigten aus, muss das Gericht die Eröffnung (aus Rechtsgründen) ablehnen. War ein Eröffnungsbeschluss bereits erlassen worden, wäre der Angeklagte in der Hauptverhandlung freizusprechen. Da er aber nicht nur schuldunfähig, sondern auch verhandlungsunfähig ist, liegt ein Verfahrenshindernis vor. Nach Eröffnung ist das Verfahren daher gem. § 206a einzustellen. Das setzt allerdings voraus, dass das Verfahrenshindernis endgültig ist. Bei nur vorübergehender Verhandlungsunfähigkeit wird nach § 205 das Verfahren vorläufig eingestellt.

23 Das Gleiche geschieht in entsprechender Anwendung bei anderen vorübergehenden Verfahrenshindernissen und Hindernissen tatsächlicher und rechtlicher Art, die nicht Prozesshindernisse im technischen Sinne sind.

Beispiel: Der Angeschuldigte ist längere Zeit im Ausland.

24 Sehr umstritten ist die Frage, ob § 205 analog auf die Fälle angewandt werden kann, in denen das Hindernis nicht in der Person des Angeschuldigten liegt, sondern persönliche Beweismittel betrifft.[11]

Beispiel: Ein wichtiger Zeuge ist für längere Zeit verhindert oder nicht vernehmungsfähig.

Der Beschuldigte hat ein Recht darauf, dass sein Verfahren zügig durchgeführt wird. Deshalb muss in der Hauptverhandlung auf jenen Zeugen verzichtet oder eine frühere Aussage verlesen werden.[12]

VII. Die Einstellung des Verfahrens nach §§ 153ff.

25 ist mit Zustimmung der Staatsanwaltschaft und des Angeschuldigten auch im Zwischenverfahren in zahlreichen Fällen möglich (vgl. dazu die Grafik bei 12 Rn. 15).

[10] BGHSt 18, 225.
[11] Vgl. *Meyer-Goßner*, § 205 Rn. 8.
[12] *BGH* NStZ 1985, 230.

Fälle und Fragen

96. Welchem Zweck dient das Zwischenverfahren?
97. Wie wird das Zwischenverfahren eingeleitet?
98. Führt jede Anklage zu einem Zwischenverfahren?
99. Welche Entscheidungsmöglichkeiten stehen dem Gericht zur Auswahl?
100. Unter welchen Voraussetzungen wird die Eröffnung des Hauptverfahrens beschlossen?
101. Darf das Gericht im Eröffnungsbeschluss von der Klage der StA abweichen?
102. Besteht für den Angeklagten die Möglichkeit, den Eröffnungsbeschluss anzufechten?
103. Darf ein Eröffnungsbeschluss vor Durchführung der Hauptverhandlung durch das erlassende Gericht aufgehoben werden, wenn der hinreichende Tatverdacht nachträglich weggefallen und in der Hauptverhandlung ein Freispruch zu erwarten ist?
104. Was kann das Gericht tun, wenn nach Eröffnung des Hauptverfahrens ein endgültiges Verfahrenshindernis eintritt?
105. Ist der Ablehnungsbeschluss anfechtbar?
106. Kann die Klage, nachdem ein Ablehnungsbeschluss gem. § 204 Abs. 1 ergangen ist, wieder aufgenommen werden?
107. Nach Zustellung der Anklageschrift bestimmt der Strafrichter des AG den Termin zur Hauptverhandlung. Ein Eröffnungsbeschluss wurde nicht erlassen. Kann der Eröffnungsbeschluss noch nach dem Beginn der Hauptverhandlung nachgeholt werden?

§ 17. Das Hauptverfahren (Überblick)

Es beginnt mit der Vorbereitung der Hauptverhandlung (§§ 212–225 a). Dann folgt das Kernstück des deutschen Modells vom Strafverfahren, die Hauptverhandlung (§§ 226 ff.).

I. Die Vorbereitung der Hauptverhandlung

1 Nicht alle Anordnungen, die man zur Vorbereitung der Hauptverhandlung treffen kann oder muss, finden sich im 5. Abschnitt der StPO (§§ 212–225 a).

Beispiele: Wenn das Gericht das Verfahren nach § 205 vorläufig einstellt (vgl. oben 16 Rn. 22 ff.), kann der Vorsitzende Beweise selbst erheben oder entsprechende Anordnungen treffen (§ 205 S. 2). Diese Beweissicherung dient der Vorbereitung einer späteren Hauptverhandlung. Hat der Angeklagte den Antrag gestellt, von seiner Verpflichtung zum Erscheinen in der Hauptverhandlung entbunden zu werden (§ 233 Abs. 1), muss er vor der Hauptverhandlung richterlich vernommen werden (§ 233 Abs. 2).

1. Terminsbestimmung, § 213

2 Der Vorsitzende bestimmt, an welchem Tag, um wieviel Uhr und wo die Hauptverhandlung stattfindet (in aller Regel in einem Gerichtssaal; man kann aber auch z.B. am Tatort, in der Strafanstalt oder einem Krankenhaus verhandeln). Die Bestimmung des Termins liegt im Ermessen des Vorsitzenden.[1] Absprachen mit den Prozessbeteiligten sind üblich, aber nicht zwingend. In größeren Sachen macht der Vorsitzende einen Plan für mehrere Hauptverhandlungstage. Eine Beschwerde gegen die Terminsbestimmung ist nicht prinzipiell unstatthaft, aber nur dann zulässig, wenn geltend gemacht wird, dass der Vorsitzende sein Ermessen nicht oder fehlerhaft ausgeübt hat.[2]

2. Ladungen, § 214, Beweisanträge, § 219, und unmittelbare Ladung, § 220

3 a) Die Anordnung trifft der Vorsitzende (§ 214 Abs. 1 S. 1). Zu laden sind der Angeklagte (§ 216), der Verteidiger (§ 218), andere Verfahrensbeteiligte (z.B. Privat-, Nebenkläger), Zeugen und Sachverständige (vgl. auch § 214 Abs. 2: Ladungsplan). Die Staatsanwaltschaft erhält eine Mitteilung vom Termin.

b) Das Gericht teilt der Staatsanwaltschaft und dem Angeklagten mit, wer geladen wurde (§ 222).

---

[1] *OLG Frankfurt* StV 1998, 13.

[2] Zum Streitstand *Meyer-Goßner*, § 213 Rn. 8.

c) Der Angeklagte (sowie sein Verteidiger und Nebenbeteiligte mit denselben Rechten wie der Angeklagte) können Beweisanträge zur Vorbereitung der Hauptverhandlung stellen (§ 219). Sie dürfen nur aus den in §§ 244 Abs. 3, 244 Abs. 4 S. 1 genannten Gründen abgelehnt werden[3] und können in der Hauptverhandlung wiederholt werden.

d) Das Recht zur unmittelbaren Ladung „weiterer Personen" haben die Staatsanwaltschaft (§ 214 Abs. 3) und der Angeklagte (§ 220). Dieses Recht verschafft größeren Einfluss auf den Umfang der Beweisaufnahme als ein Beweisantrag, weil die Vernehmung geladener Beweispersonen nur unter engeren Voraussetzungen abgelehnt werden darf (§ 245 Abs. 2 S. 2, 3; unten 25 Rn. 33).

e) Der Angeklagte kann darauf bestehen, dass eine Ladungsfrist von einer Woche eingehalten wird (§ 217 Abs. 1, 2), darauf aber auch verzichten (Abs. 3). Ist die Ladungsfrist nicht eingehalten worden, muss der Angeklagte zu Beginn der Hauptverhandlung, vor seiner Vernehmung zur Sache, darüber belehrt werden, dass er die Aussetzung der Verhandlung verlangen kann, d.h. deren Abbruch und einen neuen Beginn (§ 228 Abs. 3, näher unten 18 Rn. 14). Ohne diese Belehrung liegt in der Untätigkeit des nicht verteidigten Angeklagten kein stillschweigender Verzicht auf sein Recht.

3. Zustellung des Eröffnungsbeschlusses

Der Eröffnungsbeschluss wird dem Angeklagten oder seinem Verteidiger 4
(§ 145a, beachte Abs. 3) spätestens mit der Ladung zugestellt (§ 215). Geschieht das nicht, kann dieser Verfahrensfehler dadurch geheilt werden, dass der Beschluss in der Hauptverhandlung bekannt gemacht wird. Es entsteht nicht etwa ein Verfahrenshindernis (wie beim fehlenden Eröffnungsbeschluss, vgl. oben 14 Rn. 23).

4. Mitteilung der Gerichtsbesetzung, § 222a

Die vorschriftswidrige Besetzung des Gerichts, der Verstoß gegen das Prinzip 5
des gesetzlichen Richters also, ist ein absoluter Revisionsgrund (§ 338 Nr. 1). War der Mangel von Anfang an vorhanden und erkennbar, soll man aber nicht abwarten können, wie die Sache läuft, um dann ein unerwünschtes Urteil mit der Revision zu Fall zu bringen. Das Gesetz hat deshalb mit §§ 222a, b die Besetzungsrüge vorverlegt und den Besetzungseinwand nach der Vernehmung des ersten (von mehreren) Angeklagten zur Sache ausgeschlossen (Rügepräklusion).

5. Kommissarische Vernehmung, §§ 223, 224

a) Voraussetzungen

Die Beweisaufnahme findet in der Hauptverhandlung statt (§ 244 Abs. 1). Wenn 6
für längere oder ungewisse Zeit Beweisverlust droht, kann durch die kommissari-

[3] Aber nicht durch Wahrunterstellung, weil die Aufklärungspflicht noch nicht erfüllt sein kann, vgl. unten 25 Rn. 15.

sche Vernehmung von Zeugen und Sachverständigen ein Teil der Hauptverhandlung vorweggenommen werden. Die Aussagen werden in einer Niederschrift festgehalten (§ 224 Abs. 1 S. 3), die in der Hauptverhandlung verlesbar ist (§ 251; näher unten 27 Rn. 4). Die Voraussetzungen von vorgezogener Beweisaufnahme und späterer Protokollverlesung sind deshalb übereinstimmend geregelt:

- Krankheit oder Gebrechlichkeit
- andere nicht zu beseitigende Hindernisse, wie z. B. eine längere Auslandsreise, die Erklärung der Behörde, sie werde den Zeugen für eine Vernehmung in der Hauptverhandlung gem. § 54 „sperren" (V-Leute, verdeckte Ermittler)[4] Zeugen im Ausland, die nicht erscheinen wollen oder dürfen.
- Unzumutbarkeit. Die vom Gesetz genannte „große Entfernung" (§ 223 Abs. 2) ist nicht mehr das entscheidende Kriterium. Aus Melbourne kann man wohl leichter anreisen als aus einem maghrebinischen Bergdorf. Die Entfernung und die Verkehrsverhältnisse sind abzuwägen gegen den Aufklärungswert der Aussage.[5]

b) Anordnung

7 Das Gericht kann sie bereits im Zwischenverfahren (§§ 201 ff.) und noch in der Hauptverhandlung treffen.

c) Terminsnachricht, § 224

8 Sie unterbleibt, wenn sie den Untersuchungserfolg gefährden würde (Abs. 1 S. 2). Er besteht darin, dass man eine Aussage erhält. Nur dann also, wenn eine Verzögerung gerade durch die Benachrichtigung zum Verlust des Beweismittels führen würde, darf auf die Terminsnachricht verzichtet werden.

d) Durchführung

9 Der Zeuge oder Sachverständige wird vernommen durch einen beauftragten oder einen ersuchten Richter. Der **beauftragte Richter** gehört zum erkennenden Gericht. Beauftragt können auch zwei oder drei Berufsrichter einer Strafkammer sein.[6] Geht die Strafkammer in voller Besetzung auf Reisen (also mit den Schöffen), führt sie nicht mehr eine kommissarische Vernehmung durch, sondern tagt an einem anderen Ort. Das ist nur in der Hauptverhandlung zulässig. Der Angeklagte und der Verteidiger dürfen von diesem Termin nicht gem. § 224 Abs. 1 ausgeschlossen werden.[7]

10 Der **ersuchte Richter** gehört zu einem Amtsgericht und wird im Wege der Rechtshilfe eingeschaltet (§ 157 GVG).

e) Anwesenheit

11 In der Hauptverhandlung müssen anwesend sein ein Vertreter der Staatsanwaltschaft (§ 226), der Angeklagte (§ 230) und der Verteidiger im Falle der

---

[4] BGHStGrS 32, 115, 126.
[5] *BGH* StV 1989, 468.
[6] *BGH* NStZ 1983, 182.
[7] BGHSt 31, 236.

notwendigen Verteidigung (§ 145 Abs. 1). Bei einer kommissarischen Vernehmung ist das nicht erforderlich (§ 224 Abs. 1 S. 1). Die Genannten haben aber immer das Recht auf Anwesenheit, auch dann, wenn sie nicht benachrichtigt worden sind (Ausnahme: der inhaftierte, verteidigte Angeklagte, § 224 Abs. 2).

6. Augenschein, § 225

Die Augenscheinseinnahme kann vor und in der Hauptverhandlung einem beauftragten oder ersuchten Richter auch dann übertragen werden, wenn ein Beweisverlust nicht droht (anders als bei der kommissarischen Vernehmung; oben Rn. 6). Die systematische Stellung der Vorschrift erklärt sich aus dem Interesse, die Benachrichtigungspflicht und das eingeschränkte Anwesenheitsrecht des inhaftierten Angeklagten zu regeln (§ 224). Augenscheinseinnahme vor der Hauptverhandlung ist nämlich ein vorweggenommener Teil von ihr (wie oben Rn. 6). Die grundsätzliche Vorschrift über Anwesenheitsrechte findet sich in § 168d. 12

II. Die Hauptverhandlung

1. Der äußere Ablauf

Das „Programm" der Hauptverhandlung für die Phase bis zum Beginn der Beweisaufnahmen ist in § 243 festgehalten. Die Hauptverhandlung beginnt mit dem **Aufruf der Sache** (Abs. 1 S. 1). 13

Es folgt die **Präsenzfeststellung** (Abs. 1 S. 2). Der Vorsitzende stellt fest, ob der Angeklagte, der Verteidiger und evtl. die anderen Verfahrensbeteiligten (Nebenkläger, Nebenbeteiligte, näher unten 20 Rn. 8ff.) erschienen sind. Dass ein Vertreter der Staatsanwaltschaft anwesend ist, gilt dem Gesetz im Offizialverfahren als selbstverständlich. Der Vorsitzende ruft ferner die Zeugen und Sachverständigen auf, die für den Beginn der Hauptverhandlung geladen sind und überprüft, ob die Beweisgegenstände herbeigeschafft sind (vgl. §§ 214 Abs. 4, 221). 14

Dann müssen die **Zeugen** den Sitzungssaal wieder verlassen (Abs. 2 S. 1). Ihre Vernehmung gehört zur Beweisaufnahme, die erst nach der Einlassung des Angeklagten beginnt (§ 244 Abs. 1). Außerdem werden sie einzeln und in Abwesenheit der später zu hörenden Zeugen vernommen (§ 58 Abs. 1). Oft werden sie nach der Präsenzfeststellung noch gemeinsam belehrt (§ 57). 15

Nun vernimmt der Vorsitzende den **Angeklagten** über seine **persönlichen Verhältnisse** (Abs. 2 S. 2). Dazu muss der Angeklagte Angaben machen. Zur Sache darf er schweigen. Aus diesem Grunde sind unter den „persönlichen Verhältnissen" nur zu verstehen 16

- Angaben zur Identität, die er auch bei Staatsanwaltschaft und Polizei machen muss (vgl. § 111 OWiG)
- die Verhandlungsfähigkeit des Angeklagten als Prozessvoraussetzung

– die Fähigkeit, sich selbst zu verteidigen, wenn kein Fall der notwendigen Verteidigung vorliegt.

17 Alle anderen persönlichen Umstände gehören zur Sache, weil sie für den Tatvorwurf und die Entscheidung über die Rechtsfolgen von Bedeutung sein können, wie z.B. Lebenslauf, Ausbildung, Beruf, familiäre Verhältnisse, wirtschaftliche Situation, Vorstrafen (vgl. Abs. 5 S. 2, 3). Dazu braucht der Angeklagte nichts zu sagen.[8] Schweigt er auch zu den persönlichen Verhältnissen, darf das Gericht ausnahmsweise aus dem Schweigen Schlüsse ziehen und die nötigen Feststellungen zur Identität im Wege des Freibeweises treffen.

18 Anschließend verliest der Staatsanwalt den **Anklagesatz** (Abs. 3 S. 1), den Teil der Anklageschrift also, der die Beschuldigung enthält, nicht jedoch das wesentliche Ergebnis der Ermittlungen (vgl. oben 12 Rn. 37).

19 Eventuell teilt der Vorsitzende nun mit, dass Erörterungen über den Stand des Verfahrens sowie die Möglichkeiten einer Absprache stattgefunden haben und, falls sie zustande gekommen ist, welchen Inhalt sie hat (Abs. 4).

Dann weist der Vorsitzende darauf hin, dass es dem Angeklagten freisteht, sich zur Anklage zu äußern oder nicht zur Sache auszusagen (Abs. 5 S. 1). Dieser **Hinweis auf die Aussagefreiheit** ist auch dann unerlässlich, wenn ihn der Angeklagte in früheren Verfahrensstadien schon erhalten hatte (z.B. nach §§ 115 Abs. 3, 136 Abs. 1 S. 2, 163a Abs. 3 S. 2, Abs. 4 S. 2).

20 Die **Vernehmung des Angeklagten zur Sache** (Abs. 5 S. 2) steht immer vor der Beweisaufnahme. Er soll Gelegenheit haben, alles das, was für ihn und gegen den Vorwurf spricht, im Zusammenhang vorzutragen und er darf erwarten, dass diese Argumente bei der dann folgenden Beweisaufnahme vom Gericht berücksichtigt werden.[9] Er muss das mündlich tun. Wenn er schweigt und eine schriftliche Erklärung vorlegt, muss sie das Gericht zur Kenntnis nehmen (§ 244 Abs. 2) und, falls sie ein Geständnis enthält, zum Zwecke des Urkundbeweises verlesen.[10]

21 **Vorstrafen** dürfen frühestens nach dieser Aussage und sollen so spät wie möglich festgestellt werden (Abs. 5 S. 3, 4).

22 Nachdem der Angeklagte sich zur Sache geäußert oder geschwiegen hat, folgt die **Beweisaufnahme** (§§ 244–257).

23 Ist sie geschlossen, werden die **Schlussvorträge** gehalten (§ 258). Zuerst plädiert der Staatsanwalt, dann der Verteidiger (§ 258 Abs. 1 i.V.m. Abs. 3). Der Staatsanwalt darf erwidern. Das letzte Wort hat stets der Angeklagte selbst (Abs. 2, 3). Das Gericht kann danach wieder in die Beweisaufnahme eintreten. Anschließend muss es erneut Gelegenheit zu Schlussvorträgen geben und dem Angeklagten wiederum das letzte Wort lassen.[11]

---

[8] *BGH* StV 1984, 190.

[9] *BGH* NStZ 1986, 370.

[10] Mit erheblich gemindertem Beweiswert, *BGH* NStZ 2008, 476. Durch die vorgelegte Erklärung hat er sich mündlich geäußert, *BGH* NStZ 2009, 173. Die Einlassung kann nicht dadurch ersetzt werden, dass er sich gegenüber dem Verteidiger äußert, der das schriftlich festhält und dann als Urkunde verlesen lassen will, *BGH* NStZ 2008, 349; vgl. auch *BGH* NStZ 2008, 527.

[11] Das Gleiche gilt, wenn – ohne dass man wieder in die Beweisaufnahme eingetreten wäre – StA oder Verteidiger noch einmal Ausführungen gemacht haben; *BGH* NStZ 2003, 382.

Dann tritt das Gericht in die geheime **Beratung** und **Abstimmung** über das Urteil ein (§§ 192ff. GVG; §§ 43, 45 DRiG). Der Vorsitzende verkündet das **Urteil** (§ 260 Abs. 1) durch Verlesung der Urteilsformel und begründet es mündlich (§ 268). Wer gegen die Entscheidung ein Rechtsmittel einlegen kann, wird darüber belehrt (§ 35a; nicht anzuwenden auf die Staatsanwaltschaft). Wird eine Strafe ausgesprochen und zur Bewährung ausgesetzt (§ 260 Abs. 4 S. 4), werden nun die erforderlichen Beschlüsse verkündet (§ 268a). 24

2. Das Verhandlungsprotokoll

a) Form

Das Protokoll ist eine Urkunde, die Beweiszwecken dient (vgl. § 274). Der Urkundsbeamte der Geschäftsstelle, der das Protokoll führt (es muss nicht an jedem Tag der Hauptverhandlung derselbe sein), übernimmt durch seine Unterschrift ebenso die Verantwortung dafür, dass es vollständig und richtig ist, wie der Richter (§ 271 Abs. 1 S. 1). Es wird schriftlich abgefasst. Tonbandaufnahmen sind nur Hilfsmittel dazu; sie werden nicht Bestandteil der Akten.[12] 25

b) Inhalt

Die erforderlichen Angaben sind in §§ 272, 273 vorgeschrieben. **„Wesentliche Förmlichkeiten“** (§ 273 Abs. 1 S. 1) sind z.B. Angaben über die Ausschließung und die Wiederherstellung der Öffentlichkeit, die Anwesenheit der Prozessbeteiligten (§ 226) und des Verteidigers (bei notwendiger Verteidigung, § 140), die erforderlichen Belehrungen und Hinweise (z.B. §§ 52 Abs. 3, 55 Abs. 2, 265), die Rechtsmittelbelehrung, der Widerspruch gegen die Verwertung einer Aussage, Vereidigung und Nichtvereidigung von Zeugen, Beweiserhebungen. Die Protokollierung z.B. einer Zeugenaussage lautet im Normalfall nur: „Der Zeuge macht Angaben zur Sache“. Was er gesagt hat, wird im Falle § 273 Abs. 2 nur knapp dargestellt und wörtlich wiedergegeben lediglich gem. § 273 Abs. 3. 26

c) Beweiskraft

Das Revisionsgericht soll nicht Beweis erheben müssen über Verfahrensrügen, die sich darauf stützen, dass die Förmlichkeiten des Verfahrens nicht eingehalten wurden. Die gesetzliche Beweisregel § 274 statuiert daher die ausschließliche Beweiskraft des Sitzungsprotokolls, das durch andere Beweismittel nicht ergänzt, ersetzt oder widerlegt werden kann.[13] Was im Protokoll steht, gilt als geschehen (positive Beweiskraft), und was nicht vermerkt ist, gilt als nicht geschehen (negative Beweiskraft). Enthält das Protokoll z.B. einen Vermerk darüber, dass die Öffentlichkeit ausgeschlossen wurde, fehlt aber der Vermerk, dass und wann sie wiederhergestellt wurde, steht damit fest, dass sie ausgeschlossen blieb (auch wenn dieser Vermerk nur vergessen wurde und der Saal überfüllt war). „Schweigt das Protokoll über die Einnahme eines Augenscheins, so gilt 27

---

[12] BGHSt 29, 394.

[13] *BGH* NStZ 1993, 51.

dieser wegen der Beweiskraft des Protokolls ... als nicht erfolgt. Auch wenn dieses Ergebnis der wahren Sachlage widersprechen sollte, muss es als Konsequenz der dem § 274 StPO zugrunde liegenden gesetzgeberischen Entscheidung hingenommen werden".[14] Diese exklusive Beweiskraft bezieht sich aber nur auf die wesentlichen Förmlichkeiten, nicht auf den Inhalt von Wortprotokollen gem. § 273 Abs. 2, 3. Sie tritt dort nicht ein, wo das Protokoll offensichtliche Lücken, Unklarheiten oder Widersprüche aufweist.[15] Sie entfällt, wenn eine Urkundsperson (also der Protokollführer oder Richter) den Inhalt nachträglich für unrichtig erklärt.[16]

Beispiel: Der Beschluss, mit dem ein Beweisantrag abgelehnt wurde, ist protokolliert, der Antrag selbst aber nicht – eine offensichtliche Lücke.

d) Protokollberichtigung

28 Sind sich Protokollführer und Richter einig, dass das Protokoll unrichtig ist, darf und muss es ohne zeitliche Beschränkung berichtigt werden.[17] Einer Revisionsrüge konnte bisher auf diese Weise der Boden aber nicht entzogen werden.[18]

Beispiel: Protokollführer und Richter stellen fest, dass man versehentlich vergessen hat, die tatsächlich erfolgte Wiederherstellung der Öffentlichkeit (s. oben) im Protokoll zu vermerken und berichtigen die Sitzungsniederschrift. Der Beschwerdeführer hatte aber schon Revision eingelegt und zulässig gerügt, dass ein Verstoß gegen das Prinzip der Öffentlichkeit vorliege (§ 338 Nr. 6). Er hätte damit nach der alten Rechtsprechung auch Erfolg gehabt.

Dieses „Verbot der Rügeverkümmerung" hat der *BGH* nun aufgegeben, weil auch die Revisionsgerichte der Wahrheit verpflichtet sind und ein Protokoll nicht eine fiktive prozessuale Wahrheit schafft, weil es unter Verteidigern nicht mehr als standeswidrig gilt, bewusst unwahre Rügen anzubringen, sondern als Kunstfehler, es nicht zu tun, und weil das Vertrauen des Revisionsführers, er könne aus einem unrichtigen Protokoll Vorteile ableiten, weder schutzwürdig ist noch etwa schwerer wiegt als der Beschleunigungsgrundsatz und der Opferschutz.[19]

Fälle und Fragen

108. Welche Anordnungen dienen der Vorbereitung der Hauptverhandlung?
109. RA X ist Verteidiger des A, der wegen Körperverletzung vor dem AG angeklagt ist. X beantragt rechtzeitig die Verlegung des Hauptverhandlungstermins auf einen anderen Sitzungstag, weil er am selben Tag einen seit längerer Zeit anberaumten Termin vor der Schwurgerichtskammer des LG wahrzunehmen hat. Der Strafrichter lehnt den Antrag ab. Ist diese die Terminverschiebung ablehnende Verfügung anfechtbar?

---

[14] *BGH* NStZ 2002, 219.
[15] BGHSt 31, 39; *BGH* NStZ 2002, 270 m. Anm. *Fezer*.
[16] BGHSt 4, 364.
[17] *BGH* JZ 1952, 281.
[18] BGHSt 34, 11, 12.
[19] *BGH* NStZ 2007, 51; 661; angekündigt in *BGH* NStZ 2005, 281.

110. Was kann der Angeklagte verlangen, wenn die in § 217 Abs. 1 vorhergesehene Ladungsfrist von mindestens einer Woche nicht eingehalten wurde?
111. Angeklagter T war trotz ordnungsgemäßer Ladung der Hauptverhandlung am 3. Verhandlungstag unentschuldigt ferngeblieben, aber durch seinen Verteidiger vertreten. Das Gericht beschloss daraufhin, die Hauptverhandlung gem. § 231 Abs. 2 ohne den Angeklagten fortzusetzen. Die Hauptverhandlung wurde schließlich unterbrochen und ein Termin zur Fortsetzung anberaumt. Wäre eine förmliche Ladung des Angeklagten T zum Fortsetzungstermin nach § 216 erforderlich?
112. Kann die unterbliebene Zustellung des Eröffnungsbeschlusses geheilt werden?
113. Den Prozessbeteiligten ist gem. § 222 a bei erstinstanzlichen Verfahren vor dem LG oder OLG die Besetzung des Gerichts mitzuteilen. Welchem Zweck dient diese Vorschrift?
114. Unter welchen Voraussetzungen kann das Gericht die kommissarische Vernehmung eines Zeugen oder Sachverständigen anordnen und von wem wird die kommissarische Vernehmung durchgeführt?
115. Ist die Anwesenheit des Angeklagten bei einer kommissarischen Vernehmung erforderlich?
116. Wie ist der wesentliche Ablauf einer erstinstanzlichen Hauptverhandlung in Strafsachen?
117. Gemäß § 243 Abs. 2 S. 2 vernimmt der Vorsitzende den Angeklagten über seine persönlichen Verhältnisse. Was ist unter „persönlichen Verhältnissen“ zu verstehen?
118. Wer hat das Recht, vor der Urteilsberatung als Letzter zu sprechen?
119. Welche Bedeutung hat das Verhandlungsprotokoll?

§ 18. Die Prozessmaximen

1 Die Prozessmaximen (-grundsätze, -prinzipien) geben Aufschluss über die Grundstruktur eines Verfahrens. Sie dokumentieren ein bestimmtes Interesse (z. B. an Öffentlichkeit) und geben meist Raum für andere, gegenläufige Interessen (z. B. den Schutz der Privatsphäre). Erst das Verhältnis von Regel und Ausnahme erweist den rechtsstaatlichen Wert der Prozessgrundsätze. Sie prägen entweder das gesamte Strafverfahren oder einzelne Abschnitte (vgl. die Grafik). Nicht alle sind scharf voneinander abgegrenzt. Viele entfalten ihre eigentliche Bedeutung erst in der Hauptverhandlung.

Übersicht 18: Prozessmaximen

<table>
<tr><th>Prozessmaxime</th><th>Ermittlungsverfahren</th><th>Zwischenverfahren</th><th>Hauptverfahren</th></tr>
<tr><td>Offizialprinzip</td><td>§ 152 I</td><td></td><td></td></tr>
<tr><td>Akkusationsprinzip</td><td>§ 151</td><td></td><td></td></tr>
<tr><td>Legalitätsprinzip</td><td>§§ 152 II, 170 I</td><td></td><td></td></tr>
<tr><td>Opportunitätsprinzip</td><td colspan="3">§§ 153–154 e</td></tr>
<tr><td>Fairnessgebot</td><td>Art. 20 III i. V. m. 2 I GG, Art. 6 I 1 EMRK</td><td colspan="2">richterliche Fürsorgepflicht</td></tr>
<tr><td>Beschleunigungsgebot</td><td colspan="2">Art. 20 III GG, Art. 6 I 1 EMRK</td><td>Konzentrationsmaxime §§ 228, 229</td></tr>
<tr><td>Untersuchungsgrundsatz, Ermittlungsgrundsatz, Instruktionsprinzip</td><td colspan="3">§§ 155 II, 160 II, 244 II</td></tr>
<tr><td>Unschuldsvermutung</td><td colspan="3">Art. 6 II EMRK</td></tr>
<tr><td>in dubio pro reo</td><td></td><td></td><td>Gewohnheitsrecht</td></tr>
<tr><td>Mündlichkeit</td><td></td><td></td><td>§§ 249 I, 261</td></tr>
<tr><td>Unmittelbarkeit</td><td></td><td></td><td>§§ 250, 251</td></tr>
<tr><td>Öffentlichkeit</td><td></td><td></td><td>§§ 169 ff. GVG</td></tr>
<tr><td>Freie richterliche Beweiswürdigung</td><td></td><td></td><td>§ 261</td></tr>
</table>

I. Das Offizialprinzip

2 Es besagt im weiteren Sinne, dass die Durchführung eines Strafverfahrens vom ersten Einschreiten bis zur Strafvollstreckung Sache des Staates ist, und in

einem engeren Sinne, dass die Staatsanwaltschaft von Amts wegen (ex officio) tätig wird (§ 152 Abs. 1). Der Staat hat die Strafverfolgung als Monopol an sich gezogen. Er setzt sich grundsätzlich über Privatinteressen hinweg, wartet nicht auf Klagen des Verletzten oder anderer (quivis ex populo – Popularklage), macht sich unabhängig von Entscheidungen des Einzelnen (Dispositionsmaxime) und betreibt Strafverfahren auch, wenn das nicht im Interesse des Opfers liegt oder ihm widerspricht. Das ist aber nicht immer sachgerecht.

1. Antragsdelikte

a) Bei den reinen Antragsdelikten darf die Strafverfolgung zwar von Amts 3
wegen begonnen, ohne Strafantrag des Verletzten aber nicht zu Ende betrieben werden. Es gibt Fälle, in denen ein öffentliches Interesse an Strafverfolgung nicht besteht, wenn der Verletzte die Sache auf sich beruhen lassen will (z.B. Hausfriedensbruch, § 123 StGB), und andere, in denen eine Strafverfolgung gegen bzw. ohne den Willen des Verletzten möglicherweise mehr schaden als nützen würde (z.B. Beleidigung, § 194 StGB; Haus- und Familiendiebstahl, § 247 StGB; der entsprechende Betrug, § 263 Abs. 4). Wenn der Strafantrag fehlt und nicht mehr gestellt werden kann, ist ein endgültiges Verfahrenshindernis eingetreten (vgl. oben 14 Rn. 19) und das Verfahren muss eingestellt werden.

b) Das ist anders bei den relativen Antragsdelikten. Die Staatsanwaltschaft kann hier den fehlenden Strafantrag dadurch ersetzen, dass sie das besondere öffentliche Interesse an der Strafverfolgung bejaht (z.B. §§ 182 Abs. 3, 230 StGB). Sie kann das auch dadurch zum Ausdruck bringen, dass sie Anklage erhebt. Ihre Entscheidung darf vom Gericht nicht überprüft werden.[1]

c) Ein Sonderfall ist die Verfolgung von Amts wegen, die beendet werden muss, wenn ein Antragsberechtigter widerspricht (§ 194 Abs. 1 S. 2, 3, Abs. 2 S. 3 StGB – „Auschwitzlüge").

2. Ermächtigungsdelikte

Bei Straftaten von politischer Bedeutung ist für die Strafverfolgung die von Amts wegen einzuholende, nicht an eine Frist gebundene Ermächtigung einer Behörde, der Bundesregierung, des Bundespräsidenten oder eines anderen politischen Organs erforderlich (§§ 90, 90b, 97, 194 Abs. 4, 353a, b StGB), bei Straftaten gegen ausländische Staaten zusätzlich das Strafverlangen der ausländischen Regierung (§ 104a StGB).

3. Privatklagedelikte

Hier ist das Offizialprinzip nicht nur eingeschränkt, sondern durchbrochen. 4
Bei diesen Delikten (Katalog in § 374; s. unten 39 Rn. 8) kann der Verletzte die Strafverfolgung anstelle der Staatsanwaltschaft selbst betreiben (§ 385). Die

[1] BGHSt 16, 225, 230; sehr str., vgl. *Fischer*, § 230 Rn. 4.

Staatsanwaltschaft kann das nicht verhindern, andererseits aber auch gegen den Willen des Privatklägers das Verfahren in jeder Lage übernehmen (§ 377 Abs. 2). Hat sie das Verfahren von Anfang an ex officio betrieben (§ 376), ist für eine Privatklage kein Raum mehr.

II. Das Akkusationsprinzip

5 Das Gericht darf eine Strafsache nur aufgreifen, untersuchen und verhandeln, wenn sie ihm durch eine Anklage unterbreitet wurde (§ 151). Wo kein Kläger, da kein Richter. Dieser Satz gilt ausnahmslos. Der Richter ist niemals Inquisitor, also Ankläger und Richter zugleich (vgl. oben 6 Rn. 7). Ein Inquisitionsprozess ist der deutsche Strafprozess zwar nicht. Dennoch wird „inquisitorisch" verfahren, und es hat sich vor allem im internationalen Verfahrensvergleich eingebürgert, kontradiktorische und inquisitorische Modelle zu unterscheiden (vgl. oben 11 Rn. 1).

6 Der Anklagegrundsatz wird dadurch verbürgt, dass das Gericht nur in den Grenzen der angeklagten Tat tätig werden darf, § 155 (vgl. oben 13 Rn. 5). Die Rollen von Ankläger und Richter bleiben auch in Extremfällen streng getrennt. Ereignet sich in der Sitzung eine Straftat, vor den Augen des Gerichts, darf es nur den Sachverhalt feststellen und muss das weitere (die Anklage nämlich) der „zuständigen Behörde" (der Staatsanwaltschaft) überlassen (§ 183 GVG), und wird ein Richter im Ermittlungsverfahren bei Gefahr in Verzug als „Notstaatsanwalt" tätig (§ 165), bleibt die Verfahrensherrschaft dennoch bei der Staatsanwaltschaft (§ 167). Dass im Klageerzwingungsverfahren (vgl. oben 12 Rn. 9ff.) die Staatsanwaltschaft von einem Gericht zur Anklage gezwungen wird, „entmachtet" zwar die Staatsanwaltschaft, bewahrt und bestätigt aber das Anklageprinzip.

III. Das Legalitätsprinzip

7 Es verpflichtet die Staatsanwaltschaft, jedem Anfangsverdacht nachzugehen und bei hinreichendem Tatverdacht Anklage zu erheben (§§ 152 Abs. 2, 170 Abs. 1). Diese Pflicht ist die Kehrseite des exklusiven Rechts zur Klageerhebung (vgl. schon oben 6 Rn. 8). Der rigorose Anklage- und Verfolgungszwang, den das Legalitätsprinzip aufstellt, entspricht dem überholten Vergeltungsgedanken der absoluten Straftheorie. Rücksichten auf kriminalpolitische Zweckmäßigkeiten und auf das moderne Verständnis von Strafe nimmt das Legalitätsprinzip nicht. Davon ganz abgesehen, ist es schon aus praktischen Gründen nicht realisierbar. Die Instanzen der Strafverfolgung sind gezwungen, selektiv zu verfahren. Der verfassungsrechtliche Hintergrund des Legalitätsprinzips (Gewaltenteilung im Rechtsstaat, Gleichheitssatz) verpflichtet den Gesetzgeber, ein vernünftiges kriminalpolitisches Konzept vorzugeben. Davon sind wir weit entfernt.

IV. Das Opportunitätsprinzip

Es ist, als Ausnahme vom Legalitätsprinzip gedacht, längst zu dem theoretisch zweifelhaften, aber praktisch unverzichtbaren Instrument geworden, das es den Strafverfolgungsbehörden erlaubt, die Schwerpunkte der Verbrechensbekämpfung zu setzen (vgl. dazu und zu den Einzelfällen oben 12 Rn. 13 ff.). 8

V. Das Gebot eines fairen Strafverfahrens

1. Deutsches Recht

Jedes Strafverfahren muss fair geführt werden. Dieses Gebot ist leicht aus der Verfassung abzuleiten (Art. 1, 20, 28, 103 Abs. 1 GG), aber nur schwer zu konkretisieren. Die StPO enthält bereits ein System von „checks and balances". Sie gewährt rechtliches Gehör (§§ 33, 33a, 136, 201, 243 Abs. 5, 257, 258 Abs. 2, 308 Abs. 1, 311a), das Recht auf Verteidigung, die Aussagefreiheit des Beschuldigten, die Chance eines Rechtsmittelverfahrens; sie errichtet Beweisverbote und enthält zahlreiche Belehrungspflichten. Wenn das Fairnessprinzip darüber hinaus einen Sinn haben soll, kann er nur darin bestehen, in Konfliktsituationen die Interessen des Beschuldigten zur Geltung zu bringen, sie nicht einfach der Effizienz der Strafrechtspflege zu opfern (die ebenfalls zum Rechtsstaatsprinzip gehört) und das Verfahren tendenziell offen zu führen. Auch das sind aber nur Direktiven, über deren Umsetzung im konkreten Fall stets gestritten werden kann. Prozessrecht ist formelles Recht, und die Formalisierung des „Rituals" eines Verfahrens hat gute Gründe, die nicht mit einem pauschalen Verweis auf ein diffuses Prinzip überspielt werden dürfen. Der *BGH* ist deshalb im Umgang mit dem Gebot eines fairen Verfahrens zu Recht vorsichtig,[2] hält es zwar für fernliegend, aus Verstößen ein Verfahrenshindernis abzuleiten,[3] fragt aber nicht mehr, ob dem Verfahren als Ganzem die Grundlage entzogen ist,[4] sondern stellt eine „Gesamtschau" aller Umstände an. Ergibt sie, dass wesentliche Grundsätze des Verfahrens zwar nicht verletzt, aber nicht nur am Rande „tangiert" sind, folgt daraus ein Verwertungsverbot.[5] Ansonsten fordert der Grundsatz des fairen Verfahrens als „Regulativ", auf eine von der Exekutive erzwungene Verkürzung der Beweisgrundlage mit einer vorsichtigen Beweiswürdigung und der Anwendung von in dubio pro reo zu reagieren (dazu unten Rn. 22). Erst, wenn es gar nicht mehr möglich ist, „den wahren Sachverhalt unbeeinflusst von Einflussnahmen der vollziehenden Gewalt zu ermitteln",[6] kommt ein Verfahrenshindernis in Frage. 9

---

[2] BGHSt 40, 211, 217 f.; 43, 212.
[3] BGHSt 42, 191, 193; dazu *Beulke/Satzger*, JuS 1997, 1074.
[4] BGHSt 46, 159, 171.
[5] *BGH* NStZ 2010, 519: § 100f und § 136a nicht verletzt, insgesamt aber unfaires Vorgehen.
[6] *BGH* NStZ 2004, 343, 345.

Beispiel: Die Behörde sperrt einen Zeugen und beschränkt damit sowohl die Rechte der Verteidigung wie die Erkenntnismöglichkeiten des Gerichts. Es gibt auch Beispiele für eine unfaire „Erweiterung" der Beweisgrundlage: Während der inhaftierte Angeklagte in der Hauptverhandlung ist, lässt die Staatsanwaltschaft seine Zelle in der JVA durchsuchen. Das ist unfair, begründet aber nicht ein Verfahrenshindernis.[7]
Die Staatsanwaltschaft verschafft sich durch eine unzulässige Beschlagnahme das Verteidigungskonzept des Beschuldigten. Das war, jenseits der Unzulässigkeit deutlich unfair, hindert aber die Fortsetzung des Verfahrens nicht (zum Verwertungsverbot vgl. oben 14 Rn. 30).[8]

Das Fairnessgebot verbietet es auch, „formalistisch" zu handeln und sich auf den Buchstaben des Gesetzes zurückzuziehen. Das wird besonders in der Hauptverhandlung deutlich. Das Fairnessprinzip, adressiert an den Richter, wird zur **gerichtlichen Fürsorgepflicht.**

Beispiel: Der Beschuldigte, der keinen Verteidiger hat, muss auf Chancen und Irrwege auch jenseits der gesetzlich vorgesehenen Belehrungspflicht hingewiesen werden. Stellt er einen Antrag, der den Anforderungen an einen Beweisantrag nicht entspricht (vgl. unten 25 Rn. 2), muss das Gericht nachfragen, was er will.

Die gerichtliche Fürsorgepflicht gebietet es ferner, Verfahrensmängel zu heilen. Sie dient insgesamt, wie das Fairnessprinzip, dem Ausgleich zwischen den Interessen der Verfahrensbeteiligten und der Wahrheitsfindung in einem „effizienten" Verfahren.[9]

2. Europäisches Recht

10 Art. 6 EMRK enthält in Abs. 1, 3 insgesamt 15 Justizgrundrechte, die vom *EGMR* als Konkretisierungen des übergreifenden Rechts auf ein faires Verfahren (Abs. 1) behandelt werden.[10] Die EMRK ist als völkerrechtlicher Vertrag in das deutsche Recht transformiert und hat deshalb den Rang eines einfachen Gesetzes. Bei inhaltlichen Kollisionen mit den Grundrechten müssen deren Garantien allerdings konventionskonform ausgelegt werden,[11] so dass sich faktisch die EMRK durchsetzt und das deutsche Recht prägt.[12]

VI. Das Beschleunigungsgebot

1. Verfahrensdauer

11 a) Im Strafprozess soll die materielle Wahrheit ermittelt werden. Das kann lange dauern. Ein Strafverfahren ist aber kein historisches Forschungsprojekt. Die Wahrheit muss mit begrenzten Mitteln (Strengbeweisverfahren, vgl. 23 Rn. 7), begrenztem Aufwand und vor allem möglichst rasch festgestellt werden.

[7] *OLG Karlsruhe* StV 1986, 10; *Volk*, StV 1986, 36.
[8] *BGH* NStZ 1984, 419.
[9] Vgl. *Maiwald*, in: FS Lange, 745.
[10] Vgl. *Satzger*, JA 2002, 838.
[11] *BVerfG* 74, 358; BGHSt 46, 93, 97.
[12] *Weigend*, StV 2000, 384.

Das Strafverfahren belastet den Beschuldigten und greift tief in seine Rechte ein; er hat einen Anspruch darauf, „innerhalb einer angemessenen Frist" Gehör zu finden und Klarheit zu erhalten (Art. 6 Abs. 1 S. 1 EMRK; Rechtsstaatsprinzip, Art. 20 Abs. 3 GG). Außerdem verblassen die Beweise mit der Zeit. Überdies macht eine Strafe immer weniger (präventiven) Sinn, je länger nach der Tat sie verhängt wird. Es ist überaus umstritten, welche Folgen eine Verletzung dieses Beschleunigungsgebots haben soll.

b) Die überlange Verfahrensdauer ist nach h.M. kein Grund, das Verfahren 12 wegen eines Prozesshindernisses zu beenden (näher dazu oben 14 Rn. 27).

2. Die Konzentrationsmaxime

Der allgemeine Grundsatz der Beschleunigung verdichtet sich in der Haupt- 13 verhandlung zur Konzentrationsmaxime. Es ist genau geregelt, wie viele (bzw. wenige) Tage zwischen den Verhandlungsterminen liegen dürfen. Das Gesetz unterscheidet zwischen Aussetzung und Unterbrechung (§§ 228, 229).

Aussetzung bedeutet, dass die Verhandlung abgebrochen wird und später eine 14 von Anfang an völlig neue Hauptverhandlung stattfinden muss (§ 229 Abs. 4). Bei der **Unterbrechung** wird die Verhandlung fortgesetzt. Für die Unterscheidung kommt es nicht darauf an, was das Gericht (bzw. der Vorsitzende, § 228 Abs. 1) angeordnet oder gewollt hat. Entscheidend ist allein die tatsächliche Dauer der Pause. Dauert sie nicht länger als drei Wochen, handelt es sich um eine Unterbrechung (§ 229 Abs. 1), sonst um eine Aussetzung.[13] Für Großverfahren gelten Besonderheiten (§ 229 Abs. 2). Die Frist ist gehemmt, wenn der Angeklagte oder ein Richter krank wird (§ 229 Abs. 3). Hauptverhandlungen sollen zügig und konzentriert sein, damit die Eindrücke frisch und die Erinnerungen ungetrübt bleiben.

VII. Der Untersuchungsgrundsatz

Staatsanwaltschaft und Gericht sind verpflichtet, den Sachverhalt von Amts 15 wegen zu untersuchen (§§ 155 Abs. 2, 160 Abs. 2, 244 Abs. 2). Sie sind dabei weder auf Initiativen der Beteiligten angewiesen noch an deren Anträge gebunden. Diese Tätigkeit lässt sich mit anderen Worten umschreiben, die sich dann ohne sachliche Änderung in einer anderen Benennung dieses Prinzips wieder finden: Die Strafverfolgungsbehörden haben das Recht und die Pflicht, den Vorfall zu untersuchen (Untersuchungsgrundsatz), sie instruieren sich dabei selbst (Instruktionsprinzip) und verfahren inquisitorisch (Inquisitionsprinzip, zu diesem Ausdruck vgl. oben Rn. 5). Mit diesem wie auch immer benannten Prinzip wird der Unterschied zum Zivilprozess manifestiert, in dem die Verhandlungs-

[13] Das sei „missverständlich", meint *BGH* NStZ 2008, 113, und räumt dem Gericht einen Spielraum ein, wenn noch keine „Erträge" erzielt worden seien. Die Unterberechungsfrist ist nur gewahrt, wenn Sach- oder Verfahrensfragen in einer Weise erörtert werden, die geeignet sind, die Sache ihrem Abschluss substantiell näher zu bringen (*BGH* NStZ 2008, 115). .Anderfalls handelt es sich um gefakte „Schiebetermine".

maxime dominiert. Im Strafverfahren steht weder der Streitstoff noch das Beweisverfahren zur Disposition der Beteiligten. Ein Geständnis bindet den Richter nicht (vgl. aber § 288 ZPO); die „Parteien" Staatsanwalt und Angeklagter müssen nicht Beweis antreten (§ 282 ZPO) und können nicht durch übereinstimmende Erklärung etwas unstreitig stellen. Eine derartige „formelle Wahrheit" soll es im Strafprozess nicht geben. Sein Ziel bleibt herauszufinden, wie es wirklich gewesen ist (materielle Wahrheit, näher unten 29 Rn. 1ff., 30 Rn. 4).

VIII. Der Grundsatz der freien richterlichen Beweiswürdigung

16 Bei dieser Suche nach der Wahrheit ist das Gericht zwar an bestimmte Regeln zum Beweisverfahren gebunden. Über das Ergebnis der Beweisaufnahme aber entscheidet es „nach seiner freien, aus dem Inbegriff der Verhandlung geschöpften Überzeugung" (Wortlaut § 261). Diese Vorschrift proklamiert, historisch gesehen, die Abkehr vom Inquisitionsprozess. Bis ins 19. Jahrhundert hinein war das Verfahren schriftlich und geheim. Der Richter nahm den Sachverhalt auf und war dabei an bestimmte Beweisregeln gebunden. Was in einem glaubwürdigen Geständnis enthalten oder von zwei klassischen Zeugen übereinstimmend ausgesagt wurde, galt kraft Gesetzes als wahr; ein Indizienbeweis war nicht zulässig. Der Richter, beschränkt auf die Feststellung des Sachverhalts, versandte die Akten an ein Spruchkollegium und holte von dort das Urteil ein. Dieses Kollegium konnte sich keinen persönlichen Eindruck vom Angeklagten machen und nur in den Akten lesen („quod non est in actis non est in mundo"). Die französische Revolution öffnete die Türen des Gerichts, setzte Laien auf die Richterbank („im Namen des Volkes") und machte dem schriftlichen, mittelbaren Verfahren der Urteilsfindung ein Ende.[14] Das Verfahren wurde mündlich und „unmittelbar" ausgestaltet. Laien konnte man nicht an rechtlich fixierte Regeln der Beweiswürdigung binden. Die innere Überzeugung („intime conviction"), geschöpft aus dem „Inbegriff" der miterlebten Verhandlung, wurde zum Kriterium der Wahrheit. Diese richterliche Freiheit darf nicht zur Beliebigkeit werden und muss ihre Grenzen haben. Ein Urteil braucht eine objektive, nachvollziehbare Tatsachengrundlage (näher unten Rn. 29). Dennoch bleibt ein weiter Spielraum der freien Beweiswürdigung. Der Richter darf einem Zeugen glauben, obwohl zwei andere das Gegenteil sagen. Er kann die Aussage des Angeklagten für glaubwürdig halten, obwohl sie von Zeugen in Zweifel gezogen wurde, er darf den Inhalt eines Schriftstückes für wahr halten, obwohl der Angeklagte sagt, damals habe er die Unwahrheit niedergeschrieben (oder umgekehrt), etc.

Der Grundsatz der freien Beweiswürdigung gilt auch im Ermittlungsverfahren und im Zwischenverfahren – in diesen Verfahrensstadien gibt es ebenfalls keine Bindung an Beweisregeln. Man muss sich allerdings darüber im Klaren sein, dass es in diesen Verfahrensabschnitten noch nicht darum geht, die Wahrheit festzustellen. Die Staatsanwaltschaft ist nur verpflichtet zu klären, ob ein

[14] Vgl. *Volk*, JuS 1991, 281.

hinreichender Tatverdacht besteht, und die Aufgabe des Gerichts im Zwischenverfahren ist nur, diese Wertung zu überprüfen.

IX. Der Grundsatz „in dubio pro reo“

Der Angeklagte darf nur verurteilt werden, wenn das Gericht von seiner Schuld überzeugt ist (siehe oben Rn. 16). Hat es Zweifel nicht überwinden können, muss es freisprechen. Das ist der Sinn des Satzes in dubio pro reo. Im Gesetz ist er nicht niedergelegt. Art. 6 Abs. 2 EMRK normiert die Unschuldsvermutung und impliziert damit, dass ohne „gesetzlichen Nachweis seiner Schuld“ niemand verurteilt werden darf. Dieser Nachweis ist nur erbracht, wenn das Gericht sich von der Schuld überzeugt hat (§ 261). Die Geltung der Regel in dubio pro reo ist gewohnheitsrechtlich gesichert, seit das Prinzip der freien Beweiswürdigung gilt. 17

1. Funktion

In jeder Verfahrensart muss es eine Norm für den Fall geben, dass eine zu beweisende Tatsache nicht bewiesen werden konnte. Im Strafverfahrensrecht ist das die Regel in dubio pro reo. Strukturell handelt es sich um eine Beweislastregel. Die h.M. vermeidet diese Bezeichnung, weil ein Freispruch keine Last für den Staat ist. Außerdem gibt es im Strafrechtssystem keine Beweislastverteilung. Die Unterscheidung zwischen einem „Anschuldigungsbeweis“, der die strafbegründenden Tatsachen umfasst und einem „Entschuldigungsbeweis“, unter den alle Gegengründe fallen (Rechtfertigungs-, Entschuldigungs- und Strafausschließungsgründe), ist spätestens seit der Geltung der StPO überholt. Die „Beweislast“ liegt immer beim Staat. Auch eine Beweisführungslast gibt es nicht: Es ist Sache des Gerichts, Rechtfertigungsgründe (etc.) zu prüfen und auszuschließen (Ermittlungsgrundsatz). 18

Die Denkform der Beweislast passt also auf die Verhältnisse im Strafverfahrensrecht kaum, ist aber immerhin geeignet, vor zwei fundamentalen Irrtümern zu bewahren. Erstens: In dubio pro reo sagt nur, was im Zweifel zu geschehen hat, aber nicht, wann man zweifeln soll. Die Regel ist nur anwendbar, wenn das Gericht Zweifel hat. Eine Überzeugung des Gerichts kann man nicht mit der Begründung angreifen, dass es vernünftigerweise hätte zweifeln sollen. Zweitens: In dubio pro reo ist keine Beweiswürdigungsregel. Das Gericht soll nicht im Zweifel die günstige Geschehensalternative als wahr behandeln.[15] Es ist nur daran gehindert, ungünstige Rechtsfolgen auszusprechen. 19

Beispiel: Die Behauptung des Angeklagten, er sei nicht am Tatort, sondern in dem 20 km entfernten Gasthaus „Zum wilden Mann“ gewesen und könne deshalb nicht Täter der Brandstiftung sein, hat sich nicht beweisen lassen. Es darf nun nicht heißen: „Das Gericht hat Zweifel, ob der Angeklagte am Tatort war und stellt zu seinen Gunsten fest, dass er im Gasthaus ‚Zum wilden Mann' gewesen ist“. Es muss viel-

[15] So nun auch *BGH* NStZ 2001, 609.

mehr heißen: „Das Gericht hat Zweifel, ob der Angeklagte am Tatort war und die Tat begangen hat. Er war deshalb freizusprechen".

Der *BGH* hat in dubio pro reo zunächst nicht auf den Alibi-Beweis anwenden wollen,[16] diese Entscheidung aber klargestellt und korrigiert.[17]

2. Anwendungsbereich

a) Verfahrensabschnitte

20 Auf die Regel kommt es erst an, wenn das Gericht sich eine Überzeugung von Schuld oder Unschuld bilden muss, am Ende der Hauptverhandlung also. Im Vorverfahren und Zwischenverfahren bildet der (hinreichende) Verdacht die Grundlage von Anklage und Eröffnungsbeschluss, und ein Verdacht ist immer mit Zweifeln behaftet. Die Staatsanwaltschaft wird allerdings, wenn sie eine Prognose anstellt und diese Zweifel für unüberwindbar hält, die Wahrscheinlichkeit der Verurteilung verneinen und nicht erst Anklage erheben.

b) Schuld- und Straffrage

21 Das ist der klassische und gesicherte Anwendungsbereich des Satzes in dubio pro reo.

c) Prozessvoraussetzungen

Nach richtiger Ansicht ist in dubio pro reo auf alle Prozessvoraussetzungen anzuwenden (näher oben 14 Rn. 10).

d) Sonstiges Prozessrecht

22 In dubio pro reo, von der h. M. als prozessuale Auswirkung des Schuldgrundsatzes verstanden, soll demnach auf Zweifel im Bereich des Verfahrensrechts nicht anwendbar sein.

Beispiel: Es bleibt ungeklärt, ob der Beschuldigte bei seiner Vernehmung geschlagen worden ist (§ 136 a). Das Verwertungsverbot greift nur, wenn der Verstoß nachgewiesen ist.[18]

In solchen Fällen ist der Anwendungsbereich von in dubio pro reo als einer Regel für die Sachentscheidung im Grunde überschritten. Im Verfahrensrecht lässt sich oft nicht sagen, worin die dem Angeklagten günstige Entscheidung einer Zweifelsfrage besteht.

Beispiel: Der Vorsitzende hat eine Frage der Staatsanwaltschaft an einen Zeugen vielleicht zu Unrecht zurückgewiesen (§ 241 Abs. 2).

Was wäre hier „pro reo" zu tun?

Die Frage, was geschehen soll, wenn die Justizförmigkeit des Verfahrens möglicherweise nicht gewahrt ist, sollte aus dem Gesamtzusammenhang von

---

16 BGHSt 25, 285; dazu *Volk*, JuS 1975, 25.
17 *BGH* NStZ 1983, 422 m. Anm. *Volk*.
18 BGHSt 16, 164; vgl. oben 9 Rn. 13.

Rechtsstaatsprinzip und Verfahrensrecht je nach dem Typ des Verstoßes beantwortet werden. Bei § 136a z.B. spricht viel dafür, im Zweifel ein Verwertungsverbot anzunehmen. Ein Verfahren „in camera", bei dem geheime Akten nur dem Gericht zugänglich sind, gibt es in Strafsachen nicht. Geheimhaltungsinteressen der Exekutive wirken sich „in dubio pro reo" aus.[19]

Wenn die Erhebung eines zentralen Beweises durch behördliche Maßnahmen vereitelt wird, „muss der Tatrichter die hierdurch bedingte Einschränkung seiner Erkenntnismöglichkeiten sowie die Beschneidung der Verteidigungsrechte des Angeklagten bei seiner Überzeugungsbildung berücksichtigen und in den Urteilgründen im Rahmen der Beweiswürdigung erörtern. Andernfalls ist seine Beweiswürdigung lückenhaft und der Anspruch des Angeklagten auf ein faires, rechtstaatliches Verfahren verletzt (Art. 20 Abs. 3 i.V.m. Art. 2 Abs. 1 GG; Art. 6 Abs. 1 EMRK). In derartigen Fällen muss durch eine besonders vorsichtige Beweiswürdigung und ggf. die Anwendung des Zweifelssatzes der Verkürzung der Erkenntnismöglichkeiten des Gerichts Rechnung getragen werden".[20]

e) Zur Anwendbarkeit im Wiederaufnahmeverfahren vgl. unten 38 Rn. 19, 20, auf Indizien unten 23 Rn. 4. 23

f) Rechtsfragen sind zu entscheiden und können nicht zweifelhaft bleiben. 24

X. Der Grundsatz der Mündlichkeit

Die Rekonstruktion des Tatgeschehens soll nicht (wie im alten Prozess, vgl. oben Rn. 16) durch Aktenstudium hinter verschlossenen Türen stattfinden, sondern in Anwesenheit aller Verfahrensbeteiligten und in aller Öffentlichkeit (dazu unten Rn. 28 ff.). Über den Vorwurf wird mündlich verhandelt. In das Urteil darf nur eingehen, was „zur Sprache gekommen ist" (vgl. auch § 261). Der Angeklagte, der keinen Anspruch auf Akteneinsicht hat, muss alles, was ihm angelastet wird, hören können, damit er etwas dazu sagen kann; die Laienrichter (die ebenfalls keinen Zugang zu den Akten haben, vgl. oben 5 Rn. 15) sollen mitreden und die Öffentlichkeit soll dem Gang der Dinge folgen können. Das Prinzip der Mündlichkeit lässt es nicht zu, dass auf Urkunden nur hingewiesen wird; sie müssen verlesen werden (§ 249 Abs. 1). Die Einzelheiten und die Ausnahmen sind im Beweisrecht zu besprechen (unten 27 Rn. 1 ff.). 25

XI. Der Grundsatz der Unmittelbarkeit

Die alleinige Kompetenz zur Feststellung der Wahrheit hat das Gericht. Es 26 soll sich so nah wie möglich an das Geschehen heranarbeiten und deshalb „unmittelbare" Beweise führen. Die StPO legt aber nirgends fest, dass das sachnächste Beweismittel benutzt werden muss. Mittelbare Indizien können verlässlicher sein als Zeugen. Der Personalbeweis hat zwar Vorrang vor dem Sach-

[19] *BGH* NStZ 2000, 265.
[20] *BGH* NStZ 2004, 343 (Fall El Motassadeq).

beweis. Geregelt ist aber lediglich, dass der Personalbeweis, wenn er geführt werden kann, nicht durch einen Urkundenbeweis ersetzt werden darf (§ 250; zu den Einzelheiten und zahlreichen Ausnahmen unten 27 Rn. 1 ff.). Dieser Vorrang hat nichts mit der Qualität der Beweismittel zu tun, zumal das deutsche Recht, anders als z. B. das anglo-amerikanische, auch Zeugen vom Hörensagen zulässt. Das verstößt insofern nicht gegen den Grundsatz der Unmittelbarkeit, als dieser Zeuge ja sagt, was er gehört hat. Dabei gewesen ist er aber nicht, und dass ein solcher Zeugenbeweis allemal besser wäre als ein Sach- oder Urkundenbeweis, kann man nicht sagen. Insgesamt wird die Qualität des Beweisverfahrens nicht so sehr durch „Unmittelbarkeit" verbürgt als vielmehr durch die Aufklärungspflicht des Gerichts (§ 244 Abs. 2).

Der Grundsatz der Unmittelbarkeit ist ferner verknüpft mit dem Grundsatz der Mündlichkeit (näher 26 Rn. 1 ff.).

XII. Der Grundsatz der Öffentlichkeit

1. Die Funktion des Prinzips

27 „Die Verhandlung vor dem erkennenden Gericht einschließlich der Verkündung der Urteile und Beschlüsse ist öffentlich" (Wortlaut § 169 S. 1 GVG). Schutz vor Willkür und Heimlichkeiten, vor sachfremden Einflüssen und Eingriffen („Kabinettsjustiz") sind die historischen Gründe für die Öffentlichkeit der Verhandlung gewesen. Heute dominiert das Informationsinteresse der Allgemeinheit. Die mittelbare Öffentlichkeit, vermittelt durch die Medien, hat mehr Effekt als die unmittelbare Teilnahme des Publikums. Der hohe Wert des Öffentlichkeitsprinzips, das als Element des Rechtsstaats Verfassungsrang hat, wird relativiert durch den Grundrechtsschutz der Persönlichkeit von Angeklagten, Zeugen und anderen Verfahrensbeteiligten.

2. Der Begriff „Öffentlichkeit"

28 Der Grundsatz verlangt, „dass jedermann ohne Ansehung seiner Zugehörigkeit zu bestimmten Gruppen der Bevölkerung und ohne Ansehung bestimmter persönlicher Eigenschaften die Möglichkeit hat, an den Verhandlungen der Gerichte als Zuhörer teilzunehmen"[21] Diese Zugangschance für das Publikum ist nicht gegeben, wenn es nur einen Stuhl gibt – ein einzelner Zuhörer kann nicht als Repräsentant der Allgemeinheit angesehen werden.[22] Andererseits hat das draußen wartende Publikum, wenn alle Plätze bereits besetzt sind, keinen Anspruch darauf, dass das Gericht in einen größeren Saal umzieht. Hat eine Schulklasse den Saal gefüllt, kann niemand geltend machen, er habe doch Vorrang (als Angehöriger z. B.). Eine Ausnahme von diesem Gleichheitsprinzip gilt für die Presse (Stichwort Medienöffentlichkeit, Art. 5 GG). Ihr dürfen Plätze reserviert werden.

[21] BGHSt 28, 341, 343.
[22] *OLG Köln* NStZ 1984, 282.

Die Chance des Zutritts besteht nur, wenn man weiß, wo verhandelt wird. Findet die Hauptverhandlung in einem Krankenzimmer statt, muss am Sitzungssaal angeschlagen sein, in welchem Krankenhaus und (evtl. dort) in welchem Zimmer.[23]

3. Erweiterungen der Öffentlichkeit

29 Das Gericht kann die Verhandlung in einen größeren Gerichtssaal verlegen, nicht aber in ein Kino oder die Stadthalle. In Umkehrung eines Klassiker-Zitats: Das Tribunal darf nicht zur Szene werden (vgl. unten 36 Rn. 19).

4. Beschränkungen der Öffentlichkeit

30 a) Der Begriff der Öffentlichkeit hat immanente Schranken. Es kann faktisch unmöglich sein, Öffentlichkeit herzustellen (z. B. bei der Einnahme eines Augenscheins in einem Raum, der so klein ist, dass er gerade die Verfahrensbeteiligten fasst). Es soll auch rechtliche Grenzen geben: Der Eigentümer des Hauses, in dem verhandelt wird, verweigert dem Publikum den Zutritt unter Berufung auf sein Hausrecht.[24]

31 b) Ausweiskontrollen, Durchsuchungen auf Waffen, etc. können Zuhörer abschrecken und so zu einer mittelbaren Beschränkung der Öffentlichkeit führen. Solche präventiven Maßnahmen sind aber zulässig, wenn anders eine ordnungsgemäße Verhandlung nicht gesichert werden kann.[25]

32 c) Der Ausschluss einzelner Personen schränkt die Öffentlichkeit ein. Ihnen kann von vornherein der Zutritt versagt werden, wenn das Ansehen des Gerichts als Institution in der sozialen Gemeinschaft (die „Würde des Gerichts", § 175 Abs. 1 GVG) verletzt oder gefährdet ist. Das ist bei Personen der Fall, die „unerwachsen", also noch nicht achtzehn Jahre alt und offensichtlich zu unreif sind, um ernsthaft teilzunehmen, sowie bei betrunkenen, provokanten Störern etc. Während der Sitzung kann ausgeschlossen werden, wer den zur Aufrechterhaltung der Ordnung getroffenen Anordnungen des Vorsitzenden (§ 176 GVG) nicht Folge leistet. Den Ausschluss verfügt der Vorsitzende, wenn es um Personen geht, die an der Verhandlung nicht beteiligt sind, sonst das Gericht (§ 177 GVG). Nicht in § 177 S. 1 GVG genannt sind Beisitzer, Schöffen, Staatsanwaltschaft, Verteidiger, Rechtsanwälte als Beistand oder Vertreter eines Privatklägers, Nebenklägers oder Nebenbeteiligten. Sie können ermahnt, zur Ordnung gerufen (§ 176 GVG), aber nicht ausgeschlossen werden. Auch Ordnungsmittel wegen Ungebühr (§ 178 GVG) sind gegen sie nicht zulässig.

33 Über den Wortlaut des Gesetzes hinaus darf in der Verhandlung gegen den (potentiellen) Täter ausgeschlossen werden, wer Beschuldigter in einem Ermittlungsverfahren wegen Teilnahme oder Anschlussstraftaten ist. Der Grund liegt in „übergeordneten Verfahrensgesichtspunkten".[26] Aus § 58 Abs. 1 folgt, dass

---

[23] Vgl. *BGH* NStZ 1981, 311.
[24] BGHSt 40, 191; dagegen zu Recht *Lilie*, NStZ 1993, 121.
[25] BGHSt 27, 13, 15; 29, 258; *BGH* NJW 1995, 3196.
[26] BGHSt 3, 386.

Zuhörer zum Verlassen des Sitzungssaals aufgefordert werden dürfen, sobald mit der Möglichkeit zu rechnen ist, dass sie als Zeugen in Betracht kommen könnten.[27] Das setzt konkrete, individualisierte Anhaltpunkte voraus. Ein pauschaler, nur an Gruppenmerkmalen orientierter Ausschluss ist rechtswidrig („alle Armenier haben den Saal zu verlassen").[28]

34 Wenn ein Ausschluss gesetzwidrig erfolgt, ist der Öffentlichkeitsgrundsatz verletzt (mit der Folge, dass ein absoluter Revisionsgrund entstanden ist, § 338 Nr. 6). Die Verhandlung ist dann zwar noch immer öffentlich – es gibt aber keine andere Möglichkeit, die Überschreitung sitzungspolizeilicher Befugnisse zu sanktionieren.

5. Der Ausschluss der (gesamten) Öffentlichkeit

35 Er ist abschließend geregelt in §§ 171 a, b, 172 GVG.

Beispiele zu § 172 GVG: Nr. 1 Enttarnung eines V-Mannes („Gefährdung der öffentlichen Ordnung") Nr. 1 a Zeugenschutz. Nicht, wenn der Angeklagte nur bei Ausschluss der Öffentlichkeit ein Geständnis ablegen will (darin liegt auch kein Fall von Nr. 1);[29] nicht, wenn der Zeuge Angst vor falschen Presseberichten hat.[30]

36 Einzelnen Personen, Presseberichterstattern z. B., kann die Anwesenheit gestattet werden (§ 175 Abs. 2 GVG). Bei Gefährdung der Staatssicherheit gilt dann kraft Gesetzes ein Veröffentlichungsverbot (§ 174 Abs. 2 GVG). In anderen Fällen kann das Gericht die Geheimhaltung zur Pflicht machen (§ 174 Abs. 3 GVG).

6. Film, Funk und Fernsehen

37 Solche Aufnahmen sind während der Verhandlung und der Urteilsverkündung verboten, § 169 S. 2 GVG. Einen Anspruch der Medien auf TV-Reportagen aus dem Gerichtssaal gibt es nicht nur in den Pausen,[31] sondern auch vor Beginn und nach Ende der mündlichen Verhandlung; das „Erscheinungsbild eines Gerichtssaals und der in ihm handelnden Personen" darf vermittelt werden.[32] Diese Entscheidungen sind nicht der erste Schritt auf dem Weg zu „court-TV". Die Fernsehübertragung aus dem Gerichtssaal, eine gigantische Erweiterung der Öffentlichkeit, ist geeignet, das Verhalten der Verfahrensbeteiligten zu verändern und die Wahrheitsfindung zu gefährden (ein Effekt, der allerdings nach Untersuchungen aus den USA nicht zu befürchten sein soll).[33]

38 Das **Fotografieren** fällt nicht unter § 169 S. 2 GVG, wird aber vom Vorsitzenden in aller Regel und zu Recht nach § 176 GVG untersagt. Zeichnungen und Aufzeichnungen darf man immer machen.

---

27 BGHSt a. a. O.; *BGH* NStZ 2001, 163.
28 *BGH* NStZ 2004, 453.
29 BGHSt 9, 280.
30 BGHSt 30, 193, 195.
31 Fall Honecker, BVerfGE 91, 125.
32 *BVerfG* v. 19. 12. 2007 – 1 BvR 620/07.
33 N-tv-Entscheidung, BVerfGE 103, 44.

Ein Tonbandprotokoll ist im deutschen Strafprozess nicht die Regel. Der Vorsitzende kann es aber anordnen (vgl. § 168a Abs. 2).

Fälle und Fragen

120. Welche Prozessgrundsätze sind Ihnen bekannt?
121. Was besagt das Offizialprinzip?
122. In welchen Fällen ist das Offizialprinzip eingeschränkt bzw. durchbrochen?
123. Wo kein Kläger, da kein Richter". Auf welchen Grundsatz des Strafverfahrens bezieht sich dieser Satz?
124. A ist wegen Diebstahls eines Pkws vor dem AG angeklagt. Während der Verhandlung stellt sich heraus, dass A bereits einige Tage zuvor durch einen Ladendiebstahl aufgefallen war. Kann das Gericht A auch wegen des Ladendiebstahls verurteilen?
125. Welches Prinzip bildet das notwendige Korrelat zum Anklagemonopol der StA?
126. Der Obdachlose K hat keine Geldmittel mehr. Er hat Hunger und entwendet aus einer Bäckerei zwei Brötchen. Es wird Strafantrag gestellt. Kann die StA von der Erhebung der öffentlichen Klage absehen?
127. Woraus folgt das Beschleunigungsgebot und mit welchem Verfahrensziel kann es in Konflikt geraten?
128. Wann spricht man von Aussetzung und wann von Unterbrechung der Hauptverhandlung?
129. Sind StA und Gericht bei der Untersuchung des Sachverhalts an Initiativen der Beteiligten und an deren Anträge gebunden?
130. In welchen Fragen findet der Grundsatz in dubio pro reo Anwendung?
131. § 249 Abs. 1 ordnet an, dass Urkunden und sonstige schriftliche Beweismittel in der Hauptverhandlung grundsätzlich verlesen werden müssen. Welcher Grundsatz kommt hier zum Ausdruck?
132. Welchem Zweck dient der Grundsatz der Unmittelbarkeit?
133. Was besagt der Öffentlichkeitsgrundsatz, welchen Zweck hat er und wo ist er geregelt?
134. Welche Folgen hat der Verstoß gegen die Grundsätze der Öffentlichkeit?
135. A ist wegen Mordes, der die Öffentlichkeit stark bewegt hat, vor dem *LG München* angeklagt. Nachdem im Vorfeld der Hauptverhandlung Ausschreitungen gegen den Angeklagten angedroht wurden, ordnet das Gericht strenge Einlasskontrollen an. Außerdem werden nur so viele Personen in den Gerichtssaal eingelassen, wie Sitzplätze auf der Zuhörertribüne frei sind. Einige Interessierte konnten daher nicht an der Verhandlung teilnehmen. Einem Fernsehteam, das Teile des Verfahrens für eine Nachrichtensendung aufnehmen will, verweigert der vorsitzende Richter die Aufnahmen während der Verhandlung und verweist auf die Verhandlungspausen. Durch die Anwesenheit einer breiten Öffentlichkeit wird eine schwere psychische Belastung der 14-jährigen Hauptbelastungszeugin K ernsthaft befürchtet. Das Gericht schließt deshalb die Öffentlichkeit für die Dauer der Vernehmung der Zeugin K aus. Ist im vorliegenden Fall der Öffentlichkeitsgrundsatz verletzt worden?
136. Während der Hauptverhandlung unterbricht Verteidiger X mehrmals den Vorsitzenden Richter und will, dass sofort ein Antrag zu Protokoll genommen wird. Aufgrund der Weigerung des Vorsitzenden kommt es zu einem verfahrensbezogenen Wortwechsel des Vorsitzenden und des Verteidigers X. Als X auf die Anforderung des Vorsitzenden, er (X) möge endlich schweigen, nicht reagiert, ordnet dieser die gewaltsame Entfernung des Störers aus den Sitzungssaal an. War die Entfernung des Verteidigers X zulässig?

§ 19. Das Gericht in der Hauptverhandlung

I. Der Grundsatz des gesetzlichen Richters

1 Aus diesem Prinzip (vgl. oben 5) folgt in Verbindung mit dem Mündlichkeitsprinzip der Grundsatz der Verhandlungseinheit, § 226. Richter, auch Laienrichter, dürfen nur in der gesetzlich bestimmten Anzahl mitwirken (§ 192 Abs. 1 GVG) und nicht ausgetauscht werden (zu Ergänzungsrichtern § 192 Abs. 2 GVG).

Der Grundsatz des gesetzlichen Richters sichert auch den Anspruch auf einen unvoreingenommenen Richter, der mit der Distanz eines unbeteiligten Dritten, am Ausgang des Verfahrens nicht persönlich Interessierten, über den Fall urteilt.

II. Ausschließung und Ablehnung

2 Die StPO typisiert einige Fälle, in denen die Gefahr der Voreingenommenheit besteht. In diesen Situationen sind die Richter ausgeschlossen (§§ 22, 23). Der Ausschluss tritt kraft Gesetzes ein und ist von Amts wegen zu beachten, kann aber auch durch einen Befangenheitsantrag vorgebracht werden (§ 24 Abs. 1). Diese Regelung ist abschließend, erfasst aber nicht alle Fälle, in denen eine Besorgnis der Befangenheit besteht. Sie kann durch die Ablehnung von Richtern geltend gemacht werden (§ 24). Über dieses Gesuch muss in einem besonderen Verfahren entschieden werden (§§ 26ff.; vgl. unten Rn. 17 ff.).

3 Die Vorschriften über die Ausschließung und Ablehnung gelten, wie die Garantie des gesetzlichen Richters, in jeder Lage des Verfahrens. Über die grundgesetzliche Gewährleistung hinaus erfassen sie „Gerichtspersonen" (vgl. die Überschrift des 3. Abschnitts), also auch Urkundsbeamte der Geschäftsstelle und Protokollführer (§ 31). Eine gesetzliche Regelung über den Ausschluss und die Ablehnung von Staatsanwälten fehlt (dazu unten 20 Rn. 6f.).

1. Die Ausschließung

In diesen Fällen ist die abstrakte Gefahr der Voreingenommenheit nicht dadurch zu widerlegen, dass der Richter sich souverän fühlt oder die Prozessbeteiligten ihn dafür halten. Der ignorierte oder gar nicht bemerkte Ausschließungsgrund führt zu einem absoluten Revisionsgrund (§ 338 Nr. 2). Im Einzelnen:

Übersicht 19: Ausschließung (§§ 22, 23)

§ 22 Nr. 1	Der Richter ist durch die Tat (§ 264), die den Gegenstand des Verfahrens bildet, verletzt, also selbst und unmittelbar in seinen Rechten betroffen (wie in § 172, enger als in § 61 Nr. 2, vgl. unten 21 Rn. 7). **Beispiele:** Er ist nicht in diesem Sinne verletzt, wenn er bei einem Betrug der Adressat der Täuschung, nicht aber der Geschädigte war. Ein Laienrichter ist Prokurist der geschädigten GmbH, also nicht selbst betroffen und daher nicht kraft Gesetzes ausgeschlossen (aber möglicherweise befangen, § 24 Abs. 2).	4
§ 22 Nr. 2, 3	Diese engen Beziehungen bilden einen Ausschließungsgrund, andere (z. B. Lebensgemeinschaft) nur einen Ablehnungsgrund.	5
§ 22 Nr. 4	Wer früher schon für oder gegen den Beschuldigten tätig war, soll nicht mehr richten dürfen. Bereits der Anschein des Verdachts der Parteilichkeit ist zu vermeiden.[1] Der Begriff der Sache wird deshalb weit ausgelegt und nicht auf das gleiche Verfahren beschränkt. War der Richter früher Staatsanwalt, genügt jede Tätigkeit zur Erforschung des Sachverhalts, selbst wenn das Verfahren gegen Unbekannt geführt und nur durch eine nur formelle und unbedeutende Verfügung betrieben wurde.[2]	6
§ 22 Nr. 5	Auch hier entscheidet die Identität der Sache, nicht die des Verfahrens. **Beispiel:** Richter R war in einem Verfahren gegen X als Zeuge vernommen worden. Nun ist er Richter in einer Strafkammer, die gegen Y verhandelt, dem Beihilfe zur Tat des X vorgeworfen wird. Das ist ein anderes Verfahren, aber dieselbe Sache. Der Ausschluss tritt nur ein, wenn der Richter vernommen worden ist, nicht schon, wenn er als Zeuge benannt wird (sonst könnte man mit einem Beweisantrag die Richterbank dezimieren und über die Besetzung der Gerichte disponieren).	7
§ 23 Abs. 1	Ein Richter darf nicht seine eigene Entscheidung in der höheren Instanz überprüfen. **Beispiel:** Richter R hatte als Strafrichter beim Amtsgericht eine Verurteilung ausgesprochen. Der Angeklagte hat Berufung eingelegt. Zuständig wäre eigentlich eine kleine Strafkammer beim Landgericht, die mittlerweile von R geleitet wird.	8
§ 23 Abs. 2	Im Wiederaufnahmeverfahren entscheidet ein anderes Gericht mit der gleichen sachlichen Zuständigkeit (§ 140 a Abs. 1 GVG). Hier gilt auch die Vorbefassung auf derselben Ebene als Ausschließungsgrund.	9

[1] BGHSt 9, 193; 31, 358.
[2] *BGH* NStZ 1982, 78.

Beispiel: Richter R, früher Beisitzer in der 1. Strafkammer des Landgerichts X, ist jetzt Vorsitzender der 3. Strafkammer, die für Wiederaufnahmeverfahren zuständig ist (§ 140 a Abs. 2 GVG).

10 Ansonsten hat das Gesetz die Mitwirkung an Vorentscheidungen nicht zum Ausschlussgrund erhoben.

Beispiele: Richter R hatte als Ermittlungsrichter den Beschuldigten vernommen, der heute als Angeklagter vor der Strafkammer steht, in der R den Vorsitz führt.
Richter R war Beisitzer in der 2. Strafkammer, hatte dort im Zwischenverfahren den Eröffnungsbeschluss in einer Sache mit erlassen, die nun durch Verbindung (§ 237) zur 4. Strafkammer gekommen ist, der er inzwischen angehört.

11 **Fall:** Richter R hatte als Revisionsrichter beim OLG eine Entscheidung aufgehoben und zur neuen Entscheidung an das Amtsgericht zurückverwiesen (§ 354 Abs. 2). Dann ist er Präsident dieses Amtsgerichts und Vorsitzender des Schöffengerichts geworden, das über diesen Fall zu entscheiden hat. Ausgeschlossen ist er nicht. Das wäre er, wenn seine Karriere eine andere Richtung genommen und er vom Amtsgericht in das Revisionsgericht gewechselt hätte (§ 23 Abs. 1). Kann er jetzt wegen Besorgnis der Befangenheit abgelehnt werden?

2. Die Ablehnung, § 24

12 a) Ein Richter kann wegen Besorgnis der Befangenheit abgelehnt werden, nicht ein Gericht („die Strafkammer", „das Landgericht München"). Es kann aber sein, dass ein Ablehnungsgrund in gleicher Weise alle Mitglieder eines Kollegialgerichts betrifft.

13 b) Die Besorgnis der Befangenheit rechtfertigt die Ablehnung. Sie wird hervorgerufen durch einen Grund, „der geeignet ist, Misstrauen gegen die Unparteilichkeit eines Richters zu rechtfertigen" (Wortlaut § 24 Abs. 2). Daraus folgt erstens, dass der Richter nicht tatsächlich voreingenommen sein muss – es genügt, dass er es zu sein scheint –, und zweitens, dass es nicht darauf ankommt, wie der Richter seine innere Haltung selbst sieht – entscheidend ist die Perspektive der anderen. Andererseits kann nicht deren individuelle Sensibilität entscheiden. Man muss aus der Sicht dessen, der das Ablehnungsgesuch stellt (§ 24 Abs. 3), alle ihm bekannten Umstände vernünftig würdigen und fragen, ob er Befangenheit zu besorgen hat. Das muss weder evident sein, noch jedem Dritten einleuchten.[3]

Beispiele:
Besorgnis der Befangenheit
- Im Berufungsverfahren sagt der Richter, der Angeklagte solle sich lieber bei dem Verletzten entschuldigen, anstatt in die zweite Instanz zu gehen.[4]
- Der Angeklagte, der Drogen eingeführt haben soll, wird vom Vorsitzenden zu einem Geständnis gedrängt und darauf hingewiesen, dass man in Malaysia für so etwas mit vierzig Jahren Gefängnis und in den USA mit der Todesstrafe rechnen müsse.[5]

---

[3] So aber die h. M.; vgl. dagegen *Arzt*, Der befangene Strafrichter, 1969.
[4] *OLG Köln*, StV 1988, 287.
[5] *BGH* NStZ 1991, 226.

- Der wegen sexuellen Missbrauchs von Kindern Angeklagte wird vom Vorsitzenden gefragt, wie lange er sich das Leiden einer weinenden jugendlichen Zeugin noch ansehen wolle und erweckt damit den Eindruck, dass er ihn für schuldig halte und zu einem Geständnis dränge.[6]
- Der Richter lässt bei einer Zeugenvernehmung erkennen, dass er den Zeugen für unwahrhaftig hält, weil er ihm sagt, er solle gefälligst „die Klappe halten", wenn er nicht die Wahrheit sagen wolle.[7]
- Das Gericht hat sich in einer Absprache vorschnell endgültig festgelegt (s. auch unten 30 Rn. 4f.).[8]
- Der Richter schließt die Beweisaufnahme, obwohl neue Spurenakten aufgetaucht sind, und kündigt an, dass es lebenslänglich geben werde, es sei denn, der Verteidiger präsentiere den wahren Täter.[9]

Keine Besorgnis der Befangenheit
- wenn der Richter den Angeklagten auf die Folgen seines Prozessverhaltens hinweist (anders wieder, wenn er sagt „Sie werden schon sehen, was Ihnen Ihr Leugnen einbringt")
- wenn der Richter in einem Abtreibungsprozess Vorsitzender eines Vereins der Abtreibungsgegner ist. Ein Richter darf schließlich politische Standpunkte, religiöse Überzeugung etc. haben, und nicht allein deshalb verdächtigt werden, Vorurteile zu Urteilen zu machen[10]
- wenn ein Verfahren wegen Vergewaltigung gegen ein Vorstandsmitglied einer Bank geführt wird und der Richter (Schöffe) im Aufsichtsrat dieser Bank sitzt.[11]

c) Fallgruppen 14

Das Verhältnis **Gericht – Beschuldigter** ist die klassische Quelle der Ablehnung wegen Befangenheit. Der Angeklagte kann nicht aus seinem eigenen Verhalten die Befangenheit des Richters ableiten (z.B. durch Beleidigung). Nicht die Provokation, sondern allenfalls die Reaktion darauf lässt die Besorgnis der Befangenheit entstehen.

Beispiel: Angeklagter zu Richter: „Scheißer". Richter daraufhin: „Gangster".[12]

Der **Verteidiger** selbst hat kein Ablehnungsrecht (vgl. § 24 Abs. 3). Krach zwischen Gericht und Verteidigung ist deshalb kein Ablehnungsgrund. Er kann sich aber mittelbar auf das Verhältnis Richter – Angeklagter auswirken und so die Besorgnis der Befangenheit auslösen. 15

Beispiele: Der Richter widerruft die Bestellung eines Pflichtverteidigers, der das Vertrauen des Angeklagten genießt.[13] Der Richter macht den Verteidiger nieder: „Ich frage mich Herr Rechtsanwalt, wo Sie das Recht gelernt haben".[14]

Auch **Zeugen** sind nicht zur Ablehnung berechtigt. Das Verhalten des Richters gegenüber den Zeugen kann aber (ebenfalls mittelbar) den Angeklagten an der Unparteilichkeit des Richters zweifeln lassen (vgl. die Beispiele oben c).

---

6 *BGH* NStZ 2007, 711. Zum Geständnisdruck mit der „Sanktionsschere" s. oben 9 Rn. 15.
7 *BGH* NJW 1984, 1907ff.
8 BGHSt 45, 312.
9 *BGH* NStZ 2003, 666.
10 Richter ist Mitglied der Partei, zu deren Lasten Untreue begangen worden sein soll; *BGH* NStZ 2006, 646.
11 Vgl. BGHSt 43, 16.
12 *AG Oldenburg* StV 1990, 259.
13 Vgl. *BGH* NStZ 1988, 510.
14 *LG Frankfurt* StV 1990, 258.

16 Die **Mitwirkung des Richters an Vorentscheidungen** ist per se kein Ausschlussgrund (siehe oben Rn. 8ff.) und kann daher nicht ohne weiteres zum Ablehnungsgrund umfunktioniert werden. Andererseits ist auch das generelle argumentum e contrario verfehlt, sie könne niemals die Besorgnis der Befangenheit begründen.[15] Es ist zu unterscheiden zwischen Entscheidungen, die auf Grund einer vorläufigen Tatbewertung ergehen und Urteilen, die nach einer Hauptverhandlung in der Sache gefällt werden. Bei Entscheidungen im Vorverfahren und Zwischenverfahren (Haftbefehl, Eröffnungsbeschluss) wird nur ein Verdacht überprüft. Diese Art der Vorbefassung gehört zu unserer Prozessstruktur. Anders ist es, wenn der Richter dieselbe Sache schon einmal abschließend entschieden hat. Die StPO bewertet das zwar nicht als Ausschließungsgrund, lässt aber Raum für die Bewertung des Einzelfalles. Allein die Tatsache, dass es der Angeklagte wieder mit demselben Richter zu tun und verständlicherweise Zweifel an dessen Fähigkeit hat, sich von alten Eindrücken zu lösen, sollte zwar nicht hinreichen.[16] Aber es bedarf in solchen Fällen nur eines kleinen, zusätzlichen Auslösers, um dieses allgemeine Unbehagen zur Besorgnis der Befangenheit zu steigern. Die Anforderungen an die Gründe, die geeignet sind, Misstrauen gegen die Unparteilichkeit des Richters zu rechtfertigen, sind also drastisch reduziert.

Lösung (zu Fall Rn. 11): Ohne solche zusätzlichen Aspekte wird das Ablehnungsgesuch als unzulässig verworfen.

3. Das Verfahren

a) Antrag

17 Das Ablehnungsgesuch ist bei dem Gericht anzubringen, dem der Richter angehört (§ 26 Abs. 1). Gericht ist der Spruchkörper, also z.B. die 2. Strafkammer des Landgerichts. Das muss **rechtzeitig** geschehen, nämlich bis zur Vernehmung des (eventuell ersten von mehreren) Angeklagten über seine persönlichen Verhältnisse (§ 25 Abs. 1 S. 1; vgl. § 243 Abs. 2 S. 3). Wird dieser Zeitpunkt versäumt, sind alle bis dahin eingetretenen und dem Ablehnungsberechtigten bekannten Ablehnungsgründe verwirkt. Treten sie erst später ein oder werden sie erst später bekannt, muss die Ablehnung unverzüglich (wie § 121 Abs. 1 BGB) erklärt werden (§ 25 Abs. 2).[17] Wer sich erst mit seinem Verteidiger berät, zögert nicht schuldhaft.[18]

18 Der Antragsteller muss den Ablehnungsgrund und in der soeben besprochenen Prozesslage (§ 25 Abs. 2) auch die Rechtzeitigkeit **glaubhaft machen** (§ 26 Abs. 2). Die behaupteten Tatsachen müssen demnach soweit bewiesen sein, dass sie das Gericht ohne weitere Ermittlungen für wahrscheinlich hält.[19] Dazu braucht man schriftliche Erklärungen von Zeugen (es genügt nicht, sie nur zu benennen) oder eine schriftliche anwaltliche Versicherung des Verteidigers. Man

---

[15] So aber die Rechtsprechung, vgl. *Meyer-Goßner*, § 24 Rn. 12m.w.N.
[16] Anders *Beulke*, Rn. 74.
[17] *BGH* NStZ 1996, 47.
[18] *BGH* NStZ 1984, 371; NStZ 1992, 211.
[19] BGHSt 21, 334, 347.

darf sich auch auf die dienstliche Erklärung beziehen, die der abgelehnte Richter immer abgeben muss (§ 26 Abs. 2 S. 3, Abs. 3). Der Grundsatz in dubio pro reo gilt nicht, weil eine Wahrscheinlichkeit immer Raum für Zweifel lässt und das Gericht nicht verpflichtet ist, „im Zweifel" eine Wahrscheinlichkeit anzunehmen.

b) Zulässigkeit

Das Gericht prüft zunächst, ob der gestellte Antrag zulässig ist. An dieser Entscheidung wirkt der abgelehnte Richter mit (§ 26a Abs. 2 S. 1); der Einzelrichter trifft sie allein (§ 26a Abs. 2 S. 3). Er wird dadurch nicht zum „Richter in eigener Sache".[20] Das Ablehnungsgesuch ist zulässig, wenn die soeben (oben Rn. 17f.) dargestellten Voraussetzungen gegeben sind und es nicht missbräuchlich gestellt ist (§ 26a Abs. 1 Nr. 1–3). 19

c) Begründetheit

In diesem Stadium entscheidet das Gericht in anderer Besetzung. Der abgelehnte Richter darf nicht mitwirken (§ 27 Abs. 1). Daher kann nicht in der Hauptverhandlung entschieden werden. Sie muss unterbrochen werden (evtl. später, § 29 Abs. 2 S. 1). Es wird also außerhalb der Hauptverhandlung und daher ohne die Schöffen entschieden (§ 27 Abs. 2 i.V.m. § 76 Abs. 1 S. 2 GVG). Der abgelehnte Richter wird durch einen anderen Richter der Strafkammer oder einen Vertreter ersetzt. Beim Amtsgericht entscheidet stets ein anderer Richter (§ 27 Abs. 3 S. 1). 20

d) Beschluss

Die Entscheidung ergeht durch Beschluss (§ 28 Abs. 1). Wird die Ablehnung als unbegründet zurückgewiesen, befindet sich das Verfahren in der Lage, die es vor dem Gesuch hatte. Gibt das Gericht dem Ablehnungsgesuch statt, ist ab diesem Zeitpunkt der Richter ausgeschlossen (keine Rückwirkung).[21] Dann muss die Hauptverhandlung ausgesetzt und völlig neu durchgeführt werden („der Prozess ist geplatzt"). Hatte man vorgesorgt und einen Ergänzungsrichter (§ 192 GVG) teilnehmen lassen, muss nur der Teil der Hauptverhandlung wiederholt werden, der nach dem Ablehnungsgesuch noch durchgeführt worden war (§ 29 Abs. 2 S. 2). 21

e) Anfechtung

Ist die Ablehnung für begründet erklärt worden, kann dieser Beschluss nicht angefochten werden (§ 28 Abs. 1; auch nicht mit der Revision, § 336 S. 2). Gegen Beschlüsse, die ein Ablehnungsgesuch als unzulässig verworfen oder als unbegründet zurückgewiesen haben, gibt es die sofortige Beschwerde (§§ 28 Abs. 2 S. 1, 311). Betraf das erfolglose Ablehnungsgesuch ein Mitglied des er- 22

---

[20] Es sei denn, dass bei der Gleichstellung von unzulässigen mit offensichtlich unbegründeten Anträgen, die prinzipiell gestattet ist, verdeckt die sachliche Berechtigung des Ablehnungsgesuchs geprüft wird; *BVerfG* NJW 2005, 3410; *BGH* NStZ 2006, 50; 2006, 705; 2008, 46.

[21] *OLG Koblenz* NStZ 1983, 471.

kennenden Gerichts (Richter nach Erlass des Eröffnungsbeschlusses), soll das Verfahren nicht aufgehalten werden. Die Entscheidung kann dann nur zusammen mit dem Urteil angefochten werden (§ 28 Abs. 2 S. 2), also mit Berufung oder Revision.

III. Die Verhandlungsleitung, § 238

1. Die Anordnungen des Vorsitzenden, § 238 Abs. 1

23 Die Verhandlungsleitung fällt in die Kompetenz des Vorsitzenden. Er leitet die Verhandlung, vernimmt den Angeklagten und führt die Beweisaufnahme durch (§ 238 Abs. 1). Nur wenige Entscheidungen, die während einer Hauptverhandlung zu treffen sind, ergehen von vornherein als Beschluss des (gesamten) Gerichts (z.B. über Verbindung und Trennung, § 4; Ablehnungsgesuche, § 27 Abs. 1; Aussetzung, § 228 Abs. 1 S. 1; Ablehnung von Beweisanträgen, § 244 Abs. 6; Nachtragsanklage, § 266 Abs. 1).

2. Das Beanstandungsrecht, § 238 Abs. 2

24 a) Alle Maßnahmen des Vorsitzenden können beanstandet werden. Die früher h.M. verstand den Begriff „Sachleitung" (Abs. 2) enger als den der Verhandlungsleitung (Abs. 1) und meinte, einen Bereich der nur formellen Verhandlungsleitung der Anfechtbarkeit entziehen zu können. Die Unterscheidung ist aber nicht durchführbar.[22] Es gibt keine Anordnung, die ausschließlich die „äußere" Gestaltung der Hauptverhandlung betrifft, und keine, die nicht vielleicht Einfluss auf die Endentscheidung hat.

Beispiel: Die scheinbar harmlose Anordnung „machen Sie mal ein Fenster auf" kann die Rechte des Angeklagten berühren, wenn er Allergiker ist und draußen eine blühende Birke steht.

25 b) § 238 Abs. 2 ist eine Sonderform der Beschwerde. Die Vorschrift „eröffnet einen schnellen, innerinstanzlichen Weg, Anordnungen und Maßnahmen des Vorsitzenden in der Hauptverhandlung vom Kollegium auf ihre rechtliche Zulässigkeit hin überprüfen zu lassen".[23] Voraussetzung der Zulässigkeit ist eine Beschwer. Dazu gehört die Behauptung, in Rechten verletzt zu sein. Man kann also eine Maßnahme nicht mit der Begründung angreifen, sie sei nicht zweckmäßig. Den Zwischenrechtsbehelf des § 238 Abs. 2 können alle ergreifen, die prozessuale Rechte haben (Verfahrensbeteiligte – dazu unten 20 – und andere Personen mit spezifischen Verfahrensrollen wie z.B. Zeugen, Sachverständige). Auch die Verhandlungsleitung des Einzelrichters ist angreifbar. Er entscheidet dann in der Form des Beschlusses gem. § 238 Abs. 2.

[22] A.A. im Ansatz *Roxin/Schünemann*, § 44 Rn. 14ff.
[23] *Erker*, S. 133.

c) Revision 26

Ein Angeklagter, der eine Maßnahme des Vorsitzenden (oder Strafrichters) nicht beanstandet, also nicht sofort den Zwischenrechtsbehelf ergriffen hat, soll nicht später eine Revision auf die Rüge stützen können, der Vorsitzende habe einen Fehler bei der Verhandlungsleitung gemacht und ihn dadurch in seinem Recht auf Verteidigung eingeschränkt, § 338 Nr. 8.

Die Rechtsprechung entnimmt der Vorschrift des § 238 Abs. 2 den allgemeinen Rechtsgedanken, dass man jegliche Möglichkeit „verwirke", einen Verfahrensfehler in der Revision geltend zu machen, wenn man diesen Zwischenrechtsbehelf nicht ergriffen habe. Auch die Revision gem. § 337 müsse dann erfolglos bleiben.[24] Das geht zu weit. Der Angeklagte hat nicht nur das Recht auf Verteidigung (geschützt in § 338 Nr. 8), sondern ganz allgemein auf ein justizförmiges Verfahren. Das Beanstandungsrecht des Angeklagten darf nicht zur Beanstandungslast ausgestaltet werden.[25] Es ist nicht seine Aufgabe – und auch nicht die des Verteidigers –, dem Gericht in seiner Verantwortung für ein einwandfreies Verfahren zu assistieren. Deshalb kann Schweigen nicht als „treuwidrig" angesehen und mit der Folge der Verwirkung geahndet werden. Einen Verzicht bedeutet Schweigen ohnehin nicht. 27

Auch nach der Rechtsprechung findet die „Disposition" des Angeklagten durch schweigende Hinnahme einer Anordnung ihre rechtliche Grenze dort, wo es um zwingende, nicht disponible Verfahrensvorschriften geht.[26] Eine weitere Ausnahme bilden die Fälle, in denen es die gerichtliche Fürsorgepflicht gebietet, den unverteidigten Angeklagten auf sein Beanstandungsrecht hinzuweisen. Die Ansicht der Rechtsprechung stößt überdies an eine faktische Grenze, weil es bei einem Unterlassen des Vorsitzenden nichts zu beanstanden gibt (so dass in diesen Fällen eine Revision gem. § 337 nicht an § 238 Abs. 2 scheitern kann).[27] Nach diesen „Ausnahmen", die die h.M. machen muss, bleibt von ihrer Regel nicht mehr viel übrig.

Zusammenfassend: Es trifft zu, dass die StPO dazu auffordert, gewisse Beanstandungen frühzeitig zu erheben und dass sie einen Ausschluss der betreffenden Rüge vorsieht, wenn dies nicht oder verspätet geschieht (Besetzungsrüge, vgl. oben 17 Rn. 5; Ablehnung, vgl. oben Rn. 17). Es ist aber nicht richtig, aus § 238 Abs. 2 das allgemeine Prinzip herzuleiten, dass derjenige verzichtbare Rechte verwirkt habe, der eine Maßnahme nicht beanstandet hat (vgl. unten 36 Rn. 27 ff.).

Fälle und Fragen

137. Worin liegt der Unterschied zwischen Ausschluss eines Richters und Ablehnung eines Richters wegen Besorgnis der Befangenheit?
138. Gelten die Vorschriften über die Ausschließung und Ablehnung auch für andere Gerichtspersonen?

---

[24] *BGH* NStZ 1992, 346: Revision unzulässig.
[25] *Erker*, S. 151.
[26] BGHSt 42, 73.
[27] Vgl. BGHSt 38, 260, 261.

139. Nennen Sie Beispiele für Ausschließungsgründe!
140. A ist wegen Anstiftung zum schweren Raub angeklagt. Der zuständige Richter R hat früher in seiner Eigenschaft als Staatsanwalt die Ermittlungen gegen den von A angestifteten K geleitet. Kann A Richter R von der Verhandlung ausschließen?
141. A ist wegen Totschlags angeklagt. Richter R hat den Vorsitz. R hatte als Ermittlungsrichter A schon als Beschuldigten vernommen und gegen ihn sogar einen Haftbefehl erlassen. Vor Beendigung der Beweisaufnahme erklärt R dem A, dass er bereits im Ermittlungsverfahren von der Täterschaft des A überzeugt gewesen war. Kann A gegen die Mitwirkung des R etwas unternehmen?
142. Unter welchen Voraussetzungen ist ein Ablehnungsgesuch zulässig?
143. Der in § 25 vorgesehene Ablehnungszeitpunkt wurde versäumt. Was für Folgen hat dies für den Ablehnungsberechtigten?
144. Kann der Beschluss, der über ein Ablehnungsgesuch ergeht, angefochten werden?
145. Wem obliegt die Verhandlungsleitung?
146. A ist wegen räuberischer Erpressung vor dem LG angeklagt. Sein Verteidiger stellt nach Schluss der Beweisaufnahme und vor Beginn der Urteilsverkündung einen weiteren Beweisantrag. Dieser wird vom Vorsitzenden mit der Begründung abgelehnt, dass Anträge nicht mehr entgegen genommen werden. Kann A diese Anordnung des Vorsitzenden noch während der Verhandlung beanstanden bzw. wird seine Revision Erfolg haben, wenn er die Anordnung duldet?

§ 20. Die Prozessbeteiligten

Verfahrensbeteiligter ist, wer prozessuale Rechte ausübt oder von einer Entscheidung mittelbar betroffen wird.[1] Das Gericht gehört nicht zu den Beteiligten – es soll ja gerade „unbeteiligt" agieren.[2] Zu seinen Pflichten zählt es, den Beteiligten rechtliches Gehör zu gewähren (§ 33). 1

Verfahrensbeteiligte sind vor allem der Beschuldigte, sein Verteidiger, die Staatsanwaltschaft, der Nebenkläger und der Privatkläger. Außerdem gibt es Nebenbeteiligte, wie z.B. den Verletzten. Im Verfahren dabei, aber nicht Beteiligte im Sinne dieses Begriffes sind die Zeugen und Sachverständigen (ihre Rolle ist bei den Beweismitteln zu besprechen, vgl. unten 21 Rn. 3ff.) sowie andere, die nur eine mittelbare Aufgabe oder Hilfsfunktion im Strafverfahren haben, wie z.B. die Polizeibeamten und der Protokollführer (§§ 226, 271). 2

I. Anwesenheitsrechte und -pflichten

1. Hauptbeteiligte

a) Der Beschuldigte (Angeklagte)

In der Hauptverhandlung muss er anwesend sein, § 230 Abs. 1. Ist der Angeklagte beim Aufruf der Sache (§ 243 Abs. 1 S. 1) nicht da, kommt es darauf an, ob er „ausgeblieben" (§ 230) oder „abwesend" ist (§ 276). Ein Versäumnisverfahren gibt es in der StPO nicht (früher §§ 277–284). Gegen einen Abwesenden kann ein Verfahren zum Zwecke der Beweissicherung betrieben werden (§§ 286–294). Ist der Angeklagte nicht abwesend (in diesem technischen Sinne), sondern nur nicht erschienen, wird er vorgeführt (§ 230 Abs. 2). Auch ein Haftbefehl kann in diesem Falle ergehen. 3

Von der Anwesenheitspflicht gibt es Ausnahmen (§§ 231 Abs. 2, 231a–c, 232, 233; im Rechtsmittelverfahren §§ 329 Abs. 2, 350 Abs. 2; im Privatklageverfahren § 387 Abs. 1; nach Einspruch gegen einen Strafbefehl § 411 Abs. 2 S. 1). § 232 betrifft Strafsachen von geringer Bedeutung. In solchen Fällen kann sich der Angeklagte von seiner Anwesenheitspflicht auch befreien lassen (§ 233). Das Recht zur Anwesenheit bleibt ihm immer.[3] 4

Bei gewissen Vernehmungen (§ 247) darf der Angeklagte ausgeschlossen werden und muss dann nur über den „wesentlichen Inhalt" dessen informiert werden, was in seiner Abwesenheit gesagt oder verhandelt worden ist.[4]

---

[1] Vgl. BVerfGE 13, 132, 140.

[2] BVerfGE 21, 139, 145.

[3] BGHSt 19, 144, 147.

[4] Der *BGH* möchte den Begriff der „Vernehmung" ausdehnen auf alle Vorgänge des Verfahrensabschnitts, in dem vernommen worden ist (z.B. Augenscheinseinnahme), *BGH* NStZ 2010, 163.

b) Der Verteidiger

5 Bei notwendiger Verteidigung muss er anwesend sein (vgl. § 145 Abs. 1 S. 1). Wenn in Abwesenheit des Angeklagten verhandelt werden darf (§§ 231 Abs. 2, 231 a, b, 232, 233), ist er nicht auf seine normale Rolle als Beistand beschränkt (vgl. oben 11 Rn. 21), sondern kann, wenn er eine entsprechende Vollmacht hat, ausnahmsweise als Vertreter handeln (§ 234).

c) Der Staatsanwalt

6 In der Hauptverhandlung muss stets ein Vertreter der Staatsanwaltschaft anwesend sein, §§ 226, 227. Es braucht nicht während des gesamten Verfahrens und auch nicht in der Hauptverhandlung derselbe zu sein; er kann ausgewechselt werden (vgl. oben 6 Rn. 5, 6). Die Frage ist, ob er in bestimmten Situationen ersetzt werden muss. Das drängt sich auf, wenn ein **befangener Staatsanwalt** das Verfahren führt. Das Gesetz hat keine Regelung getroffen und noch nicht einmal **Ausschließungsgründe** wie für Richter vorgesehen (§§ 22 f.). Es ist vernünftig, denjenigen Staatsanwalt in die Hauptverhandlung zu schicken, der den Fall am besten kennt, weil er die Ermittlungen geführt hat. Andererseits ist er durch diese Vorbefassung stets auch in Gefahr, als voreingenommen zu gelten. Es ist seine Aufgabe, das belastende Material zu suchen und in der Anklage zur Grundlage eines Vorwurfs zu machen. Diese institutionelle „Einseitigkeit“ unterscheidet das Amt des Staatsanwaltes von dem des Richters. Die Distanz eines unbeteiligten Dritten darf man vom Staatsanwalt zwar nicht erwarten, wohl aber, dass er die Grenzen nicht überschreitet, die durch das Rechtsstaatsprinzip und das Fairnessgebot gezogen sind. Gibt er zu erkennen, dass er zu einer objektiven Würdigung der von ihm geführten (oder jedenfalls zu vertretenden) Ermittlungen und der Beweissituation in der Hauptverhandlung nicht bereit oder nicht in der Lage ist, muss der Vorgesetzte von seinem Substitutionsrecht Gebrauch machen. Ob der Angeklagte darauf einen Anspruch hat und ob das Gericht diese Substitution erzwingen oder kontrollieren kann, ist die zweite Frage. Zunächst ist problematisch, wie jene Direktive zur Befangenheit des Staatsanwalts zu konkretisieren ist. In den Situationen des § 22 Nr. 1–3 ist klar, dass ein Staatsanwalt generell „zu nah dran“ am Fall ist, als dass er ihn noch mit einem Mindestmaß von Objektivität beurteilen könnte. Hier muss der Vorgesetzte eingreifen. Bei § 22 Nr. 4 versteht sich das nicht von selbst: Die frühere Tätigkeit als Strafverfolger ist systemkonform und die als Verteidiger eher geeignet, ihn besonders sensibel für die Lage der anderen Seite zu machen. Ansonsten ist ungeklärt, wann ein Staatsanwalt, insbesondere durch sein Verhalten in der Hauptverhandlung, über seine rollenspezifische Einseitigkeit hinaus Befangenheit besorgen lässt.[5] Das dürfte erst bei gewissermaßen wütendem Verfolgungseifer und daher selten der Fall sein. Häufiger kommt vor, dass ein Staatsanwalt eine zweite Prozessrolle spielen, nämlich als Zeuge aussagen musste, und daher

[5] Vgl. näher *Schairer*, Der befangene Staatsanwalt, 1983; *Tolksdorf*, Mitwirkungsverbot für den befangenen Staatsanwalt, 1989; *Frisch*, FS Bruns, S. 398; *Pawlik*, NStZ 1995, 309, 313; sehr zurückhaltend der *BGH*, vgl. *BGH* NJW 1980, 845; NStZ 1984, 419; NStZ 1989, 583.

seine eigentliche Aufgabe vielleicht nicht mehr wahrnehmen kann (dazu unten 21 Rn. 22).

Wenn sich danach ergibt, dass ein Staatsanwalt nicht weiter tätig werden sollte, stellt sich die Frage, ob man den Austausch erzwingen kann. Die h.M. gibt den Prozessbeteiligten kein Recht auf Ablehnung[6] und verweist auf die Revision, mit der man geltend machen kann, dass das Urteil möglicherweise durch die rechtsstaatswidrige, unfaire Verfahrensweise des Staatsanwalts beeinflusst sei. Das Gericht darf auf die Ablehnung drängen und muss das tun, wenn es die Fürsorgepflicht gebietet,[7] kann aber die Entscheidung des Leiters der Staatsanwaltschaft nicht korrigieren (vgl. § 150 GVG). Der Weg über §§ 23ff. EGGVG (näher oben 15 Rn. 31ff.) ist nicht gangbar, weil die unmittelbare Auswirkung auf Individualrechte fehlt und weil dieses schwerfällige, tendenziell langwierige Verfahren nicht vereinbar ist mit dem in §§ 26ff. dokumentierten Interesse, den Zwischenstreit um die Befangenheit rasch zu beenden. 7

d) Der Nebenkläger

schließt sich der öffentlichen Klage an (§§ 395ff., näher unten 39 Rn. 18ff.). 8
Er will persönliche Genugtuung für erlittenes Unrecht und den Beschuldigten bestraft sehen.[8] Anwesenheitspflicht hat er nicht.

e) Der Privatkläger

verfolgt das gleiche Interesse, darf das aber anstelle der Staatsanwaltschaft 9
tun (vgl. oben 18 Rn. 4). Er muss nicht persönlich kommen, wenn das nicht angeordnet wurde (§ 387 Abs. 3), sondern kann sich durch einen Rechtsanwalt vertreten lassen. Erscheint er nicht und wird er auch nicht vertreten, wird das vom Gesetz mit der Rechtsfolge einer fiktiven Klagerücknahme geahndet (§ 391 Abs. 2).

2. Nebenbeteiligte

Das sind Personen, die im öffentlichen oder eigenen Interesse am Verfahren 10
teilnehmen.

a) Der Verletzte

Durch das Opferschutzgesetz (18. 12. 1986) ist der Verletzte zum Prozessbe- 11
teiligten geworden (§§ 406dff.; näher unten 39 Rn. 40ff.). So kann er seine Interessen wahrnehmen und z.B. verhindern, dass ihm Verantwortung zugeschrieben wird. Dazu muss er sich nicht als Nebenkläger anschließen. Das allerdings verschafft ihm zusätzliche Rechte.

---

[6] Sehr str., vgl. *Meyer-Goßner*, vor § 22 Rn. 5 m.w.N.
[7] Vgl. *LG Mönchengladbach* JR 1987, 303 m. Anm. *Bruns*.
[8] Vgl. BVerfGE 26, 66.

b) Behörden

12 Die wichtigsten Fälle: Im Steuerstrafverfahren ist die Finanzbehörde beteiligt (§§ 385–408 AO), im Bußgeldverfahren die Verwaltungsbehörde (§§ 42, 63, 76 OWiG).

c) Verfall und Einziehung

13 Wer hiervon betroffen ist, muss rechtliches Gehör erhalten und wird am Verfahren beteiligt (§§ 431 Abs. 1 S. 1, 442 Abs. 2).

d) Verbände

14 Gegen juristische Personen und Personenvereinigungen kann eine Geldbuße als Nebenfolge einer Straftat oder Ordnungswidrigkeit verhängt werden – bisher die einzige Form der Sanktion gegen Verbände und Unternehmen (§ 30 OWiG). In diesem Verfahren müssen sie beteiligt werden (§ 444 Abs. 1), aber in der Hauptverhandlung nicht vertreten sein (§ 444 Abs. 2 S. 1).

II. Fragerechte

1. Das Recht auf unmittelbare Befragung

15 muss vom Vorsitzenden den beisitzenden Richtern, den Schöffen, der Staatsanwaltschaft, dem Angeklagten und seinem Verteidiger gewährt werden (§ 240 Abs. 1, 2 S. 1).[9] Unmittelbare Befragung heißt, dass die Frage nicht erst dem Vorsitzenden mitgeteilt werden muss, der sie dann stellt. Dieses Recht haben, über den Wortlaut des § 240 hinaus, alle Prozessbeteiligten. Für den Angeklagten ist das Recht, Belastungszeugen zu befragen oder befragen zu lassen, ein Mindestrecht nach Art. 6 Abs. 3 d EMRK.[10] Dass er Mitangeklagte nicht unmittelbar befragen darf (§ 240 Abs. 2 S. 2), ist verfassungsrechtlich nicht zu beanstanden.[11] Befragung ist nicht dasselbe wie Vernehmung. Man muss einzelne Punkte aufgreifen und die Fragen genau stellen. Einen zusammenhängenden Bericht über ganze Komplexe des Sachverhalts („erzählen Sie mal, wie war das denn?") kann man nicht verlangen.

2. Die Zurückweisung von Fragen, § 241 Abs. 2

16 Bei einer Befragung durch einen der Berufsrichter kann der Vorsitzende nicht nach dieser Vorschrift einschreiten (keine Verweisung auf § 240 Abs. 1). Ansonsten soll er Fragen zurückweisen, wenn sie **ungeeignet** sind, also nichts zur

[9] Dem Rechtsanwalt als Beistand eines nebenklageberechtigten Verletzten kann der Vorsitzende im Rahmen seiner Sachleitungsbefugnis gestatten, einzelne Fragen zu stellen; *BGH* NStZ 2005, 222 m. Anm. *Ventzke* 396.

[10] Ausführlich dargelegt in BGHSt 46, 93.

[11] *BVerfG* NJW 1996, 3408.

Wahrheitsfindung beitragen können oder aus Rechtsgründen nicht gestellt werden dürfen.

Beispiel: Ein gefährdeter Zeuge (§ 68 Abs. 2) wird nach dem Wohnort gefragt.

Auch Fangfragen und Suggestivfragen gehören hierher. **Nicht zur Sache** gehören Fragen, die nicht einmal mittelbar etwas mit der Tat und den möglichen Rechtsfolgen zu tun haben. 17

Beispiel: Der Zeuge ist Polizeibeamter und in seiner dienstfreien Zeit als Kaufhausdetektiv tätig. Der Verteidiger fragt ihn, ob er dafür eine Nebentätigkeitsgenehmigung hat.

Die Glaubwürdigkeit eines Zeugen ist stets relevant. Der Vorsitzende darf nicht einschreiten, wenn er eine entsprechende Frage für unerheblich hält: Das liefe, ehe man die Antwort gehört hat, auf eine verbotene Vorwegnahme der Beweiswürdigung hinaus.[12]

3. Die Entziehung des Fragerechts

insgesamt ist nicht zulässig. Selbst bei fortgesetztem, schwer erträglichen Missbrauch muss der Vorsitzende die Geduld aufbringen, Frage für Frage zurückzuweisen (str.). 18

4. Rechtsbehelfe

Das Gericht entscheidet nicht erst bei Beanstandungen (§ 238 Abs. 2), sondern schon dann, wenn Zweifel geäußert wurden (§ 242).

Fälle und Fragen

147. Wer ist Verfahrensbeteiligter?
148. Gehören Zeugen und Sachverständige zu den Prozessbeteiligten?
149. Gibt es in der StPO ein Versäumnisverfahren?
150. A ist wegen Mordes vor dem *LG München* angeklagt. Die dreizehnjährige Tochter K des Tatopfers soll als Tatzeugin vernommen werden. Der Gerichtspsychologe weist darauf hin, dass die Anwesenheit des Angeklagten A bei dem Kind traumatische Zustände hervorrufen könnte. Kann A deshalb aus der Hauptverhandlung ausgeschlossen werden?
151. Ist die Anwesenheit des Verteidigers während der gesamten Hauptverhandlung zwingend?
152. In der Hauptverhandlung gegen den Angeklagten X vor dem *LG München* ist Staatsanwältin P als Sitzungsvertreterin tätig. Am dritten Verhandlungstag kann P wegen Krankheit nicht anwesend sein. Kann Staatsanwalt S anstelle von P die Anklage in der Verhandlung vertreten?
153. A ist wegen Körperverletzung vor dem AG angeklagt. In der Hauptverhandlung vertritt die frühere Lebenspartnerin des A Staatsanwältin X die Anklage. Dem A wird unwohl in seiner Haut. Er befürchtet, dass X zu einer objektiven Würdigung der Beweissituation in der Hauptverhandlung weder bereit noch fähig ist. Was kann A unternehmen, damit Staatsanwältin X ersetzt wird?

---

[12] *BGH* NStZ 1985, 183; StV 1987, 229.

154. Welche Personen sind im Verfahren Nebenbeteiligte?
155. Welche Personen sind frageberechtigt und was bedeutet „unmittelbare Befragung"?
156. Ist die „Befragung" der Richter und der StA zulässig?
157. Ist die unmittelbare Befragung eines Angeklagten durch einen Mitangeklagten zulässig?
158. Der Vorsitzende darf unter den Voraussetzungen des § 141 Abs. 2 einzelne Fragen zurückweisen, wenn sie „ungeeignet" sind. Was ist darunter zu verstehen?
159. Ist die Zurückweisung durch den Vorsitzenden bei einer Befragung durch einen Berufsrichter zulässig?
160. Darf das Fragerecht als Ganzes entzogen werden?

§ 21. Die Beweismittel

1 Als Beweismittel kennt die StPO nur Zeugen, Sachverständige, Urkunden und Augenschein. Zeugen und Sachverständige machen Aussagen. Mit ihnen führt man einen Personalbeweis. Beim Sachbeweis werden Beweisgegenstände (vgl. §§ 94, 102) durch Verlesung ausgewertet, wenn es sich um Schriftstücke (Urkunden) handelt, und ansonsten dadurch, dass man sie in Augenschein nimmt. Zahlreiche Kombinationen sind möglich.

Beispiel: Ein Mitarbeiter des Landeskriminalamtes sichert die Spuren, wertet sie aus und berichtet darüber als Sachverständiger.

2 Der Beschuldigte zählt nicht zu den Beweismitteln. Man kann ihn nicht „zum Beweis heranziehen", weil er ja schweigen darf. Sagt er aber aus, hat er sich gewissermaßen selbst zum Beweismittel gemacht und muss sich gefallen lassen, dass seine Aussage verwendet und gewürdigt wird (näher unten 29 Rn. 11).

I. Der Zeuge, §§ 48ff., 85

1. Die Prozessrolle

3 a) Der Zeuge soll eine Aussage über seine Wahrnehmungen machen. Das führt zu Überschneidungen mit der Aufgabe des Sachverständigen (vgl. die zusammenfassende Grafik unten Rn. 37). Es spielt keine Rolle, ob der Zeuge etwas zufällig bemerkt hat oder eigens losgeschickt wurde (z.B. ein V-Mann im Auftrag der Polizei), ob er beruflich dazu verpflichtet war, auf etwas zu achten, etc.

b) Jeder kann Zeuge sein. Besonderer Sachverstand wird nicht vorausgesetzt. Hat ihn ein Zeuge, wird er allein dadurch nicht zum Sachverständigen (vgl. § 85). Niemand ist von vornherein als Zeuge untauglich, wenn er nur überhaupt – und sei es auch sehr eingeschränkt – dazu fähig ist, Wahrnehmungen zu machen und sie wiederzugeben (so dass im Ergebnis nur Kleinkinder ausscheiden).

4 c) Was man vom Zeugen verlangt, sind Angaben über Tatsachen. Nicht Gegenstand des Zeugenbeweises sind Rechtsprobleme, Erfahrungsregeln, Vermutungen, Schlüsse auf andere Tatsachen. Die Wahrnehmungen werden meist vergangene Tatsachen betreffen, können sich aber auch (entgegen dem Wortlaut § 85) auf gegenwärtige beziehen (z.B. die Frage an das Opfer: „Wie geht es Ihnen heute"?). Die Angaben müssen nicht unbedingt „positiv" sein. Wenn der Zeuge sagt, dass ein bestimmtes Wort nicht gefallen ist, gehört auch diese „negative Tatsache" zu seinen Wahrnehmungen. Gegenstand einer Zeugenaussage sind ferner die inneren (gegenwärtigen oder vergangenen) Tatsachen, die der Zeuge selbst erlebt. Fremdpsychische Vorgänge kann er nicht selbst wahrgenommen haben.

Beispiel: Mit der Bemerkung „ich kenne ihn, so was macht ihn latent aggressiv“ hat ein Zeuge in mehrfacher Hinsicht seine Rolle überschritten. Sie enthält eine Schlussfolgerung, eine Deutung, eine Erfahrungsregel und eine Aussage über Zustände, die seiner Wahrnehmung entzogen sind.

Nach Dingen, die sich nicht ereignet haben, kann man den Zeugen nicht fragen. Etwas anderes gilt für hypothetische psychische Abläufe.

Beispiel: „Hätten Sie das Auto auch gekauft, wenn Ihnen der Angeklagte gesagt hätte, dass es ein Unfallfahrzeug ist?“

Die Frage ist zulässig, weil der Zeuge nach der Beweistatsache der psychischen Kausalität zwischen Irrtum und Verfügung gefragt wird.

Tatsache ist auch das, was andere gesagt haben (**Zeugen vom Hörensagen**[1] vgl. schon oben 18 Rn. 26). **Werturteile** bilden den Gegensatz zu Tatsachen. Die Grenzlinie ist bekannt (vgl. die Dogmatik zur Täuschungshandlung bei § 263 StGB). Es kommt darauf an, ob sich das Werturteil auf eine Tatsachenbasis stützt und ob der Zeuge dazu etwas sagen kann; andernfalls handelt es sich um eine wertlose Meinung. Das ist wichtig, wenn über den **Leumund** eines anderen gesprochen wird.

Alltägliche Werturteile, auf die man sich verlässt, weil sie jeder nach den gleichen Maßstäben trifft, sollen den Tatsachen gleichstehen.

Beispiel: „Ob eine Person sinnlos betrunken gewesen, ob ein Fuhrmann schnell gefahren ist“.[2]

Das ist nicht richtig, falls damit gemeint ist, dass man sie ungeprüft hinnehmen dürfte. Bei einem „sinnlos Betrunkenen“ ist nicht diese zusammenfassende Meinung des Zeugen interessant, sondern das, was er zum Verhalten des anderen sagen kann, und die Bemerkung, der Angeklagte sei in einer Tempo-30-Zone „zu schnell“ gefahren, ist als Angabe über Tatsachen brauchbar, wenn der Zeuge sich auf „mehr als 80“ festlegt, und unbrauchbar, wenn er auf „40“ beharrt.

2. Die Pflichten

5 Der Zeuge muss zur Vernehmung erscheinen, die Wahrheit sagen und in Ausnahmefällen darauf einen Eid leisten (unten vor Rn. 6–Rn. 7). Über diese drei Hauptpflichten hinaus gibt es Nebenpflichten (unten Rn. 8). Die Pflichten des Zeugen sind als staatsbürgerliche Pflichten[3] der StPO vorgelagert. Sie treffen jeden Deutschen und jeden, der sich in Deutschland aufhält (Ausnahme Exterritoriale, §§ 18 f. GVG). Wenn man sich vorstellt, dass der Angeklagte, öffentlichrechtlich gesprochen, „Störer“ ist, dann wird hier der „Nichtstörer“, der Zeuge, schärfer in die Pflicht genommen.

a) Die Pflicht zu Erscheinen

gilt bei Ladungen durch den Richter (§§ 48, 51) und die Staatsanwaltschaft im Ermittlungsverfahren (§ 161 a Abs. 1 S. 1). Der ungehorsame Zeuge trägt die

[1] *Detter*, NStZ 2003, 1 ff. gibt einen Überblick über die Probleme und die Rspr. des *BGH*.
[2] *RG* 37, 371, zitiert bei *Beulke*, Rn. 181.
[3] BVerfGE 49, 280, 284.

Kosten, zahlt ein Ordnungsgeld und erduldet ersatzweise Ordnungshaft bis zu sechs Wochen (§ 51; Art. 6 Abs. 2 EGStGB). Haft darf allerdings nur vom Richter angeordnet werden (§ 161 a Abs. 2 S. 2).

b) Die Pflicht zur wahrheitsgemäßen Aussage

Lügt der Zeuge, macht er sich strafbar (§§ 153 ff. StGB). Verweigert er die Aussage ohne gesetzlichen Grund, muss er die Kosten tragen, ein Ordnungsgeld zahlen (§ 70 Abs. 1) und damit rechnen, dass er bis zu sechs Monaten in Beugehaft genommen wird (§ 70 Abs. 2).

Die Aussagepflicht ist bei Angehörigen des öffentlichen Dienstes aufgehoben 6
durch die **Verschwiegenheitspflicht** (§ 54). Ihre Vernehmung als Zeugen ist verboten (Beweiserhebungsverbot, vgl. unten 28 Rn. 1–3), solange nicht eine Aussagegenehmigung erteilt ist. Diese Genehmigung ist ein Verwaltungsakt.[4] Wird er zu Unrecht nicht erlassen (§§ 62 Abs. 1 BBG, 39 Abs. 3 S. 1 BRRG), können die Verfahrensbeteiligten Verpflichtungsklage erheben, nicht also der Zeuge selbst und auch nicht das Gericht. Dessen Fürsorgepflicht gebietet es allerdings, sich um die Erteilung der Genehmigung zu bemühen.[5] Der Konflikt zwischen einem Geheimhaltungsinteresse einerseits und dem Interesse an der Wahrheitsfindung durch Vernehmung des tatnahen, unmittelbaren Zeugen andererseits tritt vor allem bei verdeckt operierenden Polizeibeamten auf (Scheinaufkäufer, verdeckter Ermittler, etc., vgl. unten 27 Rn. 31 ff.).

c) Die Eidespflicht

Die Vereidigung, vom Gesetz früher als Regelfall angesehen, ist in der Praxis 7
die Ausnahme (weil sie eine Aussage auch nicht „wahrer" macht). Dem hat das 1. JuMoG nun Rechnung getragen und das Verhältnis von Regel und Ausnahme (Vereidigung) umgekehrt (§ 59).

Ein Zeuge kann nur noch vereidigt werden, wenn das Gericht (§ 238!) die Aussage für „ausschlaggebend" hält, weil sie bei der Beweiswürdigung das „Zünglein an der Waage"[6] sein wird oder andere Beweismittel nicht zur Verfügung stehen. „Zur Herbeiführung einer wahren Aussage" (§ 59 Abs. 1 S. 1 Alt. 2) ist die Vereidigung nicht erforderlich, wenn der Zeuge lügt (und sich damit schon nach § 153 StGB strafbar macht). Es mag Fälle geben, in denen konkrete Tatsachen den Schluss erlauben, dass er unter Eideszwang noch etwas Wichtiges (nicht: „Ausschlaggebendes") bekunden wird. Die Vereidigung erfolgt immer erst nach der Aussage (§ 59 Abs. 2 S. 1; „Nacheid").

Im Vorverfahren ist die Vereidigung nur zulässig, wenn darüber hinaus der Verlust des Beweismittels droht („Gefahr im Verzug") oder der Zeuge voraussichtlich in der Hauptverhandlung am Erscheinen verhindert sein wird (§ 62).

Die Staatsanwaltschaft ist nicht zur Abnahme von Eiden befugt (§ 161 a Abs. 1 S. 3), erst recht nicht die Polizei.

Verboten ist die Vereidigung bei **Eidesunmündigen** (§ 60 Nr. 1 Alt. 1) und **Eidesunfähigen** (§ 60 Nr. 1 Alt. 2).

---

[4] *BVerwGE* 66, 39 f.
[5] BGHSt 32, 115, 125 ff.; *BGH* NStZ 1981, 70.
[6] BGHSt 16, 99, 103.

Sie ist ferner verboten, wenn **Tat- oder Teilnahmeverdacht** besteht (§ 60 Nr. 2). Alle Rechtsbegriffe dieser Vorschrift werden weit ausgelegt. „Tat" ist der geschichtliche Vorgang (prozessualer Tatbegriff). „Tatbeteiligt" ist über §§ 25ff. StGB hinaus jeder, der bei diesem Vorgang auf strafbare Weise in derselben Richtung wie der Beschuldigte mitgewirkt hat.

Beispiele: Der Verkäufer von Rauschgift im Verfahren gegen den Käufer;[7] der Dieb im Verfahren gegen den Hehler.[8] Nicht der Lockspitzel, weil er nicht in strafbarer Weise mitgewirkt hat.[9]

Begünstigung und Strafvereitelung (§ 60 Nr. 2) stehen der Vereidigung nur entgegen, wenn sie vor der Hauptverhandlung begangen wurden. Zieht der Zeuge erst durch seine Aussage in der Hauptverhandlung einen entsprechenden Verdacht auf sich, darf er vereidigt werden.[10] Hat er die Falschaussage dem Angeklagten vor der Hauptverhandlung zugesagt, soll das nur eine straflose Vorbereitungshandlung zur Strafvereitelung sein, so dass er vereidigt werden kann.[11]

Wer nicht aussagen muss, braucht nicht zu beschwören, was er sagt (Eidesverweigerungsrecht, § 61). Zur Eidesform vgl. §§ 64ff. Wer nicht schwören will (Art. 4 Abs. 1 GG), braucht nur „ja" zu sagen.

d) Nebenpflichten

8 Der Zeuge muss es sich gefallen lassen, dass seine „Glaubwürdigkeit" (§ 68a Abs. 2) durch Fragen getestet und durch Sachverständige beurteilt wird (vgl. oben 10 Rn. 29). Er muss körperliche Untersuchungen dulden (§ 81c, vgl. oben 10 Rn. 26ff.), an Gegenüberstellungen mitwirken (§ 58 Abs. 2) und die Bild-Ton-Aufzeichnungen seiner Aussage dulden (§ 58a). Bei Straftaten von erheblicher Bedeutung darf öffentlich nach ihm gefahndet werden (§ 131a Abs. 3).

3. Die Zeugnisverweigerungsrechte, §§ 52ff.

Sie gewähren die Befugnis, wegen der persönlichen oder beruflichen Beziehung des Zeugen zum Beschuldigten die Aussage schlechthin (das „Zeugnis") zu verweigern. Davon zu unterscheiden ist das Recht eines Aussagepflichtigen, die Auskunft zu einzelnen Tatsachen zu verweigern, wenn das ihn oder einen seiner Angehörigen in die Gefahr brächte, zum Beschuldigten zu werden (§ 55, unten Rn. 14ff.).

a) Persönliche Beziehungen, § 52

9 § 52 nimmt Rücksicht auf die Zwangslage des Zeugen. Dem Schutz des Angeklagten vor problematischen Aussagen dient die Vorschrift nicht.[12]

---

[7] *BayObLG* MDR 1983, 778.
[8] BGHSt 4, 255; 368; 6, 382.
[9] *BGH* NStZ 1990, 193.
[10] *BGH* NStZ 1981, 268; 309.
[11] Sehr str., BGHSt 31, 10; 34, 68.
[12] BGHSt 11, 213, 215.

Verlobte (§ 52 Abs. 1): Das Eheversprechen muss ernst gemeint sein. Ob es zivilrechtlich wirksam ist, hat mit der strafprozessualen Konfliktsituation nichts zu tun. Wer noch nicht rechtskräftig geschieden ist, kann sich im Strafverfahren darauf berufen, frisch verlobt zu sein.[13] Das Verlöbnis muss zurzeit der Aussage bestehen, zurzeit der Tat aber noch nicht bestanden haben. In Zweifelsfällen kann das Gericht verlangen, dass es glaubhaft gemacht wird (§ 56).

Beispiel: Der Zuhälter wird beschuldigt, einen Freier verprügelt zu haben. Die Prostituierte, offensichtlich vor kurzem geschlagen worden, verweigert die Aussage mit der Begründung, sie sei seit gestern mit dem Angeklagten verlobt.

Ehegatten (§ 52 Abs. 1 Nr. 2): Das Zeugnisverweigerungsrecht besteht während und nach gültig geschlossener Ehe (auch bei einer Scheinehe).[14] Es spielt keine Rolle, ob die Ehe erst nach der Tat eingegangen und/oder vor der Aussage geschieden, für nichtig erklärt oder aufgehoben worden ist. Die „eheähnliche" Lebensgemeinschaft berechtigt nach h.M. nicht zur Zeugnisverweigerung;[15] anders bei eingetragenen Lebenspartnern (§ 52 Abs. 1 Nr. 2a).

Verwandte und Verschwägerte (§ 52 Abs. 1 Nr. 3): vgl. §§ 1589, 1590 BGB.

Das Zeugnisverweigerungsrecht haben Angehörige (Nr. 1–3) des Beschuldigten. Die Frage ist, wie weit es reicht, wenn es in einem Verfahren **mehrere Beschuldigte** gibt. Der Zeuge kann nur einheitlich aussagen. Folglich gilt: „Richtet sich ein einheitliches Verfahren gegen mehrere Beschuldigte und steht der Zeuge auch nur zu einem von ihnen in einem Angehörigenverhältnis nach § 52 StPO, so ist er zur Verweigerung des Zeugnisses hinsichtlich aller Beschuldigten berechtigt, sofern der Sachverhalt, zu dem er aussagen soll, auch seinen Angehörigen betrifft"[16]. 10

Strittig ist, *wann* ein „einheitliches Verfahren" anzunehmen ist. Die Rechtsprechung lässt bereits bei der Frage, wodurch man Beschuldigter wird, ein subjektives Kriterium entscheiden (Willensakt, vgl. oben 9 Rn. 1) und führt diese Linie hier fort: Prozessuale Gemeinsamkeit nicht schon, wenn gleichzeitig und parallel, also der Sache nach gemeinsam ermittelt wird, sondern erst bei einer Verbindung durch förmliche Entscheidung der Staatsanwaltschaft (arg. Rechtsklarheit).[17] 11

Der nächste Streitpunkt betrifft die Frage, *wie lange* sich der Angehörige auf ein Zeugnisverweigerungsrecht berufen kann, wenn diese prozessuale Gemeinsamkeit einmal bestanden hat. Hier wird differenziert. Das Zeugnisverweigerungsrecht bleibt bestehen, wenn das Verfahren gegen den Angehörigen abgetrennt oder gem. § 170 Abs. 2 eingestellt wird.[18] Es entfällt aber mit dem rechtskräftigen Abschluss dieses Verfahrens und mit dem Tod des Angehörigen.[19] In diesen Fällen sei das Band, das den Angehörigen mit dem jetzigen Beschuldigten verknüpfe, „so schwach geworden", dass bei einer Abwägung das 12

---

[13] Sehr str., a. A. *BGH* NStZ 1983, 564; zweifelnd *BGH* NStZ 1986, 206.
[14] *BayObLG* NStZ 1990, 187.
[15] *Meyer-Goßner*, § 52 Rn. 5.
[16] BGHSt 34, 215, 216; *BGH* NStZ 1998, 583.
[17] *BGH* a. a. O.; a. A. *Rengier*, StV 1988, 465; *Fezer*, JZ 1996, 603.
[18] *BGH* StV 1988, 89; NStZ 1988, 18; zum fortbestehenden Beschlagnahmeverbot nach Verfahrenstrennung *BGH* NStZ 1998, 471.
[19] BGHSt 38, 96; *BGH* NJW 1992, 1118.

Interesse an Wahrheitsfindung schwerer wiege als das Interesse am Schutz des Familienfriedens.[20] Das gleiche soll gelten, wenn das Verfahren gegen den Angehörigen gem. § 154 eingestellt wird. Das sei „im Regelfall" endgültig. Der fortdauernden Gefahr, dass es durch die StA wieder aufgegriffen werden könnte, ließe sich mit § 55 ausreichend begegnen.[21]

b) Berufsgeheimnisse, §§ 53, 53a

13 Die in § 53 genannten Träger von Berufsgeheimnissen und ihre Hilfspersonen (§ 53a, vgl. § 203 Abs. 3 StGB) dürfen das Zeugnis über das verweigern, was ihnen in dieser Eigenschaft anvertraut oder bekannt geworden ist. Auch dieses Zeugnisverweigerungsrecht ist unteilbar (vgl. oben 10).[22] Geschützt wird das Vertrauen in die Institutionen (Ärzteschaft, Anwaltschaft, etc.). Der Schutz des konkreten Vertrauensverhältnisses (Arzt – Patient, Rechtsanwalt – Mandant, etc.) ist nur ein Reflex. Zahlreiche Berufsgruppen sind nicht genannt (z.B. Psychologen, Vertrauensleute im Betrieb, Mitarbeiter beratender Verbände und Vereine). Die h.M. hält eine erweiternde Auslegung nicht für möglich, muss aber mit der unklaren Rechtsprechung des Bundesverfassungsgerichts leben, wonach ausnahmsweise und unter ganz besonderen Umständen aus Art. 1, 2 GG eine Begrenzung des Zeugniszwanges folge.[23]

Das Zeugnisverweigerungsrecht der Medienmitarbeiter ist über die Mitteilungen Dritter hinaus auf selbst recherchiertes Material und berufsbezogene eigene Wahrnehmungen erweitert worden (§ 53 Abs. 1 S. 1 Nr. 5, S. 2, 3; Abs. 2 S. 2, 3). Mit einem übermäßig komplizierten und unpraktikablen System von Regeln, Ausnahmen und Gegenannahmen hat der Gesetzgeber die Abwägungsmystik auf die Spitze getrieben und die Diskrepanz zwischen Eigen- und Fremdinformation sachwidrig nicht überbrückt.[24]

4. Das Auskunftsverweigerungsrecht, § 55

14 **Fall 1:** Der Angeklagte A soll einen Brandsatz in ein Haus geworfen haben. Er schweigt zu diesem Vorwurf. In Wahrheit ist es B gewesen, der Bruder des Zeugen C. Der hatte A und B in seinem Wagen zum Tatort gefahren. C wird gefragt, ob er am Tatort gewesen sei (Frage 1). Sagt er ja, bringt er sich selbst in Verdacht, sagt er nein, macht er sich strafbar. Er wird gefragt, ob es richtig sei, dass B am Tatort gewesen sei (Frage 2). Die wahrheitsgemäße Aussage kann A entlasten, bringt aber B in Gefahr.
Alternative: Es ist bekannt, dass C am Tatort war. Er wird gefragt, ob er gesehen habe, dass A einen Brandsatz geworfen habe (Frage 3).

Als Beschuldigter muss man nichts sagen, und als Angehöriger eines Beschuldigten darf man das Zeugnis verweigern. Der Zeuge muss aber auch davor geschützt werden, unter dem Druck der Wahrheitspflicht sich selbst oder einen

[20] BGHSt 38, 96, 101; zur Kritik *Dahs/Langkeit*, StV 1992, 492; instruktive Dokumentation *Widmaier*, StV 1992, 1; NJW 1993, 2326.
[21] *BGH* NStZ 2009, 517.
[22] BGHSt 43, 300.
[23] *BVerfG* NJW 1996, 1587; Psychologin in Beratungsstelle für missbrauchte Frauen: *LG Freiburg* NJW 1997, 813.
[24] Überblick bei *Kunert*, NStZ 2002, 169.

Angehörigen zu belasten. Diesem Zweck dient § 55. Die Vorschrift bezieht sich nicht nur auf einzelne Fragen, sondern auf Aussagen schlechthin. Es ist nicht erforderlich, dass der Zeuge mit seiner Antwort gewissermaßen ein Geständnis ablegen würde. Wenn er Tatsachen offenbaren müsste, die einen Verdacht auch nur mittelbar begründen oder ein Mosaiksteinchen in ein Beweisgebäude setzen würden, genügt das.[25]

In Fall 1 darf C deshalb auch die Antwort auf die Frage 3 verweigern (würde er wahrheitsgemäß „nein" sagen, käme unweigerlich die Frage, wer es dann gewesen sei).

Die Vorschrift bezweckt nicht, den Angeklagten vor falschen Aussagen eines gefährdeten Zeugen zu schützen.[26] Es kommt, wie die Situation im Fall 1 zeigt, auch nicht darauf an, ob die Frage der Entlastung oder Belastung des Beschuldigten dienen soll. Entscheidend ist allein, ob der Zeuge sich selbst oder einen Angehörigen belasten könnte. 15

Das Auskunftsverweigerungsrecht gilt im Prinzip nur punktuell. Würde aber jede Aussage zur Sache belastend sein, kommt es im Ergebnis einem Zeugnisverweigerungsrecht gleich.

Der Zeuge darf die möglicherweise belastenden Tatsachen nicht einfach verschweigen, sondern muss erklären, dass er die Auskunft verweigere. Was er bisher gesagt hat, bleibt verwertbar.[27] Hat er sich früher, z.B. bei der Polizei, zu dem problematischen Punkt geäußert, darf der damals vernehmende Polizeibeamte als Zeuge gehört werden (§ 252 gilt nicht für § 55, dazu unten 27 Rn. 14).

Über das Auskunftsverweigerungsrecht muss der Zeuge belehrt werden (§ 55 Abs. 2, und zwar möglichst früh und nicht erst, wenn es eng wird). Auch diese Belehrung dient, wie das Recht der Auskunftsverweigerung, nur seinem Schutz. Ist sie unterblieben, kann der Angeklagte das in der Revision nicht rügen (weil sein „Rechtskreis" nicht betroffen sei;[28] näher unten 28 Rn. 9, sehr str.). Der Zeuge selbst ist aber, wenn es später zu einem Verfahren gegen ihn kommt, durch ein Verwertungsverbot geschützt (vgl. unten 28 Rn. 23). 16

5. Der Zeugenschutz

Der Zeuge ist nicht Verfahrensbeteiligter (s. oben 20 Rn. 1, 2) mit eigenen subjektiven Rechten. Er ist eine Beweisperson, die im öffentlichen Interesse in Anspruch genommen wird (vgl. oben Rn. 5) und deshalb verlangen darf, angemessen behandelt und in besonderen Situationen geschützt zu werden.

a) Zeugenbeistand

Der Zeuge hat das Recht, zu seiner Vernehmung mit einem Rechtsanwalt zu erscheinen, der ihm hilft, seine rechtlich geschützten Interessen und Weigerungs- 17

---

[25] *BGH* StV 1987, 328. Diese Gefahr besteht nicht mehr, wenn seiner Verfolgung entgegen steht, dass er bereits rechtskräftig verurteilt ist oder ein Einstellungsbeschluss (§ 153a) die Strafklage (wegen eines Vergehens) verbraucht hat; zur Teilrechtskraft (Schuldspruch) vgl. *BGH* NStZ 2005, 524ff.

[26] H.M., str., a.A. z.B. *Roxin/Schünemann*, § 24 Rn. 48.

[27] *BGH* NStZ 1998, 46 m.Anm. *Rengier*.

[28] BGHSt 11, 213.

rechte zu wahren. Das folgt aus dem Gebot der fairen Gestaltung des Strafverfahrens.[29] Dieser Zeugenbeistand hat nicht mehr Rechte als der Zeuge und nicht, wie ein Verteidiger, eigene Rechte (h.M.). Zumindest teilweise Akteneinsicht muss ihm aber gewährt werden, weil er sonst nicht sinnvoll tätig werden könnte.[30]

Der Gesetzgeber hat mit dem ZSchG nur die Institution des Zeugenbeistands anerkannt und sich sonst aus allen Streit- und Zweifelsfragen herausgehalten. § 68b macht die Beiordnung auf Staatskosten in einigen allgemein umschriebenen Situationen möglich (S. 1) und in bestimmten schweren Fällen auf Antrag nötig (S. 2). Der Beistand des Verletzten, der in aller Regel Zeuge sein wird („Opferzeuge“), ist auch nicht mehr als ein Zeugenbeistand (§ 406f; s. unten 39 Rn. 41).

b) Rücksicht im Verfahren

Zum Schutz des Zeugen bei seiner Vernehmung
- kann die Öffentlichkeit ausgeschlossen werden (§§ 171b, 172 Nr. 1a GVG)
- kann angeordnet werden, dass sich der Angeklagte aus dem Sitzungssaal zu entfernen hat (§ 247)
- darf der Zeuge die Antwort auf Personalfragen verweigern (s. unten Rn. 18)
- muss verhindert werden, dass er bloßgestellt wird (s. unten Rn. 19)
- kann mit Video gearbeitet werden (vgl. unten Rn. 20).

6. Die Vernehmung des Zeugen

18 a) § 58 Abs. 1: Zeugen sollen nicht hören, was der Angeklagte und die anderen Zeugen vor ihm sagen.

b) Der Zeuge wird zunächst belehrt (§ 57), auch über ein Zeugnisverweigerungsrecht (§ 52 Abs. 3), sowie für alle Fälle – oder spätestens, wenn es dafür Anhaltspunkte gibt – über sein Recht, die Auskunft zu verweigern (§ 55 Abs. 2).

c) Dann werden Personalfragen gestellt (§ 68). Der Zeuge muss sagen, wie er heißt oder sich nennt (Künstlernamen), wie alt er ist, welchen Beruf er jetzt ausübt (antiquierter Gesetzeswortlaut: „Stand oder Gewerbe“) und welche postalische Anschrift er hat (Abs. 1).

Gefährdete Zeugen dürfen diese Angaben teilweise verweigern (Abs. 2) und im Ernstfall ihre Identität ganz verheimlichen (Abs. 3; für verdeckte Ermittler gilt § 110b Abs. 3).

19 d) Die Vernehmung zur Sache (§ 69) muss gegliedert sein in Bericht (Abs. 1) und Verhör (Abs. 2), auch bei Vernehmungen durch die Staatsanwaltschaft (§ 161a Abs. 1 S. 2) und die Polizei (weil sie an die Grundregeln der StPO gebunden ist).

---

[29] BVerfGE 38, 105.
[30] So auch KK/*Senge*, § 68b Rn. 9.

Der Zeuge soll zunächst möglichst ungestört im Zusammenhang berichten. Diese Freiheit steht ihm zu.[31] Das Gericht darf seine Aussage nicht durch Fragen und Vorhalte strukturieren, ihn aber sanft dirigieren, wenn er abschweift. Den historischen Hintergrund der Vorschrift bildet der mittelalterliche Inquisitionsprozess mit seinem „artikulierten Verhör": die Vernehmung war in „Artikel" gegliedert. Der Angeklagte hatte auf gezielte Fragen zu antworten, möglichst mit „ja" oder „nein" (eine Methode, mit der man, wenn man sie pervertiert, jeden der Hexerei überführen kann). Andere Prozessordnungen bevorzugen noch immer dieses Modell und sehen in einem zusammenhängenden Bericht die Gefahr, dass der Zeuge sich „verplappern" und selbst beschuldigen könnte.

Im **Verhör** (Abs. 2) werden Fragen gestellt und Vorhalte gemacht, um Widersprüche zu beheben, Lücken des Berichts zu schließen und Angaben zu präzisieren.

Die Vernehmung wird vom Richter durchgeführt (§ 238) und geleitet (§ 240). Man könnte es auch Staatsanwaltschaft und Verteidigung gestatten, dass sie jeweils „ihren" Zeugen vernehmen. Dieses Kreuzverhör (§ 239) gilt in den USA als „the greatest legal engine ever invented for the discovery of the truth". Im deutschen Strafverfahren spielt es keine Rolle. Die übliche Begründung, dass es hier strukturell nicht passe und zu einem kontradiktorischen Verfahrensmodell gehöre, greift zu kurz. Im anglo-amerikanischen Strafverfahren ist das Kreuzverhör essentiell, weil es zum Recht auf Konfrontation gehört („face to face") und Zeugen vom Hörensagen grundsätzlich[32] ausgeschlossen sind. Aber auch im deutschen Verfahrensrecht ist das Recht auf konfrontative Befragung anerkannt (s. unten 27 Rn. 28).

Verboten sind unzulässige Vernehmungsmethoden (§ 69 Abs. 3). Der Schutz der Ehre und des persönlichen Lebensbereichs muss nur zurücktreten, wenn sonst die Wahrheit nicht erforscht werden kann (§ 68 a). Ist die Frage nicht in diesem Sinne unerlässlich, wird sie als ungeeignet zurückgewiesen (§ 241 Abs. 2; vgl. oben 20 Rn. 16).

e) Über die Frage der Vereidigung (näher zu Eidesleistung oben Rn. 7) entscheidet der Richter (§ 238 Abs. 1) nach der Aussage.

f) Video-Aufzeichnungen von Zeugenaussagen sind im Vorverfahren immer 20
zulässig und angeraten („soll"), wenn absehbar ist, dass die Zeugen in der Hauptverhandlung nicht vernommen werden können (§ 58 a Abs. 1 S. 2). Zur Video-Vernehmung des Zeugen beim Ermittlungsrichter s. unten 26 Rn. 7 und zur Video-Konferenz in der Hauptverhandlung s. unten 26 Rn. 8 f.

g) Die vom Gericht oder der Staatsanwaltschaft geladenen Zeugen werden aus der Staatskasse entschädigt (§ 71).

7. Verfahrensbeteiligte in der Rolle des Zeugen

Es geht um die Fragen, ob man noch als Richter, Staatsanwalt, Verteidiger tätig werden darf, wenn man in derselben Sache als Zeuge aufgetreten ist, und ob man als Beschuldigter in die Zeugenrolle versetzt werden kann.

---

[31] BVerfGE 38, 105, 117.

[32] In den Federal Rules of Evidence gibt es zahlreiche Ausnahmen.

a) Der Richter als Zeuge

21 **Fall 2:** Richter R hat die Verhandlung für heute geschlossen und ihre Fortsetzung für den übernächsten Tag anberaumt. Die Zeugin Z sucht ihn in seinem Dienstzimmer auf und erklärt, sie habe soeben bei ihrer Vernehmung nicht die Wahrheit gesagt; der Täter sei nicht der Angeklagte, sondern ihr Vater. R bricht das Gespräch mit Z sofort ab, notiert den Vorgang in einem Aktenvermerk und lädt Z zum nächsten Termin erneut als Zeugin. Sie erscheint nicht. Der Verteidiger beantragt die Vernehmung des Richters als Zeugen.

Der Richter ist kraft Gesetzes ausgeschlossen, wenn er in derselben Sache als Zeuge vernommen worden ist (§ 22 Nr. 5), nicht etwa schon dann, wenn er als Zeuge benannt ist. Im Fall hat er sein Wissen dienstlich erlangt, in seiner Eigenschaft als Richter in diesem Verfahren. Dieses Wissen kann deshalb durch eine dienstliche Erklärung in die Hauptverhandlung eingebracht werden.[33] Der Beweisantrag des Verteidigers wird abgelehnt werden, weil er auf eine unzulässige Beweiserhebung zielt (§ 244 Abs. 3 S. 1; näher unten 25 Rn. 18). Anders wäre es bei außerprozessualen Vorgängen. Dann kann seine Vernehmung (nur) unterbleiben, wenn er die dienstliche Erklärung abgibt, dass er darüber nichts weiß.

b) Der Staatsanwalt als Zeuge

22 **Fall 3:** Der Angeklagte behauptet, bei der Durchsuchung seiner Geschäftsräume habe der Kripobeamte K von ihm eine Unterschriftsprobe verlangt und nach seiner anfänglichen Weigerung gesagt: „Dann nehmen wir Sie mit und machen Ihren Laden dicht". K bestreitet das. Nun wird als Zeuge Staatsanwalt S vernommen, der dabei war und jetzt die Anklage vertritt. In seinem Plädoyer betont er, dass der Angeklagte vielfach gelogen habe, wie auch dieser Vorfall beweise.

Der Staatsanwalt ist zur Objektivität verpflichtet und darf daher nicht seine eigene Aussage würdigen. Sein Vorgesetzter muss ihn wegen dieser „punktuellen" Befangenheit zwar nicht durch einen anderen Vertreter der Staatsanwaltschaft ersetzen, aber dafür sorgen, dass ein weiterer Vertreter der Staatsanwaltschaft auftritt, der im Plädoyer die Aussage des ersten würdigt.[34]

c) Der Verteidiger als Zeuge

23 **Fall 4:** Wie der vorhergehende Fall. Verteidiger V war damals auch bei der Vernehmung dabei und lässt sich jetzt als Zeuge dafür vernehmen, dass es so gewesen ist, wie der Angeklagte sagt.

Der Verteidiger ist zwar zur Wahrheit, nicht aber zur Objektivität verpflichtet und darf daher im Plädoyer zu seiner eigenen Aussage Stellung nehmen. Einen Ausschlussgrund gibt es nicht (vgl. den abschließenden Katalog in § 138 a). Das Problem der prozessualen Situation liegt woanders: Während seiner Zeugenaussage ist V nicht mehr Verteidiger. Wenn ein Fall der notwendigen Verteidigung vorliegt, muss ein weiterer Wahlverteidiger auftreten oder ein Pflichtverteidiger bestellt werden.

---

[33] BGHSt 39, 239, 240; 44, 4.

[34] BGHSt 21, 85, 89; *BGH* NStZ 1994, 194; NJW 1996, 2239, 2241; für völligen Ausschluss mit guten Gründen *Hanack*, JZ 1971, 91; 1972, 81; offen gelasssen in *BGH* NStZ 2008, 353.

d) Der Mitbeschuldigte als Zeuge

Der Beschuldigte kann nicht Zeuge in eigener Sache sein. Der Mitbeschuldigte kann nicht Zeuge in fremder Sache sein, solange sie deshalb seine eigene ist, weil er neben dem anderen im gleichen Verfahren auf der Anklagebank sitzt. Bis zu diesem Punkt besteht Einigkeit: Die formelle Rolle als Mitbeschuldigter entscheidet. Die Frage ist nur, ob der formelle Aspekt auch dann entscheidend bleibt, wenn man die Verfahren (auch nur vorübergehend) trennt, so dass der eine (formell) die Stellung eines Zeugen hat, wenn er in dem Verfahren gegen den anderen gehört werden soll. Diesem Prinzip folgt die Rechtsprechung.[35] **24**

In der Lehre gibt es zwei Gegenpositionen. Die erste folgt einem rein materiellen Beschuldigtenbegriff, fragt also nicht nach der formalen Prozessrolle, sondern stellt darauf ab, dass der Verdächtigte der Sache nach Beschuldigter sei und folglich nicht Zeuge sein könne.[36] Dem steht das Gesetz entgegen, das den tatverdächtigen Zeugen als Zeugen behandelt (§ 60 Nr. 2). Auf das formale Element, dass Beschuldigter nur ist, wer von den Strafverfolgungsbehörden als Beschuldigter behandelt wird, kann man nicht verzichten. Das sieht auch die zweite Gegenposition in der Literatur. Sie hält diesen Akt der Beschuldigung sozusagen für irreversibel und vertritt die Auffassung, dass ein Beschuldigter der Sache nach so lange Beschuldigter bleibe, wie sein Verfahren nicht abgeschlossen ist; diese Position könne er durch einen formalen Rollentausch nicht verlieren (formell-materielle Lehre).[37]

Auch die Rechtsprechung führt ihren formalen Ansatz nicht ohne Einschränkungen durch. Eine Verfahrenstrennung zu dem Zweck, einen Mitbeschuldigten zum Zeugen zu machen, ist unzulässig, wenn beiden die gleiche Tat zur Last gelegt wird. Dann würde der Mitbeschuldigte zum Zeugen in eigener Sache.[38] Die Trennung soll aber zulässig sein, wenn sich der Mitbeschuldigte als Zeuge zu einer Tat äußern soll, die ihm selbst nicht vorgeworfen wird.[39] Die Kontroverse zwischen der Rechtsprechung und der formell-materiellen Auffassung reduziert sich auf diese eine Fallgruppe.

Der Mitbeschuldigte ist hier in einer gefährlichen Situation, wenn seine Aussagen in irgendeiner Weise auch für sein eigenes Verfahren von Bedeutung sein können.[40] Vor allem muss er ja damit rechnen, dass die Trennung nur vorübergehend ist und die Verfahren nach seiner Zeugenaussage wieder verbunden werden. Andererseits hat das Gesetz dieser riskanten Situation in § 55 Rechnung getragen. Sich darauf zu berufen, ist zwar ebenfalls nicht ungefährlich. Alles in allem aber wird man der Rechtsprechung in ihrem Bestreben, eine Chance der Sachaufklärung zu sichern, zustimmen und vom Mitbeschuldigten verlangen müssen, dass er in seiner Zeugenrolle das mit § 55 verbundene Restrisiko trägt.

---

[35] BGHSt 27, 139, 141; *BGH* StV 1984, 361.

[36] *Prittwitz*, Der Mitbeschuldigte im Strafprozess, 1984, S. 153 ff.; *Roxin/Schünemann*, § 26 Rn. 5.

[37] *Beulke*, Rn. 185; *Schlüchter*, Rn. 478 ff.

[38] *BGH* StV 1984, 186.

[39] BGHSt 10, 8, 11; 38, 96, 98.

[40] Berücksichtigt von *LG Frankfurt* StV 1986, 470: dann und deshalb keine Verfahrenstrennung.

8. Der sachverständige Zeuge, § 85

25 Das Gesetz stellt klar, dass Sachkunde allein noch nicht zum Sachverständigen macht. Wer sie hat und deshalb Umstände bemerkt, die anderen verborgen bleiben, ist sachverständiger Zeuge.

Das klassische Beispiel: der Arzt am Unfallort.

Sachverständiger ist er nicht, weil er einerseits nicht im Auftrag des Gerichts gehandelt hat und andererseits nicht durch einen anderen Experten ersetzt werden kann (vgl. die Grafik unten Rn. 37).

Fall 5: Dieser Arzt, der eine halbe Stunde nach dem Unfall vorbeigekommen war und angehalten hatte, wird gefragt, ob das Opfer überlebt hätte, wenn ihm sofort geholfen worden wäre.

Das ist nicht mehr nur eine Beschreibung des Zustandes des Opfers, sondern eine Prognose, die zu den Aufgaben eines Sachverständigen gehört. Da aber die Grenzen nicht absolut trennscharf gezogen sind, dürfen sie auch einmal überschritten werden, solange nur der Schwerpunkt in der Rolle des Zeugen liegt.[41]

II. Der Sachverständige

1. Die Rolle des Sachverständigen und seine Aufgaben

26 Der Sachverständige soll kraft seiner besonderen Sachkunde

- Tatsachen bekunden, zu deren Wahrnehmung man qualifiziert sein muss

  Beispiele: Die Alkoholkonzentration im Blut ermitteln, Faserspuren auf der Kleidung analysieren, eine hirnorganische Krankheit diagnostizieren oder ausschließen, eine vergleichende morphologische Analyse von Abbildern des Täters und des Tatverdächtigen vornehmen und ein anthropologisches Identitätsgutachten erstellen.[42]

- Erfahrungssätze mitteilen

  Beispiele: Regeln über die Wirkung von Holzschutzmitteln, Erfahrungswerte zur Materialermüdung, Methoden der Berechnung des Substanzwertes eines Unternehmens.

- Gutachten erstellen, also sein Erfahrungswissen auf einen bestimmten Sachverhalt anwenden.

Nicht nur in der Sachkunde liegt der Unterschied zum Zeugen, sondern auch darin, dass der Sachverständige Erfahrungsregeln mitteilt und anwendet, Werturteile und Prognosen abgibt. Vor allem wird er im Auftrag des Gerichts tätig und kann ausgetauscht werden (vgl. die Grafik unten Rn. 37).

27 Der Richter soll die Tätigkeit des Sachverständigen leiten (§ 78) und darf seine Ergebnisse nicht einfach übernehmen, sondern muss sie im Rahmen der Beweiswürdigung kritisch überprüfen sowie, wenn er dem Sachverständigen folgt,

---

[41] Vgl. *BGH* NStZ 1984, 465.

[42] Für das es keinen gesicherten Stand der Wissenschaft gibt, *BGH* NStZ 2005, 458.

plausibel darlegen, aus welchem Grunde er das tut.[43] Das ist viel verlangt – hätte das Gericht eigene Sachkunde, müsste es einen Sachverständigen nicht hinzuziehen (von den wenigen Fällen abgesehen, in denen die Mitwirkung eines Sachverständigen obligatorisch ist, §§ 87 Abs. 1, 231a Abs. 3 S. 1, 246a, 415 Abs. 2, 454 Abs. 2). Das Gesetz will verhindern, dass aus fachlicher Überlegenheit faktische Dominanz wird (der sprichwörtliche „Richter in Weiß"). Man sollte deshalb die Prozessrolle des Sachverständigen als persönliches Beweismittel nicht dadurch überhöhen, dass man von einem „Gehilfen des Richters" spricht.[44]

2. Auswahl und Bestellung

a) Nach der Vorstellung des Gesetzes wird der Sachverständige stets vom Gericht ausgewählt und bestellt (§ 73). Für die Auswahl kommt es auf das Fach des Sachverständigen an. Die Beurteilung der Glaubhaftigkeit einer Zeugenaussage wird man im Normalfall einem Psychologen übertragen.[45] Geht es nicht um normalpsychologische, sondern (möglicherweise) psychopathologische Fragen (wie z.B. bei der Schuldfähigkeit), braucht man einen Psychiater.[46] Das Gericht kann stets – nicht nur in Grenzfällen – mehrere Sachverständige beauftragen. 28

b) Im Ermittlungsverfahren wird der Staatsanwaltschaft von der h.M. die Kompetenz zugesprochen, den Sachverständigen auszuwählen. Sie liest § 73 als Vorschrift über das Hauptverfahren und stützt sich auf den Anhaltspunkt in § 161a Abs. 1 S. 1.

c) Der Beschuldigte hat kein Recht zur Beschwerde gegen die Auswahl durch das Gericht (und erst recht nicht durch die Staatsanwaltschaft). Er kann einen Sachverständigen aus denselben Gründen ablehnen, die für die Ablehnung von Richtern gelten und muss das bei den Ausschlussgründen (§ 22 Nr. 1–4) tun, die hier zwar entsprechend gelten, aber nicht kraft Gesetzes zum Ausschluss führen (vgl. § 24 Abs. 1, 3).

Er kann auch von seinem **Recht** Gebrauch machen, einen **Sachverständigen selbst zu laden** (§ 220). Dieses Unternehmen, ein „Gegengewicht" gegen den bereits von Staatsanwaltschaft oder Gericht bestellten Sachverständigen zu schaffen, ist teuer und voller Hindernisse. Der geladene und erschienene Sachverständige muss zwar, wenn ein entsprechender Beweisantrag gestellt wird, in der Hauptverhandlung gehört werden (§ 245 Abs. 2) und darf nicht mit der Begründung zurückgewiesen werden, dass die Voraussetzungen für einen „weiteren Sachverständigen" nicht vorliegen (§§ 244 Abs. 3 S. 2, 245 Abs. 2 S. 3; vgl. unten 25 Rn. 28). Er hat aber keinen Anspruch auf Akteneinsicht, auf Kontakt mit dem inhaftierten Beschuldigten, auf Aussetzung oder Unterbrechung des Verfahrens, damit er Zeit für seine Vorbereitung ge- 29

[43] *BGH* NStZ 2009, 284: Das Tatgericht war ohne eigene Prüfung und Bewertung dem Ergebnis einer polizeilichen „Täteranalyse" gefolgt.

[44] So aber z.B. BGHSt 3, 27, 28; 11, 211, 213; 13, 1, 4; vgl. *Detter*, NStZ 1998, 57ff.

[45] BGHSt 23, 8, 14; *BGH* StV 1995, 115; näher *Detter*, NStZ 1998, 57.

[46] *BGH* NStZ 1997, 199; bedenklich weit zieht den Ermessensspielraum BGHSt 34, 355.

winnt.[47] Das Fairnessgebot hat sich hier nicht zur „Waffengleichheit" verdichtet.

3. Anknüpfungstatsachen, Befundtatsachen, Zusatztatsachen

30 **Fall 6:** Der psychiatrische Sachverständige schildert in seinem Gutachten den Tathergang, berichtet über die Ergebnisse seiner Exploration des Angeklagten und stellt dessen familiären Hintergrund dar. Außerdem berichtet er, dass der Angeklagte ihm die Tat gestanden habe.

Die Tatsachen, auf die sich das Gutachten stützt, heißen **Anknüpfungstatsachen.** Sie können aus verschiedenen Quellen stammen.[48] Der Sachverständige erhält in aller Regel mit dem Gutachtenauftrag die Akten übersandt (§ 80 Abs. 2; das Gesetz dachte noch an Antrag und Gestattung). Auf diese Weise macht ihm das Gericht einen Teil der Anknüpfungstatsachen zugänglich. Was er dann bei seiner Arbeit und in seiner Funktion als Sachverständiger herausfindet, weitere Anknüpfungstatsachen also, sind die **Befundtatsachen** (im Fall: die Ergebnisse der Exploration). Manchmal erfahren Sachverständige „bei Gelegenheit" ihrer Tätigkeit Tatsachen, zu deren Ermittlung es keiner besonderen Sachkunde bedarf. Prinzipiell hätte sie auch das Gericht selbst feststellen können. Im Fall: das Geständnis. Es ist keine Befund-, sondern eine **Zusatztatsache.** Der Sachverständige überschreitet seinen Auftrag, wenn er sie im Gutachten mitteilt. Dazu muss er sich als Zeuge vernehmen lassen; dann erst darf er sie vorbringen und verwenden.[49] Der Proband hat sie einem „Gehilfen des Richters" (s. oben Rn. 27) erzählt, ihm jedoch nicht als Arzt anvertraut und darf deshalb nicht auf Verschwiegenheit (§ 53) hoffen.[50] Die Äußerungen zum familiären Hintergrund sind Befundtatsachen, wenn sie der Sachverständige im fachkundigen Explorationsgespräch vom Angeklagten erfahren hat. Nicht selten aber nehmen Sachverständige auch mit Familienangehörigen Kontakt auf, unterhalten sich mit ihnen und verwerten deren Angaben. Das ist unzulässig. Zu **Vernehmungen** ist der Sachverständige nicht befugt. Er muss, wenn er solche Aussagen braucht, eine Vernehmung durch den Richter (oder Staatsanwalt) beantragen und die Erlaubnis einholen, bei dieser Vernehmung anwesend sein und Fragen stellen zu dürfen (§ 80 Abs. 2).

4. Die Pflichten des Sachverständigen

31 Für Sachverständige gelten die gleichen Regeln wie für Zeugen (§ 72). Sie müssen also vor Staatsanwaltschaft und Gericht erscheinen, wahrheitsgemäße Angaben machen bzw. Gutachten erstellen und (§ 79) dies beeiden, wenn das Gericht besondere Gründe dafür sieht.[51] Auch dann kann sich der Sachverständige auf seine allgemeine Vereidigung berufen und den Eid verweigern (§ 79

---

[47] Vgl. *Detter*, FS Salger (1995), S. 231 ff.
[48] Als Beispiel zu oben Rn. 26 (Identitätsgutachten): Fotos aus einer Überwachungskamera.
[49] Vgl. *BGH* NJW 1988, 1223; NStZ 1993, 245.
[50] BGHSt 38, 369.
[51] BGHSt 21, 227.

Abs. 3). An die Stelle der staatsbürgerlichen Pflicht, als Zeuge zur Verfügung zu stehen, tritt die Pflicht, der Ernennung als Sachverständiger Folge zu leisten. Sie trifft nicht jeden (vgl. § 75). Zeuge kann nur eine Person sein, Sachverständiger auch eine Behörde (§§ 83 Abs. 3, 91 Abs. 1, 92, 256 – nicht entsprechend anwendbar auf private Organisationen wie z.B. den TÜV). Das Recht, ein Gutachten zu verweigern, ist an dieselben Voraussetzungen gebunden, wie das Zeugnisverweigerungsrecht (§ 76 Abs. 1 verweist auf §§ 52, 53, 53a; § 72 bezieht § 55 ein). Der Sachverständige kann sich nicht auf eine „Doppelrolle" berufen. In seiner Funktion als Sachverständiger muss er Angaben machen und kann sie nicht z.B. mit der Begründung verweigern, dass er „als Arzt" tätig geworden sei. Der zu Begutachtende ist Proband und nicht Patient.

Dem Betroffenen ist das vielleicht nicht klar. Der Sachverständige muss ihn 32
deshalb darüber **belehren,** dass er nicht zur Mitwirkung verpflichtet ist (nemotenetur-Prinzip). Die Rechtsprechung lehnt diese analoge Anwendung des § 136 und damit die Belehrungspflicht ab.[52] Auch die Zeugen (z.B. Angehörige des Beschuldigten) müssen über ihr Zeugnisverweigerungsrecht belehrt werden (§ 81c Abs. 2 S. 2, Abs. 3). Die Pflicht zur Belehrung trifft den, der das Recht zur Vernehmung hat, also nicht den Sachverständigen, sondern Staatsanwaltschaft oder Gericht.[53] Sicher ist, dass unzulässige Vernehmungsmethoden (§ 136a) auch dem Sachverständigen verwehrt sind.[54]

Der Sachverständige muss sein Gutachten in der Hauptverhandlung mündlich vortragen (§ 82; Mündlichkeitsprinzip).

III. Augenschein

1. Begriff

Augenschein ist jede sinnliche Wahrnehmung. Alle fünf Sinne kommen in Be- 33
tracht: Sehen, Hören, Riechen, Fühlen, Schmecken.[55] Da es aber beim Zeugen-, Sachverständigen- und Urkundenbeweis ebenfalls darauf ankommt, was man hört, muss der Begriff Augenschein eingeschränkt werden: jede Beweisaufnahme, die nicht unter eine der anderen, gesetzlich geregelten Formen des Strengbeweises fällt.

2. Objekte

a) Ablichtungen, Filme, Videos

können ihren eigenen strafbaren Inhalt beweisen (z.B. Gewaltpornos) oder einen Beweis für andere Straftaten liefern (Videoüberwachung in der Bank).

---

[52] *BGH* JZ 1969, 437.
[53] *BGH* NJW 1966, 206.
[54] BGHSt 11, 211, 212 – insofern macht die Bezeichnung als „Gehilfe des Gerichts" einen Sinn.
[55] BGHSt 18, 51, 53.

b) Schallplatten und Tonbänder

Wenn man sie abspielt und so den Inhalt der aufgezeichneten Äußerungen ermittelt, ist dies ebenfalls die Einnahme eines Augenscheins.[56]

c) Skizzen und Zeichnungen

werden nur in Augenschein genommen, um zu beweisen, dass es sie gibt. Wenn sie eine „schriftliche Erklärung" darstellen, also einen Gedankeninhalt haben, muss der Urheber als Zeuge vernommen werden (§ 250 S. 2) oder ein Urkundenbeweis geführt werden.

d) Urkunden

werden verlesen, um ihren Inhalt festzustellen (Urkundenbeweis, unten Rn. 38ff.). Sie sind aber Gegenstand eines Augenscheinsbeweises, wenn es auf ihre Beschaffenheit ankommt oder wenn sie nicht verlesbar sind: Beweiszeichen (z.B. TÜV-Plakette) und technische Aufzeichnungen (z.B. der Beleg aus der Registrierkasse).

e) Personen

in Augenschein zu nehmen, ist in aller Regel die Aufgabe eines Sachverständigen (vgl. §§ 81a, c). Wenn im Urteil steht, dass der Zeuge während seiner Aussage abwechselnd rot und blass wurde, stützt sich das nicht auf einen Augenschein als Beweismittel, sondern auf eine „nicht aufgesuchte Wahrnehmung"[57].

f) Vorgänge und Experimente

Demonstrationen, die nicht zur Aussage eines Zeugen oder zum Gutachten eines Sachverständigen gehören, wie z.B. Fahrversuche oder die Rekonstruktion des Tathergangs, sind Einnahme eines Augenscheins.

3. Richter und Augenscheinsgehilfen

34 Der Beweis durch Augenschein kann nur vom Richter geführt werden, innerhalb oder außerhalb der Hauptverhandlung (vgl. §§ 162, 165, 202 S. 1, 225; zum Anwesenheitsrecht der Verfahrensbeteiligten §§ 168d, 225). Haben andere eine Besichtigung vorgenommen (Staatsanwaltschaft, Polizei), müssen sie als Zeugen vernommen werden.

Der Augenscheinsbeweis muss, anders als der Zeugenbeweis (§ 250), nicht unmittelbar geführt werden. Das hat zwei Konsequenzen.

35 a) Das Beweismittel Augenschein kann durch ein anderes Beweismittel ersetzt werden.

---

[56] BGHSt 14, 339, 341.
[57] BGHSt 5, 354.

Beispiele: Das Gericht besichtigt nicht den Tatort, sondern Fotos davon; anstatt das Tonband abzuspielen, wird die Niederschrift des Inhalts verlesen.[58]

Die Grenzen der Austauschbarkeit werden durch die Aufklärungspflicht gezogen (§ 244 Abs. 2; näher unten 24 Rn. 1 ff.).

b) Das Gericht kann die Einnahme des Augenscheins einem Augenscheinsgehilfen übertragen. Das Gericht könnte den Augenschein auch selbst einnehmen, wenn es nicht aus tatsächlichen (oder rechtlichen, § 81 d) Gründen daran gehindert wäre oder es für angebracht hält, sich helfen zu lassen. 36

Beispiele: Die Situation am Baugerüst ganz oben; Taucher am Wrack des betrügerisch versenkten Schiffes.

Für ihren Einsatz gelten die Vorschriften über Sachverständige (§§ 73, 74, 75). Über ihre Wahrnehmungen berichten sie aber als Zeugen.

Übersicht 20: Persönliche Beweismittel

37

	Zeugen	Sachverständige	sachverständige Zeugen	Augenscheinsgehilfen
berichten über Tatsachen (Wahrnehmungen)	ja	ja	ja	ja
wenden Erfahrungssätze an	nein	ja	ja	nein
machen Prognosen	nein	ja	nein	nein
geben Werturteile ab	nein	ja	nein	nein
sind austauschbar	nein	ja	nein	ja
handeln im Auftrag des Gerichts	nein	ja	nein	ja

IV. Urkundenbeweis

„Urkunden und andere als Beweismittel dienende Schriftstücke werden in der Hauptverhandlung verlesen", § 249 Abs. 1 S. 1.

1. Der Begriff der Urkunde

Er ist anders zu verstehen als in § 267 StGB. Zwischen „Urkunden" und „anderen Schriftstücken" (§ 249 Abs. 1 S. 1) besteht kein Unterschied. Wichtig ist nur, ob ein Schriftstück verlesbar ist und durch seinen Gedankeninhalt Beweis erbringen kann.[59] Auf Beweisbestimmung, Echtheit und die Erkennbarkeit eines Ausstellers kommt es hier nicht an. 38

[58] BGHSt 27, 135. Die „Feststellung" der Mimik ist ja nicht zu Beweiszwecken angeordnet worden.

[59] BGHSt 27, 135, 136.

Bei Texten, die verschlüsselt sind, braucht man einen Sachverständigen, bei Texten in Fremdsprachen, die das Gericht nicht übersetzen kann, einen Dolmetscher (vgl. § 185 GVG). Abschriften, Fotokopien etc. von denen man weiß, dass sie mit dem Original übereinstimmen, dürfen anstatt des Originals verlesen werden.[60]

2. Die Formen des Urkundenbeweises

39 a) Die regelmäßige Form ist die Verlesung (§ 249 Abs. 1).

b) Das Selbstleseverfahren (Abs. 2) dient der Verfahrensvereinfachung.

Beispiele: Die Anklage behauptet, dieses Buch von 800 Seiten sei Pornographie (§ 184 Abs. 1 StGB); die Verteidigung hebt den gedanklichen Inhalt und die künstlerische Gestaltung hervor. Der ganze Wälzer müsste tagelang verlesen werden, wenn es das Selbstleseverfahren nicht gäbe.
In Wirtschaftsstrafsachen werden viele Dokumente (Zahlungsbelege, e-mail-Verkehr, etc.) im Selbstleseverfahren eingeführt.

Mit diesem Verfahren ist das Mündlichkeitsprinzip für den Urkundenbeweis aufgehoben und der Grundsatz der Öffentlichkeit tangiert. Der Inhalt der Urkunden, die das Gericht[61] gelesen hat und die die übrigen Beteiligten lesen konnten, wird dem Urteil zugrunde gelegt, ohne dass er zur Sprache gekommen wäre.

c) Die Rechtsprechung hält es gegen den Widerspruch des Schrifttums schon immer für zulässig (und hat sich durch die Einführung des Selbstleseverfahrens darin nicht beirren lassen), dass die Verlesung durch einen Bericht des Vorsitzenden ersetzt wird, wenn kein Prozessbeteiligter widerspricht und nicht der Wortlaut, sondern „nur" der Inhalt der Urkunde beweiserheblich sei.[62]

3. Die Notwendigkeit des Urkundenbeweises

40 § 249 regelt nur, wie der Urkundenbeweis geführt wird, sagt aber nicht, wann das zu geschehen hat. Dazu muss man auf die Aufklärungspflicht des Gerichts und das Prinzip der Unmittelbarkeit der Beweisaufnahme zurückgreifen (§ 244 Abs. 2; näher unten 27 Rn. 2).

Fälle und Fragen

161. Welche Beweismittel sind in der StPO vorgesehen?
162. Zu welchen Angaben wird ein Zeuge herangezogen?
163. Welche Pflichten hat man als Zeuge?
164. Wodurch unterscheiden sich Zeugnisverweigerungs- und Auskunftsverweigerungsrecht?
165. Frau A und Herr B leben in nichtehelicher Lebensgemeinschaft bereits seit vielen Jahren zusammen. Hat A im Prozess gegen B ein Zeugnisverweigerungsrecht?

---

[60] *BGH* NStZ 1986, 519.
[61] Auch die Schöffen, *BGH* NStZ 2005, 160.
[62] Seit BGHSt 1, 94.

166. R, S und T haben gemeinsam einen großen Juwelenraub durchgeführt. Gegen alle wird in einem gemeinsamen Verfahren verhandelt. Da es an Beweisen mangelt, möchte das Gericht das Verfahren gegen R abtrennen und ihn im Verfahren gegen S und T als Zeugen vernehmen. Ist das zulässig?
167. Welche Arten von Tatsachen sind für ein Sachverständigengutachten relevant und über welche muss der Sachverständige als Zeuge vernommen werden?

§ 22. Grundbegriffe des Beweisrechts

Wenn etwas bewiesen werden soll, stellen sich immer und überall die gleichen Fragen: was zu beweisen ist (Beweisziel), wie das geschehen soll (Beweisverfahren), und worauf man sich bei dieser Beweisführung stützen kann (Beweismittel). Für den Beweis im Strafprozess gibt es zu jeder dieser Fragen Rechtsregeln. Sie lassen nicht alles zu, was möglich wäre.

1 Für das **Beweisziel** kommt es zunächst darauf an, in welchem Stadium sich das Verfahren befindet und welche Entscheidung getroffen werden soll. Ein Schuldspruch in der Hauptverhandlung kann nur ergehen, wenn alle Tatsachen bewiesen sind, auf die sich das Urteil gründet. Das ist dann der Fall, wenn das Gericht keine vernünftigen Zweifel daran hat, dass sich eine Sache so und nicht anders zugetragen hat, vom Tathergang und von der Schuld des Angeklagten also überzeugt ist. Dann ist das Ziel erreicht, die **Wahrheit** festzustellen.

Hat aber das Gericht z.B. zu entscheiden, ob ein Ablehnungsgesuch begründet ist (vgl. oben 19 Rn. 18), genügt es, wenn die Tatsachen, auf die es gestützt wird, glaubhaft gemacht sind, also eine gewisse **Wahrscheinlichkeit** besteht.

Im Ermittlungsverfahren gründen sich alle Entscheidungen auf **Verdacht.** Der Staatsanwalt hat die Tatsachen, auf denen seine Anklage beruht, schon dann „bewiesen", wenn sie einen hinreichenden Tatverdacht ergeben. Je nach der Art der Entscheidung und dem Stand des Verfahrens ist das erforderliche **Beweismaß** also unterschiedlich (Wahrheit – Wahrscheinlichkeit – Verdacht).

2 Dementsprechend sind auch die **Beweisverfahren** verschieden. In der Hauptverhandlung gilt für alle materiellrechtlich relevanten Tatsachen das **Strengbeweis**-Verfahren. Das bedeutet zunächst, dass streng reglementiert ist, welche Beweismittel benutzt werden dürfen, nämlich ausschließlich Zeugen, Sachverständige, Urkunden und Augenschein. Streng geregelt ist ferner das Verfahren der Beweisaufnahme, die Frage also, wie mit diesen Beweismitteln umzugehen ist. Im **Freibeweis**-Verfahren gibt es weder dieses Prinzip der Exklusivität der Beweismittel noch feste Regeln für ihre Verwendung. Es gilt im Ermittlungsverfahren, in der Hauptverhandlung für ausschließlich prozessual relevante Tatsachen (z.B. die Verhandlungsfähigkeit des Angeklagten) und im Revisionsverfahren (näher unten 23 Rn. 7ff., 36 Rn. 14, 24, 41).

3 Zur **Beweiserhebung** wird ein Beweismittel in das Verfahren eingeführt.

4 Dadurch wird ein **Beweisergebnis** erzielt. Das ist das Tatsachenmaterial, das man durch die Verwendung des Beweismittels erhält (z.B. also das, was der Zeuge gesagt hat, was die Urkunde enthält, was das Labor herausfindet, etc.). Ein einzelnes Beweisergebnis ist noch kein „Beweis" für die entscheidungserhebliche Tatsache. Es muss zu den anderen Beweisergebnissen in Beziehung gesetzt und bewertet werden.

5 Diese **Beweiswürdigung** findet ständig statt. Der Staatsanwalt überlegt sich, ob er schon genügend „Beweise" (Beweisergebnisse) für den hinreichenden (Anklage) oder dringenden (Untersuchungshaft) Tatverdacht hat. Das Gericht

macht sich im Verlauf der Beweisaufnahme sukzessiv ein Bild von der Beweislage. In der Hauptverhandlung ist ihm aber prinzipiell die Vorwegnahme der Beweiswürdigung verboten. Es darf erst am Ende der Hauptverhandlung deren Inbegriff (§ 261) würdigen und sich ein Urteil über Schuld oder Unschuld bilden. Dabei ist es nicht an Rechtsregeln gebunden. Es gilt das **Prinzip der freien Beweiswürdigung** (näher, auch zu den Ausnahmen, unten 29 Rn. 1 ff.).

Dabei muss das Gericht nicht selten Beweisergebnisse ausblenden. Dafür sorgen die **Beweisverbote** (näher unten 28 Rn. 1 ff.).

§ 23. Beweisführung und Beweisverfahren

Alle Tatsachen, auf die ein Urteil gegründet wird, müssen bewiesen sein (vgl. oben 22). Diese Grundregel enthält drei Begriffe, die näher zu erläutern sind: Es gibt verschiedenartige Tatsachen, Entscheidungen und Beweisverfahren.

I. Tatsachen

1 Die tatsächlichen Entscheidungsgrundlagen müssen in der Verhandlung erst geschaffen werden – das Recht jedoch kennt das Gericht bereits. Rechtsregeln werden nicht bewiesen. Sollte sich das Gericht damit nicht so genau auskennen, muss es sich instruieren.

Beispiel: In einem Wirtschaftsstrafverfahren kommt es auf komplizierte Rechtsfragen des Außenwirtschaftsgesetzes und des Zollrechts an.

Das gilt in dieser Strenge nur für inländisches gesetztes Recht. Über ausländisches Recht und inländisches Gewohnheitsrecht kann Beweis erhoben werden, entweder im Freibeweisverfahren[1] oder durch ein Sachverständigengutachten.

1. Haupttatsachen, Indizien, Hilfstatsachen

2 **Haupttatsachen** sind die, durch die ein Tatbestandsmerkmal (oder ein anderes Merkmal aus den Stufen des Deliktsaufbaus) definiert wird, die also bei der Frage, ob dieses Merkmal vorliegt, unmittelbar herangezogen werden.

Beispiele: Der Angeklagte hat die Täuschungshandlung *vorsätzlich* begangen, weil er *wusste,* dass er die in seiner Rechnung enthaltenen Leistungen nicht erbracht hatte.
Der Angeklagte hat die Brandstiftung als *Täter* begangen, weil er *selbst mit eigener Hand* das Feuer gelegt hat.

3 **Indizien** sind von Tatbestandsmerkmalen einen Denkschritt weiter entfernt; sie sind nur mittelbar erheblich. Von Indizien (Anzeichen) wird auf die Haupttatsache geschlossen.

Beispiele: Der Angeklagte *wusste,* dass er die in den Rechnungen enthaltenen Leistungen nicht erbracht hatte, weil er in die Rechnungen höhere Zahlen als in die Lieferscheine eingesetzt hat und weil er dem Zeugen X gesagt hat, er werde jetzt seine Kunden abkassieren und das große Geld machen.
Der Angeklagte hat den *Brand selbst gelegt,* weil er am Tage der Tat zu seinen Freunden, den Zeugen X und Y, gesagt hat, er werde seinen Hof heute Abend „warm sanieren“ und weil seine Behauptung, er sei zur fraglichen Zeit nicht am Tatort, sondern in einer 20 km entfernten Gaststätte gewesen, widerlegt ist.

---

[1] *BGH* NJW 1994, 3364.

Der Schluss von Indizien auf Haupttatsachen wird durch Erfahrungsregeln möglich (dazu unten Rn. 6). Es hängt von der Stärke dieser Regeln ab, wie beweiskräftig das Indiz ist.

Indizien können hintereinander geschaltet sein („Indizienkette"). Häufiger ist, dass mehrere, voneinander unabhängige Indizien aus verschiedenen Richtungen Schlüsse auf die erhebliche Tatsache zulassen („Indizienreihe"[2] besser: Indizienbündel).

Beim Indizienbeweis ist Beweistatsache das Indiz und Beweisziel die Tatsache, die aus dem Indiz gefolgert werden soll.[3]

Das **Indiz** muss **feststehen,** also zur Überzeugung des Gerichts vorliegen.[4] 4
Nach der h.M. ergibt sich der Satz, dass nur Bewiesenes zu Ungunsten des Angeklagten berücksichtigt werden darf, „ohne weiteres aus den Denkgesetzen".[5] In Wahrheit handelt es sich um eine normative Prämisse unserer Rechtskultur.[6] Die Verdachtsstrafen, die das deutsche Recht im Mittelalter kannte und manches dubiose Regime noch heute kennt, sind nicht unlogisch, sondern ungerecht. Wenn das Indiz selbst zweifelhaft geblieben ist, sind Schlüsse zwar noch möglich, aber wertlos. Strukturell vermittelt ein Schluss von Indiz A auf die Haupttatsache B immer nur eine gewisse Wahrscheinlichkeit (von den wenigen „zwingenden" Schlüssen abgesehen). Ist nun noch nicht einmal sicher, sondern nur wahrscheinlich, dass die Anknüpfungstatsache vorliegt, sinkt die Gesamtwahrscheinlichkeit des Schlusses unter die Grenze der Brauchbarkeit. Mit derart „entfernten" Wahrscheinlichkeiten kann man nichts mehr anfangen.

Hilfstatsachen sind ebenfalls nur mittelbar erheblich. Diese Unterart der Indi- 5
zien kommt nicht in Schlussfolgerungen vor, die auf die Haupttatsache zielen, sondern in solchen, die die Beweiskraft der Schlussfolgerung betreffen.

Beispiel: Indizien für die Glaubhaftigkeit einer Aussage, für die Echtheit einer Urkunde.

2. Erfahrungssätze

Das sind Regeln, die angeben, wie es sich erfahrungsgemäß mit Tatsachen 6
verhält.

Beispiele: Mitte Januar wird es in München bei klarem Himmel ungefähr um 17 Uhr dunkel. Wenn eine Tötung in allen Einzelheiten geplant war, handelt es sich in aller Regel nicht um eine Affekttat.

Diese Regeln gründen sich meist auf statistische Aussagen über die Wirklichkeit und liefern also nur Wahrscheinlichkeitsaussagen. In Grenzfällen behandelt man sie als praktisch sicher und zieht zwingende Schlüsse. Sie ergeben dann, dass es so sein muss

Beispiele: Fingerabdrücke, Radarmessungen

---

[2] *Meyer-Goßner*, § 261 Rn. 25.
[3] Vgl. BGHSt 39, 251, 253 f.
[4] *BGH* NStZ 1981, 33; 1999, 205.
[5] *Meyer-Goßner*, § 261 Rn. 29.
[6] *Volk*, NStZ 1983, 423.

oder nicht so sein kann

Beispiele: Alibibeweis, DNA-Analysen.

II. Beweisverfahren

7 Noch einmal: Alle Tatsachen, auf die ein Urteil gegründet wird, müssen bewiesen sein. Mit dieser Grundregel ist nur gesagt, was bewiesen werden muss, aber noch nicht, wie das zu geschehen hat. Die grundsätzliche Unterscheidung zwischen Streng- und Freibeweisverfahren wurde bereits dargestellt (vgl. oben 22 Rn. 2).

1. Strengbeweis

Der Beweis der Tatsachen, die man für die Sachentscheidung über Schuldfrage und Rechtsfolgen braucht, darf nur mit den zugelassenen Beweismitteln in einem geregelten Verfahren geführt werden.

2. Freibeweis

8 Für alle anderen Beweiserhebungen soll das gesetzlich nicht geregelte Freibeweisverfahren gelten.[7]

a) Anwendungsbereich

Es gilt nach der h. M.
- für alle Beweiserhebungen außerhalb der Hauptverhandlung
- während der Hauptverhandlung für die Feststellung von Prozessvoraussetzungen und anderen prozesserheblichen Tatsachen, wie z. B. die tatsächlichen Voraussetzungen der Verwertungsverbote (insbesondere § 136 a), die Ablehnung von Beweisanträgen
- im Revisionsverfahren.

b) Rechtsregeln

9 Gewissermaßen gewohnheitsrechtlich verfestigt hat sich, dass die Aufklärungspflicht des Gerichts und der Grundsatz des rechtlichen Gehörs unverändert gelten, und dass Beweisverbote und Zeugnisverweigerungsrechte ebenso zu beachten sind wie die Vereidigungsverbote und die Aussagefreiheit des Angeklagten. Nicht anwendbar sind die Grundsätze der Mündlichkeit, Unmittelbarkeit und Öffentlichkeit. Das Gericht kann nämlich alle ihm zugänglichen Erkenntnisquellen benutzen, also z. B. schriftliche und telefonische Auskünfte einholen,[8] braucht Urkunden nicht zu verlesen und Beweisanträge nur als Anre-

[7] Zur Kritik *Volk*, 1978, 78 ff.; zustimmend *Roxin/Schünemann*, § 21 Rn. 23, § 24 Rn. 3.
[8] *BGH* NStZ 1984, 134.

gungen zu behandeln.[9] Es ist noch nicht einmal sicher, dass die im Freibeweis gewonnenen Ergebnisse zum Gegenstand der mündlichen Verhandlung gemacht werden müssen. Lediglich für die Beweiswürdigung gelten keine Besonderheiten.[10]

Die h. M. konzediert, dass doppelrelevante Tatsachen, die also sowohl für die Schuldfrage wie auch für Prozessentscheidungen erheblich sind, prinzipiell im Strengbeweis festgestellt werden müssen, lässt dies aber letztlich im Unklaren.[11] 10

Beispiel: In der Verhandlung wird zweifelhaft, ob die Tat, anders als in der Anklage angegeben, nicht schon früher begangen wurde. Die Konsequenz wäre zum einen, dass die Tat dann verjährt wäre und zum anderen, dass sie der Angeklagte an diesem fraglichen Tage nicht begangen haben könnte. Freibeweis, weil es um die prozessuale Frage der Verjährung geht oder Strengbeweis, weil über die Täterschaft des Angeklagten zu entscheiden ist?

III. Beweisbedürftigkeit

Ein letztes Mal: Alle Tatsachen, auf die ein Urteil gegründet wird, müssen bewiesen sein. Nicht immer müssen sie aber auch bewiesen werden. Nicht beweisbedürftig sind die **offenkundigen** Tatsachen. 11

Das sind einmal die **allgemeinkundigen** Tatsachen: „von denen verständige Menschen regelmäßig Kenntnis haben oder über die sie sich aus zuverlässiger Quelle ohne besondere Fachkenntnisse sicher unterrichten können“[12].

Beispiel: Die Tatsache, dass es auf BAB München-Salzburg eine Ausfahrt Holzkirchen gibt, muss man nicht durch Ortsbesichtigung oder Zeugenaussagen beweisen.

Als offenkundig gelten auch die **gerichtskundigen** Tatsachen. Wenn das Gericht bei seiner amtlichen Tätigkeit (private Kenntnisse scheiden aus) zuverlässige Kenntnis von Tatsachen erhalten hat, brauchen sie nicht bewiesen zu werden.[13]

Beispiel: Kommt es für die Glaubwürdigkeit des Zeugen X auf seine Verurteilung wegen Betruges an, braucht darüber nicht Beweis erhoben zu werden, wenn diese Verurteilung durch das erkennende Gericht erfolgt war.

Alle anderen Tatsachen müssen erst noch bewiesen werden.

Das geschieht durch Beweisaufnahme (§ 244 Abs. 1). Das **Geständnis** des Angeklagten macht eine Beweisaufnahme nicht unzulässig, manchmal aber überflüssig. Beweismittel ist der Angeklagte nicht, weil er sich nicht äußern muss (vgl. auch die systematische Stellung von § 243 Abs. 5 S. 2 vor § 244). Sagt er aber aus, darf man das verwerten. Der Angeklagte hat sich dann selbst zum Beweismittel gemacht. Auf die Beweisaufnahme kann bei einem Geständnis nur verzichtet werden, wenn dessen Glaubwürdigkeit nicht überprüft werden muss und wenn es auch zur Straffrage nichts mehr zu beweisen gibt. 12

---

[9] BGHSt 16, 164, 166.
[10] Missverständlich *Beulke*, Rn. 180.
[11] Vgl. *BGH* 26, 228, 238.
[12] BGHSt 26, 56, 59.
[13] Zu den Grenzen BGHSt 45, 354.

Fälle und Fragen

168. Alle Tatsachen, auf die sich das Urteil gründet, müssen bewiesen werden. Welche Arten von Tatsachen sind Ihnen bekannt?
169. Welche Arten des Beweisverfahrens in der StPO kennen Sie und wann werden diese jeweils eingesetzt?
170. A widerruft in der Hauptverhandlung Aussagen, die er in der polizeilichen Vernehmung getroffen hat. Er beruft sich darauf, dass diese Aussagen zudem nicht verwertet werden dürfen, weil ihm bei der polizeilichen Vernehmung ein sog. „Wahrheitsserum" verabreicht worden sei. Der Richter will dazu den vernehmenden Polizeibeamten hören und ruft diesen an. Ist dieses Vorgehen zulässig?
171. Welche Tatsachen sind nicht beweisbedürftig?

§ 24. Die Aufklärungspflicht, § 244 Abs. 2

I. Ziel

Ein Urteil, das auf Wahrheit beruht, gerecht ist und Rechtsfrieden schafft, ist das Ziel des Strafverfahrens. Den wahren Sachverhalt muss das Gericht von Amts wegen erforschen (Untersuchungsgrundsatz). Die subjektive richterliche Überzeugung, dass es „so gewesen ist", braucht ein objektives Fundament. Das Gericht muss die Sache umfassend und nach allen Richtungen hin aufgeklärt haben, ehe es sich eine Überzeugung bilden kann. Ist dann ein bestimmter Hergang des Geschehens objektiv zumindest sehr wahrscheinlich und sind den Richtern vernünftige Zweifel nicht geblieben, darf man sagen, dass die Wahrheit festgestellt worden ist. 1

II. Umfang

Alle Tatsachen, die für eine Entscheidung über Verfahrensfragen und für das Urteil in der Sache relevant sind, müssen aufgeklärt werden. Bei den Tatsachen, die für Schuld- und Straffrage wichtig sind, zieht der prozessuale Tatbegriff die Grenze. Was darüber hinausgeht, mag interessant, kann aber nicht relevant sein. 2

Beispiel: In einem Parteispendenprozess gegen Unternehmer U ist die Frage, ob er die angeklagte Tat, nämlich Steuerhinterziehung, begangen hat, schon entscheidungsreif. Der Vorsitzende des Gerichts will die Beweisaufnahme fortsetzen mit der Bemerkung, hier sei die Parteispendenaffäre der Bundesrepublik aufzuarbeiten.

Darauf hat die Öffentlichkeit keinen Anspruch. Der Strafprozess ist kein historisch-kritisches Forum der Zeitgeschichte. „Überschießende Aufklärung" überschreitet den Zweck des Strafverfahrens.[1]

Relevant ist nur, was entscheidungserheblich ist. 3

Beispiel: Das Gericht hat nicht überwindbare Zweifel an der Schuldfähigkeit des Angeklagten und will ihn deshalb freisprechen. Der Angeklagte bestreitet, die Tat überhaupt begangen zu haben. Das Gericht will darauf nicht weiter eingehen.

Entscheidungserheblich ist die Frage nach der Täterschaft nicht. Es steht bereits fest, dass Freispruch ergehen wird. Das Gericht soll ein Verfahren beenden, aber nicht ein Rechtsgutachten erstellen. Andererseits ist das Interesse des Angeklagten verständlich und legitim. Er kann zwar nicht verlangen, dass ein Strafverfahren nur deshalb fortgeführt wird, um seine Unschuld zu beweisen.[2] Ist das aber leicht möglich, ohne großen Aufwand und ohne wesentliche Ver-

---

[1] *BGH* NStZ 1994, 247 m. Anm. *Widmaier*.

[2] BGHSt 10, 88, 93.

fahrensverzögerung, gebietet es die Fürsorgepflicht, dem Rehabilitationsinteresse Rechnung zu tragen.

III. Adressat

4 Das Gericht bestimmt den Umfang der Beweisaufnahme. An die Interessen und Wünsche der Prozessbeteiligten ist es nicht gebunden.

Beispiel: Das Gericht hält es für geboten, die Frage der Schuldfähigkeit durch ein Gutachten klären zu lassen. Der Angeklagte wehrt sich dagegen und will lieber verurteilt als für schuldunfähig erklärt werden, lieber ins Gefängnis gehen als in das psychiatrische Krankenhaus – vergeblich.

5 Aufzuklären hat immer nur das Gericht, nie der Angeklagte. Das gilt natürlich auch für entlastende Umstände (und selbst dann, wenn der schweigende Angeklagte sie nicht vorträgt). Die alte Unterscheidung von „Anschuldigungsbeweis“ und „Entschuldigungsbeweis“ ist längst überholt (existiert aber in anderen Prozessordnungen noch, wie z. B. in den Vereinigten Staaten). Der Angeklagte trägt keinerlei Beweislast, hier: keine subjektive Beweislast oder Beweisführungslast. Nicht er muss tätig werden, sondern das Gericht.

IV. Inhalt

6 Das Gericht muss sich stets um den bestmöglichen Beweis bemühen. Diese Regel impliziert aber nicht das Verbot, mittelbare Beweise heranzuziehen.[3]

Wenn dem Gericht Tatsachen bekannt werden – aus den Akten, durch Anträge, Anregungen oder sonst durch den Verfahrensablauf – die auf bestimmte Beweismittel hindeuten und es **nahe legen,** sie zu benützen, dann muss das Gericht diese Beweise erheben.[4] Auch die nur entfernte Möglichkeit, dass die bisher gewonnene Ansicht vom Fall sich noch ändern könnte, löst die Aufklärungspflicht aus.[5] Neuerdings deutet der *BGH* an, dass dies für den Normalfall zu weit gehe (vgl. oben Rn. 2)[6] und betont, dass die Bedeutung der Beweiserhebung für die Wahrheitsfindung mit dem Beschleunigungsgebot abzuwägen sei.[7] Je sicherer ein Beweisergebnis erscheint, desto geringer ist der Anlass, weitere Beweismöglichkeiten zu ergreifen – und umgekehrt.[8]

Jede denkbare Geschehensalternative kann man allerdings nicht ausschließen; „abstrakt-theoretische“ Zweifel bleiben immer.

Beispiel: Der Angeklagte hat bei schönem Wetter auf unbelebter Landstraße mit seinem völlig intakten Auto die Rechtskurve nicht genommen, sondern ist geradeaus auf den Acker gefahren und hat dort einen Bauern verletzt. Alles spricht für einen

---

[3] BVerfGE 57, 250, 277; *BGH* NJW 1993, 803, 804.
[4] BGHSt 30, 131, 140.
[5] BGHSt 23, 176, 188; *BGH* NStZ 1983, 210.
[6] Vgl. auch *Widmaier*, a. a. O.
[7] *BGH* NStZ 1994, 247.
[8] *BGH* StV 1996, 249.

Fahrfehler. Er moniert, dass das Gericht nicht aufgeklärt habe, ob ihm eine Fliege ins Auge geflogen oder ein Hase über die Fahrbahn gelaufen sei.

Für das Beweismittel muss es greifbare Anhaltspunkte geben, und der Zwei- 7
fel, den es erwecken oder ausräumen könnte, muss konkret sein.

Beispiel: Wenn der Autofahrer Dr. X am späten Abend bei einer Verkehrskontrolle in der Lindenstraße mit 1,4 Promille erwischt wird und zu dem Vorfall schweigt, drängen sich Fragen nach dem Hintergrund dieser schlichten Trunkenheitsfahrt nicht auf. Anders, wenn er sagt, dass er als Arzt zu einem Notfall unterwegs gewesen sei.

Das Beispiel zeigt, dass es zwar einerseits Sache des Gerichts ist, Rechtfertigungsgründe zu ermitteln (eine Beweisführungslast gibt es in keinem Falle, s. o.), dass es andererseits aber oft am Angeklagten liegt, ob die entsprechende Aufklärungspflicht des Gerichts aktualisiert und ausgelöst wird.

§ 25. Das Beweisantragsrecht

I. Grundlagen

1 Die Verfahrensbeteiligten haben das Recht, Beweisanträge zu stellen. Dieses Recht eröffnet ihnen die rechtsstaatlich unverzichtbare Chance, Einfluss auf die Beweisaufnahme zu nehmen und die in unserem inquisitorischen Verfahrensmodell dominierende Macht des Gerichts zu kontrollieren und auszubalancieren. Beweisanträge können nur unter bestimmten, genau umrissenen Voraussetzungen abgelehnt werden. Das Gericht muss über Beweisanträge durch einen Beschluss entscheiden.[1] Sind die Ablehnungsgründe falsch angewandt worden, stellt das stets einen Verfahrensfehler dar (§ 337), der in den meisten Fällen das Urteil mit seinen Feststellungen zu Fall bringt. In der Revision zu rügen, dass das Gericht seine Aufklärungspflicht verletzt habe, ist wesentlich schwieriger und weniger aussichtsreich.

II. Begriff

1. Beweisanträge, Beweisermittlungsanträge, Beweisanregungen

2 Beweisanträge sind zu unterscheiden von Beweisanregungen und Beweisermittlungsanträgen. Ein Beweisantrag setzt dreierlei voraus:

Übersicht 21: Beweisantrag

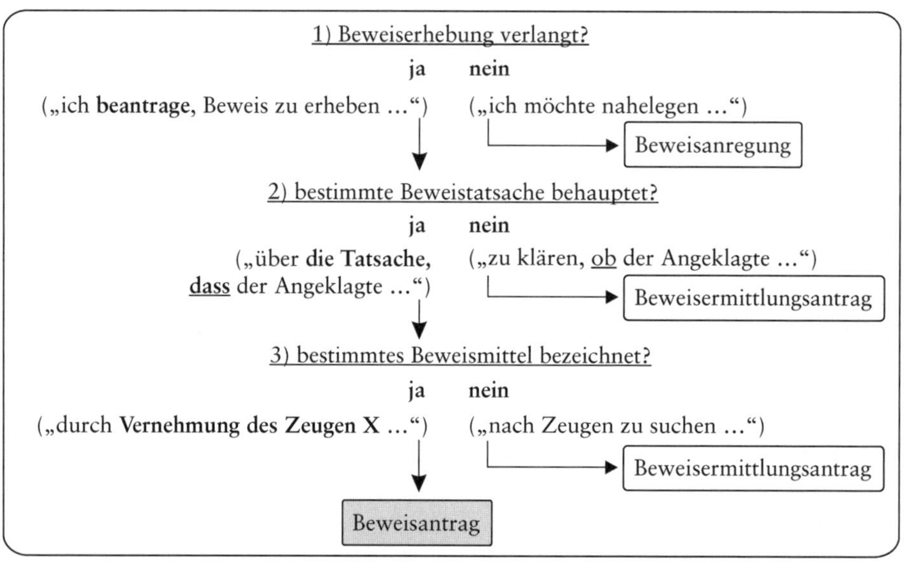

[1] Zur Rspr. *Herdegen*, NStZ 1998, 444.

a) Antrag

Die Beweiserhebung muss beantragt, also verlangt werden. Man darf sie nicht in das Ermessen des Gerichts stellen. 3

b) Beweistatsache

Mit dem Beweisantrag muss eine bestimmte Beweisbehauptung aufgestellt, also eine Beweistatsache bezeichnet werden. 4

Beispiel: Der Verteidiger beantragt die Vernehmung von Kriminalbeamten zum Beweis der Tatsache, dass der Angeklagte „die Tat wesentlich fremdbestimmt durchführte".

Das ist keine Tatsachenbehauptung, sondern eine zusammenfassende Bewertung. Werturteile kann man aber nicht beweisen. Der Verteidiger hätte die Tatsachen angeben müssen, aus denen sich ergeben soll, dass die Tat wesentlich fremdbestimmt durchgeführt worden war.[2]

Beweisanträge müssen die Beweistatsache enthalten. Dazu genügt es nicht, wenn man das Beweisziel angibt, also das Ergebnis, auf das von der Beweistatsache geschlossen werden soll (vgl. oben 23 Rn. 3).[3] 5

Der Antragsteller muss eine bestimmte Behauptung aufstellen. Das heißt nicht, dass er von der Wahrheit überzeugt sein muss. Er kann auch Beweis über Tatsachen verlangen, die er nur für möglich hält.[4] Es genügt sogar, dass er sie nur vermutet. Für Extremfälle soll die Einschränkung gelten, dass es sich nicht um eine „aus der Luft gegriffene Vermutung" handeln dürfe. 6

Beispiel: Das Gericht hatte die Glaubwürdigkeit der Hauptbelastungszeugin H in einer ausführlichen Beweisaufnahme sorgfältig überprüft. Die Zeugin hatte unter Eid abgestritten, dass sie wegen ihrer „Tätigkeit" im Verfahren Geschenke vom Polizeipräsidenten in Frankfurt erhalten hatte. Der Verteidiger stellt den Beweisantrag, den Polizeipräsidenten von Frankfurt als Zeugen zu der Tatsache zu vernehmen, dass er der Zeugin Geschenke gemacht habe. Der *BGH* hat dafür keinerlei Hinweise gesehen. Es handele sich um eine „aus der Luft gegriffene Vermutung …, die nur scheinbar in eine Tatsachenbehauptung gekleidet ist".[5]

Für diese Frage, ob eine „Beweisbehauptung ohne jede begründete Vermutung aufs Geratewohl ins Blaue hinein aufgestellt wurde, so dass es sich nur um einen nicht ernst gemeinten, zum Schein gestellten Beweisantrag handelt", soll „die Sichtweise eines verständigen Antragstellers entscheidend" sein.[6]

Den Vorzug verdient die engere Ansicht, die nur bei positiver Kenntnis, dass die Behauptung nicht zutrifft, die Anforderungen an einen Beweisantrag verneint.[7]

---

[2] *BGH* NStZ 1991, 547; grundlegend BGHSt 37, 162.

[3] *BGH* NStZ 2007, 112 (Beweistatsache und Beweisziel bei Alibibeweis); vgl. noch *Widmaier*, NStZ 1993, 602; Kritik bei *Hamm*, StV 1993, 455.

[4] BGHSt 21, 118, 125; StV 1989, 237.

[5] *BGH* NStZ 1992, 397. Wenn das zweifelhaft bleibt, wird es oft an der Konnexität fehlen, s. u. Rn. 8; exemplarisch für diese Abfolge der Argumente *BGH* NStZ 2009, 51.

[6] *BGH* NStZ 2003, 497; 2006, 405; 2008, 52; NStZ 2009, 226.

[7] Vgl. KK/*Fischer*, § 244 Rn. 72.

c) Beweismittel

7 Das Beweismittel muss so bestimmt bezeichnet sein, dass es vom Gericht identifiziert werden kann.

Beispiele: „Der Zeuge Willi Müller, wohnhaft in München" reicht natürlich nicht. Hier fehlen Hinweise, wie man ihn ausfindig machen und laden soll. „Der Patient, der am 17. Februar 1998 in Zimmer 407 der Station X des Krankenhauses Y lag": das genügt.[8]

8 Außerdem muss erkennbar sein, welcher Zusammenhang (Konnex) zwischen der Beweistatsache und dem Beweismittel bestehen soll.[9] „Es muss deutlich werden, weshalb das Beweismittel geeignet ist, die aufgestellte Behauptung unmittelbar zu belegen. Die bloße Angabe eines Beweiszieles reicht auch insoweit nicht aus".[10] Bei schon fortgeschrittener Beweisaufnahme genügt noch nicht einmal „Konnexität" in diesem allgemeinen Sinne. Einen „Anspruch auf weitere Beweiserhebung" gibt es nur, wenn der bisher erhobene Beweisstoff erweitert oder falsifiziert, nicht aber, wenn er nur wiederholt werden soll.[11]

2. Eventualbeweisantrag, Hilfsbeweisantrag

Beweisanträge können auch bedingt gestellt werden (die nutzlose Regel, dass Prozesshandlungen bedingungsfeindlich sind – vgl. oben 15 Rn. 1 –, hat hier ihre wichtigste Ausnahme: innerprozessuale Bedingungen). Man unterscheidet zwei Formen:

a) Eventualbeweisanträge

9 Sie werden unter der Bedingung gestellt, dass eine bestimmte Prozesslage eintritt.[12]

Beispiele: Beweisanträge für den Fall,
- dass der Zeuge X für glaubwürdig gehalten wird,
- dass das Gericht einem bestimmten Beweisantrag der Staatsanwaltschaft stattgibt.

b) Hilfsbeweisanträge

10 Sie werden für den Fall einer bestimmten Abschlussentscheidung gestellt.

Beispiele: Beweisanträge für den Fall,
- dass das Gericht verurteilt,
- dass das Gericht freispricht,
- dass seine Verurteilung wegen § 211 (und nicht § 212) erfolgen soll,
- dass das Gericht eine Vorsatztat annimmt.

---

[8] Vgl. *BGH* NStZ 1994, 247.
[9] Vgl. *Widmaier*, NStZ 1993, 602.
[10] *BGH* NStZ 1998, 97; BGHSt 43, 321; *BGH* NStZ 2009, 171 lässt offen, ob es sich bei der Konnexität um ein eigenständiges Merkmal oder eine Konkretisierung der Bestimmtheit des Beweismittels handelt.
[11] *BGH* NStZ 2009, 49.
[12] Vgl. *Meyer-Goßner*, § 244 Rn. 22b.

III. Form und Zeitpunkt

Beweisanträge müssen in der Hauptverhandlung mündlich gestellt werden (vgl. aber § 257a). Es ist üblich und zweckmäßig, sie schriftlich zu fassen, vorzulesen und zu den Akten zu geben. 11

Beweisanträge können bis zum Beginn der Urteilsverkündung gestellt werden.[13] Der Angeklagte muss zu seiner Entlastung gar nichts beantragen und daher auch nicht hinnehmen, dass der Zeitpunkt eines Beweisantrages („spät“, vgl. unten Rn. 24) als belastender Umstand gewertet wird.[14] Der letzte Augenblick ist der, in dem das Gericht zur Urteilsverkündung im Sitzungssaal erscheint.[15] Danach gelten für die Berücksichtigung des neuen Vorbringens nicht mehr die Regeln über Beweisanträge, sondern die Grundsätze über die Aufklärungspflicht.[16] Vor der Hauptverhandlung gestellte Anträge (oben 16 Rn. 6) leben nicht von alleine auf; sie müssen in der Hauptverhandlung wiederholt werden.

Die Aufklärungspflicht gebietet es dem Gericht, bei unklaren Anträgen nachzufragen und bei Anträgen, die die Form einer Beweisanregung oder eines Beweisermittlungsantrages haben, entsprechende Hinweise zu geben. Die Fürsorgepflicht prägt die Aufklärungspflicht. 12

IV. Die Ablehnung von Beweisanträgen

1. Überblick

Über Beweisanregungen und Beweisermittlungsanträge entscheidet der Vorsitzende (§ 238 Abs. 1). Beweisanträge können nur durch einen Gerichtsbeschluss abgelehnt werden (§ 244 Abs. 6). 13

Bei Beweisanträgen kommt es darauf an, ob sie präsente Beweismittel betreffen oder nicht. Präsent sind Zeugen und Sachverständige, wenn sie geladen und erschienen sind. War die Ladung nicht durch das Gericht, sondern durch Prozessbeteiligte erfolgt (vgl. § 38), muss ein Beweisantrag gestellt werden, damit sie vernommen werden (§ 245 Abs. 2). Dieser Beweisantrag kann nur unter engeren Voraussetzungen abgelehnt werden als ein Beweisantrag, der sich darauf richtet, Zeugen und Sachverständige herbeizuholen. Eine ähnliche Differenzierung gilt für die „sonstigen herbeigeschafften Beweismittel“, also Urkunden und Augenscheinsobjekte. Sind sie vom Gericht oder der Staatsanwaltschaft beigebracht worden, muss die Beweisaufnahme auf sie erstreckt werden (§ 245 Abs. 1), haben andere Prozessbeteiligte dafür gesorgt, dass sie präsent sind, bedarf es eines Beweisantrages (§ 245 Abs. 1 S. 1). 14

---

[13] BGHSt 16, 389, 391.
[14] *BGH* NStZ 2002, 161.
[15] *BGH* NStZ 1992, 346.
[16] Vgl. *BGH* NStZ 1986, 182.

15 Für die nicht präsenten, also noch herbeizuschaffenden Beweismittel stellt § 244 Abs. 3 einen Katalog der Ablehnungsgründe auf. Er wird in § 244 Abs. 4 und 5 erweitert für Beweisanträge, die auf die Vernehmung eines Sachverständigen, die Einnahme eines Augenscheins oder die Vernehmung eines Auslandszeugen zielen. Insgesamt enthält § 244 eine abschließende Regelung der Gründe, die dazu berechtigen, einen Beweisantrag abzulehnen, der nicht-präsente Beweismittel betrifft, und § 245 eine abschließende Regelung des Umgangs mit präsenten Beweismitteln. Der Katalog darf vom Richter nicht erweitert werden.[17]

16 In begrenztem Umfang ist dem Gericht der **Austausch von Beweismitteln** gestattet. Dass nicht der im Antrag genannte Sachverständige bestellt werden muss, sondern ein anderer herangezogen werden kann, ergibt sich aus der Austauschbarkeit von Sachverständigen und der Befugnis des Gerichts zu ihrer Bestellung. Auch beim Augenscheinsbeweis kann das Gericht nach Ermessen verfahren. Beim Zeugenbeweis ist ein Austausch ausgeschlossen, wenn der Zeuge über ein eigenes Erlebnis berichten soll. Möglich wäre er dort, wo der Zeuge eine Auskunft geben soll, die nicht von seinen eigenen Vorstellungen und Fähigkeiten abhängt. Denkbar ist ebenso, dass anstatt der Urkunde, deren Verlesung beantragt worden ist, eine andere verlesen wird. Für solche Fälle nimmt die Rechtsprechung an, dass das Gericht befugt sei, ein besseres oder gleichwertiges Beweismittel benutzen zu dürfen.[18]

17 Für die Ablehnung von Beweisanträgen gilt prinzipiell (aber mit Ausnahmen), das **Verbot der Beweisantizipation.** Die Beweiswürdigung darf nicht vorweggenommen werden (vgl. unten 29 Rn. 5). Das gilt für Beweismittel und Beweistatsachen. Das Gericht darf also nicht von vornherein davon ausgehen, dass die Beweistatsache nicht beweisbar oder bereits widerlegt sei und es darf nicht annehmen, dass das Beweismittel nicht zu dem gewünschten Beweisergebnis führen werde.[19]

2. Die Ablehnungsgründe, § 244 Abs. 3

18 a) Ist die Erhebung des Beweises „unzulässig" (S. 1), so muss der Beweisantrag abgelehnt werden. **Unzulässig** ist die Beweiserhebung mit Beweismitteln, die in der StPO nicht vorgesehen sind oder über Beweisthemen, die der Prozessordnung nicht entsprechen.

Beispiele: Der Eid des Angeklagten; Beweis über die Strafzumessungspraxis anderer Gerichte;[20] der Richter als Zeuge über Vorgänge aus der laufenden Hauptverhandlung (vgl. oben 21 Rn. 21); Beweiserhebung darüber, was ein Zeuge gesagt hat oder wie es zu verstehen ist;[21] Beweiserhebung über die Schuldfähigkeit in einer Verhandlung über die Straffrage nach rechtskräftigem Schuldspruch (vgl. unten 34 Rn. 21).[22]

---

[17] Erwogen von *BGH* NStZ 1986, 371 für den Fall eines groben Missbrauchs des Antragsrechts.

[18] BGHSt 22, 347, *BGH* NStZ 2008,529. Der Beweisantrag ist durch den Austausch „erledigt", ohne dass ein Beschluss ergehen muss.

[19] *BGH* NStZ 1983, 468; StV 1993, 621.

[20] BGHSt 25, 207.

[21] Das wird im Urteil festgestellt; *BGH* NStZ 2004, 631, st. Rspr.

[22] BGHSt 44, 119.

In den anderen Fällen des § 244 Abs. 3 kann der Beweisantrag abgelehnt werden.

b) Die **Offenkundigkeit** der Beweistatsache oder ihres Gegenteils gehört eigentlich nicht hierher, denn sie macht die Beweiserhebung bereits überflüssig (vgl. oben 23 Rn. 11). 19

c) **Für die Entscheidung ohne Bedeutung** ist eine Beweistatsache nur, wenn sie nicht geeignet ist, die Entscheidung irgendwie zu beeinflussen, und zwar entweder aus Rechtsgründen oder aus tatsächlichen Gründen. 20

Aus Rechtsgründen ohne Bedeutung ist die Tatsache, wenn eine Verurteilung bereits aus anderen, schon erwiesenen Gründen nicht möglich ist.

Beispiel: Das Gericht hält den angeklagten Vorgang nicht für einen Versuch, sondern für eine Vorbereitungshandlung. Ein Beweisantrag zum Thema des freiwilligen Rücktritts ist ohne Bedeutung.

Aus tatsächlichen Gründen bedeutungslos sind Tatsachen, wenn

- zwischen ihnen und dem Tatvorwurf keinerlei Zusammenhang besteht
- sie auf den Beweis von Indizien zielen, aus denen das Gericht einen Schluss ziehen könnte, den es aber nicht ziehen will.[23]

Beispiel: In einem Mordprozess gegen einen ehemaligen Gestapo-Offizier wird die Vernehmung von Zeugen zum Beweis der Tatsache beantragt, dass aus dem Gefängnis, in dem die Gestapo verhört und gefoltert hat, einmal eine Leiche abtransportiert worden sei. Das Gericht lehnt den Beweisantrag ab mit der Begründung, dass es aus dieser Tatsache, wenn sie bewiesen wäre, nichts schließen würde, was Tat und Schuld des Angeklagten betrifft.[24]

Wenn sich das Gericht bei seiner Ablehnung auf tatsächliche Umstände stützt, muss es sie mitteilen, damit sich der Antragsteller auf die Verfahrenslage einstellen kann.[25]

d) **Schon erwiesen** ist eine (dem Angeklagten günstige oder ungünstige) Tatsache dann, wenn sich das Gericht aus dem bisherigen Beweisergebnis bereits eine feste Überzeugung von dieser Tatsache gebildet hat. Insofern ist hier eine Vorwegnahme der Beweiswürdigung erlaubt. Verboten ist sie aber in anderer Richtung: das Gericht darf den Beweisantrag nicht mit der Begründung ablehnen, dass das Gegenteil bereits erwiesen sei (das ist beim Sachverständigenbeweis erlaubt, § 244 Abs. 4 S. 2, in anderen Fällen aber eben nicht). 21

Beispiel: Der Angeklagte hat seine Steuererklärungen vorgelegt. Der Beweisantrag, den Steuerberater zur Höhe des Einkommens zu hören, wird abgelehnt.

e) **Völlig ungeeignet** ist ein Beweismittel nur, wenn ohne Rücksicht auf den bisherigen Verlauf der Beweisaufnahme nach sicherer Lebenserfahrung feststeht, dass aus dem angebotenen Beweismittel das angestrebte Ergebnis nicht abzuleiten ist und sich die Beweiserhebung deshalb in einer reinen Förmlichkeit erschöpfen würde.[26] 22

---

23 *BGH* NJW 1988, 501; NStZ 1982, 126; 1988, 211; StV 1992, 259; StV 1994, 62.
24 *BGH* NStZ 1985, 516.
25 *BGH* StV 1990, 246; 1993, 3.
26 *BGH* NStZ 1993, 295; 2008, 116; 2009, 49.

Beispiel: Zum Beweis der Tatsache, dass ein Zugunglück auf Schicksal und nicht auf ein Versagen des Angeklagten zurückzuführen ist, wird ein Hellseher benannt, der das Unglück vorhergesehen haben will.[27]

Wenn das Beweismittel von geringem oder zweifelhaftem Wert ist, muss es dennoch benutzt werden. Andernfalls würde die Beweiswürdigung unzulässig vorweggenommen.[28]

Beispiel: Die Zeugin, das Opfer der angeklagten Vergewaltigung, hat ausgesagt, dass der Angeklagte den Beifahrersitz in Liegeposition gebracht habe. Der Angeklagte behauptet, das sei seit einem Unfall lange vor der behaupteten Tat gar nicht mehr möglich gewesen und beantragt zum Beweis ein Sachverständigengutachten.[29]

Der Sachverständige ist hier nicht ein völlig ungeeignetes Beweismittel, weil er möglicherweise aus dem gegenwärtigen Zustand Rückschlüsse auf den Tatzeitpunkt ziehen kann.

23 f) **Unerreichbar** sind Beweismittel, wenn die zumutbaren Bemühungen des Gerichts, es herbeizuschaffen, erfolglos geblieben sind und in absehbarer Zeit bleiben werden. Für die Zumutbarkeit ist die Bedeutung der Sache und des Beweismittels mit dem Interesse an einem raschen Verfahren zu vergleichen.[30]

Beispiele: Ein Zeuge, den die Polizei am Wochenende nicht angetroffen hat oder von dem die Nachbarn sagen, er sei unbekannt verzogen, ist nicht unerreichbar.[31] Zeugen im Ausland sind prinzipiell erreichbar (zum sicheren Geleit vgl. Art. 12 EuRHÜbK; vgl. aber § 244 Abs. 5 S. 2). Eine Videokonferenz gem. § 247a macht erreichbar.[32] Die audiovisuelle Vernehmung des sonst nicht erreichbaren Auslandszeugen kann aber ein „völlig ungeeignetes" Beweismittel sein, wenn es auf den persönlichen Eindruck vor Gericht ankommt.[33] V-Leute der Polizei sind unerreichbar, wenn die Behörde Namen und Anschrift nicht offenbart.[34] Bei Zeugen, die von ihrem Zeugnisverweigerungsrecht Gebrauch gemacht haben, ist umstritten, ob sie unerreichbar oder völlig ungeeignet sind oder ob die Beweiserhebung unzulässig ist.[35]

24 g) Zum Zweck der **Prozessverschleppung** ist ein Antrag nicht etwa schon dann gestellt, wenn er „zu spät" vorgebracht wird (§ 246 Abs. 1).[36] Es müssen vielmehr drei Voraussetzungen zusammentreffen:

- Die Beweiserhebung würde den Abschluss des Verfahrens wesentlich hinauszögern (objektiver Zeitfaktor).
- Der Beweisantrag wird nichts Sachdienliches erbringen (Prognose des Gerichts).
- Der Antragsteller weiß das und bezweckt nichts anderes als eine Verzögerung des Verfahrens (Absicht).[37]

---

[27] Zur Parapsychologie vgl. *BGH* NJW 1978, 1207.
[28] *BGH* NStZ-RR 1997, 304.
[29] *BGH* NStZ 1995, 97.
[30] BGHSt 19, 390; *BGH* NStZ 1987, 218; BGHSt 32, 68, 73.
[31] *BGH* StV 1984, 5.
[32] BGHSt 45, 188.
[33] *BGH* NStZ 2004, 347.
[34] BGHSt 32, 125.
[35] Vgl. *Meyer-Goßner*, § 244 Rn. 59ff., 66.
[36] BGHSt 21, 118, 123. Ist erkennbar, dass die Verteidigung das Verfahren verschleppt, darf der Vorsitzende eine Frist zur Stellung von Beweisanträgen setzen, *BGH* NStZ 2007, 716.
[37] Anders *Niemöller*, NStZ 2008, 181: „die Absicht genügt", die beiden anderen Voraussetzungen sollen nur Indizien für sie sein.

Eine gewisse Vorwegnahme der Beweiswürdigung ist also auch hier erlaubt.

Beispiel: Es sind 14 Belastungszeugen vernommen worden. Der Angeklagte hat keinen von ihnen befragt, auch sein Verteidiger hat geschwiegen. Am Ende der 6-monatigen Hauptverhandlung beantragt er, einen Entlastungszeugen zu vernehmen, der sich zurzeit auf einer Weltreise befinde und in zwei Monaten zurück sein werde. Hier deutet alles auf Prozessverschleppung hin.[38]

Der *BGH* hat angedeutet, dass er das Kriterium der „wesentlichen" Verzögerung aufgeben will[39]. Der Vorsitzende darf eine Frist für weitere Beweisanträge stellen (§ 238). Werden danach welche angebracht, ist das ein „signifikantes" Indiz für Verschleppungsabsicht, das der Antragsteller widerlegen muss.[40]

h) Die **Wahrunterstellung** berechtigt zur Ablehnung, wenn eine beweiserheb- 25
liche entlastende Behauptung nicht erwiesen ist und durch weitere Beweiserhebung wahrscheinlich auch nicht widerlegt werden kann. Wahrunterstellung ist also nur zulässig, wenn das Gericht seine Aufklärungspflicht erfüllt hat. Dann darf es (ausnahmsweise) die Beweiswürdigung vorwegnehmen und eine Tatsache als wahr behandeln.

Die Beweistatsache muss erheblich sein. Folglich schließen sich Bedeutungslosigkeit und Wahrunterstellung als Ablehnungsgründe aus.

Die Wahrunterstellung bezieht sich auf die Beweistatsache selbst.[41] Sie darf 26
die Beweisbehauptung nicht verkürzen.

Beispiel: Die Behauptung, das Opfer habe dem Zeugen wörtlich gesagt, ihr Vater sei ihr „an die Wäsche gegangen", darf durch Wahrunterstellung nicht dahingehend abgewandelt werden, das Opfer habe dem Zeugen von sexuellen Übergriffen erzählt.[42]

Mit der als wahr unterstellten Tatsache muss sich das Gericht in den Urteilsgründen auseinandersetzen.[43] Jedenfalls dürfen die Feststellungen im Urteil und die Ausführungen zur Beweiswürdigung der Wahrunterstellung nicht widersprechen.[44] Nur entlastende Tatsachen dürfen als wahr unterstellt werden. Das können unmittelbar beweiserhebliche Tatsachen, aber auch Indiztatsachen sein. Mit der Wahrunterstellung ist nicht die Zusage verbunden, dass das Gericht aus der als wahr unterstellten Indiztatsache die Schlüsse zieht, die dem Antragsteller günstig und genehm sind. Verboten sind lediglich Schlüsse zu Ungunsten des Angeklagten.[45] Ansonsten werden die als wahr unterstellten Indiztatsachen im Rahmen der Beweiswürdigung behandelt wie andere Tatsachen auch.[46]

3. Die Ablehnung nach § 244 Abs. 4 (Sachverständige)

Der Beweisantrag, einen Sachverständigen hinzuzuziehen, kann zunächst aus den in Abs. 3 genannten Gründen abgelehnt werden.

---

38 Vgl. auch *BGH* NStZ 1990, 350.
39 *BGH* NStZ 2007, 659.
40 *BGH* NStZ 2009, 169; gebilligt von *BVerfG* NStZ 2010, 155; *BGH* NStZ 2010, 161.
41 Vgl. *BGH* NStZ 1989, 129 m. Anm. *Volk*.
42 *BGH* NStZ-RR 2005, 78.
43 *Herdegen*, NStZ 1984, 342 gegen die *BGH*-Rspr., vgl. z. B. BGHSt 28, 310.
44 BGHSt 32, 44, 47.
45 BGHSt 1, 137; *BGH* NStZ 2007, 717.
46 *BGH* NStZ 1982, 213; 1985, 206.

27 a) Das Gericht kann ihn ferner wegen eigener Sachkunde ablehnen (S. 1).

Beispiele: Die Beurteilung der Glaubhaftigkeit einer Aussage (im noch üblichen, aber verfehlten Sprachgebrauch: „Glaubwürdigkeit eines Zeugen").[47] Das gilt nicht mehr, wenn besondere Umstände vorliegen.[48] Das Gericht hat sich einen Sachverständigen angehört und ist dadurch sachkundig geworden.[49]

28 b) Der Antrag, einen „weiteren Sachverständigen" anzuhören, kann auch mit der Begründung abgelehnt werden, dass durch ein bereits erstattetes Sachverständigengutachten das Gegenteil der behaupteten Tatsache erwiesen sei (S. 2). Hier ist die Vorwegnahme der Beweiswürdigung ausdrücklich erlaubt. Sie darf sich aber nur auf das frühere Gutachten zu demselben Beweisthema stützen und nicht etwa auf einer Gesamtwürdigung aller Umstände beruhen.

Beispiel: Die Beweisfrage ist, ob das Blut am T-Shirt des Angeklagten vom Opfer stammt. Das hat ein Blutgruppensachverständiger ausgeschlossen. Der Antrag, das Gegenteil mit Hilfe eines DNA-Sachverständigen zu beweisen, wird zu Recht abgelehnt.[50]

29 Dieser Ablehnungsgrund greift nicht (S. 2), wenn
- die Sachkunde des ersten Gutachters zweifelhaft ist
- das Erstgutachten von unzutreffenden tatsächlichen Voraussetzungen ausgeht
- das mündlich erstattete Gutachten Widersprüche enthält[51] oder im entscheidenden Punkt mit dem schriftlichen Gutachten nicht vereinbar ist[52]
- dem weiteren Sachverständigen überlegene Forschungsmittel zur Verfügung stehen, also bessere Geräte oder Methoden. Längere Berufserfahrung und größeres Ansehen (etc.) sind nicht „Forschungsmittel".[53]

4. Augenschein und Auslandszeugen, § 244 Abs. 5

30 a) Bei Beweisanträgen, die auf die Einnahme eines Augenscheins gerichtet sind (S. 1), muss das Gericht nur prüfen, ob es die Aufklärungspflicht gebietet, ihnen nachzukommen.[54] Drängen die Umstände nicht dazu, einen Augenschein einzunehmen, kann das Gericht den Antrag ablehnen und andere Beweismittel benutzen (z.B. Zeugen oder Fotos anstatt eines Lokaltermins; vgl. oben 21 Rn. 35). Das Gericht erwägt, welche Ergebnisse von der Beweisaufnahme zu erwarten sind und wie sie zu würdigen wären. Es darf also die Beweiswürdigung vorwegnehmen.

31 b) Die gleichen Regeln gelten (seit 1993) für Beweisanträge auf Vernehmung von Zeugen, deren Ladung im Ausland zu bewirken ist (S. 2). Die Frage, ob diese Zeugen unerreichbar sind (§ 244 Abs. 3 S. 2), stellt sich erst, wenn ihre Vernehmung erforderlich ist. Das bemisst sich (wie oben Rn. 30) nach der Aufklä-

[47] St. Rspr., vgl. BGHSt 8, 130; *BGH* NStZ 1987, 182; *BGH* NStZ 2005, 394.
[48] BGHSt 1991, 405: Der Zeuge ist medikamentenabhängig.
[49] *BGH* NStZ 1985, 421.
[50] Vgl. BGHSt 39, 49.
[51] BGHSt 23, 176, 185.
[52] *BGH* NStZ 1991, 448.
[53] BGHSt 34, 355, 358; 44, 26.
[54] *BGH* NStZ 1988, 88.

rungspflicht des Gerichts. Abzuwägen sind einerseits das Gewicht der Strafsache sowie Wert und Bedeutung des Beweismittels vor dem Hintergrund der bisherigen Beweisaufnahme und andererseits der organisatorische Aufwand der Vernehmung und die Verzögerung des Verfahrens, gemessen am Grundsatz der Verhältnismäßigkeit.[55]

Beispiel: Zeuge K hat ausgesagt, dass er den Angeklagten am 22. März auf der Straße von L nach W getroffen und mit ihm den Kauf und die Lieferung von Rauschgift verabredet habe. Der Angeklagte legt eine Hotelrechnung aus Spanien vor und beantragt zum Beweis der Tatsache, dass er vom 12. bis 22. März dort übernachtet habe, die Vernehmung der Zeugin M, die an der Rezeption des Hotels arbeite und die Rechnung erstellt habe. Das Gericht lehnt den Beweisantrag mit der Begründung ab, dass es dem Zeugen K glauben werde.[56]

Das war fehlerhaft. Konkrete Gründe dafür, dass die Aussage der Zeugin M auf keinen Fall die Aussagen des Zeugen K entkräften könnte, gab es nicht. Die Beweiswürdigung darf zwar vorweggenommen werden,[57] muss aber sorgfältig und plausibel sein.

5. Präsente Beweismittel, § 245

Hier ist zu unterscheiden, ob es sich um persönliche oder sachliche Beweismittel handelt, und außerdem kommt es darauf an, wer für die Präsenz gesorgt hat (vgl. den Überblick oben Rn. 14). 32

a) Die vom Gericht geladenen und erschienenen Zeugen und Sachverständigen müssen vernommen werden (Abs. 1 S. 1), denn es kann ja sein, dass die Prozessbeteiligten im Vertrauen auf die gerichtliche Ladung Beweisanträge oder Ladungen (§ 220) unterlassen haben.

b) Nach dem Wortlaut der Vorschrift (Abs. 1 S. 1) muss die Beweisaufnahme auch auf alle vom Gericht oder der Staatsanwaltschaft herbeigeschafften Beweismittel erstreckt werden, also Urkunden und Augenscheinsobjekte. Dazu zählen nun aber alle Beweisstücke in den Akten (§ 199 Abs. 2 S. 2, nicht nur die sonst noch herbeigeschafften, § 214 Abs. 4). Sie sind nun einmal da, werden „präsent" im Sinne der Vorschrift jedoch erst, wenn das Gericht signalisiert, dass mit ihnen Beweis geführt werden soll.[58]

c) Beweispersonen, die von der Staatsanwaltschaft (§ 214 Abs. 3) oder anderen Verfahrensbeteiligten (§ 220) geladen wurden und auch erschienen sind, gelten als präsent im Sinne von Abs. 2 S. 1. Ihre Vernehmung setzt einen Antrag voraus. Verglichen mit § 244 Abs. 3–5 kann er nur unter engeren Voraussetzungen abgelehnt werden. Die Ablehnung wegen Unerreichbarkeit scheidet natürlich aus. Wahrunterstellung ist unzulässig. Die „Bedeutungslosigkeit" (§ 244 Abs. 3) ist reduziert auf den fehlenden Zusammenhang zwischen Beweistatsache und Tatvorwurf. Bei präsenten Sachverständigen darf sich das Gericht nicht auf eigene Sachkunde berufen und bei einem weiteren Sachverständigen 33

---

[55] *BGH* NStZ 2002, 653; NStZ 2007, 349.
[56] BGHSt 40, 60.
[57] Vgl. auch *BGH* NStZ 2005, 701 (Fall Mzoudi).
[58] BGHSt 37, 168.

nicht das Gegenteil der behaupteten Tatsache als erwiesen ansehen (§ 244 Abs. 4 S. 2).

Alle diese Regeln gelten nicht für nur mitgebrachte (erschienene), aber nicht geladene Beweispersonen.

34 d) Präsente sachliche Beweismittel (Augenscheinsobjekte) müssen verwendet werden; § 244 Abs. 5 S. 1 gilt nicht.

6. Der Ablehnungsbeschluss, § 244 Abs. 6

35 Beweisermittlungsanträge und Beweisanregungen werden durch den Vorsitzenden abgelehnt,[59] wenn es die Aufklärungspflicht nicht gebietet, sie aufzugreifen. Nur Beweisanträge müssen durch Gerichtsbeschluss abgelehnt werden. In seinen Gründen (§ 34) legt das Gericht dar, welche rechtlichen und/oder tatsächlichen Gründe entscheidend waren, damit sich der Antragsteller auf die Prozesslage einstellen kann. Isoliert anfechtbar ist dieser Beschluss nicht (§§ 305 S. 1, 336 S. 1).

36 Über **Hilfs- und Eventualbeweisanträge** (vgl. oben Rn. 9, 10) entscheidet das Gericht erst im Urteil. Die h.M. begründet das damit, dass der Antragsteller durch diese Art der Antragstellung auf eine sofortige Entscheidung verzichte und zu erkennen gebe, dass er „alle Pfeile verschossen" habe.[60] Will allerdings das Gericht einen Hilfs- oder Eventualbeweisantrag wegen Prozessverschleppung ablehnen, muss es diese Begründung schon in der Hauptverhandlung bekannt geben, damit der Antragsteller Gelegenheit hat, den damit verbundenen Vorwurf zu widerlegen.[61]

Fälle und Fragen

172. Inwiefern unterscheiden sich Beweisantrag, Beweisermittlungsantrag und Beweisanregung?
173. Welche Konsequenz kann es haben, wenn das Gericht einen Beweisermittlungsantrag ablehnt?
174. Welche Systematik stellt die StPO für die Ablehnung von Beweisanträgen auf?
175. Wann handelt es sich um ein präsentes, wann um ein nicht präsentes Beweismittel? Inwiefern besteht ein grundlegender Unterschied zwischen den jeweiligen Ablehnungsmöglichkeiten?
176. A streitet die Erpressung mehrerer Lebensmittelkonzerne vehement ab. Als die Beweislage immer düsterer für ihn wird, beantragt er, zur Bestätigung der Richtigkeit seiner Aussagen, einer Untersuchung mit einem „Lügendetektor" unterzogen zu werden. Kann dieser Beweisantrag abgelehnt werden?

---

[59] *BGH* NStZ 1982, 296 – jedenfalls zunächst, § 238 Abs. 1.
[60] BGHSt 32, 10, 13.
[61] *BGH* NStZ 1998, 207; StV 1990, 394; *BVerfG* NStZ 2010, 155.

§ 26. Die Mündlichkeit der Beweisaufnahme

Der Grundsatz der Mündlichkeit (vgl. oben 18 Rn. 25), gültig für die Hauptverhandlung, besagt für die Beweisaufnahme, dass alle Umstände, die für die Schuld- und Straffrage von Bedeutung sind, zur Sprache kommen müssen. Zum „Inbegriff der Verhandlung" (§ 261) gehört nur, was erörtert worden ist. Deshalb ist § 261 auch das Gesetz, das verletzt ist (§ 337), wenn gegen das Prinzip der Mündlichkeit verstoßen wurde. 1

Beispiel: Das Gericht hat das Verhalten von Zuhörern, zwei Frauen, die „offensichtlich befreundet sind", zur Bewertung einer Zeugenaussage herangezogen. Das war falsch. Es hat seine Erkenntnisse verwertet, „ohne die Beobachtungsergebnisse in die Hauptverhandlung einzuführen und den Verfahrensbeteiligten Gelegenheit zur Stellungnahme zu geben"[1].

Die Berufsrichter haben die Akten gelesen. Auch dieses Wissen dürfen sie nicht stillschweigend verwenden.

I. Verlesung von Urkunden

Deshalb müssen Schriftstücke verlesen werden (§ 249). 2

Beispiel: Das Gericht hat seine Überzeugung auf den vollständigen Text von Briefen gestützt, die in der Hauptverhandlung nur teilweise verlesen worden sind.[2]

Diese Regel wird durch das Selbstleseverfahren durchbrochen (vgl. oben 21 Rn. 39). Damit ist das Prinzip der Mündlichkeit suspendiert.

II. Der formfreie Vorhalt

Der (Berufs-)Richter, der bei der Vernehmung eines Zeugen oder Sachverständigen bemerkt, dass dessen Aussage mit dem Akteninhalt nicht übereinstimmt, darf dieses Wissen nicht verdeckt ausnutzen. Er muss die Beweisperson damit konfrontieren und den Akteninhalt präsentieren. Das kann dadurch geschehen, dass er das entsprechende Schriftstück *verliest* (Urkundenbeweis), aber auch so, dass er daraus zum Zwecke eines Vorhalts zitiert oder es ganz *vorliest*. 3

Im Unterschied zum Urkundenbeweis ist dieser Vorhalt

- formfrei, d.h. nicht zu protokollieren (§ 273 Abs. 1, erweitert auf den „Grund" der Verlesung in § 255),
- nur ein Vernehmungsbehelf beim Personalbeweis.

---

[1] *BGH* NStZ 1995, 609.

[2] *BGH* NStZ 2004, 279 – Verstoß gegen § 261.

4 Mit der Verlesung einer Urkunde wird das Beweisziel erreicht, den Inhalt des Schriftstückes festzustellen; mit dem Vorhalt der Urkunde wird als Beweisziel erstrebt, dass der Zeuge oder Sachverständige eine Aussage macht oder präzisiert.[3]

> **Beispiel:** Der Zeuge kann sich an einen bestimmten Punkt nicht mehr erinnern. Der Richter: „Bei Ihrer polizeilichen Vernehmung haben Sie dazu Angaben gemacht. Ich halte Ihnen vor, was Sie damals gesagt haben". Er liest das polizeiliche Vernehmungsprotokoll vor. „Erinnern Sie sich jetzt?"

Verwertbar ist nur, was der Zeuge nun sagt (und nicht das Vorgelesene). Bleibt er dabei, es nicht mehr (so genau) zu wissen, sind die Möglichkeiten des Personalbeweises erschöpft. Den Inhalt des Protokolls darf man nicht verwerten, weil er nicht im Wege des Urkundenbeweises zum Prozessstoff gemacht wurde (was aber geschehen kann, vgl. unten 27 Rn. 18). Die Literatur kritisiert diese sophistisch anmutende Unterscheidung und verlangt, jeden Griff zu Urkunden den Regeln der §§ 251 ff. zu unterwerfen,[4] scheitert damit aber an den pragmatischen Bedürfnissen des Prozessalltags.

III. Audiovisuelle Vernehmung

5 Eine Zeugenvernehmung kann „face to face" im gleichen Raum erfolgen, aber auch durch eine „live"-Schaltung an andere Orte (Video-Konferenz). Diese Art der Vernehmung musste ebenso geregelt werden (§ 247a) wie die Fragen der simultanen Aufzeichnung (§ 58a) und der zeitversetzten Wiedergabe (§ 255a). Wie die englischen Begriffe zeigen, ist bei der audiovisuellen Vernehmung im Grunde weder das traditionelle deutsche Prinzip der Mündlichkeit betroffen (es kommt ja alles zur Sprache, nur nicht in persönlicher Konfrontation mit allen Verfahrensbeteiligten) noch das der Unmittelbarkeit („live" ist auch direkt und nicht Konserve). Weil eine „Konfrontation der Prozessbeteiligten – wenn auch mediatisiert – unmittelbar mit dem zu vernehmenden Zeugen" stattfindet, handelt es sich um eine „audiovisuelle Konfrontationsvernehmung".[5] Lediglich bei der späteren Wiedergabe einer Aufzeichnung begegnet man den klassischen Problemen (die unter 27 vor Rn. 3 ff. behandelt werden).

1. Die Simultan-Aufzeichnung, § 58a

6 Die Vorschrift enthält in Abs. 1 S. 1 keine besonderen Voraussetzungen für die Aufzeichnung. Aus § 247a folgt, dass sie in der Hauptverhandlung nicht gilt. Im Ermittlungsverfahren kann also jede Zeugenvernehmung (Polizei, Staatsanwaltschaft, Ermittlungsrichter) ohne weiteres aufgezeichnet werden. Das soll geschehen in den Fällen des S. 2, also bei besonders schutzbedürftigen

[3] BGHSt 14, 307; 34, 231, 235.
[4] Vgl. *Eisenberg*, Rn. 868 ff.
[5] BGHSt 45, 188.

Zeugen (Nr. 1) oder zum Zweck der Beweissicherung bei drohendem Beweisverlust (Nr. 2).

Einschränkend ist aus § 52 abzuleiten, dass eine Aufzeichnung erst nach Belehrung erfolgen darf.

Beispiel:[6] Der mit dem Beschuldigten verwandte Opferzeuge erklärt vor bereits laufender Kamera, dass er das Zeugnis verweigere; in seinem Gesicht sieht man die Folgen der Tat. Als Augenscheinsbeweis dürfte das trotz Zeugnisverweigerung verwertet werden.

2. Die simultane Video-Vernehmung durch den Ermittlungsrichter, § 168 e

Kann ein Zeuge nicht anders geschützt werden, in Ausnahmefällen also, setzt 7 sich der Ermittlungsrichter mit ihm allein in einen Raum und lässt die Vernehmung „zeitgleich in Bild und Ton" (S. 2) zu den Anwesenheitsberechtigten übertragen (S. 1). Die stellen ihre Fragen über Lautsprecher oder den Richter (Knopf im Ohr; S. 4 i. V.m. § 241 a). So können Zeugen vor der Konfrontation mit dem Beschuldigten bewahrt werden. Der darf überdies gem. § 168 c auch von der Teilnahme an der Übertragung ausgeschlossen werden. Ferner gilt § 168 c Abs. 5 auch für die Videovernehmung. Die Aufzeichnung dieser Vernehmung ist immer zulässig (S. 4 i. V. m. § 58 a) und sinnvoll.

3. Die Videovernehmung und ihre Aufzeichnung in der Hauptverhandlung, § 247 a

Sie kann aus zwei ganz unterschiedlichen Gründen angeordnet werden.

a) Dient sie dem Schutz des Zeugen (S. 1 1. Alt.), sind die Voraussetzungen so 8 eng und streng wie in § 168 e. Die Subsidiaritätsklausel zeigt, dass der Zeuge im Gerichtssaal immer als die beste Lösung gelten soll. Das Interesse des Angeklagten, nicht ihn (§ 247), sondern den Zeugen zu entfernen und audiovisuell zu vernehmen, muss zurücktreten.[7]

b) Geht es schlicht darum, das Verfahren ökonomisch zu gestalten und zu 9 beschleunigen (S. 1 2. Alt.), sind die Anwendungsfälle weit gespannt (§ 251 Abs. 1 Nr. 2–4; näher unten 27 Rn. 4), auch hier aber, wie stets bei der Videovernehmung, auf die Vernehmung von Zeugen beschränkt. Eine Subsidiaritätsklausel gibt es nicht, und der Zusatz („soweit zur Erforschung der Wahrheit erforderlich") soll nur die Fälle ausschließen, in denen ein einwandfreies richterliches Protokoll einer früheren Vernehmung verlesen werden kann und dies zur Sachaufklärung genügt.[8] In diese Abwägung müssen aber, über den Gesetzeswortlaut hinaus, auch die Interessen der Verteidigung einbezogen werden.

c) Die Aufzeichnung dieser Videokonferenz ist nicht so einfach möglich wie 10 im Vorverfahren (§ 58 a), sondern erfordert eine Prognose (§ 247 a S. 4).

---

[6] Vgl. KK/*Senge*, § 58 a Rn. 8.
[7] *BGH* NStZ 2001, 261; 2002, 608.
[8] BGHSt 46, 73.

4. Die Verwertung der Aufzeichnungen

11 geschieht durch Augenscheinsbeweis (Vorspielen der Aufnahme) unter den Voraussetzungen, die für den Urkundenbeweis mit Protokollen gelten; näher unten 27 Rn. 26f.

Fälle und Fragen

177. An welcher Norm ist ein Verstoß gegen das Mündlichkeitsprinzip festzumachen (z. B. bei einer Revision)?
178. Was versteht man unter einem formfreien Vorhalt? Was ist dabei genau verwertbar?
179. Die StPO sieht an mehreren Stellen Regelungen über audiovisuelle Arten der Vernehmung vor. Welche sind das? Wie werden diese Aufzeichnungen verwertet?

§ 27. Die Unmittelbarkeit der Beweisaufnahme

I. Grundregeln

Wahrnehmungen von Zeugen und Sachverständigen müssen durch ihre Vernehmung in den Prozess eingeführt werden (§ 250 S. 1). Man darf nicht stattdessen Protokolle über ihre frühere Vernehmung verlesen (§ 250 S. 2). Dieser Unmittelbarkeitsgrundsatz (allgemein dazu oben 18 Rn. 26) stellt den Personalbeweis vor den Sachbeweis (anders im beschleunigten Verfahren, § 420 Abs. 1 und im Verfahren nach Einspruch gegen einen Strafbefehl, § 411 Abs. 2). Daraus lässt sich nicht die allgemeine Regel ableiten, dass immer das sachnächste Beweismittel benutzt werden muss.[1] Allerdings gebietet es die Aufklärungspflicht, so zu verfahren und nicht bei entfernteren Beweismitteln stehen zu bleiben.[2] Das Prinzip der Unmittelbarkeit hat Grenzen (unten Rn. 2) und zahlreiche Ausnahmen (unten Rn. 3 ff.). 1

II. Urkundenbeweis neben Personalbeweis

Fall 1: Die vierzehnjährige M, in einem Heim untergebracht, war vom Angeklagten vergewaltigt worden. Die Heimleiterin hatte sie aufgefordert, den Vorfall schriftlich zu schildern. Ihre Darstellung des Geschehens in der Hauptverhandlung wich davon ab. Der Verteidiger des Angeklagten beantragt, den Brief an die Heimleiterin zu verlesen. Das Gericht verweist auf § 250 und lehnt den Antrag ab.[3] 2

Eine Vernehmung darf nicht durch eine Verlesung *ersetzt*, wohl aber *ergänzt* werden (§ 250 S. 2).[4] Aus den Regeln über den Urkundenbeweis ergibt sich nichts für die Frage, ob er geführt werden muss. Das bemisst sich nach der Aufklärungspflicht. Sie gebietet es hier, zur Klärung des Tathergangs und der Glaubhaftigkeit der Zeugenaussage den Brief zu verlesen.

Fall 2: M hatte den Vorfall in einem Brief an eine Freundin geschildert.

Das Verbot des § 250 S. 2 betrifft, wie die Gleichstellung mit Protokollen zeigt, nur Schriftstücke, die zu Beweiszwecken verfasst worden sind (wie im Fall 1). Dieser Brief dürfte also ohnehin verlesen werden, unabhängig davon, dass es sich um die Ergänzung einer Aussage handelte.[5]

---

[1] H. M., LR/*Gollwitzer*, § 250 Rn. 22.
[2] *BGH* NStZ 2004, 50.
[3] BGHSt 20, 160.
[4] BGHSt a. a. O. Schriftliche Erklärungen des Angeklagten sind davon nicht erfasst; sie können immer verlesen werden; BGHSt 39, 305.
[5] So die h. M., *BGH* NStZ 1982, 79.

Diese Regeln gelten auch für die ergänzende (nicht ersetzende) Inaugenscheinnahme der Bild-Ton-Aufzeichnung einer Zeugenvernehmung. Das „Videoprotokoll" steht dem schriftlichen Protokoll gleich[6] (s. unten Rn. 26).

III. Die Verlesung von Protokollen, §§ 251 ff.

In diesen Ausnahmefällen verliert der Personalbeweis seinen Vorrang.

1. Verlesung bei Abwesenheit, § 251

Wenn Zeugen, Sachverständige oder Mitbeschuldigte aus bestimmten Gründen nicht vernommen werden können, darf stattdessen ein Protokoll über eine frühere Vernehmung verlesen werden.

a) Anwendungsbereich

3 Die Vorschrift gilt für Zeugen, Sachverständige und Mitbeschuldigte. Dabei kommt es nur darauf an, ob der, dessen Vernehmung ersetzt werden soll, jetzt in einer dieser Prozessrollen wäre.

Beispiel: Die Polizei hatte ursprünglich gegen B ermittelt und ihn als Beschuldigten vernommen. Das Verfahren wurde eingestellt, weil der Verdacht entfiel und sich gegen A richtete. Im Verfahren gegen den Angeklagten A darf das Protokoll der früheren Beschuldigtenvernehmung des B verlesen werden, weil er jetzt Zeuge wäre.[7]

Für die Verlesung von Protokollen über frühere Vernehmungen des (jetzigen) Angeklagten gilt die exklusive Sonderregelung des § 254 (sowie §§ 231 a Abs. 1 S. 2, Abs. 3 S. 2).

b) Voraussetzungen

4 § 251 lässt anstelle einer Vernehmung die Verlesung von Vernehmungsniederschriften aller Art und von Urkunden zu, die eine schriftliche Erklärung des Zeugen, Sachverständigen oder Mitbeschuldigten enthalten, wenn der verteidigte Angeklagte, sein Verteidiger und der Staatsanwalt damit einverstanden sind (Abs. 1 Nr. 1).

Die Verlesung ist ferner zulässig, wenn der Zeuge, Sachverständige oder Mitbeschuldigte verstorben ist oder aus einem anderen Grunde in absehbarer Zeit gerichtlich nicht vernommen werden kann (Abs. 1 Nr. 2), wie z. B. bei der „Sperre" eines Zeugen durch die Behörde, die ihn unerreichbar macht (vgl. unten Rn. 31).[8]

Bei rechtlichen Vernehmungshindernissen gilt das nicht.

Beispiel: Der Zeuge verweigert in der Hauptverhandlung die Auskunft gem. § 55 zu allen Punkten und sagt nichts zur Sache. Das ist kein Vernehmungshindernis im Sin-

---

[6] *BGH* NStZ 2004, 348.

[7] BGHSt 10, 186. *BGH* NStZ 2008, 50 erlaubt die „Ersetzung" fehlender Teile einer Aussage über § 251, ohne das von § 250 S. 2 abzugrenzen, s. unten Rn. 7.

[8] BGHSt 32, 68.

ne des § 251. Das Protokoll über eine frühere Vernehmung darf nicht verlesen werden.[9]

Schließlich ist die Verlesung auch gestattet, wenn die Niederschrift oder Urkunde das Vorliegen oder die Höhe eines Vermögensschadens betrifft (Abs. 1 Nr. 3). Das ist neu und problematisch, weil es nicht an eine prozessuale Situation anknüpft, sondern an ein Tatbestandsmerkmal des materiellen Strafrechts.

Protokolle über eine **richterliche** Vernehmung dürfen unter diesen Voraussetzungen und gem. Abs. 2 darüber hinaus auch verlesen werden, wenn 5

- dem Erscheinen des Zeugen, Sachverständigen oder Mitbeschuldigten in der Hauptverhandlung für eine längere oder ungewisse Zeit Krankheit, Gebrechlichkeit oder andere nicht zu beseitigende Hindernisse entgegenstehen (Abs. 2 Nr. 1);
- dem Zeugen oder Sachverständigen das Erscheinen in der Hauptverhandlung wegen großer Entfernung unter Berücksichtigung der Bedeutung der Aussagen nicht zugemutet werden kann (Abs. 2 Nr. 2, wie in § 223 Abs. 2, vgl. oben 17 Rn. 6);
- der Staatsanwalt, der Verteidiger und der Angeklagte mit der Verlesung einverstanden sind. Dieses Einverständnis dispensiert nicht von der Aufklärungspflicht und hilft nicht über Beweisverbote hinweg,[10] wie z. B. die unterbliebene Belehrung nach § 52 Abs. 3.

Fall 3: Der Zeuge, dessen Aufenthalt nicht zu ermitteln ist, war im Vorverfahren vom Ermittlungsrichter vernommen, aber nicht über sein Zeugnisverweigerungsrecht als Ehegatte belehrt worden. Das Verwertungsverbot steht der Verlesung entgegen.[11]

Wenn Bezüge zu anderen Protokollen bestehen, muss man unterscheiden. 6
Nimmt das richterliche Protokoll selbst Bezug auf andere Protokolle (auch polizeiliche) oder Schriftstücke, dürfen sie mit verlesen werden. Hat sich aber der Vernommene auf protokollierte Aussagen anderer bezogen, werden sie dadurch nicht verlesbar. **Fehlerhaft** zustande gekommene richterliche Protokolle, also Protokolle über Vernehmungen, bei denen ein Verfahrensfehler gemacht wurde, dürfen nicht nach Abs. 2, sondern nur als nichtrichterliche nach Abs. 1 verlesen werden und haben geringeren Beweiswert (sehr str., vgl. unten 28 Rn. 26).

Die Vorschrift über die ersetzende Verlesung setzt immer voraus, dass ein 7
Vernehmungshindernis besteht.

Fall 4: Der Zeuge macht zu einigen Punkten Angaben und zu anderen nicht (§ 55). Darf das Protokoll über eine frühere polizeiliche Vernehmung verlesen werden?

Nach § 251 ist das nicht gestattet. Andererseits soll durch die Verlesung seine Vernehmung nicht ersetzt, sondern ergänzt werden. Der *BGH* wendet § 250 S. 2 an und hält die Verlesung für statthaft.[12]

---

[9] *BGH* NStZ 1984, 342; 1996, 96; auch nicht frühere schriftliche Erklärungen des Zeugen, *BGH* NStZ 2007, 718; auch nicht, wenn der Zeuge nicht anwesend ist, *BGH* NJW 2007, 2195; str., vgl. *BGH* NJW 2002, 309.

[10] *BGH* NJW 1996, 2435 f.

[11] *BGH* NStZ 1989, 282; NStZ 1998, 312.

[12] *BGH* JR 1987, 522 mit zu Recht abl. Anm. *Meyer*; vgl. noch *Dölling*, NStZ 1988, 6.

Entsprechendes gilt für den Fall, dass ein Zeuge nicht weiter vernommen werden kann (z.B. weil er vernehmungsunfähig geworden ist). Auch diese Aufklärungslücke darf durch eine ergänzende Verlesung früherer Vernehmungsniederschriften geschlossen werden.[13]

2. Verlesung nach Zeugnisverweigerung, § 252

8 **Fall 5:** Im Ermittlungsverfahren gegen X ist sein Bruder B von der Staatsanwaltschaft als Zeuge vernommen worden. Er hat, nachdem er über sein Zeugnisverweigerungsrecht belehrt worden war, Angaben zur Sache gemacht, die in einem Vernehmungsprotokoll festgehalten werden. Später hat ihn auch der Ermittlungsrichter als Zeugen geladen, ordnungsgemäß belehrt und, da B das Gleiche gesagt hat wie bei der Polizei, in das Protokoll nur aufgenommen: „B macht seine Angaben bei der Polizei zum Gegenstand der heutigen Vernehmung“ (die übliche Formulierung; gemeint ist: „zum Inhalt“). In der Hauptverhandlung gegen seinen angeklagten Bruder X verweigert er unter Berufung auf § 52 Abs. 1 Nr. 3 das Zeugnis.

Das ist der Grundfall zu § 252. Er wirft folgende Fragen auf: Darf der vernehmende Polizeibeamte als Zeuge über das vernommen werden, was B damals ausgesagt hat? Darf der Ermittlungsrichter darüber vernommen werden? Können die Protokolle zum Zweck des Vorhalts verlesen werden? Klar ist nach dem Wortlaut des § 252 nur, dass mit diesen Protokollen kein Urkundenbeweis geführt werden darf.

a) Überblick

9 § 252 setzt zunächst voraus, dass in der Hauptverhandlung ein Zeugnisverweigerungsrecht besteht. Die Folge ist, dass über den Wortlaut der Vorschrift hinaus ein Beweisverbot eingreift (unten Rn. 10). Die Frage, ob das Zeugnisverweigerungsrecht auch schon zum Zeitpunkt der früheren Aussage bestanden haben muss, ist für die Anwendungsfälle der §§ 52 ff. differenziert zu beantworten (unten Rn. 12). Prinzipiell entscheidet über den Anwendungsbereich des § 252 die Prozessrolle als Zeuge in der Hauptverhandlung, so dass die Vorschrift auch eingreift, wenn die Aussageperson früher nicht Zeuge war (unten Rn. 15). § 252 setzt ferner voraus, dass es sich bei der früheren Äußerung um eine „Aussage“ handelte (unten Rn. 16).

b) Beweisverbot

10 Entschließt sich der Zeuge erst in der Hauptverhandlung, von seinem Zeugnisverweigerungsrecht Gebrauch zu machen, darf das Protokoll über eine frühere Vernehmung, bei der er über sein Zeugnisverweigerungsrecht belehrt worden war, darauf verzichtet und Angaben gemacht hatte, nicht verlesen werden. Über diesen Wortlaut des § 252 hinaus gebietet es aber die Rücksicht auf den Schutzzweck der Zeugnisverweigerungsrechte, die Verwertung der früheren Aussage schlechthin zu untersagen. Dieses Beweisverbot wird umfassend verstanden.[14]

---

[13] *BGH* NStZ 2008, 50.
[14] Vgl. *Geppert*, Jura 1988, 305 ff.; 363 ff.

Für den Zeugen ist es allerdings disponibel. Er kann nach qualifizierter Belehrung[15] der Verlesung oder der Vernehmung der Verhörsperson zustimmen (deren Bekundungen als Zeugen vom Hörensagen dann allerdings erheblich geringeren Beweiswert haben).[16] Davon abgesehen, darf man die Verhörsperson nicht vernehmen. Die Rechtsprechung macht davon eine Ausnahme für die frühere Vernehmung durch den Richter und begründet das einmal damit, dass ihm „schon das Gesetz ganz allgemein höheres Vertrauen entgegenbringt“[17] vor allem jedoch mit einer Güterabwägung: „Angesichts eines nach Belehrung bewusst erklärten Verzichts auf die Ausübung des Zeugnisverweigerungsrechts in der verfahrensrechtlich hervorgehobenen Situation einer richterlichen Vernehmung ist das öffentliche Interesse an einer effektiven Strafrechtspflege von größerer Bedeutung als das Interesse des Zeugen ...“[18] Dem Richter, der als Zeuge vernommen wird, darf dann auch das Protokoll seiner Vernehmung als Gedächtnisstütze vorgehalten (praktisch: vorgelesen) werden, und wenn es einen Blanko-Verweis auf das Protokoll der Vernehmung durch Polizei oder Staatsanwaltschaft enthält (wie im Fall 5), dieses ebenfalls. Gibt es eine Videoaufzeichnung der richterlichen Vernehmung, darf sie nicht zu Beweiszwecken vorgeführt werden. Der Wortlaut des § 255 a Abs. 1 ist eindeutig und erlaubt es nicht, das qualitativ höherwertige Beweismittel zu benutzen. Dieser Wertungswiderspruch verschärft sich dadurch, dass es zulässig bleibt, dem Richter bei seiner Vernehmung als Zeuge die Aufzeichnung „vorzuhalten“ (vorzuführen).[19]

11

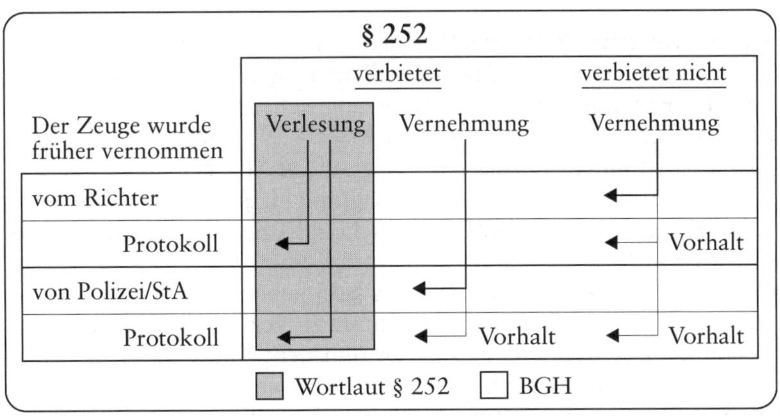

c) Zeugnisverweigerungsrechte in und vor der Hauptverhandlung

Bei **§ 52** genügt es, wenn das Zeugnisverweigerungsrecht nach der früheren **12**
Vernehmung entstanden ist (z. B. durch Heirat). Entscheidend ist, dass der Zeuge in der Hauptverhandlung davor bewahrt werden soll, wahrheitsgemäß gegen den Angeklagten aussagen zu müssen oder das enge Verhältnis zu ihm auf ande-

[15] *BGH* StV 2007, 22.
[16] BGHSt 45, 203, 208; *BGH* NStZ 2007, 652.
[17] BGHSt 21, 218, 219.
[18] BGHSt 45, 342.
[19] *BGH* NStZ 2004, 390.

re Weise zu belasten. In diesem Fall darf auch der früher vernehmende Richter nicht als Zeuge vernommen werden. Der Zeuge war ja damals zur Aussage verpflichtet, und der Schutzzweck des später entstandenen Zeugnisverweigerungsrechts würde vereitelt, wenn man sich auf diesem Weg Zugang zu der früheren Aussage verschaffen könnte.[20] Kann der Zeuge in der Hauptverhandlung die Aussageverweigerung nicht erklären, weil er geisteskrank geworden[21] oder verstorben ist[22] nimmt die Rechtsprechung keine Rücksicht mehr auf den Grundgedanken des Zeugnisverweigerungsrechts, belässt es beim gesetzlich vorgeschriebenen Verlesungsverbot und gestattet die anderweitige Verwertung der früheren Aussage.[23] Auch nach „unlauterer Manipulation des Verfahrens" soll „dem Grundsatz der Wahrheitserforschung, der zum Schutze der Allgemeinheit die Aufklärung, Verfolgung und gerechte Ahndung von Straftaten unter Verwendung aller verfügbaren Beweismittel fordert, Vorrang" gebühren.[24] Wer verschweigt, dass er verlobt ist, kann sich später nicht darauf berufen, dass er nicht belehrt worden sei und ein Verwertungsverbot reklamieren: Dann „läge es in der Hand des Zeugen, dem Gericht bestimmte Beweise vorzuenthalten, während er ihm andere aufnötigt".[25]

Bei **§§ 53, 53a** liegen die Dinge anders.

13 **Fall 6:** Der spätere Angeklagte X hatte im Ermittlungsverfahren seinen Arzt Dr. A von der Schweigepflicht entbunden. Dr. A machte Angaben vor dem Ermittlungsrichter. In der Hauptverhandlung widerruft X seine Entbindungserklärung und Dr. A verweigert nun das Zeugnis. Darf seine frühere Aussage verwertet werden?

Der Arzt war damals verpflichtet, eine Aussage zu machen und ist nun berechtigt, sie zu verweigern (dazu verpflichtet ist er prozessual nicht, vgl. aber § 203 StGB). Er kann durch die Verwertung seiner früheren Aussagen „nicht in eine Zwangslage geraten, der das Verbot des § 252 entgegenwirken soll"[26] Das erst später entstandene Zeugnisverweigerungsrecht gem. §§ 53, 53a hindert also die Verwertung der früheren Aussage nicht. Das Beweisverbot greift nur, wenn das Zeugnisverweigerungsrecht schon früher bestanden hat, aber nicht ausgeübt wurde.

14 Das Auskunftsverweigerungsrecht des **§ 55** gehört nicht zum Anwendungsbereich des § 252.[27] Das Recht, die Auskunft zu verweigern, hat nichts mit Interessenkonflikten zwischen dem Zeugen und dem Angeklagten zu tun, sondern dient allein dem Schutz des Zeugen. Hat er bei seiner früheren Aussage darauf verzichtet und sich selbst damit in Gefahr gebracht, kann er diese Entscheidung zwar in der Hauptverhandlung revidieren, damit aber die Verwertung gegen den Angeklagten ebenso wenig verhindern wie die eventuell gegen ihn bereits angelaufenen Ermittlungen.

---

[20] BGHSt 27, 232.
[21] RGSt 9, 88, 91.
[22] BGHSt 22, 35.
[23] Str., vgl. *Geppert*, a.a.O. 310.
[24] BGHSt 45, 342, 348.
[25] *BGH* NStZ 2003, 612.
[26] BGHSt 18, 146, 150.
[27] St. Rspr., BGHSt 6, 209, 211; *BGH* NStZ 1998, 46; a.A. große Teile der Literatur, vgl. z.B. *Geppert*, a.a.O., 312; *Hanack*, JZ 1972, 238.

d) Frühere (Mit-)Beschuldigte

Fall 7: Gegen die Eheleute F und M wurde als Beschuldigte ermittelt. F hatte vor dem Ermittlungsrichter Angaben zur Sache gemacht. Das Verfahren gegen sie wurde abgetrennt. In der Hauptverhandlung gegen M beruft sie sich auf ihr Zeugnisverweigerungsrecht. 15

Das Protokoll über ihre frühere Vernehmung darf schon nach § 250 nicht verlesen werden. Darüber hinaus gilt das Verwertungsverbot des § 252.

Fall 8: Sie erscheint nicht zur Verhandlung. Es besteht allseits Einverständnis mit der Verlesung des Protokolls über ihre frühere Vernehmung (§ 251 Abs. 1 Nr. 4).

Die Verlesung wäre an sich möglich, da § 251 Abs. 1 Nr. 1 auch die früheren Mitbeschuldigten umfasst. Nun aber könnte sie als Zeugin schweigen. Von diesem Recht hat sie zwar nicht Gebrauch gemacht. Dennoch steht § 252 der Verlesung und Verwertung entgegen. Dem früheren Mitbeschuldigten „würde andernfalls das … Recht genommen, seine Aussage, die er bisher unter dem Gesichtspunkt der Selbstverteidigung und daher möglicherweise unter Belastung einer der in den Vorschriften über das Zeugnisverweigerungsrecht bezeichneten Personen gemacht hat, nunmehr in seiner Stellung als Zeuge zu verweigern".[28] Aus diesem Grund darf auch der Richter, der den früher Beschuldigten vernommen hatte, nun nicht als Zeuge gehört werden (vgl. oben Rn. 10).[29]

e) Aussage

§ 252 verbietet es, die „Aussage" eines Zeugen zu verlesen und zu verwerten. 16
Darunter fallen auch Aussagen in anderen Strafverfahren und in einem Zivilprozess.[30] Einer Aussage stehen die Angaben im Rahmen einer informatorischen Befragung gleich (vgl. oben 9 Rn. 6).[31] Spontanäußerungen (vgl. oben 9 Rn. 7) fallen aber nicht darunter.[32] Bemerkungen gegenüber einem (auch gezielt eingesetzten) V-Mann sind nicht „Aussagen", weil sie nicht im Rahmen einer Vernehmung erfolgen (vgl. 9 Rn. 20).[33]

In einem Gespräch zwischen dem Verteidiger des Beschuldigten und einem Zeugen ist zwar das, was der Anwalt fragt, nicht eine „Vernehmung" und das, was der Zeuge sagt, keine „Aussage". Die analoge Anwendung des § 252 liegt aber nahe. Der *BGH* hält sie für geboten, weil sonst der Verteidiger verlesbare Protokolle produzieren und das Verfahren dominieren könnte.[34]

Nicht um Aussagen in einer Vernehmungssituation handelt es sich auch bei Äußerungen gegenüber einem Sachverständigen. Aber: „Der Sachverständige ist der Gehilfe des Richters; im gewissen Maße wird man daher die vor ihm gemachten Angaben wie Aussagen vor Gericht behandeln können".[35] Bei der danach gebotenen analogen Anwendung des § 252 ist zu unterscheiden.

---

[28] BGHSt 10, 186, 190.
[29] BGHSt 42, 391.
[30] BGHSt 17, 324.
[31] BGHSt 29, 230.
[32] BGHSt 36, 384, 389.
[33] BGHSt 40, 211.
[34] BGHSt 46, 1; dazu *Volk*, JuS 2001, 130.
[35] BGHSt 11, 97, 99 f.

Fall 9: Der Sachverständige soll ein Gutachten über die Glaubwürdigkeit der Zeugin erstellen. Sie wird vom Richter über ihr Zeugnisverweigerungsrecht nach § 52 belehrt, erzählt dem Sachverständigen nebenbei auch einiges über den Tathergang und macht in der Hauptverhandlung von ihrem Zeugnisverweigerungsrecht Gebrauch.

Hier greift das Verwertungsverbot des § 252. Die Zeugin hat dem Sachverständigen Zusatztatsachen offenbart (vgl. oben 21 Rn. 30). Das steht einer Aussage gleich.[36] Ihre Angaben zu Befundtatsachen sollen aber nach der Rechtsprechung verwertbar sein.[37]

Übersicht 22: Verlesung nach Zeugnisverweigerung

17

vor der Hauptverhandlung	Als Zeuge in der Hauptverhandlung	252 anwendbar?
Vernehmung als Zeuge	Zeugnisverweigerung nach	
ohne 52	52	ja
mit 52	52	ja
ohne 53	53	nein
mit 53	53	ja
55	55	nein
„informatorisches Befragen“	Zeugnisverweigerung, 52 ff.	ja
spontane Angaben	Zeugnisverweigerung, 52 ff.	nein
Vernehmung als (Mit-) Beschuldigter	Zeugnisverweigerung, 52 ff.	ja

3. Verlesung zur Behebung von Erinnerungslücken und Widersprüchen, § 253

18 Die Vorschrift durchbricht den Grundsatz der Unmittelbarkeit. Sie gestattet einen Urkundenbeweis,[38] um Erinnerungslücken des Zeugen oder Sachverständigen zu füllen und Widersprüche zu beheben, die in der Hauptverhandlung auftreten. Das führt im Ergebnis zu einer Kombination von Personalbeweis und Urkundenbeweis. Eine Mindermeinung sieht in der Vorschrift eine besondere Form des Vorhalts geregelt.[39] Es ist aber so, dass dem Zeugen, der sich nicht erinnert (Abs. 1) oder widerspricht (Abs. 2), seine früheren Aussagen zunächst vorgehalten werden. Führt das nicht zu einer kompletten bzw. konsistenten Aussage, darf ergänzend Urkundenbeweis geführt werden. Man muss also nicht, um dem Personalbeweis Vorrang einzuräumen, zuvor denjenigen herbei-

[36] BGHSt 13, 1; 46, 189, 193; *BGH* NStZ 2007, 353.
[37] BGHSt 11, 97, 99; vgl. KK/*Diemer*, § 252 Rn. 18.
[38] St. Rspr., BGHSt 3, 199, 201; *BGH* NJW 1986, 2063.
[39] *Grünwald*, JZ 1966, 493.

holen, der früher die Vernehmung durchgeführt hat (vgl. Abs. 2: „ohne Unterbrechung der Hauptverhandlung").

4. Verlesung von Geständnisprotokollen, § 254

a) Geständnis des Angeklagten

Es muss nicht die ganze Tat umfassen. Auch das Zugeständnis einzelner Tatsachen ist ein Geständnis im Sinne dieser Vorschrift. 19

Beispiele: Der Angeklagte schweigt zu anderen Punkten oder sagt „ja, aber ...".

Diese Tatsachen können unmittelbar beweiserheblich oder nur Indiztatsachen sein.

Beispiel: Der Angeklagte gibt zu, das Opfer zur fraglichen Zeit getroffen zu haben, bestreitet aber, der Täter zu sein.

Die Vorschrift gestattet den Urkundenbeweis, schließt aber nichts aus. Sie begründet nicht das Verbot, andere Beweismittel zu benutzen.

b) Geständnis des Mitangeklagten

Die Rechtsprechung lässt es zu, das Geständnis des Mitangeklagten zu verlesen, das sich auf die Tat des Angeklagten bezieht.[40] 20

c) Richterliche Protokolle

Der Urkundenbeweis darf nur mit ordnungsgemäß zustande gekommenen[41] richterlichen Protokollen geführt werden. Das Geständnis ist auch verlesbar, wenn es in einem anderen Verfahren[42] oder vor einem ausländischen Richter abgegeben wurde.[43] 21

d) Protokolle der Polizei und der Staatsanwaltschaft

Sie dürfen nicht verlesen werden, um einen Urkundenbeweis über ihren Inhalt zu führen. Die Begrenzung auf richterliche Protokolle enthält ein Verwertungsverbot für andere Niederschriften. Es ist aber zulässig (vgl. oben Rn. 10), den Vernehmungsbeamten als Zeugen zu hören und ihm das Protokoll vorzuhalten.[44] 22

Fall 10: Der Angeklagte widerruft sein Geständnis, das er vor der Polizei abgelegt hatte, und schweigt. Der damals vernehmende Polizeibeamte wird als Zeuge geholt, kann sich auch nach Vorhalt des Protokolls an die Angaben des Angeklagten nicht mehr erinnern und sagt nur, dass er immer richtig und korrekt protokolliere.

Das ist inhaltslos und daher nicht verwertbar, auch nicht über § 253.[45]

---

[40] BGHSt 22, 372; str., a. A. *Roxin/Schünemann*, § 46 Rn. 19.
[41] *BGH* StV 1985, 314.
[42] Zweifelnd *BGH* NStZ 1996, 612 für Zivil- und Verwaltungsgerichtsverfahren.
[43] *BGH* NStZ 1994, 595.
[44] BGHSt 3, 149, 150; dagegen u. a. *Dahs/Dahs*, 301.
[45] BGHSt 14, 310; *BGH* NStZ 1995, 47.

5. Verlesung der Gutachten und Erklärungen von öffentlichen Behörden oder Ärzten, § 256

23 a) Öffentliche Behörden (Abs. 1 Nr. 1 a) sind staatliche Stellen, die öffentliche Aufgaben erfüllen und öffentlich-rechtlich handeln.

> **Beispiel:** Universitätsinstitute, Landeskriminalämter, Öffentliche Krankenhäuser – nicht, wenn sie in der Rechtsform einer GmbH betrieben werden.[46]

Bei amtlich festgestellten Tatsachen muss also der Angehörige der Behörde nicht als Zeuge vernommen werden; § 256 gestattet den Urkundenbeweis.

b) Ärztliche Atteste über Körperverletzungen „die nicht zu den schweren gehören" (Abs. 1 Nr. 2), dürfen verlesen werden, damit es Ärzten erspart bleibt, in die Hauptverhandlung zu kommen. Das gilt nicht, wenn das Verfahren (auch) eine andere Straftat als Körperverletzung zum Gegenstand hat, wie z.B. eine versuchte Tötung.[47]

c) Leumundszeugnisse, d.h. Werturteile über die Persönlichkeit, dürfen niemals verlesen werden, von wem sie auch stammen.[48]

Das 1. JuMoG hat diesen traditionellen Katalog der Gründe, die eine Durchbrechung des Prinzips der Unmittelbarkeit erlauben, um zwei höchst problematische Punkte erweitert.

24 d) Verlesen werden dürfen nun auch Gutachten von Sachverständigen (Abs. 1 Nr. 1 b). Ob seine Anwesenheit erforderlich ist, entscheidet das Gericht am Maßstab der Aufklärungspflicht. Damit wird das Fragerecht der Verfahrensbeteiligten eingeengt.

25 e) Verlesen werden dürfen ferner „Protokolle sowie in einer Urkunde enthaltene Erklärungen über Ermittlungshandlungen, soweit diese nicht eine Vernehmung zum Gegenstand haben" (Abs. 1 Nr. 5).

> **Beispiel:**[49] „In einem Ermittlungsverfahren wegen Diebstahls und Hehlerei nimmt ein Kriminalbeamter an einer Hausdurchsuchung teil. Er fertigt ein Protokoll über die von ihm festgestellten Begebenheiten in der durchsuchten Wohnung an, etwa über die aufgefundenen Gegenstände, die Anordnung und Ausstattung der Räume. Für die Aufklärung und Beweisführung in der späteren Hauptverhandlung kommt es auch auf diese Einzelheiten an. Bislang musste der Beamte als Zeuge geladen werden. Nun kann stattdessen das von ihm gefertigte Protokoll verlesen werden".

Das klingt harmloser als es ist. Prinzipiell bedeutet es, dass an die Stelle der Produktion von Beweisen in der Hauptverhandlung die bloße Reproduktion von Beweisvorgängen aus dem Ermittlungsverfahren tritt, bei denen die Verteidigung das Recht zur Anwesenheit nicht hatte. Das ist mit der Grundstruktur unseres Verfahrens, den Rechten des Beschuldigten und der Verteidigung, dem Prinzip der Fairness und dem Gedanken der Waffengleichheit nicht vereinbar.

---

[46] *BGH* NStZ 1988, 19.
[47] St. Rspr. *BGH* StV 1996, 649.
[48] Das Gesetz ist schlecht formuliert: Die Einschränkung in Abs. 1 Nr. 1 c gilt nach allgemeiner Ansicht für die gesamte Nr. 1.
[49] Aus der Pressemitteilung des Bundesjustizministeriums, www.bmj.bund.de/enid/.

6. Video-Vorführung, § 255 a

Die Voraussetzungen der Vorführung sind in Abs. 1 die gleichen wie bei einer Protokoll-Verlesung. Die Vorschrift gestattet den Augenscheinsbeweis (vgl. oben 21 Rn. 33) über den Inhalt einer Zeugenaussage. Sie dient, wie die Verlesungsvorschriften, der Beweissicherung und der Beschleunigung des Verfahrens (wie oben 26 Rn. 9). Die Vorführung ist immer und nur[50] dann zulässig, wenn eine Verlesung gem. §§ 251, 253 gestattet ist. Einen Vorrang der Verlesung gibt es nicht. Eine Zeugenvernehmung darf durch die Verlesung von Protokollen im Wege des Urkundenbeweises ergänzt werden (oben Rn. 2). Diese Regel gilt auch für die ergänzende Inaugenscheinnahme eines „Video-Protokolls", das (insoweit) der Niederschrift gleichzusetzen ist.[51] 26

Dem Schutz kindlicher Zeugen dient Abs. 2, der in seinen Voraussetzungen unabhängig von Abs. 1 ist und nicht auf §§ 251, 253 Bezug nimmt. Mit der Bild-Ton-Aufzeichnung darf der Inhalt der Aussage selbst eingeführt werden. Die Vernehmung wird ersetzt.[52] Der Grundsatz der Unmittelbarkeit ist durchbrochen. 27

IV. Der Zeuge vom Hörensagen

Der Grundsatz der Unmittelbarkeit verbietet es nicht, ihn zu vernehmen (vgl. oben 18 Rn. 26). Auch das Fairnessprinzip steht dem nicht entgegen.[53] Die §§ 250ff. regeln nur, wann ein Personalbeweis durch einen Urkundenbeweis ergänzt oder ersetzt werden darf. Diese Vorschriften sagen aber nichts darüber, ob man statt der (zulässigen) Verlesung einer Urkunde einen mittelbaren Zeugen hören darf, und sie regeln auch das Verhältnis zwischen den tatnahen und den tatfernen Zeugen nicht. Für diese beiden Fragen muss man auf die Aufklärungspflicht zurückgreifen.[54] Sie gebietet es meist, den unmittelbaren Zeugen zu hören.[55] Vor allem garantiert Art. 6 III d EMRK dem Angeklagten das Recht, dem Belastungszeugen Fragen zu stellen. Das entspricht der Verfassung der USA, die dem Beschuldigten das Recht garantiert, „to be confronted with the witnesses against him" („face to face"). Aus einem Prozessprinzip des „adversarial systems" (s. oben 11 Rn. 1) ist ein Element des fairen Verfahrens geworden: das Recht auf konfrontative Befragung. Ein Verstoß gegen die Konvention liegt nicht vor, wenn das gar nicht möglich war (Zeuge unauffindbar; verstorben), und auch dann nicht, wenn die Konfrontation zwar aus Gründen unterblieben ist, die im Verantwortungsbereich von Justiz oder Polizei liegen, dennoch aber das Verfahren insgesamt, insbesondere auch die Beweisaufnahme, 28

---

[50] *BGH* NStZ 2008, 293.

[51] *BGH* NStZ 2005, 348.

[52] Für den Beweisantrag auf ergänzende (nochmalige) Vernehmung „gelten deshalb dieselben Maßstäbe wie bei einem Antrag auf wiederholte Vernehmung eines in der Hauptverhandlung bereits vernommenen Zeugen"; *BGH* 48, 268.

[53] *BVerfG* NStZ 1991, 445.

[54] BGHSt 36, 159, 162; vgl. *Geppert*, Jura 1991, 538.

[55] BGHStGrS 32, 115, 132.

fair war.[56] Die Aussage eines mittelbaren Zeugen hat allerdings prinzipiell geringeren Beweiswert.[57] Das Beweisergebnis muss durch Indizien abgesichert werden.[58]

In den Fällen verdeckter Ermittlungen kommt man an den unmittelbaren Zeugen nicht heran.

V. Verdeckte Ermittlungen

Oft stehen als unmittelbare Zeugen nicht zur Verfügung
- Informanten und V-Leute (vgl. oben 10 Rn. 4)
- Verdeckte Ermittler und noeP (vgl. oben 10 Rn. 59, 60).

1. Die strafrechtliche Seite

29 Das materiell-rechtliche Problem der Strafbarkeit des agent provocateur ist hier nicht näher zu behandeln (vgl. oben 10 Rn. 4).[59] Die übliche Begründung, dass er straflos sei, weil er die Vollendung der Haupttat nicht wolle oder doch den endgültigen bzw. größeren Schaden für das Rechtsgut verhindert habe, greift nicht in allen Fällen, vor allem nicht im Bereich der Gefährdungsdelikte (BtMG). Dann verschiebt sich das Problem auf die Ebene der Rechtswidrigkeit, und dort ist umstritten, ob § 34 als Auffangnorm für die Fälle zur Verfügung steht, in denen eine prozessuale Eingriffsbefugnis fehlt.[60]

Beispiele: Der vermeintlich nette Zufallsbekannte, der für den Angeklagten den Transport des Rauschgifts von Spanien nach Deutschland organisiert hat, arbeitet für das BKA. Kann er den Vorwurf der unerlaubten Einfuhr dadurch entkräften, dass er darauf verweist, er habe das Rauschgift letztlich aus dem Verkehr gezogen?

Der verdeckte Ermittler muss, um in die Szene zu gelangen, als „Keuschheitsprobe" eine Straftat begehen. Wie schwer darf sie sein, um von § 34 StGB noch gedeckt zu sein?

Nicht weiter zu erörtern ist hier die Strafbarkeit dessen, der in die Kriminalität getrieben wurde (vgl. dazu oben 14 Rn. 28).

2. V-Personen, Informanten, noeP und verdeckte Ermittler

30 Gesetzlich geregelt sind nur die Voraussetzungen des Einsatzes sowie die Möglichkeiten des prozessualen Schutzes verdeckter Ermittler (§ 110a; vgl.

[56] *BGH* NStZ 2005, 224 m. N. aus der Rspr. des *EGMR*. Das setzt voraus, dass die unmögliche Konfrontation „kompensiert" wird, z. B. bei der Beweiswürdigung, *EGMR* (Mechelen) StV 1997, 617; *EGMR* (Haas) NStZ 2007,103. Vgl. noch *BGH* NStZ 2009, 581 zu dem Fall, dass der Mitangeklagte (=Belastungszeuge) von seinem Schweigerecht Gebrauch macht.

[57] BGHSt 34, 15, 18.

[58] *BVerfG* StV 1997, 1; BGHSt 46, 93; 42, 15, 25; *BGH* NStZ 2000, 265; NStZ 2002, 656; NStZ 2007, 166.

[59] *Lackner/Kühl*, StGB, § 26 Rn. 4 m. w. N.

[60] Zum Streitstand vgl. *Lackner/Kühl*, StGB, § 34 Rn. 14.

oben 10 Rn. 59ff.; §§ 110b Abs. 3, 110e, 68). Für die anderen Formen verdeckter Ermittlungen muss man entweder den Umkehrschluss ziehen, dass sie mangels gesetzlicher Regelung einen unzulässigen Eingriff in das Recht auf informationelle Selbstbestimmung darstellen[61] oder auf die allgemeinen Regeln zurückgreifen. So verfährt die Rechtsprechung. Danach ist in diesen Fällen die Schwelle zum Eingriff nicht überschritten. Der Einsatz ist durch die Zuweisung der Ermittlungsaufgabe in § 163 gedeckt.[62] Das aber könnte die Umgehung der Eingriffsvoraussetzungen, die für verdeckte Ermittler gelten, geradezu provozieren. Der *BGH* setzt dem länger dauernden Einsatz von wirklich oder scheinbar privat agierenden Aufklärern, die nicht als verdeckte Ermittler operieren, äußerste Grenzen und verlangt, dass es um die Bekämpfung besonders gefährlicher, schwierig zu ermittelnder Kriminalität gehen müsse, wie z.B. Rauschgifthandel und Bandenkriminalität.[63] Das Wissen der V-Leute, Informanten und noeP ist in diesem Bereich nicht rechtswidrig erlangt, so dass man nicht an ein Verwertungsverbot denken muss – es darf also in den Prozess eingeführt werden. Dieser Standpunkt lässt sich mit der gesetzlichen Regelung zum Einsatz verdeckter Ermittler nicht ohne Bruch vereinbaren.

Beispiel: Der Polizeibeamte ist nicht verdeckter Ermittler, sondern wird in einem bestimmten Fall als Scheinaufkäufer (noeP) tätig, trifft sich mit dem Verkäufer in dessen Wohnung und nimmt ihn nach der Abwicklung des Geschäfts fest. Die §§ 110aff. sind nach der h.M. weder unmittelbar noch analog anwendbar. Sie würden die Verletzung des Art. 13 GG rechtfertigen. Soll die danach erforderliche richterliche Zustimmung entbehrlich sein, weil die Strafverfolgungsbehörden eine andere Gestaltung gewählt und den Beamten als noeP eingesetzt haben?[64]

Folgt man der Rechtsprechung, stellt sich die Frage, auf welche Weise das Wissen der Kontaktperson in das Verfahren eingeführt werden kann. Der Ermittlungsgehilfe ist Zeuge.

3. Die Sperre des Zeugen

Das verständliche Interesse, ihn nicht „verbrennen" zu lassen und seine Iden- **31**
tität geheim zu halten (für verdeckte Ermittler anerkannt in §§ 110b Abs. 3, 110e) führt in aller Regel dazu, dass die Behörde nicht nur eine Aussagegenehmigung verweigert (§ 54). Sie gibt nicht einmal Auskunft über Namen und Anschrift des Zeugen. Dazu ist sie in entsprechender Anwendung des § 96 befugt.[65] Das setzt allerdings voraus, dass der Zeuge, würde er präsentiert, Gefahren für Leib oder Leben befürchten müsste. Allein das Interesse daran, ihn auch in Zukunft verdeckt einsetzen zu können, reicht nicht.[66] Seit der Gesetzgeber allerdings in § 110b Abs. 3 S. 3 dieses Interesse bei verdeckten Ermittlern

[61] Vgl. *Lilie/Rudolph*, NStZ 1995, 514; *Fezer*, JZ 1996, 609.
[62] BGHSt 32, 115, 121ff.; 40, 211; 41, 42; *BGH* NStZ 1996, 450.
[63] *BGH* NStZ 1995, 513; vgl. auch *BVerfG* StV 1995, 561.
[64] Offengelassen in *BGH* NJW 1997, 1516; vgl. *Roxin*, StV 1998, 43.
[65] BGHSt 30, 34; 32, 115, 123; *BGH* NStZ 1988, 563 m. Anm. *Naucke*.
[66] BGHSt 33, 83, 90ff.

legitimiert hat, ist umstritten, ob die Grenze der Analogie zu § 96 für die anderen verdeckt operierenden Ermittlungsgehilfen noch haltbar ist.[67]

4. Die Stufentheorie

32 Es gibt nicht nur die Alternative, den Zeugen in der Hauptverhandlung aussagen zu lassen oder ihn durch eine Sperre ganz und gar zu verheimlichen. Sie wäre auch mit dem Gesetz nicht vereinbar. „Eine uneingeschränkte Vertraulichkeitszusage, die ohne Rücksicht auf die künftige Entwicklung aus Gründen des Vertrauensschutzes zur Sperrung der Gewährsperson gegenüber einer richterlichen Vernehmung führen würde, käme einer Bevorzugung dieser Zeugen vor anderen gleich".[68] Das Interesse an Geheimhaltung ist abzuwägen mit dem Interesse an der Wahrheitsfindung durch Vernehmung des unmittelbaren Zeugen und dem Anspruch der Prozessbeteiligten, sich ein Bild von diesem Zeugen und der Glaubhaftigkeit seiner Aussage machen zu können. Diesem öffentlichen Interesse an einem fairen, rechtsstaatlichen Verfahren ist auch die Behörde verpflichtet. „Die Bedeutung der gerichtlichen Wahrheitsfindung für die Sicherung der Gerechtigkeit und das Gewicht des Freiheitsanspruchs des Beschuldigten gebieten es vielmehr, dass die Exekutive in Anerkennung des Gewaltenteilungsgrundsatzes diese Belange bei ihrer Entscheidung mit berücksichtigt und ihnen genügendes Gewicht beimisst".[69] Sie darf ihr Interesse daher nicht einfach durch eine Totalsperre durchsetzen, sondern muss prüfen, welches das mildeste ausreichende Mittel ist. Dazu gehört auch die (nach dieser Entscheidung des GrS geschaffene) Möglichkeit der audiovisuellen Vernehmung, die auch „abgeschirmt", d.h, in Bild und Ton verzerrt, durchgeführt werden kann.[70]

a) Der anonyme Zeuge in der Hauptverhandlung

33 Er kann dadurch geschützt werden, dass er seinen Wohnort (§ 68 Abs. 2) und seine Personalien (§ 68 Abs. 3) nicht zu nennen braucht (für verdeckte Ermittler vgl. § 110b Abs. 3 S. 3). Die Öffentlichkeit darf gem. § 172 Nr. 1a GVG ausgeschlossen werden. Der Angeklagte kann für die Dauer der Vernehmung ausgeschlossen werden (§ 247).

34 Möglich ist auch, dass seine Aussage, die er an einem anderen Ort macht, per Video zeitgleich in das Sitzungszimmer übertragen wird (§ 247a). Dabei ist eine optische und/oder akustische „Abschirmung" zulässig, die eine Identifizierung des Vernommenen verhindert (s. auch 27 Rn. 32).[71] Erst wenn auch die Abschirmung die Gefährdung nicht ausschließt, unter strengen Anforderungen also, darf es bei der Sperrerklärung bleiben. Dabei ist zu differenzieren: Das Risiko, enttarnt zu werden, ist für V-Leute (Privatpersonen) größer als für verdeckte Ermittler.[72]

---

[67] Dagegen *Meyer-Goßner*, § 96 Rn. 13; dafür *Fezer*, JZ 1996, 610.

[68] BGHSt 33, 83, 91.

[69] BGHStGrS 32, 115, 124.

[70] Vgl. *BGH* NStZ 2003, 274; NStZ 2004, 345.

[71] *BGH* NStZ 2003, 274 gegen BGHStGrS 32, 115, weil sich die Rechtslage geändert hat und die Abschirmung „erst recht" möglich sein muss, wenn die Vernehmung durch eine Protokoll-Verlesung ersetzt werden dürfte.

[72] *BGH* NStZ 2005, 43.

b) Die kommissarische Vernehmung

Die nächste Stufe der Geheimhaltung besteht darin, den Zeugen nur für eine kommissarische Vernehmung außerhalb der Verhandlung freizugeben (vgl. dazu oben 17 Rn. 6ff.). Die Sperre für die Hauptverhandlung bedeutet, dass das Beweismittel Zeugenaussage unerreichbar ist (§ 244 Abs. 3). Seinem Erscheinen in der Hauptverhandlung stehen nicht zu beseitigende Hindernisse entgegen (§ 223 Abs. 1). Das Protokoll über seine Vernehmung darf gem. § 251 Abs. 1 verlesen werden. 35

Fall 11: „Der Innenminister hatte die Bekanntgabe von Name und Anschrift des V-Mannes wegen der Gefahr der Enttarnung verweigert und nur einer Vernehmung durch die Berufsrichter unter Ausschluss der Öffentlichkeit und in Abwesenheit des Angeklagten und seines Verteidigers zugestimmt. Die Strafkammer hat darauf … gegen den Widerspruch des Verteidigers beschlossen, ihn durch die Berichterstatterin in Abwesenheit des Angeklagten und seines Verteidigers kommissarisch vernehmen zu lassen“.[73] Die Vernehmung fand im Polizeipräsidium statt.

Die kommissarische Vernehmung war zulässig. Der Angeklagte hatte keinen Anspruch auf Anwesenheit (§ 224 Abs. 2). Seinen Verteidiger aber durfte man nicht ausschließen. Gründe, ihn nicht zu benachrichtigen (wie Beweisverlust durch Zeitablauf oder Verdunkelungsgefahr) haben nicht vorgelegen, und das Anwesenheitsrecht hat er stets, selbst dann, wenn er nicht benachrichtigt werden musste (vgl. schon oben 17 Rn. 11).[74] Das Protokoll durfte gegen seinen Widerspruch nicht verlesen werden.

c) Zeugen vom Hörensagen

Fall 12: Der Informant war vom Staatsanwalt vernommen worden. Die Behörde lässt noch nicht einmal eine kommissarische Vernehmung zu. Muss der Staatsanwalt als Zeuge vernommen werden? 36

Der Informant ist als Zeuge unerreichbar. Das Gericht durfte den Staatsanwalt als Zeugen vom Hörensagen vernehmen, obwohl es sich, wie stets bei solchen Zeugen, „einerseits keinen unmittelbaren persönlichen Eindruck von dem anonymen Informanten verschaffen konnte, andererseits aber die Beurteilung seiner Glaubwürdigkeit auch nicht von den Verhörspersonen übernehmen durfte“.[75] Ob man ein derart schwaches Beweismittel überhaupt benutzen muss, bemisst sich nach der Aufklärungspflicht, hängt also von der konkreten Beweislage im Verfahren ab. Das Gleiche gilt für die Verlesung des Vernehmungsprotokolls nach § 251 Abs. 2. Anonyme Quellen dürfen nur zur Abrundung eines anders gewonnenen Beweisergebnisses herangezogen werden.[76]

5. Die gerichtliche Überprüfung der Sperrerklärung

Fall 13: Das Polizeipräsidium hatte die Vernehmung des V-Mannes „Dieter“ in der Hauptverhandlung davon abhängig gemacht, dass dies in Abwesenheit des Ange- 37

[73] BGHStGrS 32, 115, 116.
[74] BGHStGrS 32, 115, 129ff.
[75] BGHSt 36, 159, 164.
[76] *BGH* NStZ 2000, 265.

klagten geschehe. Das Gericht hielt sich daran und schloss den Angeklagten während der Zeugenvernehmung von der Verhandlung aus.

Das ist zwar grundsätzlich möglich. Der begründeten Besorgnis, ein Zeuge werde bei seiner Vernehmung in Gegenwart des Angeklagten nicht die Wahrheit sagen (§ 247 S. 1), wird der Fall gleichgestellt, dass der Zeuge sonst gar nicht aussagen würde (§§ 96, 54).[77] Das Gericht darf eine Sperrerklärung aber nicht einfach hinnehmen. Es muss verlangen, dass sie begründet wird, diese Gründe überprüfen und dann, wenn es sie nicht für ausreichend oder stichhaltig hält, eine Erklärung der obersten Dienstbehörde herbeiführen.[78] Das war hier nicht geschehen. Damit fehlt eine der Voraussetzungen für die Anwendbarkeit des § 247, so dass gegen § 230 verstoßen wurde.

Eine Entscheidung der obersten Dienstbehörde kann das Gericht nicht anfechten. Es muss sie hinnehmen, auch wenn sie zweifelhaft oder falsch erscheint. Ist eine Sperrerklärung allerdings willkürlich oder offensichtlich rechtsfehlerhaft, darf nicht auf Beweissurrogate zurückgegriffen werden.[79] Die Informationen, die aus verdeckten Ermittlungen kommen, können dann nicht in das Verfahren eingeführt werden.

Fälle und Fragen

180. Welche Struktur kennzeichnet die §§ 249 ff.?
181. Welche Voraussetzungen und welche Rechtsfolge hat § 252?
182. Weil Zeuge Z sich vor der Polizei auf sein Zeugnisverweigerungsrecht beruft und keine Aussage zur Tat macht, die der Ehefrau E des Z vorgeworfen wird, setzt die Staatsanwaltschaft gezielt einen V-Mann ein, dem der Z ausführlich über den genauen Tathergang berichtet. In der Hauptverhandlung gegen E beruft sich Z wiederum auf ihr Zeugnisverweigerungsrecht. Das Gericht will daraufhin den V-Mann als Zeugen vernehmen. Der Verteidiger der E hat hiergegen Bedenken. Sind diese begründet?
183. Die Verlobte des A machte in der Hauptverhandlung gegen A wegen räuberischer Erpressung von ihrem Zeugnisverweigerungsrecht aus § 52 Gebrauch. Noch im Ermittlungsverfahren hatte der Verteidiger des A sie zu einer Befragung in seine Kanzlei gebeten und über ihre Rechte belehrt. Sie war zu einer Äußerung bereit und machte den A entlastende Angaben. Der Verteidiger fertigte ein „Protokoll" über diese Einvernahme. Das Gericht hat diese Angaben nicht verwertet. Zu Recht?
184. Welche Ausnahme macht die Rspr. vom umfassenden Verwertungsverbot des § 252?
185. Greift § 252 auch dann ein, wenn der Zeuge in der Hauptverhandlung sich zunächst auf sein Zeugnisverweigerungsrecht beruft, schließlich aber doch aussagt?
186. Ist § 252 auch dann einschlägig, wenn der Zeuge ein Auskunftsverweigerungsrecht gem. § 55 hat?
187. Zeugin A belastet durch ihre Aussage vor der Polizei den B schwer. Während der Hauptverhandlung heiratet sie den B zum Schein und beruft sich schließlich auf ihr Zeugnisverweigerungsrecht. Darf der Polizeibeamte vernommen werden?
188. Verdeckt ermittelnde Personen werden häufig über § 110b Abs. 3 i.V.m. § 96 bzw. § 96 analog gesperrt. Nicht immer ist diese Totalsperre aber – insbesondere unter dem Blickwinkel der Beeinträchtigung von Rechten der Verfahrensbeteiligten – erforderlich (und zulässig). Wie wird das im Einzelfall mildeste ausreichende Mittel bestimmt?
189. Was kann bzw. muss das Gericht tun, wenn eine verdeckt ermittelnde Person gesperrt wird, der Verteidiger aber einen Antrag auf deren Vernehmung als Zeuge stellt?

---

[77] St. Rspr. *BGH* NStZ 1996, 608.
[78] *BGH* a. a. O.
[79] BGHSt 36, 159, 163.

§ 28. Die Beweisverbote

I. Begriff

Es gibt Beweiserhebungsverbote und Beweisverwertungsverbote.[1]

1. Beweiserhebungsverbote

Sie verbieten es, sich Beweise über ein bestimmtes Thema mit gewissen Beweismitteln oder -methoden zu verschaffen.

a) Beweisthemaverbote

Sie untersagen es, bestimmte Tatsachen aufzuklären. 1

Beispiele: Eine Tatsache ist offenkundig und deshalb nicht beweisbedürftig; eine Tatsache ist bereits erwiesen (§ 244 Abs. 3 S. 2).

Ein Beweisantrag, der darauf gerichtet ist, den Inhalt der Beratungen des Gerichts zu erfahren, muss als unzulässig abgelehnt werden (§ 244 Abs. 3 S. 1, vgl. oben 25 Rn. 18), weil das Beratungsgeheimnis entgegensteht (§ 43 DRiG) und deshalb die Beweiserhebung über dieses Thema unzulässig ist.

Getilgte Vorstrafen dürfen nicht zur Sprache kommen (§ 51 Abs. 1 BZRG).

b) Beweismittelverbote

Sie schließen nicht ein Beweisthema, sondern dessen Aufklärung mit bestimmten Beweismitteln aus. 2

Beispiele: Zeugenaussagen, wenn der Zeuge von einem Zeugnisverweigerungsrecht Gebrauch macht; Urkundenbeweis mit Schriftstücken, die gesperrt sind (§ 96).

c) Beweismethodenverbote

Das Beweismittel darf benutzt werden, aber nicht auf jede Weise. 3

Hauptfall: § 136 a.

Diese Einteilung der Beweiserhebungsverbote macht die Sache anschaulich, ist aber dogmatisch ohne Bedeutung.

2. Beweisverwertungsverbote

Sie verbieten die Verwertung von Informationen, die man durch eine Beweiserhebung oder auf andere Weise erhalten hat.

---

[1] Vgl. allgemein *Rogall*, ZStW 91 [1979], 1 ff.; Fälle zu den Beweisverwertungsverboten *Rose/Witt*, JA 1998, 400.

a) Unselbständige Beweisverwertungsverbote

4 Sie folgen aus einem Beweiserhebungsverbot. Einige sind im Gesetz geregelt (§ 136a Abs. 3). Die meisten aber ergeben sich aus Überlegungen zum Schutzzweck der verletzten Norm oder grundrechtlichen Argumentationen und Abwägungen zwischen dem Interesse an Individualrechtsschutz und dem Ziel, die Wahrheit möglichst umfassend herauszuarbeiten (näher unten Rn. 8ff.). Eine allgemeine Regel dazu gibt es nicht.[2] Die Frage, wann aus einem Beweiserhebungsverbot ein Beweisverwertungsverbot folgt, wird von Fall zu Fall entschieden. Es kommt auf die jeweils verletzte Norm an, aber auch auf die konkrete Interessenlage. Sicher ist nur, dass nicht aus jedem Verstoß bei der Beweiserhebung ein Verwertungsverbot folgt.[3]

b) Selbständige Beweisverwertungsverbote

5 Gesichert ist auch, dass es Verwertungsverbote in Fällen gibt, in denen die Beweisgewinnung nicht fehlerhaft war, die Information also auf rechtmäßigem Wege gewonnen wurde. Dennoch kann es verboten sein, sie zu verwerten.[4]

Beispiel: Die Telefonüberwachung ist rechtmäßig angeordnet. Der Gesprächspartner des Beschuldigten offenbart, dass er eine Straftat begangen hat, die nicht zu den Katalogtaten des § 100a gehört (vgl. oben 10 Rn. 46).

II. Die Funktion der Beweisverbote

6 Das Gericht soll die Wahrheit erforschen. Dieses Programm ist eingegrenzt auf die vom materiellen Recht als relevant vorgegebenen Punkte. Dazu darf es nur die zugelassenen Beweismittel auf die in der StPO reglementierte Weise benutzen (Strengbeweisverfahren). Diese Wahrheit ist also nicht in einem historischen oder umgangssprachlichen, sondern nur in einem rechtlichen Sinne „die ganze Wahrheit". Ihr entspricht der „Inbegriff" der Verhandlung, den das Gericht umfassend würdigen muss. Dabei muss es die Grenzen beachten, die durch die Beweisverbote gezogen werden. Die Beweiserhebungsverbote schränken die Aufklärungspflicht ein. Die Beweisverwertungsverbote lassen es nicht zu, dass alle vorhandenen Informationen verarbeitet werden, zwingen den Richter also dazu, sein Wissen partiell auszublenden und hindern ihn so an einer umfassenden Beweiswürdigung. Beweisverbote (in ihren beiden Ausprägungen) bewirken, dass die Wahrheit lückenhaft bleibt und fiktive Züge trägt. Das Recht arbeitet nicht empirisch rücksichtslos, sondern nimmt Rücksicht auf andere Interessen und normative Kosten, auf drohende Einbußen und Schäden an anderer Stelle. Die Wahrheit wird nicht um jeden Preis erforscht.[5]

7 Daran schließt sich die Frage an, welche Interessen durch die Beweisverbote abgesichert werden sollen. In erster Linie sind es sicherlich die rechtlich ge-

[2] *Gössel*, GA 1991, 483ff.; *Schroth*, JuS 1998, 969.
[3] BGHSt 19, 325, 331; 38, 372.
[4] Vgl. *Küpper*, JZ 1990, 416.
[5] BGHSt 14, 358, 365; 31, 304, 308; 38, 214, 219.

schützten Interessen dessen, der durch die Verwertung der Information beeinträchtigt würde, Individualrechte also. Beweisverbote wirken aber auch generalpräventiv: Sie hindern die Strafverfolgungsbehörden an Aktionen, die nutzlos sind, weil ihre Ergebnisse nicht verwertet werden dürfen. Die h.M. sieht darin allerdings nicht einen Zweck, sondern nur eine erwünschte Nebenwirkung der Beweisverbote (anders z.B. die anglo-amerikanische Doktrin). Nicht alle Beweisverbote errichten aber Hindernisse auf dem Weg zur Wahrheit. Einige dienen, ganz im Gegenteil, dazu, die Verwertung von Erkenntnissen zu verhindern, die in ihrem Wahrheitswert zweifelhaft sind (wie z.B. das abgenötigte Geständnis).

III. Die Konstruktion der Beweisverbote

Die Suche nach einem System der Verwertungsverbote, nach einem einzigen Grundgedanken, der sie trägt und die Ableitung neuer Beweisverbote erlaubt, ist bis heute ohne ein allseits akzeptiertes Ergebnis geblieben.[6] Das liegt einmal an der Ausgangslage, in der sich diverse Interessen überlagern (s. oben Rn. 6). Es kommt hinzu, dass man meist eine „ja-nein"-Entscheidung treffen und die Verwertung entweder zulassen oder verbieten muss. Es ist zwar denkbar, dass man die Verwertung kontaminierter Beweise mit eingeschränktem Beweiswert gestattet (wie z.B. die Verwertung nach § 251 Abs. 2 statt Abs. 1, vgl. oben 27 Rn. 5). Die Gründe und Grenzen eines solchen „mehr oder weniger"-Verfahrens sind aber noch nicht herausgearbeitet. Und schließlich ist die Frage, ob der Betroffene disponieren und die Verwertung der Information erlauben darf, oder ob es die Grundrechte und das Rechtsstaatsprinzip ausschließen, ihn darüber entscheiden zu lassen (vgl. § 136a Abs. 3 S. 2). Diesem vielschichtigen Problem kann man mit eindimensionalen Lösungen nicht beikommen. 8

1. Rechtskreistheorie

Das war die Schwäche der vom *BGH* entwickelten und früher vertretenen Rechtskreistheorie. Sie stellte rein darauf ab, ob die „Verletzung den Rechtskreis des Beschwerdeführers wesentlich berührt oder ob sie für ihn nur von untergeordneter oder keiner Bedeutung ist".[7] Der Angeklagte sollte danach nicht in seinen Rechten betroffen sein, wenn der Zeuge nicht über sein Auskunftsverweigerungsrecht gem. § 55 belehrt worden war und ausgesagt hatte. Hat aber der Angeklagte nicht auch das Recht auf ein ordnungsgemäßes, justizförmiges Verfahren[8] und, darüber hinaus, auf eine Aussage, die der Zeuge konfliktfrei und unbelastet macht? Es kommt hinzu, dass der *BGH* im Revisionsrecht angesetzt hatte, dass aber die Antwort auf die Frage, ob ein Rechtsverstoß vom 9

[6] Vgl. *Amelung*, NJW 1991, 2533; *Beulke*, StV 1990, 184; *Chr. Jäger*, Beweisverwertung und Beweisverwertungsverbote im Strafprozess, 2003.
[7] BGHStGrS 11, 213, 215; BGHSt 38, 214, 220.
[8] *Fezer*, JuS 1978, 325, 327ff.

Angeklagten in der Revision erfolgreich gerügt werden kann, nicht zwingend übereinstimmen muss mit der Antwort auf die Frage, ob dieser Verstoß ein Verwertungsverbot nach sich zieht. Die Revision dient (zumindest auch) anderen Zwecken als ein Beweisverbot.

Beispiel: Mit der Rüge, dass die Öffentlichkeit zu Unrecht erweitert worden ist, kann man Erfolg haben (vgl. oben 18 Rn. 29). Dass aber die Aussagen in einem derart fehlerhaften Verfahren unverwertbar seien, ist damit noch nicht gesagt.

Der *BGH* hat sich von der Rechtskreistheorie unterdessen entfernt.[9]

2. Die Lehre vom Schutzzweck der Norm

10 Sie ist nicht universell einsetzbar, sondern eben nur dort, wo es eine Norm gibt. In diesem Bereich der unselbständigen Verwertungsverbote lässt sich mit ihrer Hilfe gut begründen, ob und wann aus einem Beweiserhebungsverbot ein Beweisverwertungsverbot folgt.[10] Ihre Schwäche liegt darin, dass man sich über den Schutzzweck nicht immer sicher sein kann (vgl. nur z.B. zu § 55 Fall 1, oben 21 Rn. 14). Für das große Gebiet der selbständigen Verwertungsverbote braucht man einen anderen Ansatz. Hier sind nicht durch ein fehlerhaftes Vorgehen prozessuale Normen, sondern Grundrechte des Betroffenen verletzt, und das allein erlaubt nicht den zwingenden Schluss auf ein Verwertungsverbot.

3. Die Abwägungslehre

11 Sie entscheidet von Fall zu Fall und vergleicht
- einerseits das Interesse an Wahrheitsfindung und effektiver Strafrechtspflege, die angeklagte Straftat und die Schwere des Vorwurfs
- andererseits die Bedeutung des verletzten Interesses und, falls ein Verstoß gegen eine Verfahrensvorschrift vorliegt, dessen Gewicht.

Das ist der Standpunkt der Rechtsprechung und der überwiegenden Ansicht in der Literatur.[11] Das Kriterium des Schutzzwecks der Norm wird mit einbezogen; es ist ein wesentlicher Posten bei der Abwägung. In den Worten von BGHSt 38, 214, 219 f.:

„Die Entscheidung für oder gegen ein Verwertungsverbot ist auf Grund einer umfassenden Abwägung zu treffen.[12] Bei ihr fallen das Gewicht des Verfahrensverstoßes sowie seine Bedeutung für die rechtlich geschützte Sphäre des Betroffenen ebenso ins Gewicht wie die Erwägung, dass die Wahrheit nicht um jeden Preis erforscht werden muss.[13] Andererseits ist auch zu bedenken, dass Verwertungsverbote die Möglichkeiten der Wahrheitserforschung beeinträchtigen[14] und dass der Staat nach der Recht-

---

[9] BGHSt 42, 73, 77. Aber Totgesagte leben länger, vgl. *BGH* NStZ 2009, 345.

[10] *Grünwald*, Das Beweisrecht der Strafprozessordnung, 1993, S. 155; *Rudolphi*, MDR 1970, 93; KMR/*Paulus*, § 244 Rn. 516 ff.; *Frisch*, Rudolphi-Symposium, S. 182 ff.

[11] Vgl. für alle *Rogall*, ZStW 91 [1979], 31.

[12] BGHSt 19, 325, 329; 27, 355, 357; 31, 304, 307; 35, 32, 34; 37, 30, 32; *Rogall*, ZStW 91 [1979], 31.

[13] BGHSt 14, 358, 365; 31, 304, 309; vgl. auch BVerfGE 34, 238, 247 und *BVerfG* StV 1990, 1, 2.

[14] BGHSt 28, 122, 128; 37, 30, 32.

sprechung des Bundesverfassungsgerichts von Verfassungs wegen eine funktionstüchtige Strafrechtspflege zu gewährleisten hat, ohne die Gerechtigkeit nicht verwirklicht werden kann.[15] Dient die Verfahrensvorschrift, die verletzt worden ist, nicht oder nicht in erster Linie dem Schutz des Beschuldigten, so liegt ein Verwertungsverbot fern; ein Beispiel ist der Verstoß gegen § 55 Abs. 2 StPO.[16] Andererseits liegt ein Verwertungsverbot nahe, wenn die verletzte Verfahrensvorschrift dazu bestimmt ist, die Grundlagen der verfahrensrechtlichen Stellung des Beschuldigten oder Angeklagten im Strafverfahren zu sichern."

4. Die Lehre vom Informationsbeherrschungsanspruch

Bei allen Verwertungsverboten geht es darum zu entscheiden, ob man Informationen verwenden darf, die sich die Ermittlungsbehörden beschafft haben. Ist das illegal geschehen, hat stets ein Eingriff in das Recht auf informationelle Selbstbestimmung vorgelegen. Das allein nimmt dem Betroffenen noch nicht seine Dispositionsbefugnis, seinen „Informationsbeherrschungsanspruch".[17] Ein absolutes Verwertungsverbot, das von seinem Willen unabhängig ist, würde den Eingriff in sein Selbstbestimmungsrecht nicht aufheben, sondern intensivieren. 12

Beispiel: Ein Tagebuch, das intimste Regungen enthält, ist beschlagnahmt worden. Die verfassungsrechtlich fein gestufte Abwägung nimmt auf den Willen des Betroffenen keine Rücksicht (vgl. unten Rn. 38). Wenn er nun aber möchte, dass es verlesen wird, um seine Situation vor der Tat zu dokumentieren, warum sollte das nicht geschehen dürfen? Bei rechtswidrigen Telekommunikationsüberwachungen hat der *BGH* das Verwertungsverbot für den (allein) Betroffenen als disponibel eingestuft.[18]

Bei vielen Verwertungsverboten verhilft dieser Ansatz zu einer präziseren Argumentation als die etwas vage Abwägungslehre. Zu einer umfassenden Lehre von den Beweisverboten kann er wohl nicht ausgebaut werden, weil sich der Informationsbeherrschungsanspruch von Dritten kaum integrieren lässt.

Beispiel: Das Telefon des Angeklagten ist abgehört worden, ohne dass die gesetzlichen Voraussetzungen vorgelegen haben. In einem der aufgezeichneten Gespräche hat der einzige Belastungszeuge zugegeben, dass er den Angeklagten fertig machen und dazu notfalls einen Meineid schwören will. Der Angeklagte wird seinen verständlichen Wunsch, dieses Tonband abzuspielen, nicht durchsetzen können.[19] Dieses Problem der selektiven Verwertung („Rosinentheorie") ist noch nicht entschieden (s. auch unten Rn. 38 f.).[20]

5. Zusammenfassung

Der Begriff Beweisverwertungsverbot lässt sich nicht aus einem einzigen Grundgedanken heraus entwickeln und nicht so definieren, dass seine Kriterien auf alle Anwendungsfälle zutreffen. Wenn man die Verwertungsverbote für die 13

[15] BVerfGE 44, 353, 374; 46, 214, 222; 51, 324, 344; 74, 257, 262; vgl. auch BVerfGE 33, 367, 383; 34, 238, 248; 77, 65, 76.
[16] BGHSt 1, 39; 11, 213.
[17] Grundlegend *Amelung*, Informationsbeherrschungsrechte im Strafprozess, 1990.
[18] *BGH* NStZ 2006, 402.
[19] Beispiel nach *Hamm*, StraFo 1998, 361, 363; vgl. noch *Amelung* zur Kritik an seiner Lehre, FS Bemmann, 1997, 505.
[20] Offen gelassen in *BGH* NStZ 2005, 700.

Einzelfälle entwickelt und sie dann vergleicht, zeigt sich, dass eine „Familienähnlichkeit" besteht: Die Merkmale des Begriffs kommen in wechselnder Zusammensetzung vor. Welcher der hier dargestellten Ansätze dominiert, hängt von der Konstellation des Falles ab. Zu diesen Merkmalen, die den Begriff des Beweisverwertungsverbotes prägen, gehört noch das Argument vom hypothetischen Ermittlungsverlauf (vgl. schon oben 9 Rn. 28).

6. Der hypothetische Ermittlungsverlauf

14 **Beispiel:** Die Polizei hat eine Durchsuchung und Beschlagnahme angeordnet und durchgeführt, ohne dass Gefahr in Verzug war. Sie hätte die richterliche Anordnung einholen können und auch ohne weiteres erhalten.

Lässt man dieses Argument zu, könnte die Kompetenz des Richters folgenlos missachtet werden.[21] Das von der überwiegenden Ansicht schwach bewertete Argument von der generalpräventiven Funktion der Beweisverwertungsverbote (vgl. oben Rn. 7) hat in manchen Fällen eben doch große Bedeutung. Der *BGH* hat zunächst die bei einer solchen rechtsfehlerhaften Durchsuchung gewonnenen Beweise dennoch für verwertbar gehalten, weil die Maßnahme weder willkürlich noch „mit einem besonders schwerwiegenden Fehler behaftet" war und dem hypothetischen Verlauf „keine rechtlichen Hindernisse" entgegen standen,[22] neuerdings aber den bewusst umgangenen oder schwer fehlerhaft verkannten Richtervorbehalt von einer derart hypothetischen Betrachtung ausgenommen (s. oben 10 Rn. 58).

In anderen Konstellationen ist das Argument, man hätte das Beweisergebnis auch auf rechtmäßigem Wege erlangen können, prinzipiell vernünftig. Es verhindert dann ein Beweisverbot, wenn es nicht nur möglich, sondern sehr wahrscheinlich war, dass die rechtmäßige Alternative erfolgreich gewesen wäre.

Beispiel: Der misshandelte Beschuldigte (§ 136 a) führt die Polizei zu der Scheune, in der er die Leiche verborgen hat. Dieses Anwesen wollte die Polizei mit Hunden, Suchgeräten etc. in den nächsten Tagen überprüfen. Diese Alternative muss konkret sein. Die Erwägung allein, dass man fündig geworden wäre, wenn man dort gesucht hätte, reicht sicher nicht.

Das Nähere müssen die Fallgruppen zeigen. Die Darstellung der Beweisverwertungsverbote im Zusammenhang enthält zum Teil Verweise auf bereits abgehandelte Fälle, Ergänzungen dazu sowie die Besprechung noch nicht erörterter Konstellationen.

IV. Die Einzelfälle: Unselbständige Beweisverwertungsverbote

Es geht um

- die Folgen einer fehlerhaft unterbliebenen Belehrung über die Rechte als Zeuge und andere Verwertungsverbote zu Gunsten von Zeugen (Rn. 15–21)

[21] Überblick und Grundsatzkritik bei *Jahn/Dallmeyer*, NStZ 2005, 297 ff.
[22] *BGH* NStZ 2004, 449.

- Verstöße gegen Vorschriften, die dem Schutz des Beschuldigten dienen (Rn. 22–26)
- die Folgen fehlerhafter Zwangsmaßnahmen (Rn. 27–36).

1. Die Zeugenaussage ohne Belehrung nach § 52 Abs. 3

Der Angehörige, der als Zeuge aussagen soll, ist vor jeder Vernehmung über sein Zeugnisverweigerungsrecht zu belehren (§ 52 Abs. 3 S. 1, auch bei Vernehmungen durch Staatsanwaltschaft und Polizei, §§ 161a Abs. 1 S. 2, 163a Abs. 5). Ist das unterblieben, darf seine Aussage nicht verwertet, also weder verlesen noch durch die Vernehmung von Verhörspersonen rekonstruiert werden. Das folgt aus dem Schutzzweck des Zeugnisverweigerungsrechts: Rücksicht auf die familiäre Verbundenheit.[23] Sie ist auch nach dem Tod des Zeugen geboten.[24] Hat aber der Zeuge sein Recht gekannt, gibt es kein Verwertungsverbot.[25] Revisionsrechtlich gesehen beruht dann das Urteil nicht auf dem Fehler. In der Terminologie der Beweisverbote: Bei erteilter Belehrung wäre der Prozessverlauf kein anderer gewesen. 15

2. Die Vertrauensperson (§ 53) verletzt die Schweigepflicht (§ 203 StGB)

Als Angehöriger der in §§ 53, 53a genannten Berufsgruppen kennt man sein Zeugnisverweigerungsrecht. Eine Belehrungspflicht besteht deshalb nicht. Das Gericht kann nur Fehler machen, wenn es einen, der offensichtlich irrig glaubt, aussagen zu müssen, entgegen seiner Fürsorgepflicht nicht belehrt, oder wenn es selbst die objektiv falsche Auskunft gibt, er sei von seiner Schweigepflicht entbunden und daher zur Aussage verpflichtet (§ 53 Abs. 2). Diese Fehler ziehen ein Verwertungsverbot nach sich.[26] 16

Ein Verwertungsverbot entsteht aber nicht, wenn der Arzt, Rechtsanwalt, etc. von seinem Zeugnisverweigerungsrecht keinen Gebrauch macht und aussagt.[27] Prozessual ist er nur berechtigt, das Zeugnis zu verweigern, nicht aber dazu verpflichtet. Für ein Verwertungsverbot spricht, dass er sich mit einer Aussage wahrscheinlich strafbar macht und das Vertrauen seines Klienten, Patienten, etc. schwer enttäuscht. Die besseren Gründe aber sprechen dagegen. Das Gericht müsste die Strafbarkeit erst eingehend prüfen; nicht jede anvertraute Tatsache (§ 53) ist zugleich ein Geheimnis (§ 203 StGB), und die Frage, ob es „unbefugt" offenbart wurde, kann schwierig werden. Vor allem wird durch das Zeugnisverweigerungsrecht das generelle Vertrauen in die Verschwiegenheit der Institution (Ärzteschaft, Anwaltschaft, etc.) geschützt. Der Schutz des konkreten, individuellen Vertrauens in die Verschwiegenheit des Gesprächspartners ist ein Nebeneffekt, nicht der primäre Zweck der Norm. 17

---

[23] BGHStGrS 11, 213, 216.
[24] A. A. BGHSt 22, 35.
[25] BGHSt 38, 214, 225; 40, 336, 339.
[26] *BGH* MDR 1980, 815; BGHSt 42, 73, 76 m. Anm. *Welp*, JR 1997, 35.
[27] H. M., BGHSt 9, 59; 18, 146 f.; LR/*Dahs*, § 53 Rn. 11; dagegen *Beulke*, Rn. 462 m. w. N.

3. Die Zeugenaussage ohne Genehmigung, § 54

18 Beweisthemen, auf die sich die Pflicht zur Amtsverschwiegenheit bezieht, dürfen mit dem Beweismittel Zeugenaussage ohne Genehmigung nicht erforscht werden. Der Zweck dieser Vorschrift ist nicht, den Angeklagten zu schützen, sondern das Dienstgeheimnis zu wahren. Sagt der Zeuge dennoch aus, ist dieser Zweck vereitelt, und ein Verwertungsverbot könnte den Schaden nicht mehr abwenden. Aus diesen beiden Gründen lehnt die h. M. ein Verwertungsverbot zutreffend ab.[28]

4. Zeugenaussage ohne Belehrung nach § 55 Abs. 2

19 Für diese Konstellation hatte der *BGH* die Rechtskreistheorie entwickelt[29] und ein Verwertungsverbot mit der Begründung verneint, dass die Vorschrift nur den Zeugen vor Nachteilen schützen solle (vgl. oben 21 Rn. 15f. und 27 Rn. 1). Dass auch der Angeklagte vor Aussagen mit zweifelhaftem Wahrheitswert bewahrt werden müsse, ist zwar richtig, muss aber ebenso bei der Beweiswürdigung veranschlagt werden wie die nicht minder zweifelhafte und nach dem System der StPO verwertbare Aussage eines Mitbeschuldigten.[30]

5. Der Verstoß gegen ein Beschlagnahmeverbot, § 97

20 Die Verwertungsverbote zu Gunsten von Zeugen werden ergänzt durch ein Verbot, Material zu verwenden, das unter Verstoß gegen das Beschlagnahmeverbot des § 97 erlangt wurde (vgl. oben 10 Rn. 36).[31]

6. Zeugnisverweigerung in der Hauptverhandlung, § 252

21 Dieses Verwertungsverbot ist bereits umfassend besprochen (vgl. oben 27 Rn. 8ff.). Es wird hier erwähnt, im Zusammenhang mit Zeugenrechten, gehört aber insofern zu den selbständigen Beweisverwertungsverboten, als es keinen Verstoß gegen Belehrungspflichten oder andere Verfahrensvorschriften voraussetzt.

7. Die fehlerhafte Belehrung des Beschuldigten

Das nemo-tenetur-Prinzip wird durch ein Verwertungsverbot geschützt (vgl. oben 9 Rn. 11).

a) Ausnahmen

22 Die Verwertbarkeit für den Fall, dass der Verteidiger nicht widerspricht (vgl. oben 9 Rn. 11),[32] ist aus mehrfachem Grunde zweifelhaft. Einmal läge es wegen

---

[28] *BGH* MDR 1951, 275; *Grünwald*, JZ 1966, 498; str.
[29] BGHStGrS 11, 213.
[30] Zur abweichenden Mindermeinung *Roxin/Schünemann*, § 24 Rn. 48.
[31] BGHSt 18, 227, 229.
[32] BGHSt 38, 214, 220; 39, 349; 42, 15, 22f.; *BGH* NStZ 1997, 502.

des Eingriffs in das Recht auf informationelle Selbstbestimmung näher, nun die ausdrückliche Zustimmung des Beschuldigten zu verlangen. Ferner wird der Verteidiger zu Unrecht als Organ der Rechtspflege in die Pflicht genommen – es ist Sache des Gerichts, den Verfahrensfehler zu heilen.[33] Überdies stört die Tendenz der Rechtsprechung, Fehler und Versäumnisse des Verteidigers dem Beschuldigten anzulasten.[34]

b) Die Verwertung gegen Dritte

Fall 1: A war zunächst als Zeugin über einen Drogenkauf und dann ohne Belehrung als Beschuldigte vernommen worden. Das Verfahren gegen sie wird eingestellt. In der Hauptverhandlung gegen B soll sie als Zeugin aussagen. Sie kann in absehbarer Zeit nicht vernommen werden. 23

Die Verlesung nach § 251 Abs. 2 ist zulässig, wenn nicht aus dem Belehrungsfehler ein Verwertungsverbot entstanden ist. Nach Ansicht der Rechtsprechung schützt das Verwertungsverbot nur den Beschuldigten selbst (im Fall: A), nicht aber andere Beschuldigte (im Fall: B) davor, dass nun Zeugen vernommen werden, die früher einmal die Beschuldigtenrolle hatten.[35]

Fall 2: Das Verfahren gegen A wird noch geführt, aber getrennt von dem Verfahren gegen B.

Auch hier hat A im Verfahren gegen B die Rolle einer Zeugin. Wenn sie in der Hauptverhandlung gegen B erscheint und die Auskunft verweigert (§ 55), darf das Protokoll über ihre frühere Vernehmung nicht verlesen werden, weil nicht ein tatsächliches, sondern ein rechtliches Hindernis vorliegt (vgl. oben 27 Rn. 6).[36]

Zu der „absurden Situation", die Roxin anführt, um ein Verwertungsverbot zu begründen (§ 24 Rn. 26), kann es nur in folgender Prozesslage kommen:

Fall 3: Die Beschuldigte A erscheint als Zeugin im Verfahren gegen B, wird nicht über ihr Recht nach § 55 belehrt und sagt aus.

Gegen sie selbst, in ihrem eigenen Verfahren, darf diese Aussage nicht verwertet werden. B muss sich allerdings gefallen lassen, dass ihre Aussage gegen ihn verwertet wird. Es handelt sich um die „normale" Situation des § 55, und zu einem anderen Ergebnis kann man nur gelangen, wenn man dieser Vorschrift eine Schutzfunktion auch zu Gunsten des Beschuldigten zuschreibt (entgegen der h.M., vgl. oben 21 Rn. 15).

8. Verbotene Vernehmungsmethoden, § 136a Abs. 3

Über dieses Verwertungsverbot (vgl. oben 9 Rn. 18ff.) darf der Betroffene nicht disponieren (S. 2). Das ist insofern zweifelhaft, als es bei falschen und 24

---

[33] Vgl. SK/*Rogall*, vor § 133 Rn. 178; *Lesch*, JA 1995, 162; *Fezer*, StV 1997, 57.

[34] *Feigen*, Rudolphi-Symposium, 1995, 161.

[35] *BayObLG* NStZ 1994, 250; dagegen *Dencker*, StV 1995, 232; *R. Hamm*, NJW 1996, 2189.

[36] *BGH* NJW 1984, 136; NStZ 1984, 211.

richtigen, belastenden und entlastenden Angaben gleichermaßen eingreift.[37] Aus generalpräventiven Gründen aber wird man daran festhalten müssen. Überdies würde das Recht zur informationellen Selbstbestimmung dem Beschuldigten wohl nicht die Dispositionsbefugnis eröffnen, nur günstige Aussagen (die der Wahrheit entsprechen – oder auch falsche?) zur Verwertung freizugeben.

9. Der Beschuldigte in der „Hörfalle“

25 Das Problem der Analogie zu § 136 und/oder § 136a wurde bereits besprochen (vgl. oben 9 Rn. 19).

10. Das vereitelte Anwesenheitsrecht des Beschuldigten, §§ 168c Abs. 2, 168d Abs. 1

26 Die so gewonnenen Ergebnisse einer richterlichen Zeugenvernehmung oder einer Augenscheinseinnahme sind unverwertbar. Dem Beschuldigten ist mit dem rechtlichen Gehör die Chance genommen worden, auf den Gang des Verfahrens und das Beweisergebnis Einfluss zu nehmen.[38] Ob das fehlerhafte richterliche Protokoll nach § 251 Abs. 2 verlesen werden darf (vgl. oben 27 Rn. 5), ist überaus umstritten.[39] Der *BGH* neigt dazu, fehlerhaft gewonnene Beweismittel nur in ihrem Beweiswert herabzustufen.[40]

11. Körperliche Untersuchung, § 81a

27 **Beispiel:** Die Blutprobe ist nicht von einem Arzt entnommen worden.

Das Beweismittel ist verwertbar. Es ist in seinem Wert durch den Fehler nicht gemindert. Die Voraussetzungen der Vorschrift sollen die gesundheitlichen Risiken des Eingriffs begrenzen. Hat man sich daran nicht gehalten, ist der Verstoß nicht mehr reparabel, vor allem nicht durch ein Beweisverbot.[41] Gesichert ist auch, dass ein Beweisverbot eingreift, wenn die Anordnung der Maßnahme bewusst rechtswidrig war (der Polizeibeamte täuscht dem Betroffenen vor, der Pfleger sei Arzt)[42] oder bei der Durchführung illegale Mittel angewandt worden sind. In diesen Fällen muss der Verstoß gegen das Rechtsstaatsprinzip sanktioniert werden.[43]

28 Sehr umstritten ist die Frage, ob man sich auf den Gedanken des hypothetischen Verlaufs stützen kann, um eine Blutprobe im Strafverfahren zu verwerten,

---

[37] BGHSt 5, 290.

[38] BGHSt 26, 332; ein Mitangeklagter kann sich auf den Verstoß gegen die Benachrichtigungspflicht nicht berufen, *BGH* NStZ 2009, 345.

[39] Dagegen AK/*Achenbach*, § 168c Rn. 18; dafür *BGH* StV 1997, 512, wenn der Angeklagte auf die andere Bewertung des Protokolls hingewiesen wird.

[40] BGHSt 46, 93.

[41] H. M., BGHSt 24, 125, 128.

[42] Vgl. *OLG Hamm* NJW 1965, 1089.

[43] BGHSt 24, 125, 131.

die zu anderen Zwecken entnommen wurde, aber nach § 81a hätte erlangt werden können.[44]

12. Telekommunikationsüberwachung, §§ 100a ff.

Die Verwertungsverbote sind bereits dargestellt, vgl. oben 10 Rn. 45. 29

13. Verdeckte Ermittlungen

a) Der Einsatz verdeckter Ermittler, §§ 110a ff.

Die Voraussetzungen sind ähnlich geregelt wie bei der Telefonüberwachung. 30
Deshalb wendet man die dort entwickelten Grundsätze zum Verwertungsverbot hier entsprechend an.[45] Für den Einsatz, der gezielt ist oder in Wohnungen stattfindet, muss, wenn Gefahr im Verzuge ist, die Zustimmung des Richters binnen 3 Tagen eingeholt werden (§ 110b Abs. 2 S. 4). Wird sie nicht eingeholt oder verweigert, bleiben die in den ersten drei Tagen erlangten Beweismittel dennoch verwertbar.[46]

b) Der Einsatz von Informanten, V-Personen und noeP

ist in keiner Weise gesetzlich geregelt. Es ist unklar, wann er unzulässig ist 31
und daher auch ungeklärt, wann ein Verwertungsverbot eingreift.[47] Der *BGH* hat diese Fragen anhand des Falles, dass sich ein Scheinaufkäufer der Polizei in die Wohnung des Beschuldigten einschleicht, ausführlich diskutiert, letztlich aber offen gelassen.[48]

c) Erkenntnisse über Dritte

Ein verdeckter Ermittler, der gezielt auf einen Beschuldigten angesetzt ist 32
(§ 110 b Abs. 2 Nr. 1), wird häufig mit dessen Kontaktperson zusammentreffen und von deren Straftaten erfahren. Dieses Material ist verwertbar, wenn es sich um Katalogtaten handelt (wie bei der Telefonüberwachung, vgl. oben 10 Rn. 46).[49] Hat er es durch den Einsatz technischer Mittel erlangt, gilt aber nicht § 110 e, sondern § 100 d. Diese Unterscheidung muss man treffen, weil die Kataloge von § 100a und § 110a Abs. 1 nicht identisch sind.

Für den Einsatz von Informanten, V-Leuten und noeP gibt es keine Kataloge und daher keinerlei Anhaltspunkte dafür, in welchen Fällen Erkenntnisse über Dritte unverwertbar sein sollten.

---

[44] *LG Celle* NStZ 1989, 385; *OLG Zweibrücken* NJW 1994, 810; eingehend *Heinrich*, Zur Operationsvorbereitung entnommene Blutproben als Beweismittel im Strafprozess, 1996; zusammengefasst bei *Roxin/Schünemann*, § 24 Rn. 50.
[45] BGHSt 42, 103.
[46] BGHSt 41, 64, 66 m. Anm. *Rogall*, JZ 1996, 260.
[47] Vgl. KK/*Nack*, § 110a Rn. 9.
[48] *BGH* StV 1997, 233 m. Anm. *Roxin*, StV 1998, 43.
[49] *BGH* NStZ 1997, 294.

d) Belehrungspflichten

33 Diese Pflichten greifen ein, wenn offen ermittelt wird und der Beamte Beschuldigte oder Zeugen vernimmt. Bei verdeckten Ermittlungen wäre eine Belehrung das Ende der verdeckten Ermittlung. Das versteht sich von selbst. Eine andere Frage ist, ob die so gewonnenen Erkenntnisse verwertbar sind. Der Gesetzgeber hat sie in Kenntnis des Problems und der neueren Rechtsprechung[50] offen gelassen. Da sich die Befugnisse des verdeckten Ermittlers, vom Auftreten unter einer Legende abgesehen, nach der StPO richten (§ 110 c), gelten die allgemeinen Regeln. Man muss daher zunächst klären, was „Vernehmung" in diesem Milieu bedeutet. Was der verdeckte Ermittler hört und erfährt, ist nicht das Ergebnis einer Vernehmung, weil er sich nicht als Verhörsperson mit amtlicher Eigenschaft zu erkennen gibt (vgl. oben 9 Rn. 20).[51] Überdies weiß der Betroffene, der ein Privatgespräch zu führen glaubt, dass es ihm freisteht, was er sagt und was er verschweigt. Die Lage ändert sich, wenn der verdeckte Ermittler ein vernehmungsähnliches Gespräch inszeniert und versucht, bereits begangene Straftaten aufzuklären (anders als im Fall 8 oben 10 Rn. 63). Auch jetzt wäre es nicht sinnvoll, die Belehrungspflicht zu aktivieren. Die gezielte Umgehung der Vernehmungsvorschriften führt aber zu einem Verwertungsverbot. Durch die Regeln über den Einsatz verdeckter Ermittler sind die rechtsstaatlichen Garantien des Schweigerechts, des fairen Verfahrens und der Unverwertbarkeit von Aussagen, die ohne Belehrung erlangt wurden, nicht außer Kraft gesetzt.[52] Das Gleiche gilt, wenn gezielt ein Angehöriger ausgeforscht werden soll. Von der Belehrungspflicht (§ 52 Abs. 3) kann man zwar dispensieren, damit aber das Verwertungsverbot des § 252 nicht aushebeln.[53] Diese Regeln gelten für alle verdeckten Ermittlungen, auch durch V-Leute, Informanten, noeP.

e) Verbotene „Gesprächs"-Methoden, § 136a

34 Der verdeckte Ermittler darf über seine Identität täuschen, sonst aber nichts tun, was § 136a verbietet. Für Informanten, V-Leute und noeP kann nichts anderes gelten.

14. Private Ermittlungen

35 „Das Opfer als Verfolger"[54] ist nicht Adressat der StPO.[55] An Beweiserhebungsverbote ist es nicht gebunden. Die Grenzen des Handlungsspielraums zieht das materielle Recht. Eine Regel des Inhalts, dass ein deliktisch erlangtes Beweismittel nicht verwendet werden darf, kennt die StPO nicht. Es ist „nicht

---

[50] BGHSt 34, 362; 38, 213.
[51] *BGH* GrS 42, 139, 145.
[52] „Ein verdeckter Ermittler darf einen Beschuldigten, der sich auf sein Schweigerecht berufen hat, nicht unter Ausnutzung eines geschaffenen Vertrauensverhältnisses beharrlich zu einer Aussage drängen und ihm in einer vernehmungsähnlichen Befragung Äußerungen zum Tatgeschehen entlocken" – Verwertungsverbot; *BGH* NStZ 2009, 343.
[53] Vgl. auch BGHSt 40, 211, 216; *Widmaier*, StV 1995, 621.
[54] So der Titel des Buches von *Hassemer/Matussek*, 1996.
[55] Vgl. auch *Bockemühl*, Private Ermittlungen im Strafprozeß, 1996.

automatisch" ausgeschlossen.[56] Aber es ist auch nicht grenzenlos zuzulassen. Allgemeine Regeln lassen sich allenfalls für seltene Extremfälle aufstellen: Unverwertbar sind Beweismittel, die sich der Private auf extrem menschenrechtswidrige Weise verschafft hat (h.M. in der Literatur,[57] aber: warum reicht es nicht, wenn der Eingriff schlicht menschenrechtswidrig war? Und was heißt das? Ist es menschenrechtswidrig, jemanden solange in „Beugehaft" zu nehmen, bis er gesteht?). Entscheidend ist nicht, ob das Beweismittel rechtswidrig erlangt wurde, sondern ob seine Verwertung im Verfahren eine (neue, wiederholte) Rechtsverletzung darstellen würde.

Beispiel: Der erpresserische Anruf wurde heimlich mitgeschnitten (§ 201 Abs. 1 Nr. 1 StGB – gerechtfertigt durch § 34 StGB). Die Verwertung im Prozess fällt unter § 201 Abs. 1 Nr. 2 StGB. Sie ist zulässig, wenn die rechtfertigende Lage noch besteht.

Wo ein Verwertungsverbot in Frage kommt, handelt es sich also nicht um ein unselbständiges, das aus einer vorangegangenen Rechtsverletzung abgeleitet wird, sondern um ein selbständiges. Der Beschuldigte kann sich, wenn von Privaten rechtswidrig erlangte Beweismittel präsentiert werden, meist darauf berufen, dass die Verwertung sein Persönlichkeitsrecht oder sein Recht auf informationelle Selbstbestimmung verletzt, muss sich aber entgegenhalten lassen, dass ein überwiegendes Interesse der Allgemeinheit an der Strafverfolgung rechtfertigend wirkt (zur Rechtsprechung des BVerfG vgl. unten Rn. 38).

Andere Regeln gelten, wenn die Privatperson von den Strafverfolgungsbehör- 36
den darauf angesetzt wurde, das Beweismittel zu verschaffen. Hier kommt es darauf an, ob ein Verwertungsverbot bestehen würde, wenn Staatsanwaltschaft oder Polizei selbst gehandelt hätten. Sie dürfen die Grenzen ihrer Eingriffsbefugnisse nicht umgehen (vgl. oben 9 Rn. 21).[58]

V. Die Einzelfälle: Selbständige Beweisverwertungsverbote

Das Kriterium dieser Gruppe ist nicht die Art der Maßnahme und nicht die 37
Frage, ob sie getroffen werden durfte, sondern ihr Effekt: der Eingriff in Grundrechte, vor allem das allgemeine Persönlichkeitsrecht. Unter diesem Aspekt könnte man auch alle unselbständigen Beweisverwertungsverbote sehen. Bei ihnen folgt aber das Verbot der Verwertung bereits aus dem Übergriff, den die rechtswidrige Maßnahme darstellt. Sie scheiden also für das Folgende aus. Es bleiben die Fälle übrig, in denen die Verwertung eines Beweismittels den Eingriff in das Recht darstellt. Ob sie rechtswidrig erlangt wurden (wie z.B. das heimlich aufgenommene Foto in der Wohnung) oder rechtmäßig (das bei einer Durchsuchung gefundene Tagebuch) ist nicht der entscheidende Punkt.

Die h.M. beurteilt diese Fälle nach der Stufentheorie des Bundesverfassungs- 38
gerichts.[59] Danach sind drei Sphären der Persönlichkeit zu unterscheiden:

– Der Sozialbereich (das Leben im Büro, in der U-Bahn, etc.)

---

[56] BGHSt 27, 355, 357; 36, 167, 172.
[57] Vgl. *Roxin/Schünemann*, § 24 Rn. 65.
[58] BGHSt 44, 129.
[59] BVerfGE 34, 238, 245 ff.

– Die schlichte Privatsphäre („hier bin ich Mensch, hier darf ich sein“)
– Die Intimsphäre (Schlafzimmer).

Mit dieser Vorstellung vom Menschen, der in konzentrischen Kreisen lebt, wird ein Bild der Persönlichkeit gezeichnet, das nicht nur zweifelhaft, sondern auch verwaschen ist. Diese Lehre wirft in der Umsetzung auf den konkreten Fall mindestens so viele Probleme auf wie sie löst. Während sich die soziale Sphäre noch einigermaßen deutlich abgrenzen lässt, bleibt zumeist umstritten, wo die zweite Sphäre endet und der unantastbare Kernbereich privater Lebensgestaltung beginnt.[60] Diese Abgrenzung ist aber von entscheidender Bedeutung. Die erste Sphäre ist offen; hier gibt es keine Verwertungsverbote. Die dritte ist abwägungsfest – jeder Eingriff führt zu einem Verwertungsverbot. Bei Eingriffen in die zweite Sphäre (schlichte Privatsphäre) ist nach h. L. abzuwägen zwischen der Schwere des Tatvorwurfs und der Unverzichtbarkeit des Beweismittels einerseits und der Schwere des konkreten Eingriffs andererseits.[61]

1. Tagebücher und Gespräche

39 Wer in einem **Tagebuch** über seine Taten schreibt, betreibt, wie der *BGH* angemerkt hat, nicht die „Entfaltung“, sondern dokumentiert den „Verfall der Persönlichkeit“.[62] Auch das ist aber Privatsache. Die Rechtsprechung entscheidet von Fall zu Fall. Der Angeklagte hat seine Steuerhinterziehungen in einem Tagebuch festgehalten. Die h. M. wird dies nicht dem Bereich privater Lebensgestaltung zurechnen, sondern eher als „Geschäftsbuch“ bezeichnen. Der Angeklagte soll einen Meineid begangen haben. Sein Tagebuch gibt Aufschluss über die Tat.[63] Es wird der zweiten Sphäre zugerechnet (wie ist es, wenn zugleich eine Steuerhinterziehung und die darauf bezogene Falschaussage im Insolvenzverfahren dokumentiert sind?). „Bei der gebotenen Abwägung des Persönlichkeitsrechts gegen die berechtigten Belange der Strafrechtspflege … ist nicht von dem allgemeinen Deliktsvorwurf auszugehen, sondern von dem im Einzelfall in Betracht kommenden Tatunrecht“.[64] Sie ergab in diesem Fall, dass das Persönlichkeitsrecht Vorrang genießt.[65]

Der mehrfache Frauenmörder hat seine Kontaktschwierigkeiten zu Frauen und das, was der Sachverständige als „schwere andere seelische Abartigkeit“ bezeichnete, in Tagebüchern festgehalten.[66] Der *BGH* ordnet diesen Fall der zweiten Sphäre zu, hält dagegen, dass es sich um einen Fall schwerster Kriminalität handelt und gestattet die Verwertbarkeit.[67] Es gibt aber nichts Intimeres als das Eingeständnis, unter einer schweren seelischen Abartigkeit zu leiden, und

[60] Vgl. *Hofmann*, JuS 1992, 587 ff.; *Wolter*, NStZ 1993, 1; *Fezer*, Grundfragen der Beweisverwertungsverbote, 1995; dazu *Amelung*, GA 1996, 332.
[61] Vgl. *BGH* JR 1994, 430.
[62] BGHSt 19, 325, 331.
[63] BGHSt a. a. O.
[64] BGHSt a. a. O., 334.
[65] Ebenso *OLG Schleswig*, NStZ-RR 2000, 112; Handel mit Kokain in 56 Fällen.
[66] BGHSt 34, 397.
[67] Übereinstimmend BVerfGE 80, 367 ff. in einer 4:4-Entscheidung; *Geppert*, JR 1988, 471; dagegen SK/*Wolter*, vor § 151 Rn. 31 ff.

dieser innerste Bereich der Privatheit wird durch die „Entäußerung" in der Tat nicht in eine andere Sphäre verschoben.

Die Rechtsprechung erweckt den Eindruck, dass sie den unantastbaren Kernbereich nicht mehr selbständig und aus sich heraus bestimmt, sondern sich mit Blick auf das Ergebnis für oder gegen die dritte Sphäre entscheidet. Das Dilemma der h. L. ist, dass gerade die schwersten Delikte oft die „intimsten" sind.

Gespräche werden meist mit anderen geführt und haben dann Sozialbezug („Zwiegespräch").[68] Anders ist das beim Selbstgespräch.

Beispiel: Der Angeklagte lag im Krankenhaus, wurde nach § 100c überwacht und sagte zu sich selbst, dass es besser gewesen wäre, er hätte das Opfer durch einen Kopfschuss getötet.[69]

Dieses Gespräch ist, „weil es in keiner Form verdinglicht und der Gefahr eines Zugriffs preisgegeben war",[70] dem unantastbaren Kernbereich zuzuordnen.

Es bleiben Zweifelsfragen. Dürfte ein Selbstgespräch zu präventiven Zwecken verwertet werden (ein Entführer gibt darin preis, wo er das Opfer gefangen hält)? Wenn die Überwachung nicht abgebrochen und nun Entlastendes aufgezeichnet wird, darf es verwertet werden – und darf der Angeklagte verlangen, nur diese Passagen abzuspielen („Rosinentheorie")?

2. Tonbänder, Fotos, Videos

a) Für die Strafverfolgungsbehörden ist der Einsatz technischer Mittel gesetz- 40
lich geregelt (§§ 100 c, d; zu den Verwertungsverboten als Folge fehlerhafter Maßnahmen vgl. oben 10 Rn. 51). Offen geblieben ist die Frage, ob die Ergebnisse aus hoheitlichen Maßnahmen, die aus anderen Gründen zulässig sind, verwertet werden dürfen.

Beispiel: Ein gefährdetes Gebäude wird durch Videokameras überwacht (präventivpolizeilicher Objektschutz). Die Aufzeichnungen erweisen sich als nützlich für die Überführung eines Einbrechers.

Die erste Frage ist, ob ein Verwertungsverbot daraus entsteht, dass die Maßnahme nicht durch Eingriffsbefugnisse der StPO, sondern durch die Polizeigesetze gedeckt war (vgl. oben 10 Rn. 52). Die h. M. verneint das und hält die Verwertung für zulässig.[71] Dann kommt es darauf an, ob der Verwertung das Persönlichkeitsrecht des Betroffenen entgegensteht (das ist im Beispiel nicht der Fall).

b) Bei privaten Datenträgern entscheidet die Situation der Verwertung. Sind 41
sie rechtmäßig erlangt, dürfen sie in aller Regel auch verwertet werden. Umgekehrt gilt, dass die Rechtswidrigkeit der Beschaffung nicht das Verbot der Verwertung indiziert. Ist die Verletzung des Persönlichkeitsrechts, die in der Ver-

---

[68] *BVerfG* NStZ 2004, 270.
[69] *BGH* NStZ 2005, 700.
[70] *BGH* a. a. O.
[71] *BGH* NStZ 1995, 601 – „Blockhüttenfall" – m. zu Recht abl. Anm. *Welp*; vgl. die Regelung für den „großen Lauschangriff" in § 100f Abs. 2.

wertung liegt, nicht durch einen Rechtfertigungsgrund gedeckt, kann sich bei einer Abwägung das Strafverfolgungsinteresse dennoch durchsetzen.

Beispiele: Das heimlich aufgezeichnete Gespräch mit dem Beschuldigten über eine geplante Brandstiftung ist verwertbar,[72] das über eine versuchte Anstiftung zum Meineid nicht,[73] ebenso wenig das über eine Verleumdung.[74]

3. Das Schweigen des Beschuldigten

42 darf prinzipiell nicht verwertet werden, weil es sein Recht vereiteln würde, nicht zu seiner eigenen Überführung mitwirken zu müssen (nemo-tenetur-Prinzip). Dieser Fragenkreis wird traditionell bei der Beweiswürdigung abgehandelt (vgl. unten 29 Rn. 10ff.).

VI. Die Fernwirkung der Beweisverbote („fruit of the poisonous tree")

43 Für dieses bei den einzelnen Beweisverboten bereits mehrfach erwähnte Problem (vgl. oben 9 Rn. 27f., 10 Rn. 47) gibt es noch keine generelle Lösung. Der *BGH* verneint die Fernwirkung prinzipiell.[75] In der Literatur wird vielfach für die amerikanische Doktrin votiert.[76] Andere wollen auf den Schutzbereich der verletzten Strafverfahrensnorm abstellen.[77] Eine weitere Ansicht plädiert für Abwägung im Einzelfall, je nach dem Gewicht des Verfahrensverstoßes und der Schwere der verfolgten Tat.[78] Darauf muss auch die Schutzbereichslehre für die selbständigen Verwertungsverbote zurückgreifen. Jede einschränkende oder gänzlich ablehnende Lösung *(BGH)* beruht auf der Erwägung, dass die Strafverfolgung in ihrer Effektivität nicht bzw. nicht übermäßig beschränkt werden dürfe. Sie ist berechtigt. Andererseits hat die Eingriffsdichte und -tiefe im Ermittlungsverfahren ständig zugenommen. Es gibt kaum noch ein Mittel, das den Strafverfolgungsbehörden nicht zur Verfügung stünde. Diese Möglichkeiten, sich Beweise legal zu verschaffen, reichen aus. Es kommt hinzu, dass die meisten Zufallsfunde ebenfalls verwertet werden dürfen (die Einschränkungen bei den §§ 100a ff. sind nicht drastisch). Gerade angesichts dieser neueren Entwicklung haben die Gründe, die für eine Fernwirkung sprechen, bedeutend mehr Gewicht gewonnen. Sie ist daher prinzipiell und umfassend anzunehmen. Ausnahmsweise ist verwertbar, was bei hypothetisch rechtmäßigem Verlauf ermittelt worden wäre (dazu oben Rn. 14).

---

[72] BGHSt 36, 167.
[73] BGHSt 14, 358.
[74] *BayObLG* NStZ 1990, 101.
[75] BGHSt 27, 355, 358; 32, 68, 71; 34, 362, 364 – anders nur BGHSt 29, 244, 247 zu G 10.
[76] *Roxin/Schünemann*, § 24 Rn. 59.
[77] *Beulke*, ZStW 103 [1991], 657ff.
[78] KK/*Senge*, vor § 48 Rn. 45ff.; *Maiwald*, JuS 1978, 379, 384; *Rogall*, JZ 1997, 944, 948.

Fälle und Fragen

190. Was sind Beweiserhebungs-, was Beweisverwertungsverbote? Wie verhalten sie sich zueinander?
191. Welche Arten von Beweisverwertungsverboten sind Ihnen bekannt?
192. Wie lässt sich herausfinden, ob rechtswidrig erlangte Beweise verwertet werden dürfen oder nicht?
193. Entsteht ein Verwertungsverbot, wenn der Beschuldigte nicht über sein Schweigerecht gem. § 136 Abs. 1 S. 2 belehrt worden ist?
194. Zeuge Z wird bei einer Vernehmung zur seiner Ehefrau vorgeworfenen Tat entgegen § 52 Abs. 3 nicht über sein Zeugnisverweigerungsrecht belehrt. Wenige Tage nach der Vernehmung verstirbt er. Darf seine Aussage verwertet werden?
195. Pfarrer P weiß von seinem Zeugnisverweigerungsrecht gem. § 53. Gleichwohl sagt er „aus Gewissensgründen" vor Gericht aus, dass ihm A kürzlich im Rahmen einer Beichte anvertraut habe, Frau F vergewaltigt zu haben. P wurde nicht über sein Zeugnisverweigerungsrecht belehrt. Kann seine Aussage verwertet werden?
196. Führt der Verstoß gegen § 55 Abs. 2 zu einem Beweisverwertungsverbot?
197. Beschuldigter B wird im Rahmen einer polizeilichen Vernehmung permanent mit grellem Licht geblendet. Daraufhin gesteht er die Tat. Später wird er noch einmal vernommen. Sind seine dort gemachten Aussagen, in denen er weitere Details zur Tat ausführt, verwertbar?
198. Bei A soll eine Blutprobe entnommen werden, um seine Blutalkoholkonzentration festzustellen. Im Krankenhaus ist jedoch nur noch die junge Krankenschwester K anwesend, die aber, wie Polizeibeamter P weiß, sehr kompetent ist, was Blutabnahmen anbelangt. Dem verunsicherten A sagt P bewusst wahrheitswidrig, K sei schon zugelassene Ärztin. Sind die Ergebnisse der Blutprobe verwertbar?
199. Angenommen, im vorhergehenden Fall hätte P nicht die Blutentnahme durch K angeordnet. Jedoch wurde diesem bekannt, dass das Krankenhaus noch über eine Blutprobe des A verfüge, die diesem einen Tag zuvor zum Zweck einer Operationsvorbereitung entnommen worden ist. P ruft einen Staatsanwalt herbei, der diese Blutprobe beschlagnahmt. Darf diese Blutprobe verwertet werden?
200. A und B sind wegen gemeinsamen Mordes an Franziska F, einer unerwiderten Liebe des A, angeklagt. A hat in seinem Tagebuch sowohl seine Probleme im Umgang mit Frauen als auch den genauen Tathergang geschildert. Noch während des Prozesses begeht A Selbstmord. Darf das Tagebuch im Verfahren gegen B verwertet werden?
201. Polizeibeamter P ist Mittelalter-Fan und setzt deshalb bei seiner nächsten Vernehmung Daumenschrauben ein. Als er diese etwas anzieht, gesteht B die Tat und sagt, wo er das Tatwerkzeug gelagert hat. Darf dieses als Beweismittel verwendet werden?

§ 29. Die freie Beweiswürdigung

Das Gericht entscheidet über das Ergebnis der Beweisaufnahme „nach seiner freien, aus dem Inbegriff der Verhandlung geschöpften Überzeugung“, § 261 (zu den Grundlagen vgl. oben 18 Rn. 16).

I. Begriff und Grenzen

1. Überzeugung und Wahrscheinlichkeit

1 Jedes empirische Beweisverfahren führt, objektiv gesehen, nur zu Wahrscheinlichkeiten. Ein Strafurteil aber muss auf Wahrheit gegründet sein. Unter Wahrheit versteht man (in diesem Zusammenhang) die Übereinstimmung mit der Wirklichkeit. Wie es wirklich gewesen ist, lässt sich aber nie genau sagen. Der Abstand zwischen objektiver Wahrheit und bloßer Wahrscheinlichkeit ist mit empirischen Mitteln nicht zu überbrücken. Der Wahrheitsbegriff hat deshalb eine subjektive (manche sagen: irrationale) Komponente: Wahr ist, wovon sich der Richter überzeugt hat.[1] Überzeugung ist subjektive Gewissheit, Für-wahrhalten ohne vernünftige Zweifel. Abstrakt-theoretische Zweifel bleiben immer und berechtigen den Richter nicht, in dubio pro reo anzuwenden.

2. Freiheit und Bindung

2 In dieser Überzeugung ist der Richter gem. § 261 frei. Ebenso wenig, wie er „gehindert werden kann, an sich mögliche, wenn auch nicht zwingende Folgerungen aus bestimmten Tatsachen zu ziehen, ebenso wenig kann ihm vorgeschrieben werden, unter welchen Voraussetzungen er zu einer bestimmten Schlussfolgerung und einer bestimmten Überzeugung kommen muss“[2].

Beispiel: In der Situation „Aussage gegen Aussage“ (Kindesmissbrauch; Vergewaltigung) gibt es die „einzig wahre“ Entscheidung nicht. Der Richter darf im Rahmen der gebotenen Gesamtwürdigung nicht schematisch verfahren und dem (mutmaßlichen) Opfer, nur weil es das Opfer ist, mehr glauben als dem Angeklagten.[3]

3 Diese Freiheit hat Grenzen. Der Richter muss die Mindeststandards vernünftiger Argumentation einhalten. Er ist an die Gesetze der Logik gebunden. Seine Ausführungen müssen widerspruchsfrei sein. Erfahrungssätze, die es nicht gibt, darf er seinen Schlüssen nicht zugrunde legen.

---

[1] Zu diesen Grundlagen *Volk*, 1980; zu anderen Entscheidungssystemen *Stein*, Rudolphi-Symposium 1995, 233.

[2] BGHSt 10, 210; NStZ 1984, 180.

[3] *BGH* NStZ 2004, 635.

Beispiele: Wenn in jener Situation („he says – she says") der Richter der einzigen belastenden Aussage glauben will, obwohl sie in einem wesentlichen Detail bewusst falsch ist, müssen Indizien für die Richtigkeit im Übrigen genannt werden, die außerhalb der Aussage selbst liegen.[4]

Das Motiv dafür, dass eine Frau einen Mann zu Unrecht der Vergewaltigung beschuldigt, kann nur Rache sein – einen solchen Erfahrungssatz gibt es nicht.[5]

Vor allem aber braucht die subjektive Überzeugung des Richters ein objek- 4
tives Fundament. Sie kann sich nur auf eine hohe Wahrscheinlichkeit vom Hergang des Geschehens gründen. Sonst könnte man nicht mehr davon sprechen, dass die Wahrheit festgestellt sei. Dieser Anspruch ist nur erfüllt, wenn andere das Urteil nachvollziehen können. Anders wäre es auch nicht möglich, es in der Revision zu überprüfen.[6] Die Feststellungen des Richters dürfen sich also nicht „so sehr von einer festen Tatsachengrundlage entfernen, dass sie letztlich bloße Vermutungen sind, die nicht mehr als einen – wenn auch schwerwiegenden – Verdacht begründen"[7].

Beispiel: Der Angeklagte holte seine Frau, die ein Kind bekommen hatte, mit dem Taxi am Krankenhaus ab. Er stieg mit der Tasche, in der das Kind lag, bei seiner Wohnung aus, die Frau fuhr weiter. Das Kind ist unauffindbar geblieben. Das Gericht verurteilte den Angeklagten, weil er es entweder im Taxi getötet habe, oder seine Frau diese Tat mit seiner Billigung im Taxi begangen habe, oder er das Kind später allein getötet oder es unbekannten Dritten gegeben habe, die es töten sollten.[8]

Sowohl die objektive hohe Wahrscheinlichkeit der Urteilsgrundlage wie auch der vernünftige Zweifel des Richters sind nur nachvollziehbar, wenn die Beweiswürdigung **umfassend** ist. Damit werden weitere Ansprüche an die Überzeugungsbildung (und Urteilsbegründung) gestellt.

3. Umfassende Beweiswürdigung

Die Aufklärungspflicht gebietet es dem Richter, allen greifbaren Anhaltspunk- 5
ten nachzugehen, und das Gebot der umfassenden Beweiswürdigung bedeutet, dass er sich erschöpfend mit den erhobenen Beweisen auseinanderzusetzen hat. Er muss alle für und gegen den Angeklagten sprechenden Gesichtspunkte würdigen, alle Schlüsse bedenken, die sich aus Tatsachen (Indizien) ziehen lassen. Die subjektive Gewissheit des Richters, aber auch der vernünftige Zweifel hat „seine Grundlage in rationaler Argumentation".[9] „Aus den Urteilsgründen muss sich ergeben, dass die einzelnen Beweisergebnisse nicht nur isoliert gewertet, sondern von einem zutreffenden Ausgangspunkt betrachtet und unter diesem Blickwinkel in eine umfassende Gesamtwürdigung eingestellt wurden".[10]

---

[4] BGHSt 44, 164; 256; *BGH* NStZ 2003, 164.
[5] *BGH* NStZ 1988, 236.
[6] Vgl. *Herdegen*, NStZ 1987, 193 und StV 1992, 527.
[7] *BGH* NStZ 1981, 33.
[8] *BGH* a. a. O.
[9] *BGH* NStZ 1990, 402.
[10] *BGH* NStZ 2001, 491, 492.

4. Überzeugung und naturwissenschaftliche Erkenntnisse

6 Für eine richterliche Überzeugungsbildung ist „dort kein Raum mehr, wo eine Tatsache auf Grund wissenschaftlicher Erkenntnisse feststeht".[11] Das ist selten der Fall:

- Blutgruppengutachten schließen die Vaterschaft definitiv aus[12]
- DNA-Analysen schließen die Täterschaft mit Bestimmtheit aus, erbringen umgekehrt aber für ihren Beweis nur einen statistischen Wahrscheinlichkeitswert[13]
- Fehlerfreie Radarmessungen beweisen die gefahrene Geschwindigkeit[14]
- Fingerabdrücke beweisen den Kontakt mit dem Gegenstand
- Ein bestimmter Blutalkoholgehalt beweist die Fahruntüchtigkeit.[15]

7 An gesicherte wissenschaftliche Erkenntnisse ist der Richter gebunden. Darf er sich – umgekehrt – eine Überzeugung dort bilden, wo die Wissenschaft Gesetzmäßigkeiten nicht nachweisen kann? Für die Fälle der Produktverantwortlichkeit (Lederspray, Holzschutzmittel) hat der *BGH* das zugelassen. Zum Nachweis der Kausalität genüge es, wenn plausible Alternativen ausgeschlossen seien.[16]

II. Die Ausnahmen

1. Beweisregeln

8 Es gibt nur noch zwei:

- Die Wahrheit der Behauptung, ein anderer habe eine Straftat begangen, darf der Richter nicht selbst würdigen, wenn es ein Urteil darüber gibt, § 190 StGB.
- Der Inhalt der Sitzungsniederschrift gilt als richtig, was die wesentlichen Förmlichkeiten betrifft, solange nicht eine Fälschung nachgewiesen ist oder das Protokoll offensichtliche Lücken aufweist, § 274 (vgl. oben 17 Rn. 27).

2. Beweisverbote

9 Das Verbot der Verwertung einer Tatsache bedeutet, dass sie in die Beweiswürdigung nicht eingestellt werden darf. Der Richter muss sie ausblenden.

3. Das Schweigen des Beschuldigten

10 Macht der Beschuldigte von seinem Recht Gebrauch, nichts zur Sache zu sagen, darf das nicht gegen ihn verwendet werden, weder als belastendes Indiz für

---

[11] BGHSt 10, 209, 211.
[12] BGHSt 6, 72.
[13] *BGH* NStZ 1994, 554; bei einem Seltenheitswert im Millionenbereich beweisen sie immerhin, dass die gesicherte Tatortspur vom Täter stammt, *BGH* NStZ 2009, 285; wie Fingerabdrücke also.
[14] *OLG Hamm* NJW 1963, 505; BGHSt 39, 291.
[15] BGHSt 21, 159; 37, 89 – in Wahrheit handelt es sich hier um eine materiell-rechtliche Auslegungsregel; zur Kritik vgl. auch *Haffke*, JuS 1972, 448.
[16] BGHSt 41, 206; vgl. dazu *Volk*, NStZ 1996, 105.

Tat- und Schuldnachweis noch bei der Strafzumessung (wo allerdings ein Geständnis meist strafmildernd wirkt). Andernfalls würde der Beschuldigte indirekt gezwungen, auf dieses Recht zu verzichten.[17] Außerdem ist der Schluss „wer schweigt, hat Schuld" alles andere als zwingend – es gibt viele Gründe, nichts zu sagen. Das Gericht darf also auch die Motive des Schweigens nicht erforschen und aus dem sonstigen Prozessverhalten keine nachteiligen Schlüsse ziehen (der Angeklagte entbindet einen Zeugen nicht von der Schweigepflicht).[18] Dem Schweigen steht es gleich, wenn der Angeklagte nur sagt, er habe die Tat nicht begangen.[19]

Das Verbot, aus dem Schweigen Schlüsse zu ziehen, gilt allerdings nur, 11
wenn der Beschuldigte zum gesamten Tatgeschehen keine Angaben macht. Der Angeklagte, der **teilweise** schweigt, sich also zu einigen Punkten einer Tat äußert und zu anderen schweigt, hat sich mit seiner Aussage selbst zum Beweismittel gemacht.[20] Dem Gericht steht es frei, aus dem teilweisen Schweigen nachteilige Schlüsse zu ziehen.[21] Ansonsten darf es dem Angeklagten nicht schaden, dass er (nur) teilweise aktiv geworden ist und Rechte wahrgenommen hat.[22]

Diese Ausnahme ist an zwei exakt zu bestimmende Voraussetzungen ge- 12
knüpft. Sie ist auf eine Tat begrenzt. Werden dem Angeklagten mehrere Taten vorgeworfen und äußert er sich nur zu einer von ihnen, handelt es sich nicht um teilweises Schweigen in diesem Sinne.[23] Außerdem muss jede von mehreren Vernehmungen für sich betrachtet werden. Hat der Beschuldigte bei einer Vernehmung Angaben gemacht (z. B. bei der Polizei) und bei einer anderen (z. B. in der Hauptverhandlung) nichts gesagt, also **zeitweise** geschwiegen, steht das dem teilweisen Schweigen nicht gleich.[24] Aus diesem unterschiedlichen Aussageverhalten dürfen keine Schlüsse gezogen werden.

Ein früher abgelegtes Geständnis darf, wenn es vor dem Richter abgelegt 13
wurde, im Wege des Urkundenbeweises und sonst durch andere Beweismittel eingeführt werden (vgl. oben 27 Rn. 19).

4. Die Verweigerung des Zeugnisses

Der Zeuge, der ein Zeugnisverweigerungsrecht hat, darf sich frei entscheiden, 14
ob und wann er aussagen will. Dieses Recht würde ihm genommen, wenn aus seinem Schweigen nachteilige Schlüsse gegen den Angeklagten gezogen werden

[17] BGHSt 25, 365, 368.

[18] BGHSt 45, 363.

[19] BGHSt 34, 324, 326; anders der Widerruf einer früheren Einlassung – er wird als Angabe zur Sache behandelt, *BGH* NStZ 1998, 209.

[20] BGHSt 20, 298, 300.

[21] Diese Freiheit hat Grenzen: Wenn der Angeklagte zu einem bestimmten Punkt schweigt, dürfen daraus nur dann nachteilige Schlüsse gezogen werden, „wenn nach den Umständen Äußerungen zu diesem Punkt zu erwarten gewesen wären, andere mögliche Ursachen des Verschweigens ausgeschlossen werden können und die gemachten Angaben nicht ersichtlich fragmentarischer Natur sind"; *BGH* NStZ 2001, 45.

[22] BGHSt 45, 367 gegen BGHSt 20, 300.

[23] BGHSt 32, 140, 145 m. Anm. *Volk*, NStZ 1984, 377.

[24] *BGH* StV 1984, 143.

dürften,[25] mag er auch den Entschluss, das Zeugnis zu verweigern, erst spät fassen[26] und vorher schon ausgesagt haben.[27] Verweigert der Zeuge die Aussage ohne Grund (§§ 52, 53, 53a), kann das zum Nachteil des Angeklagten verwertet werden.[28]

15 Anders liegt es bei § 55. Hier nimmt das Gesetz (nach h.M.) Rücksicht auf den Zeugen, nicht aber auf sein persönliches oder berufliches Verhältnis zum Angeklagten. Der Zeuge, der die Auskunft verweigern will, muss damit rechnen, dass dies für den Angeklagten ungünstig ist. Das braucht ihn aber bei seiner Entscheidung über seine eigene Lage nicht zu belasten. Er darf sich auch sicher sein, dass dieses Schweigen, sollte er später Beschuldigter werden, nicht zu seinem Nachteil verwertet werden darf (vgl. oben 28 Rn. 23 Fall 1–3).[29]

Fälle und Fragen

202. Darf ein Schweigen des Beschuldigten im Rahmen der Beweiswürdigung zu seinem Nachteil verwertet werden?
203. A bringt seine Freundin F um, die sich mittlerweile von ihm ab- und dem neuen Freund B zugewendet hat. Nachdem mehrere Selbstmordversuche des A nicht erfolgreich gewesen sind, geht er zur Polizei, verlangt nach dem Behördenleiter („es geht um Mord“) und berichtet der Polizeibeamtin auf Nachfrage, er habe seine Freundin umgebracht. In der Hauptverhandlung erklärt A nun, er habe F auf ihr Verlangen getötet; sie habe die Tötung verlangt, weil sie zerrissen gewesen sei zwischen der Liebe zu ihm und der mit der bevorstehenden Eheschließung verbundenen Hoffnung auf ein sorgenfreies Leben mit dem anderen Mann. Das Gericht hält das für eine Schutzbehauptung und stützt sich dabei unter anderem auf das Argument, A habe von einem Tötungsverlangen des Opfers bei seiner Festnahme und bei seiner polizeilichen Vernehmung nichts berichtet. Ist dieses Vorgehen des Gerichts zulässig?
204. Dürfen aus der Tatsache, dass sich ein Zeuge auf sein Auskunftsverweigerungsrecht gem. § 55 StGB beruft, negative Schlüsse für den Angeklagten und den Zeugen selbst (in einem späteren Verfahren gegen diesen) gezogen werden?

---

[25] BGHSt 22, 113; *BGH* StV 1997, 171.
[26] BGHSt 34, 324, 327.
[27] *BGH* NStZ 1985, 87.
[28] *BGH* NJW 1966, 211.
[29] BGHSt 38, 302 m. Anm. *Dahs/Langkeit*, NStZ 1993, 213.

§ 30. Das abgesprochene Urteil – Verständigung im Strafverfahren

I. Grundzüge

In jedem nicht auf Konfrontation angelegten, sondern kooperativ geführten Verfahren gibt es Verständigung zwischen Staatsanwaltschaft, Gericht und Verteidigung über den Gang und die Strukturierung des Verfahrens, Termine, etc. Eine Absprache ist von ganz anderer Qualität. Die einverständliche Beendigung des Verfahrens, bei der gewissermaßen Leistung und Gegenleistung ausgetauscht werden, hatte sich praeter (Kritiker sagen: contra) legem zu einem informellen Rechtsinstitut entwickelt. Verfahrensbeendigende Absprachen finden in allen Stadien des Verfahrens statt. Im Ermittlungsverfahren einigen sich Staatsanwaltschaft und Verteidigung über die Einstellung gem. § 153a – eine Vorschrift, die eine Verständigung implizit voraussetzt – oder eine Strafbefehlslösung. Im Zwischenverfahren, vor und während der Hauptverhandlung finden Gespräche dieser Beteiligten mit dem Gericht (meist ohne die Laienrichter) darüber statt, ob und in welchem Umfang der Beschuldigte geständig sein könnte und mit welcher Strafe er dann zu rechnen hätte, wie lange andernfalls das Verfahren dauern würde und von welcher Straferwartung das Gericht für diesen Fall ausgeht. 1

Es gibt viele (und auch gute) Gründe für eine einvernehmliche Abkürzung und Beendigung von Strafverfahren. Große Fälle von Wirtschaftskriminalität sind oft so umfangreich und rechtlich so kompliziert, dass sie kaum noch verhandelbar sind. Eine jahrelange Hauptverhandlung blockiert die Strafkammer und bringt am Ende auch nicht viel mehr an den Tag, als man zu Beginn schon überblickt. Die Einbuße an „Gerechtigkeit“ ist per Saldo gering (vgl. schon oben 3 Rn. 2). Aber auch in anderen Fällen „lohnt sich“ die Hauptverhandlung oft nicht. 2

Beispiel: In einem Steuerstrafverfahren ist der Angeklagte zu 3 Jahren und 6 Monaten Freiheitsstrafe verurteilt worden. Der *BGH* hebt in der Revision das Urteil auf, weil der Verurteilung nur die Hälfte der hinterzogenen Summe hätte zugrunde gelegt werden dürfen. Die neue Hauptverhandlung würde, wenn der Angeklagte schweigt, wiederum zu einer umfangreichen Beweisaufnahme nötigen und etwa 30 Tage dauern. Was dabei herauskommen wird: nicht mehr als 2 Jahre mit Bewährung. Das ist allen klar.

Absprachen sind aber immer auch gefährlich. Der Beschuldigte gerät unter Druck. Soll er sich auf den Deal einlassen, um die Gefahr einer höheren Strafe zu vermeiden, andererseits aber auf die Chance eines Freispruchs verzichten und ein Geständnis abgeben, das ihm widerstrebt? Manchmal ist es sein Verteidiger, der ihm dazu rät, und manchmal gerät er in diese Situation durch „Angebote“ des Gerichts und der Staatsanwaltschaft. Dieser Druck, ein Geständnis abzulegen, erreicht nicht die Stärke des § 136a. Stets jedoch gefährden Absprachen die Geltung diverser Grundsätze des Verfahrensrechts. 3

4 Es wird die Unschuldsvermutung nicht in einem justizförmigen Verfahren widerlegt, ein eventueller Zweifel des Gerichts unterdrückt (in dubio pro reo) und der nemo-tenetur-Grundsatz tangiert. Das Gericht klärt nicht, wie es Untersuchungsgrundsatz und Aufklärungspflicht gebieten, den Sachverhalt nach allen Richtungen hin vollständig auf. Der Standard der materiellen Wahrheit wird oft nicht erreicht (die Kritik, man begnüge sich bei Absprachen mit nur formeller Wahrheit, ist allerdings nicht berechtigt).[1] Die Überzeugung des Gerichts beruht nicht auf dem „Inbegriff" einer vollständig durchgeführten Beweisaufnahme. Die Staatsanwaltschaft stellt mit einer Absprache das Legalitätsprinzip in Frage. Das Gericht ist mit einer Strafe einverstanden, die milder sein mag als die nach umfassender Aufklärung erreichbare, und verhängt damit nicht die schuldangemessene Strafe (§ 46 StGB). Absprachen finden nicht im Sitzungssaal statt. Damit sind die Grundsätze der Öffentlichkeit und der Mündlichkeit betroffen. Die Verständigung wird „im kleinen Kreis" angebahnt und meist auch geschlossen – der Beschuldigte, die Laienrichter und andere Prozessbeteiligte erfahren davon erst später. Partiell werden ihnen die Rechte auf Anwesenheit und Mitwirkung genommen. Wenn der Beschuldigte, um eine Absprache auf den Weg zu bringen, Geständnisbereitschaft signalisieren lässt, die aber schließlich nicht zum Erfolg führt, könnten die Richter in die Gefahr der Befangenheit geraten sein.

Diese und andere Bedenken wurden in der Lehre kritisch akzentuiert.[2] Andere haben hervorgehoben, dass die Absprachen legitim und in Grenzen legal sind.[3]

II. Die gesetzliche Regelung

4a Das „Gesetz zur Regelung der Verständigung im Strafverfahren" vom 28. 05. 2009 hat (übereilt[4]) den von der Rechtsprechung entwickelten Regeln eine Grundlage gegeben, sie aber auch auf gefährliche Weise modifiziert (näher unten Rn. 5). Die neuen Vorschriften sind §§ 35a, 44, 160b, 202a, 212, 243 Abs. 4, 257b, 257c, 267 Abs. 3 S. 5, 273 Abs. 1, 1a. 302.

III. Die Direktiven des *BGH* und das neue Recht

5 Der *BGH* hatte sich bemüht, die praktische Konkordanz zwischen den abstrakten Prinzipien unseres Strafverfahrensrechts und den konkreten Verfah-

[1] Vgl. *Volk*, FS Salger, 411.

[2] Vgl. *Fischer*, NStZ 2007, 433; *Hassemer*, JuS 1989, 890; *Lüderssen*, StV 1990, 415; *Meyer-Goßner*, NStZ 2007, 425 (eingehend zu den Reform-Entwürfen); *Schünemann*, StV 1993, 657; *Weigend*, JZ 1990, 774.

[3] Aus der sehr umfangreichen Lit. vgl. z. B. *Böttcher/Dahs/Widmaier*, NStZ 1993, 375; *Dahs*, NStZ 1988, 153; *Hanack*, StV 1987, 500; *Leipold*, NJW-Spezial 2004, 183; *Meyer-Goßner*, ZRP 2004, 187 ff.

[4] Vgl. nur *Fischer*, NStZ 2007, 433 und StraFo 2009, 177; *Meyer-Goßner* ZRP 2009, 107; zu den grundsätzlichen strukturellen Fehlern (Absprache im „Inquisitionsprozess") *Fezer*, NStZ 2010, 177.

rensweisen der Praxis herzustellen und durch Regeln abzusichern.[5] Seine Direktiven bleiben auch nach der gesetzlichen Regelung wegweisend für deren Handhabung.

Das Gericht und die Prozessbeteiligten dürfen außerhalb der Hauptverhandlung ins Gespräch kommen (s. nun §§ 160b,, 202a, 212, 257b).[6] Absprachen müssen in öffentlicher Hauptverhandlung offen gelegt werden (§ 243 Abs. 4).[7] Als wesentlicher Verfahrensvorgang sind sie zu protokollieren (§ 273 Abs. 1, 1a).[8] Das Gericht wird durch ein Geständnis des Beschuldigten nicht von der Pflicht befreit, seine Glaubwürdigkeit zu überprüfen und anderen, sich aufdrängenden Zweifeln nachzugehen.[9] Die Strafe darf nicht außerhalb der Hauptverhandlung punktgenau festgelegt und zugesichert werden (Ober- und Untergrenze, § 257c Abs. 3 S. 2).[10] Es ist aber zulässig, eine schuldangemessene Strafobergrenze zu nennen und die Zusage abzugeben, sie nicht zu überschreiten.[11] Die Bandbreite der schuldangemessenen Strafe darf allerdings nicht unterschritten werden (vgl. § 257c Abs 3 S. 2). Man darf zwar auf die Regel hinweisen, dass ein Geständnis strafmildernd wirkt und für diesen Fall eine gewisse Strafhöhe nennen, nicht aber als Alternative eine weit höhere Strafe in Aussicht stellen; diese „Sanktionsschere" ist unzulässiger Geständniszwang.[12] Beschlüsse über die Strafaussetzung zur Bewährung, Halbstrafe, etc. waren nach der Rechtsprechung[13]nicht vorab verhandelbar, sind es aber nun (§ 257 c Abs. 2 S. 1). Zu einer Absprache müssen sich alle Verfahrensbeteiligten (auch Mitangeklagte, Nebenkläger, etc.) äußern können (§ 33).[14] Ein Rechtsmittelverzicht vor Urteilsverkündung darf weder fest vereinbart noch zur Bedingung gemacht werden (vgl. nun § 302 Abs. 1 S. 2).[15] Andererseits macht eine Absprache ohne Rechtsmittelverzicht keinen rechten Sinn. Die Rechtsprechung war zunächst nicht einheitlich: Einerseits sollte eine „vage Übereinkunft im Sinne einer Inaussichtstellung eines Rechtsmittelverzichts" unbedenklich,[16] andererseits aber

---

[5] Zusammengefasst in BGHSt 43, 195; vgl. *Satzger*, JA 1998, 98 ff.

[6] *BGH* NStZ 1985, 36f.; 2009, 701 (per se kein Grund für die Besorgnis der Befangenheit).

[7] BGHSt 38, 102, 105. Wenn das unterbleibt (oder nicht im Protokoll festgehalten wird), liegt zwar ein Verfahrensmangel vor, der zur Unwirksamkeit der Absprache oder zur Besorgnis der Befangenheit führen kann, nicht jedoch zum absoluten Revisionsgrund § 338 Nr. 6; *BGH* NStZ 2005, 162.

[8] BGHSt 43, 195, 206; *BGH* NStZ 2007, 355.

[9] *BVerfG* NStZ 1987, 419. „Bei der Verurteilung eines Angeklagten auf Grund von Geständnissen der Mitangeklagten, die Gegenstand einer verfahrensbeendenden Absprache sind, muss die Glaubhaftigkeit dieser Geständnisse in einer für das Revisionsgericht nachvollziehbaren Weise gewürdigt werden. Dazu gehören insbesondere das Zustandekommen und der Inhalt der Absprache"; *BGH* NStZ 2003, 383. Auch bei einem Geständnis muss das Gericht das Beweismaterial ausschöpfen und sich seine Überzeugung auf dieser Grundlage bilden; *BGH* NStZ 2008, 54; fortgeführt von *BGH* NStZ 2008, 173. Das war aber schon vor 500 Jahren so; *Volk*, NJW-Spezial 2009, 422 – scheinheilig wie eh und je.

[10] BGHSt 42, 46, 48.

[11] BGHSt 43, 195; zur Hinweispflicht bei Überschreitung *BGH* NStZ 2005, 87f.

[12] *BGH* NStZ 2007, 655; 2008, 170; s. auch oben 9 Rn. 15 und 19 Rn. 13.

[13] BGHSt 40, 287, 290; *BGH* NJW 1995, 2568.

[14] BGHSt 37, 298, 304; Zwischenberatung: BGHSt 38, 102, 105.

[15] BGHSt 43, 195; 45, 227.

[16] *BGH* NStZ 2002, 496.

selbst jedes „Hinwirken" auf den Verzicht bedenklich sein.[17] Der Große Senat des *BGH* hatte Klarheit geschaffen: „Das Gericht darf im Rahmen einer Urteilsabsprache an der Erörterung eines Rechtsmittelverzichts nicht mitwirken und auf einen solchen Verzicht auch nicht hinwirken".[18] Geschieht das doch, ist der Rechtsmittelverzicht unwirksam.[19] Dieses „Verdikt" entfällt allerdings im Interesse der Rechtssicherheit, „wenn dem Rechtsmittelberechtigten über die Freiheit, unbeschadet der Absprache Rechtsmittel einlegen zu können, eine von der eigentlichen Rechtsmittelbelehrung[20] abgehobene, qualifizierte Belehrung erteilt worden ist" (übernommen in § 35 a, S. 3 überflüssig wegen § 302 Abs. 1 S. 2) .[21]

Die Absprache ist bindend. Es handelt sich nicht mehr nur um eine gerichtliche Zusage, sondern um eine Vereinbarung des Gerichts mit den Verfahrensbeteiligten (§ 257 c Abs. 1 S. 1). Der prinzipielle Konflikt mit der Aufklärungspflicht (§ 257 c Abs. 1 S. 2) ist so nicht lösbar – entweder Konsens oder Wahrheit von Amts wegen. Die vorgeschriebene Zustimmung der Staatsanwaltschaft (§ 257 c Abs. 3 S. 4) kollidiert mit der verfassungsrechtlich garantierten Unabhängigkeit der Richter. Das Gericht konnte sich nach der Rechtsprechung von einer Absprache nur lösen, „wenn schon bei der Urteilsabsprache vorhandene relevante tatsächliche oder rechtliche Aspekte übersehen wurden, oder wenn sich in der Hauptverhandlung neue (d.h. dem Gericht bisher unbekannte) schwerwiegende Umstände zu Lasten des Angeklagten ergeben".[22] Die neue Regelung geht darüber zweifach hinaus. Die Bindung entfällt, wenn der in Aussicht gestellte Strafrahmen dem Gericht nicht mehr angemessen erscheint (§ 257 c Abs. 4 S. 1). Wozu dann eine formelle Absprache, wenn das inquisitorische Prinzip den Konsens aushebeln kann? Noch gefährlicher ist, dass das Gericht von der Verständigung abgehen darf, „wenn das weitere Prozessverhalten des Angeklagten nicht dem Verhalten entspricht, das der Prognose des Gerichts zugrunde gelegt worden ist" (§ 257c Abs. 4 S. 2). Damit kann das Gericht die Verteidigung des Angeklagten steuern und ihn „bedrohen".

IV. Absprachen und fair-trial

6 Die Absprache schafft einen Vertrauenstatbestand. Es ist unfair gegenüber dem Angeklagten, der das Risiko trägt, dass sie eingehalten wird, ohne triftigen Grund von ihr abzuweichen.[23] Geschieht das aber doch, darf der Angeklagte

[17] *BGH* StV 2004, 4.

[18] *BGH* GrS NStZ 2005, 389. Zu den vielen Zweifelsfragen, die offen geblieben sind, vgl. *Dahs*, NStZ 2005, 580 ff.

[19] Das greift aber nicht aber die Absprache über, sie bleibt wirksam, *BGH* NStZ 2008, 416.

[20] S. unten 31 Rn. 11.

[21] *BGH* a. a. O. Sie ist als wesentliche Förmlichkeit zu protokollieren, § 273. Ist die qualifizierte Belehrung unterblieben, kann Wiedereinsetzung gegen die versäumte Frist zur Einlegung des Rechtsmittels gewährt werden; die Vermutung des § 44 S. 2 gilt hier nicht.

[22] *BGH* NStZ 2008, 416, 417.

[23] *BGH* StV 1997, 583, 587; NStZ 2005, 115.

nicht behandelt werden, als hätte es keine Absprache gegeben.[24] Eine „Verwirkung des staatlichen Strafanspruchs" über die in Aussicht gestellte Strafe hinaus lehnt der *BGH* ebenso ab wie die Konstruktion eines Verfahrenshindernisses (wie auch bei anderen Konstellationen „treuwidrigen" Verhaltens des Staates, vgl. oben 14 Rn. 27f.). Er hält eine wesentliche Strafmilderung für geboten.[25] Wie bei anderen Vereinbarungen kann sich ein Dissens ergeben.

Beispiel: Der Angeklagte war der Ansicht, dass die Vereinbarung, nach der andere Taten nicht mehr verfolgt werden sollten, alle im Ermittlungsverfahren erhobenen Beschuldigungen erfasse, während die Staatsanwaltschaft nur die angeklagten und nicht auch die ausgeschiedenen (§ 154) Taten meinte.[26]

Der *BGH* hat aus dem fair-trial-Grundsatz ein Verwertungsverbot für das 7
Geständnis abgeleitet (vgl. nun § 257 c A bs. 4 S. 3, aber eng begrenzt auf die Prozesslagen S. 1 und 2!).[27] Kann der Angeklagte nach der Beweislage auch ohne Geständnis verurteilt werden, muss die Strafe milder ausfallen. Überraschende Entscheidungen sind, wie stets, nicht statthaft. Will das Gericht sich nicht an die Absprache halten, gebietet es der Fairness-Grundsatz, den Angeklagten darauf hinzuweisen (vgl. nun § 257 c Abs. 4 S. 4).[28]

Wenn die Staatsanwaltschaft in die Absprache eingebunden war, sich dann aber einseitig davon löst (was den Grundsatz des fairen Verfahrens verletzt), muss das Gericht alle Spielräume ausnutzen, um die getroffene Absprache so weit wie möglich einzuhalten.[29]

Fälle und Fragen

205. Was versteht man unter dem so genannten „deal" und gibt es hierfür eine gesetzliche Regelung?
206. Was spricht für und was gegen eine Verständigung im Strafverfahren?
207. Welche Grundsätze hatte die höchstrichterliche Rechtsprechung zur Zulässigkeit eines „deals" aufgestellt?
208. Staatsanwaltschaft und Verteidigung haben sich im Ermittlungsverfahren darauf geeinigt, den Beschuldigten nicht anzuklagen, sondern das Verfahren gem. § 153a einzustellen. Dennoch erhebt die Staatsanwaltschaft wenig später Anklage. Ist diese zulässig?
209. Im Rahmen einer von Gericht, Staatsanwaltschaft und Verteidigung vorgenommenen Absprache einigt man sich auch auf einen Rechtsmittelverzicht. Nach der Urteilsverkündung geben Staatsanwaltschaft und Verteidigung jeweils einen Rechtsmittelverzicht ab. Dem Verurteilten kommen danach jedoch Bedenken und er möchte sich gegen das Urteil doch noch wehren. Ist dies nach der neuen Gesetzeslage möglich?

---

[24] Vgl. *Beulke/Satzger*, JuS 1997, 1079.
[25] BGHSt 37, 10, 14.
[26] BGHSt 42, 191, 194.
[27] BGHSt a. a. O.
[28] BGHSt 36, 210, 216.
[29] *BGH* NStZ 2008, 416, 417.

§ 31. Das Urteil

I. Begriffe

1 Mit dem Urteil schließt die Hauptverhandlung (§ 260 Abs. 1). Das Verfahren in der Instanz ist damit beendet. Zwischenurteile gibt es nicht. Das Urteil muss den Prozessgegenstand erschöpfend erledigen (näher dazu unten Rn. 5).[1] Teilurteile gibt es nicht (Ausnahme: das Grund- und Teilurteil im Adhäsionsverfahren, § 406 Abs. 1 S. 2; dazu unten 39 Rn. 35). Sachurteile lauten auf Verurteilung oder Freispruch (§ 267 Abs. 1, 5). Hat sich in der Hauptverhandlung ein Prozesshindernis herausgestellt, wird das Verfahren durch Prozessurteil eingestellt (§ 260 Abs. 3).

II. Das Prozessurteil

2 Nach der Funktion, die den Prozessvoraussetzungen von der h.M. zugeschrieben wird (vgl. oben 14 Rn. 2), sollte man meinen, dass ein Prozesshindernis zu einer Prozessentscheidung zwingt und jede Entscheidung in der Sache unmöglich macht. Dennoch ist unbestritten, dass in einigen Situationen der Freispruch Vorrang hat.

1. Entscheidungsreife

3 Wird das Prozesshindernis erst entdeckt, wenn nach dem bisherigen Verlauf der Beweisaufnahme schon feststeht, dass man dem Angeklagten eine Straftat nicht nachweisen kann, ist also die Unschuldsvermutung nicht widerlegt, darf er erwarten, dass dies durch einen Freispruch manifestiert und nicht durch ein Prozessurteil abgeblockt wird.[2] Das Gleiche gilt, wenn der Freispruch zum Greifen nahe liegt, also nur noch wenig Aufwand in der Beweisaufnahme betrieben werden muss.[3]

2. Konkurrenz

4 Es geht um die Fälle, in denen das angeklagte Tatgeschehen zwei (oder mehrere) tateinheitlich zusammentreffende Straftaten umfasst. Nun ist nach dem Ergebnis der Hauptverhandlung die eine von einem Prozesshindernis betroffen

---

[1] *BGH* NStZ 1984, 212.
[2] BGHSt 20, 333.
[3] Vgl. *BGH* NStZ-RR 1996, 299.

(z. B. verjährt), die andere nicht nachweisbar bzw. nicht begangen. Das Urteil kann nur einheitlich sein und nicht teilweise auf Einstellung, teilweise auf Freispruch lauten. Der schwerer wiegende Vorwurf bestimmt, wie zu entscheiden ist.

Beispiele: Das Verbrechen ist nicht erwiesen, das Vergehen nicht verfolgbar – Freispruch. Der Einbruchdiebstahl ist nicht beweisbar, beim Hausfriedensbruch fehlt der Strafantrag – Freispruch.

Fall: Dem Angeklagten wird ein vorsätzlicher Verstoß gegen das BtMG vorgeworfen (Handeltreiben). Das Gericht stellt das Verfahren ein, weil die Beratung ergeben habe, dass man ihm nur eine fahrlässige Tat nachweisen könne, die aber verjährt sei.

Das Gericht hätte auf diesen Wechsel des rechtlichen Gesichtspunktes zunächst hinweisen müssen (§ 265, vgl. oben 13 Rn. 6). Außerdem hat es den Vorrang des Freispruchs verkannt.[4]

III. Das Sachurteil

Das Urteil darf über die angeklagte Tat nicht hinausgehen (vgl. oben 13 Rn. 5), aber auch nicht hinter ihr zurückbleiben und nur Teile erfassen. Ob es den Prozessgegenstand erschöpfend erledigt, ergibt ein Vergleich zwischen der im Eröffnungsbeschluss zugelassenen Anklage mit der Urteilsformel,[5] bezogen auf den Umfang des Geschehens (§ 264 Abs. 1). In der rechtlichen Würdigung der angeklagten Tat ist das Gericht frei (§ 264 Abs. 2). 5

1. Die Regel: Verurteilung oder Freispruch

Über eine Tat kann nur einheitlich entschieden werden.[6] Lag dem Eröffnungsbeschluss die Annahme von Idealkonkurrenz (§ 52 StGB) zwischen verschiedenen Straftaten zugrunde, wird der Angeklagte aber nur wegen einer von ihnen verurteilt, ergeht nicht „im Übrigen" Teilfreispruch. Dass und weshalb er teilweise nicht verurteilt wird, ergibt sich (nur) aus den Gründen. 6

2. Die Ausnahme: Teilfreispruch

Sie kommt, obwohl nur eine Tat im prozessualen Sinne vorliegt, in mehreren Varianten vor.

a) Materiellrechtlich stehen die Delikte im Verhältnis der Realkonkurrenz zueinander (vgl. oben 13 Rn. 15). Eine dieser Straftaten ist nicht begangen bzw. nicht beweisbar. Das muss im Urteilstenor (vgl. unten Rn. 13) durch Teilfreispruch zum Ausdruck kommen („im Übrigen wird der Angeklagte freigesprochen"). 7

---

[4] BGHSt 36, 340.
[5] *BGH* NStZ 1993, 551.
[6] *BGH* NStZ 1985, 15.

8 b) Das Gericht will wegen eines Vorwurfs, der nach Anklage und Eröffnungsbeschluss mit den anderen real konkurrieren sollte, nicht verurteilen, ist aber der Meinung, dass er bei richtiger rechtlicher Würdigung zu den anderen Vorwürfen im Verhältnis der Tateinheit stehen würde. Dennoch muss Teilfreispruch ergehen.[7] Die Pflicht, das Urteil an der im Eröffnungsbeschluss zugelassenen Anklage zu orientieren, wirkt sich als Bindung aus; so weit reicht die Freiheit des § 264 Abs. 2 nicht.

9 c) Diese Bindung entfällt, wenn die Annahme von Tateinheit offensichtlich fehlerhaft war und Tatmehrheit vorliegt. Dann darf der Angeklagte nicht um den Teilfreispruch gebracht werden.[8]

Diese Ausnahmen sind mit dem prozessualen Begriff der Tat und der Einheit, die er stiftet, nicht vereinbar, dennoch aber sachgerecht, weil sie dem sozialen Sinn des Vorwurfs mehrerer Straftaten (im materiellrechtlichen Sinne) entsprechen.

IV. Beratung und Abstimmung

10 Die Beratung, zwingend vorgeschrieben in § 260 Abs. 1, ist nicht Teil der Hauptverhandlung (wichtig für § 273). Sie verläuft geheim (§§ 43, 45 Abs. 1 S. 2 DRiG). Nach der Beratung wird abgestimmt (§§ 192–197 GVG). Das Gesetz regelt nur, wer in welcher Reihenfolge abstimmt, nicht aber, worüber und wie abgestimmt wird. Aus der „Natur der Sache“ folgt, dass zunächst über Prozessvoraussetzungen abgestimmt wird (mit einfacher Mehrheit, § 263 Abs. 3; § 196 Abs. 1 GVG). Dann wird über die Schuldfrage entschieden, die Gesamtheit der materiellrechtlichen Voraussetzungen für die Rechtsfolge Strafe also, und zwar insgesamt und nicht etwa punktuell (Tatbestandsmäßigkeit – Rechtswidrigkeit – Schuld, etc.). Zu einer Verurteilung ist eine 2/3-Mehrheit erforderlich (§ 263 Abs. 1, 2; Sonderregelung zu § 196 Abs. 1 GVG). Das Gleiche gilt für die Straffrage, den Rechtsfolgenausspruch also. In der Schuld- und Straffrage können sich somit die Schöffen einer Strafkammer in erster Instanz nicht gegen die Berufsrichter durchsetzen (vgl. § 76 Abs. 1 GVG).

V. Die Urteilsverkündung

11 Sie gehört zur Hauptverhandlung. Daher müssen die in § 226 bezeichneten Personen, der Angeklagte (§ 230) und, bei notwendiger Verteidigung, sein Verteidiger anwesend sein. Der Richter (Vorsitzende, § 238 Abs. 1) verkündet das Urteil dadurch, dass er die zuvor schriftlich niedergelegte Urteilsformel (vgl. unten Rn. 13) verliest, die Urteilsgründe (die meist noch nicht schriftlich abgefasst sind) mitteilt (§ 268 Abs. 2) und den Betroffenen (nicht die StA bei Freispruch) über seine Möglichkeiten belehrt, Rechtsmittel einzulegen (§ 35 a). Bis zum Ab-

---

[7] *BGH* NStZ 1988, 212.
[8] *BGH* NStZ 1992, 398; NStZ-RR 1996, 202, 203.

schluss der Verkündung, dem letzten Wort zu den Gründen also, kann wieder in die Verhandlung eingetreten werden. Erzwingen können die Verfahrensbeteiligten das aber durch Anträge nach dem Beginn der Urteilsverkündung nicht mehr.[9]

VI. Inhalt und Aufbau des Urteils

1. Urteilseingang

Dieser Teil („Rubrum" – in alter Zeit rot geschrieben) enthält die Bezeich- **12**
nung als Urteil im Namen des Volkes (§ 268 Abs. 1), nennt die Personalien des Angeklagten, die Sitzungstage und die Richter, Protokollführer und Verteidiger, die daran teilgenommen haben (§ 275 Abs. 3).

2. Urteilstenor (-formel, -spruch)

Der Urteilstenor lautet auf Einstellung, Verurteilung oder Freispruch. Er ist **13**
entscheidend für den Umfang der Rechtskraft und, bei einer Verurteilung, für die Strafvollstreckung. Die Einzelheiten sind in § 260 Abs. 4 geregelt.

3. Paragraphenliste

Die detaillierte Angabe der angewandten Vorschriften (§ 260 Abs. 5) ist die Grundlage für die Eintragung im Bundeszentralregister (§§ 20, 5 Abs. 1 Nr. 6 BZRG). Verlesen wird sie nicht.

4. Urteilsgründe

a) Verurteilung, § 267 Abs. 1–3

Übersicht 23: Aufbau der Urteilsgründe

14

Es ist allgemeine Übung, eine bestimmte Gliederung einzuhalten (die aber nicht durch Überschriften, Zahlen, etc. kenntlich gemacht werden muss).
- Die persönlichen Verhältnisse des Angeklagten
  („X wurde am 10. April 1963 in Hamburg geboren, besuchte die Grundschule, begann eine Lehre als ...")
- Der Tathergang, so dass man „die für erwiesen erachteten Tatsachen" den „gesetzlichen Merkmalen der Straftat" zuordnen kann (§ 267 Abs. 1 S. 1).
  („... betrat am 2. Juni 1998 gegen 10.00 Uhr die Schalterhalle der Volksbank, richtete eine Pistole auf den Schalterbeamten S und forderte ...")

---

[9] BGHSt 15, 263, 264; *BGH* NStZ 2005, 395.

– Die Beweiswürdigung
(„Dieser Sachverhalt steht fest auf Grund der glaubwürdigen Aussagen der Zeugen …“)
– Die rechtliche Würdigung
(„… hat damit den Tatbestand der räuberischen Erpressung erfüllt, weil …“)
– Die Strafzumessung
(„… war zu berücksichtigen, dass der Angeklagte einschlägig vorbestraft ist. Zu seinen Gunsten fällt ins Gewicht, dass …“).

15 Die gesetzliche Regelung in § 267 enthält nur ein Minimalprogramm, das von der Rechtsprechung der Obergerichte bedeutend erweitert worden ist. Den verschärften Anforderungen an die Beweiswürdigung (vgl. oben 29 Rn. 4f.) muss die schriftliche Urteilsbegründung entsprechen, weit über § 267 Abs. 1 S. 2 hinaus.[10] Sie dient aber „weder der Darstellung eines bis in verästelte Einzelheiten aufzuarbeitenden Gesamtgeschehens noch der Nacherzählung des Ablaufs der Ermittlungen oder des Gangs der Hauptverhandlung“;[11] der Leser muss die wesentlichen tatsächlichen Feststellungen und die tragenden rechtlichen Erwägungen leicht erkennen können.

b) Freispruch, § 267 Abs. 5 S. 1

16 Der Tenor lautet auf Freispruch. Ob er „wegen erwiesener Unschuld“ oder aus „Mangel an Beweisen“ ergangen ist, ergibt sich nur aus den Gründen. Sie müssen, wie bei einer Verurteilung, für das Revisionsgericht überprüfbar sein. So darf z.B. nicht auf die Darstellung des äußeren Tathergangs verzichtet werden, weil es ohnehin am Vorsatz fehle.[12]

c) Abgekürzte Urteilsbegründung

Wenn das Urteil nicht anfechtbar ist, kann man die Gründe kürzer fassen. Bei Verurteilung (§ 267 Abs. 4) ebenso wie bei Freispruch (Abs. 5 S. 2).

5. Unterschrift

Das Urteil wird von den Richtern unterschrieben (§ 275 Abs. 2).

Fälle und Fragen

210. Was ist der Unterschied zwischen einem Sachurteil gem. § 260 Abs. 1 und einem Prozessurteil nach § 260 Abs. 3?
211. Was ist der Gegenstand der Urteilsfindung?
212. Wie ist ein Urteil aufgebaut und was beinhalten die Urteilsgründe?

---

[10] *BGH* NJW 1980, 2423.
[11] *BGH* NStZ 2007, 720.
[12] *BGH* NJW 1991, 2094.

§ 32. Die Rechtskraft

I. Formelle Rechtskraft

Formell rechtskräftig ist eine Entscheidung, wenn sie von den Verfahrensbeteiligten nicht (oder nicht mehr) mit einem ordentlichen Rechtsmittel angefochten werden kann. Sie ist dann nicht mehr abänderbar. 1

1. Urteile

werden formell rechtskräftig wenn 2
- die Rechtsmittelfrist ungenutzt abgelaufen ist
- ein eingelegtes Rechtsmittel zurückgenommen wird oder alle, die es einlegen könnten, darauf verzichtet haben (§ 302)
- das Revisionsgericht in der Sache selbst entschieden hat (§ 354 Abs. 1).

Relative Rechtskraft tritt ein, wenn ein Prozessbeteiligter das Urteil noch anfechten kann, ein anderer nicht mehr. 3

Beispiel: Der Angeklagte hat nach der Urteilsverkündung auf Rechtsmittel verzichtet; die Staatsanwaltschaft hat sich noch nicht entschieden.

Die relative Rechtskraft ist nur von Bedeutung für die Frage, zu wessen Gunsten oder Lasten ein Urteil im Rechtsmittelzug geändert werden darf (vgl. unten 34 Rn. 25) und für die Anrechnung der Untersuchungshaft (§ 450 Abs. 1; vgl. das Beispiel).

Nur die **absolute** Rechtskraft, die Unanfechtbarkeit für alle Verfahrensbeteiligten, macht das Urteil vollstreckbar (§ 449) und löst die Sperrwirkung der materiellen Rechtskraft aus. Zur **Teilrechtskraft** vgl. unten 34 Rn. 18 ff. 4

2. Beschlüsse

Formell rechtskräftig werden nur Beschlüsse, die mit sofortiger Beschwerde (§ 311) oder gar nicht anfechtbar sind (z. B. §§ 81 c Abs. 3 S. 4; 349 Abs. 2). Alle anderen Beschlüsse können mit der einfachen Beschwerde, die nicht an eine Frist gebunden ist, angefochten und überdies vom Gericht selbst abgeändert werden. Deshalb werden sie nicht formell rechtskräftig. 5

II. Materielle Rechtskraft (Urteile)

1. Die Funktion der Rechtskraft

Das unanfechtbare, unabänderliche, also formell rechtskräftige Urteil wird auch materiell rechtskräftig: Es löst eine **Sperrwirkung** aus. Durch die Entschei- 6 dung in der Sache ist ein „Verbrauch der Strafklage" eingetreten. Der Verurteilte darf wegen derselben Sache nicht noch einmal verurteilt werden (ne bis in idem, Art. 103 Abs. 3 GG). Schon ein neues Verfahren gegen ihn ist deshalb unzulässig (vgl. oben 14 Rn. 20).[1] Auch gegen den Freigesprochenen darf die Strafverfolgung nicht noch einmal betrieben werden. Die materielle Rechtskraft lässt aber nicht nur ein Verfahrenshindernis entstehen. Ihre zweite Bedeutung liegt darin, dass sie ein subjektives Recht schafft.[2]

7 Das verurteilende Erkenntnis wird nun vollstreckbar (§ 449, **Vollstreckungswirkung**). In manchen Beziehungen hat es Feststellungswirkung (z.B. § 66 Abs. 1 Nr. 1 StGB). Auch Prozessurteile werden materiell rechtskräftig, wenn sie die Einstellung des Verfahrens wegen eines nicht mehr behebbaren Verfahrenshindernisses aussprechen.[3]

2. Der Umfang der Rechtskraft

8 Nur der Tenor der Entscheidung wird rechtskräftig. Die Urteilsgründe „sperren" und binden nicht.[4] In einem anderen Verfahren darf man davon abweichen und sich sogar zu ihnen in Widerspruch setzen.

Beispiele: A ist vom Vorwurf des Diebstahls freigesprochen worden. B wird wegen Anstiftung zu diesem Diebstahl verurteilt; die Urteilsgründe führen aus, dass A den Diebstahl begangen habe.
A ist wegen Diebstahls verurteilt worden. B wird vom Vorwurf der Begünstigung mit der Begründung freigesprochen, das Gericht sei nicht davon überzeugt, dass A einen Diebstahl begangen habe. Zu einer Ausnahme vgl. oben 29 Rn. 8.

3. „Ergänzungsklage"

9 Stellt sich später heraus, dass man den Sachverhalt nicht vollständig aufgeklärt oder einen rechtlichen Gesichtspunkt übersehen hat, bleibt es bei der rechtskräftigen Entscheidung. Eine Ergänzungsklage ist nicht zulässig. Das gilt auch dann, wenn der Umstand noch gar nicht berücksichtigt werden konnte, weil er erst später eingetreten ist (das Opfer der Körperverletzung verstirbt nach dem Urteil). Diese seltenen Fälle sind hinzunehmen und kein Grund, die festen Grenzen der Rechtskraft zu lockern.[5]

4. Das „Wesen" der Rechtskraft

10 Diese nur theoretisch interessante, praktisch folgenlose Frage ist weitgehend geklärt. Das rechtskräftige Urteil schafft, wenn es falsch ist, weder neues materielles Recht (begründet also nicht einen „Strafanspruch" gegen den Beschuldigten) noch gestaltet es die Rechtslage so, dass der Unschuldige nun die Stellung

---

[1] BVerfGE 3, 248, 251; BGHSt 5, 323, 328.
[2] BVerfGE 23, 191, 203 ff.
[3] Str., a. A. *Meyer-Goßner*, Einl. Rn. 172; zweifelnd BGHSt 32, 209, 210.
[4] BVerfGE 36, 174, 184 ff.
[5] BVerfGE 65, 377, 381; *Achenbach*, ZStW 87 [1975], 74 ff.

eines Schuldigen hätte. Die Wirkungen der Rechtskraft beschränken sich auf das Prozessrecht (prozessrechtliche Rechtskrafttheorie). Die Vollstreckung eines Fehlurteils ist prozessual zulässig. Materiellrechtlich bleibt sie rechtswidrig. Für den zu Unrecht Verurteilten, der in den Strafvollzug eingeliefert wird, besteht zwar eine Notwehrlage; verteidigen darf er sich aber nur in der erforderlichen, gebotenen Weise (Rechtsmittel).

5. Der Wegfall der Rechtskraft

Die bereits eingetretene Rechtskraft wird wieder beseitigt, wenn 11
- Wiedereinsetzung in den vorigen Stand gewährt wird (vgl. oben 15 Rn. 24)
- ein Wiederaufnahmeverfahren erfolgreich ist (§§ 359 ff.; vgl. unten 38 Rn. 23)
- das Revisionsgericht ein Urteil aufhebt, das der Betroffene selbst nicht angefochten hatte (§ 357, vgl. unten 36 Rn. 55)
- das BVerfG ein Urteil aufhebt (z.B. nach Verfassungsbeschwerde, §§ 79 Abs. 1, 95 Abs. 2 BVerfGG).

6. Vorfragenkompetenz

Selten ist die Bindung an rechtskräftige Strafurteile (§ 190 S. 2 StGB). 12 Rechtskräftige Zivilurteile sind bindend, wenn sie die Rechtslage gestalten (z.B. Ehescheidungsurteile) oder sonst für und gegen alle wirken (§§ 640 ff. ZPO, Vaterschaftsfeststellung). Ansonsten entscheidet das Strafgericht selbst über zivilrechtliche Vorfragen (§ 262). Verwaltungsakte binden den Strafrichter, wenn sie rechtsgestaltend (z.B. die Ernennung zum Beamten, die Verleihung der Staatsangehörigkeit) oder Voraussetzung der Strafbarkeit sind (die Befugnis im Umweltstrafrecht).

7. Die internationale Geltung

Grundsätzlich stehen Urteile ausländischer Gerichte einer Strafverfolgung in 13 Deutschland nicht entgegen. Sie verbrauchen die Strafklage nicht.[6] Die Ausnahmen, geschaffen durch zwischenstaatliche Vereinbarungen, werden immer zahlreicher und wichtiger. Das Schengener Durchführungsabkommen (19. 6. 1990) sieht in Art. 54 vor, dass ein rechtskräftig Verurteilter durch eine andere Vertragspartei nicht verfolgt werden darf (wenn die Strafe bereits vollstreckt ist oder gerade vollstreckt wird, Einschränkungen in Art. 55).[7] Auch ein rechtskräftiger Freispruch verbraucht die Strafklage,[8] ebenso wie eine abschließende Entscheidung der StA, die (nach nationalem Recht) bestandskräftig ist.[9] Das SDÜ gilt zwischen der Bundesrepublik Deutschland, Frankreich, den Benelux-Staaten, Portugal und Spanien; Griechenland, Italien und Österreich haben es

[6] *BGH* StV 1986, 292; 1988, 18: Strafzumessungsfrage.
[7] Vgl. BGHSt 45, 123.
[8] BGHSt 46, 307.
[9] *EuGH* NStZ 2003, 333; *Radtke/Busch*, NStZ 2003, 281 ff.

noch nicht in Kraft gesetzt. Das Statut des Internationalen Strafgerichtshofs in Den Haag enthält die Bestimmung (Art. 10), dass niemand vor ein nationales Gericht gestellt werden darf, wenn wegen seiner Taten bereits vor dem *IStGH* verhandelt wurde.[10]

III. Materielle Rechtskraft (Beschlüsse)

14 Formell rechtskräftige Beschlüsse (vgl. oben Rn. 5) werden auch materiell rechtskräftig. Umstritten ist die Frage nach dem Umfang der Rechtskraft von Beschlüssen, die eine Sachentscheidung treffen und das Verfahren wegen einer Tat beenden. Einige Fälle sind im Gesetz geregelt. Danach tritt beschränkte Rechtskraft ein. Hat das Gericht den Antrag im Klageerzwingungsverfahren verworfen, ist die Einstellung des Verfahrens beschränkt rechtskräftig. Die Staatsanwaltschaft kann eine Anklage in derselben Sache dann nur auf Grund neuer Tatsachen oder Beweismittel erheben (§ 174 Abs. 2). Im gleichen Umfang rechtskräftig ist der Beschluss, mit dem die Eröffnung des Hauptverfahrens abgelehnt wird (§ 211). Aus diesen Vorschriften wird vielfach ein allgemeiner Grundgedanke abgeleitet und auf die gesetzlich nicht geregelten Fälle angewandt, vor allem bei §§ 153 b Abs. 2, 154 Abs. 2. Andererseits ist bei § 153a festgelegt, dass die Strafverfolgung wegen eines Verbrechens erneuert werden darf (auch wenn keine neuen Tatsachen oder Beweismittel vorliegen). Wegen des Sachzusammenhangs mit § 153 kann für diese Form der Einstellung nichts anderes gelten (vgl. oben 12 Rn. 21).

Fälle und Fragen

213. Was versteht man unter der formellen, was unter der materiellen Rechtskraft?
214. Was versteht man unter dem „ne bis in idem"-Grundsatz und wo ist er geregelt?
215. Was ist von der Rechtkraft umfasst?
216. A wird wegen einfachen Diebstahls angeklagt und auch rechtskräftig verurteilt. Später stellt sich heraus, dass er eine Waffe bei sich geführt hat (§ 244 Abs. 1 Nr. 1 a StGB). Kann erneut Anklage erhoben werden? Abwandlung: Wie wäre es, wenn das Verfahren gegen A nach § 153 Abs. 2 eingestellt worden wäre?

---

[10] Vgl. *Ambos*, ZRP 1996, 263.

§ 33. Besondere Verfahrensarten

I. Das Strafbefehlsverfahren, §§ 407ff.

1. Bedeutung

Die Mehrzahl aller Strafverfahren endet mit einem Strafbefehl. In diesem summarischen Verfahren wird nach Aktenlage entschieden, ohne Hauptverhandlung, schriftlich, nicht öffentlich und ohne Beteiligung von Laienrichtern, ohne dass immer ein Verteidiger notwendig wäre. Der Richter muss einem Strafbefehlsantrag der Staatsanwaltschaft nicht entsprechen, kann ihn aber auch nicht modifizieren (s. unten Rn. 4, 5). Der Beschuldigte, der ihn nicht akzeptiert und auf einer Hauptverhandlung besteht, riskiert, dass die Strafe höher ausfällt. 1

2. Anwendungsbereich

In diesem Verfahren können Vergehen geahndet werden, wenn nur die in § 407 Abs. 2 genannten Rechtsfolgen in Betracht kommen (die immerhin bis zu einem Jahr Freiheitsstrafe mit Bewährung reichen). Dafür ist das Amtsgericht zuständig und dort stets der Strafrichter. Nach der Änderung des § 25 GVG ist der Strafrichter bei einer Straferwartung bis zu zwei Jahren Freiheitsstrafe zuständig, so dass die alte Regelung in § 407 Abs. 1 S. 1 2. Alt. (Zuständigkeit des Schöffengerichts) überholt und ohne Anwendungsbereich ist. 2

3. Verfahren

a) Antrag

Die Staatsanwaltschaft stellt einen Strafbefehlsantrag (§ 407 Abs. 1). Da ihn der Richter nur unterschreiben, den Erlass ablehnen oder Hauptverhandlung anberaumen kann (§ 408 Abs. 2, 3), gilt bereits für den Antrag der Katalog, den § 409 Abs. 1 für den Inhalt des Strafbefehls aufstellt (bis auf die Belehrung, Nr. 7). Der Strafbefehlsantrag ist eine besondere Form der Anklage (§ 407 Abs. 1 S. 4). Auch der Strafbefehl als richterliche Entscheidung in der Sache darf nicht ohne eine Anklage erlassen werden (Anklageprinzip), und wenn das Verfahren durch Einspruch des Beschuldigten in das ordentliche Verfahren übergeht, muss es einen Anklagesatz geben, der verlesen wird (§§ 411 Abs. 1 S. 2, 212ff., 243 Abs. 3 S. 1). 3

b) Die richterliche Entscheidung

Der Antrag kann im Verfahren vor dem Amtsgericht auch nach Eröffnung des Hauptverfahrens noch gestellt werden, wenn der Angeklagte ausgeblieben 3a oder abwesend ist (s. oben 20 Rn. 3). Das Verfahren soll nicht stecken bleiben, sondern in ein Strafbefehlsverfahren übergeleitet werden und ohne großen Aufwand erledigt werden (§ 408 a). Es dient diesem Interesse, dass der Antrag auch mündlich gestellt werden darf (Abs. 1 S. 2).

4 Der Richter lehnt den Antrag ab, wenn er den Angeschuldigten nicht für hinreichend verdächtig hält (§ 408 Abs. 2 S. 1). Daraus ziehen einige den Umkehrschluss, dass der Richter von der Schuld des Betroffenen nicht überzeugt sein, sondern ihn nur für hinreichend verdächtig halten muss.[1] Da aber ein rechtskräftiger Strafbefehl einem Urteil gleichsteht (§ 410 Abs. 3), hätten wir es nach dieser Ansicht mit einer „Verdachtsstrafe“ zu tun, einem Urteil auf Verdacht. Dagegen muss man daran festhalten, dass auch für den Erlass des Strafbefehls die richterliche Überzeugung erforderlich ist.[2] Dem Richter steht hierfür allerdings nur der Akteninhalt als schmale Basis zur Verfügung. Damit ist die Kontroverse praktisch entschärft und der Unterschied der Standpunkte nicht mehr groß.

5 Ist der Richter von der Schuld des Angeklagten überzeugt, kann er dennoch Bedenken haben, im summarischen Verfahren zu entscheiden.

Beispiele: Er hält den Fall für zu bedeutsam, um ihn schriftlich zu erledigen; er will sich einen persönlichen Eindruck von dem Beschuldigten machen.

Dann muss er eine Hauptverhandlung anberaumen (§ 408 Abs. 3 S. 2). Es kann auch sein, dass er zwar das Strafbefehlsverfahren für geeignet hält, aber mit der rechtlichen Einordnung der Tat oder dem Rechtsfolgeantrag der Staatsanwaltschaft nicht einverstanden ist. Dann versucht er, sich mit der Staatsanwaltschaft zu einigen. Ändert sie ihren Antrag nicht, muss es zur Hauptverhandlung kommen. Nur bei völliger Übereinstimmung zwischen Staatsanwaltschaft und Richter wird der Strafbefehl erlassen.[3]

4. Der Einspruch gegen den Strafbefehl

6 Dieser Rechtsbehelf (kein Rechtsmittel, weil er die Sache nicht in eine höhere Instanz bringt, vgl. unten 34 Rn. 1) kann innerhalb von zwei Wochen nach Zustellung eingelegt werden, § 410 Abs. 1. Es ist zulässig, ihn auf bestimmte Punkte zu beschränken (z.B. den Strafausspruch; näher unten 34 Rn. 16ff.). War er verspätet oder unzulässig, wird er durch Beschluss verworfen (§ 411 Abs. 1 S. 1). Andernfalls übernimmt der Strafbefehl nun die Funktion eines Eröffnungsbeschlusses.

5. Die Hauptverhandlung nach Einspruch

7 Die Verweisung auf die allgemeinen Vorschriften (§ 411 Abs. 1 S. 2) lässt vermuten, dass die Hauptverhandlung in den gewohnten Bahnen verläuft. Der Schein trügt. Der Angeklagte muss nicht anwesend sein, sondern kann sich durch einen

[1] *Meyer-Goßner*, vor § 407 Rn. 1.
[2] KK/*Fischer*, § 408 Rn. 15 m.w.N.
[3] Vgl. LR/*Gössel*, § 408 Rn. 38.

Verteidiger vertreten lassen (§ 411 Abs. 2 S. 1). Das Prinzip der Unmittelbarkeit kann mit Zustimmung des Angeklagten, des Verteidigers und der Staatsanwaltschaft außer Kraft gesetzt werden (§§ 411 Abs. 2 S. 2, 420 Abs. 1, 2). Das Beweisantragsrecht ist praktisch abgeschafft. Beweisanträge können natürlich gestellt werden. Bei ihrer Ablehnung ist der Richter aber nicht an den Katalog des § 244 Abs. 3–5 gebunden (§§ 411 Abs. 2 S. 2, 420 Abs. 4). Das Verbot der Beweisantizipation gilt nicht.[4] In den Grenzen der Aufklärungspflicht ist der Richter frei. Ein Verteidiger ist nur notwendig, wenn Freiheitsstrafe verhängt werden soll (§ 408 b).

Das Sachurteil entscheidet über die Tat und nicht etwa über den Strafbefehl. 8
Es lautet also auf Verurteilung oder Freispruch (und der Strafbefehl wird weder „aufgehoben" noch „aufrechterhalten"). Das Verbot der reformatio in peius gilt, anders als im Rechtsmittelverfahren (vgl. unten 34 Rn. 24 ff.), hier nicht.[5] Mit dem Strafbefehl hatte nur eine summarische Prüfung des Falles stattgefunden. Der Angeklagte kann, wenn er Schlimmeres befürchtet, seinen Einspruch bis zur Verkündung des Urteils zurücknehmen (§ 411 Abs. 3 S. 1), braucht dazu aber nach Beginn der Hauptverhandlung die Zustimmung der Staatsanwaltschaft (§ 411 Abs. 3 S. 2 – und umgekehrt).[6]

Wenn er ihn auf die Höhe der Tagessätze beschränkt hatte, darf das Gericht mit Zustimmung des Angeklagten, des Verteidigers und der Staatsanwaltschaft ohne Hauptverhandlung durch Beschluss entscheiden. Exklusiv für diese Konstellation hat der Gesetzgeber das Verbot der reformatio in peius aktiviert (wenig sinnvoll, da der Angeklagte ohnehin zustimmen muss und das nur tun wird, wenn er weiß, was er zu erwarten hat).

6. Die Rechtskraft des Strafbefehls

Sie ist nicht, wie nach früher h. M.[7] beschränkt, sondern tritt in vollem Umfang ein (§ 410 Abs. 3), ist aber leichter zu durchbrechen. § 373 a erlaubt, abweichend von § 362, wegen der nur summarischen Ermittlungsarbeit im Strafbefehlsverfahren eine Wiederaufnahme zuungunsten des Verurteilten oder Freigesprochenen, wenn neue Tatsachen oder Beweise beigebracht sind, die ergeben, dass es sich um ein Verbrechen gehandelt hat (vgl. auch die Regelung in § 153 a Abs. 1 S. 5). 9

II. Das beschleunigte Verfahren, §§ 417–420

Der Gesetzgeber hat mit dem Verbrechensbekämpfungsgesetz (28. 10. 1994) 10
das beschleunigte Verfahren so reformiert, dass kurzer Prozess gemacht werden kann.[8] Die Strafjustiz soll entlastet werden und die Strafe der Tat auf dem Fuße folgen.

---

[4] *Dahs*, NJW 1995, 556.
[5] LR/*Gössel*, § 410 Rn. 4.
[6] Vgl. *Fahl*, JuS 1997, 261.
[7] BGHSt 18, 141, 143.
[8] Vgl. *Loos/Radtke*, NStZ 1995, 569; 1996, 7; *Scheffler*, NJW 1994, 2191; zu den Problemen in der Rechtsmittelinstanz *Ranft*, NStZ 2004, 424.

1. Voraussetzungen und Verfahrensablauf

11 Das Verfahren kommt für Taten in Betracht, die vor das Amtsgericht gehören. Der Sachverhalt muss einfach oder die Beweislage klar sein (§ 417). Dann stellt die Staatsanwaltschaft den Antrag auf Entscheidung im beschleunigten Verfahren, schriftlich oder mündlich zu Beginn der Hauptverhandlung (§ 418 Abs. 3 S. 2). Eine Anklageschrift gibt es ebenso wenig wie ein Zwischenverfahren, und der Beschuldigte muss nur ausnahmsweise geladen werden (§ 418 Abs. 2). Auch der Übergang in das Strafbefehlsverfahren ist möglich (§ 418 Abs. 3 S. 3; eingeführt durch das 1. JuMoG). So schnell kann es gehen: Der Beschuldigte wird festgenommen (§ 127b) und dem Richter vorgeführt, der Staatsanwalt stellt den Antrag, und damit beginnt die Hauptverhandlung. Ein Verteidiger ist nur notwendig, wenn Freiheitsstrafe von mindestens sechs Monaten zu erwarten ist (§ 418 Abs. 4). Das Prinzip der Unmittelbarkeit kann einverständlich aufgehoben werden (§ 420 Abs. 1–3). Bei der Ablehnung von Beweisanträgen ist der Richter nicht an § 244 Abs. 3–5 gebunden und vom Verbot der Beweisantizipation befreit.[9] Die Grenzen seiner Alleinherrschaft über die Beweisaufnahme zieht die Aufklärungspflicht (§ 420 Abs. 4).

12 Neu ist ferner das dubiose und sinnlose Instrument der Hauptverhandlungshaft (dazu oben 10 Rn. 69), begründet u. a. mit dem verfassungswidrigen Ziel, mutmaßliche Täter abzuschrecken und erzieherisch auf sie einzuwirken.[10]

2. Kritik

13 Die kleine und mittlere Kriminalität kann in einem rasch betriebenen Normalverfahren nicht weniger effektiv bekämpft werden. Ebenso schnell und weniger aufwändig ist das Strafbefehlsverfahren, in dem ebenfalls ein Jahr Freiheitsstrafe verhängt werden kann. Bei einfachem Sachverhalt oder klarer Beweislage braucht man im Normalverfahren vor dem AG keinen Verteidiger zu bestellen (zur Grenze von einem Jahr Straferwartung vgl. oben 11 Rn. 29). Im beschleunigten Verfahren muss das geschehen, wenn man sechs Monate oder mehr verhängen will. Der Amtsrichter wird sich überlegen, ob er nicht im Normalverfahren ohne Verteidiger schneller vorankommt.[11] Im Bereich der Bagatelldelikte, um die es in erster Linie geht, hat der Beschuldigte keine Aussicht, jemals einen Beweisantrag durchsetzen zu können, auch in der nächsten Instanz nicht, weil seine Berufung nicht angenommen werden muss (§ 313). Die Tragweite seiner Zustimmung gem. § 420 Abs. 3 wird er kaum überblicken.

Fazit: Das normale Offizialverfahren ist nicht zu einer besonderen Verfahrensart reformiert, sondern so weit deformiert worden, dass die sicheren Einbußen an Justizförmigkeit, Einzelfallgerechtigkeit und Fairness nicht aufgewogen werden durch einen zweifelhaften Gewinn auf der Zeitschiene.

---

[9] *König/Seitz*, NStZ 1995, 5.
[10] BT-Drs. 13/2576, 3.
[11] Vgl. *Meyer-Goßner*, vor § 417 Rn. 5.

III. Das Sicherungsverfahren, §§ 413–416

Das materielle Strafrecht ist zweispurig: Strafe – Maßregeln. Die „zweite Spur" des Verfahrensrechts ist das Sicherungsverfahren. In ihm können alle, aber auch nur Maßregeln der Besserung und Sicherung selbständig angeordnet werden (§ 71 StGB – nicht die Sicherungsverwahrung). Die Vorschriften über das allgemeine Strafverfahren gelten sinngemäß (§ 414 – so wird z. B. das Sicherungsverfahren wegen dauernder Verhandlungsunfähigkeit geführt und nicht etwa eingestellt gem. §§ 206a, 260 Abs. 3). Das Sicherungsverfahren kann in das normale Strafverfahren übergeleitet werden (§ 416). **14**

Die Anordnung der Sicherungsverwahrung kann im Urteil vorbehalten werden (§ 66a StGB; §§ 260 Abs. 4 S. 4, 267 Abs. 6 S. 1) oder nachträglich[12] erfolgen (§ 66b StGB). Das Verfahren richtet sich nach § 275a. Bei einem derart schwer wiegenden Eingriff kann auf die Form der Hauptverhandlung nicht verzichtet werden. **14a**

IV. Das Verfahren gegen Abwesende, §§ 276–295

Die Hauptverhandlung kann grundsätzlich nicht stattfinden, wenn der Angeklagte **ausgeblieben** ist (§ 230, zu den Ausnahmen vgl. oben 20 Rn. 4). Davon zu unterscheiden ist der Fall, dass er **abwesend** ist (gesetzliche Definition bzw. Fiktion in § 276). Dann kann nur ein Beweissicherungsverfahren gegen ihn betrieben werden (§§ 285 ff.). Ist die Anklage bereits erhoben und könnte man einen Haftbefehl gegen ihn erlassen, darf sein gesamtes inländisches Vermögen beschlagnahmt werden (§ 290). Das wird bekannt gemacht (§ 291). Die Folge ist ein absolutes Verfügungsverbot (§ 292). Mit diesen Maßnahmen will man ihn zwingen, sich zu stellen. Dafür kann ihm sicheres Geleit erteilt werden (§ 295). Es befreit von der Untersuchungshaft (Abs. 2), erlischt aber mit einer Verurteilung zu Freiheitsstrafe (Abs. 3). Für Zeugen gilt die Vorschrift nicht. Auslandszeugen wird sicheres Geleit durch Art. 12 EuRHÜbK gewährleistet. **15**

Fälle und Fragen

217. A ist verdächtig, einen Raub (§ 249 StGB) begangen zu haben. Kann gegen ihn ein Strafbefehlsverfahren eingeleitet werden? Wie wäre es, wenn er lediglich einer Sachbeschädigung (§§ 303, 303c StGB) verdächtig ist?
218. Was kann der Richter unternehmen, wenn er Bedenken gegen den Erlass des Strafbefehls hat oder etwa die beantragte Rechtsfolge nicht für richtig erachtet?
219. A ist wegen Sachbeschädigung (§ 303 StGB) angeklagt. In der Hauptverhandlung erscheint er nicht. Was kann der Richter tun?
220. A hat einen Strafbefehl über 15 Tagessätze à 20 € zugeschickt bekommen. Was kann er hiergegen unternehmen?

---

[12] *OLG Koblenz* NStZ 2005, 97.

221. Gilt das Verbot der reformatio in peius auch im Rahmen eines Einspruchs gegen einen Strafbefehl?
222. Muss der Angeklagte auf seinen Einspruch hin im anberaumten Hauptverhandlungstermin erscheinen?
223. Unter welchen Voraussetzungen kommt ein beschleunigtes Verfahren in Betracht und wo ist es geregelt?

§ 34. Rechtsmittel: Allgemeine Regeln

I. Rechtsbehelfe und Rechtsmittel

1. Begriffe und Einteilungen

ergeben sich aus der Grafik. 1

Übersicht 24: Rechtsbehelfe

Ordentliche Rechtsbehelfe

Rechtsmittel

	Berufung	Revision	Beschwerde einfache	Beschwerde sofortige	Einspruch § 410
Devolutiv-Effekt	§ 316	§ 343	Abhilfeverfahren § 306 Abs. 2	§ 311 Abs. 3	nein
Suspensiveffekt	§ 316	§ 343	§ 307	§ 311 Abs. 3	
Frist	1 Woche	1 Woche	keine	1 Woche	2 Wochen § 410 Abs. 1
iudex a quo	§ 314 Abs. 1	§ 341	§ 306 Abs. 1		§ 410 Abs. 1
Verbot der reformatio in peius	§ 331 Abs. 1	§ 358 Abs. 2 S. 1	gilt nicht		gilt nicht

(grau unterlegt:) greift ein

Außerordentliche Rechtsbehelfe

Wiedereinsetzung §§ 44 ff.

Wiederaufnahme §§ 359 ff.

Verfassungsbeschwerde §§ 90 ff. BVerfGG

Effekt: Durchbrechung der Rechtskraft
Nicht bei Art. 25 ff. EMRK

Devolutiveffekt: Die Rechtsmittel bringen das Verfahren in die höhere Instanz. Die Beschwerde hat diese Folge nur, wenn ihr nicht abgeholfen wird.

Suspensiveffekt: Berufung und Revision, fristgerecht eingelegt, hemmen den Eintritt der Rechtskraft. Die Beschwerde hat keine aufschiebende Wirkung.

2 Neben diesen förmlichen gibt es **formlose Rechtsbehelfe.** Es sind Erscheinungsformen der Petition (Art. 17 GG). Sie sind weder an eine Frist noch an eine Form gebunden. Die **Dienstaufsichtsbeschwerde** richtet sich an den Vorgesetzten, der die Dienstaufsicht führt, und beanstandet das dienstliche Verhalten des Beamten, kann sich aber auch gegen die Sachbehandlung wenden. Mit **Gegenvorstellungen** wird das Gericht aufgefordert, eine Entscheidung, die es selbst wieder aufheben darf, zu ändern oder aufzuheben.

2. Die Funktion der Rechtsmittel

3 a) Mit der Berufung, statthaft gegen erstinstanzliche Urteile des Amtsgerichts, erreicht man, dass die Sache völlig neu verhandelt wird. Es wird also nicht nur das angefochtene Urteil überprüft, sondern die gesamte Tat- und Rechtsfrage neu entschieden.

4 b) Die Revision ist statthaft gegen erstinstanzliche Urteile des Landgerichts, des Oberlandesgerichts (§ 333) und des Amtsgerichts (§ 335; die Berufungsinstanz kann übersprungen werden) sowie gegen Berufungsurteile des Landgerichts (§ 333). Das Revisionsgericht übt nur eine Rechtskontrolle aus und beschränkt sich dabei auf die Prüfung der Fehler, die gerügt worden sind. Sie können darin bestehen, dass das materielle Recht falsch angewandt wurde und darin, dass gegen prozessuale Bestimmungen verstoßen wurde. Dabei ist das Revisionsgericht an die tatsächlichen Feststellungen zur Schuld- und Straffrage gebunden. Mit der Rüge, dass ein Verfahrensfehler vorgekommen sei, müssen zur Begründung die Tatsachen vorgetragen werden, aus denen sich der Verstoß ergibt (§ 344 Abs. 2 S. 2). Diese Tatsachen überprüft das Revisionsgericht (§ 352 Abs. 1). Ob sie richtig sind, wird dem Protokoll entnommen (§ 274) oder im Wege des Freibeweises geklärt.

5 c) Die Beschwerde richtet sich gegen Beschlüsse des Gerichts und Verfügungen des Vorsitzenden (§ 304 Abs. 1; nicht mehr statthaft im Revisionsverfahren). Überprüft werden sowohl die Tatsachengrundlage der angefochtenen Entscheidung wie auch die Rechtsanwendung. Der Beschwerdeführer darf neue Tatsachen vorbringen.

II. Zulässigkeit

1. Statthaftigkeit

6 Ob das Rechtsmittel an sich statthaft ist, richtet sich nach der Art der angefochtenen Entscheidung. Es muss für den konkreten Fall gesetzlich vorgesehen sein.

a) Eine falsche Bezeichnung ist unschädlich (§ 300). 7

Beispiel: Der Angeklagte legt „Berufung" gegen ein Urteil des Schwurgerichts ein.

Wird das Rechtsmittel gar nicht oder unklar bezeichnet und gibt es mehrere Möglichkeiten, muss durch Auslegung geklärt werden, wie es erfolgreich sein kann.

Beispiel: Der vom Amtsgericht Verurteilte legt ein Rechtsmittel ein, nennt es „Revision" und bringt vor, dass er nicht vorsätzlich gehandelt habe. Er könnte anstatt einer Berufung auch Revision einlegen (§ 335), will aber offenbar, dass der Sachverhalt überprüft wird. Sein Rechtsmittel ist als Berufung zu behandeln.

b) Der Grundsatz, dass es auf die Bezeichnung nicht ankommt (§ 300), gilt auch für Fehler, die das Gericht bei der Bezeichnung seiner Entscheidung gemacht hat. 8

Beispiel: Die Strafkammer erkennt in der Hauptverhandlung ein Verfahrenshindernis, beendet die Beweisaufnahme, hört sich die Plädoyers an und verkündet nach Beratung den „Beschluss", das Verfahren einzustellen (§ 206 a). Es hätte ein Urteil ergehen müssen (§ 260 Abs. 3).

Das Rechtsmittel, das dem Angeklagten nun zur Verfügung steht, ist die Revision, nicht die Beschwerde.[1] Macht er das falsch, darf der Fehler des Gerichts nicht zu seinen Lasten gehen; seine Erklärung ist umzudeuten (vgl. oben Rn. 7). Man muss ihm helfen, mit dem richtigen Rechtsmittel erfolgreich zu sein, braucht ihm aber dafür nicht eine Wahlmöglichkeit zu eröffnen.[2]

2. Aktivlegitimation

Rechtsmittel darf einlegen 9

- der Beschuldigte (§ 296 Abs. 1)
- für ihn der Verteidiger aus eigenem Recht und im eigenen Namen, aber nicht gegen seinen Willen (§ 297)
- ein gesetzlicher Vertreter des Beschuldigten (§ 298) oder ein Vertreter, der nicht Verteidiger ist (h. M.), auch gegen seinen Willen
- **nicht** ein Angehöriger nach dem Tode des Beschuldigten, weil dessen Position nicht „vererbt" wird und die Unschuldsvermutung nicht durch eine rechtskräftig werdende Entscheidung widerlegt ist[3]
- die Staatsanwaltschaft, auch zu Gunsten des Angeklagten (§ 296)
- ein Nebenbeteiligter (vgl. oben 20 Rn. 10)
- der Privatkläger (§ 390)
- der Nebenkläger wegen des Nebenklagedelikts (§ 400 Abs. 1; vgl. unten 39 Rn. 25 ff.).

Andere, die von einer Entscheidung betroffen sind (z. B. Zeugen, Sachverständige), können als Rechtsmittel nur die Beschwerde, nicht aber Berufung oder Revision einlegen.

---

[1] Vgl. BGHSt 8, 383, 384; 25, 242; *BGH* StV 1982, 61.
[2] A. A. *Beulke*, Rn. 536.
[3] Vgl. *BGH* NStZ 1983, 179 m. Anm. *Schätzler*.

3. Beschwer

10 Die Beschwer gehört zu den Voraussetzungen der Zulässigkeit, nicht der Begründetheit eines Rechtsmittels.[4] Wer geltend macht, dass er beschwert ist, muss darüber hinaus nicht ein (besonderes) Rechtsschutzbedürfnis darlegen.

11 a) Eine Beschwer kann sich nur aus dem Tenor, nicht aus den Gründen einer Entscheidung ergeben. Der Angeklagte ist also nicht beschwert, wenn es in den Gründen des freisprechenden Urteils heißt, dass es aus Mangel an Beweisen ergangen sei.[5] Das Gleiche gilt, wenn die Rechtswidrigkeit der Tat offen bleibt, weil der Angeklagte „jedenfalls schuldunfähig" gewesen sei, oder noch nicht einmal die Tatbestandsmäßigkeit festgestellt wird.[6] Das Bundesverfassungsgericht hat allerdings Verfassungsbeschwerde für den Fall zugelassen, dass die Urteilsgründe unmittelbar Grundrechte verletzen.[7]

12 b) Beschwert ist, wer durch den Urteilsspruch (unterstellt, dass er falsch ist) unmittelbar in seinen Rechten oder schutzwürdigen Interessen beeinträchtigt ist. Für die Staatsanwaltschaft gilt eine Sonderregel (unten Rn. 14). Der Angeklagte ist durch jede nachteilige Entscheidung beschwert, die getroffen wurde und durch jede objektiv gesehen günstige Entscheidung, die unterlassen wurde, obwohl sie geboten oder möglich war.[8]

Beispiele: Der Verteidiger hatte eine milde Geldstrafe beantragt. Das Gericht sprach nur eine Verwarnung mit Strafvorbehalt aus (§ 59 StGB). Durch den damit verbundenen Schuldspruch ist er beschwert.

Das Gericht hat es unterlassen, die mögliche Unterbringung in einer Entziehungsanstalt anzuordnen (§ 64 StGB) und nur Freiheitsstrafe verhängt. Dadurch ist der Angeklagte beschwert (vgl. § 67 StGB).

13 Die Einstellung wegen eines Verfahrenshindernisses beschwert den Angeklagten nicht,[9] es sei denn, dass der Vorrang des Freispruchs verkannt wurde (vgl. oben 31 Rn. 3).

14 c) Die Staatsanwaltschaft, zur Wahrung des Rechts und der Objektivität verpflichtet, ist durch jede unrichtige Entscheidung beschwert. Sie kann daher Rechtsmittel auch zu Gunsten des Beschuldigten einlegen (§ 296 Abs. 2), dann z.B., wenn das Gericht über ihren Antrag hinausgegangen ist.[10]

4. Form und Frist

15 Ein Rechtsmittel muss schriftlich oder zu Protokoll der Geschäftsstelle bei dem Gericht, dessen Entscheidung angefochten wird, fristgerecht eingelegt werden (vgl. Übersicht 24). Eine Begründung ist nur für die Revision zwingend vorgeschrieben.

---

[4] BGHSt 16, 374.
[5] BGHSt 7, 153.
[6] BGHSt 16, 374.
[7] BVerfGE 28, 151: Ehrverletzung.
[8] BGHSt 28, 327, 330.
[9] BGHSt 23, 257, 259.
[10] Vgl. *OLG Düsseldorf* NStZ 1990, 292.

III. Teilanfechtung und Teilrechtskraft

Mit Berufung und Revision muss nicht das ganze Urteil angefochten werden. Man kann sich auf Teile beschränken (§§ 318, 344). Dafür kommt es darauf an, ob „Gegenstand der Anfechtung ein solcher Teil der Entscheidung ist, der losgelöst und getrennt von dem nicht angefochtenen Teil des Urteils eine in sich selbständige Prüfung und Beurteilung zulässt“[11] Nach dieser **Trennbarkeitsformel** wird vom Rechtsmittelgericht geprüft, ob die Beschränkung wirksam ist.[12] 16

Es achtet ferner darauf, dass die Voraussetzung der **Widerspruchsfreiheit** gewahrt ist. Zwischen den nicht angefochtenen Teilen des Urteils und der Entscheidung des Rechtsmittelgerichts dürfen keine Widersprüche entstehen.[13] Sind diese beiden Bedingungen nicht erfüllt, ist die Beschränkung unwirksam und das ganze Urteil angefochten (§ 318 S. 2; ein Rechtsgedanke, der auch für die Revision gilt). 17

Die wirksame Beschränkung führt dazu, dass die nicht angefochtenen Teile rechtskräftig werden (Teilrechtskraft). Hat von mehreren Angeklagten nur einer Berufung oder Revision eingelegt, wird das Urteil für die anderen rechtskräftig (relative Rechtskraft, vgl. oben 32 Rn. 3; Durchbrechung der Rechtskraft bei erfolgreicher Revision, § 357, näher unten 36 Rn. 55). Die folgenden Konstellationen zeigen die Fälle, in denen ein Angeklagter seine Berufung oder Revision wirksam beschränken kann. 18

1. Mehrere Taten

Das Rechtsmittel darf auf die Verurteilung wegen einer Tat (§ 264) beschränkt werden. Widersprüche sind nicht zu befürchten (Ausnahme: Wenn die Taten im Verhältnis der Alternativität zueinander stehen).[14] Die Verurteilung wegen der nicht angefochtenen Taten wird rechtskräftig. Es entsteht vertikale Teilrechtskraft. 19

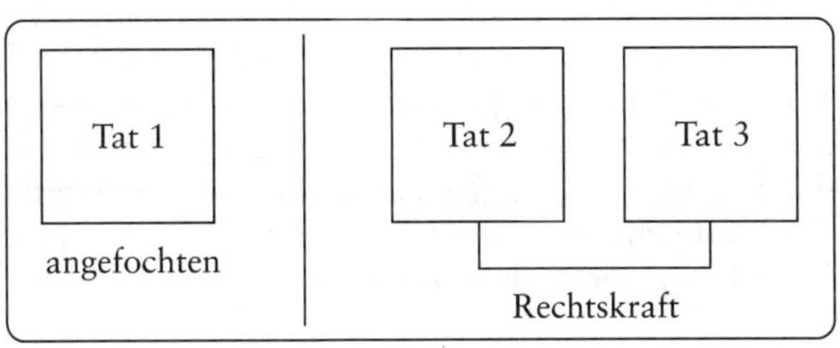

[11] BGHSt 10, 100, 101; 29, 359, 364.

[12] Vgl. *Wankel*, JA 1998, 65. Es ist in aller Regel nicht widersprüchlich, einen absoluten Revisionsgrund vorzubringen, der auch den Schuldspruch ergreifen würde, die Revision aber dennoch auf den Strafausspruch zu beschränken; *BGH* NStZ 2003, 99.

[13] BGHSt 7, 283, 285; 27, 70, 72; *OLG Düsseldorf* wistra 1988, 118.

[14] BGHSt 32, 146.

2. Eine Tat

20 a) Es kann sein, dass mehrere Straftaten, die im Verhältnis der Realkonkurrenz zueinander stehen (§ 53 StGB), verfahrensrechtlich eine Tat bilden (vgl. oben 13 Rn. 15). Dann ist es zulässig, die Berufung oder Revision auf eine dieser materiellrechtlich selbständigen Taten zu beschränken. Wird die Verurteilung aufgehoben und der Fall zurückverwiesen, ist der neue Richter an die Feststellungen zu den nicht angefochtenen Delikten gebunden.[15] Kommt das Rechtsmittelgericht zu der Ansicht, dass Realkonkurrenz in Wahrheit nicht vorliegt, ist die Beschränkung unwirksam.[16]

Beispiel: Wenn in dem Beispielsfall oben 13 Rn. 15 die Straftat § 142 StGB entfällt, gibt es auch keine Realkonkurrenz mehr.

21 b) Die Beschränkung auf den Strafausspruch (Rechtsfolgenausspruch) ist grundsätzlich wirksam.[17] Es entsteht horizontale Teilrechtskraft.

Rechtsfolge
Schuld
Rechtswidrigkeit
Tatbestandsmäßigkeit

In Wahrheit handelt es sich um eine Bindungswirkung. Rechtskräftig werden nur Entscheidungen, nicht festgestellte Tatsachen. Diese Bindung kann man nicht mehr zulassen, wenn sich in der Verhandlung vor dem Rechtsmittelgericht Umstände herausstellen, die den Schuldspruch angreifen.

Beispiel: Im Berufungsverfahren über den Strafausspruch macht ein Sachverständiger Ausführungen, die es als möglich erscheinen lassen, dass der Angeklagte zur Tatzeit schuldunfähig war. Seine Beschränkung auf das Strafmaß muss als unwirksam behandelt werden.[18] Bei der Verhandlung zum Strafmaß stellt sich heraus, dass ein strafbefreiender Rücktritt vom Versuch in Frage kommt.[19]

22 c) Innerhalb des Schuldspruchs kann eine Berufung oder Revision nicht weiter auf einzelne rechtliche Gesichtspunkte beschränkt werden (z. B. nicht auf die Frage, ob ein Verbotsirrtum vorlag). Die Voraussetzungen eines minder schweren oder besonders schweren Falles betreffen (in den meisten Fällen) zugleich den Schuldumfang, können ohne die Feststellungen zur Schuld nicht isoliert gewürdigt werden und gehören daher zur Schuldfrage. Das Gleiche gilt für Regelbeispiele, obwohl sie, dogmatisch genau genommen, zur Rechtsfolgenseite gehören.[20]

---

[15] BGHSt 24, 185; 28, 119, 121; sehr str.
[16] BGHSt 25, 27.
[17] BGHSt 19, 46, 48; 33, 59.
[18] BGHSt 46, 257.
[19] *BGH* NJW 1996, 2663.
[20] Vgl. *OLG Schleswig* JR 1980, 302 m. abl. Anm. *Grünwald*.

d) Innerhalb des Rechtsfolgenausspruchs sind weitere Beschränkungen auf 23
abtrennbare Teile des Urteils möglich:
- bei der Geldstrafe auf die Höhe der Tagessätze oder ihre Zahl[21]
- bei der Freiheitsstrafe auf die Frage der Anrechnung von U-Haft (§ 150 StGB), auf die Strafaussetzung zur Bewährung[22]
- auf die Verhängung eines Fahrverbots[23]
- auf Sicherungsmaßregeln.

IV. Das Verbot der reformatio in peius

Das Verschlechterungsverbot gilt in Berufungs-, Revisions- und Wiederauf- 24
nahmeverfahren (§ 373 Abs. 2). Aus dem Rechtsstaatsprinzip folgt es nicht.[24] Diese „Rechtswohltat" wird dem Angeklagten gewährt, damit er bei seiner Entscheidung, ob er ein Rechtsmittel einlegt, nicht befürchten muss, es könnte noch schlimmer kommen.[25] Die Position, die er nach dem Urteil hat, wird ihm selbst dann belassen, wenn das Urteil falsch war und ihm einen rechtswidrigen Vorteil verschafft hat.

Beispiel: Ein Freispruch, den das Schöffengericht nicht hätte erlassen dürfen, weil es zugleich die Unterbringung angeordnet hat und deshalb nicht zuständig war (§ 24 Abs. 2 GVG).

Das Verbot der reformatio in peius gilt nur, wenn allein der Angeklagte oder 25
zu seinen Gunsten die Staatsanwaltschaft oder sein gesetzlicher Vertreter Berufung oder Revision eingelegt hatte. Es schützt allerdings lediglich davor, dass die Rechtsfolge in Art und Höhe verschlechtert wird. Der Schuldspruch darf verschärft werden.[26]

Beispiele: Der Angeklagte, wegen Diebstahls zu einhundert Tagessätzen à € 30 verurteilt, wird vom Berufungsgericht wegen Raubes zu der gleichen Strafe verurteilt. Der Angeklagte war wegen einer Straftat verurteilt und wegen einer anderen, real konkurrierenden, freigesprochen worden (zu diesem Teilfreispruch bei einer Tat vgl. oben 31 Rn. 7ff.). Das Berufungsgericht hebt den Teilfreispruch auf und verurteilt wegen beider, tateinheitlich zusammentreffender Delikte zu derselben Strafe.[27]

Das Risiko, Änderungen des Schuldspruchs hinnehmen zu müssen, kann der 26
Angeklagte dadurch vermeiden, dass er sein Rechtsmittel auf den Strafausspruch beschränkt.

Ob im Rechtsfolgenausspruch eine „Verschlechterung" eintritt, ist durch 27
einen Gesamtvergleich des alten und des neuen Urteils zu ermitteln. Bei dieser „ganzheitlichen Betrachtungsweise"[28] darf saldiert werden.

---

[21] Str., *Lackner/Kühl*, StGB, § 40 Rn. 19.
[22] BGHSt 24, 164.
[23] Sehr str., *BayObLG* DAR 1985, 239.
[24] BGHSt 9, 324, 332; BGHZ 85, 180, 185; *Meyer-Goßner*, FS Kleinknecht, S. 297.
[25] BGHSt 11, 319, 323.
[26] BGHSt 14, 5, 7; NStZ 1986, 209.
[27] BGHSt 21, 256.
[28] BGHSt 24, 11; 29, 269, 270.

Beispiele: Das Berufungsgericht spricht erstmals ein Fahrverbot aus (§ 44 StGB) und ersetzt zugleich die Freiheitsstrafe durch eine Geldstrafe.[29] Umgekehrt: Der Tagessatz wird erhöht (nicht die Anzahl der Tagessätze: Ersatzfreiheitsstrafe!) und dafür das Fahrverbot fallengelassen, so dass der Angeklagte per Saldo wirtschaftlich nicht schlechter steht.[30]

Fälle und Fragen

224. Was ist der Devolutiveffekt, was der Suspensiveffekt?
225. Welche Arten von Rechtsmitteln kennt die StPO?
226. Der vor einem Amtsgericht Verurteilte legt Rechtsmittel ein, ohne darzutun, ob es sich hierbei um eine Berufung oder um eine Sprungrevision handeln soll. Ist dieses Vorgehen zulässig?
227. Kann die Staatsanwaltschaft auch zugunsten des Angeklagten Revision einlegen?
228. Ist eine beschränkte Einlegung der Rechtsmittel möglich?
229. Gilt im Berufungs- oder Revisionsverfahren das Verbot der reformatio in peius?

---

[29] *BayObLG* MDR 1978, 422; zweifelhaft.
[30] *BayObLG* NJW 1980, 849.

§ 35. Die Berufung

I. Zulässigkeit

1. Statthaftigkeit

Berufung ist statthaft gegen die Urteile des Strafrichters und des Schöffengerichts (§ 312). 1

2. Form und Frist

Sie muss schriftlich oder zu Protokoll der Geschäftsstelle eingereicht werden (§ 314 Abs. 1). Die Frist beträgt eine Woche und beginnt mit der Verkündung des Urteils zu laufen (zur Berechnung § 43). War der Angeklagte bei der Verkündung nicht (dauernd) anwesend, wird sie für den Angeklagten erst durch die Zustellung des vollständigen Urteils mit Gründen in Lauf gesetzt (§ 314 Abs. 2). 2

3. Berufung und Wiedereinsetzung

Wenn gem. § 232 ohne den Angeklagten verhandelt werden durfte, kann er Wiedereinsetzung in den vorigen Stand beanspruchen und so zu einer neuen Hauptverhandlung in erster Instanz kommen, aber auch Berufung einlegen und in die zweite Instanz gehen. Die Konkurrenz dieser Rechtsbehelfe regelt § 315. 3

4. Begründung

Eine Begründung („Rechtfertigung") ist nicht zwingend vorgeschrieben (§ 317), aber zweckmäßig und üblich, in den Fällen des § 313 praktisch unumgänglich. Die Frist (§ 317) ist rechtlich bedeutungslos, weil das Berufungsgericht auch Ausführungen zur Kenntnis nehmen muss, die später gemacht werden. 4

5. Unbestimmtes Rechtsmittel

Man kann zunächst nur Rechtsmittel einlegen, offen lassen, ob es sich um Berufung oder Revision (Sprungrevision) handeln soll und diese Bezeichnung nachholen bis zum Ablauf der Revisionsbegründungsfrist (§ 345).[1] Unterbleibt 5

---

[1] BGHSt 2, 63, 66.

diese Wahl, wird das Rechtsmittel als Berufung behandelt. Bezeichnet der Beschwerdeführer sein Rechtsmittel als Berufung, kann er innerhalb der Revisionsbegründungsfrist wechseln und zur Revision übergehen.[2]

6. Annahmeberufung

6 In Bagatellfällen (Einzelheiten in § 313) ist die Berufung nicht schon dann zulässig, wenn sie form- und fristgerecht eingelegt ist. Sie bedarf der Annahme (§§ 313 Abs. 1 S. 1, 322), wird aber nicht angenommen, wenn sie offensichtlich unbegründet ist (§ 313 Abs. 2). Das ist systemwidrig: Diese Überprüfung des erstinstanzlichen Verfahrens und seines Ergebnisses findet sonst im Berufungsverfahren gerade nicht statt (vgl. unten Rn. 17ff.).[3] Wenn neue Tatsachen oder Beweismittel angekündigt werden (§ 323 Abs. 3), müssen die bisherigen Feststellungen über jeden vernünftigen Zweifel erhaben sein, wenn die Berufung dennoch nicht angenommen werden soll.[4]

Fall: Das Schöffengericht hat nach Ansicht des Berufungsgerichts eine sorgfältige Beweisaufnahme durchgeführt und eine in sich geschlossene, überzeugende Würdigung der Beweise und der Rechtslage vorgelegt. Allerdings hatte es am Ende des vorletzten Verhandlungstages in den letzten zehn Minuten versehentlich die Öffentlichkeit nicht wiederhergestellt.

Dieser Fehler würde die Revision begründen (§ 338 Nr. 6). Das war früher ein Grund, das Verfahren an das Amtsgericht zurückzuverweisen und ist im Vertrauen auf die Neuverhandlung vor dem Berufungsgericht abgeschafft worden. Folglich kann nun die Annahme der Berufung nicht mit der Begründung verweigert werden, dass das Urteil in der Sache richtig sei.

7. Rechtsfolgen

7 Die zulässige Berufung hemmt die Rechtskraft, soweit das Urteil angefochten ist (zur Teilanfechtung oben 34 Rn. 16ff.) und bringt die Sache in die nächste Instanz (Suspensiv- und Devolutiveffekt).

II. Der Gang des Verfahrens

1. iudex a quo

8 Das Gericht des ersten Rechtszuges, bei dem die Berufung eingelegt wird, prüft, ob das rechtzeitig geschehen ist, und verwirft sie, wenn nicht, als unzulässig (§ 319). Andernfalls werden die Akten über die Staatsanwaltschaft dem Berufungsgericht vorgelegt (§§ 320, 321).

---

[2] BGHSt 5, 338, 340.
[3] *Fezer*, NStZ 1995, 265.
[4] *BVerfG* NJW 1996, 2785.

2. Zulässigkeit

Das Berufungsgericht prüft nochmals (§ 322) die Einhaltung der Frist und erstmals die übrigen Zulässigkeitsvoraussetzungen (Form, Beschwer) und entscheidet in den Fällen des § 313 über die Annahme (§ 322a). 9

3. Vorbereitung der Hauptverhandlung, § 323

Zu den Folgen des Ausbleibens, auf die der Angeklagte mit der Ladung hingewiesen werden muss, gehört die Regelung des § 329. 10

4. Verfahrenshindernisse

Entsteht in diesem Stadium des Verfahrens ein Prozesshindernis, wird das Verfahren durch Beschluss eingestellt (§ 206a). Die h.M. hält dies auch dann für geboten, wenn sich herausstellt, dass das Amtsgericht ein Verfahrenshindernis übersehen hatte.[5] Die Begründung, dass Prozesshindernisse in jeder Lage des Verfahrens von Amts wegen zu beachten seien, rechtfertigt dieses Vorgehen nicht, weil damit nicht gesagt ist, wie auf das Prozesshindernis zu reagieren ist. Wenn es im Ersturteil übersehen wurde, ist die Berufung begründet,[6] das Urteil aufzuheben und das Verfahren durch Einstellungsurteil zu beenden (§ 260 Abs. 3). 11

5. Die Hauptverhandlung

Sie verläuft wie die Verhandlungen erster Instanz, modifiziert durch §§ 324, 325. 12

6. „Versäumnisurteil", § 329

Ist der Angeklagte zu Beginn der Hauptverhandlung ohne genügende Entschuldigung ausgeblieben und ist auch sein Vertreter nicht erschienen, wird seine Berufung ohne Verhandlung zur Sache verworfen, § 329 Abs. 1 S. 1 (Vertretung ist nur zulässig, wenn das Verfahren durch einen Strafbefehl eingeleitet worden ist, § 411 Abs. 2 S. 1). Das Gesetz unterstellt, dass der säumige Angeklagte kein Interesse an der Hauptverhandlung hat und auf sein Rechtsmittel verzichtet.[7] Diese Annahme ist zwar auch dann berechtigt, wenn das Revisionsgericht ein Berufungsurteil aufgehoben und zur neuen Verhandlung zurückverwiesen hat (§§ 354, 355). In dieser Situation ist aber klar, dass das erste Berufungsurteil fehlerhaft war. Es darf nun nicht durch Verwerfung der Revision gehalten werden. 13

---

[5] BGHSt 24, 208, 212; 32, 275, 290.
[6] Vgl. *Meyer-Goßner*, § 206a Rn. 6.
[7] BGHSt 15, 287, 289; a.A.: Verwirkung.

14 Den Vorrang vor der Entscheidung nach § 329 Abs. 1 S. 1 hat die Verwerfung der Berufung als unzulässig (§ 322 Abs. 1 S. 1). Nach h. M. soll auch die Einstellung gem. § 206a der Verwerfung nach § 329 Abs. 1 vorgehen. Das ist aber nur richtig, wenn das Prozesshindernis nach der Erstentscheidung eingetreten ist (vgl. oben Rn. 11).[8]

15 Hat die Staatsanwaltschaft Berufung eingelegt, wird ohne den säumigen Angeklagten verhandelt (§ 329 Abs. 2 S. 1) – er soll das Verfahren nicht aufhalten und behindern können.[9]

7. Aufhebung und Zurückverweisung

16 Hat in erster Instanz ein örtlich oder sachlich unzuständiges Gericht entschieden, wird (wenn der Angeklagte erschienen ist) das Ersturteil aufgehoben und die Sache zu neuer Verhandlung an das zuständige Gericht verwiesen (§ 328 Abs. 2). In allen anderen Fällen muss das Berufungsgericht in der Sache selbst entscheiden.

III. Die Sachentscheidung des Berufungsgerichts

1. Unbegründete Berufung

17 Wenn das Berufungsgericht zu demselben Ergebnis kommt wie das Amtsgericht, erlässt es nicht noch einmal ein Sachurteil. Es verwirft die Berufung als unbegründet. Nach Ablauf der Frist für die Einlegung der Revision gegen das Berufungsurteil wird das Ersturteil rechtskräftig.

2. Begründete Berufung

18 Kommt das Berufungsgericht zu einem anderen Ergebnis, hebt es das Urteil des Amtsgerichts auf und entscheidet in der Sache selbst (§ 328 Abs. 1). Das gilt, „soweit" die Berufung begründet ist. Hält das Berufungsgericht z.B. lediglich ein anderes Strafmaß für richtig, lässt es den Schuldspruch bestehen, hebt nur den Strafausspruch auf und entscheidet darüber neu.

19 Seine sachliche Zuständigkeit reicht nicht weiter als die des Richters, der die Sache in erster Instanz entschieden hatte.[10] Hält es eine Rechtsfolge für angebracht, die das Amtsgericht nicht aussprechen darf (§ 24 Abs. 2 GVG), muss es die Sache an die große Strafkammer des Landgerichts verweisen.

---

[8] *Meyer-Goßner*, § 329 Rn. 8; a.A. BGHSt 46, 230.
[9] BGHSt 17, 391, 395.
[10] BGHSt 31, 63, 66; 34, 159, 160.

Fälle und Fragen

230. Welche Urteile können mit der Berufung angefochten werden?
231. Wann bedarf die Berufung der Annahme?

§ 36. Revision

I. Grundlagen

1. Das Prinzip

1 Die Revision führt nicht zu einer neuen Verhandlung der Sache vor dem Revisionsgericht. Sie ist eine reine Rechtsbeschwerde. Der Beschwerdeführer kann mit der Verfahrensrüge vorbringen, dass das Verfahren des Tatgerichts fehlerhaft gewesen sei und mit der Sachrüge, dass im Urteil das materielle Recht nicht richtig angewandt wurde. Die tatsächlichen Feststellungen kann er (prinzipiell) nicht angreifen. Der Tatrichter ist in der Würdigung der Beweise frei. Es liegt in seiner Macht und in seiner Verantwortung, den Sachverhalt richtig aufzuklären. In diese Freiheit soll der Revisionsrichter nicht eingreifen. Dieses gesetzliche Leitbild des Rechtsmittels Revision ist inzwischen verändert worden (vgl. unten Rn. 6). Das Revisionsgericht beschränkt sich auf die Prüfung von Rechtsfehlern. Es geht lediglich auf die „Rechtsfrage" ein und überlässt die „Tatfrage" dem Tatrichter. Diese Rechtskontrolle kann nur dazu führen, dass das angefochtene Urteil ganz oder zum Teil aufgehoben und die Sache zu einer völlig neuen oder auf bestimmte Punkte begrenzten Verhandlung an die Tatsacheninstanz zurückverwiesen wird. Eine Beweisaufnahme zur Schuld- und Straffrage gibt es vor dem Revisionsgericht nicht. Es entscheidet nicht in der Sache selbst (Ausnahmen unten Rn. 48 ff.). In die Verantwortung des Revisionsgerichts fällt nur, was es nach dem Zuschnitt dieses Rechtsmittels leisten kann. Das hat Konsequenzen für die Frage, welchen Zwecken die Revision dient.

2. Die Zwecke

a) Einzelfallgerechtigkeit

2 Rechtsmittel gewähren dem Betroffenen Rechtsschutz. Seinem Interesse an einer gerechten Entscheidung dient auch die Revision. Er kann es aber lediglich in den engen Grenzen verfolgen, die das Revisionsverfahren zieht. Er darf nur „realistischen Rechtsschutz" erwarten, weil die Verantwortung für das gerechte Ergebnis zwischen dem Tatgericht und dem Revisionsgericht geteilt ist

b) Rechtseinheit

3 Die Aufgabe, für eine einheitliche Anwendung des Rechts zu sorgen, ist mit der Beschränkung der Revision auf die Rechtsfrage vorgezeichnet. Die Vorschriften des Verfahrensrechts sollen gleichförmig angewandt und das materielle Recht soll überall gleich ausgelegt werden. Die Autorität einer Revisionsentscheidung wirkt über den Einzelfall hinaus. Überdies hat der *BGH* die Aufgabe,

die Rechtsprechung der Oberlandesgerichte (§ 121 Abs. 2 GVG) und die der *BGH*-Senate zu harmonisieren (§§ 132ff. GVG).

c) Rechtsfortbildung

In den Grenzen, die das Strafrecht zieht (Analogieverbot, Rückwirkungsverbot) sorgt der *BGH* für die Rechtsfortbildung in Grundsatzfragen (vgl. § 132 Abs. 4 GVG). 4

d) Die Kollision und die Kombination der Zwecke

Der lebhafte Streit um die richtige Theorie der Revisionszwecke[1] ist praktisch kaum relevant. Eine Entscheidung des Revisionsgerichts dient stets zugleich der Einzelfallgerechtigkeit und der Rechtssicherheit. Historisch gesehen stand bei der Sachrüge das Interesse im Vordergrund, für eine einheitliche Handhabung des materiellen Rechts zu sorgen, und bei der Verfahrensrüge das Bestreben, dem Beschwerdeführer ein ordnungsgemäßes Verfahren zu garantieren und damit die Chance auf ein Urteil zu eröffnen, das allen Besonderheiten seines Einzelfalles gerecht wird. Unterdessen haben sich die Revisionsgerichte selbst ein Instrumentarium geschaffen, das über die im Gesetz angelegte Struktur der Revision hinausreicht und es ihnen ermöglicht, den Tatrichter streng zu kontrollieren (unten Rn. 6). So kann man zusammenfassend zwar sagen, dass die Revisionsgerichte die Akzente selbst setzen und den Aspekt der Einzelfallgerechtigkeit in dem einen Fall mehr hervorheben als in dem anderen. Stets aber wirken sie zugleich im Sinne der Rechtseinheit.[2] 5

3. Die „erweiterte" Revision

Die Rechtsprechung ist über das Prinzip hinausgegangen und hat Regeln entwickelt, die vor allem den Zugriff auf die Beweiswürdigung erlauben.[3] Die Beweiswürdigung ist zwar frei, muss aber in sich geschlossen und lückenlos sein, darf weder unklar bleiben noch Widersprüche aufweisen und nicht bei bloßen Vermutungen stehen bleiben (vgl. oben 29 Rn. 3ff.). Die objektive Grundlage der richterlichen Überzeugung muss nachvollziehbar sein. Wenn die Urteilsgründe diesen Anforderungen entsprechen, prüft das Revisionsgericht, ob das materielle Recht richtig angewandt wurde. Ist der Tatrichter hinter diesen Anforderungen zurückgeblieben, kann das Revisionsgericht nicht prüfen, ob richtig subsumiert wurde. Es mag sein, dass der Tatrichter sorgfältig gearbeitet hat. Wenn aber die Darstellung in den Urteilsgründen in dem genannten Sinne mangelhaft ist, kann das Revisionsgericht nicht sicher sein, dass die Tatsachengrundlage der Subsumtion tragfähig ist. Also ist das materielle Recht (möglicherweise) nicht richtig angewandt. Deshalb handelt es sich um eine Sachrüge. Da sie sich auf die mangelhafte Darstellung in den Urteilsgründen stützt, nennt 6

[1] Vgl. *Sarstedt/Hamm*, Rn. 1ff.

[2] Zur Diskussion um den Revisionszweck vgl. LR/*Hanack*, vor § 333 Rn. 7f.

[3] Grundlegend *Fezer*, Die erweiterte Revision – Legitimierung der Rechtswirklichkeit?, 1974.

man sie **Darstellungsrüge.** Damit ist das Prinzip, dass das Revisionsgericht an die tatsächlichen Feststellungen im angefochtenen Urteil gebunden ist und auf die Tatfrage nicht zugreifen darf, zwar nicht aufgehoben, aber disponibel geworden. Das Revisionsgericht entscheidet selbst, ob es sich an den festgestellten Sachverhalt binden will und braucht das nicht zu tun, wenn er mangelhaft dargestellt ist.

II. Revisionsgründe

7 „Die Revision kann nur darauf gestützt werden, dass das Urteil auf einer Verletzung des Gesetzes beruhe" (Wortlaut § 337 Abs. 1). Die Abgrenzung der überprüfbaren Rechtsfrage von der nicht revisiblen Tatfrage (vgl. oben Rn. 1) ist theoretisch schwierig und umstritten. Zu einem hinreichend gesicherten praktischen Ergebnis kommt man dadurch, dass man klärt, in welchen Fällen ein „Gesetz" verletzt ist.

1. Gesetzesverletzung

8 Der Begriffskern von „Gesetz" ist klar: jede Rechtsnorm (§ 337 Abs. 2, § 7 EGStPO). Es gibt allerdings Fälle von Rechtsnormen, die ausgeklammert und nicht als Gesetz in diesem Sinne behandelt werden.

a) Das materielle Recht

9 Mit der **Sachrüge** wird geltend gemacht, dass eine auf den festgestellten Sachverhalt anzuwendende Norm nicht oder nicht richtig angewandt wurde oder dass eine Regel herangezogen wurde, die nicht eine Rechtsnorm ist.

Zum sachlichen Recht gehört nicht nur das materielle Strafrecht, sondern auch jedes andere deutsche Recht (Zivilrecht, öffentliches Recht, etc.), das Völkerrecht (die allgemeinen Regeln, Art. 25 GG), ausländisches Recht (wenn es auf Vorfragen ankommt, z.B. bei § 7 StGB), unmittelbar geltendes europäisches Recht, Staatsverträge, die durch ein formelles Gesetz umgesetzt worden sind.

10 **Nicht** Rechtsnormen sind Verwaltungsanordnungen,[4] Dienstvorschriften, Unfallverhütungsvorschriften,[5] allgemeine Geschäftsbedingungen.

11 Die **Denkgesetze** und die **Erfahrungssätze** sind **nicht** Rechtsnormen, auch nicht „ungeschriebene". Ihre Verletzung hat aber zur Folge, dass die Rechtsanwendung unrichtig wird, und das kann mit der Sachrüge vorgetragen werden.[6]

12 Die Regel **in dubio pro reo** kann in ihrer Wirkung ähnlich verstanden werden.[7] Es handelt sich zwar strukturell um eine Beweislastregel (vgl. oben 18

[4] *BGH* NStZ 1982, 321; str. für blankettausfüllende Vorschriften, *OLG Hamburg* NStZ 1984, 273.
[5] Str., *BayObLG* MDR 1987, 80.
[6] Vgl. LR/*Hanack*, § 337 Rn. 11.
[7] Sehr str., vgl. LR/*Hanack*, a.a.O. Rn. 14.

Rn. 18) und insofern um eine Verfahrensvorschrift. Ihre Verletzung führt aber zu einer unrichtigen Anwendung des materiellen Rechts, das für eine Bestrafung die Schuld und nicht eine nur mögliche Schuld voraussetzt. Vor allem ergibt sich ein Verstoß gegen in dubio pro reo stets aus den Urteilsgründen selbst, so dass es nicht sachgerecht wäre, eine Rüge an die strengen Form- und Begründungsvorschriften für Verfahrensrügen (näher unten Rn. 23) zu binden. Dem Revisionsgericht genügt die Sachrüge.

b) Das Verfahrensrecht

Die Verletzung einer Rechtsnorm über das Verfahren wird mit der Verfahrensrüge geltend gemacht. Für Verfahrensvoraussetzungen gelten Sonderregeln (unten Rn. 14). In dem nun noch verbleibenden, großen Bereich der verfahrensleitenden Bestimmungen (vgl. oben 14 Rn. 5) gibt es zwingende Vorschriften (ist, muss), Ermessensvorschriften (kann, darf) und Soll- und Ordnungsvorschriften. Sie alle sind Rechtsnormen, und das Gesetz (§ 337) unterscheidet nicht zwischen ihnen. Dennoch werden die **Soll- und Ordnungsvorschriften** von der h. M. nicht für revisibel gehalten. 13

Beispiele: § 57, unterlassene Zeugenbelehrung;[8] § 64, unterlassene Protokollierung;[9] § 109, unterlassene Kennzeichnung beschlagnahmter Gegenstände; § 257 Abs. 1, wenn insgesamt rechtliches Gehör gewährt wurde.[10]

Nicht jede Förmlichkeit ist eine „schützende" Form des Verfahrensrechts. Es kommt darauf an, ob ihre Verletzung Rechte des Beschwerdeführers beeinträchtigt. Das ist der Fall, wenn der Verstoß gegen eine Soll- und Ordnungsvorschrift zugleich eine Missachtung der Aufklärungspflicht darstellt.[11] Dieser Ansatz beim Schutzzweck ist der Methode überlegen, das Problem in die Frage des „Beruhens" abzuschieben.

c) Verfahrensvoraussetzungen

Sie werden von Amts wegen geprüft. Das Revisionsgericht untersucht also, wenn eine zulässige Revision eingelegt wurde, ob der Tatrichter ein Verfahrenshindernis übersehen oder falsch behandelt hat (zu den später eingetretenen Verfahrenshindernissen unten Rn. 49). An die Feststellungen des angefochtenen Urteils ist es dabei nicht gebunden.[12] Wie es den Beweis führt, steht ihm frei. So wenig es einzusehen ist, weshalb man den Tatrichter bei Prozessvoraussetzungen von den Regeln des Strengbeweisverfahrens dispensieren sollte, so einleuchtend ist es andererseits, dass man dem Revisionsgericht, das keine Beweisaufnahme wie in der Tatsacheninstanz durchführt, die Regeln des Freibeweisverfahrens zur Verfügung stellen muss. 14

---

[8] *BGH* NStZ 1983, 354.
[9] *BGH* NStZ 1989, 128.
[10] *BGH* MDR 1967, 175, str.
[11] Vgl. LR/*Hanack*, § 337 Rn. 18 ff. m. w. N.
[12] BGHSt 5, 225; Ausnahme: doppelrelevante Tatsachen, die auch für den Schuldspruch Bedeutung haben, *BGH* MDR 1956, 272.

d) Rechtsregeln der Beweiswürdigung

15 Das Revisionsgericht würdigt niemals Beweise selbst. Es überprüft aber, ob der Tatrichter die Grenzen seiner Freiheit der Beweiswürdigung eingehalten hat (vgl. oben 29 Rn. 3ff.). Wenn das nicht möglich ist, weil der Tatrichter den Anforderungen an die Darstellung der Beweiswürdigung nicht nachgekommen ist, liegt darin der Rechtsfehler (Sachrüge in der Erscheinungsform der Darstellungsrüge, vgl. oben Rn. 6). Diese revisiblen Rechtsverstöße beziehen sich nicht auf gesetzlich festgeschriebene Rechtsnormen, sondern auf Rechtsregeln, die von den Revisionsgerichten selbst geschaffen wurden („erweiterte Revision“).

16 In die Verantwortung des Tatrichters greift das Revisionsgericht auch dort nicht ein, wo es den Sachverhalt selbst beurteilen könnte. Wenn sich der beleidigende Brief oder das pornographische Material bei den Akten befindet, wird der Brief nicht gelesen und das Material nicht in Augenschein genommen.[13] Das Revisionsgericht prüft nur, ob die Rechtsregeln der Auslegung von Erklärungen (etc.) richtig gehandhabt wurden.[14]

Beispiel: Die Frage, ob das Opfer durch die Körperverletzung „in erheblicher Weise dauernd entstellt“ wurde (§ 226 Abs. 1 Nr. 3) ist Tatfrage. Das Revisionsgericht greift nur ein, wenn der Tatrichter diesen Rechtsbegriff verkannt hat, und hält sich mit einem eigenen Urteil selbst dann zurück, wenn sich ein Foto bei den Akten befindet.

2. Beruhen

17 Das Gesetz verlangt Kausalität zwischen der Gesetzesverletzung und dem Urteil (§ 337 Abs. 1). Das Urteil müsste also bei richtiger Rechtsanwendung anders ausgefallen sein. Der Beschwerdeführer muss das aber nicht beweisen. Er könnte es auch meist nicht. Wenn z.B. ein Beweisantrag zu Unrecht abgelehnt wurde, wäre vielleicht das Gleiche, möglicherweise aber ein anderes Ergebnis zustandegekommen. Das genügt. Ein Urteil beruht schon dann auf dem Rechtsfehler, wenn nicht auszuschließen ist, dass es ohne den Fehler anders ausgefallen wäre.[15] Die „Beweislast“ dafür, dass kein Zusammenhang bestehen kann, liegt beim Revisionsgericht.[16]

a) Relative Revisionsgründe, § 337

18 Diese Grundnorm des Revisionsrechts regelt den Normalfall. Relativ ist der Revisionsgrund, weil eine Beziehung zwischen dem Fehler und dem Urteil bestehen muss, das Beruhen.

b) Absolute Revisionsgründe, § 338

19 Bei diesen Verfahrensfehlern wird gesetzlich vermutet (fingiert), dass das Urteil auf ihnen beruht. Dazu braucht der Beschwerdeführer also nichts zu sagen.

[13] BGHSt 29, 18, 22; *KG* JR 1980, 291 m. Anm. *Volk*.
[14] *BGH* NStZ 1982, 27.
[15] St. Rspr., BGHSt 1, 350; *BGH* NStZ 1983, 135.
[16] *Herdegen*, NStZ 1990, 516.

Ansonsten gelten die gleichen Anforderungen wie für andere Verfahrensrügen. Der Katalog ist abschließend.

Übersicht 25: Absolute Revisionsgründe, § 338

- Nr. 1: sichert das Recht auf den gesetzlichen Richter. 20
- Nr. 2: vgl. §§ 22, 23, 31 Abs. 1, 148a Abs. 2 S. 1.
- Nr. 3: diese Rüge ist der Sache nach eine sofortige Beschwerde (§ 28 Abs. 2 S. 2), über die aus Gründen der Zweckmäßigkeit das Revisionsgericht entscheidet[17] und dabei die Regeln einer Beschwerdeentscheidung anwendet (Überprüfung auch in tatsächlicher Hinsicht, vgl. unten 37 Rn. 11).
- Nr. 4: betrifft die örtliche und sachliche Zuständigkeit sowie die besondere Zuständigkeit gleichrangiger Gerichte (§§ 74 Abs. 2, 74a, c GVG); für die Verteilung der Zuständigkeit nach dem Geschäftsverteilungsplan unter den Spruchkörpern des gleichen Gerichts gilt Nr. 1.
- Nr. 5: gilt nur für die Abwesenheit bei einem wesentlichen Teil der Hauptverhandlung;[18] zu den Anwesenheitspflichten oben 20 Rn. 3ff.
- Nr. 6: anwendbar nur bei ungesetzlicher Beschränkung der Öffentlichkeit, nicht bei fehlerhafter Erweiterung,[19] die nur nach § 337 zu rügen sein soll.[20] Der *BGH* verlangt ferner ein Verschulden des Gerichts.[21]
- Nr. 7: fehlen die Gründe, ist schon die allgemeine Sachrüge erfolgreich. Anders liegt das bei Prozessurteilen gem. §§ 329 Abs. 1, 412.
- Nr. 8: Die Beschränkung der Verteidigung muss durch einen Gerichtsbeschluss entstanden sein (z.B. § 238 Abs. 2) und einen wesentlichen Punkt betreffen, auf dem das Urteil bei genereller Betrachtung auch beruhen kann.[22] Damit behandelt die Rspr. diesen Revisionsgrund nicht als „absolut".[23]

3. Sachrüge

Eine Revision muss, damit sie zulässig ist, begründet werden, und in der Begründung ist anzugeben, ob eine Sachrüge oder eine Verfahrensrüge erhoben wird (§ 344 Abs. 2 S. 1). Die Sachrüge braucht nicht weiter begründet zu werden. „Gerügt wird die Verletzung sachlichen Rechts" – das genügt. Nun liest das Revisionsgericht das Urteil und überprüft es auf Rechtsfehler (oben Rn. 9ff., 14ff.). Das Beruhen ergibt sich aus dem Urteil selbst. Die Akten werden für diese Prüfung weder gebraucht noch dürfen sie aufgeschlagen werden.[24] Der Rechtsfehler kann sich nur aus dem Urteil selbst ergeben nicht etwa aus einem Vergleich zwischen dem Urteil und den Akten. Die schlichte Rüge der „Ak- 21

17 BGHSt 27, 96, 98.
18 Vgl. *Meyer-Goßner*, § 338 Rn. 35ff.
19 BGHSt 10, 202, 206; 23, 82, 85.
20 *BGH* NStZ 1998, 586, zur Ablehnung eines Antrags auf Ausschluss der Öffentlichkeit.
21 BGHSt 21, 72, 74; *BGH* NStZ 1995, 143.
22 BGHSt 23, 244; 30, 131, 135.
23 Zur Kritik LR/*Hanack*, § 338 Rn. 125m.w.N.
24 BGHSt 35, 238, 241.

tenwidrigkeit" ist daher aussichtslos. Anders ist das, wenn sich der Widerspruch aus den Urteilsgründen selbst ergibt.[25]

22 Hier gibt es allerdings einen Sonderfall.

> **Fall:** In den Akten befindet sich ein Schriftstück, dessen Inhalt im Widerspruch zu den Zeugenaussagen steht, denen das Gericht gefolgt ist. Welchen Fehler kann das Gericht gemacht haben?

Es hat entweder nicht versucht, diesen Widerspruch in der Hauptverhandlung zu beheben und damit seine Aufklärungspflicht verletzt, oder diesen Versuch zwar unternommen, es aber versäumt, die Beweiswürdigung umfassend vorzunehmen bzw. sie in den Urteilsgründen vollständig darzustellen. Anders kann es nicht sein.[26]

4. Verfahrensrüge

a) Begründung

23 Verfahrensrecht ist verletzt, wenn eine gesetzlich vorgeschriebene Handlung nicht oder fehlerhaft vorgenommen wurde oder wenn sie überhaupt unzulässig war.[27] Eine „allgemeine Verfahrensrüge" gibt es nicht. Sie würde das Revisionsgericht dazu zwingen, das ganze Verfahren zu rekonstruieren. Das ist weder möglich noch zumutbar. Der Beschwerdeführer muss daher seine Verfahrensrüge gezielt anbringen und mit Tatsachen belegen (§ 344 Abs. 2 S. 2).[28]

> **Beispiel:** Die Rüge, ein Beweisantrag sei zu Unrecht abgelehnt worden, muss – ohne jede Bezugnahme auf die Akten – den Beweisantrag wiedergeben, den ablehnenden Beschluss des Gerichts und die Gründe dafür, weshalb das fehlerhaft war.

Eine Verfahrensrüge muss also substantiiert und „schlüssig" vorgetragen werden, so dass das Revisionsgericht allein aus der Begründung schließen kann: Wenn es stimmt, was der Beschwerdeführer vorträgt, dann hat er Recht.

Wer behauptet, dass der Verfahrensfehler in der Verletzung der Aufklärungspflicht bestehe (§ 244 Abs. 2; **Aufklärungsrüge**), muss demnach angeben, welches Beweismittel bekannt oder nahe liegend war, welcher konkrete Sachverhalt sich damit hätte aufklären lassen und weshalb das Bedeutung für den Schuld- oder Strafausspruch gehabt hätte.[29]

Zu einer formgerechten Verfahrensrüge gehört manchmal auch der Vortrag von „Negativtatsachen". Wer behauptet, dass der Inhalt einer nicht verlesenen Urkunde verwertet worden sei, muss zusätzlich vorbringen, dass der Inhalt der Urkunde auch nicht in anderer prozessordnungsgemäßer Weise (z.B. durch Vorhalt) in die Hauptverhandlung eingeführt worden ist.[30]

---

[25] Vgl. *BGH* NStZ 2008, 705.

[26] *Ziegert*, StV 1996, 279; BGHSt 43, 212; KK/*Kuckein*, § 337 Rn. 26 a.

[27] *BGH* MDR 1981, 157; LR/*Hanack*, § 337 Rn. 69.

[28] *BGH* StV 1996, 530.

[29] *Ziegert*, Grundlagen der Strafverteidigung, S. 415 ff., nennt das eine prozessuale Wahlfeststellung; dagegen *BGH* NStZ 2007, 115.

[30] St. Rspr. des *BGH*, bestätigt von *BVerfG* NStZ 2005, 522 ff.

b) Beweis

Erfolgreich ist eine Verfahrensrüge nur, wenn die Tatsachen, die den Verfahrensmangel ergeben, bewiesen sind. Der Beweis kann geführt werden durch das Protokoll (§§ 273, 274), den Urteilsinhalt oder durch Ermittlungen im Freibeweisverfahren. Die Rüge, dass im Protokoll etwas enthalten oder nicht enthalten sei – **„Protokollrüge"** –, ist erfolglos, weil das Urteil nicht auf dem Protokoll beruhen kann. Das Protokoll kann einen Fehler nur beweisen, nicht aber konstituieren. 24

Lässt sich nicht klären, ob ein Verfahrensfehler vorgekommen ist, soll eine Vermutung für das ordnungsgemäße Prozedieren des Richters sprechen und nicht in dubio pro reo gelten.[31] 25

Beispiel: Es wurde das Protokoll einer Vernehmung verlesen, bei der möglicherweise gegen § 136 a verstoßen wurde; klären lässt sich der Vorgang nicht.

Das Beispiel zeigt, dass die Geltung von in dubio pro reo zu rigoros verneint wird. Betreffen die Zweifel einen wesentlichen Verfahrensgrundsatz und liegt der Grund dafür, dass sie nicht aufklärbar sind, in der Verantwortungssphäre der Justiz, sollten sie dazu führen, dass das Urteil aufgehoben wird.[32]

c) Der Verlust von Verfahrensrügen

Er kann durch Zeitablauf, Verzicht, unterlassene Beanstandung oder Verwirkung eintreten. Das Problem ist kompliziert und umstritten.

Zeitablauf: Manche Verfahrensrügen gehen verloren, wenn nicht schon im Verfahren rechtzeitig Einreden geltend gemacht wurden (§§ 6 a S. 3, 16 S. 2, 25, 217 Abs. 2, 218 S. 2, 222 b Abs. 1 S. 1, 246 Abs. 2). 26

Verzicht: Der vor dem Tatrichter erklärte Verzicht auf die Einhaltung einer Verfahrensvorschrift schließt es aus, sich auf einen Verstoß zu berufen. Die meisten Verfahrensvorschriften stehen als Ausgestaltungen des Rechtsstaatsprinzips nicht zur Disposition der Verfahrensbeteiligten und sind unverzichtbar. Danach bleiben nur wenige Fälle: Rechtsmittelbelehrung (§ 35 a), Mitteilung der Anklageschrift (§ 201), Ladungen (§§ 216, 218), Benachrichtigung (§ 224), Verzicht auf das letzte Wort (§ 258 Abs. 3). Verzicht setzt Kenntnis des Rechts voraus. Das Schweigen des unverteidigten Angeklagten kann daher nicht als Verzicht aufgefasst werden. 27

Unterlassene Beanstandung: Auf eine fehlerhafte Anordnung des Vorsitzenden kann man die Revision nicht stützen, wenn man sie nicht beanstandet und eine Entscheidung des Gerichts herbeigeführt hat (§ 238 Abs. 2, vgl. auch § 338 Nr. 8). Der unverteidigte Angeklagte muss nicht wissen, dass es diesen Zwischenrechtsbehelf gibt. 28

Verwirkung: Die Verantwortung für den ordnungsgemäßen Ablauf des Verfahrens liegt allein beim Gericht, nicht bei den Verfahrensbeteiligten.[33] Verstößt ein Verfahrensbeteiligter gegen Treu und Glauben, besagt das nichts, weil das 29

---

[31] BGHSt 16, 164, 167; vgl. oben 18 Rn. 22.

[32] Zu diesem Ansatz LR/*Hanack*, § 337 Rn. 76 m. w. N.

[33] Markant *Dahs*, NStZ 2007, 241.

Gericht nicht auf seine loyale Mitwirkung vertrauen darf. Allenfalls Arglist lässt die Frage nach einer Verwirkung entstehen.

Beispiel: Der Verteidiger verlässt die Hauptverhandlung vor der großen Strafkammer in einem wichtigen Moment für ein paar Minuten, hofft darauf, dass man weiterverhandeln und diesen Verstoß nicht heilen wird (durch Wiederholung des entsprechenden Teils der Verhandlung) und beabsichtigt, darauf später die Revision zu stützen (§§ 338 Nr. 5, 140). Tut er das dann, kann man ihm nicht entgegenhalten, er habe sich die Rüge arglistig erschlichen und das Recht verwirkt, sie geltend zu machen. Dazu ist die verletzte Vorschrift zu wichtig.[34] Überdies darf die Arglist des Verteidigers nicht dem Angeklagten zugerechnet und angelastet werden.[35]

Der Rügeverlust kraft Verwirkung kommt nur bei verzichtbaren Vorschriften in Betracht, und dort greift in aller Regel bereits dieser Ausschlussgrund, so dass die Verwirkung im Ergebnis bedeutungslos ist.[36]

III. Zulässigkeit

1. Statthaftigkeit, §§ 333, 335

30 a) Die Revision ist statthaft gegen Urteile der Strafkammern (§ 333). Hat eine große Strafkammer in erster Instanz entschieden, geht die Revision zum Bundesgerichtshof (§ 135 Abs. 1 GVG, es sei denn, dass nur Landesrecht verletzt ist, vgl. oben 5 Rn. 18). Das Gleiche gilt für erstinstanzliche Urteile des Oberlandesgerichts (vgl. § 120 GVG). Wird ein Berufungsurteil einer kleinen Strafkammer angefochten, entscheidet über die Revision das Oberlandesgericht (§ 121 Abs. 1 Nr. 1 GVG).

31 b) Urteile des Amtsgerichts können, ohne dass erst Berufung eingelegt wird, mit der Revision angefochten werden (§ 335 Abs. 1). Über sie entscheidet das Oberlandesgericht (§ 335 Abs. 2).[37]

2. Form und Frist der Einlegung, § 341

32 Die Revision muss bei dem Gericht, dessen Urteil angefochten wird, binnen einer Woche nach Verkündung des Urteils zu Protokoll der Geschäftsstelle oder schriftlich eingelegt werden (Abs. 1 – bei Verkündung in Abwesenheit läuft die Wochenfrist ab Zustellung, Abs. 2; zur Geschäftsstelle für inhaftierte Angeklagte vgl. § 299). Rechtzeitige Einlegung löst den Suspensiveffekt aus (§ 343 Abs. 1).

3. Revisionsanträge, § 344 Abs. 1

33 Das Revisionsgericht prüft das Urteil nur insoweit als es angefochten ist (§ 352 Abs. 1). Der Revisionsführer muss als Teil der Revisionsbegründung

---

[34] BGHSt 15, 306, 308; anders *BGH* NStZ 1997, 451; 1998, 209.

[35] BGHSt 24, 280, 283.

[36] Str., vgl. *Meyer-Goßner*, § 337 Rn. 47. Zu einem besonders gelagerten Fall *BGH* NStZ 2005, 646 ff.

[37] In Bayern blieb für Revisionen, die bis zum 31. 12. 2004 beim *BayObLG* anhängig geworden sind, dieses Gericht zuständig.

einen Antrag stellen, aus dem hervorgeht, ob er das Urteil ganz anficht oder seine Revision auf Teile beschränkt (dazu oben 34 Rn. 16ff.). Er muss ferner bezeichnen, in welchem Umfang das Urteil aufgehoben werden soll (dazu unten Rn. 46).

4. Begründung, § 344

Diese Anträge müssen begründet werden. Macht der Revisionsführer einen 34
Fehler bei der Anwendung des materiellen Rechts geltend, genügt die allgemeine Sachrüge (vgl. oben Rn. 21). Begründet er seine Revision mit einem Verfahrensfehler, muss er auch die Tatsachen angeben, auf die sich die Verfahrensrüge stützt (vgl. oben Rn. 23).

5. Begründungsschrift, § 345

Die Anträge und ihre Begründung müssen schriftlich vorgebracht werden. 35
Die Revisionsgerichte sollen davor geschützt werden, dass ihnen grundlose, unverständliche oder nicht sachkundige Revisionsschriften noch mehr Arbeit machen. Daher muss die Revisionsschrift von einem Verteidiger oder Rechtsanwalt unterschrieben oder vom Protokollbeamten der Geschäftsstelle aufgenommen werden (Abs. 2). Für die Begründung hat man einen Monat Zeit. Die Frist beginnt mit Ablauf der Wochenfrist zur Einlegung, bei späterer Zustellung (Regelfall) erst dann (Abs. 1 S. 1, 2).

IV. Verfahren und Entscheidungen

1. Vorprüfung durch das Tatgericht, § 346

Das Gericht, dessen Urteil angefochten wird, verwirft die Revision durch Be- 36
schluss als unzulässig, wenn sie verspätet eingelegt oder begründet wurde (§§ 341, 345). Entdeckt der Tatrichter, dass er ein Verfahrenshindernis übersehen hatte, darf er das Verfahren nicht einstellen (weil er auf diese Weise sein Urteil revidieren würde, was ihm nicht zusteht).[38] Bemerkt er ein nach Urteilserlass eingetretenes Verfahrenshindernis, wird nach § 206a verfahren.

Ist mit der verspätet eingelegten Revision ein Wiedereinsetzungsantrag verbunden, darf sie der Tatrichter nicht verwerfen (vgl. § 46 Abs. 1).

Der Verwerfungsbeschluss gem. § 346 Abs. 1 hat keine Bedeutung für die 37
Rechtskraft des angefochtenen Urteils. War die Revision verspätet eingelegt, ist das Urteil ohnehin schon rechtskräftig geworden (§ 343 Abs. 1). Sonst tritt die Rechtskraft erst ein, wenn die Frist des § 346 Abs. 2 S. 2 nicht genutzt wird oder das Revisionsgericht entscheidet.

Bei frist- und formgerecht eingelegter Revision stellt der Tatrichter (Vorsitzende) die Revisionsschrift dem Gegner zu, wartet die Gegenerklärung der

[38] BGHSt 22, 213, 216.

anderen Seite bzw. die dafür vorgesehene Frist ab und lässt die Akten durch die Staatsanwaltschaft dem Revisionsgericht zustellen (§ 347).

2. Beschlussentscheidungen des Revisionsgerichts, § 349

a) Unzulässige Revision, Abs. 1

38 Das Revisionsgericht prüft erneut Frist und Form und erstmals die übrigen Voraussetzungen der Zulässigkeit (Beschwer). Die Revision wird auch dann als unzulässig verworfen, wenn die Vorschriften über die „Anbringung der Revisionsanträge" nicht beachtet sind (z. B. bei einer reinen Protokollrüge, vgl. oben Rn. 24). Das kann durch Beschluss (Abs. 1) oder Urteil geschehen (Abs. 5).

b) Die offensichtlich unbegründete Revision, Abs. 2, 3

39 Die Revisionsgerichte sollen nicht in jedem Fall gezwungen sein, eine Hauptverhandlung durchzuführen, sondern aussichtslose Revisionen schnell erledigen dürfen. Auf Antrag der Staatsanwaltschaft beim Revisionsgericht kann eine Revision durch Beschluss als offensichtlich unbegründet verworfen werden, wenn sich alle Revisionsrichter einig sind (ein Schicksal, das 80% der Revisionen beschieden ist). Offensichtlich heißt nicht auf den ersten Blick, sondern eindeutig. In solchen Fällen braucht man keine Hauptverhandlung.

c) Die begründete Revision, Abs. 4

40 Das Gleiche gilt für den Fall einer sicher begründeten Revision, die zu Gunsten des Angeklagten eingelegt ist. Hier kommt es schon nach dem Wortlaut der Vorschrift nicht darauf an, dass die Revision „offensichtlich" begründet ist. Auch eines Antrages der Staatsanwaltschaft bedarf es nicht. Das entscheidende Kriterium ist die Übereinstimmung aller Richter des Senats. Bei Verfahrenshindernissen, die der Tatrichter übersehen hatte, ist nach § 349 Abs. 4 und nicht nach § 206a zu verfahren.[39]

3. Die Hauptverhandlung, §§ 350, 351

41 Sonst entscheidet das Revisionsgericht durch Urteil (§ 349 Abs. 5) nach einer Hauptverhandlung. Sie besteht aus Rechtsausführungen (vgl. §§ 350, 351). Vorschriften über die Beweisaufnahme gibt es nicht (Freibeweis). Beweisbedürftig sind nur Umstände, die für Prozessvoraussetzungen oder Verfahrensrügen bedeutsam sind. Auch im Bereich der Sachrüge kann über Erfahrungssätze oder ausländisches Recht Beweis erhoben werden. Nochmals: Eine Beweisaufnahme über die Tat ist ausgeschlossen.

42 Die Hauptverhandlung ist beschränkt auf die Punkte, die das Revisionsgericht zu prüfen hat (§ 352 Abs. 1). Das hängt davon ab, welche Revisionsanträge gestellt sind (oben Rn. 33). Das Revisionsgericht muss nicht über alle Rügen entscheiden. Greift eine Verfahrensrüge durch, brauchen die anderen nicht ge-

[39] *Meyer-Goßner*, § 349 Rn. 29.

prüft zu werden; muss das Urteil wegen der Sachrüge in vollem Umfang mit den Feststellungen aufgehoben werden (§ 353), können die Verfahrensrügen dahingestellt bleiben.[40] Möglich ist auch eine Einstellung nach § 153 (nicht § 153a, vgl. § 153a Abs. 2 S. 1).

4. Die unbegründete Revision

Die Revision wird durch Urteil als unbegründet verworfen, wenn die rechtliche Überprüfung ergeben hat, dass der Tatrichter weder ein Verfahrenshindernis übersehen noch einen prozessualen oder materiellrechtlichen Fehler gemacht hat. Die gleiche Entscheidung ergeht, wenn das Urteil auf einem Fehler nicht beruht. Gesetzlich geregelt ist diese Entscheidung bei unbegründeter Revision nicht. 43

5. Die begründete Revision, §§ 353, 354

Wenn und soweit die Revision begründet ist, wird das angefochtene Urteil aufgehoben (§ 353 Abs. 1, unten Rn. 45). Das betrifft aber nur den Urteilsspruch. Die Feststellungen des angefochtenen Urteils werden davon nicht automatisch erfasst und nur aufgehoben, wenn und soweit sie durch den Rechtsfehler kontaminiert sind (§ 353 Abs. 2; unten Rn. 46). Meist wird der Fall an die Tatsacheninstanz zurückverwiesen (§ 354 Abs. 2, unten Rn. 47). Ausnahmsweise kann das Revisionsgericht auch in der Sache selbst entscheiden (§ 354 Abs. 1, unten Rn. 48 ff.). 44

a) Die Aufhebung des angefochtenen Urteils, § 353 Abs. 1

Nur teilweise aufgehoben wird das Urteil, wenn 45
- der Beschwerdeführer seine Revision wirksam beschränkt hat (z. B. auf den Strafausspruch)
- die Revision nur teilweise begründet ist.

Beispiel: Das Urteil war in vollem Umfang angefochten. Der *BGH* hält nun die Strafzumessung für fehlerhaft, hebt das Urteil insoweit auf und verwirft die Revision im Übrigen als unbegründet. Damit wird der Schuldspruch rechtskräftig.

b) Die Aufhebung der Urteilsfeststellungen, § 353 Abs. 2

Verfahrensfehler des Tatrichters betreffen (meist) alle Feststellungen. 46

Beispiel: Ein Beweisantrag auf Vernehmung eines Alibi-Zeugen wird zu Unrecht abgelehnt.

Davon ist das ganze Beweisgebäude betroffen; alle Feststellungen werden aufgehoben. Eine erfolgreiche Sachrüge hat diese Wirkung nicht immer. Die Feststellungen zur äußeren Tatseite werden aufrechterhalten, wenn der Fehler die innere Tatseite betrifft.

---

[40] BGHSt 17, 253.

Beispiele: Der Tatrichter hat es versäumt, die Schuldfähigkeit (§ 20 StGB) zu prüfen,[41] den Rechtsbegriff des bedingten Vorsatzes verkannt,[42] die niedrigen Beweggründe fehlerhaft beurteilt.[43]

Tatsächliche Feststellungen können zwar nicht in Rechtskraft erwachsen (vgl. oben 34 Rn. 21). Der Tatrichter, der die Sache neu zu entscheiden hat, ist aber innerprozessual an die aufrechterhaltenen Feststellungen gebunden.[44]

c) Die Zurückverweisung, § 354 Abs. 2, 3

47 Die Sache wird an eine andere Abteilung oder Kammer des Gerichts zurückverwiesen, dessen Urteil aufgehoben wird. Eine andere „Abteilung" des Amtsgerichts ist eine ebenso besetzte Abteilung, also der Strafrichter oder das Schöffengericht. Wird das Urteil einer Wirtschaftsstrafkammer aufgehoben, verweist der *BGH* zurück an eine andere (von ihm nicht zu bezeichnende) Wirtschaftsstrafkammer.

d) Die eigene Sachentscheidung des Revisionsgerichts, § 354 Abs. 1

48 Diese Vorschrift eröffnet dem Revisionsgericht nur wenige Möglichkeiten, in der Sache selbst zu entscheiden. Sie wird aber in richterlicher Rechtsfortbildung vielfach entsprechend angewandt. Eine eigene Sachentscheidung ist stets ausgeschlossen, wenn die Revision wegen eines Verfahrensfehlers erfolgreich ist und die Feststellungen nicht bestehen bleiben können. Sie kommt also nur bei Subsumtionsfehlern in Betracht, aber auch dann, wenn eine Einstellung auszusprechen ist, weil ein Verfahrenshindernis übersehen wurde.

49 Die Behandlung von **Verfahrenshindernissen** ist umstritten. Wird eine zulässige Revision eingelegt, darf das Revisionsgericht prüfen, ob der Tatrichter ein Verfahrenshindernis übersehen und deshalb falsch entschieden hat. Es hebt das angefochtene Urteil auf und stellt das Verfahren ein (§ 354 Abs. 1). Eine unzulässige Revision eröffnet diese Prüfungsbefugnis nicht, so dass auch nicht nach § 206a verfahren werden darf.[45] Diese Vorschrift regelt nur den Fall, dass ein Verfahrenshindernis nach dem Ersturteil eingetreten ist.[46]

50 Einen **Freispruch** erlässt das Revisionsgericht selbst, wenn die Feststellungen fehlerfrei sind und auszuschließen ist, dass eine neue Hauptverhandlung zu neuen Erkenntnissen führen könnte.[47]

51 Die einzige **absolut bestimmte Strafe** ist die lebenslange Freiheitsstrafe.[48] In entsprechender Anwendung dieser Formulierung entscheidet das Revisionsgericht selbst, wenn nach der Verfahrenslage ein Ermessen über Art und Höhe der Rechtsfolge ausgeschlossen ist.[49]

---

[41] BGHSt 14, 30, 34.
[42] *BGH* StV 1983, 360.
[43] *BGH* GA 1980, 24.
[44] BGHSt 30, 340.
[45] A. A. BGHSt 16, 115, 117; 24, 208, 212; 32, 275, 290.
[46] *Meyer-Goßner*, § 206a Rn. 6.
[47] *BGH* NJW 1993, 2451.
[48] Vgl. aber BGHStGrS 30, 105 zur übergesetzlichen Strafmilderung bei Heimtücke.
[49] *BGH* NStZ 1992, 78, 297; Strafaussetzung zur Bewährung: *BGH* StV 1996, 265, 266.

Es darf auch, wenn die Staatsanwaltschaft übereinstimmt, die **gesetzliche Mindeststrafe** verhängen, von Strafe absehen (§ 354 Abs. 1) oder die Rechtsfolgen angemessen **herabsetzen** (Abs. 1a S. 2, eingeführt durch das 1. JuMoG). Eine Entscheidung in der Sache selbst trifft das Revisionsgericht überdies dann, wenn es bei begründeter Strafmaßrevision das angefochtene (fehlerhafte)[50] Urteil nicht aufhebt, weil es die verhängte Rechtsfolge nach eigenen Maßstäben für **angemessen** hält (Abs. 1a S. 1). Der Reformgesetzgeber wollte Ressourcen schonen, das Verfahren beschleunigen und Zurückverweisungen wegen solcher Fehler vermeiden, die ohne neue Tatsachenfeststellungen „unschwer in der Revisionsinstanz ... behoben werden können".[51] Aus diesem „Sinn und Zweck" hat der *BGH* entnommen, dass § 354 Abs. 1a, b in analoger Anwendung (!) auch die Fälle erfasse, in denen ein strafzumessungsrelevanter Fehler des Schuldspruchs vorliegt, „wenn eine neue Hauptverhandlung über den Schuldspruch nicht mehr erforderlich ist".[52] Die Vorschrift ist revolutionär, weil sie eine Strafzumessung nach Aktenlage erlaubt und dem Revisionsgericht zwar die Kompetenzen, nicht aber die Möglichkeiten des Tatrichters einräumt. Mit dem Grundrecht auf ein faires Verfahren ist sie nur vereinbar, wenn man sie verfassungskonform auslegt und dem Angeklagten Gelegenheit zur Äußerung gibt (Anhörungsverfahren).[53] 52

Aus Gründen der Verfahrensvereinfachung wird in entsprechender Anwendung des § 354 Abs. 1 auch eine **Schuldspruchberichtigung** zugelassen.[54] Bei erfolgreicher Sachrüge und vollständigen, tragfähigen Feststellungen, die in einer neuen Verhandlung nicht anders getroffen werden könnten, darf z.B. die anzuwendende Strafvorschrift ausgewechselt werden (z.B. § 255 statt § 249 StGB) oder bei Gesetzeskonkurrenz die Verurteilung wegen des verdrängten Delikts entfallen – immer vorausgesetzt, dass ein Einfluss auf die Strafzumessung ausgeschlossen ist. 53

In sehr engen Grenzen ist auch die **Berichtigung** des **Rechtsfolgenausspruchs** zulässig.[55] 54

6. Verletzung des rechtlichen Gehörs, § 356a

Diese „Anhörungsrüge" kann erhoben werden, wenn das rechtliche Gehör im Revisionsverfahren selbst nicht gewährt worden ist. Sie setzt, anders als der subsidiär geltende § 33a (s. oben 9 Rn. 30), einen Antrag voraus, der form- und fristgebunden[56] ist sowie begründet und evtl. glaubhaft gemacht werden muss. 54a

---

50 Beispiel: Der Tatrichter hat eine überlange Verfahrensdauer oder U-Haft zu Unrecht kompensierend herangezogen; *BGH* NStZ 2005, 445.

51 BT-Drs. 15/3482, S. 60. Vgl. *Knauer/Wolf*, NJW 2004, 2932, 2936.

52 *BGH* NStZ 2005, 284 und 285. Im konkreten Fall (a.a.O. 285) mag das plausibel gewesen sein (bei 140 Fällen von sexuellem Missbrauch waren einige verjährt bzw. die Konkurrenzen falsch bestimmt).

53 *BVerfG* NStZ 2007, 598.

54 BGHSt 32, 357, 361; *BGH* NStZ 1985, 454; NJW 1993, 2188; näher *Meyer-Goßner*, § 354 Rn. 12ff.

55 Näher *Meyer-Goßner*, § 354 Rn. 24ff.

56 Vgl. *BGH* NStZ 2005, 462.

7. Revisionserstreckung auf Mitangeklagte, § 357

a) Zweck

55 Hat nur einer von mehreren Verurteilten Revision eingelegt und hebt das Revisionsgericht das Urteil wegen eines materiellrechtlichen Fehlers auf, soll die Verurteilung der anderen nicht Bestand haben. Die Diskrepanz wäre ungerecht. Daher „ist zu erkennen, als ob sie gleichfalls Revision eingelegt hätten“ (Wortlaut § 357). Die bereits eingetretene Rechtskraft wird durchbrochen. Das geschieht „über den Kopf des Mittäters“ hinweg,[57] mag er es wollen oder nicht, mag er auch mit seinem Urteil zufrieden sein, die Belastungen eines neuen Verfahrens scheuen und (vielfach zu Recht) befürchten, dass es zu keinem besseren Ergebnis führen werde.

b) Voraussetzungen

56 Die Aufhebung wird erstreckt auf Angeklagte, die keine Revision eingelegt haben, die eine Revision zwar eingelegt, aber nicht frist- und formgerecht begründet haben oder nur Verfahrensrügen erhoben hatten. Das Urteil muss aufgehoben werden wegen eines Fehlers bei der Anwendung des materiellen Rechts oder eines übersehenen Verfahrenshindernisses, das auch für den Mitangeklagten von Bedeutung ist (z. B. Verjährung).[58]

57 Es muss sich um dieselbe Tat (§ 264) und dasselbe Urteil handeln.

Beispiel: Das Amtsgericht hatte beide Angeklagte verurteilt. Einer hatte Berufung eingelegt, die als unbegründet verworfen wurde. Dagegen hat er erfolgreich Revision eingelegt. Die Entscheidung des Revisionsgerichts erstreckt sich nicht auf das Amtsgerichtsurteil gegen die anderen Angeklagten.

Der Revisionsgrund muss gemeinsam, also so beschaffen sein, dass er zur Aufhebung des Urteils gegen den anderen geführt hätte, wenn er in die Revision gegangen wäre.

Fälle und Fragen

232. Wann ist eine Revision statthaft?
233. Welche Frist gilt für die Revisionseinlegung?
234. Welche Frist gilt für die Revisionsbegründung?
235. Kann eine zurückgenommene Revision erneut zulässig eingelegt werden?
236. Was muss in die Revisionsbegründung aufgenommen werden?
237. Was wird mit der Verfahrensrüge und was mit der Sachrüge gerügt?
238. Welche Arten von Revisionsgründen gibt es?
239. Welche Entscheidungsmöglichkeiten hat das Revisionsgericht?

---

[57] BGHSt 20, 77, 80.
[58] Vgl. BGHSt 10, 137, 141; *BGH* NStZ 1987, 239.

§ 37. Die Beschwerde

I. Überblick

Die Beschwerde ist das Rechtsmittel gegen Beschlüsse des Tatgerichts (erster und zweiter Instanz) und gegen Verfügungen des Vorsitzenden, des Ermittlungsrichters, des beauftragten oder ersuchten Richters (vgl. § 304 Abs. 1). Diese einfache Beschwerde ist unbefristet. Eine sofortige Beschwerde, die binnen einer Woche einzulegen ist, sieht das Gesetz für Fälle vor, in denen schnell und endgültig Rechtssicherheit geschaffen werden muss (§ 311). Die weitere Beschwerde, eine Beschwerde gegen die Beschwerdeentscheidung, gibt es grundsätzlich nicht; die Ausnahme in § 310 für Verhaftung und einstweilige Unterbringung wird als erschöpfende Regelung angesehen und eng ausgelegt.[1] 1

Die Beschwerde bringt, wenn ihr nicht abgeholfen wird (§ 306 Abs. 2), die Sache in die höhere Instanz (Devolutiveffekt, vgl. oben 34 Rn. 1), hemmt aber den Vollzug der angefochtenen Entscheidung nicht (§ 307 Abs. 1), es sei denn, dass dieser Suspensiveffekt im Beschwerdeverfahren angeordnet wird (§ 307 Abs. 2). Das Verbot der reformatio in peius hat der Gesetzgeber für die Beschwerde nicht etabliert. Die Rechtsprechung macht eine Ausnahme für Beschlüsse, die Rechtsfolgen endgültig festsetzen und rechtskräftig werden (z.B. § 57a StGB).[2] 2

II. Die (einfache) Beschwerde, § 304

1. Statthaftigkeit

Sie kann gegen Beschlüsse und Verfügungen und gegen Urteile insoweit eingelegt werden, als sie über Kosten und Auslagen (§ 304 Abs. 1, 3) sowie über die Entschädigungspflicht aus der Staatskasse entscheiden (§ 8 Abs. 3 S. 1 StrEG). Beschlüsse und Verfügungen des Bundesgerichtshofs sind gar nicht und die der Oberlandesgerichte nur in den Fällen anfechtbar, die § 304 Abs. 4 aufzählt (vgl. noch die Ausnahmeregelung § 304 Abs. 5).[3] 3

Das Unterlassen einer Entscheidung ist beschwerdefähig, wenn sie von Rechts wegen ergehen muss.[4] Ansonsten gibt es keine allgemeine „Untätigkeitsbeschwerde“. 4

---

[1] BGHSt 25, 120.
[2] *OLG Hamm* NStZ 1994, 53.
[3] Nach *BGH* NStZ 2002, 274 eng auszulegen.
[4] *BGH* NJW 1993, 1279.

2. Beschwerdeberechtigung

5 Beschwerde kann jeder einlegen, der in einem Recht betroffen ist, das ihm das materielle Recht oder das Verfahrensrecht einräumt (§ 304 Abs. 1, 2). Zwischen unmittelbar und mittelbar Betroffenen wird nicht unterschieden.[5]

Beispiele: Der Eigentümer beschlagnahmter Sachen; wer für den Beschuldigten Kaution gestellt hat (§ 124 Abs. 2 S. 2).

3. Der Ausschluss der Beschwerde

6 Die Entscheidungen des erkennenden Gerichts (vgl. oben 16 Rn. 12), die dem Urteil zeitlich und sachlich vorausgehen und mit ihm in einem Zusammenhang stehen, sind der Beschwerde entzogen (§ 305 S. 1; Ausnahmen in S. 2). Sie sollen nicht isoliert, sondern nur zusammen mit dem Urteil anfechtbar sein (§ 336), damit die Hauptverhandlung zügig fortgeführt werden kann.

Beispiele: Die Ablehnung eines Beweisantrags (§ 244 Abs. 6); die Verbindung von Sachen gem. § 4.

Über viele Fallgruppen herrscht Streit, weil der Grundgedanke des § 305 Entscheidungen nicht erfasst, die auch prozessuale Bedeutung in anderer Richtung haben, und weil der Katalog der Ausnahmen in S. 2 nicht abschließend ist.[6]

Beispiele: Anfechtbar ist der Beschluss, einen Pflichtverteidiger nicht zu bestellen,[7] den Nebenkläger nicht zuzulassen.

4. Das zuständige Gericht

7 Eingelegt wird die Beschwerde stets beim iudex a quo (§ 306): Es entscheidet die große Strafkammer beim Landgericht (§§ 73 Abs. 1, 76 Abs. 1 GVG), das OLG (§§ 120 Abs. 3, 121 Nr. 2 GVG) oder der *BGH* (§ 135 Abs. 2 GVG).

5. Beschwer: Prozessuale Überholung

8 Eine Maßnahme, die nicht mehr ungeschehen gemacht werden kann, ist grundsätzlich nicht anfechtbar. Wenn die Entscheidung durch den Fortgang des Verfahrens überholt worden und also gegenstandslos geworden ist, kann sie grundsätzlich nicht mehr angefochten werden (vgl. aber oben 10 Rn. 77).[8]

Beispiele: Haftbeschwerde nach Rechtskraft des Urteils, durch Vollzug erledigte Durchsuchungsanordnung.

---

[5] BGHSt 27, 175.
[6] Zu Einzelheiten vgl. KK/*Engelhardt*, § 305 Rn. 5 ff.
[7] Vgl. auch *OLG Stuttgart* StV 1998, 123.
[8] BVerfGE 49, 329.

6. Entscheidungen

a) Der iudex a quo prüft, ob die Beschwerde begründet ist. In diesem Falle 9
ergeht eine Abhilfeentscheidung (§ 306 Abs. 2, 3), die mit der berichtigten Entscheidung eine Einheit bildet. Eine unzulässige Beschwerde wird als Gegenvorstellung behandelt (vgl. oben 34 Rn. 2) und führt zu derselben Prüfung. Wird der Beschwerde nicht abgeholfen, ist sie innerhalb von drei Tagen dem Beschwerdegericht vorzulegen (§ 306 Abs. 2).

b) Das Beschwerdegericht entscheidet schriftlich und nach Aktenlage (§ 309 10
Abs. 1). Fehlt eine Voraussetzung der Zulässigkeit – Statthaftigkeit, Beschwer, Frist (§ 311) – wird sie als unzulässig verworfen (allgemeine Regel, in § 309 nicht genannt).

Sonst prüft das Beschwerdegericht alle für die Entscheidung wesentlichen 11
Tatsachen, auch diejenigen, die erst mit der Beschwerde vorgetragen wurden.[9] Das Beschwerdegericht verwirft die Beschwerde als unbegründet oder entscheidet anstelle des ersten Richters in der Sache selbst (§ 309 Abs. 2), auch in Ermessensfragen (str.). Eine Zurückverweisung an das untere Gericht kommt nur in Frage, wenn ein Verfahrensmangel vom Beschwerdegericht nicht behoben werden kann (wie z. B. eine zwingend vorgeschriebene mögliche Anhörung).[10]

III. Die sofortige Beschwerde, § 311

Sie ist an eine Frist gebunden (Abs. 2). Das untere Gericht kann ihr nur ab- 12
helfen, wenn das rechtliche Gehör nicht gewährt wurde (Abs. 3). Dass die Beschwerde eine „sofortige" ist, muss vom Gesetz ausdrücklich angeordnet sein. Eine „weitere sofortige Beschwerde" gibt es nicht.

IV. Die weitere Beschwerde, § 310

Dass es grundsätzlich keine weitere Beschwerde gibt (vgl. oben Rn. 1), 13
bedeutet z. B., dass man neue Beschwerdegründe nicht vorbringen kann, die erst durch die Entscheidung des Beschwerdegerichts entstanden sind, dass ein Verstoß gegen Verfassungsrecht nicht geltend gemacht werden kann,[11] dass sich der unterlegene Gegner des Beschwerdeführers nicht wehren kann.[12] Die in § 310 genannten Ausnahmen sind abschließend (Abs. 2).

---

[9] *BGH* NJW 1964, 2119.
[10] Näher *Meyer-Goßner*, § 309 Rn. 7 ff.
[11] *OLG Düsseldorf* NJW 1991, 2434.
[12] *KG* JR 1962, 311; vgl. aber § 311 a.

Fälle und Fragen

240. Wann ist die Beschwerde statthaftes Rechtsmittel?
241. Bei welchem Gericht wird die Beschwerde eingelegt?

§ 38. Die Wiederaufnahme des Verfahrens

I. Grundlagen

1. Zielkonflikte

Im Konflikt der Verfahrensziele Wahrheit, Gerechtigkeit und Rechtsfrieden (vgl. oben 3 Rn. 4) wiegt das Interesse an Wahrheit und Gerechtigkeit schwerer als das gegenläufige Interesse an Rechtssicherheit, geschaffen durch ein rechtskräftiges Urteil, wenn dessen Grundlagen so erschüttert sind, dass man es nicht mehr aufrechterhalten kann und nicht mehr hoffen darf, dass Rechtsfrieden einkehren werde. Im Wiederaufnahmeverfahren wird geklärt, ob die Rechtskraft des alten Urteils durchbrochen und die Sache wieder in das Hauptverfahren zurückversetzt werden muss. Das geschieht nie von Amts wegen, sondern stets nur auf Antrag. 1

2. Anwendungsbereich, §§ 359 ff.

Nur solche Verfahren, die durch ein rechtskräftiges Sachurteil (nicht: Einstellungsurteil) oder einen Strafbefehl (§ 373a) abgeschlossen wurden, können wiederaufgenommen werden. Bei horizontaler Rechtskraft ist es nicht zulässig, gegen den Schuldspruch ein Wiederaufnahmeverfahren und parallel dazu gegen den Strafausspruch ein Rechtsmittel zu betreiben.[1] 2

3. Gründe

Die Wiederaufnahmegründe sind in §§ 359, 362, 373a abschließend aufgezählt. Ein weiterer Wiederaufnahmegrund folgt aus § 79 Abs. 1 BVerfGG für den Fall, dass ein Strafgesetz vom Bundesverfassungsgericht für verfassungswidrig erklärt wird.[2] 3

4. Beschwer

Die Staatsanwaltschaft kann die Wiederaufnahme stets beantragen (vgl. oben 34 Rn. 14), der Verurteilte nur, wenn er durch einen Schuldspruch beschwert ist. Lediglich den Strafausspruch kann man ebenso wenig korrigieren wollen wie einen Freispruch, dessen Begründung belastend wirkt (§ 363). Diese Vorschrift steht aber einem Wiederaufnahmeantrag nicht entgegen, mit dem (nur) 4

---

[1] Str., vgl. *BGH* NStZ 1994, 25; *Gössel*, NStZ 1983, 291.
[2] Vgl. die Sitzblockadenentscheidung BVerfGE 92, 1.

ein unrichtiger Schuldspruch beseitigt werden soll.[3] Allein die Wiederaufnahme nach § 359 Nr. 5 knüpft die Zulässigkeit des Antrags an die weitere Bedingung, dass eine günstigere Rechtsfolgenentscheidung möglich ist (s. unten Rn. 15).

5. Grundzüge des Verfahrens

5 Das Verfahren ist zweistufig. Im **Aditionsverfahren** (§ 368) wird unterstellt, dass die vorgebrachten Wiederaufnahmegründe vorliegen und überprüft, ob sie geeignet sind, die Feststellungen des Urteils zu erschüttern. Wenn das Wiederaufnahmevorbringen in diesem Sinne erheblich ist, folgt im **Probationsverfahren** (§§ 369, 370) die Beweisaufnahme über dieses Vorbringen. Hat es genügende Bestätigung gefunden, wird die Wiederaufnahme des Verfahrens und die Erneuerung der Hauptverhandlung angeordnet (§ 370 Abs. 2). In der neuen Verhandlung (§ 373) wird über die Sache ohne Bindung an das frühere Urteil in jeder Hinsicht neu und selbständig verhandelt,[4] sodass die verbreitete Klassifizierung der neuen Verhandlung als dritte Stufe des Wiederaufnahmeverfahrens keinen Sinn macht.

II. Die Wiederaufnahme zugunsten des Verurteilten, § 359

1. Die Gründe Nr. 1–4, 6

Übersicht 26: Wiederaufnahmegründe, § 359

6 Nr. 1: Der Begriff der Urkunde wird wie in § 267 StGB bestimmt. Ihr Gebrauch muss nicht strafbar sein; es genügt, wenn sie vorgebracht und im Prozess zum Beweis verwendet worden ist.

7 Nr. 2: Wegen der Falschaussage muss eine Verurteilung erfolgt sein (§ 364). Das ist bedauerlich in Fällen, die den Verdacht nahe legen, dass der Zeuge zur Falschaussage gezwungen wurde und deshalb (§ 35 StGB) nicht verurteilt werden kann.[5] Andererseits schließt es § 364 nicht aus, die Tatsache, dass die Aussage falsch war, als neue Tatsache vorzubringen (§ 359 Nr. 5).

8 Nr. 3: Solche Pflichtverletzungen sind z. B. Delikte gem. §§ 239, 240, 257, 267, 331, 332, 336, 343, 344 StGB.

9 Nr. 4: Dazu gehören alle Urteile außer den Strafurteilen (also z. B. auch Urteile der Verwaltungsgerichte, nicht aber aufgehobene Verwaltungsakte).[6] „Gegründet" ist ein Strafurteil auf solche Urteile nur, wenn sie bei der Beweiswürdigung verwendet wurden oder wenn es sich um Gestaltungsurteile handelte.

[3] Wenn jemand behauptet, er habe nicht, wie in dem Urteil festgestellt, in einem Fall 22 Menschen umgebracht und in einem anderen sieben, sondern nur die erste Tat begangen, wird sich die Strafe nicht ändern, wenn die zweite wegfällt – es ist aber ein Gebot der Gerechtigkeit, dass die Beseitigung „eines unrichtigen, den Verurteilten schwer belastenden Schuldspruchs auch dann möglich sein muss, wenn wegen der verbleibenden Straftaten eine ihm günstigere Rechtsfolgenentscheidung ausgeschlossen ist", *BGH* NStZ 2003, 678.

[4] BGHSt 14, 64, 66.

[5] Vgl. *KG* JZ 1997, 629 m. Anm. *Marxen.*

[6] BGHSt 23, 86, 94, str.

Nr. 6: Der Gesetzgeber hat (mit Gesetz vom 9. 7. 1998) darauf reagiert, dass eine entsprechende Anwendung der gesetzlich geregelten Wiederaufnahmegründe nicht möglich ist[7] und dafür gesorgt, dass ein Urteil korrigiert werden kann, das nach einer Entscheidung des *EGMR* auf einer Verletzung der EMRK beruht. 10

2. Neue Tatsachen oder Beweismittel, Nr. 5

a) Tatsachen sind die „Fakten", auf die man ein Urteil gründet,[8] niemals Rechtstatsachen wie z. B. die Änderung eines Gesetzes oder einer Rechtsauffassung.[9] 11

b) Neu sind Tatsachen, wenn sie damals in der Hauptverhandlung nicht erörtert worden sind und deshalb bei der Urteilsfindung keine Rolle gespielt haben.[10] Ob sie damals jemandem (z. B. dem Verurteilten) schon bekannt oder erkennbar waren (z. B. aus den Akten), ist unerheblich. 12

Neu sind **Beweismittel,** wenn sie das Gericht nicht gekannt oder zwar gekannt, aber nicht benutzt hat.[11] 13

Die Tatsachen **oder** Beweismittel müssen neu sein. Für „alte", früher also bereits bekannte und in der Hauptverhandlung erörterte Tatsachen, müssen neue Beweismittel beigebracht werden. Für neue Tatsachen können neue oder auch alte Beweismittel aufgeboten werden. 14

c) Erheblich sind diese Tatsachen oder Beweismittel dann, wenn sie geeignet sind, einen Freispruch zu erreichen, eine mildere Verurteilung auf Grund eines anderen, milderen Strafgesetzes oder eine wesentlich andere Entscheidung über eine Maßregel. Mildere Bestrafung allein kann man nicht erreichen (§ 363 Abs. 1).[12] 15

III. Die Wiederaufnahme zuungunsten des Angeklagten, § 362

Wenn sie erfolgreich ist, wird der Angeklagte wegen derselben Tat noch einmal verfolgt (§ 362 als Ausnahme vom Verbot des Art. 103 Abs. 3 GG). Der Vergleich mit dem Katalog des § 359 zeigt, dass neue Tatsachen oder Beweismittel eine Wiederaufnahme zuungunsten des Angeklagten nicht rechtfertigen. Auch hier gilt, dass allein eine andere (schärfere) Bestrafung nicht zu den Zielen der Wiederaufnahme zählt (§ 363 Abs. 1). Den wichtigsten Grund nennt Nr. 4. Ein Geständnis liegt auch vor, wenn der Freigesprochene die äußere Tatseite eines Delikts einräumt, zugleich aber Vorsatz oder Rechtswidrigkeit oder Schuld abstreitet. 16

---

[7] Vgl. *BVerfG* StV 1987, 185 m. Anm. *Trechsel.*
[8] BGHSt 39, 75.
[9] BVerfGE 12, 338, 340.
[10] Vgl. *Meyer-Goßner*, § 359 Rn. 30.
[11] Vgl. LR/*Gössel*, § 359 Rn. 96.
[12] Vgl. *Marxen/Tiemann*, StV 1992, 534; dagegen zu Recht *BGH* NStZ 2003, 678.

IV. Verfahren: Die Zulässigkeit, §§ 363–368

17 In dieser ersten Stufe, dem Aditionsverfahren, wird zunächst geprüft, ob der Antrag **formgerecht** gestellt ist (§ 366 Abs. 2). Ferner muss eine **Beschwer** gegeben sein (vgl. oben Rn. 4). Dann wird geprüft, ob ein „gesetzlicher **Grund der Wiederaufnahme** geltend gemacht" und ob ein „**geeignetes Beweismittel** angeführt" ist (Wortlaut § 368 Abs. 1; § 366 Abs. 1). Der Antragsteller trägt also eine Darlegungslast.

18 Bei § 359 Nr. 5 ist zu prüfen, ob die Tatsachen oder Beweismittel neu und in dem dort vorausgesetzten Sinne geeignet (erheblich) sind. Der Antragsteller muss die Tatsachen beibringen und die Beweismittel bezeichnen. Eine neue Tatsache ist z.B. auch der Widerruf eines früher abgegebenen Geständnisses.[13] In diesem Falle der „verfahrensinternen Widersprüchlichkeit der vorgetragenen Tatsachen und Beweismittel zum bisherigen Verfahrensstand und Verfahrenslauf"[14] muss allerdings der Antragsteller die Gründe für sein widersprüchliches Prozessverhalten angeben;[15] er trägt eine erweiterte Darlegungslast.[16] Das Gleiche gilt, wenn ein Zeuge nun Tatsachen bekunden soll, die im Widerspruch zu seiner früheren Aussage stehen.

19 Auf dieser Stufe des Verfahrens findet eine „Schlüssigkeitsprüfung" statt: Die Frage ist, ob das Vorbringen des Antragstellers, wenn man es als richtig unterstellt, die Urteilsgrundlage erschüttert und es wahrscheinlich[17] macht, dass das Ziel der Wiederaufnahme erreicht wird. Das Gericht, das den Wiederaufnahmeantrag prüft, muss sich dabei in die Rolle des anderen Gerichts hineinversetzen, also dessen Rechtsauffassung und dessen Konstruktion des Beweisgebäudes zugrunde legen. Es darf dabei die Beweiswürdigung in Grenzen vorwegnehmen.[18] Da es sich nicht von dem neuen Vorbringen überzeugen und Tatsachen nicht feststellen muss, sondern nur eine Prognoseentscheidung trifft, gilt in dubio pro reo nicht.[19] Fehlt eine dieser Voraussetzungen, wird der Antrag als unzulässig verworfen (§ 368 Abs. 1). Andernfalls beginnt das Probationsverfahren.

V. Verfahren: Die Begründetheit, §§ 369ff.

20 In dieser zweiten Stufe wird über das Wiederaufnahmevorbringen Beweis erhoben (§ 369 Abs. 1). Das Beweisziel ist die „genügende Bestätigung" (§ 370; anders bei §§ 359, 362 Nr. 1 und 2). „Voller Beweis" ist also nicht erforder-

---

[13] Vgl. *Hellebrand*, NStZ 2004, 413, insbes. auch zu dem Geständnis im Rahmen einer Absprache.

[14] *BVerfG* NJW 1994, 510.

[15] *BGH* NJW 1977, 59; *OLG Köln* NStZ 1991, 96.

[16] *BVerfG* a.a.O.

[17] *BVerfG* StV 2003, 225; BGHSt 39, 75, 85. Der erforderliche Grad der Wahrscheinlichkeit ist sehr umstritten, vgl. KMR/*Eschelbach*, § 359 Rn. 206ff.

[18] Sehr umstritten, vgl. KK/*Schmidt*, § 368 Rn. 10ff.

[19] Str., vgl. *Schünemann*, ZStW 84 [1972], 870, 876ff.

lich.[20] Es reicht aus, wenn es hinreichend wahrscheinlich ist, dass in der neuen Hauptverhandlung eine dem Verurteilten günstige Entscheidung ergeht.[21] Der Unterschied zur ersten Stufe besteht nur darin, dass die Richtigkeit des Vorbringens nicht unterstellt, sondern in einem Beweisverfahren überprüft wird. Wiederum handelt es sich um eine Prognoseentscheidung, deren Ziel nicht Gewissheit, sondern Wahrscheinlichkeit ist. Folglich ist in dubio pro reo auch hier nicht unmittelbar anwendbar. Das Gericht muss jedoch in seine Prognose einbeziehen, ob es nahe liegt, dass im Falle einer neuen Hauptverhandlung nach in dubio pro reo entschieden würde.[22]

Beispiel: Die Schuldfähigkeit wurde im alten Verfahren nicht erörtert und ist durch das Wiederaufnahmevorbringen jetzt zweifelhaft geworden. Ein Sachverständiger führt aus, dass § 20 StGB für den Tatzeitpunkt nicht ausgeschlossen werden könne.[23] Es ist absehbar, dass eine neue Hauptverhandlung zum gleichen Ergebnis führen wird.

Haben die neuen Tatsachen oder Beweismittel hinreichende Bestätigung gefunden und werden sie wahrscheinlich in einer neuen Hauptverhandlung zu einer für den Verurteilten günstigen Entscheidung führen (eine Kausalität, die bei §§ 359, 362 Nr. 1–2 widerlegbar vermutet wird), wird die Wiederaufnahme des Verfahrens angeordnet (§ 370 Abs. 2). Andernfalls wird der Antrag als unbegründet verworfen (§ 370 Abs. 1). 21

Der Beschluss, durch den die Wiederaufnahme angeordnet wird, ist nur entbehrlich, wenn das Verfahren zur Rehabilitierung eines Verstorbenen betrieben wurde (§§ 361, 371 Abs. 1) oder genügende Beweise für einen sofortigen Freispruch vorliegen und die Staatsanwaltschaft zustimmt (§ 371 Abs. 2). 22

Ansonsten ist ein solcher Beschluss eine Prozessvoraussetzung für das weitere Verfahren.[24] Er bewirkt, dass die Rechtskraft des Urteils beseitigt[25] und das Verfahren in den Zustand der Rechtshängigkeit zurückversetzt wird, in dem es sich vor dem Urteil befunden hat (das ist bei erstinstanzlichen Verfahren die Prozesslage nach Erlass des Eröffnungsbeschlusses)[26] Die Vollstreckbarkeit des Urteils entfällt; entzogene Rechte leben wieder auf.[27] Das Urteil selbst ist jedoch noch nicht beseitigt. Das kann nur in der neuen Hauptverhandlung geschehen. 23

VI. Die erneute Hauptverhandlung, § 373

Sie findet vor dem zuständigen Gericht (§ 140a GVG) des Rechtszuges statt, in dem das frühere Urteil ergangen war. Wenn für das Wiederaufnahmeverfahren gem. § 364a, b ein Verteidiger bestellt worden war, muss nun erneut nach § 140 entschieden werden. In der neuen Verhandlung wird die Sache ohne jede 24

[20] *BVerfG* NStZ 1990, 499.
[21] *OLG Frankfurt* StV 1996, 138.
[22] Str., vgl. KK/*Schmidt*, § 370 Rn. 4 ff.
[23] Vgl. *OLG Stuttgart* StV 1990, 539.
[24] BGHSt 18, 339, 341.
[25] BGHSt 14, 64, 66.
[26] BGHSt 19, 280, 282.
[27] LR/*Gössel*, § 370 Rn. 37; z. B. die Fahrerlaubnis, *BayObLG* NJW 1992, 1120.

Bindung an das frühere Urteil neu und selbständig verhandelt.[28] Kommt das Gericht zu exakt demselben Ergebnis, wird das frühere Urteil aufrechterhalten (Abs. 1). Will das Gericht von der früheren Entscheidung abweichen, muss es sie aufheben und durch ein anderes Urteil ersetzen. Es darf in Art und Höhe der Rechtsfolgen nicht schlechter für den Verurteilten ausfallen, wenn das Wiederaufnahmeverfahren zu seinen Gunsten betrieben worden war (Verbot der reformatio in peius, Abs. 2).

VII. Entschädigung

25 Das Gesetz über die Entschädigung für Strafverfolgungsmaßnahmen vom 8. 3. 1971 (StrEG) gewährt einen Anspruch, wenn die Verurteilung im Wiederaufnahmeverfahren fortfällt oder gemildert wird (§ 1; zum Ausschluss bei eigenem Verschulden oder falscher Selbstbelastung §§ 5, 6). Ersetzt werden Vermögensschäden und der immaterielle Schaden (§ 7 Abs. 3: pauschal für jeden Tag Freiheitsentziehung € 25). Zur Entschädigung bei Freispruch oder zwingend gebotener Einstellung in der Instanz vgl. § 2; bei Einstellung nach Ermessensvorschriften oder überschießender Strafverfolgung Entschädigung nach Billigkeit, §§ 3, 4.

Fälle und Fragen

242. Welchem Zweck dient das Rechtsinstitut der Wiederaufnahme des Verfahrens?
243. Welches sind die Voraussetzungen für eine Wiederaufnahme des Verfahrens?
244. Wird das Wiederaufnahmeverfahren von Amts wegen oder auf Antrag eingeleitet?
245. Welche Verfahren können wiederaufgenommen werden?
246. Kann der Freigesprochene eine Wiederaufnahme mit dem Ziel des Freispruchs wegen erwiesener Unschuld beantragen?
247. Kann ein Wiederaufnahmeantrag auf die Änderung eines Gesetzes oder einer Rechtsauffassung gestützt werden?
248. Was wird im Rahmen des Aditions- und was im Rahmen des Probationsverfahrens geprüft?
249. Findet der Grundsatz in dubio pro reo im Aditions- bzw. Probationsverfahren Anwendung?
250. Wird durch den Wiederaufnahmebeschluss das beanstandete Urteil beseitigt?
251. Was wird durch den Wiederaufnahmebeschluss (§ 370 Abs. 2) bewirkt?
252. Ist ein Freispruch ohne neue Hauptverhandlung möglich?
253. Darf in der neuen Hauptverhandlung ein Urteil gefällt werden, das die durch das erste Urteil bereits verhängte Freiheitsstrafe erhöht?
254. Besteht ein Entschädigungsanspruch, wenn die Verurteilung im Wiederaufnahmeverfahren fortfällt oder gemildert wird?

---

[28] BGHSt 14, 64, 66.

§ 39. Die Beteiligung des Verletzten am Verfahren

I. Überblick

Dieser Abschnitt der StPO ist weitreichend neu gestaltet worden durch das Opferschutzgesetz vom 18. 12. 1986 (eine suggestive Bezeichnung – „Opfer“ gibt es erst mit der rechtskräftigen Entscheidung, dass es einen Täter gibt). 1

Der Verletzte ist Verfahrensbeteiligter (vgl. oben 20 Rn. 11). Er kann

- Privatklage erheben (unten II)
- sich im Verfahren als Nebenkläger beteiligen (unten III)
- im Adhäsionsverfahren einen vermögensrechtlichen Anspruch durchsetzen (unten IV)
- sonstige Befugnisse geltend machen, wie z.B. das Recht auf Akteneinsicht (unten V)
- Entschädigung verlangen (unten VI).

Für alle diese Befugnisse wird der **Begriff des Verletzten** gleich und ebenso bestimmt wie in § 172 (vgl. oben 12 Rn. 12). 2

II. Privatklage, §§ 374 ff.

1. Bedeutung

Bei Vergehen, die nicht schwer wiegen, zwar den Lebenskreis des Verletzten, die Allgemeinheit hingegen kaum berühren (Katalog in § 374 Abs. 1) kann die Staatsanwaltschaft das öffentliche Interesse an einer Strafverfolgung von Amts wegen verneinen und den Verletzten auf den Privatklageweg verweisen (§ 376). Er wird selten beschritten (in ca. 10% der Verweisungsfälle) und endet noch seltener mit einer Verurteilung (6% der Privatklagen).[1] Historisch gesehen war dieses Verfahrensmodell in der Constitutio Criminalis Carolina von 1532, dem letzten Reichsgesetz zu Strafrecht und Strafverfahren vor StGB und StPO, noch als Regelfall kodifiziert, schon damals aber seit Jahrhunderten durch das inquisitorische Verfahren überholt und zudem Relikt geworden, das es bis heute geblieben ist. 3

Ein Parteiverfahren ist es nicht. Der Privatkläger ist zwar, anders als die Staatsanwaltschaft, weder zur Anklage noch zur Objektivität verpflichtet. Er darf seine Klage noch während der Hauptverhandlung im Einverständnis mit dem Angeklagten zurücknehmen, also über den Prozessgegenstand disponieren. Es bleibt aber dabei, dass es Sache des Gerichts ist, die Beweisaufnahme 4

---

[1] Vgl. *Rieß*, Gutachten zum 55. DJT, 1984.

durchzuführen und die Wahrheit von Amts wegen zu erforschen. Den Umfang der Beweisaufnahme bestimmt es dabei selbst (§ 384 Abs. 3); Beweisanträge kann es also in den Grenzen der Aufklärungspflicht frei ablehnen. Will das Gericht das Verfahren wegen geringer Schuld einstellen, muss es den Privatkläger zwar hören (§ 385 Abs. 1), ist aber nicht auf seine Zustimmung angewiesen (§ 383 Abs. 2). In diesem Fall trägt der Privatkläger (der schon Sicherheit und Vorschuss leisten musste, §§ 379, 379a) meist die Kosten des Verfahrens und die notwendigen Auslagen des Angeklagten (§ 471 Abs. 3 Nr. 2). Alles in allem: Das Privatklageverfahren ist für den Kläger riskant und teuer, wenig aussichtsreich und nicht selten eine größere Irritation als die Tat selbst.

2. Anwendungsbereich

5 Er ergibt sich aus § 374. Die Privatklagedelikte sind zugleich Antragsdelikte (Ausnahme: § 241 StGB). In der Erhebung der Privatklage liegt der Strafantrag (wenn die Klage innerhalb der Antragsfrist erhoben wird). Dass ihn ein anderer gestellt hat, genügt nicht.[2]

6 Das Privatklagerecht hat nicht nur der Verletzte (§ 374 Abs. 2, 3).

Beispiele: Gewerbliche Interessenverbände (§§ 22, 13 Abs. 2, 3 UWG), der Dienstvorgesetzte (§ 194 Abs. 3 StGB).

7 Enthält das Tatgeschehen (§ 264) neben einem Privatklagedelikt auch ein Offizialdelikt, ist die Privatklage ausgeschlossen und allein die Staatsanwaltschaft zur Verfolgung berufen.

3. Privatkläger – Staatsanwaltschaft

8 Die Privatklage ist nicht subsidiär. Der Berechtigte muss nicht abwarten, ob die Staatsanwaltschaft Anklage erhebt. Die Privatklage verdrängt aber die Staatsanwaltschaft nicht. Sie ist nicht exklusiv. Die Staatsanwaltschaft kann auch bei Privatklagedelikten von vornherein einschreiten und Anklage erheben (§ 376) oder das Verfahren später übernehmen (§ 377 Abs. 2). Das Verfahren wird dann als normales Strafverfahren weitergeführt.[3] Der Privatkläger scheidet aus dem Verfahren aus (es sei denn, er hat die Befugnis, sich als Nebenkläger anzuschließen – dazu unten Rn. 19 – und macht von ihr Gebrauch).

4. Verfahren

9 a) Der Verletzte muss, damit er Klage erheben kann, einen Sühneversuch unternommen haben (§ 380; nicht in allen Fällen des § 374). Die Vergleichsbehörde ist in Bayern und Baden-Württemberg die Gemeinde, sonst ein Schiedsmann

---

[2] Str.; vgl. *Rieß*, NStZ 1989, 103.
[3] BGHSt 11, 56, 61.

oder eine Schiedsstelle (anders Bremen und Hamburg). Die Klage (§ 381) wird dem Beschuldigten mitgeteilt (§ 382). Das Gericht entscheidet, ob das Verfahren zu eröffnen ist (§ 383). Geschieht das, wird in der Hauptverhandlung nicht der Anklagesatz, sondern vom Gericht der Eröffnungsbeschluss verlesen (§ 384 Abs. 2). Kläger und Angeklagte können sich durch Rechtsanwälte vertreten lassen (§§ 378, 387 Abs. 1).

b) Der Beschuldigte kann Widerklage erheben (§ 388). Sie richtet sich gegen 10 den Verletzten (Abs. 1). Das muss nicht der Kläger sein (§ 374 Abs. 2). In diesem Fall kann der Beschuldigte den Verletzten durch Widerklage in das Verfahren ziehen (§ 388 Abs. 2).

5. Verfahrensbeendigung

a) Die Privatklage kann jederzeit zurückgenommen werden, in der Hauptver- 11 handlung nach Beginn der Vernehmung des Angeklagten zur Sache aber nur mit dessen Zustimmung (§ 391 Abs. 1).

b) Da die „Parteien" insofern disponieren dürfen, führt auch ein Vergleich 12 zur Beendigung des Verfahrens. Einigen sich die Beteiligten außergerichtlich, muss der Vergleich dem Gericht vorliegen. Es eröffnet dann das Hauptverfahren nicht, sondern weist die Privatklage zurück (§ 383 Abs. 1) oder beendet die Hauptverhandlung durch Einstellung (§ 260 Abs. 3 – im Vergleich ist eine Klagerücknahme enthalten, § 391 Abs. 1 S. 1, mit der eine Prozessvoraussetzung entfällt). Der gerichtliche Vergleich kann unter Vorbehalt des Widerrufs innerhalb einer bestimmten Frist geschlossen werden (z.B. weil die andere Seite öffentliche Ehrenerklärungen abgeben oder Zahlungen leisten muss). Der Grundsatz, dass Prozesserklärungen bedingungsfeindlich sind, gilt auch hier nicht. Der Vergleich beendet das Verfahren nicht unmittelbar und von selbst. Es muss eingestellt werden (§ 260 Abs. 3, wie oben).

c) Stirbt der Privatkläger, wird das Verfahren eingestellt (§ 393 Abs. 1), wenn 13 es nicht die Angehörigen fortsetzen (zum Personenkreis der Berechtigten vgl. §§ 393 Abs. 2, 374 Abs. 2).

d) Stellt sich heraus, dass ein Offizialdelikt vorliegt, wird das Privatklagever- 14 fahren eingestellt und der Fall der Staatsanwaltschaft übergeben (§ 389).

e) Übernimmt die Staatsanwaltschaft das Verfahren, endet das Privatklage- 15 verfahren.

f) Das Gericht kann das Verfahren wegen geringer Schuld einstellen (§ 153, 16 § 383 Abs. 2 S. 2; die Funktion des § 153a übernimmt der Vergleich).

g) Das Gericht entscheidet durch Sachurteil.

6. Rechtsmittel

Der Privatkläger hat die gleichen Rechtsmittel wie die Staatsanwaltschaft, 17 darf von ihnen aber nicht zu Gunsten des Angeklagten Gebrauch machen. Die Frist beginnt auch dann mit der Urteilsverkündung, wenn er bei diesem Termin nicht anwesend war (entsprechend § 401 Abs. 2 S. 1).

III. Nebenklage, §§ 395 ff.

1. Die Interessenlage

18 Mit dem Nebenkläger tritt dem Angeklagten ein Verfahrensbeteiligter gegenüber, der sein persönliches Genugtuungsinteresse verfolgt[4] und auf Bestrafung oder Verhängung einer Maßregel dringt.[5] Der Nebenkläger kann, anders als der Privatkläger, das Verfahren nicht selbst in Gang bringen, sondern sich nur einem von der Staatsanwaltschaft eingeleiteten Verfahren anschließen. Gehilfe der Staatsanwaltschaft ist er aber nicht (zumal mit der neuen Fassung durch das Opferschutzgesetz die Parallele zur Privatklage – „Rechte der Staatsanwaltschaft" § 385 a.F. – entfallen ist). Der Sinn der Nebenklage besteht vielmehr auch darin, die Staatsanwaltschaft zu kontrollieren.[6] Die Befugnis zur Beteiligung schafft eigene Rechte (vgl. § 397 Abs. 1). Sie stärken zwar die Rechtsposition des Verletzten, bedrohen aber zugleich die Balance mit den legitimen Interessen des Angeklagten und setzen den Akzent auf Vergeltung anstatt auf Resozialisierung.

2. Die Anschlussbefugnis

19 Sie ist in § 395 geregelt. Das Opferschutzgesetz hat den Kreis der Verletzten viel weiter gezogen als bei der Privatklage.[7] Die „rechtswidrige Tat" in Abs. 1 Nr. 1 umfasst auch den Versuch und alle Formen der Beteiligung (außer § 30 StGB).[8] Es genügt ein Delikt, das zur Nebenklage berechtigt, auch wenn es mit anderen, nicht zum Anschluss berechtigenden Straftaten tateinheitlich zusammentrifft oder hinter ihnen zurücktritt (Gesetzeskonkurrenz)[9] und von der Staatsanwaltschaft in der Anklage nicht genannt wird.[10] Bei der fahrlässigen Körperverletzung sind „besondere Gründe" erforderlich (§ 395 Abs. 3). Nicht jeder alltägliche Verkehrsunfall soll die Befugnis zur Nebenklage eröffnen.[11]

3. Der Anschluss

20 Er erfolgt durch eine schriftliche Erklärung (§ 396 Abs. 1 S. 1). Sie kann schon in einem frühen Stadium des Ermittlungsverfahrens abgegeben werden, wird aber erst mit Klageerhebung wirksam (§ 396 Abs. 2; für Strafbefehle vgl. Abs. 3). Sie kann auch spät eingereicht werden, nach Urteilserlass nämlich, um ein Rechtsmittel einzulegen (§ 395 Abs. 4 S. 2).

---

[4] BGHSt 28, 272.
[5] Zur Nebenklage im Sicherungsverfahren *BGH* NStZ 2002, 275.
[6] *Fabricius*, NStZ 1994, 257 ff.
[7] Vgl. *BGH* NStZ 1992, 452.
[8] *OLG Stuttgart* NStZ 1990, 298.
[9] Vgl. BGHSt 13, 143; 33, 114, 115.
[10] BGHSt 29, 216, 218.
[11] Vgl. *Beulke*, DAR 1988, 114.

Das Gericht prüft, ob derjenige, der sich dem Verfahren als Nebenkläger anschließen will, zum Personenkreis des § 395 gehört und ob die Verurteilung wegen eines Nebenklagedelikts rechtlich möglich erscheint.[12] Dann erlässt es einen **Zulassungsbeschluss** (§ 396 Abs. 2). Er hat nur **deklaratorische Bedeutung.** Die Stellung als Nebenkläger wird bereits durch die Anschlusserklärung bewirkt. 21

Beispiele: Wer durch Beschluss zugelassen wird, aber nicht zum Anschluss berechtigt ist, wird nicht Nebenkläger; wer den Beschluss erst nach rechtskräftigem Urteil erhalten, sich aber rechtzeitig angeschlossen hat, ist Nebenkläger geworden.

Nur im Falle des § 395 Abs. 3 hat die Zulassung konstitutive Bedeutung.[13] 22

Die Anschlusserklärung kann widerrufen und erneuert werden (anders als bei § 392). Sie wird beim Tod des Nebenklägers wirkungslos (§ 402; kein Übergang der Anschlussbefugnis auf Angehörige;[14] anders bei der Privatklage, vgl. oben Rn. 13). 23

4. Die Rechte des Nebenklägers

Sie sind in § 397 abschließend aufgezählt. Er kann also z. B. nicht beantragen, einen Sachverständigen zu vereidigen (§ 79 Abs. 2 S. 2), die Urkundenverlesung und ihren Grund zu protokollieren (§ 255), Aussagen vollständig zu protokollieren (§ 271 Abs. 3). Kommt es auf einen Verzicht oder eine Zustimmung der Staatsanwaltschaft an, wird der Nebenkläger nicht gefragt (weil er nicht mehr die Rechte der Staatsanwaltschaft hat, vgl. oben Rn. 18). 24

Diese Rechte bleiben dem Nebenkläger auch dann erhalten, wenn er zugleich eine andere Prozessrolle hat, also z. B. Mitangeklagter ist (und sich wegen einer anderen Tat angeschlossen hat, die ihm nicht vorgeworfen wird)[15] oder Zeuge (vgl. § 397 Abs. 1 S. 1).

5. Rechtsmittel

a) Beschwer

Der Nebenkläger kann Rechtsmittel einlegen, wenn er beschwert ist (§§ 400 Abs. 1 S. 1, 401 Abs. 1 S. 1, 395 Abs. 4 S. 2). Soweit die Entscheidung ein Strafgesetz betrifft, das nicht zum Anschluss als Nebenkläger berechtigt, fehlt die Beschwer (§ 400 Abs. 1).[16] Daher muss ausnahmsweise die Berufung begründet und die Sachrüge in der Revision näher ausgeführt werden.[17] Das Rechtsmittelgericht prüft nur, ob die Vorschriften über das Nebenklagedelikt richtig angewandt worden sind.[18] 25

---

12 *BGH* StV 1981, 535.
13 *OLG Düsseldorf* NStZ 1994, 49.
14 BGHSt 44, 97.
15 *BGH* NJW 1978, 330.
16 *BGH* NStZ 1987, 221.
17 *BGH* NStZ 1988, 565.
18 BGHSt 41, 140, 144; 43, 15.

Eine schärfere Bestrafung zu erreichen, kann das legitime Ziel eines Anschlusses gewesen sein. Wird es nicht erreicht, ist der Nebenkläger zwar an sich beschwert, dennoch aber kraft Gesetzes gehindert, darauf ein Rechtsmittel zu stützen (§ 400 Abs. 1). Zu Gunsten des Angeklagten kann er, anders als die Staatsanwaltschaft (§ 296 Abs. 2), Rechtsmittel nicht einlegen.

b) Anschlussbefugnis

26 Legt der Nebenkläger Revision ein, wird seine Anschlussbefugnis als Voraussetzung für das Revisionsverfahren von Amts wegen geprüft.[19] Hat der Angeklagte Revision eingelegt, muss er rügen, dass die Anschlussbefugnis des Nebenklägers gefehlt habe. Es ist umstritten, ob darauf das Urteil beruhen kann.[20] Dass der Nebenkläger durch seine (zu Unrecht erfolgte) Mitwirkung nur für mehr und bessere Aufklärung gesorgt haben könne, so dass ein Beruhen stets zu verneinen sei, ist eine Fiktion. Er kann den Prozess der Wahrheitsfindung auch verfälscht haben.

27 Bringt der Nebenkläger mit seiner Revision vor, dass man ihn zu Unrecht nicht zugelassen habe, beruht das Urteil auf diesem Fehler, wenn er möglicherweise Tatsachen oder Beweismittel von wesentlicher Bedeutung hätte beibringen können.[21]

c) Das Verhältnis zu anderen Rechtsmitteln

28 Der Nebenkläger ist in seinen Entschließungen unabhängig von der Staatsanwaltschaft (§ 401 Abs. 1 S. 1). Wenn nur er Rechtsmittel einlegt, verfügt auch er allein darüber. Rücknahme (§ 303) oder Widerruf der Anschlusserklärung (§ 402) beenden das Rechtsmittelverfahren. Die Staatsanwaltschaft muss sich am Verfahren in jedem Falle beteiligen. Sie allein betreibt das Verfahren weiter, wenn das Rechtsmittel des Nebenklägers erfolgreich ist (§ 401 Abs. 4).

29 Hat nur der Nebenkläger Berufung eingelegt, ist er aber nicht erschienen, wird die Berufung verworfen (§ 401 Abs. 3; wie bei § 329 Abs. 1). Anders als in der Situation des § 329 Abs. 1 S. 1 wird jedoch zur Sache verhandelt, wenn eine dem Angeklagten günstige Entscheidung zu erwarten ist (vgl. § 401 Abs. 3: „unbeschadet ... § 301"). Haben auch andere Berufung eingelegt und erscheint der Nebenkläger nicht, wird ohne ihn verhandelt und entschieden.

IV. Das Adhäsionsverfahren, §§ 403 ff.

1. Bedeutung

30 Der Verletzte soll die Möglichkeit haben, seine zivilrechtlichen Ansprüche gegen den Täter im Strafverfahren geltend zu machen.[22] Er würde damit einen

[19] BGHSt 29, 216, 217.
[20] Nein: *BGH* NStZ 1994, 26; von Fall zu Fall zu prüfen: KK/*Senge*, § 396 Rn. 14.
[21] *BGH* NStZ 1997, 97.
[22] *Köckerbauer*, NStZ 1994, 305.

zweiten Prozess vermeiden und billiger zu seinem Recht kommen (kein Anwaltszwang; ansonsten weniger Gebühren). Das aber macht den Anwälten weniger und den Strafgerichten mehr, noch dazu ungewohnte Arbeit. Das Adhäsionsverfahren ist scheintot und die Reform von 1986 hat es nicht beleben können (Prozesskostenhilfe, keine Streitwertobergrenze vor dem Amtsgericht mehr, Teil- und Grundurteile[23] nun zulässig). Mit dem Opferrechtsreformgesetz von 2004 sollte es noch einmal aufgepäppelt werden (die Entscheidung über den Antrag soll zur Regel werden, § 406 Abs. 1 S. 4, 6; Anerkenntnis und Vergleich sind nun möglich, §§ 405, 406 Abs. 2). Die Vorbehalte der Strafjustiz werden bleiben und sind berechtigt.[24]

2. Zulässigkeit

a) Voraussetzungen, § 403

Der **Verletzte** ist auch dann antragsberechtigt, wenn er am Verfahren nicht be- 31
teiligt ist. Anders als sonst soll hier eine mittelbare Rechtsverletzung genügen.[25]

Beispiele: Der Pächter; der nach § 844 Abs. 2 BGB Unterhaltsberechtigte.

Antragsberechtigt sind auch Erben (und Insolvenzverwalter, sehr str.)[26] nicht aber Einzelrechtsnachfolger.

Beispiele: Der Sozialversicherungsträger, auf den der Schadensersatzanspruch übergegangen ist; private Haftpflichtversicherer.

Es muss sich um **vermögensrechtliche Ansprüche** handeln, die aus der Straftat 32
erwachsen, noch nicht anderweitig geltend gemacht sind und zur Zuständigkeit der ordentlichen Gerichte gehören (Abs. 1).

Beispiele: Schadensersatz, Schmerzensgeld[27] Ansprüche auf Herausgabe und Unterlassung[28].

b) Antrag, § 404

Dieselben Wirkungen wie eine Klageerhebung vor den Zivilgerichten hat der 33
Antrag, also Rechtshängigkeit (Abs. 2; nicht erst die Zustellung, str.). Beantragt werden kann auch Prozesskostenhilfe (§ 404 Abs. 5; §§ 114 ff. ZPO).

3. Verfahren

Das Verfahren richtet sich nach den Regeln der StPO.[29] Das Gericht klärt den 34
Sachverhalt von Amts wegen auf (§ 244 Abs. 2). An ein Geständnis ist es nicht

---

[23] Vgl. *BGH* NStZ 2003, 46.
[24] Zur weiteren Reform AK/*Schöch*, vor § 403 Rn. 6 ff.; zu zivilrechtlichen Interessen im Strafprozess *Sieber*, FS Spendel, S. 757 ff.
[25] *Meyer-Goßner*, § 403 Rn. 2.
[26] Vgl. *Meyer-Goßner*, § 403 Rn. 5.
[27] *BGH* NStZ 1994, 26; zum Grundurteil *BGH* NStZ 2003, 46.
[28] *BGH* NJW 1981, 2062.
[29] BGHSt 37, 260, 261.

gebunden (anders § 288 ZPO). Der Beklagte soll dennoch durch Anerkenntnis über den Anspruch disponieren können (§ 406 Abs. 2). Wie sich das zur strafrechtlichen Bewertung der Sache verhält (§ 406 Abs. 1 S. 1), ist völlig unklar. Eine Beweislast trägt der Beklagte nicht. Auch der Kläger muss nichts vortragen oder beweisen. Das ist für ihn angesichts der zivilrechtlichen Regeln über die Beweislastumkehr, die hier nicht gelten, nur selten vorteilhaft.

4. Entscheidung

35 Das Gericht gibt dem Antrag ganz oder teilweise im Urteil statt (§ 406); das Teilurteil kann auch ein Grundurteil sein (z. B. zum Schmerzensgeld).[30] Andernfalls sieht es von einer Entscheidung ab (§ 405). Der Antrag wird also niemals als „unzulässig" oder „unbegründet" zurückgewiesen oder verworfen.

a) Absehen von der Entscheidung

36 Von der Entscheidung wird abgesehen

- aus sachlichen Gründen, wenn der Angeklagte einer Straftat nicht schuldig gesprochen und auch eine Maßregel nicht verhängt wird oder wenn der Antrag unbegründet ist (§ 406 Abs. 1 S. 1)
- aus Gründen der Prozessökonomie, wenn der Antrag zur Erledigung im Strafverfahren nicht geeignet erscheint oder seine Erledigung das Verfahren erheblich verzögern würde (§ 406 Abs. 1 S. 4, 5 – enger für Schmerzensgeld, S. 6)
- wenn der Antrag unzulässig ist (§ 406 Abs. 1 S. 3)

Das Absehen von der Entscheidung hat keinerlei Rechtskraftwirkung (§ 406 Abs. 1 S. 3). Es geschieht durch Beschluss (§ 406 Abs. 5).

37 b) Sonst wird dem Antrag stattgegeben (§ 406 Abs. 1 S. 1). Das geschieht im Strafurteil. Es steht einem Urteil im Zivilrechtsstreit gleich (§ 406 Abs. 3 S. 1). Die Geschäftsstelle des Strafgerichts erstellt eine vollstreckbare Urteilsausfertigung (§ 724 ZPO). Die Vollstreckung richtet sich nach der ZPO (§ 406 b).

5. Rechtsmittel, § 406 a

38 a) Gegen den Beschluss, mit dem von der Entscheidung abgesehen wird, ist sofortige Beschwerde zulässig, die aber durch ein Urteil in der Sache „überholt" wird und damit leer läuft (§ 406 a Abs. 1 S. 1).

b) Der Antragsteller kann gegen den bürgerlich-rechtlichen Teil des Urteils nie ein Rechtsmittel einlegen. Er ist entweder nicht beschwert, weil seinem Antrag stattgegeben worden ist, oder nicht gehindert, den Anspruch, über den nicht entschieden wurde, vor den Zivilgerichten geltend zu machen.

39 c) Der Angeklagte kann das Urteil insgesamt oder nur den bürgerlichrechtlichen Teil anfechten. Dazu stehen ihm ausschließlich die Rechtsmittel der StPO zur Verfügung.

Fall: Der Angeklagte ist zur Zahlung eines Schmerzensgeldes verurteilt worden und beschränkt seine Revision auf diesen Punkt. Das Revisionsgericht will ihm Recht geben.

---

[30] BGHSt 44, 202.

Es wird diesen Teil der Entscheidung aufheben, ihn aber nicht zu einer neuen Verhandlung an den Tatrichter zurückverweisen, sondern gem. § 406 Abs. 1 S. 3 von einer Entscheidung darüber absehen.[31]

V. Sonstige Befugnisse des Verletzten, §§ 406 d ff.

Der Verletzte soll auf seine Befugnisse hingewiesen werden (§ 406 h).

1. Beteiligungsrechte

a) Mitteilungen, § 406 d

Hat der Verletzte nur Strafanzeige erstattet (§ 158 Abs. 1), muss ihm lediglich die Einstellung des Verfahrens mitgeteilt werden (§ 171). Mehr erfährt er, wenn er den Antrag stellt, über den Ausgang des gerichtlichen Verfahrens informiert zu werden (§ 406 d Abs. 1). Das kann die Nichteröffnung des Hauptverfahrens sein, eine Einstellung (gem. §§ 153 ff., 206 a) oder das abschließende Urteil, wenn es rechtskräftig geworden ist. Wie das zu geschehen hat, ist nicht geregelt. Man übersendet ihm nicht einfach eine Abschrift der Entscheidung, sondern eine verständliche Darstellung des Ergebnisses.[32] Bei freiheitsentziehenden Maßnahmen gegen den Beschuldigten kann er (auf Antrag) noch mehr erfahren (§ 406 d Abs. 2).[33] 40

b) Rechtsbeistand, § 406 f

Jeder Verletzte kann sich (auf eigene Kosten) von einem Rechtsanwalt beraten und vertreten lassen. Dessen Rechte beschränken sich darauf, bei Vernehmungen seines Mandanten anwesend zu sein. Außerdem kann eine Vertrauensperson zugelassen werden (Abs. 3), auch bei polizeilichen Vernehmungen (im Unterschied zu Abs. 2). 41

c) Rechtsbeistand für potentielle Nebenkläger, § 406 g

Mehr Befugnisse hat der Rechtsanwalt als Beistand eines Verletzten, der zum Anschluss als Nebenkläger befugt ist (Abs. 2). Die Kosten trägt wie Nebenklagekosten der verurteilte Angeklagte (§§ 472 Abs. 3 S. 1, 473 Abs. 1 S. 2). Dazu kommt die Prozesskostenhilfe (Abs. 3). Diese Rechte sind nicht davon abhängig, dass der Anschluss als Nebenkläger tatsächlich erklärt wird. 42

2. Akteneinsichtsrecht, § 406 e

a) Umfang

Der Verletzte kann von Beginn des Ermittlungsverfahrens an alle Akten durch einen Rechtsanwalt einsehen lassen. Ein berechtigtes Interesse, das noch nicht 43

[31] *BGH* NStZ 1988, 237.
[32] KK/*Engelhardt*, § 406 d Rn. 1.
[33] Das OpferrechtsreformG folgte damit einem Rahmenbeschluss der EU vom 15. 3. 2001.

einmal glaubhaft gemacht werden muss, braucht er nur darzulegen, wenn er nicht zum Kreis derer gehört, die sich als Nebenkläger anschließen können (Abs. 1). Dieses Interesse soll schon gegeben sein, wenn es ihm allein darum geht, zivilrechtliche Ansprüche durchzusetzen oder abzuwehren.[34] Die Akteneinsicht kann, anders als bei § 147 Abs. 2, auch nach Abschluss der Ermittlungen wegen Gefährdung des Untersuchungszweckes versagt werden (Abs. 2 S. 2). Der Verletzte soll in der Regel noch als Zeuge aussagen, sich darauf aber nicht „vorbereiten" dürfen.[35] Zu den konträren Interessen, mit denen das Interesse des Verletzten abzuwägen ist (Abs. 2 S. 1), zählt als schwerwiegendes Element stets das Recht auf informationelle Selbstbestimmung eines nur Beschuldigten, für den die Unschuldsvermutung spricht.

b) Entscheidung

44 Im Ermittlungsverfahren entscheidet der Staatsanwalt über den Antrag auf Akteneinsicht (§ 406e Abs. 4 S. 1). Wird sie verweigert, kann das Gericht angerufen werden (S. 2–4). Dessen Entscheidung, die Einsicht zu versagen oder zu gestatten, ist für keinen Verfahrensbeteiligten anfechtbar (S. 2).[36] Will die Staatsanwaltschaft dem Verletzten Akteneinsicht gewähren, kann sich der Beschuldigte dagegen zur Wehr setzen; § 161a Abs. 3 S. 2–4 ist auch auf diesen Fall entsprechend anwendbar.[37]

VI. Entschädigung

1. Opfer von Gewalttaten

45 Das Gesetz über die Entschädigung für Opfer von Gewalttaten (OEG) vom 7. 1. 1985 gewährt demjenigen einen Anspruch, der durch einen vorsätzlichen und rechtswidrigen tätlichen Angriff oder dessen rechtmäßige Abwehr, durch Giftbeibringung oder ein Verbrechen mit gemeingefährlichen Mitteln einen Gesundheitsschaden erlitten hat. Er erhält Versorgung (Rehabilitation, Rente) nach dem Bundesversorgungsgesetz.[38]

2. Schadenswiedergutmachung

46 Sie wäre gefährdet, wenn der Täter zunächst alle Ansprüche des Staates befriedigen müsste. Daher kann ihm bei Geldstrafen die Zahlung erleichtert werden (§ 459a Abs. 1 S. 2; zum Absehen von Strafe bei einem Täter-Opfer-Ausgleich § 46a StGB).

[34] Vgl. *Sieber*, FS Spendel, S. 772; enger *Otto*, GA 1989, 301 ff.
[35] Vgl. *OLG Düsseldorf* StV 1991, 202; *Schlothauer*, StV 1987, 356.
[36] *BGH* NStZ 1991, 95.
[37] BGHSt 39, 112, 115 ff.; *Otto*, NStZ 1993, 352.
[38] Näher *Röhmel*, JA 1977, 39, 87.

3. „Zurückgewinnungshilfe"

Der Verfall, mit dem ein unrechtmäßiger Vermögenszuwachs abgeschöpft 47
wird, darf nicht angeordnet werden, wenn das den Anspruch eines Verletzten vereiteln würde (§ 73 Abs. 1 S. 2 StGB). Die Sicherstellung zu Gunsten des Verletzten bleibt zulässig, § 111 b Abs. 5.

4. Opferanspruchssicherungsgesetz

Angeklagte, die ihre Geschichte über die Medien vermarkten, zahlen mit dem 48
Erlös die Honorare ihrer Anwälte, etc. Zum Schutz des Verletzten hat dieses Gesetz (vom 4. 3. 1998) ein gesetzliches Pfandrecht an diesen Erlösen geschaffen.[39]

Fälle und Fragen

255. Wann kommt das Privatklageverfahren in Betracht?
256. Wann ist eine Nebenklage möglich?
257. Welche Befugnisse stehen dem Verletzten zu?

---

[39] Vgl. *Lüderssen*, StV 1999, 65 ff.

§ 40. Die Kosten des Verfahrens

I. Begriff

1 Jedes Urteil, jeder Strafbefehl und jeder Beschluss, der das Verfahren endgültig abschließt, muss eine Entscheidung darüber enthalten, wer die Kosten des Verfahrens und die notwendigen Auslagen trägt (§ 464 Abs. 1, 2).

2 „**Kosten** des Verfahrens sind die Gebühren und Auslagen der Staatskasse" (Wortlaut § 464a Abs. 1 S. 1). Die **notwendigen Auslagen** eines Verfahrensbeteiligten gehören nicht dazu.

II. Bemessung

3 Die **Gebühren** werden pauschal berechnet. Sie werden von der Staatsanwaltschaft angesetzt (§ 19 Abs. 2 GKG). „In Strafsachen bemessen sich die Gerichtsgebühren für alle Rechtszüge nach der rechtskräftig erkannten Strafe" (Wortlaut Vorbem. 3.1. GKG Anl. 1 – KVGKG – Kostenverzeichnis Nr. 3.1).

Beispiele: Sie betragen bei Verurteilung zu Geldstrafe bis zu 180 Tagessätzen € 120,00, bei Verurteilung zu Freiheitsstrafe bis zu 4 Jahren € 480,00.

4 Die **Auslagen** orientieren sich an den tatsächlichen Aufwendungen (vgl. KVGKG Nr. 9000 ff.). Dazu gehören auch die Entschädigungen, die an Zeugen und Sachverständige zu zahlen sind (vgl. ZuSEG) sowie die Gebühren eines Pflichtverteidigers (vgl. RVG).

5 Die **notwendigen Auslagen** umfassen vor allem die Aufwendungen für Verteidigungsmaßnahmen (vgl. § 464a Abs. 2; Nr. 2 regelt als Rechtsfolgenverweisung nur Umfang und Höhe der Entschädigung).

III. Kostenträger

6 Der **Angeklagte** trägt die Kosten, wenn er schuldig gesprochen oder eine Maßregel angeordnet wird (§ 465 Abs. 1). Er hat durch seine tatbestandsmäßig-rechtswidrige Handlung die Strafverfolgung veranlasst.[1] Diese ganz h. A. ist in vieler Hinsicht bedenklich – es ist Aufgabe des Staates, die Strafverfolgung von Amts wegen zu betreiben und es dient weder der Resozialisierung des Täters noch den Interessen des Opfers, den Verurteilten zusätzlich zu belasten.[2]

---

[1] BVerfGE 18, 302, 304; *BVerfG* EuGRZ 1986, 439.
[2] Näher *Hassemer*, ZStW 85 [1973], 651.

Die **Staatskasse** trägt die Kosten und die notwendigen Auslagen des Angeklagten, wenn er freigesprochen oder das Hauptverfahren gegen ihn nicht eröffnet wird; das Gleiche gilt bei einer Einstellung des Verfahrens wegen eines Prozesshindernisses oder nach dem Opportunitätsprinzip (§ 467 Abs. 1). 7

Davon gibt es Ausnahmen. Bei einer Einstellung gem. § 153a trägt die Staatskasse die Kosten, aber nicht die notwendigen Auslagen des Angeschuldigten (§ 467 Abs. 5). Zwingend ist auch die Regelung in Abs. 3 S. 1 (Selbstanzeige). Ansonsten *kann* das Gericht entscheiden, dass der Angeschuldigte seine notwendigen Auslagen selbst trägt, wenn er sich durch eine wahrheitswidrige, widersprüchliche oder lückenhafte Aussage selbst belastet hat (Abs. 3 Nr. 1), wenn ein Prozesshindernis der Verurteilung eines Schuldigen entgegensteht (bleibt die Schuld zweifelhaft, gilt Abs. 1) oder wenn nach einer Ermessensvorschrift eingestellt wurde (Abs. 4, §§ 153ff.). Im letztgenannten Fall darf die Stärke des Tatverdachts eine Rolle spielen.[3] 8

IV. Kosten und Auslagen bei Rechtsmittel

Die Kosten eines erfolglosen Rechtsmittels treffen den, der es eingelegt hat (§ 473 Abs. 1 S. 1). Der Verurteilte trägt also das Risiko dafür, dass die endgültige Entscheidung nicht schon in der ersten Instanz getroffen wird.[4] Für den „Erfolg" eines Rechtsmittels kommt es auf die abschließende Sachentscheidung an (eine Zurückverweisung, z. B. gem. § 354 Abs. 2, ist nur ein Teilerfolg, bei dem über die Kosten gar nicht entschieden wird). 9

Nur indirekt geregelt ist der Fall eines Rechtsmittels, das unbeschränkt eingelegt und in vollem Umfang **erfolgreich** war. Die Kosten und notwendigen Auslagen trägt die Staatskasse (§ 473 Abs. 2 S. 2 für einen Sonderfall). 10

Fälle und Fragen

258. Was versteht man unter dem Begriff „Kosten des Verfahrens"?
259. A wird durch das *LG München* wegen Totschlags zu fünf Jahren Freiheitsstrafe verurteilt. Wer bezahlt die Kosten seines Pflichtverteidigers?

---

[3] *EGMR* 1988, 3257; zu Recht abl. *Kühl*, NJW 1988, 3233; *BVerfG* NStZ 1990, 598 m. abl. Anm. *Paulus*.
[4] BGHSt 17, 376, 381.

Kommentierungshinweise

Diese Hinweise sind eine Hilfe zur Kommentierung des Gesetzestextes

bei §	unterstreichen	Hinweis auf §	vgl. Buch § Rn.
3	Straftaten; Tat	264	13 Rn. 4 f.
6 a S. 3	Vernehmung zur Sache	243 Abs. 4	17 Rn. 20
7 Abs. 1		9 StGB	5 Rn. 16
16 S. 3	Vernehmung zur Sache	243 Abs. 4	17 Rn. 20
22	Richter	31	19 Rn. 3
22 Nr. 1	verletzt	172	19 Rn. 4
24 Abs. 1 u. 2	Besorgnis		19 Rn. 13
25 Abs. 1 S. 1	Vernehmung; ersten persönlichen Verhältnisse	243 Abs. 2 S. 2	19 Rn. 17
27 Abs. 2		76 Abs. 1 S. 2 GVG	19 Rn. 20
28 Abs. 1		336 S. 2	19 Rn. 22
28 Abs. 2 S. 1	sofortige Beschwerde	311	19 Rn. 22
28 Abs. 2 S. 2	erkennenden Richter; Urteil	336, 344 Abs. 2 S. 2	19 Rn. 22
52 Abs. 1 Nr. 3		1589, 1590 BGB	21 Rn. 9
54 Abs. 1		39 Abs. 3 S. 1 BRRG, 61, 62 BBG	21 Rn. 6
60	ist		21 Rn. 7
60 Nr. 2	Tat	264	21 Rn. 7 13 Rn. 2 ff.
60 Nr. 2	Strafvereitelung	22 StGB	21 Rn. 7
68 Abs. 3		110 b Abs. 3	21 Rn. 18
69	Vernehmung	161 a Abs. 1 S. 2	21 Rn. 19
69 Abs. 1 S. 2	Gegenstand der Untersuchung	264	13 Rn. 2
74 Abs. 1 S. 1	Ablehnung eines Richters	24 Abs. 1 u. 3	21 Rn. 28
81 Abs. 1	Verteidiger	140 Abs. 1 Nr. 6	10 Rn. 21
81 Abs. 4		311	10 Rn. 21
81 c Abs. 1	an		10 Rn. 27
86	Protokoll	249 Abs. 1 S. 2	26 Rn. 2
94 Abs. 3	Führerscheine	111 a	10 Rn. 33
95 Abs. 2 S. 2	zur Verweigerung des Zeugnisses berechtigt	52–55	10 Rn. 35

bei §	unterstreichen	Hinweis auf §	vgl. Buch § Rn.
97 Abs. 2 S. 1	im Gewahrsam der zur Verweigerung des Zeugnisses Berechtigten	148	11 Rn. 14
97 Abs. 2 S. 3	gelten nicht		10 Rn. 37
98 Abs. 2 S. 2	der Betroffene kann jederzeit die richterliche Entscheidung beantragen		10 Rn. 76
100 a Abs.. 1	bestimmte Tatsachen	Bei „Betroffenen" 148	10 Rn. 42
102	vermuten		10 Rn. 54
103 Abs. 1 S. 1	Tatsachen vorliegen		10 Rn. 55
112 Abs. 1 S. 1	Haftgrund	Abs. 2 u. 3, 112 a	10 Rn. 7 ff.
115 Abs. 2 u. 3		136	10 Rn. 14
116 Abs. 1 S. 1	wegen Fluchtgefahr		10 Rn. 15
116 Abs. 2 S. 1	wegen Verdunkelungsgefahr		10 Rn. 15
116 Abs. 3	nach § 112 a	112 Abs. 3	10 Rn. 15
117 Abs. 2 S. 2	Beschwerde	304	10 Rn. 20
120 Abs. 1 S. 2	Eröffnung abgelehnt eingestellt	204 206 a, 260 Abs. 3	10 Rn. 16
120 Abs. 3 S. 1	ist		10 Rn. 16
121 Abs. 2	Fortdauer	122 Abs. 4	10 Rn. 16
126 Abs. 1 S. 1	Gericht zuständig	125 Abs. 1	10 Rn. 14
127 b Abs. 1 Nr. 1		417 ff.	10 Rn. 69
136		163 a Abs. 3, 4	9 Rn. 8
145 Abs. 1		338 Nr. 5	20 Rn. 5 36 Rn. 19
147 Abs. 2		169 a	11 Rn. 10 u. 12
148 Abs. 2		31 ff. GVG	11 Rn. 15
153 Abs. 1 S. 1	wäre		12 Rn. 16
153 Abs. 2 S. 3	Beschluss	153 a Abs. 1 S. 4	12 Rn. 21
153 a Abs. 1 S. 5	kann die Tat nicht mehr als Vergehen verfolgt werden		12 Rn. 27
154 Abs. 1 S. 1	Tat	264	13 Rn. 2 f.
154 Abs. 1 S. 1 Nr. 2	darüber hinaus		12 Rn. 29
155 Abs. 1		200, 264	12 Rn. 39 13 Rn. 5
162 Abs. 1 S. 1	erforderlich		8 Rn. 2
170 Abs. 1	Anklageschrift	199 Abs. 2, 200	12 Rn. 38

bei §	unterstreichen	Hinweis auf §	vgl. Buch § Rn.
170 Abs. 2 S. 2		163 a Abs. 1	9 Rn. 8
171		158 Abs. 1	12 Rn. 8
206 a Abs. 1	Hauptverhandlung	260 Abs. 3	16 Rn. 15
210 Abs. 2	sofortige Beschwerde	311	16 Rn. 20
214 Abs. 1	Ladungen	48, 72, 216, 218, 385, 397, 444	17 Rn. 3
217 Abs. 2		228 Abs. 3	17 Rn. 3
223		251 Abs. 1	17 Rn. 6
223 Abs. 1	ersuchten Richter	157 GVG	17 Rn. 10
225		168 d	17 Rn. 12
228 Abs. 1 S. 1	Aussetzung	229 Abs. 4	18 Rn. 14
234	vertreten		11 Rn. 21
241 Abs. 2	ungeeignete	68 Abs. 2 u. 3, 68 a	20 Rn. 16
243 Abs. 2 S. 1	Zeugen	58 Abs. 1	17 Rn. 15
243 Abs. 2 S. 2	persönlichen Verhältnisse	111 OWiG	9 Rn. 8
243 Abs. 3 S. 1	Anklagesatz	200 Abs. 2 S. 1	17 Rn. 18 12 Rn. 37
244 Abs. 3 S. 2	ohne Bedeutung	245 Abs. 2 S. 3 Alt. 3	25 Rn. 33
244 Abs. 4 S. 1	auch	Abs. 3	25 Rn. 27
244 Abs. 4 S. 2	weiteren Sachverständigen		25 Rn. 28 ff.
244 Abs. 6		305 S. 1	37 Rn. 6
250 S. 2	ersetzt		27 Rn. 2
251 Abs. 2	richterliche Vernehmung		27 Rn. 4 f.
254 Abs. 1	des Angeklagten richterlichen Protokoll		27 Rn. 19 f. 27 Rn. 21 f.
305		336	37 Rn. 6
313 Abs. 1 S. 1		322 a	35 Rn. 6
315 Abs. 1		232, 235	35 Rn. 3
329 Abs. 1 S. 1	Vertreter	411 Abs. 2 S. 1	35 Rn. 13
336		305	37 Rn. 6
338 Nr. 5		226, 230 Abs. 1, 145 Abs. 1 S. 1	20 Rn. 3 ff.
338 Nr. 8	wesentlichen Punkt Beschluss des Gerichts	238 Abs. 2	36 Rn. 20
359 Nr. 5	oder		38 Rn. 14
373 Abs. 1		23 Abs. 2	19 Rn. 9
373 a	wegen eines Verbrechens		33 Rn. 9

bei §	unterstreichen	Hinweis auf §	vgl. Buch § Rn.
401 Abs. 3 S. 1	allein; unbeschadet der Vorschrift des § 301		39 Rn. 29
404 Abs. 5 S. 1		114 ff. ZPO	39 Rn. 33
407 Abs. 1 S. 1	Vergehen		33 Rn. 2
410 Abs. 3		373 a	33 Rn. 9
411 Abs. 2 S. 1	vertreten lassen		33 Rn. 7

196 Abs. 1 GVG	ein anderes bestimmt	263 StPO	31 Rn. 10

Lösungshinweise für die Fälle und Fragen

(1) Wahrheit, Gerechtigkeit und Rechtsfrieden.
Vgl. 3 Rn. 1 ff.

(2) Es gibt das Erkenntnisverfahren (§§ 1–444) und das Vollstreckungsverfahren (§§ 449 ff.). Das Erkenntnisverfahren hat als Regelform das ordentliche Erkenntnisverfahren (§§ 1–358). Daneben gibt es besondere Verfahrensarten (§§ 407–444). Das ordentliche (oder normale) Erkenntnisverfahren hat drei Abschnitte, das Ermittlungsverfahren, das Zwischenverfahren und das Hauptverfahren. Das Ermittlungsverfahren endet mit einer Einstellung oder mit der Erhebung der Anklage. Dann folgt das Zwischenverfahren. Das Gericht lehnt entweder die Eröffnung des Hauptverfahrens ab oder lässt die Anklage zu. Dann folgt das Hauptverfahren mit der Hauptverhandlung. Es endet mit einem Urteil. Falls es angefochten wird, folgt das Rechtsmittelverfahren.
Vgl. 4 Grafik und Rn. 1

(3) Mit Anklageerhebung ist der Beschuldigte als „Angeschuldigter" zu bezeichnen, § 157. Mit Eröffnung des Hauptverfahrens wird er als „Angeklagter" bezeichnet.
Vgl. 4 Rn. 1

(4) Das GVG. Es legt fest, welche Gerichte es gibt, wie sie besetzt sind und welche Kompetenzen sie haben.
Vgl. 5 Rn. 5

(5) Schöffen sind Laienrichter, die neben den Berufsrichtern in der Strafgerichtsbarkeit bei den Amts- und Landgerichten mitwirken. Sie haben – beschränkt auf die Hauptverhandlung – alle richterlichen Rechte, wie insbesondere volles Frage- und Stimmrecht, §§ 30, 77 GVG.
Vgl. 5 Rn. 15

(6) Am Amtsgericht gibt es den Einzelrichter und das Schöffengericht. Die Zuständigkeit des Einzelrichters ist in § 25 GVG „positiv" bestimmt. Er ist sachlich zuständig für Vergehen (§ 12 Abs. 2 StGB), bei denen eine Rechtsfolgenerwartung von bis zu zwei Jahren besteht, § 25 Nr. 2 GVG. Diese Beurteilung erfolgt anhand einer überschlägigen Prognoseentscheidung. Wurde die sachliche Zuständigkeit bejaht, so reicht die Strafkompetenz des Strafrichters bis zu vier Jahre, § 24 Abs. 2 GVG.

Für Straftaten mit einer Rechtsfolgenerwartung bis zu vier Jahren ist das Schöffengericht, §§ 24, 25, 28, 29 GVG zuständig. Die Besetzung besteht aus einem Berufs- und zwei Laienrichter, § 29 Abs. 1 GVG.
Vgl. 5 Rn. 9 ff.

(7) Das Landgericht ist einmal als Gericht erster Instanz für in § 74 Abs. 2 GVG genannte Verbrechen und für Verbrechen und Vergehen zuständig, bei denen eine höhere Strafe als vier Jahre Freiheitsstrafe zu erwarten ist, § 74 Abs. 1 S. 2 Alt. 1 GVG, oder wenn die Staatsanwaltschaft wegen der besonderen Bedeutung des Falles Anklage beim Landgericht erhoben hat, § 74 Abs. 1 S. 2 Alt. 2 GVG.

Daneben existieren auch noch das Schwurgericht, die Wirtschaftskammer und die Staatschutzkammer. Auch eine Jugendschutzkammer kann gebildet werden.

Als Gericht zweiter Instanz ist das Landgericht für Berufungen gegen Urteile des Amtsgerichts als kleine Strafkammer zuständig. Über Beschwerden gegen Verfügungen des Richters am Amtsgericht und Beschlüsse des Amtsgerichts entscheidet die große Strafkammer.
Vgl. 5 Rn. 12 ff., 17

(8) Er kann Berufung gem. §§ 312 ff. zum Landgericht oder Sprungrevision zum OLG einlegen, § 335 Abs. 1, § 121 Abs. 1 Nr. 1 GVG. Gegen Urteile des Landgerichts steht ihm dagegen nur die Revision zum *BGH* offen.
Vgl. 5 Grafik Rn. 18

(9) Die Staatsanwaltschaft ist hierarchisch und monokratisch organisiert (§§ 142, 144, 147 GVG).
Vgl. 6 Rn. 2 f.

(10) Der Leitende Oberstaatsanwalt bzw. der Generalstaatsanwalt.
Vgl. 6 Rn. 2
(11) Die Bundesanwaltschaft wird vom Generalbundesanwalt geleitet. Sie vertritt die Anklage in Verfahren vor dem *BGH*. Daneben besteht die Sonderzuständigkeit nach § 142a GVG.
Vgl. 6 Rn. 2
(12) Nein. Es besteht keinerlei Über- bzw. Unterordnungsverhältnis.
Vgl. 6 Rn. 2
(13) Ja. Aufgrund des Substitutionsrechts ist X als Ltd. OStA befugt, einen anderen StA mit der Sitzungsvertretung zu beauftragen (§ 145 Abs. 1 2. Alt). Als Ltd. OStA ist X anhand des Devolutionsrechts auch befugt, die Anklagevertretung in der Hauptverhandlung selbst zu übernehmen (§ 145 Abs. 1 Alt. 1).
Vgl. 6 Rn. 5f.
(14) Nein, denn er ist kein Staatsanwalt.
Vgl. 6 Rn. 6
(15) Zu nennen sind das Akkusationsprinzip, das Legalitätsprinzip, das Opportunitätsprinzip sowie das Offizialprinzip.
Vgl. 6 Rn. 7ff.
(16) Weil sie gem. § 160 Abs. 2 zur Objektivität verpflichtet ist, also insbesondere auch entlastende Ermittlungen durchführen muss.
Vgl. 6 Rn. 10
(17) Grundsätzlich haben die Beamten der StA gem. § 146 GVG den dienstlichen Anweisungen ihres Vorgesetzten zu folgen. Eine Weisung darf aber nicht das Legalitätsprinzip verletzen. Rechtswidrige Anweisungen dürfen nicht erteilt werden. Sofern im vorliegenden Fall StA K unüberwindliche Bedenken gegen die Rechtmäßigkeit der Anordnung seines Vorgesetzten hat, muss er remonstrieren (§§ 56 Abs. 2 BBG, 38 Abs. 2 BRRG), d.h. die Sache dem Vorgesetzten bzw. den nächst höheren Vorgesetzten vortragen. Bleibt es bei der Anordnung und glaubt StA K, die Befolgung der Weisung nicht mit seinem Gewissen vereinbaren zu können, so kann er den Gehorsam verweigern. Denn der Staatsanwalt hat das Recht, nicht gegen persönliche Überzeugungen handeln zu müssen. Der Konflikt muss dann vielmehr durch Ausübung des Devolutions- und Substitutionrechts gelöst werden.
Vgl. 6 Rn. 11
(18) Vgl. 6 Rn. 12; 12 Rn. 5
(19) Die StA gehört zur Exekutive, weist aber gleichzeitig eine große Nähe zur Judikative auf. Aufgrund dieser Doppelrolle hält man die StA für ein relativ eigenständiges „Organ der Rechtspflege".
Vgl. 6 Rn. 13
(20) Bundeskriminalamt, Bundesamt für Verfassungsschutz, Bundespolizei.
Vgl. 7 Rn. 2f.
(21) Die Polizei kann auf zweierlei Weise tätig werden. Gem. § 161 Abs. 1 S. 2 muss sie auf Ersuchen oder im Auftrag der Staatsanwaltschaft Ermittlungen vornehmen. Zudem ist sie verpflichtet, von sich aus einzugreifen, wenn der Verdacht einer Straftat besteht (Legalitätsprinzip). Sie hat das „Recht des ersten Zugriffs", § 163.
Näher vgl. 7 Rn. 5ff.
(22) Die Polizei kann präventiv (auf der Grundlage der Polizei- und Sicherheitsgesetze der Länder) und repressiv (auf der Grundlage der StPO) tätig werden.
Vgl. 7 Rn. 8
(23) Das Weisungsrecht existiert nur für den repressiven Handlungsbereich der Polizei.
Vgl. 7 Rn. 9
(24) Vgl. 7 Grafik Rn. 9
(25) Ermittlungspersonen sind zur Erfüllung der Aufträge der StA unmittelbar persönlich verpflichtet (vgl. § 152 Abs. 1 GVG). Darüber hinaus stehen bestimmte Zwangsrechte, die sonst Richter und StA vorbehalten sind, wie z.B. die Entnahme einer Blutprobe (§ 81a Abs. 2), Durchsuchungen (§ 105 Abs. 1) etc. nur den Hilfsbeamten der StA, nicht aber den sonstigen Polizisten zu.
Vgl. 7 Rn. 6 und Grafik Rn. 9
(26) Die Staatsanwaltschaft, § 163 Abs. 2 S. 1.

Vgl. 8 Rn. 1

(27) Eine Vereidigung ist im Vorverfahren nur ausnahmsweise möglich, §§ 59 Abs. 1, 62. Allerdings darf dies der Staatsanwalt nicht selbst vornehmen, § 161a Abs. 1 S. 3, sondern er muss sich an den Ermittlungsrichter, § 162 Abs. 1 S. 1, wenden. Der Ermittlungsrichter hat gem. § 162 Abs. 2 die Zulässigkeit der beantragten Vereidigung selbständig nachzuprüfen.

Vgl. 8 Rn. 2

(28) Es gibt den Anfangsverdacht, den hinreichenden und den dringenden Tatverdacht.

Vgl. 8 Rn. 3

(29) Sofern sie einen (Anfangs)Verdacht hat. Bloße Vermutungen und Möglichkeiten, die nicht durch konkrete tatsächliche Hinweise gestützt sind, genügen nicht.

Vgl. 8 Rn. 5

(30) Geregelt sind Strafanzeige und Strafantrag in § 158. Die Strafanzeige ist die bloße Mitteilung eines Sachverhalts, der auf eine Straftat hindeutet. Dagegen beinhaltet der Strafantrag darüber hinaus auch noch das Begehren, die Strafverfolgungsbehörde möge ermitteln und anklagen. Dabei muss man den Strafantrag aus § 158 Abs. 1 von dem Strafantrag in § 158 Abs. 2 unterscheiden. Den „Antrag auf Strafverfolgung" (Abs. 1) kann jeder stellen. Der Strafantrag (Abs. 2) ist nur bei bestimmten Delikten erforderlich.

Vgl. 8 Rn. 7

(31) Bei Antragsdelikten bedarf es zur Strafverfolgung eines Strafantrags des Verletzten. Der Strafantrag ist daher Prozessvoraussetzung (vgl. dazu § 158 Abs. 2, §§ 77ff. StGB). Anders als bei den Offizialdelikten kann der Verletzte den Fortgang hier dadurch verhindern, dass er seinen Strafantrag zurücknimmt.

Vgl. 8 Rn. 8f.

(32) Die h.M. bejaht das jedenfalls dann, wenn durch Art und Umfang der Straftat Belange der Öffentlichkeit und der Volksgesamtheit in besonderem Maße berührt werden (str.).

Vgl. 8 Rn. 11

(33) Beschuldigter ist der Tatverdächtige, gegen den ein Verfahren als Beschuldigter betrieben wird. Dazu genügt nicht nur die Stärke des Verdachts, sondern es bedarf auch eines „Willensakts" durch die Behörde.

Vgl. 9 Rn. 1ff.

(34) Eine informatorische Befragung ist erlaubt, wenn man noch nicht weiß, ob man jemanden als Zeugen oder als Beschuldigten vernehmen soll. Aus diesem Grund gibt es bei informatorischen Befragungen keine Belehrungspflichten. Anders aber hier. Der Verdacht war bereits auf den Fahrzeughalter konkretisiert, er ist daher als Beschuldigter anzusehen. Eine informatorische Befragung liegt nicht vor. Die Verwertung scheitert an § 136.

Vgl. 9 Rn. 6

(35) Der Inhalt der Belehrungspflicht ergibt sich aus § 136 Abs. 1 S. 2.

Vgl. 9 Rn. 9f.

(36) Nein. § 136 beinhaltet das Recht auf Verteidigerkonsultation, das auch die Zugangsmöglichkeit des Anwalts zu seinem Mandanten mit umfasst. Aus §§ 136, 163a Abs. 4 S. 2 folgt dabei ein umfassendes Verwertungsverbot der Aussage in der Hauptverhandlung.

Vgl. 9 Rn. 9ff.

(37) § 136a schützt die Freiheit der Willensentschließung und der Willensbetätigung des Beschuldigten. Dieser soll frei darüber entscheiden können, ob, was und wie viel er aussagt.

Vgl. 9 Rn. 13

(38) Das Verhalten der Polizei war nicht rechtmäßig. Es verstößt gegen §§ 136a Abs. 1 S. 1, 163a Abs. 4 S. 2. Einer Verwertung dieser Aussage stehen §§ 136a Abs. 3 S. 2, 163a Abs. 4 S. 2 entgegen.

Auch in der Abwandlung bleibt die Aussage des Beschuldigten wegen Verstoßes gegen § 136a Abs. 1 S. 1 unverwertbar. Grundsätzlich hat ein Verstoß gegen § 136a Abs. 1 keine Fortwirkung zur Folge, doch soll dies nicht für die durch Drohung oder Quälerei erzielten Aussagen gelten. Für deren Verwertbarkeit bedarf es einer so genannten „qualifizierten Belehrung" dahin, dass die vorangegangenen Angaben nicht verwertet werden dürfen. Andererseits will es der *BGH* als ausreichend ansehen, wenn sich der Beschuldigte bei der zweiten Aussage seiner Entscheidungsmöglichkeit bewusst war, ohne dass es einer „qualifizierten Belehrung" bedürfe. Demgegenüber verlangt die h.L. zu Recht ganz generell bei einem vorangegangenem

Verstoß gegen § 136a eine „qualifizierte Belehrung", da anderenfalls das Verwertungsverbot unterlaufen werde.

Vgl. 9 Rn. 14, 18 ff.

(39) Nein, nur die Aussage selbst ist unverwertbar. Enthält sie Hinweise auf andere Beweismittel, so dürfen sie verwendet werden.

Vgl. 9 Rn. 27

(40) Der Anspruch auf rechtliches Gehör besteht im Ermittlungsverfahren nicht, d.h. weder Staatsanwaltschaft noch Polizei sind verpflichtet, Gehör zu gewähren. Auch ein Fragerecht steht ihm im Ermittlungsverfahren nicht zu. Schließlich besteht auch kein grundsätzliches Anwesenheitsrecht, vielmehr darf der Beschuldigte im Ermittlungsverfahren nur bei bestimmten Maßnahmen gegen ihn anwesend sein.

In jeder Verfahrenslage steht ihm hingegen das Recht auf Verteidigung zu. Auch Beweisanträge kann der Beschuldigte immer stellen. Schließlich steht ihm auch das Schweigerecht zu, allerdings dürfen Staatsanwaltschaft und Polizei aus dem Schweigen des Beschuldigten im Ermittlungsverfahren Schlüsse ziehen.

Vgl. 9 Rn. 30 ff.

(41) Vor dem Staatsanwalt (§ 163a Abs. 3 S. 1) muss der Beschuldigte im Ermittlungsverfahren ebenso wie beim Ermittlungsrichter (§ 133) erscheinen. Nicht aber muss er zur Polizei gehen (Umkehrschluss zu § 163a Abs. 3 S. 1).

Vgl. 9 Rn. 36

(42) Als Grundlage der Maßnahme kommt nur § 81a in Betracht. Der Beschuldigte ist allerdings nicht zur Mitwirkung verpflichtet, sondern muss nur die gegen ihn angeordneten Ermittlungsmaßnahmen dulden. Daher braucht er nicht zu „blasen", darf also hierzu auch nicht gezwungen werden.

Vgl. 9 Rn. 37

(43) Ja, nach §§ 161 Abs. 1 S. 1, 163 Abs. 1 S. 2. Danach dürfen sie Ermittlungen jeder Art vornehmen, soweit nicht andere gesetzliche Vorschriften ihre Befugnisse besonders regeln. Das (verfassungsrechtlich – Vorbehalt des Gesetzes sowie Bestimmtheitsgebot – vorgeschriebene) Prinzip der Einzeleingriffsermächtigung ist damit jedoch nicht aufgegeben, weil diese Ermittlungsgeneralklauseln nur Eingriffe erlauben, die in ihrer Eingriffstiefe deutlich unterhalb derer bei den ausdrücklich normierten Maßnahmen liegt. Beispiele hierfür sind die kurzfristige Beobachtung sowie nach h. M. der Einsatz von Informanten und V-Leuten.

Vgl. 10 Rn. 1 ff.

(44) Die Untersuchungshaft soll die Anwesenheit des Beschuldigten sichern, die Manipulation von Beweisquellen verhindern und die Möglichkeit der Vollstreckung garantieren.

Vgl. 10 Rn. 6

(45) Formell ist ein schriftlicher Haftbefehl durch den gem. § 125 zuständigen Richter erforderlich (§ 114). Materiell setzt § 112 dringenden Tatverdacht, das Vorliegen eines Haftgrundes sowie Verhältnismäßigkeit voraus.

Vgl. 10 Rn. 7 ff.

(46) § 112 Abs. 3 ermöglicht es seinem Wortlaut nach, einen Haftbefehl allein auf Grund der Schwere der Tat zu erlassen. Damit wäre die Untersuchungshaft auch dann zulässig, wenn für die Effektivität der Rechtspflege keinerlei Gefahr bestünde. Das wäre, wenn man gleichzeitig den Freiheitsanspruch des Beschuldigten berücksichtigt, offensichtlich unverhältnismäßig. Deshalb muss § 112 Abs. 3 dahingehend verfassungskonform ausgelegt werden, dass die Flucht- oder Verdunkelungsgefahr wenigstens nicht ausgeschlossen sein darf. Es verbleibt also beim Erfordernis eines Haftgrundes, die Anforderungen an dessen Vorliegen sind jedoch wesentlich reduziert.

Vgl. 10 Rn. 10

(47) Es sind die Haftprüfung (§ 117) und die (subsidiäre; § 117 Abs. 2 S. 1) Haftbeschwerde (§§ 304 ff.) zu unterscheiden. Beim unverteidigten Beschuldigten, der keinen Antrag auf Haftprüfung gestellt hat, erfolgt diese nach drei Monaten von Amts wegen (§ 117 Abs. 5). Über die Haftprüfung entscheidet der Haftrichter (§ 126). Die Beschwerde kann sich sowohl gegen den Haftbefehl selbst (beachte aber § 117 Abs. 2 S. 1) als auch gegen die (negative) Haftprüfungsentscheidung richten.

Daneben erfolgt unabhängig vom Tätigwerden des Beschuldigten von Amts wegen eine Überprüfung der Haftfortdauer durch das OLG gem. §§ 121, 122 (beachte bei positiver Entscheidung zur Fortdauer die nachfolgenden Überprüfungen durch das OLG ebenfalls von Amts wegen gem. § 122 Abs. 4).

Vgl. 10 Rn. 18ff.

(48) Wie stets, so muss auch hier der Beschuldigte nichts selbst (aktiv) tun, sondern nur die Ermittlungen gegen sich (passiv) dulden, so dass er die (aktive) Einnahme des Brechmittels verweigern durfte. Nach § 81a Abs. 1 S. 2 könnte der Staatsanwalt (§ 81a Abs. 2 bei Gefahr im Verzug) jedoch befugt sein, eine zwangsweise Zuführung anzuordnen.

Man könnte § 81a jedoch von vorne herein die Qualität als Eingriffsermächtigung in einem derartigen Fall absprechen, wenn man davon ausgeht, dass es hier weniger um die Suche nach Beweismitteln, sondern vielmehr deren Sicherstellung geht. Dafür ist § 102 einschlägig, der aber gerade keine körperlichen Eingriffe erlaubt. Allerdings steht im Mittelpunkt des Vorgehens dessen Mittel, nicht dessen Ziel, und dieses ist nun einmal der ärztliche Eingriff, für den § 81a einschlägig ist.

Selbst wenn dessen Voraussetzungen (Feststellen von Tatsachen, die für das Verfahren von Bedeutung sind, Tätigwerden eines Arztes nach den Regeln der ärztlichen Kunst, kein Nachteil für die Gesundheit des D zu befürchten) erfüllt sind, könnte man einen Verstoß gegen den nemo-tenetur-Grundsatz sehen, weil D eben doch gezwungen werde, „aktiv" zu erbrechen. Diesen Befürchtungen ist jedoch entgegenzuhalten, dass es sich beim Erbrechen nicht um einen willensgesteuerten Vorgang handelt, so dass allein ein „passives" Erdulden (Legen der Magensonde, Einflößen des Brechmittels) vorliegt.

Im Einzelfall können jedoch übergeordnete Gesichtspunkte zur Unzulässigkeit eines entsprechenden Vorgehens des Staatsanwalts führen: Zu denken ist an eine Verletzung der Menschenwürde, etwa wenn D zum Erbrechen in der Öffentlichkeit gezwungen wird oder eine Verletzung des Verhältnismäßigkeitsgrundsatzes, wenn nicht der Verdacht schwerer Straftaten im Raum steht.

Vgl. 10 Rn. 23

(49) Derartige Untersuchungen sind sogar unabhängig von den gesetzlichen Regeln zulässig, jedoch nur dann, wenn sie freiwillig sind. Ein zwangsweiser Massentest gem. § 81e Abs. 1 i.V.m. § 81a Abs. 1 scheitert daran, dass nicht alle Bewohner des Stadtviertels Beschuldigte sind; i.d.R. soll durch den Test gerade erst ein Beschuldigter herausgefunden werden.

Allein durch die Verweigerung der Teilnahme wird man nicht etwa zum Beschuldigten mit der Folge, dass § 81e Abs. 1 i.V.m. § 81a Abs. 1 gegeben ist, da für die Beschuldigteneigenschaft u.a. das Vorliegen eines Anfangsverdachts Voraussetzung ist (dieser kann aber etwa dann gegeben sein, wenn auf Grund der bisherigen Testergebnisse nur noch eine einzige Person als Täter in Betracht kommt). Auch als potentieller Zeuge kann man nicht gem. § 81e Abs. 1 S. 2 i.V.m. § 81c Abs. 1 zur Teilnahme gezwungen werden, weil der Zeugengrundsatz konkrete Anhaltspunkte verlangt. Damit verbleibt noch die Möglichkeit des § 81e Abs. 1 S. 2 i.V.m. § 81c Abs. 2. Danach sind weder die Beschuldigteneigenschaft noch der Zeugengrundsatz relevant, die Maßnahme muss lediglich zur Erforschung der Wahrheit unerlässlich sein, was bei einem Massentest mit einigen Verweigerern regelmäßig der Fall ist. Eine Ausnahme besteht gem. § 81c Abs. 3 ausdrücklich nur für diejenigen Personen, die über ein Zeugnisverweigerungsrecht verfügen, so dass ein Auskunftsverweigerungsrecht gem. § 55 (der Verweigerer würde sich mit der DNA-Probe dem Verdacht einer Straftat aussetzen) nicht genügt.

Vgl. 10 Rn. 30

(50) Die §§ 94ff. regeln die Sicherstellung von Gegenständen, die als Beweismittel für die Untersuchung von Bedeutung sein können, die §§ 111bff. die von Gegenständen, die dem Verfall oder der Einziehung unterliegen. Letzteres ist nur in der Form der Beschlagnahme möglich (§ 111b Abs. 1), bei der Sicherstellung nach den §§ 94ff. ist eine Beschlagnahme nur dann erforderlich, wenn die Gegenstände nicht freiwillig herausgegeben werden (§ 94 Abs. 2).

Vgl. 10 Rn. 33f.

(51) Nach dem Wortlaut des Gesetzes ja, denn es handelt sich gem. § 94 Abs. 1 um einen Gegenstand, der als Beweismittel für die Untersuchung von Bedeutung sein kann. Auch das Beschlagnahmeverbot nach § 97 Abs. 1 Nr. 1, Abs. 2 scheint nicht zu greifen: Zwar handelt es sich beim Verteidiger des Beschuldigten um eine zeugnisverweigerungsberechtigte Person nach § 53 Abs. 1 Nr. 2, für die das Beschlagnahmeverbot grundsätzlich greift; jedoch befand sich der Brief nicht im Gewahrsam des Verteidigers, sondern des Beschuldigten (§ 97 Abs. 2 S. 1).

Ein derartiges Ergebnis würde aber im krassen Widerspruch zum Grundsatz der freien Verteidigung gem. § 148 Abs. 1 stehen, der insbesondere den Verkehr zwischen Beschuldigtem und Verteidiger von jeglicher Behinderung frei halten will.

Die Beschlagnahme des Briefes ist damit nicht zulässig.

Vgl. 10 Rn. 36; 11 Rn. 14, 40

(52) Das ist deshalb fraglich, weil sog. „Raumgespräche", also Unterhaltungen, die z. B. nicht unmittelbar über ein Telefon geführt werden, jedenfalls nicht unter den früher in § 100a verwendeten Begriff des „Fernmeldeverkehrs" subsumierbar waren und deshalb allgemein für nicht verwertbar gehalten wurden.

Mittlerweile versteht der *BGH* (vgl. *BGH* NJW 2003, 2034) unter dem neuen Wortlaut „Telekommunikation" das, was in § 3 Nr. 19 TKG als solche definiert ist, d. h. die Vorgänge des Aussendens, Übermittelns und Empfangens von Nachrichten jeglicher Art, also grundsätzlich den gesamten Datenverkehr mittels Telekommunikationsanlagen. Zwar sei weiterhin Voraussetzung, dass sich die Person dieser Anlage gerade bediene, jedoch müsse die konkret relevante Informationsübertragung nicht mit dem aktuellen Wissen und Wollen der betroffenen Person erfolgen, wie das Beispiel der Übertragung der Standortdaten beim Mobilfunk zeige. Danach reicht es aus, wenn der Telekommunikationsvorgang bewusst und gewollt in Gang gesetzt worden ist; alle Informationen, die dann (bewusst oder unbewusst) übertragen werden, zählen zur Telekommunikation und sind damit grundsätzlich auch verwertbar.

Nach der Gegenmeinung setzt Telekommunikation hingegen zusätzlich voraus, dass der Betroffene diese gerade auch bewusst für die Übermittlung eines bestimmten Inhaltes einsetzt. Ist dies nicht der Fall, besteht diesbezüglich auch keine Abhörberechtigung, mithin sind die daraus gewonnenen Erkenntnisse nicht verwertbar.

Vgl. 10 Rn. 40

(53) Hier geht es um die Verwertbarkeit sog. Zufallskenntnisse bzgl. Taten Dritter, also solcher Personen, denen gegenüber keine TKÜ angeordnet ist. War die angeordnete TKÜ rechtswidrig, steht von vorne herein fest, dass diese Zufallskenntnisse – wie überhaupt alle erlangten Kenntnisse – nicht unmittelbar verwertbar sind. Hier war die Anordnung gegenüber T jedoch rechtmäßig. Bei Zufallskenntnissen bzgl. Taten Dritter muss unterschieden werden zwischen solchen, die Katalogtaten nach § 100a Nr. 1–5 betreffen und solchen, die sich auf Nichtkatalogtaten beziehen. Erstere sind verwertbar, letztere nur mittelbar (vgl. § 100b Abs. 5).

Weil es sich beim Totschlag des S um eine Katalogtat nach § 100a Nr. 2 handelt, sind diese Zufallskenntnisse verwertbar; eine nur mittelbare Verwertbarkeit besteht hinsichtlich der Nichtkatalogtat des Diebstahls des S.

Vgl. 10 Übersicht Rn. 43, Rn. 44ff.

(54) Zu unterscheiden sind die Durchsuchung beim Verdächtigen (§ 102) und die Durchsuchung bei anderen Personen (§ 103).

Bei § 102 muss nach h.M. noch nicht einmal ein Anfangsverdacht bestehen; nicht ausreichend sind nur Vermutungen, die sich nicht auf tatsächliche Anhaltspunkte oder kriminalistische Erfahrungen stützen können. § 103 verlangt hingegen das Vorliegen von Tatsachen.

§ 102 gestattet die Durchsuchung von Wohnungen und anderen Räumen sowie seiner Person (z.B. auch noch die natürlichen Körperöffnungen, nicht aber die Suche im Körper, für die die §§ 81aff. gelten). Letzteres ist bei § 103 nicht ausdrücklich genannt, aber gleichwohl erfasst, weil § 81c gegenüber derselben Person sogar noch mehr erlauben würde.

Vgl. 10 Rn. 54ff.

(55) Der Begriff des Verdeckten Ermittlers ist in § 110a Abs. 2 S. 1 legaldefiniert (zu den erforderlichen Konkretisierungen der Definition vgl. Rn. 59).

Der „nicht öffentlich ermittelnde Polizeibeamte" (noeP) tritt im Gegensatz dazu nicht dauerhaft, sondern nur gelegentlich verdeckt auf.

Bei Informanten und V-Leuten handelt es sich nicht um Polizeibeamte, sondern um andere Personen, die entweder im Einzelfall (Informant) oder auf längere Zeit (V-Leute) die Strafverfolgungsbehörden bei der Aufklärung von Straftaten unterstützen.

Für diese verdeckt operierenden Personen sieht die StPO keine gesonderten Regelungen vor, die §§ 100aff. sind auf sie nicht (auch nicht analog) anwendbar; der Gesetzgeber hat insofern bewusst eine Gesetzeslücke gelassen.

Vgl. 10 Rn. 59ff.

(56) Eine Rechtfertigung des B nach § 32 StGB scheidet aus, weil objektiv kein rechtswidriger Angriff des F auf ein notwehrfähiges Rechtsgut vorliegt, wenn er sein eigenes Fahrradschloss knackt und sein eigenes Fahrrad „stehlen" will.

§ 127 Abs. 1 als Jedermann-Recht setzt objektiv das Betroffensein auf frischer Tat voraus. Da hier tatsächlich keine Straftat vorliegt, stellt sich die Frage, ob nicht auch ein hinreichender Tatverdacht, der hier gegeben wäre, ausreicht. Für diese Ansicht spricht, dass die Festnahme dem öffentlichen Interesse dient und Strafverfolgungsmaßnahmen stets bei bloßem Tatverdacht zulässig sind. Zudem könnte man es als unbillig betrachten, dem Festnehmenden das Risiko eines schuldlosen Irrtums aufzubürden. Der Umkehrschluss zu § 127 Abs. 2 spricht jedoch gegen diese Meinung. Hinzu kommt, dass der Festgenommene bei einer Rechtfertigung des Festnehmenden seines Notwehrrechts beraubt wäre. Für den Irrenden ist das Risiko hingegen gering: er muss ggf. die Voraussetzungen eines Erlaubnistatbestandsirrtums dartun, die allenfalls noch zu einer Strafbarkeit gem. § 229 StGB führen, weil es bei den §§ 239, 240 StGB jeweils keinen Fahrlässigkeitstatbestand gibt.

Nach dieser zu bevorzugenden Meinung hat sich B, Fahrlässigkeit unterstellt, gem. § 229 StGB strafbar gemacht.

Vgl. 10 Rn. 66 ff.

(57) Bei einem Vorgehen gegen die Art und Weise der Durchführung der Maßnahme ist stets § 98 Abs. 2 S .2 (analog) anzuwenden.

Bei einem Vorgehen gegen die Anordnung der Maßnahme an sich ist, wenn diese durch den Richter erfolgte, stets § 304, wenn diese durch Staatsanwaltschaft oder Polizei erfolgte, § 98 Abs. 2 S. 2 (analog) anzuwenden.

Noch einfacher lässt sich sagen: bei Staatsanwaltschaft und Polizei stets § 98 Abs. 2 S. 2, beim Richter stets § 304.

Zu beachten ist, dass beim Rechtsschutz gegen erledigte Maßnahmen ein besonderes Rechtsschutzinteresse verlangt wird.

Vgl. 10 Rn. 75 ff.

(58) Vgl. § 137 Abs. 1 S. 1; ferner §§ 136 Abs. 1 S. 2, 163 a Abs. 4 S. 2.

(59) Die Verteidigung trägt zur Rechtsstaatlichkeit und Fairness des Verfahrens bei, sie aktualisiert die Stellung des Beschuldigten als Subjekt des Strafverfahrens und stellt den notwendigen Widerpart der Strafverfolgungsbehörden dar.

Vgl. 11 Rn. 1

(60) Als Rechte zu nennen sind das Anwesenheitsrecht, das Beweisantragsrecht, das Recht auf Akteneinsicht sowie das Recht auf ungehinderten Verkehr mit dem Beschuldigten. Des Weiteren darf der Verteidiger eigene Ermittlungen anstellen und jederzeit Erklärungen abgeben.

Zu den Pflichten zählen die Fürsprachepflicht, die Verschwiegenheitspflicht und die Wahrheitspflicht.

Vgl. 11 Rn. 2 ff.

(61) Ja. Anders als bei der richterlichen Vernehmung des Beschuldigten und bei der Vernehmung durch den Staatsanwalt sieht das Gesetz bei polizeilichen Vernehmungen des Beschuldigten kein Anwesenheitsrecht des Verteidigers vor.

Vgl. 11 Rn. 2

(62) Gemäß § 168 c Abs. 2 ist dem Beschuldigten und seinem Verteidiger die Anwesenheit bei richterlichen Vernehmungen eines Zeugen oder Sachverständigen gestattet. Die Frage, ob § 168 c Abs. 2 auf die richterliche Vernehmung eines Mitbeschuldigten analog anwendbar ist, so dass der Verteidiger auch dabei anwesend sein darf, ist umstritten. Da der Mitbeschuldigte explizit im Gesetz nicht genannt ist, liegt der Schluss nahe, dass eben kein Anwesenheitsrecht des Beschuldigten und seines Verteidigers besteht. Die Gewährleistung einer effektiven Verteidigung bereits im Vorverfahren durch die Möglichkeit der Einwirkung auf Angaben des Mitbeschuldigten, der in der Versuchung steht, zum eigenen Vorteil und zu Lasten des anderen Beschuldigten falsch auszusagen, spricht aber für eine analoge Anwendung des § 168 c Abs. 2. Auch der Gedanke, dass die Vernehmung durch den Ermittlungsrichter einen antizipierten Teil der Hauptverhandlung darstellt, bei deren Verlauf der Anspruch auf rechtliches Gehör gewährleistet sein muss, spricht für die ausdehnende Anwendung. Überzeugender ist daher die Ansicht, wonach das Anwesenheitsrecht nach § 168 c Abs. 2 (mit den sich aus den Absätzen 3 und 4 ergebenden Grenzen) auch bei der Vernehmung von Mitbeschuldigten gilt. Sofern der

Untersuchungserfolg durch die Anwesenheit des A oder seines Verteidigers X nicht gefährdet ist, stellt die unterbliebene Benachrichtigung demnach einen Verstoß gegen § 168c Abs. 5 dar und löst ein Verwertungsverbot aus. Anderer Ansicht ist aber der *BGH* (BGHSt 42, 391).

Vgl. 9 Grafik Rn. 35

(63) Der Verteidiger hat ein Recht auf Akteneinsicht, § 147 Abs. 1. Dieses gilt bereits während des Ermittlungsverfahrens, kann aber in diesem Stadium versagt werden, wenn sonst der Ermittlungszweck gefährdet ist, § 147 Abs. 2. Die Weigerung der StA verstößt aber im vorliegenden Fall gegen § 147 Abs. 3, zumal die Einsicht in Niederschriften über die Vernehmung des Beschuldigten jederzeit zu gestatten und nicht nach § 147 Abs. 2 zu verhindern ist. Verteidiger Y kann die Ablehnung der StA gem. § 147 Abs. 5 S. 2 vor dem LG anfechten.

Vgl. 11 Rn. 8ff., 13

(64) Die Frage, ob drohende Zwangsmaßnahmen, die einen Überraschungseffekt haben sollen, mitgeteilt werden dürfen, ist sehr umstritten. Zum einen wird die Meinung vertreten, der Verteidiger dürfe sein Wissen nicht in vollem Umfang dem Beschuldigten mitteilen. Diese Pflicht ergebe sich daraus, dass dem Verteidiger durch die Akteneinsicht eine Befugnis verliehen werde, die seinem beschuldigten Mandanten nicht zusteht. Im Gegenzug müsse der Verteidiger versprechen, von ihr keinen schrankenlosen Gebrauch zu machen und das öffentliche Interesse an der Effektivität der Rechtspflege zu berücksichtigen. Dieser Ansicht ist jedoch entgegenzuhalten, dass die Gewährung von Akteneinsicht ein Hinweis für den uneingeschränkten Austausch zwischen Verteidiger und Mandanten über Fragen, die sich auf die Weiterführung des Verfahrens beziehen, darstellt. Die StA hat die Möglichkeit, die Akteneinsicht nach § 147 Abs. 2 zu verhindern. Tut sie dies nicht, so ist die schlichte Information über den Akteninhalt – hier Haftbefehlsantrag – zulässig, auch wenn sie den Untersuchungserfolg und damit die Effektivität der Rechtspflege gefährden würde.

Vgl. 11 Rn. 6

(65) Der Grundsatz besagt, dass die Staatsanwaltschaft nach § 147 Abs. 1 alle Akten vorzulegen hat, z.B. auch Material, das sie aus Sicht des Beschuldigten für bedeutungslos hält (str.).

Vgl. 11 Rn. 10

(66) Nach der h.M. nein. Spurenakten gehörten nicht zum Prozessstoff und daher nicht zu den „Akten" im formellen Sinne (str.).

Vgl. 11 Rn. 11

(67) Nein. Dies folgt aus der Fürsprache- und Verschwiegenheitspflicht des Verteidigers.

Vgl. 11 Rn. 16, 17

(68) Nein. Nach der Rspr. und h.L. ist er ein selbständiges Organ der Rechtspflege und als solches der Wahrheit verpflichtet. Alles, was er sagt, muss wahr sein (Wahrheitspflicht). Handelt er dem zuwider, macht er sich unter Umständen einer Strafvereitelung (§ 258 StGB) schuldig. Allerdings darf er auf Grund seiner Fürsorge- und Verschwiegenheitspflicht nicht alles sagen, was er weiß.

Vgl. 11 Rn. 18, 19, 26

(69) Die h.M. sieht den Verteidiger als Organ der Rechtspflege an und beschreibt damit bestimmte Freiheiten (öffentliches Interesse an seiner Tätigkeit, Unabhängigkeit vom Mandanten) und Bindungen (insbesondere Wahrheitspflicht). Eine Mindermeinung sieht den Verteidiger davon abweichend keine öffentlichen Interessen wahrnehmen, sondern bindet ihn an die Weisungen seines Mandanten (Vertragstheorie). Noch weitergehend sieht eine andere Mindermeinung den Verteidiger als ausschließlichen Vertreter der Parteiinteressen.

Vgl. 11 Rn. 20ff.

(70) Nach der zu erwartenden Sanktion. Die Praxis geht von etwa einem Jahr Freiheitsstrafe als Grenze aus.

Vgl. 11 Rn. 29

(71) Die Mitwirkung eines Verteidigers ist hier zwingend (sog. notwendige Verteidigung), da die Hauptverhandlung im ersten Rechtszug vor dem LG stattfindet (vgl. § 140 Abs. 1 Nr. 1). Der bisherige Wahlverteidiger kann als Pflichtverteidiger beigeordnet werden. Die Auswahl des zu bestellenden Verteidigers liegt aber grundsätzlich im Ermessen des Vorsitzenden (vgl. § 142). Der Angeklagte hat zwar ein Mitspracherecht bei der Auswahl (vgl. § 142 Abs. 1 S. 2), jedoch keinen Rechtsanspruch auf Bestellung des vorgeschlagenen Rechtsanwalts. Aus dem Anspruch des Angeklagten auf ein faires Verfahren folgt jedoch, dass es grundsätzlich geboten ist, dem Angeklagten den Anwalt seines Vertrauens beizuordnen, sofern

nicht wichtige Gründe entgegenstehen (vgl. § 142 Abs. 1 S. 3). Die Zurückweisung des RA H als Pflichtverteidiger ist demnach nur dann ermessensfehlerfrei, wenn Anlass zur Besorgnis besteht, dass durch die Beiordnung des H der Zweck der Pflichtverteidigung, dem Angeklagten einen geeigneten Beistand zu sichern und den ordnungsgemäßen Verfahrensablauf zu gewährleisten, ernsthaft gefährdet ist.

Vgl. 11 Rn. 33

(72) Ja. Dies ist zwar gesetzlich nicht vorgesehen, aber unter bestimmten Umständen erlaubt.

Vgl. 11 Rn. 36

(73) Ja. Für den X besteht sozusagen ein Kontrahierungszwang. Eine Befreiung ist nur aus wichtigem Grund möglich (vgl. §§ 48, 49 BRAO).

Vgl. 11 Rn. 33

(74) Nein. Die Bestellung des Pflichtverteidigers endet erst mit Rechtskraft des Urteils oder mit der Rücknahme der Bestellung nach § 143. Darüber hinaus soll aber ein Widerruf aus wichtigem Grund nach h. M. zulässig sein, wenn Umstände vorliegen, die den Zweck der Pflichtverteidigung, dem Beschuldigten einen geeigneten Beistand zu sichern und den ordnungsgemäßen Verfahrensablauf zu gewährleisten, ernsthaft gefährden.

Vgl. 11 Rn. 35

(75) Bis zu drei, § 137 Abs. 1 S. 2.

Vgl. 11 Rn. 37

(76) Gemäß § 146 ist die gleichzeitige Mehrfachverteidigung verboten. Erlaubt ist hingegen die sukzessive Mehrfachverteidigung.

Vgl. 11 Rn. 37 ff.

(77) Gem. § 170 kann sie das Verfahren einstellen oder Anklage erheben. Daneben besteht auch die Möglichkeit, das Verfahren nach den §§ 153 ff. einzustellen, selbst wenn hinreichender Tatverdacht gegeben ist. Diese Ausnahmen vom Verfolgungszwang werden unter dem Begriff Opportunitätsprinzip zusammengefasst.

Vgl. 12 Rn. 1 ff.

(78) Das Verfahren ist gem. § 170 Abs. 2 einzustellen, wenn entweder kein hinreichender Tatverdacht oder ein Verfahrenshindernis besteht. Hinreichend ist ein Tatverdacht dann, wenn eine Verurteilung mit Wahrscheinlichkeit zu erwarten, also wahrscheinlicher als ein Freispruch ist.

Vgl. 12 Rn. 4

(79) Nach inzwischen gefestigter höchstrichterlicher Rechtsprechung ist eine Verurteilung weder wegen Nötigung noch wegen Beleidigung möglich. Ein Verstoß gegen das Legalitätsprinzip, dem Prinzip der Gewaltenteilung oder gegen das Rechtsprechungsmonopol der Gerichte kann in einem solchen Vorgehen der Staatsanwaltschaft aber nicht gesehen werden. Bringt die Staatsanwaltschaft Fälle vor Gericht, die sie, anders als die Rechtsprechung, für strafbar hält, liegt darin noch kein Verstoß gegen diese Prinzipien. Jedoch muss der Beschuldigte eine Hauptverhandlung über sich ergehen lassen, an deren Ende ihn ein Freispruch erwartet. Außerdem könnte dann die Staatsanwaltschaft im umgekehrten Fall auch Verurteilungen verhindern, zu denen die Gerichte kommen würden, wenn die Staatsanwaltschaft nicht auf Grund ihrer abweichenden Meinung eine Anklage unterlassen hätte. Daher ist die Staatsanwaltschaft an die Rechtsauffassung der Gerichte gebunden, wenn diese Rechtsmeinung einheitlich ist oder von Obergerichten vertreten wird.

Vgl. 12 Rn. 5

(80) Ein Klageerzwingungsverfahren nach den §§ 172 ff. kommt nur für die Einstellung nach § 170 Abs. 2 in Betracht, nicht aber gemäß § 172 Abs. 2 S. 3 bei Verweisungen auf den Privatklageweg oder Einstellungen durch die Staatsanwaltschaft nach §§ 153 Abs. 1, 153 a Abs. 1 S. 1, 7, 153 b Abs. 1, 153 c–154 Abs. 1, 154 b, 154 c.

Vgl. 12 Rn. 9 ff.

(81) Verletzter ist, wer durch die behauptete Tat in seinen Rechten oder rechtlich anerkannten Interessen unmittelbar beeinträchtigt ist.

Vgl. 12 Rn. 12

(82) Die Schuld des Täters müsste als gering anzusehen sein; ein öffentliches Interesse an der Strafverfolgung darf nicht bestehen. Für die geringe Schuld kommt es nicht darauf an, ob sie vorliegt. Die Staatsanwaltschaft soll in solchen Bagatellefällen gerade nicht „durchermit-

teln" müssen. Es genügt also eine Prognose, eine hypothetische Beurteilung. Gering ist die Schuld, wenn im Vergleich mit Durchschnittsverstößen gegen dieselbe Strafvorschrift die Schuld nicht unerheblich unter dem Durchschnitt liegt. Wann ein öffentliches Interesse an der Strafverfolgung nicht besteht, ist unklar, jedenfalls aber kann auch hier Nr. 86 Abs. 2 RiStBV zur Auslegung herangezogen werden, da der Begriff des öffentlichen Interesses grundsätzlich die gleiche Bedeutung wie in § 376 hat. Danach liegt ein öffentliches Interesse in aller Regel vor, wenn der Rechtsfrieden über den Lebenskreis des Verletzten hinaus gestört und die Strafverfolgung ein gegenwärtiges Anliegen der Allgemeinheit ist.

Vgl. 12 Rn. 16 ff.

(83) Im Gegensatz zu § 153 kann das Verfahren nach § 153 a bereits dann eingestellt werden, wenn die Schwere der Schuld nicht entgegensteht. Der Beschuldigte muss dieser Einstellung gem. § 153 a Abs. 1 S. 1 zustimmen, da er bereit sein muss, die Auflage zu erfüllen und die Chance auf einen Freispruch vergibt. Hat der Beschuldigte die Auflagen und Weisungen erfüllt und wird das Verfahren endgültig eingestellt, so tritt gem. § 153 a Abs. 1 S. 4 ein beschränkter Strafklageverbrauch ein. Die Tat kann nur noch dann verfolgt werden, wenn sie sich auf Grund neuer Tatsachen als Verbrechen darstellt.

Vgl. 12 Rn. 22 ff.

(84) Beide Vorschriften dienen der Beschleunigung des Verfahrens durch teilweisen Verzicht auf Strafverfolgung.

§ 154 setzt dabei mehrere Taten im Sinne des § 264 voraus und ermöglicht der Staatsanwaltschaft, von der Verfolgung einzelner Taten abzusehen. Voraussetzung ist aber, dass deren Verfolgung im Hinblick auf die erforderliche Gesamtstrafenbildung wegen einer bereits rechtskräftig verhängten oder zu erwartenden Strafe wegen einer anderen prozessualen Tat „nicht lohnt". Dabei darf die Strafe für die ausgeschiedene Tat „beträchtlich" sein, wenn nur die Strafe für die verbleibenden Teile „ausreichend erscheint".

§ 154 a betrifft dagegen den Fall, dass dem Täter nur eine Tat im Sinne von § 264 vorgeworfen wird. Die Staatsanwaltschaft kann dann ausnahmsweise einzelne abtrennbare Teile oder einzelne von mehreren Gesetzesverletzungen innerhalb einer prozessualen Tat von der Verfolgung ausnehmen.

Ein Strafklageverbrauch tritt weder nach § 154 Abs. 1 noch nach § 154 a Abs. 1 ein.

Vgl. 12 Rn. 31 ff.

(85) Die Anklageschrift hat die dem Angeklagten zur Last gelegte Tat sowie Zeit und Ort ihrer Begehung so genau zu bezeichnen, dass die Identität des geschichtlichen Vorgangs klargestellt und erkennbar wird, welche bestimmte Tat gemeint ist; sie muss sich von anderen gleichartigen strafbaren Handlungen desselben Täters unterscheiden lassen. Es darf nicht unklar bleiben, über welchen Sachverhalt das Gericht nach dem Willen der Staatsanwaltschaft urteilen soll. Fehlt es hieran, so ist die Anklage unwirksam. Neben dieser „Umgrenzungsfunktion" hat die Anklage noch eine „Informationsfunktion".

Vgl. 12 Rn. 36 ff.

(86) Die Tat im prozessualen Sinn ist der Sachverhalt, der dem Angeklagten als historisches Geschehen zur Last gelegt wird. Er wird durch eine natürliche Betrachtungsweise gebildet und ist daher meist weiter als der materiellrechtliche Begriff der Straftat. Die Tat ist demnach ein einheitlicher geschichtlicher Vorgang. Um eine Tat handelt es sich dabei auch dann, wenn es sich um mehrere Vorgänge handelt, sofern eine „innere Verknüpfung" besteht, so dass es bei einer getrennten Aburteilung zu einer unnatürlichen Aufspaltung eines einheitlichen Lebensvorgangs kommen würde.

Vgl. 13 Rn. 1 ff.

(87) Eine Rücknahme der Anklage durch die Staatsanwaltschaft kommt wegen § 156 nicht in Betracht. Die Erhebung einer weiteren, neuen Anklage wäre nur dann notwendig, wenn es sich um eine andere prozessuale Tat handeln würde. Allerdings ist hier der der Anklage zugrunde liegende Lebensvorgang gleich geblieben und „lediglich" eine besondere Folge hinzugetreten, die zu einer anderen rechtlichen Beurteilung führt (Körperverletzung mit Todesfolge). Daher bedarf es einer neuen Anklage nicht. Vielmehr muss der Tatrichter im Hinblick auf die veränderte rechtliche Beurteilung einen rechtlichen Hinweis nach § 265 Abs. 1 erteilen. Des Weiteren ist er gem. § 6 von Amts wegen zur Überprüfung seiner Zuständigkeit verpflichtet. Wegen der veränderten Lage ist nun nämlich das Landgericht als Schwurgericht gem. § 74 Abs. 2 Nr. 8 GVG zuständig. Dementsprechend hat der Strafrichter daher durch

Vermittlung der Staatsanwaltschaft die Akten dem höherrangigen Gericht mit der Bitte um Übernahme des Verfahrens gem. § 225 a Abs. 1 zuzuleiten.

Vgl. 13 Rn. 5 ff.; 32 Rn. 9

(88) Bei dem Verstoß gegen das Waffengesetz handelt es sich um ein Dauerdelikt. Grundsätzlich liegt zwischen Erwerb, Ausübung der tatsächlichen Gewalt und Führen einer Waffe Tateinheit vor, wobei auch weitere, mit der Waffe begangene Straftaten grundsätzlich mit dem Verstoß gegen das Waffengesetz in Tateinheit stehen. Allerdings wird für den Fall eines Entschlusses zur Begehung eines Verbrechens eine Einschränkung gemacht, da darin eine Zäsur in der Dauerstraftat begründet werde. Die Begehung des Verbrechens steht demnach zwar in Tateinheit zum Verstoß gegen das Waffengesetz im Zeitpunkt der Tatbegehung, aber in Tatmehrheit zum vorausgegangenen, bereits durch Strafbefehl vom 18. 4. 1986 rechtskräftig festgestellten Verstoß gegen das Waffengesetz. Ein Strafklageverbrauch liegt daher nicht vor, so dass auch eine neue Verurteilung zulässig war (vgl. BGHSt 36, 151).

Vgl. 13 Rn. 12

(89) Als Beispiele können die Strafmündigkeit des Beschuldigten, das Fehlen einer rechtskräftigen Entscheidung sowie das Vorliegen einer wirksamen Klage genannt werden.

Vgl. 14 Rn. 11 ff.

(90) Bei der Verjährung der Tat handelt es sich um ein Prozesshindernis, bei dessen Vorliegen das Verfahren eingestellt werden muss. Allerdings ist das Vorliegen des Prozesshindernisses hier nicht sicher. „In dubio pro reo" könnte hier von Verjährung auszugehen sein, so dass das Verfahren einzustellen wäre. Indes ist die Anwendbarkeit des Zweifelssatzes auf Prozessvoraussetzungen fraglich, weil dieser grundsätzlich im Prozessrecht nicht gilt. Das Vorliegen der Prozessvoraussetzungen bzw. das Nichtvorliegen von Prozesshindernissen sind jedoch derart fundamentale Voraussetzungen für ein Sachurteil, dass man hier eine Ausnahme machen muss. Der *BGH* geht nicht ganz so weit und will die Anwendbarkeit von „in dubio pro reo" stets gesondert prüfen. Für die Verjährung, die der Sache nach dem materiellen Recht, wo der Zweifelssatz seinen unmittelbaren Anwendungsbereich hat, sehr nahe steht, hat auch er eine Ausnahme bejaht.

Mithin ist hier von einer Verjährung der Tat auszugehen und das Verfahren deshalb gem. § 206 a (außerhalb der Hauptverhandlung) oder § 260 Abs. 3 (innerhalb der Hauptverhandlung) einzustellen.

Vgl. 14 Rn. 10

(91) Die Besonderheit des Falles liegt darin, dass sich das Verfahren extrem lang hingezogen hat, ohne dass es dafür sachliche Gründe gibt. Fraglich ist, wie sich diese überlange Verfahrensdauer, die gegen das Beschleunigungsgebot aus Art. 20 Abs. 3 GG, Art. 6 Abs. 1 S. 1 EMRK verstößt, auf die Entscheidung des Gerichts auswirkt. Teilweise wird darin ein Verfahrenshindernis gesehen, das zur Einstellung des Verfahrens führt. Man dürfe nicht den bereits geschaffenen rechtswidrigen Zustand durch ein weiteres Prozessieren noch perpetuieren. Indes gehen h. M. und Rspr. davon aus, dass die überlange Verfahrensdauer grundsätzlich bei den Rechtsfolgen der Tat zu berücksichtigen ist (Strafzumessungslösung). Prozessvoraussetzungen müssen auf Grund ihrer Bedeutung für den Verfahrensverlauf klar konturiert und somit eindeutig feststellbar sein. Bei der überlangen Verfahrensdauer ist das nicht der Fall, es sei denn, es handelt sich um einen besonders krassen Fall der Verfahrensverzögerung, der zu enormen Belastungen des Beschuldigten führt und dessen Fortsetzung unter rechtsstaatlichen Gesichtspunkten nicht mehr vertretbar erscheint, weil kein anerkennenswertes Interesse an der Strafverfolgung mehr besteht. In weniger schweren Fällen hingegen bleibt es bei einer Abwägung im Einzelfall, die etwa zu einem Absehen von Strafe, einer Einstellung gem. § 153 StPO (wie hier im Fall, vgl. *BGH* NJW 1988, 2188) oder einer Strafmilderung führen kann.

Vgl. 14 Rn. 27

(92) Prozesshandlungen werden – wenig aussagekräftig – als prozessual relevante Handlungen eines Prozessbeteiligten definiert. Beispiele sind Beweisanträge, Rechtsmittelverzicht, gerichtliche Beschlüsse, Erlass eines Strafbefehls, aber auch Realakte wie die Vorlage von Akten. Reine Wissenserklärungen (z. B. Aussagen eines Beschuldigten zum Tathergang) sollen hingegen nicht unter den Begriff fallen.

Vgl. 15 Rn. 2 f.

(93) Grundsätzlich sind Prozesshandlungen bedingungsfeindlich, weil Unklarheiten und Unsicherheiten nicht in ein klar durchorganisiertes öffentlich-rechtliches Verfahren hineinge-

tragen werden dürfen. Wenn dies allerdings nicht zu befürchten ist, sind Bedingungen grundsätzlich zulässig. Das ist der Fall bei Rechts- und innerprozessualen Bedingungen, also solchen, die an etwas Gegebenes im Sinne einer bestimmten Rechtslage anknüpfen oder solchen, deren Eintritt im Laufe des Verfahrens durch das Gericht selbst geklärt werden kann. Deshalb ist es z. B. zulässig, einen Beweisantrag für den Fall zu stellen, dass das Gericht verurteilt (Eventualbeweisantrag).

Vgl. 15 Rn. 1; 25 Rn. 9

(94) Die Frist von einem Monat endet gem. § 43 Abs. 1 am 14. 4. um 24 Uhr. Zu beachten ist, dass in der StPO keine dem § 188 Abs. 2 Alt. 2 BGB entsprechende Norm existiert, nach dem die Frist bereits am 13. 4. um 24 Uhr geendet hätte.

Vgl. 15 Rn. 22

(95) Der Antrag auf Wiedereinsetzung in den vorigen Stand hat Aussicht auf Erfolg, wenn er zulässig und begründet ist:

Zulässigkeit:
Antrag auf Wiedereinsetzung bei der zuständigen Stelle, § 45 Abs. 1
Nachholung der versäumten Handlung, § 45 Abs. 2 S. 2
Glaubhaftmachung des Hinderungsgrundes, § 45 Abs. 2 S. 1
Begründetheit:
Fristversäumung ohne Verschulden, § 44.

Zu beachten ist, dass dabei nur „normale" Fristen, nicht hingegen Ausschlussfristen erfasst sind, nach deren Ablauf die Prozesshandlung unzulässig und also nicht nachholbar ist (Bsp. § 388 Abs. 1).

Vgl. 15 Rn. 24 ff.

(96) Das Gericht soll selbst prüfen, ob ein hinreichender Tatverdacht besteht und nicht allein auf die Einschätzung der StA zurückgreifen müssen.

Vgl. 16 Rn. 1

(97) Indem die StA eine Anklageschrift einreicht.

Vgl. 16 Rn. 2; 12 Rn. 41

(98) Nein. Im Strafbefehlsverfahren und im beschleunigten Verfahren findet kein Zwischenverfahren statt.

Vgl. 16 Rn. 2

(99) Der Eröffnungsbeschluss kann erlassen oder abgelehnt werden (§§ 203 f.) oder das Verfahren wird vorläufig (§ 205) bzw. endgültig (§§ 153 ff.) eingestellt.

Vgl. 16 Rn. 8

(100) Das Hauptverfahren wird eröffnet, wenn bei vorläufiger Tatbewertung eine Verurteilung wahrscheinlich ist, also hinreichender Tatverdacht besteht (vgl. § 203).

Vgl. 16 Rn. 10

(101) Eine Abweichung ist nur in den engen Grenzen des § 207 Abs. 2 zulässig.

Vgl. 16 Rn. 13

(102) Nein, § 210 Abs. 1.

Vgl. 15 Rn. 16; 16 Rn. 14

(103) Nein. Der Eröffnungsbeschluss ist für das Gericht bindend und eine Rücknahme unzulässig. Der Angeklagte hat ein gesetzliches Recht auf Feststellung der Schuldfrage in öffentlicher und mündlicher Verhandlung. Demnach ist die Hauptverhandlung durchzuführen und, sofern die Beweismittel zur Überführung des Angeklagten nicht ausreichen, das Verfahren durch Freispruch zu beenden. Eine Rücknahme des Eröffnungsbeschlusses würde dem Angeklagten den durch Art. 103 Abs. 3 GG gewährleisteten umfassenden Schutz vor erneuter Strafverfolgung berauben, weil dann lediglich die weitaus beschränktere Rechtskraftwirkung des § 211 eingreifen würde (h. M.). Nach einer a. A. soll die Zurücknahme des Eröffnungsbeschlusses bis zum Beginn der Hauptverhandlung zulässig sein, wenn die Interessen des Angeklagten und das Gebot der Prozessökonomie den Ausschlag hierzu geben.

Vgl. 16 Rn. 14

(104) Das Verfahren wird durch Beschluss (§ 206 a) oder Urteil (in der Hauptverhandlung; § 260 Abs. 3) eingestellt.

Vgl. 16 Rn. 15

(105) Nach § 210 Abs. 2 kann (nur) die StA sofortige Beschwerde einlegen.

Vgl. 16 Rn. 20

(106) Durch den Eröffnungsbeschluss tritt eine beschränkte Sperrwirkung ein. Die Klage kann nur unter den Voraussetzungen des § 211 wieder aufgenommen werden.

Vgl. 16 Rn. 21

(107) Ein wirksamer Eröffnungsbeschluss ist Prozessvoraussetzung. Die Frage, ob ein fehlender Eröffnungsbeschluss nachgeholt werden kann, ist umstritten. *BGH* und h.L. bejahen die Möglichkeit einer Nachholung im Rahmen der erstinstanzlichen Hauptverhandlung. Überzeugender ist jedoch die Gegenansicht, wonach das Verfahren wegen eines Prozesshindernisses durch Urteil einzustellen ist (§ 260 Abs. 3). Da es sich dabei um ein behebbares Prozesshindernis handelt, tritt durch das Einstellungsurteil kein Strafklageverbrauch ein. Die StA kann erneut Klage erheben.

Vgl. 14 Rn. 23; 16 Rn. 17

(108) Vgl. 17 Rn. 1 ff.

(109) Die Bestimmung des Termins liegt im Ermessen des Gerichtsvorsitzenden. Prozessbeteiligte haben auf eine Verlegung des Hauptverhandlungstermins keinen Anspruch. Eine die Terminbestimmung oder die Terminverschiebung ablehnende Verfügung des Vorsitzenden ist im Hinblick auf § 305 S. 1 in der Regel unanfechtbar. Die Beschwerde ist ausnahmsweise zulässig, wenn die Entscheidung für Verfahrensbeteiligte eine besondere selbständige Beschwer bewirkt, weil sie z.B. unschwer vermeidbar das Recht des Angeklagten beeinträchtigt, sich eines Verteidigers seines Vertrauens zu bedienen. Verteidiger X ist vorliegend aus wichtigen Gründen an der Terminwahrnehmung verhindert. Das Interesse des Angeklagten A gebietet die weitere Verteidigung durch seinen in der Sache eingearbeiteten Verteidiger X als Rechtsanwalt seines Vertrauens. Das Gebot der Verfahrensbeschleunigung stand einer Terminverschiebung nicht entgegen. Eine Beschwerde wäre demnach vorliegend zulässig.

Vgl. 17 Rn. 2

(110) Er kann die Aussetzung der Verhandlung beantragen, § 217 Abs. 2. Darauf muss ihn der Richter hinweisen, § 228 Abs. 3.

Vgl. 17 Rn. 3

(111) § 216 ist nur für die Ladung zum Neubeginn einer Hauptverhandlung anwendbar. Zum Fortsetzungstermin braucht nicht förmlich geladen zu werden. Es genügt die mündliche Bekanntmachung des neuen Termins bei der Unterbrechung der Hauptverhandlung. Der *BGH* hat allerdings die Frage, ob dies auch dann gilt, wenn der Angeklagte trotz ordnungsgemäßer Ladung ausgeblieben war und der Fortsetzungstermin deshalb in seiner Abwesenheit bekannt gegeben wurde, offen gelassen. Wenn er – wie hier – durch einen Verteidiger vertreten war, soll eine Ladung nicht erforderlich sein.

Vgl. 17 Rn. 3

(112) Ja, indem der Beschluss in der Hauptverhandlung bekannt gemacht wird.

Vgl. 17 Rn. 4

(113) § 222a muss im Zusammenhang mit § 222b gesehen werden, der eine Rügepräklusion enthält. Weil die vorschriftswidrige Besetzung einen absoluten Revisionsgrund nach § 338 Nr. 1 darstellt, soll man mit dem Besetzungseinwand nicht bis zur Revision warten können, um damit dann ein unerwünschtes Urteil zu Fall zu bringen.

Vgl. 17 Rn. 5

(114) Vgl. 17 Rn. 6, 9

(115) Nein, § 224 Abs. 1 S. 1.

Vgl. 17 Rn. 11

(116) Vgl. 17 Rn. 13 ff.

(117) Angaben zur Identität, die Verhandlungsfähigkeit des Angeklagten sowie die Fähigkeit, sich selbst zu verteidigen (wenn kein Fall der notwendigen Verteidigung vorliegt).

Vgl. 17 Rn. 16 f.

(118) Das letzte Wort hat gem. § 258 Abs. 2, 3 stets der Angeklagte.

Vgl. 17 Rn. 23

(119) Gem. § 274 hat das Sitzungsprotokoll ausschließliche Beweiskraft für die wesentlichen Förmlichkeiten des Verfahrens.

Vgl. 17 Rn. 25 ff.

(120) Vgl. 18 Rn. 1 ff.

(121) Die Durchführung eines Strafverfahrens ist Sache des Staates, die StA wird von Amts wegen tätig.

Vgl. 18 Rn. 2

(122) Eingeschränkt ist das Offizialprinzip bei den Antragsdelikten und bei den Ermächtigungsdelikten. Bei den in § 373 genannten Privatklagedelikten ist das Offizialprinzip nicht nur eingeschränkt, sondern durchbrochen (§ 385).

Vgl. 18 Rn. 3f.

(123) Auf das in § 151 normierte Akkusationsprinzip (Anklagegrundsatz).

Vgl. 6 Rn. 7; 18 Rn. 5f.

(124) Nein. Das Gericht darf nur in den Grenzen der angeklagten Tat – hier Diebstahl des Pkw – tätig werden (§ 155 Abs. 1). Der Ladendiebstahl ist eine andere prozessuale Tat i.S.d. §§ 264 Abs. 1, 155 Abs. 1 und kann somit wegen fehlender Anklage (Prozessvoraussetzung) nicht zum Gegenstand der Hauptverhandlung gemacht werden. Andernfalls wäre das Anklageprinzip verletzt.

Vgl. 13 Rn. 5; 18 Rn. 6

(125) Das Legalitätsprinzip (§§ 152 Abs. 2, 170 Abs. 1), weil es sicherstellt, dass bei hinreichendem Tatverdacht einer Straftat die StA Anklage erheben wird (Anklagezwang) und damit die Tat vor Gericht abgeurteilt werden kann.

Vgl. 6 Rn. 8; 18 Rn. 7

(126) Grundsätzlich gilt das Legalitätsprinzip. Die StA soll aber ausnahmsweise aus Zweckmäßigkeitsgründen von einer Anklage absehen und das Verfahren einstellen dürfen (Opportunitätsprinzip). Im vorliegenden Fall sind die Voraussetzungen des § 153 Abs. 1 erfüllt. Die Entscheidung kann vorliegend ohne gerichtliche Zustimmung ergehen (§ 153 Abs. 1 S. 2).

Vgl. 6 Rn. 8; 12 Rn. 13ff.; 18 Rn. 8

(127) Das Beschleunigungsgebot folgt aus Art. 6 Abs. 1 S. 1 EMRK und aus dem Rechtsstaatsprinzip, Art. 20 Abs. 3 GG. Es kann mit dem Verfahrensziel der materiellen Wahrheit in Konflikt geraten.

Vgl. 3 Rn. 1; 18 Rn. 11

(128) Eine Aussetzung liegt vor, wenn die Verhandlung abgebrochen wird und eine völlig neue Hauptverhandlung stattfinden muss, bei der Unterbrechung wird die Verhandlung fortgesetzt.

Vgl. 18 Rn. 14

(129) Nein. Im Strafprozess gilt der sog. Untersuchungsgrundsatz, wonach StA und Gericht verpflichtet sind, den Sachverhalt von Amts wegen zu untersuchen (§§ 155 Abs. 2, 160 Abs. 2, 244 Abs. 2). Ziel des Strafprozesses ist die materielle Wahrheit.

Vgl. 18 Rn. 15

(130) In dubio pro reo gilt sicher für die Schuld- und Straffrage, nach richtiger Ansicht auch für Prozessvoraussetzungen, nicht aber für sonstiges Prozessrecht und auch nicht für Rechtsfragen.

Vgl. 18 Rn. 20ff.

(131) Das Mündlichkeitsprinzip, wonach in der Hauptverhandlung über den Prozessstoff mündlich verhandelt werden muss. In das Urteil darf nur eingehen, was „zur Sprache gekommen" ist (vgl. § 261). Eine Einschränkung des Mündlichkeitsgrundsatzes findet sich in § 249 Abs. 2.

Vgl. 18 Rn. 25

(132) Weil nur das Gericht selbst die Kompetenz zur Feststellung der Wahrheit hat, soll es „unmittelbare" Beweise führen, um sich möglichst nahe an das wahre Geschehen heranzuarbeiten.

Vgl. 18 Rn. 26

(133) Der Grundsatz der Öffentlichkeit, niedergelegt in § 169 S. 1 GVG, soll insbesondere vor Willkür und Heimlichkeiten schützen sowie dem Informationsinteresse der Allgemeinheit Rechnung tragen. Er besagt, dass jedermann die Chance haben muss, an den Verhandlungen der Gerichte als Zuhörer teilnehmen zu können.

Vgl. 18 Rn. 27f.

(134) Wenn die Öffentlichkeit zu Unrecht beschränkt worden ist, ist ein absoluter Revisionsgrund gegeben. Ist die Öffentlichkeit zu Unrecht erweitert worden, liegt nur ein relativer Revisionsgrund vor.

Vgl. 18 Rn. 29, 34; 36 Rn. 19

(135) Der Umstand, dass einige Interessierte wegen der begrenzten Sitzplätze nicht an der Verhandlung teilnehmen konnten, stellt keinen Verstoß gegen das Öffentlichkeitsprinzip (§ 169 GVG) dar. Öffentlich bedeutet, dass grundsätzlich jedermann das Recht hat, im Rahmen der tatsächlichen Gegebenheiten der Verhandlung beizuwohnen. Die Teilnahme der Öffentlichkeit ist demnach auf die jeweiligen räumlichen Möglichkeiten begrenzt.

Präventivmaßnahmen sind zulässig, wenn anders eine sichere und ungestörte Durchführung der Verhandlung nicht gewährleistet werden kann. Da vorliegend konkrete Anhaltspunkte für eine Störung vorlagen, war die Anordnung von Kontrollen zulässig.

In der Verhinderung von Fernsehaufnahmen während der Gerichtsverhandlung liegt keine Verletzung der Öffentlichkeit. Denn nach § 169 S. 2 GVG sind Film-, Funk- und Fernsehaufnahmen zum Zweck der Veröffentlichung während der Verhandlung und der Urteilsverkündung unzulässig.

Der Ausschluss der gesamten Öffentlichkeit während der Vernehmung der Zeugin K ist gem. § 172 Nr. 4 GVG zulässig.

Vgl. 18 Rn. 30 ff.

(136) Nein. Die Festsetzung bzw. der Erlass von Zwangsmaßnahmen in der Hauptverhandlung gegen den Verteidiger nach den §§ 177, 178 GVG ist stets unzulässig (h. M.). Indes hat die Rspr. in der Vergangenheit die Ansicht vertreten, dass in Extremfällen Zwangsmaßnahmen gegen den Verteidiger zulässig seien. Gegen diese Ansicht spricht einerseits die Stellung des Verteidigers als unabhängiges und neben Gericht und StA gleichgeordnetes Organ der Rechtspflege und andererseits der klare Wortlaut der §§ 177, 178 GVG; in dem dort genannten Personenkreis ist der Verteidiger nicht mit enthalten. Das Gesetz sieht sogar im Fall der notwendigen Verteidigung eine Anwesenheitspflicht vor (§ 145 Abs. 1). Eine analoge Anwendung der §§ 177, 178 GVG auf den Verteidiger ist wegen Art. 104 Abs. 1 S. 1 GG ausgeschlossen.

Vgl. 18 Rn. 32

(137) Der Ausschluss tritt kraft Gesetzes ein, die Ablehnung erfordert ein entsprechendes Ablehnungsgesuch, § 26.

Vgl. 19 Rn. 2

(138) Ja, z.B. für Urkundsbeamte der Geschäftsstelle und Protokollführer, § 31. Für Staatsanwälte fehlt eine gesetzliche Regelung.

Vgl. 19 Rn. 3

(139) Vgl. 19 Rn. 4 ff.

(140) Richter R könnte gem. § 22 Nr. 4 von der Ausübung des Richteramtes bereits kraft Gesetztes ausgeschlossen sein. Der Begriff der Sache in § 22 Nr. 4 wird weit ausgelegt und ist nicht auf das gleiche Verfahren beschränkt. Der notwendige sachliche Zusammenhang ist vorliegend gegeben. Es ist zwar ein anderes Verfahren, aber dieselbe Sache. Richter R ist daher gem. § 22 Nr. 4 vom Verfahren ausgeschlossen. Wird der Ausschluss des R von Amts wegen nicht beachtet, kann er durch einen Befangenheitsantrag des A vorgebracht werden. Wird der Ausschließungsgrund ignoriert, führt dies zu einem absoluten Revisionsgrund (§ 338 Nr. 2).

Vgl. 19 Rn. 6 f.

(141) Ein Ausschlussgrund gem. §§ 22, 23 kommt nicht in Betracht. Die Mitwirkung des Richters an Vorentscheidungen ist dort nicht ausdrücklich als Ausschlussgrund vorgesehen. In Betracht käme eine Befangenheit des R i.S.v. § 24 Abs. 2. Die Besorgnis der Befangenheit besteht dann, wenn ein Grund vorliegt, der geeignet ist, Misstrauen gegen die Unparteilichkeit des Richters zu rechtfertigen. Dabei kommt es auf die Sicht eines durchschnittlichen Beobachters in der Rolle des Angeklagten an. R war bereits als Ermittlungsrichter in derselben Sache tätig gewesen (Beschuldigtenvernehmung; Haftbefehl). Die Frage, ob die Mitwirkung des Richters an Vorentscheidungen in derselben Sache ein Ablehnungsgrund nach § 24 Abs. 2 sein kann, ist umstritten. Die Frage kann hier jedoch offen bleiben, da jedenfalls die Aussage des R, er sei von der Schuld des A überzeugt, die Besorgnis der Befangenheit aufkommen lässt.

Vgl. 19 Rn. 10, 16

(142) Die Zulässigkeitsvoraussetzungen ergeben sich aus den §§ 25–26 a.

Vgl. 19 Rn. 17 ff.

(143) Die bis dahin eingetretenen und dem Ablehnungsberechtigten bekannten Ablehnungsgründe sind verwirkt.

Vgl. 19 Rn. 17

(144) Nur unter den Voraussetzungen des § 28 Abs. 2.
Vgl. 19 Rn. 22

(145) Nach § 238 Abs. 1 obliegt die Verhandlungsleitung dem Vorsitzenden.
Vgl. 19 Rn. 23

(146) Alle Verfahrensbeteiligte haben die Möglichkeit, eine Anordnung des Vorsitzenden zu beanstanden und die Entscheidung des Gerichts zu beantragen (Beanstandungsrecht, § 238 Abs. 2). Voraussetzung der Zulässigkeit für die Anrufung des Gerichts nach § 238 Abs. 2 ist, dass der betroffene Prozessbeteiligte schlüssig darlegt, durch die Maßnahmen beschwert zu sein. Die Unterscheidung zwischen Sachleitung und formeller Verhandlungsleitung ist mittlerweile überwiegend aufgegeben. Vorliegend stellt die Ablehnung des Vorsitzenden, einen vor Urteilsverkündung angekündigten Beweisantrag entgegenzunehmen, einen Verfahrensverstoß dar. Denn das Gericht ist gem. § 246 grundsätzlich verpflichtet, bis zum Beginn der Urteilsverkündung Beweisanträge entgegenzunehmen (vgl. 25 Rn. 11). Gegen die Weigerung des Vorsitzenden können A und sein Verteidiger gem. § 238 Abs. 2 das Gericht anrufen. Unterlassen sie dies, so soll nach ständiger – aber sehr problematischer – Rspr. auf den Verfahrensfehler des Vorsitzenden die Revision in der Regel nicht gestützt werden können (vgl. 19 Rn. 27). Eine Revisionsrüge nach § 337 wäre demnach erfolglos (vgl. *BGH* NStZ 1992, 346).
Vgl. 19 Rn. 24 ff.

(147) V. a. der Beschuldigte, sein Verteidiger, die StA, der Nebenkläger und der Privatkläger.
Vgl. 20 Rn. 1 f.

(148) Nein.
Vgl. 20 Rn. 2

(149) Nein, nicht mehr.
Vgl. 20 Rn. 3

(150) Grundsätzlich muss die gesamte Verhandlung in Anwesenheit des Angeklagten durchgeführt werden, § 230. Die StPO enthält jedoch zahlreiche Ausnahmen und Einschränkungen. Hier könnte § 247 S. 2 vorliegen. K ist dreizehn. Der Begriff „Wohl" umfasst nicht nur das körperliche, sondern auch das seelische Wohl des Kindes. Dieses ist hier gefährdet. Gem. § 247 ist allein das Gericht befugt, den A durch begründeten Beschluss von der Verhandlung auszuschließen. Der Angeklagte A darf lediglich während der Vernehmung der K abwesend sein. Spätestens ab der Verhandlung über die Vereidigung ist der A wieder zuzulassen. Sobald A wieder anwesend ist, ist er über den wesentlichen Inhalt der Aussage der K zu unterrichten, § 247 S. 4. Nur unter Einhaltung der o.g. Voraussetzungen ist ein Ausschluss des A gem. § 247 S. 2 zulässig.
Vgl. 20 Rn. 4

(151) Bei notwendiger Verteidigung gem. § 145 Abs. 1 S. 1 ja.
Vgl. 20 Rn. 5

(152) Ja. In der Hauptverhandlung muss für die StA lediglich die Anwesenheit einer Sitzungsvertretung gewährleistet sein, wobei sich verschiedene Staatsanwälte abwechseln können (vgl. §§ 226, 227).
Vgl. 6 Rn. 5 f.; 20 Rn. 6

(153) Für eine Ablehnung eines Staatsanwalts wegen Befangenheit durch den Beschuldigten findet sich im Gesetz keine Regelung. Die §§ 22 ff. gelten nach h. M. nicht entsprechend. Die Prozessbeteiligten haben demnach kein Recht auf Ablehnung eines als befangen wahrgenommenen StA. Im vorliegenden Fall ist die Gefahr der Voreingenommenheit der Staatsanwältin jedoch groß. Es wäre mit dem Gebot eines rechtsstaatlichen Verfahrens nicht vereinbar, wenn Staatsanwältin X in der Verhandlung gegen A mitwirkt. In Situationen des § 22 und bei Besorgnis der Befangenheit ist es deshalb zunächst Sache des Staatsanwalts – hier der X – auf seine bzw. ihre Ablösung zu drängen. Dem Angeklagten A bleibt nur die Möglichkeit, gemäß § 145 GVG die Ersetzung der als befangen wahrgenommenen StA X bei ihrem Dienstvorgesetzten zu beantragen. Das Gericht darf auf die Ablösung hinwirken, kann sie aber nicht gegen den Willen des Leiters der StA durchsetzen (vgl. § 150 GVG). Die Ablösung der X steht demnach im richterlich nicht nachprüfbaren Ermessen des zuständigen Leiters der StA.
Vgl. 20 Rn. 6 f.

(154) Der Verletzte, Behörden, Verbände und diejenigen, die von Einziehung und Verfall betroffen sind.
Vgl. 20 Rn. 10 ff.

(155) Das Recht auf unmittelbare Befragung, das es erlaubt, dass eine Frage nicht erst dem Vorsitzenden mitgeteilt werden muss, damit dieser sie dann stellt, haben die beisitzenden Richter, die Schöffen, die StA, der Angeklagte und sein Verteidiger, § 240 Abs. 1, 2 S. 1.

Vgl. 20 Rn. 15

(156) Nein, vgl. § 240 Abs. 1.

(157) Nein, § 240 Abs. 2 S. 2.

Vgl. 20 Rn. 15

(158) Fragen sind dann „ungeeignet", wenn sie zur Wahrheitsfindung nichts beitragen können oder aus Rechtsgründen nicht gestellt werden dürfen.

Vgl. 20 Rn. 16 f.

(159) Nein, denn in § 241 Abs. 2 ist § 240 Abs. 1 nicht aufgeführt. Hält der Vorsitzende die Frage für bedenklich, so muss er einen Gerichtsbeschluss nach § 242 herbeiführen.

Vgl. 20 Rn. 16

(160) Nein (str.).

Vgl. 20 Rn. 18

(161) Die StPO kennt als Beweismittel Zeugen (§§ 48 ff.), Sachverständige (§§ 72 ff.), Augenschein (§§ 86 ff.) und Urkunden (§§ 249 ff.).

Vgl. 21 Rn. 1

(162) Nur zu Angaben über Tatsachen, wobei es sich dabei um äußere und innere sowie vergangene oder gegenwärtige handeln kann. Auch das, was andere gesagt haben, stellt eine Tatsache dar (sog. Zeuge vom Hörensagen).

Vgl. 21 Rn. 4

(163) Den Zeugen treffen die Pflicht zum Erscheinen (§§ 48, 51, 161 a Abs. 1 S. 1), die Pflicht zur wahrheitsgemäßen Aussage (vgl. §§ 153 ff. StGB) sowie – im Ausnahmefall – die Eidespflicht (§§ 59 ff.).

Vgl. 21 Rn. 5 ff.

(164) Zeugnisverweigerungsrechte erlauben es dem Zeugen, auf Grund einer persönlichen Zwangslage (§ 52) oder aus Gründen des Vertrauensschutzes in eine bestimmte Institution (§§ 53, 53 a) die Aussage insgesamt zu verweigern. Das Auskunftsverweigerungsrecht hingegen, das dem Zeugen eine seelische Zwangslage insofern ersparen soll, als er nicht sich selbst oder einen Angehörigen im Lichte der Wahrheitspflicht belasten müssen soll, gestattet nur die Auskunftsverweigerung zu den diesbezüglichen Fragen. Das Zeugnisverweigerungsrecht wirkt generell, das Auskunftsverweigerungsrecht nur punktuell. Im Extremfall kann aber die Auskunft auf alle Fragen verweigert werden, weil keine Frage denkbar ist, deren Beantwortung nicht riskant für den Zeugen wäre.

Vgl. 21 Rn. 14 ff.

(165) Nach dem Wortlaut des Gesetzes nicht: A und B sind nicht Ehegatten i. S. d. § 52 Abs. 1 Nr. 2 und es liegt auch keine (für verschiedengeschlechtliche Paare gar nicht zugängliche) Lebenspartnerschaft nach § 52 Nr. 2 a vor. Womöglich könnte § 52 aber analog auf nichteheliche Lebensgemeinschaften anwendbar sein. Das setzt eine planwidrige Regelungslücke sowie Vergleichbarkeit der in Rede stehenden Sachverhalte voraus. Die Tatsache, dass derartige Lebensgemeinschaften in den letzten Jahren stark zugenommen haben und gleichzeitig deren Akzeptanz stetig gestiegen ist, führen zur Annahme, dass der historische Gesetzgeber nicht bewusst diese Lebensform ausgeklammert hat, sondern ein Regelungsbedürfnis überhaupt erst später entstanden ist. Folglich ist die Regelungslücke planwidrig. Der Sache nach bestehen zudem zwischen Ehe, Lebenspartnerschaft und nichtehelicher Lebensgemeinschaft in Anbetracht der Zeugnisverweigerungssituation keinerlei Unterschiede: Auch die eheähnliche Gemeinschaft kann auf Grund eines Wahrheitszwanges stark belastet werden, auch hier befindet sich der Partner in einer inneren Zwangslage. Berücksichtigt man zudem, dass auch ungültige, Nicht- und Scheinehen ein Zeugnisverweigerungsrecht begründen, und das sogar über deren Beendigung hinaus, erscheint es vorzugswürdig, auch den Partnern einer nichtehelichen Lebensgemeinschaft, die von der Rechtsprechung mittlerweile auch begrifflich klar konturiert ist, ein Zeugnisverweigerungsrecht analog § 52 zuzusprechen.

Nach dieser Meinung kann A im Prozess gegen B das Zeugnis verweigern.

Vgl. 21 Rn. 9 ff.

(166) Fest steht, dass der (Mit)Beschuldigte nicht Zeuge in eigener Sache sein kann. Solange das Verfahren gegen R, S und T gemeinsam geführt wird, kann R demnach nicht als Zeuge

vernommen werden, weil es sich beim Juwelenraub, zu dem er sich äußern soll, auch um „seine Sache" handelt. Rein formal betrachtet ist R nach der Abtrennung seines Verfahrens nicht mehr Mitbeschuldigter, so dass eine Vernehmung als Zeuge im Verfahren gegen S und T denkbar erschiene. Weil die Aussagen, die R treffen soll, aber der Sache nach (auch) seine eigene Angelegenheit betreffen, ist die Abtrennung des Verfahrens zum hier beabsichtigten Zweck nach allgemeiner Meinung nicht zulässig. Allein die Begründungsansätze unterscheiden sich.

Nach der Rechtsprechung ist dieses Vorgehen grundsätzlich zulässig, aber eben nur dann, wenn R dadurch nicht zum Zeugen in eigener Sache wird. Die Verfahrenstrennung und Vernehmung als Zeuge wäre etwa zulässig, wenn R zu Taten von S und T gehört werden soll, die zu der ihm vorgeworfenen Tat in keinerlei Zusammenhang stehen. Dabei hat er dann ggf. die Möglichkeit der Auskunftsverweigerung nach § 55.

Die materielle Betrachtungsweise geht davon aus, dass der Tatverdächtige der Sache nach, also unabhängig von seiner prozessualen Rolle, Beschuldigter ist und deshalb nicht als Zeuge vernommen werden darf. Hiergegen spricht jedoch, dass die StPO in § 60 Nr. 2 auch den tatverdächtigen Zeugen als Zeugen behandelt, nicht als Beschuldigten.

Folgt man einer eher formellen Betrachtung, kann der Betroffene, sobald er von den Strafverfolgungsbehörden als Beschuldigter behandelt wird (und zwar solange, bis sein Verfahren abgeschlossen ist), diese Rolle nicht mehr verändern. Er bleibt Beschuldigter und kann deshalb auch im abgetrennten Verfahren nicht zu anderweitigen Taten von S und T als Zeuge vernommen werden.

Im Fall kommen alle Meinungen zum gleichen Ergebnis; R darf nicht als Zeuge vernommen werden.

Vgl. 21 Rn. 24

(167) Der Sachverständige legt seinem Gutachten die Anknüpfungstatsachen zugrunde, die teilweise aus den Akten des Gerichts stammen. Der andere Teil sind die Befundtatsachen, also die Ergebnisse, die er gerade in seiner Eigenschaft als Sachverständiger herausfindet. Dazu zählen die Zusatztatsachen gerade nicht, da er diese nur „bei Gelegenheit" seiner Tätigkeit als Gutachter erfährt, diese sind nicht Ergebnis seiner besonderen Sachkunde. Darüber muss er als Zeuge vernommen werden, wobei er kein Zeugnisverweigerungsrecht gem. § 53 StGB besitzt, da der Gutachter als „Gehilfe des Gerichts", nicht als Arzt tätig geworden ist.

Vgl. 21 Rn. 30

(168) Man unterscheidet Haupt-, Indiz- und Hilfstatsachen. Haupttatsachen sind solche, die ein Tatbestandsmerkmal unmittelbar ausfüllen, Indiztatsachen lassen durch Erfahrungsregeln einen Schluss auf Haupttatsachen zu und Hilfstatsachen sind Indizien, die die Beweiskraft der Schlussfolgerung betreffen.

Beachte bei Indizien insbesondere, dass diese zwar nur mit einer bestimmten Wahrscheinlichkeit den Schluss auf eine Haupttatsache zulassen, aber selbst feststehen, also nicht nur mit einer gewissen Wahrscheinlichkeit gegeben sein müssen.

Vgl. 23 Rn. 2 ff.

(169) Man unterscheidet den Streng- und den Freibeweis. Ersterer ist dadurch gekennzeichnet, dass nur bestimmte Beweismittel in einem konkret vorgeschriebenen Verfahren der Beweisaufnahme zulässig sind. Letzterer kann auf beliebige Art und Weise geführt werden.

Das Strengbeweisverfahren muss bei allen Schuld- und Rechtsfolgenfragen innerhalb der Hauptverhandlung angewendet werden, das Freibeweisverfahren ist bei allen Beweiserhebungen außerhalb der Hauptverhandlung sowie beim Beweis prozessrelevanter Tatsachen innerhalb der Hauptverhandlung und im Revisionsverfahren heranzuziehen.

Vgl. 23 Rn. 7 f.

(170) A beruft sich auf das Verwertungsverbot aus § 136 a Abs. 3 S. 2, weil die Gabe des Wahrheitsserums eine „Verabreichung von Mitteln" i.S.d. § 136 a Abs. 1 S. 1 darstellt. Nur, wenn es sich beim Vorliegen dieses Beweisverwertungsverbots um eine Schuld- oder Rechtsfolgenfrage handelt, ist der Telefonanruf beim Polizeibeamten ein unzulässiges Beweismittel, weil das Strengbeweisverfahren gelten würde. Die h. M. geht davon aus, dass es sich dabei um eine prozessuale Frage handelt, für die das Freibeweisverfahren gilt, so dass das Vorgehen des Richters zulässig ist. Überdies ist in dubio pro reo hier nicht anwendbar. Die Gegenmeinung sieht im (potentiellen) Verstoß gegen § 136 a eine derart massive Beeinträchtigung der Verfahrensposition des Beschuldigten, dass der Freibeweis unangemessen sei. Weil zumeist ein enger

Bezug (der fraglichen Aussage) zur Sachentscheidung bestehe, müsse ein Strengbeweis geführt werden. Danach wäre, weil es sich bei der telefonischen Auskunft nicht um ein in der StPO vorgesehenes Beweismittel handelt, das Vorgehen des Richters unzulässig.

Vgl. 23 Rn. 8

(171) Nicht beweisbedürftig sind alle offenkundigen Tatsachen, das sind solche, die allgemeinkundig oder gerichtskundig sind.

Vgl. 23 Rn. 11 f.

(172) Beim Beweisantrag muss eine Beweiserhebung verlangt, eine bestimmte Beweistatsache und ein bestimmtes Beweismittel bezeichnet werden. Bei der Beweisanregung fehlt es am Verlangen der Beweiserhebung; sie wird ins Ermessen des Gerichts gestellt. Der Beweisermittlungsantrag benennt keine bestimmte Beweistatsache und/oder kein bestimmtes Beweismittel.

Vgl. 25 Rn. 2 ff.

(173) Zunächst einmal ist die Ablehnung des Beweisermittlungsantrags formlos möglich (anders als die des Beweisantrags gem. § 244 Abs. 6). Sollte die Ablehnung zu Unrecht erfolgt sein, liegt zwar kein absoluter Revisionsgrund nach § 338 Nr. 8 vor, möglich ist aber ein relativer nach § 337 wegen Verletzung der Aufklärungspflicht, § 244 Abs. 2.

Vgl. 36 Rn. 23

(174) Die Ablehnungsgründe sind unterschiedlich, je nachdem, ob es sich um ein präsentes (dann § 244 Abs. 3–5) oder ein nicht präsentes Beweismittel (dann § 245 Abs. 1, Abs. 2) handelt. Bei den präsenten Beweismitteln ist zu unterscheiden, ob es sich um persönliche oder sachliche Beweismittel handelt. Außerdem kommt es darauf an, wer für die Präsenz des Beweismittels gesorgt hat. Die Ablehnungsgründe sind abschließend aufgezählt.

Vgl. 25 Rn. 13 ff.

(175) Wenn Zeugen und Sachverständige vom Gericht (§ 214 Abs. 1) oder anderen Prozessbeteiligten (§§ 214 Abs. 3, 220 Abs. 1) geladen worden und diese auch erschienen sind, sowie bei dem Gericht vorliegenden Urkunden und Augenscheinsobjekten handelt es sich um präsente Beweismittel. Zeugen oder Sachverständige, die einfach „mitgebracht“ werden (ohne vorherige Ladung) sind demnach keine präsenten Beweismittel.

Die Ablehnungsmöglichkeiten bei § 245 sind enger ausgestaltet als die bei § 244: Die vom Gericht geladenen und erschienenen Zeugen und Sachverständigen müssen (ohne gesonderten Antrag) vernommen werden (§ 245 Abs. 1 S. 1), ebenso muss die Beweisaufnahme sich auf die vom Gericht oder der Staatsanwaltschaft herbeigeschafften Beweismittel erstrecken (§ 245 Abs. 1 S. 1). Ein Beweisantrag, der andere präsente Beweismittel betrifft, kann nur unter den Voraussetzungen des § 245 Abs. 2 S. 3 abgelehnt werden.

Vgl. 25 Rn. 14 ff., 32 ff.

(176) Ja, denn es handelt sich beim „Lügendetektor“ um ein gem. § 244 Abs. 3 S. 2 völlig ungeeignetes Beweismittel, da diese Methode auf psychologischen Simplifikationen beruht und nicht verlässlich genug ist.

Vgl. 9 Rn. 16; 25 Rn. 22

(177) § 261, da der „Inbegriff der Verhandlung“ nur das erfasst, was im Verfahren erörtert worden ist.

Vgl. 26 Rn. 1

(178) Der formfreie Vorhalt ist ein Vernehmungsbehelf beim Personalbeweis. Dabei wird, z.B. weil sich der Beschuldigte oder Zeuge nun anders äußert als in einer früheren Vernehmung oder sich nicht erinnert, aus einem Schriftstück zitiert oder dieses komplett vorgelesen. Es handelt sich dabei nicht um eine Verlesung dieser Urkunde gem. § 249, vielmehr darf beim Vorhalt nur die Reaktion der Person, der etwas vorgehalten wird, auf das Vorgelesene verwertet werden.

Vgl. 26 Rn. 3 f.

(179) Folgende Regelungen über audiovisuelle Arten der Vernehmungen sieht die StPO vor:

Simultan-Aufzeichnung gem. § 58 a

Simultane Video-Vernehmung durch den Ermittlungsrichter, § 168 e

Videovernehmung und Aufzeichnung in der Hauptverhandlung, § 247 a

Die Verwertung erfolgt durch Vorspielen der Aufnahme (Augenscheinsbeweis); beachte dabei § 255 a, der die §§ 251, 252, 253 und 255, also Regelungen für den Urkundenbeweis mit Protokollen, für anwendbar erklärt.

Vgl. 26 Rn. 5 ff.; 27 Rn. 26 f.

(180) Zunächst geht § 249 davon aus, dass Urkunden zu verlesen sind. § 250 stellt aber sogleich den Personalbeweis vor den Sachbeweis (Unmittelbarkeitsgrundsatz) und fordert die Vernehmung der Person in der Hauptverhandlung. Ausnahmen davon bilden die §§ 251, 253, 254, 256 (Verlesung erlaubt), wohingegen § 252 wiederum die Verlesung in bestimmten Konstellationen verbietet.

Vgl. 27 Rn. 1

(181) Voraussetzungen:

Ein Zeuge wurde vor der Hauptverhandlung vernommen (darunter fallen auch Aussagen bei einem informatorischen Befragen, nicht aber Spontanäußerungen).

Dieser macht erst in der Hauptverhandlung von seinem Zeugnisverweigerungsrecht Gebrauch (vom Auskunftsverweigerungsrecht gem. § 55 spricht § 252 nicht).

Rechtsfolge:

Das Protokoll über die frühere Aussage darf nicht verlesen werden. Die h.M. nimmt darüber hinaus ein allgemeines Verwertungsverbot an, so dass auch die Verhörsperson grundsätzlich nicht als Zeuge vom Hörensagen vernommen werden darf.

Vgl. 27 Rn. 8 ff.

(182) Die Bedenken des Verteidigers könnten aus § 252 herrühren. Wäre § 252 erfüllt, dürfte auf Grund des umfassenden Verwertungsverbots der V-Mann nicht als Zeuge vernommen werden. Allerdings spricht der Wortlaut des § 252 von einer früheren Aussage im Rahmen einer Vernehmung. Eine Vernehmung lag hier aber nicht vor, weil der V-Mann der Z gegenüber nicht in amtlicher Eigenschaft auftrat und nicht in dieser Eigenschaft Auskunft von ihr verlangte. Nur in dieser Situation, so könnte man argumentieren, entsteht aber der Konflikt zwischen Wahrheitspflicht und familiärer Bindung, den § 52 ausgleichen und § 252 auch im weiteren Fortgang des Verfahrens abfangen will. Da diese Situation hier nicht gegeben ist, ist § 252 nicht einschlägig, der V-Mann darf demnach als Zeuge vernommen werden.

Bedenken könnten sich dann ergeben, wenn wie hier der V-Mann bewusst eingesetzt wird, um eine Umgehung des Zeugnisverweigerungsrechts herbeizuführen. Dann verbergen sich die Strafverfolgungsbehörden bewusst hinter einem Privaten und gelangen so an Erkenntnisse, die ihnen ansonsten verborgen geblieben wären. Damit könnte man eine analoge Anwendung des § 252 rechtfertigen. Dann dürfte der V-Mann nicht vernommen werden.

Vgl. 9 Rn. 20; 27 Rn. 16

(183) Wie im vorigen Fall liegt auch hier keine Vernehmung vor, so dass § 252, der der Verlesung des „Protokolls" entgegenstünde, grundsätzlich nicht einschlägig ist. Allerdings handelte es sich um eine vernehmungsähnliche Situation, weil die Angaben der Verlobten – für sie erkennbar – zur Verwendung im Verfahren gegen den A bestimmt waren. Insofern besteht durchaus die Konfliktsituation, vor der § 252 schützen will: Wenn man die frühere Aussage verlesen könnte, wäre die Existenz des Zeugnisverweigerungsrechts jetzt sinnlos. Hinzu kommt, dass die Angaben, wären sie vor einem Richter oder Staatsanwalt gemacht worden, nicht verwertbar wären, obwohl diese gem. § 160 Abs. 2 zur Objektivität verpflichtet sind und man sich vor ihnen sogar strafbar machen kann (vgl. §§ 145 d, 164 StGB). Dann muss aber erst recht die Aussage vor einem Verteidiger, vor dem man straflos lügen kann und der verpflichtet ist, einseitig die Interessen des Beschuldigten zu verfolgen, unverwertbar sein.

Folglich kommt § 252 zur Anwendung. Das Gericht hat mithin zu Recht die Angaben nicht verwertet.

Vgl. 27 Rn. 16

(184) Die Rspr. lässt eine Vernehmung der Verhörsperson dann zu, wenn die frühere Vernehmung durch einen Richter erfolgt ist. U.a. stützt man sich dabei darauf, dass die StPO dem Richter ganz allgemein mehr Vertrauen entgegenbringt. Dieses Vertrauen ist aber dann unberechtigt und die Ausnahme damit nicht gegeben, wenn der Richter in der früheren Vernehmung den Zeugen nicht belehrt hat.

Die herrschende Meinung in der Literatur hingegen vermag dem nicht zu folgen, weil die StPO auch Polizei und Staatsanwaltschaft Belehrungspflichten vorschreibt (§§ 161 a, 163 Abs. 5) und insofern keine „schlechtere Qualität" dieser Vernehmungen angenommen werden kann. Danach ist das Verwertungsverbot tatsächlich umfassend und erlaubt auch die von der Rspr. gemachte Ausnahme nicht.

Vgl. 27 Rn. 10

(185) Nein, § 252 ist nur dann einschlägig, wenn sich der Zeuge in der Hauptverhandlung durchgehend auf sein Zeugnisverweigerungsrecht beruft. Sobald er doch eine Aussage macht, stellt er sich wieder insgesamt als Beweismittel zur Verfügung. Die Konfliktsituation des § 252 liegt nicht vor, seine früheren Aussagen sind verwertbar.

Vgl. 27 Rn. 12

(186) Der Wortlaut des § 252 „das Recht, das Zeugnis zu verweigern" spricht gegen eine Einbeziehung des § 55. Das gilt auch für den Sinn und Zweck der Regelung: Das Auskunftsverweigerungsrecht dient allein dem Schutz des Zeugen. Hat er auf diesen Schutz durch seine frühere Aussage verzichtet, ist diese Entscheidung endgültig. Immerhin könnte gegen ihn auch sofort ein Verfahren betrieben werden. Die von § 252 erfasste Konfliktsituation liegt hier nicht vor, die Norm ist mithin nicht einschlägig.

Vgl. 27 Rn. 14

(187) Der Polizeibeamte dürfte dann nicht vernommen werden, wenn § 252 eingreift. Das könnte sowohl unter dem Gesichtspunkt, dass das Zeugnisverweigerungsrecht im Rahmen einer „unlauteren Verfahrensmanipulation" entstanden ist (Scheinehe) als auch im Hinblick auf das zurzeit der polizeilichen Vernehmung noch nicht bestehende Zeugnisverweigerungsrecht fraglich sein.

Man könnte mit dem *BGH* davon ausgehen, dass in einer Situation wie hier der Sache nach keine von § 252 auszugleichende Konfliktsituation besteht, eben weil es sich nur um eine Scheinehe handelt. Allerdings findet bei der Feststellung eines Zeugnisverweigerungsrechts nie eine Einzelfallprüfung statt, sondern dieses wird nach streng formalen Kriterien zuerkannt, was sich auch daran zeigt, dass Ehegatten sogar noch nach der Scheidung zeugnisverweigerungsberechtigt sind. Weil aber das formale Kriterium Ehe erfüllt ist, besteht auch ein Zeugnisverweigerungsrecht.

Allerdings entstand dieses erst im Laufe des Hauptverfahrens und bestand noch nicht während der polizeilichen Vernehmung. Das genügt aber, da der Zeuge gerade in der Hauptverhandlung davor bewahrt werden soll, das persönliche Verhältnis zum Angeklagten zu belasten. In dieser Situation dürfte sogar der früher vernehmende Richter nicht als Zeuge vernommen werden, weil der Schutzzweck des Zeugnisverweigerungsrechts sonst hinfällig wäre. Zu beachten ist, dass bei den später entstehenden Zeugnisverweigerungsrechten nach den §§ 53, 53a deren Schutzzweck nicht vereitelt würde.

§ 252 steht einer Vernehmung des Polizeibeamten folglich entgegen.

Vgl. 27 Rn. 12f.

(188) Hierfür wird die sog. Stufentheorie herangezogen, auf deren 1. Stufe gewisse äußere Einschränkungen der Vernehmung gemacht werden können, deren 2. Stufe eine kommissarische Vernehmung vorsieht und auf deren 3. Stufe der Zeuge vom Hörensagen herangezogen werden kann.

Vgl. 27 Rn. 32ff.

(189) Das Gericht muss, insbesondere wenn es Zweifel an der Rechtmäßigkeit der Sperrerklärung hat, sich um eine Aufhebung der Sperrerklärung bemühen, so dass wenigstens eine kommissarische Vernehmung möglich wird. Dabei muss etwa eine Erklärung der obersten Dienstbehörde herbeigeführt werden; ggf. kann auch das Einlegen einer Gegenvorstellung erforderlich sein. Vor allem muss das Gericht alle Möglichkeiten der Video-Vernehmung ausschöpfen. Bleiben auch diese Bemühungen erfolglos, ist der Zeuge unerreichbar, so dass der Beweisantrag gem. § 244 Abs. 3 S. 2 zurückgewiesen werden kann. Je nach Lage der Dinge kann jedoch die allgemeine Aufklärungspflicht aus § 244 Abs. 2 es gebieten, einen Zeugen vom Hörensagen zu vernehmen.

Nur wenn die Sperrerklärung offensichtlich fehlerhaft oder willkürlich ist, darf das Gericht nicht auf Beweissurrogate zurückgreifen mit der Konsequenz, dass die Erkenntnisse der verdeckt ermittelnden Person völlig außer Betracht bleiben (müssen).

Vgl. 27 Rn. 37

(190) Beweiserhebungsverbote untersagen die Beweiserhebung mit bestimmten Beweismitteln bzw. -methoden. Beweisverwertungsverbote verbieten es, bestimmte Beweisergebnisse im Urteil zu berücksichtigen. Nicht jede Verletzung eines Beweiserhebungsverbots führt auch zu einem Beweisverwertungsverbot. Darüber hinaus ist auch nicht jedes Beweisverwertungsverbot auf den Verstoß gegen ein Beweiserhebungsverbot zurückzuführen.

Vgl. 28 Rn. 1ff.

(191) Folgt das Beweisverwertungsverbot aus einem Beweiserhebungsverbot, spricht man von einem unselbständigen Beweisverwertungsverbot; ist die Beweisverwertung trotz ordnungsgemäßer Beweiserhebung verboten, spricht man von einem selbständigen Beweisverwertungsverbot.

Beweisverbote können ausdrücklich normiert sein (z.B. §§ 81a Abs. 3, 136a Abs. 3, 100b Abs. 5, 100d Abs. 5) oder sich aus allgemeinen Regeln ergeben.

Vgl. 28 Rn. 4f.

(192) Eine allgemeingültige Regel konnte bis heute nicht aufgestellt werden. Es werden insbesondere folgende Ansatzpunkte vertreten:

Rechtskreistheorie: Diese früher vom *BGH* vertretene Auffassung, die mittlerweile nur noch unterstützende Funktion hat, sieht ein Beweisverwertungsverbot dann als gegeben an, wenn durch die Verletzung der Beweiserhebungsvorschrift der Rechtskreis des Beschuldigten wesentlich berührt ist. Kein Beweisverbot liege vor, wenn diese Verletzung für den Beschuldigten nur von untergeordneter oder keiner Bedeutung sei.

Lehre vom Schutzzweck der Norm

Abwägungslehre: Es wird eine Abwägung zwischen dem staatlichen Interesse an effektiver Strafrechtspflege und den individuellen Rechten des Angeklagten vorgenommen, wobei insbesondere die Schwere des Tatvorwurfs und das Gewicht des Verstoßes gegen die Verfahrensvorschrift von Bedeutung sind.

Vgl. 28 Rn. 8ff.

(193) Ja, weil der nemo-tenetur-Grundsatz besonders großes Gewicht hat und ansonsten ein faires Verfahren nicht gewährleistet wäre. Die Gefahr unbedachter Selbstbelastung ist gerade im Ermittlungsverfahren besonders groß, der Beschuldigte ist besonders schutzwürdig. Eine Ausnahme besteht allerdings dann, wenn dem Beschuldigten sein Schweigerecht bekannt war. Die Schutzbedürftigkeit fehlt bei einem verteidigten Angeklagten darüber hinaus dann, wenn der Verwertung des Beweismittels nicht widersprochen wird. Das wird vielfach kritisiert, weil es nicht Sache des Verteidigers ist, Verfahrensfehler zu heilen.

Vgl. 9 Rn. 11; 28 Rn. 22

(194) Grundsätzlich führt der Verstoß gegen § 52 Abs. 3 zu einem Verwertungsverbot, weil der Schutzzweck des Zeugnisverweigerungsrechts gerade in der Rücksichtnahme auf die familiäre Verbundenheit liegt und nicht etwa nur der Zeuge geschützt werden soll. Auch nach dem Tod des Zeugen entfällt aber dieser Schutzzweck nicht – nur sein eigener Schutz kann nicht mehr erreicht werden. Der Schutz der übrigen „Familie“ erfordert es nach der herrschenden Meinung in der Literatur, dass seine Aussage auch jetzt nicht verwertet werden darf.

Vgl. 28 Rn. 15

(195) Festzuhalten ist zunächst, dass § 53 keine Belehrungspflicht kennt, so dass der diesbezügliche „Verstoß“ nicht zur Begründung für ein Verwertungsverbot herangezogen werden darf.

Weil auch nicht ersichtlich ist, dass P offensichtlich irrig von einer Aussagepflicht ausging, er vielmehr sich „aus Gewissensgründen“ äußerte, ist auch kein Verstoß gegen die Fürsorgepflicht des Gerichts gegeben, der ein Verwertungsverbot nach sich ziehen würde.

Jedoch könnte man davon ausgehen, dass ein materiell-rechtlicher Verstoß gegen § 203 StGB durch den P hier zu einem Verwertungsverbot führen könnte. Das Vertrauensverhältnis aus § 53 sei nur dann wirklich geschützt, wenn der Vertrauende sicher sein könne, der Vertrauensempfänger werde vor staatlichen Gerichten kein Gehör finden. Dabei würde aber übersehen, dass § 53 primär nicht das individuelle Vertrauensverhältnis, sondern das Vertrauen in die genannten Institutionen schützt, so dass der Schutzzweck gegen die genannte Meinung spricht. Hinzu kommt, dass § 53 nur das Recht, nicht aber die Pflicht zur Zeugnisverweigerung beinhaltet. Schließlich ist die Frage nach einer Strafbarkeit gem. § 203 StGB nicht immer so klar zu beantworten, so dass die besseren Gründe dafür sprechen, kein Verwertungsverbot anzunehmen.

Vgl. 28 Rn. 16f.

(196) Nach ganz herrschender Meinung nein, weil § 55 nicht den Angeklagten vor falschen Aussagen eines gefährdeten Zeugen schützen soll, sondern allein den Zeugen (vor dessen Selbstbelastung bzw. der Belastung naher Angehöriger). Eine Verletzung des § 55 greift also nicht in den Rechtskreis des Angeklagten ein bzw. der Schutzzweck der verletzten Norm fordert kein Verwertungsverbot.

Nach der Gegenmeinung will § 55 auch den Angeklagten schützen, und zwar vor nicht wahrheitsgemäßen Zeugenaussagen.

Wird der Zeuge später zum Angeklagten entsteht in diesem Verfahren ein Verwertungsverbot, weil nun der Schutz des Zeugen selbst in Rede steht.

Vgl. 28 Rn. 19

(197) Dass das Geständnis in der ersten Vernehmung nicht verwertbar ist, ergibt sich aus § 136a Abs. 3 S. 2. Die zweite Vernehmung ist jedoch – eine Belehrung nach § 136 Abs. 1 S. 2 unterstellt – rechtmäßig abgelaufen. Gleichwohl könnten sich Zweifel an deren Verwertbarkeit ergeben: Dem Beschuldigten ist womöglich nicht klar, dass sein früheres Geständnis nicht verwertbar ist, er fühlt sich an diese Aussage gebunden und konkretisiert deshalb seine Ausführungen. Letztlich wird der Verfahrensverstoß dadurch perpetuiert. Richtigerweise muss der Beschuldigte in der zweiten Vernehmung „qualifiziert belehrt" werden. Ihm muss gesagt werden, dass seine bisherigen Aussagen nicht verwertbar sind. Andernfalls sind auch die Aussagen in der zweiten Vernehmung nicht verwertbar (str.).

Vgl. 9 Rn. 11

(198) Es liegt ein Verstoß gegen § 81a Abs. 1 S. 2 vor, weil K tatsächlich keine Ärztin war. Fraglich ist jedoch, ob dieser Verstoß auch zu einem Verwertungsverbot führt. Das ist grundsätzlich nicht der Fall, weil Schutzzweck der Norm der Schutz der körperlichen Unversehrtheit ist, dieser Schutz auch bei einer Verwertung aber ohnehin nicht mehr erreicht werden kann. Zudem führt der vorliegende Fehler nicht dazu, dass die Beweisqualität der Blutprobe gemindert ist. Eine Ausnahme ist aber immer dann zu machen, wenn es sich wie hier um eine bewusst rechtwidrige Anordnung der Maßnahme handelte; die Anordnung verstieß hier gegen das Rechtsstaatsprinzip. Folglich ist die Blutprobe nicht verwertbar.

Vgl. 28 Rn. 27

(199) Da eine Beschlagnahme vorliegt, sind die Voraussetzungen der §§ 94ff. heranzuziehen. Gem. § 97 Abs. 1 Nr. 3 besteht hier jedoch ein Beschlagnahmeverbot. Ein Verstoß hiergegen führt zu einem Verwertungsverbot. Jedoch könnte man mit dem Argument des hypothetischen Ermittlungsverlaufs davon ausgehen, dass man die Blutprobe grundsätzlich auch rechtmäßig über eine Maßnahme nach § 81a hätte erlangen können, so dass das Beschlagnahmeverbot unbeachtlich sei. Dem steht aber entgegen, dass in der konkreten Situation (kein Arzt anwesend) ein Eingriff nach § 81a eben gerade nicht möglich gewesen wäre. Außerdem würde man mit dieser Argumentation das Beschlagnahmeverbot des § 97 unterlaufen.

Der Verstoß gegen § 97 Abs. 1 Nr. 3 führt zu einem Beweisverwertungsverbot.

Vgl. 28 Rn. 28

(200) Weil die Sicherstellung gem. § 94 rechtmäßig war, stellt sich die Frage nach einem selbständigen Beweisverwertungsverbot. Ein solches könnte sich hier aus dem in Art. 2 Abs. 1 i.V.m. Art. 1 Abs. 1 GG verankerten Allgemeinen Persönlichkeitsrecht ergeben. Dabei werden drei Sphären unterschieden, innerhalb derer die Voraussetzungen für eine Verwertbarkeit des Tagebuchs unterschiedlich sind. Wäre mit den Tagebuchaufzeichnungen der Kernbereich der Persönlichkeit betroffen, wäre eine Verwertung der Aufzeichnungen ausnahmslos unzulässig. Geht es hingegen um die schlichte Privatsphäre, muss eine Abwägung zwischen den Persönlichkeitsinteressen des Einzelnen und dem Interesse an effektiver Strafverfolgung stattfinden. Eine Verwertung ist unbedenklich, wenn die Aufzeichnungen dem Sozialbereich zuzuordnen sind.

Geht man davon aus, dass auf Grund des strafrechtlich relevanten Inhalts Belange der Allgemeinheit berührt sind und damit die innerste Persönlichkeitssphäre verlassen ist, würde der Verdacht eines besonders schweren Delikts tendenziell die Individualinteressen überwiegen und damit die Verwertung grundsätzlich ermöglichen. Dies würde durch die Tatsache, dass A mittlerweile verstorben ist und sein Allgemeines Persönlichkeitsrecht jedenfalls zu verblassen beginnt, noch unterstützt werden.

Selbst wenn man davon ausgeht, dass die Auseinandersetzung mit sich selbst nicht schon dadurch zur schlichten Privatsphäre wird, dass diese Gedanken in einem Tagebuch fixiert werden, wird man hier auf Grund der Schilderung des Tathergangs eine Verwertbarkeit dieser Teile (sollte Trennbarkeit gegeben sein) bejahen müssen.

Vgl. 28 Rn. 39

(201) Das hängt davon ab, ob man die Fernwirkung von Beweisverboten („fruit of the poisonous tree-Doktrin") bejaht oder nicht. Diese besagt, dass Beweismittel, die mittelbar über

ein unverwertbares Beweismittel (hier die gem. § 136a Abs. 3 unverwertbare Aussage des B) gefunden werden, ebenfalls nicht verwertet werden dürfen.

Für die Fernwirkung spricht, dass kein Anreiz für die Umgehung von Beweiserhebungsvorschriften geschaffen werden soll und es äußerst zweifelhaft erscheint, die Aussage selbst nicht verwerten zu dürfen aber die daraus (mittelbar) gewonnenen Erkenntnisse schon. Eine Ausnahme lässt sich dann machen, wenn die Strafverfolgungsbehörden an das Beweismittel auch ohne Verfahrensverstoß gelangt wären (hypothetischer Verfahrensablauf). Danach dürfte das Tatwerkzeug grundsätzlich nicht als Beweismittel verwendet werden.

Geht man hingegen mit dem *BGH* und der h. M. davon aus, dass ein Verfahrensfehler nicht dazu führen dürfe, das komplette Verfahren lahm zu legen, sowie eine Sanktionierung des Polizeibeamten ohnehin über das materielle Strafrecht (z. B. § 343 StGB) bzw. Disziplinarrecht erfolge, so ist das Tatwerkzeug ein zulässiges Beweismittel.

Vgl. 9 Rn. 27 ff.; 28 Rn. 43

(202) Das Schweigen des Beschuldigten, das ja eines seiner Rechte darstellt, darf nicht gegen ihn verwendet werden, da andernfalls dieses Recht und damit der „nemo-tenetur-Grundsatz" völlig entwertet wären.

Gleiches gilt für ein zeitweises Schweigen, bei dem der Beschuldigte etwa im Ermittlungsverfahren geschwiegen und erst später in der Hauptverhandlung eine Aussage gemacht hat.

Anders liegt der Fall nur, wenn der Angeklagte teilweise schweigt, sich also grundsätzlich zur Tat einlässt, aber auf bestimmte Fragen nicht oder nur unvollständig antwortet. Mit seiner Aussage hat er sich selbst zum Beweismittel gemacht, so dass aus dem teilweisen Schweigen negative Schlüsse für ihn gezogen werden dürfen. Ein teilweises Schweigen liegt aber nur dann vor, wenn der Beschuldigte bzw. Angeklagte innerhalb einer Vernehmung und jeweils bezüglich einer Tat (wenn ihm mehrere vorgeworfen werden) teilweise schweigt bzw. aussagt.

Vgl. 29 Rn. 10 ff.

(203) Wie oben dargelegt, dürfen aus einem teilweisen Schweigen des Beschuldigten bzw. Angeklagten für diesen nachteilige Schlüsse gezogen werden. Ein teilweises Schweigen wird dabei nicht nur dann angenommen, wenn er die Beantwortung an ihn gestellter Fragen (teilweise) verweigert, sondern auch, wenn er zu einem Geschehen von sich aus nur lückenhafte Angaben macht. Nachteilige Schlussfolgerungen sind also zulässig, wenn der Angeklagte bzw. Beschuldigte einen bestimmten Punkt eines einheitlichen Geschehens von sich aus verschweigt. Das gilt allerdings nur dann, wenn nach den Umständen Angaben zu diesem Punkt zu erwarten gewesen wären, andere mögliche Ursachen des Verschweigens ausgeschlossen werden können und die gemachten Angaben nicht ersichtlich fragmentarischer Natur sind.

Hier ging es dem A jedoch auf dem Polizeirevier ersichtlich nicht um eine vollständige Schilderung der Tat, sondern er wollte zunächst an den zuständigen Polizeibeamten weitergeleitet werden, wonach er ausdrücklich verlangte. Auch die Antwort auf die Nachfrage war nur dazu gedacht, sein Anliegen zu verdeutlichen, nicht aber, eine umfassende Erläuterung des Tathergangs abzuliefern

Insofern waren dazu keine weiteren Ausführungen zu erwarten gewesen, so dass kein teilweises Schweigen vorliegt und die Schlussfolgerungen des Gerichts damit unzulässig waren.

Vgl. 29 Rn. 10 ff.

(204) Anders, als wenn sich ein Zeuge auf sein Zeugnisverweigerungsrecht beruft, weil dann seine freie Entscheidung, nichts zu sagen, entwertet würde, darf das Schweigen des Zeugen auf Grund des § 55 durchaus zum Nachteil des Angeklagten verwendet werden. § 55 schützt nur den Zeugen selbst, nicht aber dessen persönliche oder berufliche Beziehung zu dem Angeklagten, so dass durch entsprechende Schlussfolgerungen keine Rechte der Betroffenen verletzt werden.

In einem späteren Verfahren gegen den (früheren) Zeugen darf dieses Schweigen freilich nicht gegen ihn verwertet werden, da sonst ein Verstoß gegen den „nemo-tenetur-Grundsatz" vorläge.

Vgl. 29 Rn. 15

(205) Unter dem „deal" wird die einverständliche Verfahrensbeendigung verstanden. Solche Absprachen sind in jedem Prozessstadium möglich. Eine gesetzliche Regelung gibt es seit der Verabschiedung des „Gesetzes zur Regelung der Verständigung im Strafverfahren" vom 28. 5. 2009. Die neuen Vorschriften sind §§ 35a, 44, 160b, 202a, 212, 243 Abs. 4, 257b, 257c, 267 Abs. 3 S. 5, 273 Abs. 1, 1a. 302. Vgl. 30 Rn. 4

(206) Vgl. 30 Rn. 2 ff.

(207) Vgl. 30 Rn. 5

(208) Ja, aus der Absprache erwächst kein Verfahrenshindernis. Zur Verhängung und Erfüllung der Auflage ist es nicht gekommen. Allerdings gebietet es der fair-trial-Grundsatz, dem Adressaten der Absprache eine wesentliche Strafmilderung zuzubilligen. Vgl. 30 Rn. 6

(209) Gem. § 302 Abs. 1 S. 2 StPO darf es nun nach einer Verständigung gar keinen Rechtsmittelverzicht mehr geben. Ein Rechtsmittelverzicht vor Urteilsverkündung darf weder fest vereinbart, noch zur Bedingung gemacht werden. Der Angeklagte kann sich daher noch bis zum Ablauf der Rechtsmittelfrist gegen das Urteil wehren. Vgl. 30 Rn. 5

(210) Ein Prozessurteil ergeht dann, wenn ein Prozesshindernis vorliegt und nicht ein Freispruch Vorrang hat. Ein Strafklageverbrauch erwächst aus einem Prozessurteil nur, wenn das Prozesshindernis nicht mehr behebbar ist.

Ein Sachurteil ist als verurteilendes (§§ 267 Abs. 1, 2 und 3), als freisprechendes Urteil (§ 267 Abs. 5) oder als Mischform aus Verurteilung und Freispruch bzw. Einstellung möglich. Es darf nicht über die angeklagte Tat hinausgehen, aber auch nicht hinter ihr zurückbleiben oder nur Teile erfassen. Ein Sachurteil bewirkt einen Strafklageverbrauch.

Vgl. 31 Rn. 1 ff.

(211) Gegenstand ist die durch die zugelassene Anklage beschriebene prozessuale Tat, § 264.

Vgl. 31 Rn. 5

(212) Vgl. 31 Rn. 12 ff.

(213) Eine Entscheidung ist dann formell rechtskräftig, wenn sie von den Verfahrensbeteiligten nicht oder nicht mehr mit einem ordentlichen Rechtsmittel angefochten werden kann.

Die formelle Rechtskraft ist Voraussetzung für die materielle Rechtskraft; danach tritt durch das unanfechtbare, unabänderliche, also (formell) rechtskräftige Urteil ein „Verbrauch der Strafklage“ ein.

Vgl. 32 Rn. 1 ff.

(214) Danach darf ein bereits wegen derselben Sache Verurteilter nicht noch einmal verurteilt werden; schon ein neues Verfahren gegen ihn ist deshalb unzulässig. Dies gilt auch für den Freigesprochenen. Darüber hinaus liegt darin ein subjektives Recht. Geregelt ist dieser Grundsatz in Art. 103 Abs. 3 GG.

Vgl. 32 Rn. 6

(215) Nur der Tenor der Entscheidung, nicht aber die Urteilsgründe.

Vgl. 32 Rn. 8

(216) Nein, eine „Ergänzungsklage“ ist nicht zulässig. Es bleibt bei der rechtskräftigen Entscheidung, da sich eine unvollständige Sachverhaltsaufklärung etc. auf Grund des ne bis in idem Grundsatzes nicht zu Lasten des rechtskräftig Verurteilten auswirken darf.

In der Abwandlung stellt sich die Frage nach dem Umfang der Rechtskraft von Beschlüssen, die eine Sachentscheidung treffen und das Verfahren wegen einer Tat beenden. Nach h.M. kann eine Anklage in derselben Sache nur auf Grund neuer Tatsachen oder Beweismittel erhoben werden. Dies wird aus der Regelung des § 174 Abs. 2 geschlossen, der nach h. M. einen allgemeinen Rechtsgedanken darstellt. Für § 153 soll aber das Gleiche gelten wie für § 153 a: neue Anklage, wenn sich die Tat als Verbrechen darstellt (vgl. 12 Rn. 21).

Vgl. 32 Rn. 9, 14

(217) Nein. Gem. § 407 Abs. 1 ist ein Strafbefehlsverfahren nur zulässig, wenn es sich um ein Vergehen handelt, das in die sachliche Zuständigkeit des Strafrichters oder des Schöffengerichts fällt. Aufgrund der Erweiterung der Zuständigkeit des Strafrichters (Straferwartung von zwei Jahren, § 25 GVG) einerseits und der Möglichkeit der Verhängung einer Freiheitsstrafe von höchstens einem Jahr im Strafbefehlsverfahren (§§ 407 Abs. 2 S. 2) andererseits ist eine Zuständigkeit des Schöffengerichts de facto nicht mehr gegeben.

Bei der Sachbeschädigung kann dagegen ein Strafbefehlsverfahren eingeleitet werden.

Vgl. 33 Rn. 1 f.

(218) Gem. § 408 Abs. 3 S. 2 kann er Termin zur Hauptverhandlung anberaumen. Dem Beschuldigten wird dabei der Strafbefehlsantrag ohne Rechtsfolgenantrag mitgeteilt, § 408 Abs. 3 S. 3.

Vgl. 33 Rn. 5

(219) Gem. § 408a Abs. 1 kann der Richter auch noch nach Eröffnung des Hauptverfahrens zum Strafbefehlsverfahren übergehen, sofern die Voraussetzungen der §§ 407 Abs. 1 S. 1 und 2 erfüllt sind und dem Erlass eines Strafbefehls keine Bedenken entgegenstehen.

Anderenfalls besteht die Möglichkeit, das Hauptverfahren fortzusetzen und die Vorführung anzuordnen sowie Haftbefehl zu erlassen, §§ 230 Abs. 2, 236.

(220) Gem. § 410 Abs. 1 kann er hiergegen Einspruch einlegen. Darüber ist der Angeklagte zu belehren, § 409 Abs. 1 Nr. 7. Der Einspruch ist binnen zwei Wochen nach Zustellung schriftlich oder zu Protokoll der Geschäftsstelle bei dem Gericht, das den Strafbefehl erlassen hat, einzulegen. Eine Begründungspflicht besteht nicht. Bei dem Einspruch handelt es sich nicht um ein Rechtsmittel.

Vgl. 33 Rn. 6ff.

(221) Nein, da mit dem Strafbefehl nur eine summarische Prüfung des Falles stattgefunden hat. Befürchtet der Angeklagte Schlimmeres, kann er seinen Einspruch bis zur Verkündung des Urteils zurücknehmen, § 411 Abs. 3 S. 1, braucht dazu aber nach Beginn der Hauptverhandlung die Zustimmung der Staatsanwaltschaft, § 411 Abs. 3 S. 2.

Vgl. 33 Rn. 8

(222) Nein, gem. § 411 Abs. 2 S. 1 kann er sich auch durch seinen Verteidiger vertreten lassen. Bleibt er jedoch dem Termin fern, ohne verteidigt zu sein, so ist der Einspruch gem. § 412 zu verwerfen.

Vgl. 33 Rn. 7

(223) Geregelt ist es in den §§ 417–420 und kommt für Taten in Betracht, die vor das Amtsgericht gehören und bei denen der Sachverhalt einfach oder die Beweislage klar ist.

Vgl. 33 Rn. 10ff.

(224) Der Devolutiveffekt besagt, dass durch das Rechtsmittel das Verfahren in die höhere Instanz gebracht wird.

Der Suspensiveffekt besagt, dass Berufung und Revision (anders als die Beschwerde) den Eintritt der Rechtskraft hemmen, sofern diese fristgerecht eingelegt werden.

Vgl. 34 Rn. 1

(225) Die StPO kennt die Berufung (§§ 312ff.), die Revision (§§ 333ff.) und die Beschwerde (§§ 304ff.). Kein Rechtsmittel sondern ein (ordentlicher) Rechtsbehelf ist der Einspruch gem. § 410 im Rahmen des Strafbefehlsverfahrens. Kennzeichen der Rechtsmittel ist insbesondere der Devolutiveffekt, d.h. das Rechtsmittel bringt das Verfahren in die höhere Instanz.

Vgl. 34 Rn. 1, Grafik Rn. 2

(226) Ja. Ein amtsgerichtliches Urteil kann auch unbestimmt angefochten werden. Ein solches Vorgehen kommt vor allem dann in Betracht, wenn der Rechtsmittelführer das Vorliegen der Urteilsgründe abwarten will, um prüfen zu können, ob es Rechtsfehler enthält. Bis zum Ablauf der Revisionsbegründungsfrist kann dann gegenüber dem Ausgangsgericht bestimmt werden, ob das Rechtsmittel als Berufung oder als Revision durchgeführt werden soll. Wird eine solche Entscheidung nicht, zu spät oder nicht eindeutig getroffen, wird es als – die umfassendere – Berufung behandelt.

Vgl. 34 Rn. 6ff.

(227) Ja, § 296 Abs. 2. Beim Angeklagten ist dagegen eine Beschwer erforderlich, d.h. er muss durch die angefochtene Entscheidung unmittelbar in seinen schutzwürdigen Interessen beeinträchtigt sein. Bestimmt wird dies allein nach dem Urteilstenor. Daher ist der Angeklagte grundsätzlich nicht beschwert, wenn er freigesprochen oder das Verfahren eingestellt wurde, außer es liegt ein behebbares Verfahrenshindernis vor oder die Sache war „freispruchreif".

Vgl. 34 Rn. 9ff.

(228) Ja. Für die Berufung (§ 318) und Revision (§ 344 Abs. 1) ist dies gesetzlich geregelt, für die Beschwerde allgemein anerkannt (auch für den Einspruch ist dies gem. § 410 Abs. 2 möglich). Der nicht angefochtene Teil der Entscheidung wird für das weitere Verfahren bindend und erwächst in Teilrechtskraft. Voraussetzung ist, dass der angefochtene Teil des Urteils bzw. Strafbefehls losgelöst vom restlichen Teil selbständig zu prüfen und rechtlich zu beurteilen ist (Trennbarkeitserfordernis). Außerdem dürfen zwischen den nicht angefochtenen Teilen und der Entscheidung des Rechtsmittelgerichts keine Widersprüche entstehen.

Vgl. 34 Rn. 16ff.

(229) Grundsätzlich ja, sofern nur der Angeklagte oder zu seinem Gunsten die Staatsanwaltschaft oder sein gesetzlicher Vertreter Rechtsmittel eingelegt hat (vgl. § 331). Allerdings

wird nur vor einer Verschlechterung der Rechtsfolge in Art und Höhe nach geschützt, nicht aber vor einer Verschärfung des Schuldspruchs.

Vgl. 34 Rn. 24 ff.

(230) Urteile des Strafrichters und des Schöffengerichts, § 312.

Vgl. 35 Rn. 1

(231) Nach § 313 Abs. 1 ist die Berufung bei Verurteilungen von geringem Gewicht (bis ca. 15 Tagessätze) nur zulässig, wenn sie angenommen wird. Ist sie offensichtlich unbegründet, dann wird sie nicht angenommen, § 313 Abs. 2.

Vgl. 35 Rn. 6

(232) Eine Revision ist gem. § 333 gegen (verkündete, § 268 Abs. 2 S. 1) landgerichtliche und erstinstanzliche Urteile der Oberlandesgerichte statthaft. Ferner ist gegen amtsgerichtliche Urteile eine so genannte Sprungrevision möglich, § 335 Abs. 1.

Vgl. 36 Rn. 30 f.

(233) Die Frist für die Revisionseinlegung beträgt eine Woche ab der Verkündung des Urteils, § 341 Abs. 1. Ist der Angeklagte bei Urteilsverkündung nicht anwesend, beginnt die Wochenfrist ab Zustellung, § 341 Abs. 2. Für die Fristberechnung gelten die §§ 42, 43.

Vgl. 36 Rn. 32

(234) Die Frist beträgt einen Monat nach Ablauf der Einlegungsfrist, § 345 Abs. 1 S. 1. Erfolgte die Zustellung des vollständigen Urteils nicht innerhalb einer Woche nach der Verkündung, beginnt die Revisionsbegründungsfrist mit Urteilszustellung, § 345 Abs. 1 S. 2. Ein Nachschieben von Verfahrensrügen und die Erhebung der allgemeinen Sachrüge sind nach Ablauf dieser Frist grundsätzlich ausgeschlossen. Die Sachrüge muss gar nicht und kann daher auch noch später begründet werden.

Vgl. 36 Rn. 34 f.

(235) Nein. Anders als im Zivilrecht ist dies nicht möglich, da die Rücknahme als Verzicht auf die Wiederholung des Rechtsmittels verstanden wird.

(236) Gem. § 344 Abs. 1 besteht die Revisionsbegründung aus zwei Teilen, nämlich aus Antrag und dessen Begründung. Stets muss gem. § 337 Abs. 1 die Verletzung eines Gesetzes geltend gemacht und das „Beruhen“ dargelegt werden. In Frage kommen das Fehlen von Verfahrensvoraussetzungen, die Verletzung materiellen Rechts und die des Verfahrensrechts. Die Verfahrensvoraussetzungen werden von Amts wegen geprüft, sollten aber in die Revisionsbegründungsschrift mit aufgenommen werden. Bei einer Sachrüge liest das Revisionsgericht das angefochtene Urteil. Sie muss deshalb nicht (sollte aber) näher gegründet werden. Bei einer Verfahrensrüge ist das anders. Die allgemeine Verfahrensrüge („ich rüge die Verletzung des Verfahrensrechts“) würde das Revisionsgericht zu der ungeheuren Arbeit zwingen und ihm die überdies unlösbare Aufgabe stellen, das gesamte Verfahren zu rekonstruieren. Daher muss sie so substantiiert und detailliert begründet sein, dass sich das Revisionsgericht sagen kann: „Wenn das stimmt, was der Revisionsführer vorträgt, dann hat er recht“ (§ 344 Abs. 2 S. 2).

Vgl. 36 Rn. 7 ff.

(237) Mit der Verfahrensrüge wird die Verletzung von Verfahrensrecht gerügt. Der Beschwerdeführer muss dabei seine Verfahrensrüge gezielt anbringen, mit Tatsachen belegen, § 344 Abs. 2 S. 2 und auch das „Beruhen“ darlegen.

Mit der Sachrüge wird dagegen die Verletzung materiellen Rechts gerügt. Eine genaue Darlegung der Verletzung bedarf es nicht, zumal sich der Rechtsfehler nur aus dem Urteil selbst ergeben kann.

Vgl. 36 Rn. 21 ff.

(238) Es gibt die relativen (§ 337) und die absoluten (§ 338) Revisionsgründe. Es reicht nicht, dass ein Gesetzesverstoß gerügt wird, das Urteil muss vielmehr auf der Verletzung des Gesetzes beruhen. Ausreichend ist dabei, wenn nicht ausgeschlossen werden kann, dass das Urteil ohne den Fehler anders ausgefallen wäre. Bei § 338 wird ein solches Beruhen (anders als bei § 337) gesetzlich fingiert.

Vgl. 36 Rn. 17 ff.

(239) Das Revisionsgericht kann die Revision durch Beschluss als unzulässig verwerfen (§§ 346, 349 Abs. 1), nach §§ 206 a, 153 (nicht aber § 153 a), 154, 154 a ganz oder teilweise einstellen oder nach § 348 seine Unzuständigkeit feststellen und die Sache an das zuständige Revisionsgericht verweisen.

Außerhalb der Hauptverhandlung kann das Revisionsgericht gem. §§ 349 Abs. 2, 3 die Entscheidung durch Beschluss treffen, wenn es die Revision auf Antrag der Staatsanwaltschaft einstimmig als offensichtlich unbegründet erachtet. Ein Beschluss ist auch im Fall einer sicher begründeten Revision gem. § 349 Abs. 4 möglich, die zu Gunsten des Angeklagten eingelegt ist.

Entscheidet das Revisionsgericht auf Grund einer Hauptverhandlung, so ergeht ein Urteil, §§ 349 Abs. 5, 353 ff.

Vgl. 36 Rn. 36 ff.

(240) Die Beschwerde ist das Rechtsmittel gegen Beschlüsse des Tatgerichts erster und zweiter Instanz und gegen Verfügungen des Vorsitzenden, des Ermittlungsrichters und des beauftragten oder ersuchten Richters, § 304 Abs. 1.

Vgl. 37 Rn. 1

(241) Eingelegt wird die Beschwerde stets beim iudex a quo, § 306. Hält das Gericht die Beschwerde für begründet, hat es ihr abzuhelfen, § 306 Abs. 2 HS 1, anderenfalls hat es dem zuständigen Beschwerdegericht vorzulegen, § 306 Abs. 2 HS 2. Zu entscheiden hat dann die große Strafkammer beim Landgericht, das *OLG* oder der *BGH*.

Vgl. 37 Rn. 7 ff.

(242) Das Interesse an Rechtssicherheit muss dann zurücktreten, wenn das Interesse an Wahrheit und Gerechtigkeit überwiegt. Das ist dann der Fall, wenn die Grundlagen des Rechtssicherheit schaffenden rechtskräftigen Urteils erschüttert sind.

Vgl. 3 Rn. 4; 38 Rn. 1

(243) Vgl. 38 Rn. 2 ff.

(244) Es ist stets ein Antrag erforderlich.

Vgl. 38 Rn. 1

(245) Nur Verfahren, die durch ein rechtskräftiges Sachurteil (§ 359) oder einen Strafbefehl (§ 373 a) abgeschlossen wurden.

Vgl. 38 Rn. 2

(246) Nein. Die Wiederaufnahme setzt eine Beschwer voraus. Der Verurteilte ist aber nur durch einen Schuldspruch und nicht durch einen Freispruch beschwert.

Vgl. 38 Rn. 4

(247) Nein. Die Wiederaufnahmegründe sind abschließend in §§ 359 ff. geregelt (Ergänzung durch § 79 Abs. 1 BVerfGG). Die Änderung von Rechtsnormen oder der Rechtsprechung sind vom Gesetz nicht als Wiederaufnahmegründe aufgezählt. Insbesondere stellen sie keine Tatsachen i. S. d. § 359 Nr. 5 dar.

Vgl. 38 Rn. 3, 11

(248) Vgl. 38 Rn. 5, 17 ff.

(249) Nein, da es sich jeweils um Prognoseentscheidungen handelt.

Vgl. 38 Rn. 19 f.

(250) Nein. Das kann nur in der Hauptverhandlung geschehen.

Vgl. 38 Rn. 23

(251) Die Rechtskraft des Urteils wird beseitigt und das Verfahren in den Zustand der Rechtshängigkeit zurückversetzt, in dem es sich vor dem Urteil befunden hat.

Vgl. 38 Rn. 23

(252) Ja. Wenn für einen sofortigen Freispruch genügend Beweise vorhanden sind und die StA zustimmt, kann auf die Durchführung der Hauptverhandlung ausnahmsweise verzichtet werden (§ 371 Abs. 2). Eine Hauptverhandlung findet auch dann nicht statt, wenn der Verurteilte bereits verstorben ist (§§ 361, 371 Abs. 1). Ansonsten wird in einer neuen Verhandlung der Fall neu aufgerollt.

Vgl. 38 Rn. 22, 24

(253) Nein, denn das Verbot der reformatio in peius gilt gem. § 373 Abs. 2, wenn das Wiederaufnahmeverfahren zu Gunsten des Verurteilten betrieben worden ist.

Vgl. 38 Rn. 24

(254) Vgl. 38 Rn. 25

(255) Liegt eine Katalogtat nach § 374 Abs. 1 vor und verneint die Staatsanwaltschaft das öffentliche Interesse an einer Strafverfolgung von Amts wegen, so kann das Privatklageverfahren betrieben werden.

Vgl. 39 Rn. 1 ff.

(256) Es muss eine öffentliche Klage erhoben werden (vgl. auch § 396 Abs. 1 S. 2) und Anschlussberechtigung gem. § 395 bestehen. Dafür genügt es, wenn nach der Sachlage oder dem Vorbringen des den Anschluss Erklärenden die Verurteilung des Angeklagten wegen eines Nebenklagedeliktes rechtlich möglich erscheint. Die Nebenklagebefugnis besteht dabei auch dann, wenn das Nebenklagedelikt in Tateinheit oder Gesetzeskonkurrenz mit einem anderen Delikt begangen worden ist, das nicht zur Nebenklage berechtigt.

Vgl. 39 Rn. 18 ff.

(257) Gem. § 171 muss ihm lediglich die Einstellung des Verfahrens mitgeteilt werden, wenn er eine Strafanzeige gestellt hat. Will er auch über den Ausgang des Verfahrens informiert werden, muss er einen Antrag gem. § 406 d stellen. Auch steht ihm ein Recht auf Rechtsbeistand (auf eigene Kosten) zu, §§ 406 f, g. Schließlich kann er von Beginn des Ermittlungsverfahrens an durch einen Rechtsanwalt alle Akten einsehen lassen, § 406 e.

Vgl. 39 Rn. 40 ff.

(258) Die Definition ergibt sich aus § 464 a Abs. 1 S. 1.

Vgl. 40 Rn. 2

(259) Da A verurteilt worden ist, trägt er gem. § 465 die Kosten des Verfahrens. Die Kosten der Pflichtverteidigung gehören zu den Auslagen der Staatskasse und damit zu den Kosten des Verfahrens (vgl. Nr. 9007 KVGKG; dagegen zählen die Kosten eines Wahlverteidigers zu den notwendigen Auslagen, § 464 a Abs. 2 Nr. 2). Die Kosten seines Pflichtverteidigers muss der Verurteilte A daher selbst tragen.

Vgl. 40 Rn. 6

Sachverzeichnis

Zahlen fett = §, Zahlen mager = Rn.